本書出版得到國家古籍整理出版專項經費資助

责任编辑：王 路　魏 艳

郝懿行集

（二）

[清]郝懿行 著
安作璋 主編

齊魯書社

鄭氏禮記箋

管謹訂　點校

目録

鄭氏禮記箋序

《禮記》，叢書也。漢儒言《禮》，惟高堂生十七篇，學者以爲正經，此則其《傳》也。然此《記》亦不專釋《儀禮》，往往依傍《詩》、《書》、《春秋》之文，雜取諸子傳記之說，以故純疵間出，讀者不能無憾。雖然，聖人之言，萬世無弊；至於賢人之言，其可議者固多矣。且如《論語》、《孟子》中「使民戰栗」之言，「舊君有服」之對，先儒猶多不滿，矧《禮記》雜出於周、秦、漢儒者乎！

今考其書，如《深衣》、《奔喪》、《投壺》，蓋古經之逸簡，昔賢之記録也。《中庸》、《大學》，義理精深；《曲禮》、《少儀》、《内則》，實小學之支流，聖經之餘裔也；其餘大抵漢儒編綴，大而朝祭、軍賓、冠昏、鄉射，細而日用、飲食、縟節、繁文，靡不兼收並採，鉅細無遺。學者以其選言宏富，便於誦習，視《儀禮》難讀、《周官》不全，相去固有間矣。此《禮記》所以得與四經並垂也。

魏晉以後，此書盛行，並尊康成之《注》。蓋以鄭學莫精於《禮》，是書之於鄭學，尤其精者也。雖或旁引「緯書」，時生異解：祫、禘偏信《魯經》，王制多指夏殷，五廟但守玄成，七祀惟據《祭法》。「六天二地」，王肅駁其違；「配嚳南郊」，趙匡矯其失。此則大醇之中，不無小疵。然而名物度數，先古遺文，博參互證，誠可謂此書之功臣，注家之鼻祖也。

歲在癸丑，愚以讀《禮》餘暇，因取鄭《注》反覆研究。自維疎陋，不能有所發明，獨於其間私有疑惑，輒附康成《注》後，名曰《鄭氏禮箋》。余家居東海，去康成故居僅三百里而遥，先生之風，心嚮往焉。今之箋《禮》，蓋竊取康成箋《詩》之例云。

乾隆乙卯秋七月望後五日，棲霞郝懿行書。

鄭氏禮記箋目録

愚按：每篇標題之下，皆鄭氏《目録》之文。以全書皆鄭《注》，故不復加「鄭云」以别之。

曲禮上第一　名曰「曲禮」者，以其篇記「五禮」之事：祭祀之説，吉禮也；喪荒去國之説，凶禮也；致貢朝會之説，賓禮也；兵車旌鴻之説，軍禮也；事長、敬老、執贄、納女之説，嘉禮也。此於《别録》屬「制度」。〇陸德明《釋文》云：「《曲禮》者，是《儀禮》之舊名，委曲説禮之事。」〇愚按：篇首引「《曲禮》曰」，蓋述古經《曲禮》之言，因以名篇。非此篇所記即《曲禮》之舊文，亦猶《緇衣》名篇，非終篇説《緇衣》之事。舊説皆非也。

曲禮下第二　義與前篇同。簡策重多，分爲上下。

檀弓上第三　名曰「檀弓」者，以其記人善於禮，故著姓名以顯之。姓檀名弓。今山陽有檀氏。此於《别録》屬「通論」。〇愚按：鄭以此篇即檀弓自作，恐非也。檀弓與子游同時，《記》中乃有魯繆公、仲梁子，並六國時人，則作《記》之人，又出其後也。以篇首記檀弓事，因以名篇，亦猶《曾子問》、《仲尼燕居》之類，非即仲尼、曾子所親記也。《釋文》云：「檀弓，魯人。」

檀弓下第四　義同前篇。以簡策繁多，故分爲上下二卷。

王制第五　名曰「王制」者，以其記先王班爵、授禄、祭祀、養老之法度。此於《别録》屬「制度」。〇孔穎

《漢書·郊祀志》云：「《王制》之作，蓋在秦漢之際。盧植云：漢孝文皇帝令博士諸生作。」〇愚按：達疏云：「〔一〕「刺《六經》中作《王制》。」又篇中有「古者以周尺」之言，〔二〕則非周人作之。疑此篇上采諸經，下雜秦漢之制，故篇中所記，多與《周禮》諸書不合。鄭《注》於制度異處，輒欲附之夏殷，似失之矣。

月令第六　名曰「月令」者，以其紀十二月政之所行也，本《吕氏春秋·十二月紀》之首章也。以禮家好事抄合之，後人因題之名曰《禮記》，言周公所作。其中官名、時事，多不合周法。此於《別録》屬「明堂陰陽記」。〇愚按：《逸周書》雖有《月令解》，而與此《記》不同，何得云「周公作」也？云「周公作」者，蔡邕、王肅。云「後人題之名曰《禮記》」者，或以《戴記》本無此篇，馬融始入焉。鄭之《禮記》，即附盧、馬之本而爲之注也。按晉陳邵《周禮注》及《隋志》皆言《小戴》本四十六篇，馬融增入《月令》、《樂記》、《明堂位》爲四十九篇，即《禮記》今本是也。此篇於劉向《別録》屬「明堂陰陽記」，故説者或稱《明堂月令》云。

曾子問第七　名爲「曾子問」者，以其記所問多明於禮，故著姓名以顯之。曾子，孔子弟子曾參。此於《別録》屬「喪服」。

文王世子第八　名曰「文王世子」者，以其記文王爲世子時之法。此於《別録》屬「世子法」。〇愚按：此類名篇之意，皆當與《曲禮》同。以篇首引文王世子之語，因以冠篇；至末又引古世子之記，以終篇焉。

禮運第九　名曰「禮運」者，以其記五帝、三王相變易陰陽轉旋之道。此於《别録》屬「通論」。○愚按：運猶行也。揚子《方言》云：「日運爲躔，月運爲逡。」謂之「禮運」者，以其五帝、三王之禮，隨世運轉，軌轍殊途，故篇以「禮運」標目。

禮器第十　名爲「禮器」者，以其記禮使人成器之義也。故孔子謂子貢：「汝器也。」曰：「何器也？」曰：「瑚璉也。」此於《别録》屬「制度」。○愚按：《易·繫辭》云：「形乃謂之器。」注云：「成形曰器。」禮所以容受衆物，成其形質，故篇首以「禮器」標目。

郊特牲第十一　名「郊特牲」者，以其記郊天用騂犢之義。此於《别録》屬「祭祀」。○愚按：篇中皆記祭事，非主言郊也。以篇首有「郊特牲」字，因取以名篇。其中雜出冠、昏兩段，疑他篇脱簡，抑或因祭事而及與？

内則第十二　名曰「内則」者，以其記男女居室、事父母舅姑之法。此於《别録》屬「子法」。○愚按：名「内則」者，《疏》云「以閨門之内，軌儀可則」，是也。中記食飲膳羞之事者，以中饋之職，亦「内則」之一，故附見焉。

玉藻第十三　名曰「玉藻」者，以其記天子服冕之事也。冕之旒，以藻紃爲之，貫玉爲飾。此於《别録》屬「通論」。○愚按：名「玉藻」者，亦特取篇首二字以標目。

明堂位第十四　名曰「明堂」者，以其記諸侯朝周公於明堂之時所陳列之位也。在國之陽。其制：東西九筵，南北七筵，堂崇一筵，五室，凡室二筵。此於《别録》屬「明堂陰陽」。○愚按：以篇首全録《逸周書·明堂解》，因加「位」以名篇。

喪服小記第十五　名曰「朝服小記」者，以其記喪服之小義也。此於《别録》屬「喪服」。○愚按：有「喪大記」，故此别言「小」與？

大傳第十六　名曰「大傳」者，以其記祖宗人親之大義也。此於《别録》屬「通論」。○愚按：賢人之書曰傳，記載事迹以傳於世亦曰傳。劉熙《釋名》云：「傳，傳也，以傳示後人也。」記者蓋以二《禮》爲經，故别自名「傳」與？

少儀第十七　名曰「少儀」者，以其記相見及薦羞之少威儀。少，猶小也。此於《别録》屬「制度」。○愚按：少音「詩照反」。少儀猶幼儀也。以其皆幼少人之所習學，故篇名《少儀》。

學記第十八　名曰「學記」者，以其記人學教之義。此於《别録》屬「通論」。○愚按：學斆二字古通用。許慎《説文》學字本作斆。云篆省作學，明本一字也。惟《古文尚書·説命》篇始分斆學爲二字，斆音效，孔《傳》云：「教也。」其學字，《説文》云：「覺悟也。」此篇學之一字，實兼斆學二義，故鄭云「記人學教之義」也。

樂記第十九　名曰《樂記》者，以其記樂之義。此於《别録》屬「樂記」。蓋十一篇合爲一篇，謂有《樂本》，有《樂論》，有《樂施》，有《樂言》，有《樂禮》，有《樂情》，有《樂化》，有《樂象》，有《賓牟賈》有

《師乙》，有《魏文侯》。今雖合，此略有分焉。○《疏》云：劉向所校二十三篇，著於《别録》。今《樂記》所斷取十一篇，餘有十二篇，其名猶在二十四卷（成帝時，王禹獻二十四卷《樂記》，與向所校不同。見《藝文志》），《記》無所録也。其十二篇之名，案《别録》十一篇，餘次《奏樂》第十二，《樂器》第十三，《樂作》第十四，《意始》第十五，《樂穆》第十六，《説律》第十七，《季札》第十八，《樂道》第十九，《樂義》第二十，《招本》第二十一，《昭頌》第二十二，《竇公》第二十三是也。案《别録》：「《禮記》四十九篇，《樂記》第十九。」則《樂記》十一篇入《禮記》也，在劉向前矣。又云：「武帝時，河間獻王好儒，與諸生等共采《周官》及諸子云樂事者，以作《樂記》也（此數句録《藝文志》，原文與《疏》小異）。」○方氏苞曰：「先儒以爲公孫尼子所論譔。然於《荀子·論樂篇》所取過半，頗有删易，且不循其節次，而分剟以他從，則爲漢初所采集審矣。自《史記》以前，文有篇法者，惟《三傳》、《國語》、《國策》。其他諸子，陳義指事，意至言從，多不可求以篇法，況捃摭衆説乎！離爲十一篇，而以意名之，是以義不安，名不當也，劉向《别録》具其名，不識作《記》時故有名、或向爲之名也？」○愚按：《别録》十一篇之名，《魏文侯》次《師乙》下，與今本《樂記》不同，不知誰易之也。其餘十二篇，今遂不可見矣。又據《别録》，《禮記》四十九篇，《樂記》第十九。在劉向前已然。則陳邵《隋·志》謂「馬融增入」者，非也；抑或别有案據，姑兩存之。

雜記上第二十　名曰「雜記」者，以其雜記諸侯以下至士之喪事。此於《别録》屬「喪服」。分爲上下，義與《曲禮》、《檀弓》分别不殊也。○愚按：此篇雜記喪事，篇末記諸侯弔、含、襚、賵儀節頗詳。孟子曰：

「諸侯之禮，吾末之學」。此段可補諸侯喪禮之闕。

雜記下第二十一　○愚按：此亦皆記喪事，而篇末自孔子論管仲、晏平仲以下，復雜説他事。

喪大記第二十二　名曰「喪大記」者，以其記人君以下始死、小斂、大斂、殯葬之事。此於《别録》屬「喪服」。○《疏》引劉元云：〔三〕「《記》謂之大者，言其委曲詳備繁多，故云大。」

祭法第二十三　名曰「祭法」者，以其記有虞氏至周天子以下所祭祀羣神之數。此於《别録》屬「祭祀」。

祭義第二十四　名曰「祭義」者，以其記祭祀齊戒薦羞之義也。此於《别録》屬「祭祀」。○愚按：篇中亦説他事，而説祭事尤多。其説祭事，但明義理，不及器數，故名「祭義」。

祭統第二十五　名曰「祭統」者，以其記祭祀之本也。統猶本也。此於《别録》屬「祭祀」。○愚按：《説文》云：「統，紀也。」總理祭祀之綱紀，故名「祭統」。篇末孔悝《鼎銘》，因附及焉。

經解第二十六　名曰「經解」者，以其記六藝政教之得失也。此於《别録》屬「通論」。○方氏苞曰：「此《記》中間所述，多荀卿語，疑出於漢之中葉傳荀氏之學者爲之也」。「遭秦滅學，至漢景、武之間，諸老師各抱一經，以授其徒」，「不能相通」。「自是以來，學者循誦《易》、《詩》、《書》、《春秋》之文，而虚言其義，有得有失，一如《記》所稱。」又曰：「經本無弊，解者失其意，而愚誣賊亂之弊生。此篇别其教，並著其失，故以『經解』名。」○愚按：鄭《目録》云「六藝」者，即「六經」也。此篇前列「六經」之失，後舉禮坊之要，見禮失雖煩，其於教訓正俗之道莫尚焉。記人其有重禮之意，與篇首引「孔子曰：『入其國，其教可知也。』」聖言止此一句，餘皆記者之衍説。中間引「孔子曰」者，《孝經》之語也。篇末引「《易》曰」者，《易緯》之文也。其爲漢儒作，審矣。

哀公問第二十七　名曰「哀公問」者，善其問禮，著謚顯之也。此於《别録》屬「通論」。○愚按：篇中所記，凡有二問，先問禮，後問政，故舉一「問」字包之。

仲尼燕居第二十八　名曰「仲尼燕居」者，善其不倦。燕居猶使三子侍之，言及於禮。著其字，言事可法。退朝而處曰燕居。此於《别録》屬「通論」。○愚按：《禮》篇如《曾子問》、《哀公問》、《仲尼燕居》、《孔子閒居》，此等皆摘取篇首之字，因以名篇，非有義例也。篇中稱「子曰」者，未必親仲尼之言，亦猶《左氏春秋傳》每稱「仲尼曰」，或非其實也。

孔子閒居第二十九　名曰「孔子閒居」者，善其既倦而不褻，猶使一弟子侍，爲之説《詩》。著其氏，言可法也。退燕避人曰「閒居」。此於《别録》屬「通論」。○愚按：義同上篇。篇中「五至」、「三無」、「五起」，或非聖人語，似倣《論語》「五美」、「四惡」而爲之者。

坊記第三十　名曰「坊記」者，以其記「六藝」之義，所以坊人之失者也。此於《别録》屬「通論」。○方氏苞曰：「篇中多引《春秋》、《論語》爲證，可見非孔子之言。如《文中子》書曰『子云』，弟子各子其師，非孔子也。」

中庸第三十一　名曰「中庸」者，以其記中和之爲用也。庸，用也。孔子之孫子思伋作之，以昭明聖祖之德。

此於《别録》屬「通論」。〇愚按：中，正也。庸，常也。發明正常之理，以繼脩道之教。篇首及篇末皆稱仲尼盛推中庸之道，合於聖祖也。

表記第三十二　名曰「表記」者，以其記君子之德，見於儀表。此於《别録》屬「通論」。〇愚按：立木曰表，表，標也。此篇記聖人君子之美行可爲人標表者，故名「表記」。其篇中「子言之」及「子曰」，義與《坊記》同。

緇衣第三十三　名曰「緇衣」者，善其好賢者厚也。《緇衣》，鄭詩也。其詩曰：「緇衣之宜兮，敝，予又改爲兮。適子之館兮，還，予授子之粲兮。」粲，餐也。設餐以授之，愛之欲飲食之。言緇衣之賢者，居朝廷宜其服也。我欲就爲改制其衣，反欲與之新衣，厚之而無已。此於《别録》屬「通論」。《釋文》引「劉獻云〔四〕『公孫尼子所作也。』」〇齊召南曰：「此篇『子曰』，皆公孫尼子記録之詞，自爲編次，非孔子時語也。葉公沈諸梁之卒，在孔子後，篇中述其顧命，可以證矣。」

奔喪第三十四　名曰「奔喪」者，以其居他國聞喪奔赴之禮。此於《别録》屬「喪服」之禮矣。實《逸曲禮》之正篇也。漢興後，得古文，而禮家又貪其説，因合於《禮記》耳。〇《疏》曰：「鄭云『逸禮』者，《漢書·藝文志》云，漢興，始於魯淹中得《古禮》五十七篇。其十七篇與今《儀禮》正同，其餘四十篇藏在祕府，謂之《逸禮》。其『投壺禮』亦此類也。」

問喪第三十五　名曰「問喪」者，以其記善問居喪之禮所由也。此於《别録》屬「喪服」也。

服問第三十六　名曰「服問」者，以其善問以知有服而遭喪所變易之節，此於《别録》屬「喪服」也。

閒傳第三十七　名曰「閒傳」者，以其記喪服之閒輕重所宜，此於《别録》屬「喪服也」。

三年問第三十八　名曰「三年問」者，善其問以知喪服年月所由。此於《别録》屬「喪服」。○愚按：以上五篇，並記喪事，而義各有當。《奔喪》一篇，雖兼五服之親，然以父母爲主。疏云：「兼天子諸侯，然以士爲主。故鄭下文《注》云，未成服者素委貌，是知以士爲主也。」愚謂《儀禮》惟存《士喪禮》，其天子諸侯既無文，故據士以言耳。《服問》廣明内外之服，《閒傳》旁及五服之制，《問喪》、《三年問》二篇，則主爲父母者言也。題曰「問」者，發端陳義以盡其藴焉。又案：此篇全依《荀子·禮論》。

深衣第三十九　名曰「深衣」者，以其記深衣之制也。深衣，連衣裳而純之以采者。素純曰長衣，有表則謂之中衣。大夫以上，祭服之中衣用素。《詩》云：「素衣朱襮。」《玉藻》曰：「以帛裏布，非禮也。」士祭以朝服，中衣以布，明矣。此於《别録》屬「制度」。○《疏》云：深衣者，「衣裳相連，被體深邃，故謂之深衣。」

投壺第四十　名曰「投壺」者，以其記主人與客燕飲、講論才藝之禮。此於《别録》屬「吉禮」。亦實《曲禮》之正篇。○《疏》云：「投壺與射爲類，宜屬嘉禮也。」或云，宜屬賓禮。○愚按：《深衣》、《投壺》二篇及《奔喪》一篇，蓋皆《古經》之逸簡，《儀禮》之補亡也。

儒行第四十一　名曰「儒行」者，以其記有道德者所行也。儒之言優也，柔也，能安人，能服人。又儒者，濡也。以先王之道，能濡其身。此於《别録》屬「通論」。〇愚按：此篇辭氣少激，蓋非孔子之言也。或云：「以哀公輕儒故耳。」然如此，何以爲孔子？

大學第四十二　名曰「大學」者，以其記博學可以爲政也。此於《别録》屬「通論」。〇愚按：此亦標首二字名篇。謂之「大學」者，以明德所由，先從誠意爲始，却推以及天下國家，極學者之能事，故「大」之。

冠義第四十三　名曰「冠義」者，以其記冠禮成人之義。此於《别録》屬「吉事」。〇《疏》云：「古人冒而句領，黄帝造旃冕，始有冠。」

昏義第四十四　名曰「昏義」者，以其記娶妻之義，内教之所由成也。此於《别録》屬「吉事」也。〇《疏》云：「謂之『昏』者，鄭《昏禮·目録》云：『娶妻之禮，以昏爲期，因名焉。必以昏者，取其陽往陰來之義。日入後二刻半爲昏』。」

鄉飲酒義第四十五　名曰「鄉飲酒義」者，以其記鄉大夫飲賓於庠序之禮，尊賢養老之義。此於《别録》屬「吉事」。〇《疏》云：「凡有四事：一則三年賓賢能，二則鄉大夫飲國中賢者，〔五〕三則州長習射飲酒，四則黨正蜡祭飲酒，皆謂之『鄉飲酒』。」

射義第四十六　名曰「射義」者，以其記燕射、大射之禮，觀德行取於士之義。此於《别録》屬「吉事」。〇疏云：「此篇中有鄉射。」又云：「不失正鵠。正則賓射。」今《目録》唯云「燕射、大射」者，此篇廣説天子諸侯大射、燕射之義，不專於鄉射、賓射也。

燕義第四十七　名曰「燕義」者，以其記君臣燕飲之禮，上下相尊之義。此於《别録》屬「吉事」。○《疏》云：「《儀禮·目録》云：『諸侯無事若卿大夫有勤勞之功，與羣臣燕飲以樂之。』」

聘義第四十八　名曰「聘義」者，以其記諸侯之國交相聘問之禮，重禮輕財之義也。此於《别録》屬「吉事」。○《疏》云：「《儀禮·聘禮》謂大聘使卿，是諸侯伯之卿。此《聘義》所釋，包五等之卿。故此經云『上公七介』以下是也。」○愚按：以上六篇，每篇言義者，《儀禮》有其文，此《記》釋其義也。凡《記》中《喪服》、小大《雜記》、《服問》、《閒傳》、《曾子問》、《三年問》諸篇，皆《儀禮》之解詁，然不皆名爲「義」者，彼或旁及餘論，不取釋經，獨此六篇首標經文，下釋其義，故獨得「義」名也。

喪服四制第四十九　名曰「喪服四制」者，以其記喪服之制取於仁義禮知也。此於《别録》舊説屬「喪服」。《疏》云：「鄭云『舊説』，案《别録》無《喪服四制》之文，唯舊説稱此《喪服》之篇屬『喪服』。」○愚按：《别録》既稱《禮記》四十九篇，而無此一篇，當充以何篇也？《疏》亦不言，何與？

校記

〔一〕《漢書·郊祀志》應作《史記·封禪書》，見《史記》卷二十八，中華書局一九八二年版。

〔二〕以，依中華書局一九八二年版《十三經注疏》上册《禮記注疏》卷十《王制》第一三三二頁篇題下孔《疏》及卷十三第一三四七頁下欄經文校補。

〔三〕劉元，阮元《禮記注疏》卷四十四《校勘記》：「劉元云，閩、監、毛本同，惠棟校宋本『元』作『先』」。

〔四〕獻，《經典釋文》中册《緇衣》三十三卷，上海古籍出版社一九八五年景宋本作「瓛」。

〔五〕鄉，阮元《禮記注疏》卷六十一《校勘記·鄉飲酒義第四十五》：「二則卿大夫飲國中賢者。此本『卿』字不誤，閩、監、毛本『卿』誤『鄉』，衛氏《集説》同。」

鄭氏禮記箋

曲禮上第一

《曲禮》曰：毋不敬，禮主於敬。儼若思，儼，矜莊貌。人之坐思，貌必儼然。安定辭。審言語也。《易》曰：「言語者，君子之樞機。」安民哉！以上三句可以安民，説《曲禮》者美之云耳。

敖不可長，欲不可從，志不可滿，樂不可極。四者，慢遊之道，桀紂所以自禍。○陸德明云：「敖，王肅『五高反』，遨遊也。長，盧植、馬融、王肅並『直良反』。」

賢者狎而敬之，狎，習也，近也，謂附而近之，習其所行也。《月令》曰：「雖有貴戚近習。」畏而愛之。心服曰畏。曾子曰：「吾先子之所畏。」愛而知其惡，憎而知其善，謂凡與人交，不可以己心之愛憎，誣人之善惡。積而能散，謂己有蓄積，見貧窮者，則當能散以賙救之，若宋樂氏。○愚按：積善而能散施於人，令衆人皆爲善也。安安而能遷。謂己今安此之安，圖後有害，則當能遷。晉咎犯與姜氏醉重耳而行，近之。○愚按，亦謂善也。孔子曰：「主忠信，徙義。」臨財，毋苟得；爲傷廉也。臨難，毋苟免。爲傷義也。很毋求勝，分毋求多。爲傷平也。很，鬩也。謂争訟也。《詩》云：「兄弟鬩于墻。」疑事毋質，質，成也。彼己俱疑，而己成言之，終不然則傷知。〇方氏苞曰：「有爲人所疑之事，苟無惡於己志，久將自明，不可急於質辨以求伸也。」直而勿有。直，正也。己若不疑，則當稱師友而正之，謙也。〇方氏苞曰：「直雖在己，若據而有之，則形人之曲，君子所不取。」

若夫，言若欲爲丈夫也。《春秋·傳》曰：「是謂我非夫。」〇朱子曰：「此篇蓋取《大戴禮》文。『若夫』二字，失於删去。」坐如尸，視貌正。立如齊。磬且聽也。齊，謂祭祀時。禮從宜，事不可常也。晉士匄帥師侵齊，聞齊侯卒，乃還，《春秋》善之。使從俗。亦事不可常也。牲幣之屬，則當從俗所出。《禮器》曰：「天不生，地不養，君子不以爲禮，鬼神不饗。」

夫禮者，所以定親疏，決嫌疑，别同異，明是非也。禮，不妄説人，爲近佞媚也。君子説之不以其道，則不説也。〇愚按：説，讀如字，亦通。毁損其真，妄説人也；譽過其實，亦妄説人也。不辭費。爲傷信。君子先行其言而後從之。〇愚按：《説文》以詞爲言詞之字，辭，不受也。俗皆亂之，辭詞通矣。若從辭之本字，則謂行禮不苟爲省也，若從言詞之字，則謂吉人詞寡也。未詳孰是，姑兩存之。禮不踰節，不侵侮，不好狎。爲傷敬也。人則習近爲好狎。脩身踐言，謂之善行。踐，履也。言履而行之。行脩言道，禮之質也。言道，言合於道。質猶本也。禮爲之文飾耳。禮聞取於人，不聞取人；謂君人者取於人，謂高尚其道。取人，謂制服其身。禮聞來學，不聞往教。尊道藝。

道德仁義，非禮不成。教訓正俗，非禮不備。分争辯訟，非禮不決。君臣上下父子兄弟，非禮不定。宦學事師，非禮不親。班朝治軍，涖官行法，非禮威嚴不行。禱祠祭祀，供給鬼神，非禮不誠不莊。分、辯，皆別也。宦，仕也。班，次也。涖，臨也。莊，敬也。學，或爲「御」。是以君子恭敬撙節退讓以明禮。撙猶趨也。○陳澔曰：「撙，裁抑也。」鸚鵡能言，不離飛鳥；猩猩能言，不離禽獸。今人而無禮，雖能言，不亦禽獸之心乎？夫唯禽獸無禮，故父子聚麀。聚猶共也。鹿牝曰麀。是故聖人作，爲禮以教人。使人以有禮，知自別於禽獸。

大上貴德，大上，帝皇之世。其民施而不惟報。其次務施報。三王之世，禮始興焉。禮尚往來，往而不來，非禮也；來而不往，亦非禮也。人有禮則安，無禮則危。故曰，禮者不可不學也。

夫禮者，自卑而尊人。雖負販者，必有尊也，而況富貴乎？負販者尤輕恌志利，宜若無禮焉。富貴而知好禮，則不驕不淫；貧賤而知好禮，則志不懾。懾猶怯惑。

人生十年曰幼學。名曰幼時始可學也。《內則》曰：「十年，出就外傅，居宿於外，學書計。」二十曰弱冠。三十曰壯，有室。有室，有妻也。妻稱室。四十曰强，而仕。五十曰艾，服官政。艾，老也。○陸德明云：「艾，謂蒼艾色也。一音刈，治也。」○愚按：魏晉人讀艾爲刈。《晉書·鄭沖傳》云：「艾服王事六十餘載」，即讀艾爲刈也。五十始命爲大夫，故以治事言之。六十曰耆，指使。指事使人也。六十不與服戎，不親學。○賀瑒云：「耆，至也，至老境也。」七十曰老，而傳。傳家事任子孫，是謂宗子之父。八十九十曰耄，耄，惛忘也。《春秋·傳》曰：「謂老將知，耄又及之。」〔一〕○愚按，金鶚按：「《爾雅正義》謂《禮記古本》云『八十曰耋，九十曰耄』，《今本》脱『曰耋』二字，錢大昕《經史答問》宗之。近王引之《經義述聞》據《釋文》以『本或作「八十曰耋，九十曰耄」，爲後人妄加』，極辨錢説之非，誠爲卓見。」竊謂《曲禮古本》作「七十曰耋」，此本至唐猶存，故徐彦《公羊傳·疏》云：「七十稱老，《曲禮》文也。案今《曲禮》云『七十曰耋』，與此異也。」李賢《後漢書·注》云：「《禮記》曰：『六十曰耆，七十曰耋。』」此二人所見之本，乃真《古本》之傳於唐者，而徐彦反以爲《今本》與《古本》異，殆未考訂其是非也。《曲禮》在漢時已有二本。《離·九三》馬融注、《僖九年·左傳》服虔、杜預注，並以「七十爲耋」，《秦風·車鄰·傳》、《離·九三》王肅注：《爾雅·釋言》郭璞注及《説文》、《釋名》，並以「八十爲耋」。孔沖遠《詩·疏》云：「耋有七十、八十，無正文也。」《左傳·疏》亦云耋之年齒「無明文」，孔沖遠未見《古本》，故云然耳。《爾雅·釋言》舍人注、《宣十二年·公羊·注》，並以「六十爲耋」。然「六十曰耆」，經有明文，何得改爲耋乎？八十曰耄，安得又曰耋乎？八十、六十皆不得稱耋，可知耋爲七十也。毛公《車鄰·傳》疑本作「七十曰耋」，或後人據他書改之也。《大雅·板》篇傳云「八十曰耄」，必不復以八十爲耋矣。七年曰悼，悼，憐愛也。悼與耄雖有罪，不加刑焉。愛幼而尊老。百年曰期頤。期猶要也。頤，養也。不知衣服食味，孝子要盡養道而已。大夫七十而致事。致其所掌之事於君而告老。若不得謝，謝猶聽也。君必有命勞苦，辭謝之。其有德尚壯，則不聽耳。則必賜之几杖。行役以婦人。適四方，乘安車，自稱曰老夫。几杖、婦人、安車，所以養其身體也。安車，坐乘，若今小車也。老夫，老人稱也。亦明君貪賢。《春秋·傳》曰：「老夫耄矣。」於其國則稱名。君雖尊異之，自稱猶若臣。○愚謂敬父母之邦也，非君前臣名之説。越國而問焉，必告之以其制。鄰國來問，必問於老者以答之。制，法度。

謀於長者，必操几杖以從之。從猶就也。長者問，不辭讓而對，非禮也。當謝不敏，若曾子之爲。

凡爲人子之禮：冬温而夏凊，昏定而晨省，安定其牀衽也。省問其安否何如。在醜夷不爭。醜，衆也。夷猶儕也。四皓曰：「陛下之等夷。」

夫爲人子者，三賜不及車馬。三賜，三命也。凡仕者，一命而受爵，再命而受衣服，三命而受車馬。車馬，而身所以尊者備矣。卿、大夫、士之子不受，不敢以成尊比踰於父；天子、諸侯之子不受，自卑遠於君。○方氏苞曰：「不曰不受，而曰不及，何也？君之命賜，雖固辭，終不能不受，特不敢乘耳。」故州閭鄉黨稱其孝也，兄弟親戚稱其慈也，僚友稱其弟也，執友稱其仁也，交遊稱其信也。不敢重受賜者，心也。如此而五者備有焉。《周禮》二十五家爲閭，四閭爲族，五族爲黨，五黨爲州，五州爲鄉。僚友，官同者。執友，志同者。見父之執，不謂之進不敢進，不謂之退不敢退，不問不敢對。敬父同志如事父。此孝子之行也。

夫爲人子者：出必告，反必面，告、面同耳。反言面者，從外來，宜知親之顔色安否。所遊必有常，所習必有業。緣親之意欲知之。恒言不稱老。廣敬。年長以倍，則父事之，謂年二十於四十者。人年二十，弱冠成人，有爲人父之端。今四十於二十者，有子道。《内則》曰：「年二十，惇行孝弟。」十年以長，則兄事之，五年以長，則肩隨之。肩隨者，與之並行差退。羣居五人，則長者必異席。席以四人爲節，因宜有所尊。○孔穎達疏云：「《公食大夫禮》，蒲筵常加萑席尋。此以蒲席者，故得容四人。此羣居之法。若賓主禮席，皆無同坐之法。」○方氏苞曰：「四人共席，必倍尋，始可容。然則三尺三寸三分有奇者，獨坐之席也。」

爲人子者，居不主奧，坐不中席，行不中道，立不中門。謂與父同宫者也，不敢當其尊處。室中西南隅謂之奧。道有左右。中門謂棖闑之中央。《内則》曰：「由命士以上，父子皆異宫。」食饗不爲槩，槩，量也。不制待賓客饌具之所有。祭祀不爲尸。尊者之處，爲其失子之道。然則尸，卜筮無父者。○方氏苞曰：「父主祭，則子不得爲尸也。不然，祭必有尸，安得盡孤子爲之。」○愚謂此駁鄭也。然云父不主祭，則爲尸者得避其父，便可爲之，竊恐未安。聽於無聲，視於無形。恒若親之將有教使然。不登高，不臨深。不苟訾，不苟笑。爲其近危辱也。人之性，不欲見毁訾，不欲見笑。君子樂然後笑。

孝子不服闇，不登危，懼辱親也。服，事也。闇，冥也。不於闇冥之中從事，爲卒有非常，且嫌失禮也。男女夜行以燭。父母存，不許友以死。爲忘親也。死爲報仇讎。○愚謂爲友報仇，亂民也。雖父母没，亦當不許。不有私財。○愚謂爲倍親也。

爲人子者：父母存，冠衣不純素。爲其有喪象也。純，緣也。《玉藻》曰：「縞冠玄武，子姓之冠也。縞冠素紕，既祥之冠也。」《深衣》曰：「具父母，衣純以青。」孤子當室，冠衣不純采。早喪親，雖除喪不忘哀也。謂年未三十者。三十壯有室，有代親之端，不爲孤也。當室，適子也。《深衣》曰：「孤子，衣純以素。」

幼子常視毋誑，視，今之「示」字。小未有所知，常示以正物，以正教之，無誑欺。○愚按：視非「示」也。視猶俗語云「料望」耳。童子不衣裘裳。裘大温，消陰氣，使不堪苦；不衣裘裳，便易。○愚按：《注》「不衣裘裳」，「裘」字衍。立必正方。不傾聽。習其自端正。長者與之提攜，則兩手奉長者之手，習其扶持尊者。提攜謂牽將行。負劍辟咡詔之，負謂置之於背，劍謂挾之於旁，辟咡詔之，謂傾頭與語。口旁曰咡。○愚按：負劍，謂老人負童子於背上。辟咡，謂老人垂頭與兒語。《注》則凡爲四事：負謂致兒背上，劍謂挾於脅下，辟謂傾頭與語，咡爲口旁語之。又按陸德明引何氏云：「口耳之間曰咡。」然《疏》引《管子》書《弟子職》云「食已，循咡覆手」，則訓口旁爲是。則掩口而對。習其鄉尊者屏氣也。從於先生，不越路而與人言。尊不二也。先生，老人教學者。遭先生於道，趨而進，正立拱手。爲有教使。先生與之言則對，不與之言則趨而退。爲其不欲與己並行。從長者而上丘陵，則必鄉長者所視。爲遠視不察，有所問。

登城不指，城上不呼。爲惑人。

將適舍，求毋固。謂行而就人館。固猶常也。求主人物，不可以舊常，致時乏無。《周禮·土訓》：「辨地物，原其生，以詔地求其類。」○愚按，固如「毋固獲」之固。將上堂，聲必揚。警内人也。户外有二屨，言聞則入，言不聞則不入。將入户，視必下。入户奉扃，視瞻毋回。不干掩人之私也。奉扃，敬也。○陸德明云：「何云：關也。一云門扇上鐶鈕。」户開亦開，户闔亦闔；不以後來變先。

有後入者，闔而勿遂。示不拒人。毋踐屨，毋踖席，摳衣趨隅，必慎唯諾。趨隅升席，必由下也。慎唯諾者，不先舉，見問乃應。

大夫士出入君門，由闑右，臣統於君。闑，門橛。不踐閾。閾，門限也。

凡與客人者，每門讓於客。下賓也。敵者迎於大門外。《聘禮》曰，君「迎賓於大門内」。客至於寢門，則主人請入爲席，爲猶敷也。雖君亦然。然後出迎客。客固辭，又讓先入。主人肅客而入。肅，進也。進客謂道之。主人入門而右，客入門而左。右就其右，左就其左。主人就東階，客就西階，客若降等，則就主人之階。降，下也。謂大夫於君、士於大夫也，不敢輒由其階。卑統於尊，不敢自專。主人固辭，然後客復就西階。復其正。主人與客讓登：主人先登，客從之，拾級聚足，拾當爲「涉」，聲之誤也。級，等也。涉等聚足，謂前足躡一等，後足從之併。○愚按：拾讀如字。拾級者，言升階必曲身視下，如拾物然。連步以上。重蹉跌也。連步，謂足相隨，不相過也。上於東階，則先右足，上於西階，則先左足。近於相鄉敬。

帷薄之外不趨，不見尊者行，自由不爲容也。入則容。行而張足曰趨。○陸德明曰：「帷，幔也。薄，簾也。」堂上不趨，爲其迫也。堂下則趨。執玉不趨。志重玉也。《聘禮》曰：「上介授賓玉於廟門外。」堂上接武，武，迹也。迹相接，謂每移足，半躡之。中人之迹尺二寸。堂下布武。布武，謂每移足各自成迹不相躡。室中不翔。又爲其迫也。行而張拱曰翔。並坐不横肱。爲害旁人。授立不跪。授坐不立。爲煩尊者俛仰受之。

凡爲長者糞之禮，必加帚於箕上，如是得兩手奉箕，恭也。謂初執而往時也。《弟子職》曰：「執箕膺擖，厥中有帚。」〔三〕以袂拘而退。其塵不及長者，謂埽時也。以袂擁帚之前，埽而卻行之。以箕自鄉而扱之。扱讀曰吸。謂收糞時也。箕，去棄物，以鄉尊者，則不恭。○愚按：扱讀爲插。謂以箕嚮胸前如插者然。或曰一手舉箕，一手舉帚而扱之也。○方氏苞曰：「按《少儀》：『氾埽曰埽，埽席前曰拚。』此曰『爲長者糞』，則席前也。拚席不用帚，加於箕上，示不用也。《少儀》『拚席不以鬣』，即此篇所謂『以袂拘而退』也。『執箕膺擖』，即此篇所謂『以箕自鄉而扱』也，其義相表裏。但據《少儀》，則凡『拚席』皆然，據此篇則專用之長者，所傳微異耳。」奉席如橋衡。橫奉之，令左昂右低，如有首尾然。橋，井上㮮槔，衡上低昂。○方氏苞曰：「卷席之法，宜與縛幣略同，卷其兩端，而中稍穹。橫奉之，則左右如衡之平，而中穹者如橋。」○愚按：《注》「衡上」，疑「衡主」之訛。請席何鄉，請衽何趾。順尊者所安也。衽，卧席也。坐問鄉，卧問趾，因於陰陽。席：南鄉北鄉，以西方爲上；東鄉西鄉，以南方爲上。布席無常，此其順之也。上謂席端也。坐在陽，則上左；坐在陰，則上右。○愚謂東、南爲陽，西、北爲陰。坐陰則鄉陽，坐陽則鄉陰也。若非飲食之客，則布席，席間函丈。謂講問之客也。函猶容也。講問宜相對容丈，足以指畫也。飲食之客，布席於牖前。丈或爲「杖」。○愚按：布席者，敷之令相對。飲食之客，則室外牖前，列席相向，不相對也。《疏》引《文王世子》云：「侍坐於大司成，遠近間三席」。席之制，三尺三寸三分寸之一，則三席是一丈，故鄭云「容丈」也。丈，王肅作「杖」，言古人講説，用杖指畫，故或容杖也。主人跪正席，雖來講問，猶以客禮待之，異於弟子。客跪撫席而辭。撫之者，答主人之親正。客徹重席，主人固辭。徹，去也。去重席，謙也。再辭曰固。客踐席，乃坐。客安，主人乃敢安也。講問宜坐。主人不問，客不先舉。客自外來，宜問其安否、無恙及所爲來故。將即席，容毋怍，怍，顔色變也。○愚按：《弟子職》云「顔色毋怍」，義與此同。二「怍」字，俱「作」之假借也。作，訓「厲」也，謂奮厲之義。作、怍，古字通，故《文選·注》引《弟子職》作「毋作」，《大戴禮·注》引《論語》亦作「其言之不作」，皆其證矣。兩手摳衣，去齊尺。齊，謂裳下緝也。○方氏苞曰：「齊，裳下緝也。摳衣去裳之下齊尺，便坐而整飭以爲儀也。若齊去地尺，則當曰攝齊去地尺。《玉藻》：『圈豚行，不舉足，齊如流，席上亦然。』則登席不攝齊，明矣。」衣毋撥，撥，發揚貌。足毋蹶。蹶，行遽貌。

先生書策琴瑟在前，坐而遷之，戒勿越。廣敬也。在前謂當行之前。○愚按：越，隕墜也。坐遷之時，當恭敬奉持，不得隕越於地。恐跪舉物，有傾跌也，故戒勿越。若以越爲踰，則書策琴瑟雖微，先生之物，亦當勿踰越也。虚坐盡後，謙也。食坐盡前，爲汙席。坐必安，執爾顔。執，猶守也。長者不及，毋儳言。儳猶暫也。非類雜。○方氏苞曰：「《周官·廛人·注》：『立而以物求市者曰儳。』儳者急於求市，往往人不與言而强儳以言，故以爲比。」正爾容，聽必恭。聽先生之言，既説又敬。毋勦説，勦猶擥也。謂取人之説以爲己説。毋雷同。雷之發聲，物無不同時應者。人之言，當各由己，不當然也。孟子曰：「人無是非之心，非人也。」〔三〕必則古昔，稱先王。言必有依據。侍坐於先生，先生問焉，終則對。不敢錯亂尊者之言。請業則起，請益則起。尊師重道也。起，若今摳衣前請也。業，謂篇卷也。益，謂受説不了，欲師更明説之。「子路問政。子曰：『先之，勞之。』請益。曰：『無倦。』」父召無諾，先生召無諾，唯而起。應辭。唯恭於諾。侍坐於所尊敬，毋餘席。必盡其所近尊者之端，爲有後來者。見同等不起。不爲私敬。○愚按：「毋餘席」者，闕其在下空席，擬後來者也。見同等不起，任其坐在下空席也。若前有餘席，則後來者當以次移坐於前，雖見同等，不能不起矣。燭至起，異晝夜。食至起，爲饌變。上客起。敬尊者。燭不見跋。跋，本也。燭盡則去之，嫌若燼多，有厭倦。○方氏苞曰：「此承上『燭至起』而言，即主人固留，亦不見跋而必退也。《詩》曰：『厭厭夜飲。』燕禮無算樂。後有『執燭』『爲燭』之文，故以『不見跋』爲之節。」尊客之前不叱狗。主人於尊客之前，不敢倦，嫌若風去之。〔四〕讓食不唾。嫌有穢惡。

侍坐於君子，君子欠伸，撰杖屨，視日蚤莫，侍坐者請出矣。以君子有倦意也。撰猶持也。侍坐於君子，君子問更端，則起而對。離席對，敬異事也。君子必令復坐。侍坐於君子，若有告者曰：「少間，願有復也。」則左右屏而待。復，白也，言欲須少空閒，有所白也。屏猶退也，隱也。毋側聽，嫌探人之私也。側聽，耳屬于垣。○愚按：爲失容也。又按此句以下，斷文另起，《疏》合上文爲一節，非也。毋噭應，毋淫視，毋怠荒。遊毋倨，立毋跛。坐毋箕，寢毋伏。斂髮毋髢。冠毋免，勞毋袒，暑毋褰裳。皆爲其不敬。噭，號呼之聲也。淫視，睇眄也。怠荒，放散身體也。跛，偏任也。伏，覆也。髢，髮也，毋垂餘如髪也。免，去也。褰，祛也。髢或爲「肆」。

侍坐於長者，屨不上於堂，屨賤，空則不陳於尊者之側。解屨，不敢當階。爲妨後升者。就屨，跪而舉之，屏於側。謂獨退也。就猶著也。屏亦不當階。鄉長者而屨。跪而遷屨。俯而納屨。謂長者送之也。不得屏，遷之而已。俯，俛也。納，内也。遷或爲「還」。

離坐，離立，毋往參焉。離立者，不出中間。爲干人私也。離，兩也。男女不雜坐，不同椸枷，不同巾櫛，不親授。嫂叔不通問，諸母不漱裳。外言不入於梱，内言不出於梱。女子許嫁，纓；非有大故，不入其門。姑、姊妹、女子子，已嫁而反，兄弟弗與同席而坐，弗與同器而食。皆爲重別，防淫亂。不雜坐，謂男子在堂，女子在房也。椸，可以枷衣者。通問，謂相稱謝也。諸母，庶母也。漱，澣也。庶母賤，可使漱衣，不可使漱裳。裳賤，尊之者亦所以遠。別外言内言，男女之職也。不出入者，不以相問也。梱，門限也。女子許嫁繫纓，有從人之端也。大故，宫中有災變。若疾病，乃後入也。女子有宫者，亦謂由命士以上也。《春秋·傳》曰：「羣公子之舍，則已卑矣。」女子十年而不出嫁，及成人，可以出矣，猶不與男子共席而坐，亦遠別也。父子不同席。異尊卑也。男女非有行媒，不相知名。見媒往來傳昏姻之言，乃相知姓名。非受幣，不交不親。重別。有禮乃相纏固。故日月以告君，《周禮》：「凡取判妻入子者，媒氏書之以告君」，謂此也。齊戒以告鬼神，昏禮：「凡受女之禮皆於廟，爲神席以告鬼神」，謂此也。爲酒食以召鄉黨僚友，會賓客也。以厚其別也。厚，重慎也。取妻不取同姓，故買妾不知其姓，則卜之。

爲其近禽獸也。妾賤，或時非媵，取之於賤者，世無本繫。寡婦之子，非有見焉，弗與爲友。辟嫌也。有見，謂有奇才卓然，衆人所知。

賀取妻者曰：某子使某，聞子有客，使某羞。謂不在賓客之中使人往者。羞，進也，言進於客。古者謂候爲進，其禮蓋壺酒束脩若犬也。不斥主人，昏禮不賀。

貧者不以貨財爲禮，老者不以筋力爲禮。禮許儉，不，非無也。年五十始杖，八十拜君，命一坐再至。

名子者不以國，不以日月，不以隱疾，不以山川。此在常語之中，爲後難諱也。《春秋·傳》曰：「名終將諱之。」隱疾，衣中之疾也，謂若『黑臀』、『黑肱』矣。疾在外者，雖不得言，尚可指擿，此則無時可辟。俗語云：「隱疾難爲醫。」

男女異長。各自爲伯季也。男子二十，冠而字。成人矣，敬其名。父前，子名。君前，臣名。對至尊，無大小皆相名。女子許嫁，笄而字。以許嫁爲成人。

凡進食之禮，左殽，右胾，食居人之左，羹居人之右。皆便食也。殽，骨體也。胾，切肉也。食，飯屬也。居人左右，明其近也。殽在俎，胾在豆。〇《疏》云：「骨陽，故在左。肉陰，故在右。」「食燥是陽，故居左。羹溼是陰，故右設之。」膾炙處外，醯醬處内，殽胾之外内也。近醯醬者食之主，膾炙皆在豆。葱渫處末，〔五〕渫，烝葱也，處醯醬之左。言末者，殊加也。渫在豆。酒漿處右。處羹之右。此言若酒若漿耳；兩有之，則左酒右漿。此大夫、士與賓客燕食之禮。其禮，食則宜放《公食大夫禮》云。以脯脩置者，左朐，右末。亦便食也。屈中曰朐。〇吕氏曰：「其末在右，便於食也。食脯脩者先末。」客若降等，執食興辭，辭者，辭主人之臨己食，若欲食於堂下然。主人興辭於客，然後客坐。復坐。主人延客祭：延，道也。祭，祭先也。君子有事不忘本也。客若降等，則先祭。〇愚按：主人先祭導客也。祭，祭先炊也。陸德明引干寶《周禮·注》云：「祭五行六陰之神，與人起居」，非也。祭食，祭所先進。主人所先進，先祭之；所後進，後祭之；如其次。殽之序，徧祭之。謂胾炙膾也。以其本出於牲體也。《公食大夫禮》「魚腊湆醬不祭」也。〔六〕三飯，主人延客食胾，然後辯殽。先食胾，後食殽，殽尊也。凡食殽辯於肩，食肩則飽也。〇愚按：辯，徧也；下同。主人未辯，客不虚口。俟主人也。虚口謂酳之。客自畝以上，其酳不待主人飽；主人不先飽也。

侍食於長者，主人親饋，則拜而食。勸長者食耳。雖賤，不得執食興辭，拜而已。示敬也。主人不親饋，則不拜而食。以其禮於己不隆。

共食不飽，謙也。謂共羹飯之大器也。共飯不澤手。爲汗手不絜也。澤，謂挼莎也。禮飯以手。澤或爲「擇」。〇愚按：挼，奴禾切。《説文》云：「挼，兩手相切摩也」。阮孝緒《字略》云：「烦撋，猶挼莎。」《詩》云：「與子同澤。」澤，汗也。將飯，先自盥濯，則手無汗澤也。

毋摶飯，爲欲致飽，不謙。毋放飯，去手餘飯於器中，人所穢。〇《疏》云：「當棄飯於篚；〔七〕無篚，棄餘於會。會，謂簋蓋也。」毋流歠，大歠嫌欲疾。〇方氏苞曰：「放飯者，餘粒散布；流歠者，餘瀝沾濺也。」毋咤食，嫌薄之。毋齧骨，爲有聲響，不敬。毋反魚肉，爲已歷口，人所穢。毋投與狗骨。爲其賤飲食之物。毋固獲，爲其不廉也。欲專之曰固，爭取曰獲。〇愚按：固，堅也。毋揚飯。飯黍毋以箸。毋嚃羹，亦嫌欲疾也。嚃爲不嚼菜。《疏》云：「飯黍無用箸，當用匕。故《少牢》云：『廩人溉匕與敦。』」《注》云：『匕所以匕黍稷』，是也。」毋絮羹，爲其詳於味也。絮猶調也。〇愚按：絮以縣著衣中也。絮羹者，謂加以鹽梅。毋刺齒，爲其弄口也。口容止。毋歠醢。亦嫌詳於味也。歠者爲其淡故。〇愚按：醢，肉汁也。歠醢，有肉少不足食之嫌，故「辭以窶」。客絮羹，主人辭不能亨。客歠醢，主人辭以窶。優賓。濡肉齒決，決猶斷也。乾肉不齒決。堅宜用手。毋嘬炙。爲其貪食甚也。嘬謂一舉盡臠。特牲、少牢，嚌之加于俎。

卒食，客自前跪，徹飯齊，以授相者，謙也。自，從也。齊，醬屬也。相者，主人贊饌者。《公食大夫禮》：「賓卒食，北面取粱與醬以降也。」〇愚按：主親設、客親徹，禮也。但敵者則自徹不跪，降等之客則自前跪爲異耳。又按：齊與齏同。主人興辭於客，然後客坐。不聽親徹。

侍飲於長者，酒進則起，拜受於尊所。降席拜受，敬也。燕飲之禮，鄉尊。〇方氏苞曰：「《疏》謂此《記》與《燕禮》合，與《士相見》、《玉藻》違，而『燕』及『鄉飲酒』禮不聞拜受於尊所，疑『文不具』，非也。此《記》乃私家偶然之飲，長者酌於尊所，自宜就其所拜受。若『燕』及『鄉飲酒』禮，則賓受爵有席位，主人酌致有常儀，安得羣就尊所，樊然淆亂，漫無統紀乎！《記》特舉卑者拜受於尊所，則敵者無此儀。」長者辭，少者反席而飲。長者舉未釂，少者不敢飲。不敢先尊者。盡爵曰釂。《燕禮》曰「公卒爵，而後飲」也。

長者賜，少者賤者不敢辭。不敢亢禮也。賤者，僮僕之屬。

賜果於君前，其有核者懷其核。嫌棄尊者物也。木實曰果。

御食於君，君賜餘，器之溉者不寫，其餘皆寫。重汙辱君之器也。溉謂陶梓之器，不溉謂萑竹之器也。寫者，傳己器中乃食之也。勸侑曰御。

餕餘不祭，父不祭子，夫不祭妻。食人之餘曰餕。餕而不祭，唯此類也。食尊者之餘，則祭盛之。〇方氏苞曰：「按『饋食禮』餕餘皆祭。此云『不祭』者，疑朝夕恒食，子婦佐餕，父母舅姑既祭，則子婦不更祭也。」又曰：「『父不祭子，夫不祭妻』，此自爲一節，與上文不相蒙。不祭，謂不親饋獻也。父祭子，則使其子主之；無子，則使其兄弟或兄弟之子主之。夫祭妻略同。蓋饋獻必拜，非尊者所宜親也。舊説『妻子所進，不祭而食』，未安。舍賓祭而外，人之恒饌，無非妻子所進者。」

御同於長者，雖貳不辭。謂侍食於長者，饌宜與之同也。貳謂重殽膳也。辭之，爲長者嫌。

偶坐不辭。盛饌不爲己。陸德明曰：「偶，配也。一曰副貳也。」

羹之有菜者用梜，其無菜者不用梜。梜猶箸也。今人或謂箸爲「梜提」。

爲天子削瓜者副之，巾以絺。副，析也。既削，又四析之。乃横斷之而巾覆焉。

爲國君者華之，巾以綌。華，中裂之，不四析也。爲大夫累之，累，倮也。謂不巾覆也。士疐之，不中裂横斷，去疐而已。庶人齕之。不横斷。

父母有疾，冠者不櫛，行不翔，憂不爲容也。言不惰，憂不在私。好惰，不正之言。琴瑟不御，憂不在樂。食肉不至變味，飲酒不至變貌。憂不在味。笑不至矧，怒不至詈。憂在心難變也。齒本曰矧，大笑則見。疾止復故。自若常也。有憂者側席而坐，側猶特也。憂不在接人，不布他面席。○陳澔曰：「一説：側席，謂偏設之變於正席也。」有喪者專席而坐。降居處也。專猶單也。○陳《注》引吕氏曰：「專席，不與人共坐也。」

水潦降，不獻魚鼈，不饒多也。○愚按：《論衡·無形》篇云：「《禮》曰：『水潦降，不獻魚鼈。』何則？雨水暴下，蟲蛇化爲魚鼈。離本真暫變之蟲，臣子謹慎，故不敢獻。」〔八〕此説似較鄭《注》爲長。獻鳥者佛其首，爲其喙害人也。佛，戾也，蓋爲小竹籠以冒之。畜鳥者則勿佛也。畜，養也。養則馴。獻車馬者執策綏，獻甲者執冑，獻杖者執末。獻民虜者操右袂。獻粟者執右契，獻米者操量鼓。獻孰食者操醤齊。獻田宅者操書致。凡操執者，謂手所舉以告者也。設其大者，舉其小者，便也。甲，鎧也。冑，兜鍪也。民虜，軍所獲也，操其右袂制之。契，券要也，右爲尊。量鼓，器名。○陸德明曰：「量，斗斛也。鼓，《隱義》云：『樂浪人呼容十二石者爲鼓。』」〔九〕凡遺人弓者：張弓尚筋，弛弓尚角。弓有往來，體皆欲令其下曲，隤然順也。遺人無時，已定體則張之，未定體則弛之。右手執簫，左手承弣。簫，弭頭也；謂之簫，簫，邪也。弣，把中。尊卑垂帨。帨，佩巾也。磬折則佩垂。授受之儀，尊卑一。若主人拜，拜受也。則客還辟，辟拜。辟拜，謙不敢當。主人自受，由客之左，接下，承弣；由，從也。從客之左，右客尊之。接下，接客手下也。承弣，卻手則簫覆手與。鄉與客並，然後受。於堂上則俱南面，禮敵者並授。進劍者左首。左首，尊也。進戈者前其鐏，後其刃。進矛戟者前其鐓。後刃，敬也。三兵，鐏、鐓雖在下，猶爲首。鋭底曰鐏，取其鐏也。平底曰鐓，取其鐓也。

進几杖者拂之。尊者所馮依，拂去塵，敬。效馬效羊者右牽之；用右手便。效猶呈見。效犬者左牽之。犬齧齧人，右手當禁備之。執禽者左首。左首尊。飾羔雁者以繢。繢，畫也。諸侯大夫以布，天子大夫以畫。○方氏苞曰：「《禮》所謂執雁、奠雁，皆舒雁也。觀與羔並列而可覆以繢，則爲家禽可知。」受珠玉者以掬。慎也。掬，手中。受弓劍者以袂。敬也。飲玉爵者弗揮。爲其寶而脃。○陸德明曰：「何云：『振去餘酒曰揮。』」凡以弓劍苞苴簞笥問人者，問，猶遺也。苞苴裹魚肉，或以葦，或以茅。簞笥，盛飯食者，圜曰簞，方曰笥。○陸德明曰：「苞，裹也。苴，藉也。」操以受命，如使之容。謂使者。凡爲君使者，已受命，君言不宿於家。急君使也。言，謂有故所問也。《聘禮》曰：「若有言，則以束帛，如饗禮。」君言至，則主人出拜君言之辱；使者歸，則必拜送于門外。敬君命也。此謂國君問事於其臣。若使人於君所，則必朝服而命之；使者反，則必下堂而受命。此臣有所告請於其君。

博聞强識而讓，敦善行而不怠，謂之君子。敦厚。君子不盡人之歡，不竭人之忠，以全交也。歡謂飲食，忠謂衣服之物。〇愚按：歡，好也。忠，誠也。不盡、不竭，爲後難繼。

《禮》曰：「君子抱孫不抱子。」此言孫可以爲王父尸，子不可以爲父尸。以孫與祖昭穆同。爲君尸者，大夫士見之，則下之。君知所以爲尸者，則自下之，尊尸也。下，下車也。國君或時幼少，不能盡識羣臣，有以告者乃下之。尸必式。禮之。乘，必以几。尊者慎也。〇方氏苞曰：「車上無用几法。《昏禮》：『婦乘以几，從者二人坐持几。』謂登車時用之也。凡登車皆以綏，尸貴安重舒泰，故用几。婦人始嫁用几，恐於壻前失容也。坐而後憑几、尸式，則立乘可知矣。以是知用以登車也。」齊者不樂，不弔。爲哀樂則失正，散其思也。

居喪之禮，毀瘠不形，視聽不衰。爲其廢喪事。形謂骨見。升降不由阼階，出入不當門隧。常若親存。隧，道也。居喪之禮，頭有創則沐，身有瘍則浴，有疾則飲酒食肉，疾止復初。不勝喪，乃比於不慈不孝。勝，任也。五十不致毀，六十不毀，七十唯衰麻在身，飲酒食肉，處於內。所以養衰老。人五十始衰也。

生與來日，死與往日。與猶數也。生數來日，謂成服杖以死明日數也。死數往日，謂殯斂以死日數也。此士禮貶於大夫者。大夫以上皆以來日數。《士喪禮》曰：「死日而襲，厥明而小斂，又厥明大斂而殯。」則死三日。而更言三日成服杖，似異日矣。《喪大記》曰：「士之喪，二日而殯，三日之朝主人杖。」二者相推，其然明矣。與或爲「予」。

知生者弔，知死者傷。知生而不知死，弔而不傷；知死而不知生，傷而不弔。人恩各施於所知也。弔傷皆謂致命辭也。《雜記》曰：「諸侯使人弔，辭曰：『寡君聞君之喪，寡君使某，如何不淑。』此施於生者。傷辭未聞也。說者有弔辭云：『皇天降災，子遭罹之，如何不淑。』此施於死者，蓋本傷辭，辭畢退皆哭。」弔喪弗能賻，不問其所費。問疾弗能遺，不問其所欲。見人弗能館，不問其所舍。賜人者不曰來取。與人者不問其所欲。皆爲傷恩也。見人，見行人。館，舍也。與人不問其所欲，己物或時非其所欲，將不與也。適墓不登壟。爲其不敬。壟，冢也。墓，塋域。助葬必執紼。葬，喪之大事。紼，引車索。臨喪不笑。臨喪宜有哀色。揖人必違其位。禮以變爲敬。〇《疏》云：「《燕禮》：君降階，爾卿大夫。」鄭《注》云：「爾，近也，揖而移近之。」明雖君臣，皆須違位而揖也。望柩不歌，入臨不翔。哀傷之，無容樂。當食不歎。食或以樂，非歎所。鄰有喪，舂不相。里有殯，不巷歌。助哀也。相，謂送杵聲。適墓不歌。非樂所。哭日不歌。哀未忘也。送喪不由徑，送葬不辟塗潦。所哀在此。臨喪則必有哀色，執紼不笑，臨樂不歎；介冑則有不可犯之色。貌與事宜相配。介，甲也。故君子戒慎，不失色於人。色厲而內荏，貌恭心很，非情者也。國君撫式，大夫下之。大夫撫式，士下之。撫猶據也。據式小俛，崇敬也。乘車必正立。〇愚按：此節所指，《注》向無明文。《疏》云「君式宗廟，則臣宜下車」，此說非也。國君下宗廟，非特式而已。竊謂式之下之，皆謂道塗之間與人逢遇矣。如遇卿也，君撫式，大夫下之；遇大夫也，大夫撫式，士下之。禮不下庶人，爲其遽於事，且不能備物。刑不上大夫。不與賢者犯法。其犯法則在八議輕重，不在刑書。刑人不在君側。爲怨恨爲害也。《春秋·傳》曰：「近刑人則輕死之道。」

兵車不式，尚威武，不崇敬。武車綏旌，盡飾也。綏謂垂舒之也。武車亦兵車。德車結旌。不盡飾也。結，謂收斂之也。德車，乘車。

史載筆，士載言。謂從於會同，各持其職，以待事也。筆謂書具之屬，言謂會同盟要之辭。前有水，則載青旌。前有塵埃，則載鳴鳶。前有車騎，則載飛鴻。前有士師，則載虎皮。前有摯獸，則載貔貅。載，謂舉於旌首以警衆也。禮，「君行師從，卿行旅從」，前驅，舉此則士衆知所有。所舉各以其類象。青，青雀，水鳥。鳶鳴則將風。鴻，取飛有行列也。士師，謂兵衆。虎，取其有威勇也。貔貅，亦摯獸也。《書》曰：「如虎如貔」。士或爲「仕」。○《疏》云：「古人不騎馬，故《經》單記正典，無言騎者。今言騎者，當是周末時禮。」○方氏苞曰：「趙武靈王變服以習騎射，則要荒二服之有騎法舊矣。」「王巡狩征伐戎夷君長」，「必與庶邦君同會時事，有車有騎，宜也。朝會者衆，必各以其班序之，故『載飛鴻』以示義。」又曰：「『士師』在前，無警備之理，蓋『大師』之誤也。《注》《疏》皆以『士師』爲兵衆，或爾時尚未訛。」行，前朱鳥而後玄武，左青龍而右白虎，招搖在上，急繕其怒。以此四獸爲軍陳，象天也。急，猶堅也。繕，讀若勁。又畫招搖星於旌旗上，以起居堅勁軍之威怒，象天帝也。招搖星，在北斗杓端，主指者。○愚按：繕，吕氏讀如字，謂作致也。進退有度，度，謂伐與步數。左右有局，各司其局。局，部分也。

父之讎，弗與共戴天。父者子之天，殺己之天與共戴天，非孝子也。行求殺之，乃止。兄弟之讎，不反兵。恒執殺之備。交遊之讎，不同國。讎不吾辟，則殺之。交遊，或爲「朋友」。〇愚按：不同國，不與並域而居也。《注》云「讎不吾辟，則殺之」，爲友復讎殺人，此荆、聶之流，亂民也。聖王之世，不宜有此。又按《疏》引《調人》文，與此不同，以爲會遇恩赦之法，亦非也。經文從無及赦者，眚災肆赦，非此之比。若殺人重罪而赦之，非聖世之法也。

四郊多壘，此卿大夫之辱也。辱其謀人之國不能安也。壘，軍壁也。數見侵伐，則多壘。地廣大，荒而不治，此亦士之辱也。辱其親民不能安荒穢也。〇愚按：亦者，亦卿大夫。

臨祭不惰。爲無神也。祭服敝則焚之，祭器敝則埋之，龜筴敝則埋之，牲死則埋之。此皆不欲人褻之也。焚之必已；不用，埋之，不知鬼神之所爲。凡祭於公者，必自徹其俎。臣不敢煩君使也。大夫以下，或使人歸之。祭於公，助祭於君也。

卒哭乃諱。敬鬼神之名也。諱，辟也。生者不相辟名。衛侯名惡，大夫有名惡者。君臣同名，《春秋》不非。禮，不諱嫌名。二名不偏諱。爲其難辟也。嫌名，謂音聲相近，若「禹」與「雨」，「丘」與「區」也。偏謂二名不一一諱也。孔子之母名「徵在」，言「在」不稱「徵」，言「徵」不稱「在」。逮事父母，則諱王父母。不逮事父母，則不諱王父母。逮，及也。謂幼孤不及識父母，恩不至於祖名，孝子聞名心瞿，諱之由心。此謂庶人。適士以上，廟事祖，雖不逮事父母，猶諱祖。〇方氏苞曰：「此即子與父同諱之禮，蓋諱王父母所諱也。王父之諸父兄弟，王母之父母兄弟，皆父母所諱而已所不必諱也。故於父母之前，亦不敢舉其名。

若王父母，則恩隆義重，豈以父母之存没間哉！大功小功不諱，則旁期皆諱矣，況王父母乎？」君所無私諱，謂臣言於君前，不辟家諱，尊無二也。大夫之所有公諱。辟君諱也。〇愚按：若是君諱，當上下一體敬避，何偏言大夫乎？竊謂，禮，大夫没則稱謚若字，是君前亦諱大夫，故云「公諱」也。此言於大夫之所得爲大夫諱，亦無己之私諱耳。《詩》《書》不諱，臨文不諱，爲其失事正。廟中不諱。爲有事於高祖，則不諱曾祖以下，尊無二也。於下則諱上。夫人之諱，雖質君之前，臣不諱也；臣於夫人之家，恩遠也。質猶對也。婦諱不出門。婦親遠，於宫中言辟之。大功、小功不諱。入竟而問禁，入國而問俗，入門而問諱。皆爲敬主人也。禁，謂政教。俗，謂常所行與所惡也。國，城中也。

外事以剛日，順其出爲陽也。出郊爲外事。《春秋·傳》曰：「甲午，祠兵。」内事以柔日。順其居内爲陰。〇方氏苞曰：「内外不宜以國中郊外爲斷。社稷在庫門之内，天子大學在國中，皆不得爲内事。惟王宫之五祀，或不得爲外事耳。」〇愚按：方氏之説非也。天子大學在國中，則入學即是内事。《月令》云：「上丁，命樂正習舞，釋菜。」「仲丁，又命樂正入學習樂。」《夏小正》云：「丁亥，萬用入學。」丁亥，柔日也。又郊亦内事也。《春秋·定十五年》：「夏，五月，辛亥，郊。」《哀元年》：「夏，四月，辛巳，郊。」是皆以柔日也。雩亦内事也。《春秋·昭二十五年》：「秋，七月，上辛，大雩；季辛，又雩。」皆以柔日也。至於兵戎，則外事。《春秋·莊八年》：「甲午，治兵。」《桓·六年》：「壬午，大閲。」皆以剛日也。田獵，亦外事。《小雅》云：「吉日維戊」、「吉日庚午」，亦以剛日也。是則鄭《注》之説，不可易矣。凡卜筮日，旬之外曰遠某日，旬之内曰近某日。旬，十日也。喪事先遠日，吉事先近日。孝子之心，喪事，葬與練祥也；吉事，祭祀冠取之屬也。曰：「爲日，假爾泰龜有常，假爾泰筮有常。」命龜筮辭。龜筮於吉凶有常。大事卜，小事筮。卜筮不過三，求吉不過三。魯「四卜郊」，《春秋》譏之。〇愚按：王肅云：「不過三者，禮以三爲成也。上旬、中旬、下旬三卜筮，不吉則不舉也。」與鄭異。卜筮不相襲。卜不吉則又筮，筮不吉則又卜，是瀆龜筴也。晉獻公卜取驪姬，不吉，公曰筮之，是也。〇王肅云：不相襲者，「三筮及三卜不相襲。三者，初各專其心也。」〇愚按：「卜筮不相襲」，《表記》亦有此句，鄭《注》與此《注》亦異。龜爲卜，筴爲筮，卜筮者，先聖王之所以使民信時日、敬鬼神、畏法令也；所以使民決嫌疑、定猶與也。故曰：「疑而筮之，則弗非也。日而行事，則必踐之。」弗非，無非之者。日，所卜筮之吉日也。踐，讀曰善，聲之誤也。筴或爲「蓍」。〇愚按：踐讀如字。王肅云：「卜得可行之日，必履而行之。踐，履也。」

君車將駕，則僕執策立於馬前。監駕，且爲馬行。已駕，僕展軨，展軨，具視。〇盧植云：「軨，轄頭軜也。」舊云「車闌也」。《疏》引皇氏云：「軨是轄頭」。盧説是。〇愚按：《疏》軜字作《轊》。效駕，白已駕。奮衣由右上，取貳綏，奮，振去塵也。貳，副也。跪乘，未敢立，敬也。執策分轡，驅之，五步而立。調試之。君出就車，則僕并轡授綏。車上僕所主。左右攘辟，謂羣臣陪位侍駕者。攘，卻也。或者攘古「讓」字。車驅而騶。至于大門，君撫僕之手，而顧命車右就車；門閭溝渠必步。車右，勇力之士，備制非常者，君行則陪乘，君式則下，步行。○愚按：騶讀爲驟，義亦通也。凡僕人之禮，必授人綏。若僕者降等，則受；不然，則否。若僕者降等，則撫僕之手；不然，則自下拘之。撫，小止之，謙也。自下拘之，由僕手下取之也。僕與己同爵則不受。客車不入大門。謙也。婦人不立乘。異於男子。犬馬不上於堂。非摯幣也。

故君子式黃髮，敬老也。發句言「故」，明此衆篇雜辭也。下卿位，尊賢也。卿位，卿之朝位也。君出，過之而上車；入，未至而下車。入國不馳，愛人也。馳，善躪人也。入里必式。不誣十室。君命召，雖賤人，大夫士必自御之。御當爲訝。訝，迎也。君雖使賤人來，必自出迎之，尊君命也。《春秋·傳》曰：「跛者御跛者，眇者御眇者，皆訝也。世人亂之。」介者不拜，爲其拜而蓌拜。蓌則失容節。蓌，猶詐也。○陸德明曰：「蓌，挫也。」朱子曰：「猶言有所枝拄，不利屈伸也。」祥車曠左，空神位也。祥車，葬之乘車。乘君之乘車不敢曠左；左必式。君存，惡空其位。僕御婦人，則進左手，後右手；遠嫌。御國君，則進右手，後左手，而俯。敬也。國君不乘奇車。出入必正也。奇車，獵衣之屬。車上不廣欬，爲若自矜。廣猶弘也。不妄指。爲惑衆。立視五巂，立，平視也。巂猶規也，謂輪轉之度。巂或爲「槊」。○《疏》云：「巂，規也。車輪一周爲一規。乘車之輪高六尺六寸，徑一圍三，總一規爲一丈九尺八寸。五規爲九十九尺。六尺爲步，總爲十六步半。在車上所視，則前十六步半也。」式視馬尾，小俛。顧不過轂。爲掩在後。國中以策彗卹勿驅，塵不出軌。入國不馳。彗，竹帚。卹勿，搔摩也。○朱子曰：「策彗，疑謂策之彗，若今鞭末韋帶耳。」國君下齊牛，式宗廟。大夫士下公門，式路馬。乘路馬，必朝服，載鞭策，不敢授綏，左必式。步路馬，必中道。以足蹙路馬芻，有誅。齒路馬，有誅。皆廣敬也。路馬，君之馬。載鞭策，不敢執也。齒，數年也。誅，罰也。〇愚按：《疏》引熊氏説：「此文誤，當以《周禮·注》爲正。宜云：『下宗廟，式齊牛。』」此不注者，蓋鄭時《禮記》本未誤也。《周禮·注》見《齊右》。又按：步猶行也。牽君馬行之，以調其氣，非乘之也。齒馬者，啟其口而數之，故亦爲不敬。

校記

〔一〕《春秋左傳·昭公元年》作「諺所謂老將知而耄及之者，其趙孟之謂乎！」

〔二〕揭，《管子·弟子職》作「揲」。《注》：「舌也。既灑水將掃之，故執箕以舌，自當置帚於其箕也。」

〔三〕《孟子·公孫丑上》作「無是非之心，非人也。」無上「人」字。

〔四〕不敢倦，阮元《禮記注疏》卷二《校勘記》作「不敢厭倦」。「風」與「諷」古字通。

〔五〕渫，原作泲。《禮記注疏》卷二阮元《校勘記》：「泲，唐人避諱字。石經中凡偏旁涉『世』字者多改從『云』。」

〔六〕湆醬，《儀禮·公食大夫禮》《十三經注疏本》作「醬湆」。

〔七〕飯，《十三經注疏本》作「餘」。

〔八〕蟲蛇化爲魚鼈，《論衡》卷二《無形》篇，文淵閣四庫全書本作「蟲虵變化，化爲魚鼈」。蛇，俗字作「虵」。

〔九〕斗斛也，《釋文》作「升斛」。

曲禮下第二

凡奉者當心，提者當帶。高下之節。

執天子之器則上衡，謂高於心，彌敬也。此衡謂與心平。國君則平衡，大夫則綏之，士則提之。綏讀曰妥。妥之，謂下於心。○愚按：此節未詳。綏讀爲妥，亦未安。

凡執主器，執輕如不克。重慎之也。主，君也。克，勝也。

執主器，操幣圭璧，則尚左手，行不舉足，車輪曳踵。重慎也。尚左手，尊左也。車輪，謂行不絶也。○愚按：尚、上，古通用。

立則磬折垂佩。主佩倚，則臣佩垂。主佩垂，則臣佩委。君臣俛仰之節。倚，謂附於身。小俛則垂，大俛則委於地。執玉，其有藉者則裼，無藉者則襲。藉，藻也。裼、襲，文質相變耳。有藻爲文，裼見美亦文。無藻爲質，襲充美亦質。圭璋特而襲，璧琮加束帛而裼，亦是也。○愚按：以韋衣木采畫之，大小各如其玉曰藻。藻所以藉玉。有藉者，垂藻也；無藉者，屈藉也。○《疏》云：「凡朝之與聘，賓與主君行禮，皆屈而襲。至於行享之時皆裼也。知者以聘禮行聘則襲，受享則裼。」

國君不名卿老、世婦，大夫不名世臣、姪、娣，士不名家相、長妾。雖貴於其國，家猶有所尊也。卿老，上卿也。世臣，父時老臣。

君大夫之子，不敢自稱曰余小子；辟天子之子未除喪之名。君大夫，天子大夫有土地者。○陳《注》云：「列國之君與天子大夫也。」大夫士之子，不敢自稱曰嗣子某，亦辟其君之子未除喪之名。不敢與世子同名。辟僭傚也。其先之生，則亦不改。世或爲「太」。

君使士射，不能，則辭以疾；言曰：某有負薪之憂。射者，所以觀德，唯有疾可以辭也。使士射，謂以備耦也。憂或爲「疾」。

侍於君子，不顧望而對，非禮也。禮尚謙也。不顧望，若「子路率爾而對」。

君子行禮，不求變俗。求猶務也。不務變其故俗，重本也。謂去先祖之國居他國。祭祀之禮，居喪之服，哭泣之位，皆如其國之故，謹脩其法而審行之。其法，謂其先祖之制度，若夏、殷。

去國三世，爵禄有列於朝，出入有詔於國，三世，自祖至孫，踰久可以忘故俗，而猶不變者，爵禄有列於朝，謂君不絶其祖祀，復立其族，若臧紇奔邾，立臧爲矣。詔，告也，謂與卿大夫吉凶往來相赴告。○陸德明曰：「盧、王云：三世，世，歲也。萬物以歲爲世。」若兄弟宗族猶存，則反告於宗後。謂無列無詔者。反告，亦謂吉凶也。宗後，宗子也。○愚按：此與上合爲一事，即爲有列有詔者也。《注》别言之，恐未然。

去國三世，爵禄無列於朝，出入無詔於國，唯興之日，從新國之法。以故國與己無恩。興，謂起爲卿大夫。○愚按：興不必爲卿大夫。雖士亦當從新國法。

君子已孤不更名。亦重本。已孤暴貴，不爲父作謚。子事父，無貴賤。居喪，未葬，讀喪禮；既葬，讀祭禮；喪復常，讀樂章。爲禮各於其時。居喪不言樂，祭事不言凶，公庭不言婦女。非其時也。

振書端書於君前，有誅。倒筴側龜於君前，有誅。臣不豫事，不敬也。振，去塵也。端，正也。倒，顛倒也。側，反側也。皆謂甫省視之。

龜筴、几杖、席蓋，重素，袗絺綌，不入公門。龜筴，嫌問國家吉凶。几杖，嫌自長老。席蓋，載喪車也。《雜記》曰：「士輤葦席以爲屋，蒲席以爲裳帷。」重素衣裳，皆素喪服也。袗，單也。孔子曰：「當暑，袗絺綌，必表而出之。」爲其形褻。〇愚按：席也，蓋也，二物也。皆所以便體。苞屨，扱衽，厭冠，不入公門。此皆凶服也。苞，藨也，齊衰藨蒯之菲也。《問喪》曰：「親始死」，「扱上衽」。厭猶伏也。喪冠厭伏。苞或爲「菲」。〇《疏》云：「凡喪冠皆厭。大功以上厭冠，宜得入公門也。」書方，衰，凶器，不以告，不入公門。此謂喪在内，不得不入，當先告君耳。方，板也。《士喪禮》下篇曰：「書賵於方，若九，若七，若五。」〔二〕凶器，明器也。公事不私議。嫌若姦也。

君子將營宫室，宗廟爲先，廄庫爲次，居室爲後。重先祖及國之用。凡家造，祭器爲先，犧賦爲次，養器爲後。大夫稱家。謂家始造事。犧賦，以税出牲。無田禄者不設祭器，有田禄者先爲祭服。祭器可假，祭服宜自有。君子雖貧，不粥祭器；雖寒，不衣祭服；爲宫室，不斬於丘木。廣敬鬼神也。粥，賣也。丘，壟也。

大夫士去國，祭器不踰竟。此用君禄所作，取以出竟，恐辱親也。大夫寓祭器於大夫，士寓祭器於士。寓，寄也。與得用者言寄，覬已後還。

大夫士去國，踰竟，爲壇位，鄉國而哭；素衣，素裳，素冠，徹緣，鞮屨，素簚，乘髦馬，不蚤鬋，不祭食，不説人以無罪；婦人不當御，三月而復服。言以喪禮自處也。臣無君，猶無天也。壇位，除地爲位也。徹猶去也。鞮屨，無絇之菲也。簚，覆笭也。髦馬，不鬄落也。蚤，讀爲爪。鬋，鬋鬢也。不自説於人以無罪，嫌惡其君也。御，接見也。三月一時，天氣變，可以遂去也。簚，或爲「幕」。〔二〕○愚按：壇當讀爲墠。○陸德明曰：「素簚，白狗皮覆笭」也。

大夫士見於國君，君若勞之，則還辟，再拜稽首。謂見君，既拜矣，而後見勞也。《聘禮》曰：「君勞使者及介，君皆答拜。」君若迎拜，則還辟不敢答拜。嫌與君亢賓主之禮。迎拜，謂君迎而先拜之。《聘禮》曰：「大夫入門，再拜，君拜其辱。」○方氏苞曰：「《注》《疏》並以《聘禮》詁。但事序既倒，辭意難明。且首節視《聘禮》又多『還辟』之節，疑别言見本國君之禮；次節乃聘使初至主君迎拜之禮也。」○愚謂次節恐亦見本國君之禮。蓋或始受爵命，或久勞於外，故有勞之、拜之之節。若聘禮主君勞客迎拜，乃一定儀節，何假言「若」？或疑本國君無迎拜其臣者，愚謂周公營洛，成王拜之。季孫如宋致女，穆姜亦出房拜也。

大夫士相見，雖貴賤不敵，主人敬客，則先拜客；客敬主人，則先拜主人。尊賢。○愚按：舊説亦謂聘於他國而見其卿大夫之禮；同國則否。愚謂謂同國相見亦通，蓋或齒德俱尊爲國人所重者，故有此禮耳。

凡非弔喪，非見國君，無不答拜者。禮尚往來。喪，賓不答拜，不自賓客也。國君見士不答其拜，士賤。

大夫見於國君，國君拜其辱。士見於大夫，大夫拜其辱。同國始相見，主人拜其辱。自外來而拜，拜見也。自内來而拜，拜辱也。〇愚按：亦皆謂同國也。《疏》引熊氏以爲「同國大夫見己君，君拜其辱者，以初爲大夫，敬之故也。若尋常則不拜也」，此説是矣。又按上文既皆同國，復言同國始相見者，明鄰里戚友初相見皆有拜辱之禮，與上文同也。君於士，不答拜也；非其臣，則答拜之。不臣人之臣。大夫於其臣，雖賤，必答拜之。辟正君。男女相答拜也。嫌遠别不相答拜，以明之。

國君春田不圍澤；大夫不掩羣；士不取麛卵。生乳之時，重傷其類。

歲凶，年穀不登，登，成也。君膳不祭肺，馬不食穀，馳道不除，祭事不縣，大夫不食粱，士飲酒不樂。皆自爲貶損，憂民也。禮，食殺牲，則祭先。有虞氏以首，夏后氏以心，殷人以肝，周人以肺。不祭肺，則不殺也。天子食，日少牢，朔月大牢，諸侯食，日特牲，朔月少牢。除，治也。不治道，爲妨民取蔬食也。縣，樂器鐘磬之屬也。粱，加食也。不樂，去琴瑟。〇愚按：樂音洛。謂士猶得飲酒，但不可宴會爲歡樂耳。《注》讀樂音岳，恐非也。君既不縣，則士去琴瑟可知矣。

君無故，玉不去身；大夫無故，不徹縣；士無故，不徹琴瑟。憂樂不相干也。故，謂災患喪病。

士有獻於國君，他日，君問之曰：「安取彼？」再拜稽首而后對。起敬也。

大夫私行出疆，必請。反，必有獻。士私行出疆，必請。反，必告。臣不敢自專也。私行，謂以己事也。士言告者，不必有其獻也，反告而已。〇愚按：大夫束脩之問不出境，得有私行者。《疏》云：「或是新來大夫，姻婭猶在本國，故有私行往來耳」。然禮又云，大夫非君命不越境，則又何説？疑此記者據春秋亂世之法而云也。君勞之，則拜；問其行，拜而後對。亦起敬也。問行，謂道中無恙及所經歷。

國君去其國，止之曰：「柰何去社稷也！」大夫，曰：「柰何去宗廟也！」士，曰：「柰何去墳墓也！」皆臣民殷勤之言。國君死社稷，死其所受於天子也。謂見侵伐也。《春秋·傳》曰：「國滅，君死之，正也。」大夫死衆，士死制。死其所受於君。衆，謂君師。制，謂君教令所使爲之。

君天下，曰天子。朝諸侯，分職、授政、任功，曰予一人。皆擯者辭也。天下，謂外及四海也。今漢於蠻夷稱天子，於王侯稱皇帝。《覲禮》曰：「伯父寔來，余一人嘉之。」余、予，古今字。〇愚按：予，羊汝反。余，音餘。《説文》云：「予，相推予也。」「余，詞之舒也。」既各有音義，本非古今字。又按《爾雅》，予、余二字，義皆訓我，明非同字。因鄭此《注》，學者遂皆讀予爲余，非矣。顔師古《匡謬正俗》辨之，良是。又按：鄭《注》不誤，顔監駁之，非是。詳余《爾雅·疏》中。

踐阼，臨祭祀，内事曰孝王某，外事曰嗣王某。皆祝辭也。唯宗廟稱孝。天地社稷，祭之郊内。而曰嗣王，不敢同外内。

臨諸侯，畛於鬼神，曰有天王某甫。畛，致也。祝告致於鬼神辭也。曰有天王某甫，某甫，且字也。不名者，不親往也。《周禮》：「大會同，過山川則大祝用事焉。」鬼神，謂百辟卿士也。畛，或讀爲「祗」。〇惠棟《九經古義》云：「張揖《埤蒼》曰：畛，告也。《禮記》曰：畛於鬼神（《玉篇》引）。是祗當作畛。」《爾雅》云：「畛，告也。」〇方氏慤曰：「望秩之禮，必於野外。畛，田間道也。祭於畛而謂畛，猶祭於郊而謂郊也。」崩，曰天王崩。史書策辭。復，曰天子復矣。始死時呼魂辭也。不呼名，臣不名君也。諸侯呼字。告喪，曰天王登假。告，赴也。登，上也。假，已也。上已者，若僊去云耳。措之廟，立之主，曰帝。同之天神。《春秋·傳》曰：「凡君卒哭而祔，祔而作主。」〔三〕天子未除喪，曰予小子。謙未敢稱一人。《春秋·傳》曰：「以諸侯之踰年即位，亦知天子之踰年即位。以天子三年然後稱王，亦知諸侯於其封内三年稱子。」生名之，死亦名之。生名之曰小子王，死亦曰小子王也。晉有小子侯，是僭取於天子號也。天子有后，有夫人，有世婦，有嬪，有妻，有妾。妻，八十一御妻。《周禮》謂之女御，以其御序於王之燕寢。妾，賤者。

天子建天官，先六大，曰：大宰、大宗、大史、大祝、大士、大卜，典司六典。典，法也。此蓋殷時制也。周則大宰爲天官。大宗曰宗伯，宗伯爲春官，大史以下屬焉。大士，以神仕者。天子之五官，曰：司徒、司馬、司空、司士、司寇，典司五衆。衆，謂羣臣也。此亦殷時制也。周則司士屬司馬，大宰、司徒、宗伯、司馬、司寇、司空爲六官。〇齊召南曰：「鄭《注》謂五官是殷制，亦非鑿空。《史記·周本紀》：古公『作五官有司。民皆歌樂之』。此即本《大雅》『乃召司空，乃召司徒』之文以爲説耳。若《左傳》言『職官五正』，則殷制之明驗也。」天子之六府，曰：司土、司木、司水、司草、司器、司貨，典司六職。府，主藏六物之稅者。此亦殷時制也，周則皆屬司徒。司土，土均也。司木，山虞也。司水，川衡也。司草，稻人也。司器，角人也。司貨，丱人也。天子之六工，曰：土工、金工、石工、木工、獸工、草工，典制六材。此亦殷時制也，周則皆屬司空。土工，陶旊也。金工，築、冶、鳧、㮚、段、桃也。石工，玉人、磬人也。木工，輪、輿、弓、廬、匠、車、梓也。獸工，函、鮑、韗、韋、裘也。唯草工職亡，蓋謂作萑葦之器。五官致貢曰享。貢，功也。享，獻也。致其歲終之功於王，謂之獻也。《周禮·大宰》：「歲終，則令百官府各正其治，受其會，聽其致事，而詔王廢置。」〇呂氏曰：「五官，司徒以下也。」五官之長曰伯，謂爲三公者。《周禮》：「九命作伯。」是職方。職，主也。是伯分主東西者。《春秋·傳》曰：「自陝以東，周公主之；自陝以西，召公主之。」一相處乎內。是或爲氏。」

其擯於天子也，曰天子之吏。擯者，辭也。《春秋·傳》曰：「王命委之三吏。」〔四〕謂三公也。天子同姓謂之伯父，異姓謂之伯舅。自稱於諸侯，曰天子之老；於外曰公，於其國曰君。稱之以父與舅，親親之辭也。外，自其私土之外，天子畿內。

九州之長，入天子之國曰牧。每一州之中，天子選諸侯之賢者，以爲之牧也。《周禮》曰：「乃施典於邦國，而建其牧。」天子同姓謂之叔父，異姓謂之叔舅。於外曰侯，於其國曰君。牧尊於大國之君，而謂之叔父，辟二伯也。亦以此爲尊。禮或損之而益，謂此類也。外，自其國之外，九州之中曰侯者，本爵也。

二王之後不爲牧。

其在東夷、北狄、西戎、南蠻，雖大曰子。謂九州之外長也。天子亦選其諸侯之賢者以爲之子。子猶牧也。入天子之國曰子，天子亦謂之子，雖有諸伯之地，本爵亦無過子，是以同名曰子。於内自稱曰不穀，與民言之，謙稱。穀，善也。於外自稱曰王老。威遠國也。外，亦其戎狄之中。

庶方小侯，入天子之國曰某人，於外曰子，自稱曰孤。謂戎狄子男君也。男者於外亦曰男，舉尊言之。○方氏苞曰：「五等諸侯國雖小，亦宜以爵稱。此後儒以《春秋》書『郑人、牟人、葛人來朝』，而爲此臆説耳。」

天子當依而立，諸侯北面而見天子，曰覲。天子當宁而立，諸公東面，諸侯西面，曰朝。諸侯春見曰朝，受摯於朝，受享於廟，生氣文也。秋見曰覲，一受之於廟，殺氣質也。朝者，位於内朝而序進。覲者，位於廟門外而序入。王南面立，於依宁而受焉。夏宗依春，冬遇依秋。春秋時，齊侯唁魯昭公，以遇禮相見，取易略也。覲禮今存，朝、宗、遇禮今亡。○《疏》云：「依，狀如屏風，以絳爲質，高八尺，東西當户牖之間，繡爲斧文，亦曰斧依。」《爾雅》云：「門屏之間謂之宁。」

諸侯未及期相見曰遇，相見於郤地曰會。諸侯使大夫問於諸侯曰聘，約信曰誓，涖牲曰盟。及，至也。郤，間也。涖，臨也。坎用牲，臨而讀其盟書。聘禮今存，遇、會、誓、盟禮亡。誓之辭，《尚書》見有六篇。

諸侯見天子曰臣某侯某，謂嗇夫承命告天子辭也。其爲州牧，則曰天子之老臣某、侯某奉珪請覲。其與民言，自稱曰寡人。謙也。於臣亦然。其在凶服，曰適子孤。凶服，亦謂未除喪。〇愚按：前云「大夫士之子，不敢自稱曰嗣子某」，《注》云：「未除喪之名」。故此《注》云：「凶服，亦謂未除喪」。亦者，亦彼文也。嗣子某，已葬之稱也。適子孤，未葬之稱也。據禮亦當曰「適子孤某」，《疏》極詳。臨祭祀，内事曰孝子某侯某，外事曰曾孫某侯某。稱國者，遠辟天子。死曰薨，亦史書策辭。復曰某甫復矣。某甫，且字。既葬見天子曰類見。代父受國，類猶象也。執皮帛，象諸侯之禮見也。其禮亡。言謚曰類使大夫行象聘問之禮也。言謚者，序其行及謚所宜。其禮亡。諸侯使人使於諸侯，使者自稱曰寡君之老。繫於君以爲尊也。此謂諸侯之卿、上大夫。

天子穆穆，諸侯皇皇，大夫濟濟，士蹌蹌，庶亡僬僬。皆行容止之貌也。《聘禮》曰：「賓入門皇。」又曰：「皇且行。」又曰：「衆介北面鏘鏘焉。」凡行容，尊者體盤，卑者體蹙。〇愚按：《注》引《聘禮》「鏘鏘」二字並誤。《疏》云「衆介北面蹌焉」是也。蓋唐時本未誤。

天子之妃曰后，后之言後也。諸侯曰夫人，夫之言扶。大夫曰孺人，孺之言屬。士曰婦人，婦之言服。庶人曰妻。妻之言齊。公侯有夫人，有世婦，有妻，有妾。貶於天子也。無后與嬪，去上中。夫人自稱於天子，曰老婦；自稱於天子，謂畿内諸侯之夫人助祭若時事見。自稱於諸侯，曰寡小君；謂饗來朝諸侯之時。〇愚按：寡小君當是侍者之辭。〇方氏苞曰：「『自』字衍。夫人與賓客無接言語者。」自稱於其君，曰小童。自世婦以下，自稱曰婢子。小童，若云未成人也。婢之言卑也。於其君稱此，以接見禮敵，嫌其當。子於父母則自名也。名，父母所爲也。言子者，通男女。列國之大夫，入天子之國曰某士；亦謂諸侯之卿也。三命以下，於天子爲士。曰某士者，如晉韓起聘於周，擯者曰「晉士起」。自稱曰陪臣某。陪，重也。於外曰子，子，有德之稱。《魯春秋》曰：「齊高子來盟。」○方氏苞曰：「其實諸侯之大夫無於外稱子之禮。《春秋》書『齊高子』仍《魯史》之訛而不能正也。」於其國曰寡君之老。使者，自稱曰某。使，謂使人於諸侯也。某，名也。○愚按：上篇云「大夫七十」「自稱曰老夫」，對異邦之稱也；「於其國則稱名」，敬父母之邦也。此云「於其國曰寡君之老」，前後相戾，又本國不應稱「寡君」。

天子不言出，諸侯不生名。君子不親惡；天子之言出，諸侯之生名，皆有大惡，君子所遠，出名以絶之。《春秋·傳》曰：「天王出居於鄭」、「衛侯朔入於衛」是也。○方氏苞曰：「自周無出，傳者之臆説也。《春秋》不書出者，皇、狄泉皆畿内也。書出者，越在鄭地也。」「『君子不親惡』，謂不敢親於其身爲不善耳。《注》《疏》似失其指。」諸侯失地，名；滅同姓，名。絶之。○方氏苞曰：「記者蓋就《春秋》書名者擬議而爲之説，亦非其本指。」

爲人臣之禮：不顯諫。爲奪美也。顯，明也。謂明言其君惡，不幾微。三諫而不聽，則逃之。逃，去也。君臣有義則合，無義則離。

子之事親也：三諫而不聽，則號泣而隨之。至親無去，志在感動之。

君有疾，飲藥，臣先嘗之。親有疾，飲藥，子先嘗之。嘗，度其所堪。醫不三世，不服其藥。慎物齊也。

儗人必於其倫。儗猶比也，倫猶類也。比大夫當於大夫，比士當於士，不以其類，則有所褻。

問天子之年，對曰：聞之，始服衣若干尺矣。既不敢言年，又不敢斥至尊所能。○陳氏《注》云：「若，如也。顔注《食貨志》云：『干，箇也。謂當如此箇數。』」問國君之年：長，曰能從宗廟社稷之事矣；幼，曰未能從宗廟社稷之事也。問大夫之子：長，曰能御矣；幼，曰未能御也。問士之子：長，曰能典謁矣；幼，曰未能典謁也。問庶人之子：長，曰能負薪矣；幼，曰未能負薪也。皆言其能，則長幼可知。御猶主也。《書》曰：「越乃御事」，〔五〕謂主事者。謁，請也，謂能擯贊出入以事請告也。《禮》：「四十，强而仕。五十，命爲大夫。」

問國君之富，數地以對，山澤之所出。問大夫之富，曰有宰，食力，祭器衣服不假。問士之富，以車數對。問庶人之富，數畜以對。皆在其所制以多少對。宰，邑士也。食力，謂民之賦税。○惠棟《古義》云：「力當爲加，壞字也。《晉語》曰：『庶人食力』，『官宰食加。』加，加田也。《周禮·司勳》：『加田無國征。』劉敞以爲無國征者，不征於國。」

天子祭天地，祭四方，祭山川，祭五祀，歲徧；諸侯方祀，祭山川，祭五祀，歲徧；大夫祭五祀，歲徧；士祭其先。祭四方，謂祭五官之神於四郊也。句芒在東，祝融、后土在南，蓐收在西，玄冥在北。《詩》云：『來方禋祀』。方祀者，各祭其方之官而已。五祀，户、竈、中霤、門、行也；此蓋殷時制也。《祭法》曰：「天子立七祀，諸侯立五祀，大夫立三祀，士立二祀」，謂周制也。○愚按：《士喪禮》禱於五祀，此云士止得祭先，未詳。《注》引《祭法》七祀，先儒皆所不信；云五祀蓋殷制，似未安。《周禮》、《儀禮》皆止言五祀。○王應麟曰：「鄭釋《大宗伯》之五祀，用《左傳》、《家語》之說；《小祝》之五祀，用《月令》之說；《王制》之五祀，用《祭法》之說。」

凡祭，有其廢之，莫敢舉也；有其舉之，莫敢廢也。爲其瀆神也。廢、舉，謂若殷廢農祀，棄後不可復廢。棄祀農也，後有德者繼之，不嫌也。非其所祭而祭之，名曰淫祀。淫祀無福。妄祭，神不饗。

天子以犧牛，諸侯以肥牛，大夫以索牛，士以羊豕。犧，純毛也。肥，養於滌也。索，求得而用之。○《疏》云，此謂天子、大夫、士是也。

支子不祭，祭必告于宗子。不敢自專。謂宗子有故，支子當攝而祭者也。五宗皆然。○方氏苞曰：「支子不得祭大宗之祖廟。若爲大夫、士，而願致宗敬，則必告於宗子，而使宗子主之也。」

凡祭宗廟之禮：牛曰一元大武，豕曰剛鬣，豚曰腯肥，羊曰柔毛，雞曰翰音，犬曰羹獻，雉曰疏趾，兔曰明視，脯曰尹祭，稾魚曰商祭，鮮魚曰脡祭，水曰清滌，酒曰清酌，黍曰薌合，粱曰薌萁，稷曰明粢，稻曰嘉蔬，韭曰豐本，鹽曰鹹鹾，玉曰嘉玉，幣曰量幣。號牲物者，異於人用也。元，頭也。武，迹也。腯，亦肥也。《春秋·傳》作「腯腯」，〔六〕充貌也。翰猶長也。羹獻，食人之餘也。尹，正也。商，猶量也。脡，直也。其，辭也。嘉，善也。稻，菰蔬之屬也。豐，茂也。大鹹曰鹺。今河東云幣帛也。○方氏苞曰：「羊豕皆先薦骨體，後及膚與腸胃。惟犬則專用其肉爲羹，餘皆不薦也。」〔七〕○愚按：其，《説文》云：「豆莖也。」疑謂粱之莖香耳，非語辭也。○《疏》云：「隋祕書監王劭勘晉宋古本，皆無『稷曰明粢』一句」，謬也。○愚按：蔬是菜茹之名，稻苗似之。○陸德明曰：「蔬本又作疏。」〔八〕

天子死曰崩，諸侯曰薨，大夫曰卒，士曰不禄，庶人曰死。異死名者，爲人褻其無知，若猶不同然也。自上顛壞曰崩。薨，顛壞之聲。卒，終也。不禄，不終其禄。死之言澌也，精神澌盡也。在床曰尸，尸，陳也，言形體在也。在棺曰柩。柩之言究也。

羽鳥曰降，四足曰漬。異於人也。降，落也。漬，謂相瀸汙而死也。《春秋·傳》曰：「大災者何？大漬也。」○愚按：《公羊·莊二十年傳》：「大災者何？大瘠也。大瘠者何？痢也。」

死寇曰兵。異於凡人，當饗禄其後。○吕氏以下文「壽考曰卒」二句承此句下，云：「蓋錯簡也」。祭王父曰皇祖考，王母曰皇祖妣。父曰皇考，母曰皇妣，夫曰皇辟。更設稱號，尊神異於人也。皇，君也。考，成也，言其德行之成也。妣之言媲也，媲於考也。辟，法也，妻所取法也。

生曰父、曰母、曰妻，死曰考、曰妣、曰嬪。嬪，婦人有法度者之稱也。《周禮》：「九嬪掌婦學之法，教九御，〔九〕婦德、婦言、婦容、婦功。」

壽考曰卒，短折曰不禄。禄謂有德行任爲大夫士而不爲者：老而死，從大夫之稱；少而死，從士之稱。○愚按：《注》中「禄」字，衍文也。

天子，視不上於袷，不下於帶。袷，交領也。天子至尊，臣視之，目不過此。國君，綏視。視國君彌高。綏，讀爲妥。妥視，謂上視於袷。○愚按：綏，垂下之貌，不當讀爲妥。大夫，衡視。視大夫又彌高也。衡，平也。平視，謂視面也。○愚按：眉間曰衡。《考工記·梓人》云「飲器」「鄉衡」是也。士，視五步。士視得旁遊目五步之中也。視大夫以上，上下遊目不得旁。凡視，上於面則敖，敖則仰。下於帶則憂。憂則低。傾則姦。辟頭旁視，心不正也。傾或爲「側」。

君命，大夫與士肄。肄，習也。〔一〇〕君有命，大夫則與士展習其事，謂欲有所發爲也。在官言官，在府言府，在庫言庫，在朝言朝。唯君命所在，就展習之也。官，謂版圖文書之處；府，謂寶藏貨賄之處也；庫，謂車馬兵甲之處也；朝，謂君臣謀政事之處也。朝言不及犬馬。非公議也。輟朝而顧，不有異事，必有異慮。心不正，志不在君。輟猶止也。故輟朝而顧，君子謂之固。固，謂不達於禮也。在朝言禮，問禮，對以禮。於朝廷言，無所不用禮。

大饗不問卜，祭五帝於明堂，莫適卜也。《郊特牲》曰：「郊血，大饗腥。」不饒富。富之言備也。備而已，勿多於禮也。○愚按：吕氏以爲冬至祀天，夏至祭地，日月素定，故不問卜。至敬不壇，埽地而祭，器用陶匏，故不饒富。《注》云「祭五帝」「莫適卜」，恐非。又引《郊特牲》，亦非也。彼文「大饗」在「郊」下，《疏》以爲「袷祭」，是也。

凡摯，天子鬯，諸侯圭，卿羔，大夫鴈，士雉，庶人之摯匹，童子委摯而退。摯之言至也。天子無客禮，以鬯爲摯者，所以唯用告神爲至也。童子委摯而退，不與成人爲禮也。説者以匹爲鶩。野外軍中無摯，以纓、拾、矢，可也。非爲禮之處，用時物相禮而已。纓，馬繁纓也。拾，謂射韝。婦人之摯，椇、榛、脯、脩、棗、栗。婦人無外事，見以羞物也。椇、榛，木名。椇，枳也，有實，今邳、郯之東食之。榛實似栗而小。○《疏》云：「椇即今之白石李也。形如珊瑚，味甜美。」

納女於天子，曰備百姓；於國君，曰備酒漿；於大夫，曰備埽灑。納女猶致女也。壻不親迎，則女之家遣人致之，此其辭也。姓之言生也。天子、皇后以下百二十人，廣子姓也。酒漿、埽灑，賤婦人之職。

校記

〔一〕《士喪禮》下篇，在今《儀禮·既夕禮》篇。

〔二〕簾，或爲「幕」，應作「簾，當爲『幂』。」見孫詒讓遺書《十三經注疏校記》雪克輯點本，齊魯書社一九八三年九月版，第四六三頁。

〔三〕《左傳·僖公三十三年》「凡君」下有「薨」字。

〔四〕王命委之三吏，《左傳·成公二年》：「王使委於三吏。」

〔五〕《書·周書·召誥》：「誥告庶殷，越自乃御事。」

〔六〕腯腯，《左傳·桓公六年》：「吾牲牷肥腯。」

〔七〕清方苞《禮記析疑》卷二《曲禮下》，「羊豕」下有「有豚解體解」五字，「後」上有「而」字，「薦」下無「也」字。

〔八〕疏、蔬，《十三經注疏·禮記注疏》卷五《釋文》作「蔬」、「疏」。

〔九〕《周禮·天官冢宰·九嬪》「教」上有「以」字。

〔一〇〕肆，孫詒讓云：「《周禮·掌舍》疏引此經注並作『肆』。」

檀弓上第三

公儀仲子之喪，檀弓免焉。故爲非禮，以非仲子也。《禮》：「朋友皆在他邦，乃袒免。」○免者，以布廣一寸，從項中而前交於額上，又卻向後，繞於髻。○愚按：免是五服之窮。朋友亦有相免之禮。檀弓，或仲子族人或朋友，未可知。要之，必是當免。不然，方譏人非禮，恐不當自爲非禮。仲子舍其孫而立其子，此其所立非也。公儀蓋魯同姓。周禮，適子死，立適孫爲後。檀弓曰：「何居？我未之前聞也。」居讀爲姬姓之姬，齊魯之間語助也。前，猶故也。○方氏苞曰：「何居，謂義何所處。」趨而就子服伯子於門右，曰：「仲子舍其孫而立其子，何也？」去賓位就主人兄弟之賢者而問之。子服伯子，蓋仲孫蔑之玄孫子服景伯。蔑，魯大夫。伯子曰：「仲子亦猶行古之道也。昔者文王舍伯邑考而立武王，微子舍其孫腯而立衍也。夫仲子亦猶行古之道也。」伯子爲親者隱耳，立子非也。文之立武王，權也；微子適子死，立其弟衍，殷禮也。子游問諸孔子，孔子曰：「否！立孫。」據周禮。

事親有隱而無犯，隱謂不稱揚其過失也。無犯，不犯顔而諫。《論語》曰：「事父母幾諫。」左右就養無方，左右謂扶持之。方猶常也。子則然，無常人。服勤至死，致喪三年。勤，勞辱之事也。致，謂戚容，稱其服也。凡此以恩爲制。事君有犯而無隱，既諫，有人問其國政者，可以語其得失，若齊晏子爲晉叔向言之。○

愚按：無隱，以諫諍言。左右就養有方，不可侵官。服勤至死，方喪三年。方喪，資於事父。凡此以義爲制。○愚按：「方喪」之方，與「就養有方」之方同。爲臣者，尊卑内外，各隨其方，居喪之情，輕重不同，但同是三年耳。事師無犯無隱，左右就養無方，服勤至死，心喪三年。心喪，戚容如父而無服也。凡此以恩義之間爲制。

季武子成寢，武子，魯公子季友之曾孫季孫夙。杜氏之葬在西階之下，請合葬焉。許之。入宫而不敢哭。武子曰：「合葬非古也，自周公以來，未之有改也。自見夷人冢墓以爲寢，欲文過也。○方氏苞曰：「成寢而墓在階下者，蓋勢家縱侈，作苑囿於郊野，因成寢室，以恣淫樂也。」吾許其大而不許其細，何居？」命之哭。記此者，善其不奪人之恩。○愚按：不奪人恩，市其小善，夷人之墓，掩其大過者也。《太平御覽》五百五十五卷引《晏子》曰：「景公成路寢之臺，逢於何遭晏子，再拜前曰：『於何之母死，兆在路寢之臺牖下，願請合骨。』晏子入白公，公作色曰：『自古及今，子亦嘗聞請葬人主之宫者乎？』對曰：『古之人君，不奪生人之居，不殘死人之墓，故未嘗聞請葬人主之宫也。嬰聞之，生者不安，命之曰畜憂；死者不葬，命之曰畜哀。畜憂者怨，畜哀者危。君不如許之。』公曰：『諾。』逢於何遂葬路寢之臺牖下。」

子上之母死，而不喪。子上，孔子曾孫，子思伋之子，名白，其母出。門人問諸子思，曰：「昔者子之先君子喪出母乎？」曰：「然。」禮，爲出母期，父卒，爲父後者不服耳。「子之不使白也喪之，何也？」子思曰：「昔者吾先君子無所失道，道隆則從而隆，道污則從而污。污猶殺也。有隆有殺，進退如禮。〇方氏苞曰：「《疏》以父在父没别隆污，非也。伯魚、子上皆爲父後之子，而遇出母之喪，皆父在之時。張子謂道隆道污，就所出之母以定之，蓋或見出同，而過有小大也。」伋則安能？自予不能及。爲伋也妻者，是爲白也母；不爲伋也妻者，是不爲白也母。」故孔氏之不喪出母，自子思始也。記禮所由廢，非之。

孔子曰：「拜而後稽顙，頹乎其順也；此殷之喪拜也。頹，順也。先拜賓，順於事也。稽顙而後拜，頎乎其至也。此周之喪拜也。頎，至也。先觸地無容，哀之至。三年之喪，吾從其至者。」重者尚哀戚，自期如殷可。

孔子既得合葬於防，言「既得」者，少孤不知其墓。曰：「吾聞之，古也墓而不墳；墓，謂兆域，今之封塋也。古謂殷時也。土之高者曰墳。今丘也，東西南北之人也，不可以弗識也。」於是封之，崇四尺。東西南北，言居無常處也。聚土曰封。封之，周禮也。《周禮》曰：「以爵等爲丘封之度。」崇，高也。高四尺，蓋周之士制。〇愚按：據此記，封之自孔子始矣。《注》引《周禮》，何也？又今之《周禮》，亦非孔子所見。孔子先反，當脩虞事。門人後，雨甚至，後，待封也。孔子問焉，曰：「爾來何遲也？」曰：「防墓崩。」言所以遲者，脩之而來。孔子不應。以其非禮。三。三言之，以孔子不聞。孔子泫然流涕，曰：「吾聞之，古不脩墓。」脩，猶治也。〇愚按：不脩墓，即墓而不墳也。古人所以不脩墓者，正爲歲久必崩壞。

孔子哭子路於中庭。寢中庭也。與哭師同親之。有人弔者，而夫子拜之。爲之主也。既哭，進使者而問故。使者，自衛來赴者。故，謂死之意狀。使者曰：「醢之矣。」時衛世子蒯聵篡輒而立，子路死之。醢之者，示欲啗食以怖衆。遂命覆醢。覆，棄之不忍食。〇方氏苞曰：「醢，朝夕必陳之物，而可久留，故命以巾幂覆之，旬日中勿以進也。」

曾子曰：「朋友之墓有宿草，而不哭焉。」宿草，謂陳根也。爲師，心喪三年；於朋友，期可。

子思曰：「喪三日而殯，凡附於身者必誠必信，勿之有悔焉耳矣。三月而葬，凡附於棺者必誠必信，勿之有悔焉耳矣。言其日月，欲以盡心脩備之。附於身，謂衣衾。附於棺，謂明器之屬。喪三年以爲極亡，去已久遠而除其喪。〇愚按：王肅以「極」字絶句，「亡」字連下讀，是也。亡當爲「事亡如事存」之「亡」。則弗之忘矣。則之言曾。故君子有終身之憂，念其親。而無一朝之患。毁不滅性。故忌日不樂。」謂死日。言忌日不用舉吉事。

孔子少孤，不知其墓。孔子之父郰叔梁紇與顔氏之女徵在野合而生孔子，徵在恥焉，不告。殯於五父之衢。欲有所就而問之，孔子亦爲隱焉。殯於家，則知之者無由怪己欲發問端。五父，衢名，蓋郰曼父之鄰。人之見之者，皆以爲葬也。見柩行於路。其愼也，蓋殯也。愼當爲「引」，禮家讀然，聲之誤也。殯引飾棺以輤，葬引飾棺以柳翣。孔子是時以殯引不以葬引，時人見者，謂不知禮。問於郰曼父之母，然後得合葬於防。曼父之母與徵在爲鄰相善。〇愚按：「愼」讀如字，「葬也其愼也」爲一句，「蓋殯也」連下讀。古墓不壙，孔子雖知墓所，不能的知壙穴所在，葬時殯過五父衢，衢中人皆竊議，以爲葬須慎也，不知其先殯時蓋已問鄹媼能識舊事者，聊曼父母告以墓穴所在矣。此記聖人慎終之禮。○父墓所以須問，以不封故也。既合葬於防，然後封識之。此本與前爲一節事，記者文不次耳。

鄰有喪，舂不相；里有殯，不巷歌。皆所以助哀也。相，謂以音樂相勸。喪冠不緌。去飾。

有虞氏瓦棺，始不用薪也。有虞氏上陶。夏后氏堲周，火熟曰堲，燒土冶以周於棺也，或謂之土周由是也。《弟子職》曰：「右手折堲。」○愚按：《管子》云：「左手執燭，右手折即。」即，燭燼頭也。「堲」「即」同。「堲周」者，陸德明引何氏云：「冶土爲甎，四周於棺。」按此即爲槨之始也。殷人棺椁，椁，大也，以木爲之，言椁大於棺也。殷人上梓。周人墻置翣。墻，柳衣也。凡此言後王之制文。周人以殷人之棺椁葬長殤，以夏后氏之堲周葬中殤下殤，以有虞氏之瓦棺葬無服之殤。略未成人。

夏后氏尚黑：以建寅之月爲正，物生色黑。大事斂用昏，昏時亦黑。此大事，謂喪事也。戎事乘驪，戎，兵也。馬黑色曰驪。《爾雅》曰：「騋，牝驪，牡玄。」牲用玄。玄，黑類也。殷人尚白：〔一〕以建丑之月爲正，物牙色白。大事斂用日中，日中時亦白。戎事乘翰，翰，白色馬也。《易》曰：「白馬翰如。」牲用白。周人尚赤：以建子之月爲正，物萌色赤。大事斂用日出，日出時亦赤。戎事乘騵，騵，騮馬白腹。牲用騂。騂，赤類。

穆公之母卒，穆公，魯哀公之曾孫。使人問於曾子，曰：「如之何？」問居喪之禮。曾子，曾參之子，名申。對曰：「申也聞諸申之父，曰：哭泣之哀，齊斬之情，饘粥之食，自天子達。子喪父母，尊卑同。布幕，衛也；縿幕，魯也。」幕所以覆棺上也。縿，綈也。縿讀如綃。衛，諸侯禮；魯，天子禮。兩言之者，僭已久矣。幕或爲「幦」。

晉獻公將殺其世子申生，信驪姬之譖。公子重耳謂之曰：「子蓋言子之志於公乎？」蓋，皆當爲「盍」，盍，何不也。志，意也。重耳欲使言見譖之意。重耳，申生異母弟，後立爲文公。世子曰：「不可，君安驪姬，是我傷公之心也。」言其意，則驪姬必誅也。驪姬，獻公伐驪戎所獲女也。申生之母蚤卒，驪姬嬖焉。曰：「然則蓋行乎？」行猶去也。世子曰：「不可，君謂我欲弒君也，天下豈有無父之國哉！吾何行如之？」言人有父，則皆惡欲弒父者。使人辭於狐突，曰：「申生有罪，不念伯氏之言也，以至于死，申生不敢愛其死。辭猶告也。狐突，申生之傅舅犯之父也。前此者，獻公使申生伐東山皋落氏，狐突謂申生，欲使之行。今言此者，謝之。伯氏，狐突別氏。雖然，吾君老矣，子少，國家多難，子，驪姬之子奚齊。伯氏不出而圖吾君，圖猶謀也。不出爲君謀國家之政。然則自皋落氏反後，狐突懼，乃稱疾。伯氏苟出而圖吾君，申生受賜而死。」賜，猶惠也。再拜稽首，乃卒。既告狐突，乃雉經。是以爲「恭世子」也。言行如此，可以爲恭；於孝則未之有。

魯人有朝祥而莫歌者，子路笑之，笑其爲樂速。夫子曰：「由，爾責於人終無已夫，三年之喪亦已久矣夫。」爲時如此，人行三年喪者希，抑子路以善彼。子路出，夫子曰：「又多乎哉，踰月則其善也。」又，復也。○愚按：聖人責人尚寬，執禮尚嚴。

魯莊公及宋人戰于乘丘。十年夏，縣賁父御，卜國爲右。縣、卜、皆氏也。凡車右，勇力者爲之。馬驚，敗績，驚奔失利。公隊。佐車授綏。戎車之貳曰佐。授綏，乘公。公曰：「末之卜也。」末之猶微哉，言卜國無勇。○愚按：末猶莫也。卜，占也。馬驚墜車，御者之罪。公自追咎初未嘗占卜其人而誤用也。縣賁父曰：「他日不敗績而今敗績，是無勇也。」公他日戰，其御馬未嘗驚奔。遂死之。二人赴敵而死。圉人浴馬，有流矢在白肉。圉人，掌養馬者。白肉，股裏肉。公曰：「非其罪也。」流矢中馬，非御與右之罪。遂誄之。誄其赴敵之功以爲謚。士之有誄，自此始也。記禮失所由來也。周雖以士爲爵，猶無謚也；殷大夫以上爲爵。

曾子寢疾，病。病，謂疾困。樂正子春坐於牀下，子春，曾參弟子。曾元、曾申坐於足，元、申，曾參之子。童子隅坐而執燭。隅坐，不與成人竝。童子曰：「華而睆，大夫之簀與？」華，畫也。簀，謂床第也。説者以「睆」爲刮節目。字或爲「刮」。○愚按：睆，好貌。《詩》云：「睍睆黄鳥。」子春曰：「止。」以病困不可動。曾子聞之，瞿然曰：「呼！」呼，虚憊之聲。曰：「華而睆，大夫之簀與？」曾子曰：「然，斯季孫之賜也，我未之能易也，元起易簀。」未之能易，已病故也。曾元曰：「夫子之病革矣，不可以變，幸而至於旦，請敬易之。」言夫子者，曾子親没之後，齊嘗聘以爲卿而不爲也。革，急也。變，動也。幸，覬也。曾子曰：「爾之愛我也不如彼；彼，童子也。君子之愛人也以德，成己之德。細人之愛人也以姑息。息猶安也，言苟容取安也。吾何求哉？吾得正而斃焉，斯已矣。」斃，仆也。舉扶而易之，反席未安而没。言病雖困，猶勤於禮。

始死，充充如有窮；既殯，瞿瞿如有求而弗得；既葬，皇皇如有望而弗至。練而慨然，祥而廓然。皆憂悼在心之貌也。求猶索物。〇愚按：充充，悲哀填滿之貌。瞿瞿，驚遽瞻顧之貌。皇皇，猶栖栖無依之貌。廓，寥廓空虚之貌。

邾婁復之以矢，蓋自戰於升陘始也。戰於升陘，魯僖二十二年秋也。時師雖勝，死傷亦甚，無衣可以招魂。魯婦人之髽而弔也，自敗於臺鮐始也。敗於臺鮐，魯襄四年秋也。臺當爲「壺」字之誤也。《春秋·傳》作「狐鮐」。時家家有喪，髽而相弔。去纚而紒曰髽。禮，婦人弔服，大夫之妻錫衰，士之妻則疑衰與？皆吉笄無首素總。〇愚按：「孔子之喪，門人疑所服」，《疏》引鄭司農云：「疑衰十四升。」「康成云：疑之言擬也，擬於吉服，謂比擬吉服十五升也。」

南宫縚之妻之姑之喪，南宫縚，孟僖子之子南宫閱也，字子容。其妻，孔子兄女。夫子誨之髽，曰：「爾毋從從爾，爾毋扈扈爾，誨，教。爾，女也。從從，謂大高。扈扈，謂大廣。爾，語助。〇愚按：從，長也。扈扈，廣也。《爾雅》云：「山卑而大扈。」蓋榛以爲笄，長尺，而總八寸。」總，束髮垂爲飾。齊衰之總八寸。

孟獻子禫，縣而不樂，比御而不入。可以御婦人矣，尚不復寢。孟獻子，魯大夫仲孫蔑。夫子曰：「獻子加於人一等矣。」加猶踰也。

孔子既祥五日，彈琴而不成聲，哀未忘。十日而成笙歌。踰月且異旬也。祥亦凶事，用遠日。五日彈琴，十日笙歌，除由外也。琴以手，笙歌以氣。

有子蓋既祥而絲屨、組纓。譏其早也。禮：既祥，白屨無絇，縞冠素紕。有子，孔子弟子有若。

死而不弔者三：謂輕身忘孝也。畏、人或時以非罪攻己，不能有以説之死之者。孔子畏於匡。○愚按：畏，凡恇怯憂懼而死，皆是。厭、行止危險之下。溺。不乘橋船。○方氏苞曰：「傷死之禮，起於生前之恩義。設周親昵好而死於非命，則隱痛更深，豈反不弔。蓋奔赴而號泣呼搶，不復置弔辭，以重傷主人之心也。」〔二〕

子路有姊之喪，可以除之矣，而弗除也。孔子曰：「何弗除也？」子路曰：「吾寡兄弟而弗忍也。」孔子曰：「先王制禮，行道之人皆弗忍也。」行道猶行仁義。○愚按：道，路也。子路聞之，遂除之。

大公封於營丘，比及五世，皆反葬於周。齊大公受封，留爲太師，死葬於周，子孫生焉，不忍離也。五世之後，乃葬於齊，齊曰營丘。○愚按：五世反葬周，顧炎武深不信之。君子曰：「樂樂其所自生，禮不忘其本。言其似禮樂之義。古之人有言曰：狐死正丘首，仁也。」正丘首，正首丘也。仁，恩也。

伯魚之母死，期而猶哭。伯魚，孔子子也，名鯉。猶，尚也。○方氏苞曰：「爲父後者，爲出母無服，而伯魚得爲期，何也？爲出母無服，喪者不祭故也。父在則父主祭，嗣舉奠之禮輕，雖暫廢可也。此聖人緣情而變禮者。夫子聞之，曰：「誰與哭者？」門人曰：「鯉也。」夫子曰：「嘻！其甚也。」嘻，悲恨之聲。伯魚聞之，遂除之。

舜葬於蒼梧之野，舜征有苗而死，因留葬焉。《書》説舜曰：「陟方乃死。」蒼梧，於周南越之地，今爲郡。蓋三妃未之從也。古者不合葬，帝嚳而立四妃矣，象后妃四星，其一明者爲正妃，餘三小者爲次妃，帝堯因焉。至舜不告而取，不立正妃，但三妃而已，謂之三夫人。《離騷》所歌湘夫人，舜妃也。夏后氏增以三三而九，合十二人。《春秋説》云「天子取十二」即夏制也。以虞夏及周制差之，則殷人又增以三九二十七，合三十九人。周人上法帝嚳，立正妃，又三二十七爲八十一人以增之，合百二十一人。其位：后也，夫人也，嬪也，世婦也，女御也。五者相參，以定尊卑。○《疏》云：「《大戴禮·帝繫》篇云：『帝嚳卜四妃之子，皆有天下。』」〔三〕鄭此《注》用《帝繫》之文。及注《詩·生民》之篇，以爲姜嫄是高辛之世妃，用《命歷序》之文。

季武子曰：「周公蓋祔。」祔，謂合葬。合葬自周公以來。

曾子之喪，浴於爨室。見曾元之辭易簀，矯之以謙儉也。禮：死，浴於適室。○愚按：曾子大賢，必不爲此，疑爲墨氏之學者託焉。

大功廢業，或曰：「大功，誦可也。」許其口習故也。

子張病，召申祥而語之，曰：「君子曰終，小人曰死。」申祥，子張子，欲使執喪成己志也。死之言澌也。事卒爲終，消盡爲澌。太史公《傳》曰子張姓顓孫，今曰「申祥」，周、秦之聲，二者相近，未聞執是。○

齊召南曰：「顓孫是複姓，申祥則二名也，何乃疑申聲近顓而爲一姓乎！《注》似誤。」吾今日其庶幾乎！」言易成也。

曾子曰：「始死之奠，其餘閣也與？」不容改新閣庋藏食物。

曾子曰：「小功不爲位也者，是委巷之禮也。譏之也，位謂以親疏叙列哭也。委巷，猶街里委曲所爲也。子思之哭嫂也爲位，善之也。禮，嫂叔無服。○愚按：《尚書古文疏證》二卷第十七條云：「《檀弓》誤解『子思之哭嫂也爲位，婦人倡踊。』康成以子思即孔伋，皇氏以爲原憲字子思，皇氏説是。」蓋《仲尼弟子列傳》「原憲字子思」，又弟子「燕伋字思」，《家語》作子思。當時固有三子思矣，奈何必取「我乃無兄」之子思坐以「哭嫂」哉？○《鄭志》「子思有兄」，必非適子。予考《孔子世家》，自伯魚至子慎凡七世，悉單傳，無有兄若弟者云云。婦人倡踊；有服者娣姒婦，小功，倡先也。申祥之哭言思也亦然。説者云，言思，子游之子申祥妻之昆弟，亦無服。過此以往，獨哭不爲位。○愚按：昆弟之妻相爲小功，妻之昆弟爲之大功，故皆爲位。陳《注》謂申祥非禮，恐未然。

古者冠縮縫，今也衡縫。縮，從也。今禮制衡讀爲横。今冠横縫，以其辟積多。故喪冠之反吉，非古也。解時人之惑。喪冠縮縫，古冠耳。○愚按：古冠吉凶皆直縫。今吉冠横縫，喪冠直縫，與吉相反，是周之制，故云非古。

曾子謂子思曰：「伋！吾執親之喪也，水漿不入於口者七日。」言己以疾時禮而不如。○方氏苞曰：

「曾子至性過人，每疑古禮或失於寡恩，『小功不稅』及『朋友之墓有宿草而不哭』是也。」其「執親喪，自覺三日不食，於哀親之分尚若未盡，故與子思商論，而子思直言其不可過。」「《注》謂以疾時禮之不如己，失之矣。」

子思曰：「先王之制禮也，過之者俯而就之，不至焉者跂而及之。故君子之執親之喪也，水漿不入於口者三日，杖而后能起。」爲曾子言難繼，以禮抑之。

曾子曰：「小功不稅，據禮而言也。日月已過，乃聞喪而服，曰稅。大功以上然；小功輕，不服。則是遠兄弟終無服也，言相離遠者，聞之恆晚。而可乎？」以己恩怪之。〔四〕

伯高之喪，伯高死時在衛，未聞何國人。孔氏之使者未至，謂賻賵者。冉子攝束帛乘馬而將之。冉子，孔子弟子冉有。攝猶貸也。孔子曰：「異哉，徒使我不誠於伯高。」徒，猶空也。禮所以副忠信也。忠信而無禮，何傳乎？○方氏苞曰：「《注》宜作『忠信則無，禮何傳乎？』」

伯高死於衛，赴於孔子。赴，告也。凡有舊恩者，則使人告之。孔子曰：「吾惡乎哭諸？以其交會尚新。兄弟，吾哭諸廟；○愚按：禮家之説，兄弟與昆弟異。兄弟，謂同祖若同高祖者。父之友，吾哭諸廟門之外；別親疏也。師，吾哭諸寢；朋友，吾哭諸寢門之外；所知，吾哭諸野。別輕重也。於野則已疏，於寢則已重。已猶大也。○愚按：寢謂寢門之外也，文省耳。夫由賜也見我，吾哭諸賜氏。」本於恩，哭於子貢寢門之外。遂命子貢爲之主，明恩所由。曰：「爲爾哭也來者，拜之；知伯高而來者，勿拜也。」異於正主。

曾子曰：「喪有疾，食肉飲酒，必有草木之滋焉。增以香味，爲其疾不嗜食。以爲薑桂之謂也。」爲記者正曾子所云草木滋者謂薑桂。○愚按：薑桂辛香，性能已疾。酒肉之中，多加二物。

子夏喪其子而喪其明。明，目精。曾子弔之，曰：「吾聞之也，朋友喪明，則哭之。」痛之。曾子哭，子夏亦哭，曰：「天乎！予之無罪也。」怨天罰無罪。曾子怒，曰：「商！女何無罪也？吾與女事夫子於洙泗之間，言其有師也。洙、泗，魯水名。退而老於西河之上，西河，龍門至華陰之地。使西河之民，疑女於夫子，爾罪一也。言其不稱師也。○愚按：疑當同「擬」。蘇子瞻謂與《易》「陰疑於陽」之「疑」同，是也。又按《禮·射義》「不以公卿爲賓而以大夫爲賓，爲疑也」(五)《注》云：「疑，自下上至之辭也。」《疏》亦云：「疑，擬也。」是在下比擬於上，故云自下上至之辭也。喪爾親，使民未有聞焉，爾罪二也。言居親喪無異稱。喪爾子，喪爾明，爾罪三也。言隆於妻子。而曰女何無罪與！」子夏投其杖而拜，曰：「吾過矣！吾過矣！謝之，且服罪也。吾離羣而索居亦已久矣。」羣，謂同門朋友也。索，猶散也。○愚按：索，蕭索也，獨居心不安。《易》曰：「震索索。」

夫晝居於內，問其疾可也；似有疾。夜居於外，弔之可也。似有喪。是故君子非有大故不宿於外；大故，謂喪憂。非致齊也，非疾也，不晝夜居於內。內，正寢之中。○愚按：正寢，別於燕寢也。經傳中，內外所指各異。此云齊在內，《祭統》云：「君致齊於外，夫人致齊於內」，則對夫人之寢爲內外耳。

高子皋之執親之喪也，子皋，孔子弟子，名柴。○愚按：子皋，《史記》及《論語》作「羔」，古字通。泣血三年，言泣無聲，如血出。未嘗見齒，言笑之微。君子以爲難。言人不能然。衰，與其不當物也，寧無衰。惡其亂禮不當物，謂精粗廣狹不應法制。齊衰不以邊坐，大功不以服勤。爲褻喪服。邊，偏倚也。〇愚按：邊，隅也。即隅坐也。蓋謂有喪不與人共坐耳。大功廢業，故不以服勤。

孔子之衛，遇舊館人之喪，前日君所使舍己。入而哭之，哀。出，使子貢説驂而賻之。賻，助喪用也。騑馬曰驂。子貢曰：「於門人之喪，未有所説驂，説驂於舊館，無乃已重乎？」言説驂大重，比於門人，恩爲偏頗。夫子曰：「予鄉者入而哭之，遇於一哀而出涕。遇，見也。舊館人恩雖輕，我入哭見主人，爲我盡一哀，是以厚恩待我。我爲出涕，恩重宜有施惠。予惡夫涕之無從也。小子行之。」客行無他物可以易之者，使遂以往。

孔子在衛，有送葬者，而夫子觀之，曰：「善哉爲喪乎！足以爲法矣，小子識之。」子貢曰：「夫子何善爾也？」曰：「其往也如慕，其反也如疑。」慕，謂小兒隨父母啼呼。疑者，哀親之在彼如不欲還然。子貢曰：「豈若速反而虞乎！」速，疾。子曰：「小子識之，我未之能行也。」哀戚，本也。祭祀，末也。〇方氏苞曰：「未之能行，非謙言也。聖人明於幽明、死生、鬼神，反不能有如慕如疑之情狀也。」顔淵之喪，饋祥肉，饋，遺也。孔子出受之，入彈琴而後食之。彈琴以散哀也。

孔子與門人立，拱而尚右，二三子亦皆尚右。傚孔子也。孔子曰：「二三子之嗜學也，嗜，貪。我則有姊之喪故也。」二三子皆尚左。復正也。喪尚右，右陰也。吉尚左，左陽也。〇愚按：尚，上也；古通用。吉尚左者，拱而左手在上。

孔子蚤作，作，起。負手曳杖，消搖於門，欲人之怪己。○陸德明曰：「消搖，本又作逍遥。」方氏苞曰：「消搖於門，蓋全其所受而歸，故知將死，而志氣甚自得也。《注》、《疏》失之。」歌曰：「泰山其頹乎！泰山，衆山所仰。梁木其壞乎！梁木，衆木所放。哲人其萎乎！」哲人，亦衆人所仰放也。以上二句喻之。萎，病也。《詩》云：「無木不萎。」既歌而入，當户而坐。蚤坐，急見人也。子貢聞之，曰：「泰山其頹，則吾將安仰；梁木其壞，哲人其萎，則吾將安放，夫子殆將病也。」覺孔子歌意殆幾也。○謝枋得曰：「劉尚書美中家藏古本《禮記》『梁木其壞』下有『則吾將安仗』五字，文義更順。」齊召南曰：「好事者爲之。」○《疏》云：放，依也。《論語》云：「放於利而行。」遂趨而入。夫子曰：「賜，爾來何遲也？坐則望之。夏后氏殯於東階之上，則猶在阼也；殷人殯於兩楹之間，則與賓主夾之也；周人殯於西階之上，則猶賓之也。以三王之禮占己夢。而丘也殷人也。予疇昔之夜，夢坐奠於兩楹之間。是夢坐兩楹之間而見饋食也。言奠者，以爲凶象。疇，發聲也。昔，猶前也。夫明王不興，而天下其孰能宗予，予殆將死也。」孰，誰也。宗，尊也。兩楹之間南面鄉，明人君聽治正坐之處。今無明王，誰能尊我以爲人君乎！是我殷家奠殯之象，以此自知將死。蓋寢疾七日而没。明聖人知命。

孔子之喪，門人疑所服。無喪師之禮。子貢曰：「昔者夫子之喪顔淵，若喪子而無服；喪子路亦然。請喪夫子若喪父而無服。無服，不爲衰，弔服而加麻，心喪三年。○《疏》云：「弔服加麻，麻謂經與帶也，皆麻爲之。」

孔子之喪，公西赤爲志焉。公西赤，孔子弟子，字子華。志謂章識。飾棺牆，牆之障柩，猶垣牆障家。置翣，牆，柳衣。翣，以布衣木，如攝與？〇《疏》云：攝，漢時之扇。與，疑辭。〇愚按：《左氏》昭十八年《傳》曰「屏攝」，韋昭云：「屏，屏風也。攝形如要扇。」然則攝即攝與？設披，周也；設崇，殷也；綢練、設旐，夏也。夫子雖殷人，兼用三王之禮尊之。披，柩行夾引棺者。崇牙，旌旗飾也。綢練，以練綢旌之杠，此旌葬乘車所建也。旌之旒，緇布廣充幅長尋曰旐。《爾雅》説旌旗曰：「素錦綢杠。」〇愚按：雖兼用三王之禮，亦皆大夫之制。

子張之喪，公明儀爲志焉。志亦謂章識。褚幕丹質，以丹布幕爲褚，葬覆棺，不牆，不翣。蟻結于四隅，畫褚之四角，其文如蟻行往來相交錯。蟻，蚍蜉也。殷之蟻結，似今蛇文畫。殷士也。學於孔子，傚殷禮。〇愚按：丹質，非殷所尚色。知此節亦不純殷制。〇齊召南曰：「周人而用殷制，必周之喪禮本兼二代而聽人所爲也。」

子夏問於孔子曰：「居父母之仇如之何？」夫子曰：「寢苫枕干，不仕，雖除喪，居處猶若喪也。干，盾也。弗與共天下也。不可以並生。遇諸市朝，不反兵而鬭。」言雖適市朝，不釋兵。曰：「請問居昆弟之仇如之何？」曰：「仕弗與共國；銜君命而使，雖遇之，不鬭。」爲負而廢君命。曰：「請問居從父昆弟之仇如之何？」曰：「不爲魁，魁猶首也。天文，北斗魁爲首，杓爲末。主人能，則執兵而陪其後。」爲其負，當成之。

孔子之喪，二三子皆絰而出。尊師也。出，謂有所之適。然則凡弔服加麻者，出則變服。羣，居則絰。出則否。羣，謂七十二弟子相爲朋友服。子夏曰：「吾離羣而索居。」

易墓，非古也。易，謂芟治草木。不易者丘陵也。○愚謂易墓恐是遷墓。

子路曰：「吾聞諸夫子：『喪禮，與其哀不足而禮有餘也，不若禮不足而哀有餘也；喪主哀。祭禮，與其敬不足而禮有餘也，不若禮不足而敬有餘也。』」祭主敬。

曾子弔於負夏，負夏，衛地。主人既祖，填池，祖，謂移柩車去載處爲行始也。填池，當爲「奠徹」，聲之誤也。奠徹，謂徹遣奠設祖奠。○陸德明曰：「填池，盧、王並如字。」○方氏苞曰：「《既夕禮》，朝祖之後，載柩而束之，商祝飾柩，一池，設披，屬引。所謂填池，即繫魚下垂池中，所謂「魚躍拂池」也。於是商祝御柩，乃祖，而婦人降於階間。蓋曰御柩，則已轉柩而鄉南矣。故推柩而反之，降婦人而行受弔之禮。《禮記》文辭事本明，《注》《疏》未喻其義。」○愚按：方氏苞説亦非也。按《小爾雅·廣名》篇曰：「埋柩謂之殔，殔坎謂之池。」然則填池者，即謂塞其殔坎之池耳。《釋文》「填地，盧、王並如字」，意蓋如此。推柩而反之，反於載處，榮曾子弔，欲更始。降婦人而后行禮。禮既祖而婦人降，今反柩，婦人辟之，復升堂矣。柩無反而反之，而又降婦人，蓋欲矜賓於此婦人。皆非。從者曰：「禮與？」怪之。曾子曰：「夫祖者，且也；且，未定之辭。且，胡爲其不可以反宿也。」給說。○愚謂：傳者誣。從者又問諸子游，曰：「禮與？」疑曾子言非。子游曰：「飯於牖下，小斂於户内，大斂於阼，殯於客位，祖於庭，葬於墓，所以即遠也，故喪事有進而無退。」明反柩非。曾子聞之，曰：「多矣乎予出祖者。」善子游言，且服。

曾子襲裘而弔，子游裼裘而弔。曾子指子游而示人，曰：「夫夫也，爲習於禮者，如之何其裼裘而弔也。」曾子蓋知臨喪無飾。夫夫，猶言此丈夫也。子游於時名爲習禮。主人既小斂，袒，括髮；子游趨而出，襲裘、帶、絰而入。於主人變乃變也。所弔者朋友。〇愚按：鄭知所弔爲朋友者，以其加帶也。非朋友，首絰而已。曾子曰：「我過矣，我過矣，夫夫是也。」服且善子游。

子夏既除喪而見，見於孔子。予之琴，和之而不和，彈之而不成聲。樂由人心。作而曰：「哀未忘也。先王制禮而弗敢過也。」作，起。子張既除喪而見，予之琴，和之而和，彈之而成聲，作而曰：「先王制禮，不敢不至焉。」雖情異，善同。俱順禮。

司寇惠子之喪，惠子，衛將軍文子彌牟之弟惠叔蘭也，生虎者。子游爲之麻衰、牡麻絰，惠子廢適立庶，爲之重服以譏之。麻衰，以吉服之布爲衰。〇愚按：絰，首絰也。朋友死於他邦而無主者，爲之袒免皆在家，則弔服加麻。加麻者，素弁上加緦之環絰也。此牡麻絰，制倣袒免而重於弁絰，故曰重服也。惠子廢適立庶，子游欲比之朋友無主者，故特爲重服譏切之。文子辭，曰：「子辱與彌牟之弟游，謝其存時。又辱爲之服，敢辭。」止之服也。子游曰：「禮也。」文子退，反哭，子游名習禮，文子亦以爲當然，未覺其所譏。

子游趨而就諸臣之位，深譏之，大夫之家臣，位在賓後。文子又辭，曰：「子辱與彌牟之弟游，又辱爲之服，又辱臨其喪，敢辭。」止之在臣位。子游曰：「固以請。」再不從命。文子退，扶適子南面而立，曰：「子辱與彌牟之弟游，又辱爲之服，又辱臨其喪，虎也敢不復位。」覺所譏也。虎，適子名。文子親扶而辭，敬子游也。南面而立，則諸臣位在門内北面明矣。子游趨而就客位。所譏行。○愚按：客位在門東北面近北，諸臣位近南。

將軍文子之喪，既除喪而后越人來弔，主人深衣、練冠，待于廟，垂涕洟，主人，文子之子簡子瑕也。深衣、練冠，凶服變也。待于廟受弔，不迎賓也。子游觀之，曰：「將軍文氏之子其庶幾乎！亡於禮者之禮也，其動也中。」中禮之變。

幼名，冠字，五十以伯仲，死謚，周道也。絰也者，實也。所以表哀戚。掘中霤而浴，毁竈以綴足；及葬，毁宗躐行，出于大門，殷道也。明不復有事於此。周人浴不掘中霤，葬不毁宗躐行。毁宗，毁廟門之西而出。行神之位在廟門之外。學者行之。學於孔子者行之，傚殷禮。

子柳之母死，子碩請具。具，葬之器用。子柳，魯叔仲皮之子，子碩兄。子柳曰：「何以哉？」言其無財。子碩曰：「請粥庶弟之母。」粥，謂嫁之也。妾賤，取之曰買。子柳曰：「如之何其粥人之母以葬其母也。不可。」忠恕。既葬，子碩欲以賻布之餘具祭器。古者謂錢爲泉布，所以通布貨財。子柳曰：「不可。吾聞之也，君子不家於喪，惡因死者以爲利。請班諸兄弟之貧者。」以分死者所矜也。

禄多則與鄰里鄉黨。

君子曰：「謀人之軍師，敗則死之；謀人之邦邑，危則亡之。」利己亡衆，非忠也。言亡之者，雖辟賢，非義退。〇方氏苞曰：「《春秋·傳》：宋、鄭有難，華元、子産皆出奔，國人復之而後入，蓋時勢所宜也。《注》謂非義退，苟非義，則不當著爲教矣。」

公叔文子升於瑕丘，蘧伯玉從。二子衛大夫。文子，獻公之孫，名拔。文子曰：「樂哉斯丘也，死則我欲葬焉。」蘧伯玉曰：「吾子樂之，則瑗請前。」刺其欲害人良田。瑗，伯玉名。

弁人有其母死而孺子泣者，言聲無節。孔子曰：「哀則哀矣，此誠哀。而難爲繼也。失禮中。夫禮爲可傳也，爲可繼也。故哭踊有節。」〇方氏苞曰：「鳥獸失羣匹，鳴號躑躅，亦有如不欲生者，而過時則忘。故君子貴有繼也。」爲可傳，謂他人易從；爲可繼，謂本身難繼。

叔孫武叔之母死，武叔，公子牙之六世孫，名州仇，毁孔子者。既小斂，舉者出尸，〔六〕出户袒，且投其冠，括髮。尸出户，乃變服，失哀節。冠，素委貌。子游曰：「知禮。」嗤之。〇愚按：此句可疑，或有闕文。不然，且惑人。

扶君，卜人師扶右，射人師扶左。謂君疾時也。卜當爲僕，聲之誤也。僕人、射人，皆平生時贊正君服位者。〇愚按：卜人，掌占筮者。師，長也。君薨，以是舉。不忍變也。《周禮·射人》：「大喪，與僕人遷尸。」

從母之夫、舅之妻，二夫人相爲服。君子未之言也。二夫人，猶言此二人也。時有此二人同居、死相爲服者，甥居外家而非之。〇愚按：此言姨夫、舅母無服耳。「從母及舅」，皆外甥稱謂之辭。孔《疏》甚明，不知陳《注》何據而云。或曰：同爨緦。以同居生緦之親可。

喪事欲其縱縱爾；趨事貌。縱讀如總領之總。〇愚按：縱，直去貌。吉事欲其折折爾。安舒貌。《詩》云：「好人提提。」〇愚按：折讀如字，委曲貌。故喪事雖遽，不陵節；吉事雖止，不怠。陵，躐也。止，立俟事時也。怠，惰也。故騷騷爾則野，謂大疾。〇愚按：騷，擾動貌。鼎鼎爾則小人。謂大舒。〇愚按：鼎，重遲貌。君子蓋猶猶爾。疾舒之中。〇愚按：「猶」與「由」，古通用。由由，自得貌。出《孟子》。

喪具，君子恥具，辟不懷也。喪具，棺衣之屬。一日二日而可爲也者，君子弗爲也。謂絞紟衾冒。

喪服，兄弟之子猶子也，蓋引而進之也；嫂叔之無服也，蓋推而遠之也。或引或推，重親遠別。〇朱軾曰：「《喪服》記『夫之所爲兄弟服，妻降一等』，乃後人杜撰。勉齋《經傳通解》删之，是也。」姑姊妹之薄也，蓋有受我而厚之者也。欲其一心於厚之者，姑姊妹嫁，大功，夫爲妻期。

食於有喪者之側，未嘗飽也。助哀戚也。〇舊説此節首脱「孔子」字。

曾子與客立於門側，其徒趨而出。徒，謂客之旅。曾子曰：「爾將何之？」曰：「吾父死，將出哭於巷」。以爲不可發凶於人之館。曰：「反哭於爾次。」次，舍也。禮，館人使專之，若其自有然。曾子北面而弔焉。

孔子曰：「之死而致死之，不仁而不可爲也。之死而致生之，不知而不可爲也。之，往也。死之、生之，謂無知與有知也。爲猶行也。○愚按：致，至也。謂以人意極至之。是故竹不成用，瓦不成味，木不成斲。成猶善也。竹不可善用，謂邊無縢。味當作沬，沬，靧也。○愚按：味作沬者，沬音荒内切。《説文》云：「洒面也，古文作湏。」味讀如字。言瓦器粗澀，不堪盛飲食；器精良則飲食有味也。成，就也。琴瑟張而不平，竽笙備而不和，無宫商之調。有鐘磬而無簨虡，不縣之也。横曰簨，植曰虡。其曰明器，神明之也。」言神明，死者也。神明者，非人所知，故其器如此。

有子問於曾子曰：「問喪於夫子乎？」有子，孔子弟子有若也。夫子卒後問此，庶有異聞也。喪，謂仕失位也。魯昭公孫於齊曰：「喪人其何稱？」曰：「聞之矣：喪欲速貧，死欲速朽。」有子曰：「是非君子之言也。」貧、朽，非人所欲。曾子曰：「參也聞諸夫子也。」有子又曰：「是非君子之言也。」曾子曰：「參也與子游聞之。」有子曰：「然。然則夫子有爲言之也。」曾子以斯言告於子游。子游曰：「甚哉有子之言似夫子也。昔者夫子居於宋，見桓司馬自爲石椁，三年而不成。桓司馬，宋向戌之孫，名魋。夫子曰：『若是其靡也，死不如速朽之愈也。』死之欲速朽，爲桓司馬言之也。靡，侈。南宫敬叔反，必載寶而朝。敬叔，魯孟僖子之子仲孫閱。蓋嘗失位去魯，得反，載其寶來朝於君。夫子曰：『若是其貨也，喪不如速貧之愈也。』喪之欲速貧，爲敬叔言之也。」曾子以子游之言告於有子，有子曰：「然。吾固曰非夫子之言也。」曾子曰：「子何以知之？」有子曰：「夫子制於中都，四寸之棺，五寸之椁，以斯知不欲速朽也。中都，魯邑名也。孔子嘗爲之宰，爲民作制。孔子由中都宰爲司空，由司空爲司寇。昔者夫子失魯司寇，將之荆，將應聘於楚。蓋先之以子夏，又申之以冉有，以斯知不欲速貧也。」言汲汲於仕得禄。○愚按：此章記三子嗜學。

陳莊子死，赴於魯，魯人欲勿哭，君無哭鄰國大夫之禮。陳莊子，齊大夫陳恒之孫，名伯。繆公召縣子而問焉。縣子曰：「古之大夫，束脩之問不出竟。雖欲哭之，安得而哭之。以其不外交。今之大夫，交政於中國，雖欲無哭，焉得而弗哭？言時君弱臣强，政得大夫專盟會以交接。○愚按：《注》「得」字誤，疑當爲「逮」字。且臣聞之，哭有二道：有愛而哭之，有畏而哭之。」以權微勸之。公曰：「然，然則如之何而可？」縣子曰：「請哭諸異姓之廟。」明不當哭。於是與哭諸縣氏。

仲憲言於曾子曰：「夏后氏用明器，示民無知也。所謂致死之。仲憲，孔子弟子原憲。殷人用祭器，示民有知也。所謂致生之。周人兼用之，示民疑也。」言使民疑於無知與有知。曾子曰：「其不然乎！其不然乎！非其説之非也。夫明器，鬼器也；祭器，人器也；夫古之人，胡爲而死其親乎？」言仲憲之言，三者皆非。此或用鬼器，或用人器。

公叔木有同母異父之昆弟死，問於子游。木當爲「朱」，《春秋》作「戍」，衛公叔文子之子，定公十四年奔魯。子游曰：「其大功乎？」疑所服也。親者屬大功是。狄儀有同母異父之昆弟死，問於子夏，子夏曰：「我未之前聞也；魯人則爲之齊衰。」狄儀行齊衰。今之齊衰，狄儀之問也。○愚按：齊衰，三月也。○方氏苞曰：「同母異父，則途之人也，不宜有兄弟之稱。」「爲之服，是謂悖德而傷父之志。」「豈魯人亦心知其非，而紿託聖門諸賢之言以自解飾歟？」○愚按：《春秋·傳》：「聲伯以其外弟爲大夫，又嫁其外妹於施氏。」外弟、外妹，魯人重焉。則此《記》當實有其事，非紿託也。又按王肅云：「繼父服齊衰，其子降一等，故服大功。」朱子《家禮》云：「同居繼父，父子皆無大功以上親，乃義服不杖期。先同居後異，或雖同居而繼父有子，已有大功以上親，服齊衰三月；原不同居則無服。異父同母之兄弟姊妹，各服小功五月。」據此諸説，同母異父之昆弟，是皆不謂無服也。方氏苞之言，恐非禮意。

子思之母死於衛，子思，孔子孫伯魚之子。伯魚卒，其妻嫁於衛。柳若謂子思曰：「子，聖人之後也，四方於子乎觀禮，子蓋慎諸？」柳若，衛人也。見子思欲爲嫁母服，恐其失禮，戒之。嫁母，齊衰、期。子思曰：「吾何慎哉！吾聞之，有其禮，無其財，君子弗行也；謂時可行而財不足備禮。有其禮，有其財，無其時，君子弗行也，謂財足以備禮而時不得行者。吾何慎哉！」時所止則止，時所行則行，無所疑也。喪之禮，如子贈襚之屬，不踰主人。○方氏苞曰：「禮：父没，爲父後者，於出母無服，則嫁母亦宜同，無所用慎也。不忍質言其故，故以無其時爲辭，蓋母死於父没之後，而已爲父後，則無禮之可行矣。」○愚按：《鄭志·答張逸問》云：「子思哭嫂爲位，必非適子。」又《疏》引譙周、袁準並云：「父卒母嫁，非父所絶。嫡子雖主祭，猶宜服期。」此並異説，當更詳之。

縣子瑣曰：「吾聞之：古者不降，上下各以其親。古，謂殷時也。上不降遠，下不降卑。○愚按：各以其親，明不以爵也。周制，貴者於賤者、旁親皆降。滕伯文爲孟虎齊衰，其叔父也；爲孟皮齊衰，其叔父也。伯文，殷時滕君也，爵爲伯，名文。

后木曰：「喪，吾聞諸縣子，曰：『夫喪不可不深長思也，后木，魯孝公子惠伯鞏之後。買棺外内易。』我死則亦然。」此孝子之事，非所託。○愚按：易，治也。

曾子曰：「尸未設飾，故帷堂，小斂而徹帷。」仲梁子曰：「夫婦方亂，故帷堂，小斂而徹帷。」斂者動摇尸，帷堂爲人褻之，言方亂，非也。仲梁子，魯人也。○愚按：尸未設飾，未襲斂也。小斂之奠，子游曰：「於東方。」曾子曰：「於西方，斂斯席矣。」曾子以俗説非。又大斂奠於堂，乃有席。○堂當爲「室」。小斂之奠在西方，魯禮之末失也。末世失禮之爲。

縣子曰：「綌，衰繐裳，非古也。」非時尚輕涼慢禮。○陸德明曰：「綌，粗葛也。布細而疎曰繐。」

子蒲卒，哭者呼滅。滅，蓋子蒲名。○愚按：哭，謂始死時也。禮：復稱名，哭不稱名。《喪大記》云：「唯哭先復，復而後行死事。」鄭《注》：「氣絶則哭，哭而復，復而不蘇，可以爲死事。」然則此哭呼滅，在未復之前，非禮矣。故改之。子皋曰：「若是野哉！」非之也。唯復呼名。子皋，孔子弟子高柴。哭者改之。

杜橋之母喪，宫中無相，以爲沽也。沽猶略也。

夫子曰：「始死，羔裘玄冠者，易之而已。」羔裘玄冠，夫子不以弔。不以吉服弔喪。

子游問喪具，夫子曰：「稱家之有亡。」子游曰：「有亡惡乎齊？」惡乎齊，問豐省之比。夫子曰：「有，毋過禮；苟亡矣，斂首足形，形體。還葬，還之言便也。言已斂即葬，不待三月。縣棺而封，不設碑繂，不備禮。封，當爲「窆」。窆，下棺也。《春秋》昭十二年《傳》作「堋」。人豈有非之者哉！」不責於人所不能。

司士賁告於子游曰：「請襲於牀。」時失之也。禮：唯始死廢牀。子游曰：「諾。」縣子聞之，曰：「汏哉叔氏，專以禮許人。」當言「禮然」，言「諾」，非也。叔氏，子游字。

宋襄公葬其夫人，醯醢百甕。曾子曰：「既曰明器矣，而又實之。」言名之爲明器，而與祭器皆實之，是亂鬼器與人器。〇愚按：禮：明器，非盡不實，但不當百甕皆實之。百甕亦非。

孟獻子之喪，獻子，魯大夫仲孫蔑。司徒旅歸四布，旅，下士也。司徒使下士歸四方之賻布。〇愚按：《周官》州長、黨正、閭師，各掌其地之喪紀，是司徒之屬也。旅，陳也，陳列四方之布歸之。《詩》云：「殽核維旅。」夫子曰：「可也。」時人皆貪，善其能廉。

讀賵，曾子曰：「非古也，是再告也。」曾子言喪禮祖而讀賵，賓致命將行，主人之吏又讀賵，所以存録之。〇愚按：此自爲章，舊本誤連上章，非也。此類極多，餘不悉著。

成子高寢疾，成子高，齊大夫國成伯高父也。慶遺入請，曰：「子之病革矣。如至乎大病，則如之何？」觀其意，革，急也。遺，慶封之族。子高曰：「吾聞之也：生有益於人，死不害於人。吾縱生無益於人，吾可以死害於人乎哉？我死則擇不食之地而葬我焉。不食，謂不墾耕。〇愚按：息土謂之食地。《鄭語》「食溱洧」是也。

子夏問諸夫子曰：「居君之母與妻之喪。」「居處言語飲食衎爾。」衎爾，自得貌。爲小君惻隱不能至。

〇愚按：此有問無答，蓋闕文。

賓客至，無所館。夫子曰：「生於我乎館，死於我乎殯。」仁者不厄人。

國子高曰：「葬也者，藏也；藏也者，欲人之弗得見也。是故衣足以飾身，棺周於衣，椁周於棺，土周於椁；言皆所以爲深邃，難人發見之也。國子高，成子高也。成，謚也。反壤樹之哉！」反，覆也。怪不如大古也，而反封樹之意在於儉，非周禮。

孔子之喪，有自燕來觀者，舍於子夏氏。子夏曰：「聖人之葬人與？人之葬聖人也。子何觀焉？與，及也。〇愚按：當從王肅「聖人之葬人與」句絕。昔者夫子言之，曰：『吾見封之若堂者矣，封，築土爲壟。堂形，四方而高。見若坊者矣，坊形，旁殺平上而長。見若覆夏屋者矣，覆，謂茨瓦也。夏屋，今之門廡也。其形旁廣而卑。見若斧者矣。』斧形，旁殺刃上而長。從若斧者焉，孔子以爲刃上難登，狹又易爲功。馬鬣封之謂也。俗間名。今一日而三斬板，而已封，板蓋廣二尺，長六尺。斬板，謂斷莫縮也，三斷止之，帝殺，蓋高四尺，其廣袤未聞也。《詩》云：「縮板以載。」〇愚按：「莫縮」者，《爾雅·釋詁》云：「貉縮，綸也。」郭《注》：「綸者，繩也。」是則「莫縮」即「貉縮」，聲之轉也。「斷莫縮」，即謂斬斷其繩耳。尚行夫子之志乎哉！」尚，庶幾也。

婦人不葛帶。婦人質不變重者，至期除之，卒哭，變絰而已。○愚按：婦人不葛帶，明葛絰也。然則男子不葛絰而葛帶矣。皆謂卒哭時也。然此婦人居齊斬之服者耳，若大功以下輕，至卒哭，並變爲葛，與男子同。

有薦新，如朔奠。重新物，爲之殷奠。○《疏》云：薦新，謂未葬中間得新味而薦亡者。如朔奠者，謂未葬前月朔大奠於殯宫者。大奠則牲饌豐也。大夫以上，則朔望大奠；若士，但朔而不望。

既葬，各以其服除。卒哭，當變衰麻者變之，或有除者，不視主人。

池視重霤。如屋之有承霤也。承霤以木爲之，用行水，亦宫之飾也。柳宫象也，以竹爲池，衣以青布，縣銅魚焉。今宫中有承霤，云以銅爲之。

君即位而爲椑，椑，謂杝棺，親尸者。椑，堅著之言也。言天子椑内又有水兕革棺。歲壹漆之。若未成然。藏焉。虛之不令。○愚按：令，善也。言必藏物於其中。○陸德明曰：「令，本又作『合』。」謂虛之，但不以蓋合其上，不欲人見，故「藏焉」亦通。

復、楔齒、綴足、飯、設飾、帷堂，並作。設飾，謂遷尸又加新衣。父兄命赴者。謂大夫以上者；士，主人親命之。○方氏苞曰：「赴於君，則大夫亦宜親命赴者，父兄不得代。赴於族姻，則孝子心絶志摧」，「豈能一一親命。即士亦必委之父兄，不得以《士喪禮》惟載『赴於君』，而謂凡所赴皆親命；以大夫喪禮既亡，遂强定父兄命赴爲大夫之禮，而赴於君亦不親命也。」

君復於小寢、大寢、小祖、大祖、庫門、四郊。尊者求之備也，亦他日所嘗有事。○愚按：庫門，諸侯外門也。知此「君」謂諸侯矣。載震曰：「天子、諸侯，皆三朝三門。皋門，天子外門。庫門，諸侯外門。禮家『天子五門』之説，失其傳也。」愚謂此以「庫門」「四郊」連文，則戴説信矣。

喪不剥，奠也與？祭肉也與？剥猶倮也。有牲肉則巾之，爲其久設，塵埃加也。脯醢之奠不巾。○愚按：剥落，盡也。初喪，薦饋無虚時，奠也，祭肉也，更設之，不令窮盡。

既殯旬，而布材與明器。木工宜乾臘且豫暴。材，椁材也。

朝奠日出，夕奠逮日。陰陽交接，庶幾遇之。父母之喪哭無時，使，必知其反也。謂既練。或時爲君服金革之事，反必有祭。○愚按：「哭無時」《注》謂既練以後，是也。或以爲卒哭後，恐非。

練，練衣，黄裏，縓緣。小祥：練冠，練中衣，以黄爲内。縓爲飾黄之色，卑於纁。縓纁之類，明外除。○陸德明曰：「縓，淺赤色，今之紅也。」葛要絰，繩屨無絇，角瑱，瑱，充耳也。吉時以玉，人君有瑱。鹿裘衡長袪，衡當爲「横」，字之誤也。袪，謂褎緣袂口也。練而爲裘，横廣之，又長之，又爲袪，則先時狹短無袪可知。吉時麛裘。袪裼之可也。裼，表裘也。有袪而裼之，備飾也。《玉藻》曰：「麛裘青豻褎，絞衣以裼之。」鹿裘亦用絞乎？○愚按：袪裼，明即吉有漸。

有殯，聞遠兄弟之喪，雖緦必往；親骨肉也。非兄弟，雖鄰不往。疏無親也。所識，其兄弟不同居者皆弔。就其家弔之，成恩舊也。○愚按：弔，所以哀生者也。既識生者，則雖其兄弟不同居者死，吾皆當往弔，謂弔此所識者也。「兄弟不同居」，謂小功以下親也。此節，皇氏以爲别更起文，不連「有殯」之事，是也。

天子之棺四重；尚深邃也。諸公三重，諸侯再重，大夫一重，士不重。水兕革棺被之，其厚三寸，以水牛、兕牛之革以爲棺，被革各厚三寸，合六寸也。此爲一重。杝棺一，所謂椑棺也。《爾雅》曰：「椵，杝。」梓棺二，所謂屬與大棺。四者皆周。周，帀也。凡棺，用能溼之物。棺束，縮二，衡三，衽每束一。柏椁以端，長六尺。以端，題湊也。其方蓋一尺。○陸德明曰：「題，頭也；湊，聚也。」

衡，亦當爲「横」。衽，今小要。衽或作「漆」，或作「髹」。

天子之哭諸侯也爵弁，絰紂衣；服士之祭服以哭之，明爲變也。天子至尊，不見尸柩不弔服，麻不加於采。此言「絰」，衍字也。時人間有弁絰，因云之耳。《周禮》：王弔諸侯，弁絰緦衰也。或曰：「使有司哭之。」非也。哀戚之事不可虛。爲之不以樂食。蓋謂殯斂之間。

天子之殯也，菆塗龍輴以椁，菆木以周龍輴加椁而塗之，天子殯以輴車，畫轅爲龍。加斧于椁上，畢塗屋，斧，謂之黼，白黑文也。以刺繡於緣幕，加椁以覆棺已，乃屋其上，盡塗之。○愚按：菆，叢也，椁即菆木爲之。塗其四面，而上不塗，加斧其上，然後畢塗之，又屋之。顏柳曰：「天子龍輴而椁幬。」屋即幬也。《注》謂「屋其上」，豈仍菆木以爲屋歟？天子之禮也。

唯天子之喪，有別姓而哭。使諸侯同姓、異姓、庶姓相從而爲位，別於朝覲來時。朝覲爵同同位。

魯哀公誄孔丘曰：「天不遺耆老，莫相予位焉，嗚呼哀哉！尼父！」誄其行以爲謚也。莫，無也。

相，佐也。言孔子死，無佐助我處位者。尼父，因其字以爲之謚。

國亡大縣邑，公、卿、大夫、士皆厭冠哭於大廟三日，君不舉。軍敗失地，以喪歸也。厭冠，今喪冠，其服未聞。或曰：君舉，而哭於后土。后土，社也。〇愚按：曰「君舉」者，非。

孔子惡野哭者。爲其變衆。《周禮·銜枚氏》掌禁野叫呼歎嗚於國中者，行歌哭於國中之道也。陳《注》云：「所知，哭諸野，亦必設位帷之以成禮。」

未仕者不敢税人；如税人，則以父兄之命。不專家財也。税，謂遺於人。〇《疏》云：「如税人，謂已仕者也。」

士備入，而后朝夕踊。備猶盡也。國君之喪，嫌主人哭，入則踊。

祥而縞，縞冠素紕也。是月禫，徙月樂。言禫明月可以用樂。〇方氏苞曰：「二十四月期盡，以二十五月之初舉大祥之祭，是月之末舉禫祭，過是月而樂作。如此則與『二十五月而畢』及『中月而禫』，皆不相背。」

君於士有賜帟。帟，幕之小者，所以承塵，賜之則張於殯上。大夫以上，幕人職供焉。

校記

〔一〕商，郝氏家刻本之誤。《十三經注疏·禮記注疏》卷六作「尚」。

〔二〕《禮記析疑》卷三《檀弓上》「豈反不弔」作「豈反有不弔之理」。

〔三〕《大戴禮記》卷七《帝繫第六十三》，清王聘珍《解詁》本，中華書局一九八三年版「卜」下有「其」字，「皆」上有「而」字。

〔四〕己，《十三經注疏·禮記注疏》卷七「而可乎」鄭玄《注》作「已」。

〔五〕射義，《十三經注疏·禮記注疏》卷六十二孔疏作「燕義」。

〔六〕尸，阮元《十三經注疏·禮記注疏》卷八《校勘記》作「户」。

檀弓下第四

君之適長殤，車三乘；公之庶長殤，車一乘；大夫之適長殤，車一乘。皆下成人也。自上以下，降殺以兩。成人遣車五乘，長殤三乘，下殤一乘，尊卑以此差之。庶子言公，卑遠之。傳曰：「大功之殤，中從上。」○愚按：公亦君耳，蓋皆五等諸侯矣。

公之喪，諸達官之長，杖。謂君所命。雖有官職，不達於君，則不服斬。

君於大夫，將葬，弔於宮。及出，命引之，三步則止。以義奪孝子。宮，殯宮；出，謂柩已在路。○方氏苞曰：「《注》云『以義奪孝子』，非也。送葬必執引。君於臣不親執，故『命引』以爲禮。弔曰『寡君承事』。蓋弔喪以相助執事爲義，雖君於臣亦然。」〔二〕如是者三，君退；退，去也。三命引之，凡移九步。朝亦如之，哀次亦如之。君弔不必於宮。朝，喪朝廟也。次，他日賓客所受大門外舍也，孝子至此而哀，君或於是弔焉。

五十無車者，不越疆而弔人。氣力始衰。

季武子寢疾，蟜固不説齊衰而入見，曰：「斯道也，將亡矣，士唯公門説齊衰。」季武子，魯大夫季孫夙也，世爲上卿，强且專政，國人事之如君。蟜固能守禮，不畏之，矯失俗也。道猶禮也。武子曰：

「不亦善乎！君子表微。」時無如之何，佯若善之。表猶明也。及甚喪也，曾點倚其門而歌。明己不與也。點，字皙，曾參父。〇方氏苞曰：「以其死爲快也。」

大夫弔，當事而至，則辭焉。辭猶告也。擯者以主人有事告也。主人無事，則爲大夫出。弔於人，是日不樂。君子哀樂不同日。「子於是日哭，則不歌。」婦人不越疆而弔人。不通於外。行弔之日不飲酒食肉焉。以全哀也。弔於葬者，必執引，若從柩，及壙，皆執紼。示助之以力。車曰引，棺曰紼，從柩贏者。〇《疏云》：「從柩者，是執引所餘贏長者也。何東山云：『天子千人，諸侯五百人，大夫三百人，士五十人。』贏數外也。」喪，公弔之，必有拜者，往謝之。雖朋友、州里、舍人，可也。謂無主後。弔曰：「寡君承事。」示亦爲執事來。主人曰：「臨。」君辱臨其臣之喪。君遇柩於路，必使人弔之。君於民臣有父母之恩。大夫之喪，庶子不受弔。不以賤者爲有爵者主。

妻之昆弟爲父後者死，哭之適室，以其正也。子爲主，袒免哭踊，親者主之。夫入門右，北面辟正主。〇愚按：據申詳哭言思，當婦人爲主也。又，夫者，對妻之稱，則是當妻爲主矣。今曰「子爲主」，未詳也。又按：禮，女子適人，爲昆弟之爲父後者，不降；而甥爲舅服緦，以親而言，亦當妻主之。使人立於門外，告來者，狎則入哭；狎，相習知者。父在，哭於妻之室；不以私喪干尊。非爲父後者，哭諸異室。有殯，聞遠兄弟之喪，哭于側室；嫌哭殯。無側室，哭于門内之右；近南者，爲之變位。同國，則往哭之。喪無外事。

子張死，曾子有母之喪，齊衰而往哭之。或曰：「齊衰不以弔。」以其無服非之。曾子曰：「我弔也與哉？」於朋友哀痛甚而往哭之，非若凡弔。○愚按：「有殯，聞遠兄弟之喪，雖緦必往。」曾子於子張，蓋比如兄弟之親，不可以常禮非之。不然，「三年之喪，而弔哭」，既問諸夫子矣，豈猶身爲非禮。

有若之喪，悼公弔焉。悼公，魯哀公之子。子游擯，由左。擯，相侑喪禮者。喪禮廢亡，時人以爲此儀當如詔辭，而皆由右相。是善子游正之。《孝經說》曰：「以身擯侑。」

齊穀王姬之喪，穀，當爲「告」，聲之誤也。王姬，周女，齊襄公之夫人。魯莊公爲之大功。或曰：「由魯嫁，故爲之服姊妹之服。」或曰：「外祖母也，故爲之服。」《春秋》：「周女由魯嫁，卒，服之如内女服姊妹」是也。天子爲之無服，嫁於王者之後乃服之。莊公，齊襄公女弟文姜之子，當爲舅之妻，非外祖母也。外祖母，又小功也。○愚按：齊襄夫人之非莊公外祖母，時人豈得不知；而「或曰：外祖母」者，疑此王姬或非襄公夫人歟！

晉獻公之喪，秦穆公使人弔公子重耳，獻公殺其世子申生，重耳辟難出奔，是時在翟，就弔之。且曰：「寡人聞之，亡國恒於斯，得國恒於斯，言在喪代之際。雖吾子儼然在憂服之中，喪亦不可久也，時亦不可失也。孺子其圖之。」勸其反國，意欲納之。喪，謂亡失位。孺，稺也。以告舅犯，舅犯，重耳之舅狐偃也，字子犯。舅犯曰：「孺子其辭焉；喪人無寶，仁親以爲寶。寶，謂善道可守者。仁親，親行仁義。○愚按：仁親，愛慕其親也。皆稱「孺子」者，蓋新在喪之稱。父死之謂何，又因以爲利，欲反國求爲後，是利父死。而天下其孰能說之？孺子其辭焉。」說猶解也。公子重耳對客曰：「君惠弔亡臣重耳，身喪父死，不得與於哭泣之哀，以爲君憂，謝之。父死之謂何？或敢有他志以辱君義。」他志，謂利心。稽顙而不拜，哭而起，起而不私。子顯以致命於穆公。使者，公子縶也。盧氏云：「古者名字相配，顯當作韅」。○愚按：名字相配，如高子皋稱季皋、原憲稱仲憲、叔仲皮、仲衍之屬皆是。然如此，則子顯又當爲縶韅矣。穆公曰：「仁夫公子重耳！夫稽顙而不拜，則未爲後也，故不成拜。哭而起，則愛父也；起而不私，則遠利也。」

帷殯，非古也，自敬姜之哭穆伯始也。穆伯，魯大夫季悼子之子公甫靖也。敬姜，穆伯妻、文伯歜之母也。《禮》：「朝夕哭不帷。」○愚按：此善哭夫得禮。

喪禮，哀戚之至也。節哀，順變也；君子念始之者也。始猶生也。念父母生己，不欲傷其性。

復，盡愛之道也，有禱祠之心焉。復謂招魂，且分禱五祀，庶幾其精氣之反。○愚按：招魂即是祈禱其生，不必言分禱五祀。禱五祀在生存時也。望反諸幽，求諸鬼神之道也。鬼神處幽闇，望其從鬼神所來。北面，求諸幽之義也。鄉其所從來也。禮：復者，升屋，北面。

拜、稽顙，哀戚之至隱也；稽顙，隱之甚也。隱，痛也。稽顙者，觸地無容。○愚按：拜字讀斷。言拜與稽顙二者，並是哀戚至痛，而稽顙尤爲痛之甚。

飯用米貝，弗忍虚也；不以食道，用美焉爾。尊之也。食道褻，米貝美。○愚按：言不取飲食之道，但以其美潔之物用之。

銘，明旌也，神明之精。以死者爲不可別已，故以其旗識之。不可別，形貌不見。○愚按：銘，名也。旌，表也。別，分辨也。以旗識之，所以別也。愛之，斯録之矣；敬之，斯盡其道焉耳。謂重與奠也與。○愚按：此二句申明上事。《注》謂重與奠與，是起下文，與《士喪禮》「爲銘」之《注》不合，疑誤。重，主道也。始死未作主，以重主其神也。重，既虞而埋之，乃後作主。《春秋·傳》曰：「虞主用桑，練主用栗。」殷主，綴重焉；綴猶聯也。殷人作主而聯其重，縣諸廟也。去顯考乃埋之。周主，重徹焉。周人作主，徹重埋之。

奠以素器，以生者有哀素之心也；哀素，言哀痛無飾也。凡物無飾曰素。唯祭祀之禮，主人自盡焉爾，豈知神之所饗？亦以主人有齊敬之心也。哀則以素，敬則以飾，禮由人心而已。○愚按：始死以人事之故，無尸而奠；葬後以神事之故，爲尸而祭。

辟踊，哀之至也，有算，爲之節文也。算，數也。

袒、括髮，變也。愠，哀之變也。去飾，去美也。袒、括髮，去飾之甚也。有所袒，有所襲，哀之節也。○愚按：哀極而愠恚，是其情之變也。《疏》云：「哀甚則袒，哀輕則襲。」

弁絰葛而葬，與神交之道也。接神之道，不可以純凶，天子、諸侯，變服而葬，冠素弁，以葛爲環絰，既虞，卒哭，乃服受服也。《雜記》曰：「凡弁絰，其衰侈袂。」○愚按：神謂山川土神也。以理推之，既虞便當反服受服，不待卒哭也。謂變服葬，獨天子諸侯，亦無文，有敬心焉。踰時哀衰而敬生，敬則服有飾。大夫、士三月而葬，未踰時。〇愚按：敬，敬神耳。

周人弁而葬，殷人冔而葬。周弁、殷冔，俱象祭冠而素，禮同也。

歠主人、主婦、室老，爲其病也，君命食之也。尊者奪人易也。歠，歠粥也。

反哭升堂，反諸其所作也。親所行禮之處。主婦入于室，反諸其所養也。親所饋食之處。〇《疏》云：「此皆謂在廟也。」「下『反哭之弔』亦在廟。」

反哭之弔也，哀之至也，反而亡焉，失之矣，於是爲甚。哀痛甚。殷既封而弔，周反哭而弔。封當爲「窆」。窆，下棺也。

孔子曰：「殷已慤，吾從周。」慤者，得哀之始，未見其甚。

葬於北方北首，三代之達禮也，之幽之故也。北方，國北也。

既封，主人贈，而祝宿虞尸。贈以幣，送死者於壙也。于主人贈，祝先歸。〇宿，讀爲肅。

既反哭，主人與有司視虞牲。日中將虞，省其牲。有司以几筵舍奠於墓左，反，日中而虞。所使奠墓有司來歸乃虞也。舍奠墓左，爲父母形體在此，禮其神也。《周禮·冢人》：「凡祭墓，爲尸。」〇愚按：此禮如今祠土神。

葬日虞，弗忍一日離也。弗忍其無所歸。是日也，以虞易奠。虞，喪祭也。卒哭，曰成事。既虞之後，卒哭而祭。其辭蓋曰「哀薦成事」，成祭事也。祭以吉爲成。〇方氏苞曰：「《疏》，先儒以第三虞與卒哭，同是一事。鄭據《雜記》『上大夫虞用少牢，卒哭用太牢』破之，以爲三虞後更有卒哭之祭。按《士虞禮》：『三虞』，『曰：哀薦成事。』而別無卒哭之文，則第三虞即卒哭，明矣。《記》多舛駁，恐未可據以破《儀禮》也。」是日也，以吉祭易喪祭，卒哭，吉祭。〇愚按《士虞》記賈《疏》云：「卒哭爲吉祭者，喪中自相對。若據二十八月後吉祭而言，則禫祭以前總爲喪祭也。」明日，祔于祖父。祭告於其祖之廟。其變而之吉祭也，比至於祔，必於是日也接，不忍一日末有所歸也。末，無也。日有所用，接之。《虞禮》所謂「他用剛日」也。其祭祝曰哀薦曰成事。〇愚按：此言變者，變於正禮，即《喪服小記》云「赴葬者赴虞，三月而后卒哭」也。其間日月尚賒，故《疏》云：「之，往也。既虞，往至吉祭，其禮如何？既虞，比至於祔以來必於是日接，謂於是三虞卒哭之間，剛日而連接其祭。所以恆用剛日接之者，孝子不忍使親每一日之間無所歸依。」又云：「《虞禮》謂之他，此經謂之變，其義一也。」

殷練而祔，周卒哭而祔。孔子善殷。期而神之，人情。

君臨臣喪，以巫祝桃茢執戈，惡之也；爲有凶邪之氣在側。君聞大夫之喪，去樂卒事而往，未襲也；其已襲，則止巫，去桃茢。桃，鬼所惡。茢，萑苕，可埽不祥。〇茢，杜預云：「黍穰也。」鄭注《周禮》云：「苕帚。」所以異於生也。生人無凶邪。

喪有死之道焉，言人之死有如鳥獸死之狀。鳥獸死，人賤之。先王之所難言也。聖人不明說，爲人甚惡之。

○愚按：此二句應與上爲一章，不合斷文另起。

喪之朝也，順死者之孝心也，朝，謂遷柩於廟。其哀離其室也，故至於祖考之廟而后行，殷朝而殯於祖，周朝而遂葬。

孔子謂：爲明器者，知喪道矣。備物而不可用也。神與人異，道則不相傷。哀哉！死者而用生者之器也。不殆於用殉乎哉！殆，幾也。殺人以衛死者曰殉。用其器者，漸幾於用人。其曰明器，神明之也。神明死者，異於生人。塗車芻靈，自古有之。芻靈，束茅爲人馬。謂之靈者，神之類。明器之道也。言與明器同。孔子謂爲芻靈者善，謂爲俑者不仁；不殆於用人乎哉！俑，偶人也，有面目，機發有似於生人。孔子善古而非周。

穆公問於子思曰：「爲舊君反服，古與？」仕焉而已者。穆公，魯哀公之曾孫。子思曰：「古之君子，進人以禮，退人以禮，故有舊君反服之禮也；今之君子，進人若將加諸膝，退人若將隊諸淵，毋爲戎首，不亦善乎！又何反服之禮之有！言放逐之臣，不服舊君也。爲兵主來攻伐曰戎首。

悼公之喪，季昭子問於孟敬子曰：「爲君何食？」悼公，魯哀公之子。昭子，康子之曾孫，名强。敬子，武伯之子，名捷。敬子曰：「食粥，天下之達禮也。吾三臣者之不能居公室也，四方莫不聞矣，言鄰國皆知吾等不能居公室以臣禮事君也。三臣，仲孫、叔孫、季孫氏。○方氏苞曰：居公室者，「次於公館以終喪」也。勉而爲瘠則吾能，毋乃使人疑夫不以情居瘠者乎哉？我則食食。」存時不盡忠，喪又不盡禮，非也。孔子曰：「喪事不敢不勉。」

衛司徒敬子死，司徒，官氏，公子許之後。子夏弔焉，主人未小斂，絰而往。子游弔焉，主人既小斂，子游出絰，反哭，皆以朋友之禮往，而二人異。○愚按：與裼裘帶絰同。此有絰無帶，凡單言絰，則知有帶也。子夏曰：「聞之也與？」曰：「聞諸夫子，主人未改服則不絰。」

曾子曰：「晏子可謂知禮也已，恭敬之有焉。」言禮者，敬而已矣。有若曰：「晏子一狐裘三十年，遣車一乘，及墓而反，國君七个，遣車七乘；大夫五个，遣車五乘，晏子焉知禮？」言其大儉偪下，非之。及墓而反，言其既窆則歸，不留賓客，有事也。人臣賜車馬者乃得有遣車。遣車之差，大夫五，諸侯七，則天子九。諸侯不以命數，喪禮略也。个，謂所包遣奠牲體之數也。《雜記》曰：「遣車視牢具。」曾子曰：「國無道，君子恥盈禮焉；國奢，則示之以儉；國儉，則示之以禮。」時齊方奢，矯之是也。

國昭子之母死，問於子張曰：「葬及墓，男子婦人安位？」國昭子，齊大夫。子張曰：「司徒敬子之喪，夫子相，男子西鄉，婦人東鄉。」夾羡道爲位。夫子，孔子也。曰：「噫！毋。」噫，不寤之聲。毋，禁止之辭。曰：「我喪也斯沾。斯，盡也。沾，讀曰覘。覘，視也。國昭子自謂齊之大家，有事人盡視之；欲人觀之，法其所爲。○愚按：噫，句絶。毋字連下讀。斯，語辭也。沾，益也。毋曰我喪而增益於人，言欲循故事也。爾專之，賓爲賓焉，主爲主焉；專猶同也。時子張相。○愚按：專謂專主其事。鄭蓋讀專若團。婦人從男子，皆西鄉。」非也。

穆伯之喪，敬姜晝哭；文伯之喪，晝夜哭。孔子曰：「知禮矣。」喪夫不夜哭，嫌思情性也。文伯之喪，敬姜據其牀而不哭，曰：「昔者吾有斯子也，吾以將爲賢人也，蓋見其有才藝。吾未嘗以就公室；未嘗與到公室觀其行也。季氏，魯之宗卿，敬姜有會見之禮。○方氏苞曰：「古者小學在公宫南之左。《周官·師氏》：『居虎門之左』，『國之貴游子弟學焉』。侯國制應同。文伯少孤，豈敬姜未使就學於公宫南，而至是始悔與？」今及其死也，朋友諸臣未有出涕者，而内人皆行哭失聲。斯子也，必多曠於禮矣夫。」内人，妻妾。

季康子之母死，陳褻衣。褻衣非上服，陳之將以斂。敬姜曰：「婦人不飾，不敢見舅姑，將有四方之賓來，褻衣何爲陳於斯。」命徹之。言四方之賓，嚴於舅姑。敬姜者，康子從祖母。

有子與子游立，見孺子慕者，有子謂子游曰：「予壹不知夫喪之踊也，予欲去之久矣。情在於斯，其是也夫？」喪之踊，猶孺子之號慕。○愚按：孺子號慕，躍足隨人，有似乎踊。有子見其狀而後悟斯謂踊也。是，謂孺子也。子游曰：「禮，有微情者，節哭踊。有以故興物者，衰絰之制。有直情而徑行者，戎狄之道也。哭踊無節，衣服無制。禮道則不然，與戎狄異。人喜則斯陶，陶，鬱陶也。陶斯咏，咏，嘔也。咏斯猶，猶，當爲「摇」，聲之誤也。摇，謂身動摇也。秦人「猶」、「摇」聲相近。猶斯舞，手舞之。舞斯愠，愠猶怒也。愠斯戚，戚，憤恚。○陸德明曰：「此喜怒哀樂相對。本或於此句上無『舞斯愠』一句，並《注》皆衍文。」○愚按：《疏》引盧、王諸本，或與鄭不同。戚斯歎，歎，吟息。歎斯辟，辟，拊心。辟斯踊矣，踊，躍。品節斯，斯之謂禮。舞踊者皆有節，乃成禮。人死，斯惡之矣，無能也，斯倍之矣。無能，謂心之無所復能。是故制絞衾，設蔞翣，爲使人勿惡也。絞衾，尸之飾。蔞翣，棺之牆飾。《周禮》蔞作「柳」。始死，脯醢之奠；將行，遣而行之；既葬而食之，將行，將葬也。葬有遣奠、食反虞之祭。未有見其饗之者也；自上世以來，未之有舍也，爲使人勿倍也。舍猶廢也。故子之所刺於禮者，亦非禮之訾也。」訾，病也。

吴侵陳，斬祀，殺厲，祀，神位有屋樹者。厲，疫病。吴侵陳以魯哀元年秋。師還，出竟，陳大宰嚭使於師。夫差謂行人儀曰：「是夫也多言，盍嘗問焉；師必有名，人之稱斯師也者，則謂之何？」大宰、行人，官名也。夫差，吴子光之子。盍，何不也。嘗猶試也。夫差修舊怨，庶幾其師有善名。○洪邁曰：「記者簡錯，當云『陳行人儀使於師，夫差謂太宰嚭曰。』」大宰嚭曰：「古之侵伐者不斬祀，不殺厲，不獲二毛；獲，謂係虜之。二毛，鬢髮斑白。今斯師也殺厲與？其不謂之殺厲之師與？」欲微切之，故其言似若不審然，正言殺厲重大。曰：「反爾地，歸爾子，則謂之何？」子，謂所獲民臣。曰：「君王討敝邑之罪，又矜而赦之，師與，有無名乎？」又微勸之終其意。吴、楚僭號稱王。

顔丁善居喪；顔丁，魯人。始死，皇皇焉如有求而弗得，及殯，望望焉如有從而弗及，既葬，慨焉如不及，其反而息。從，隨也。慨，憊貌。

子張問曰：「《書》云：『高宗三年不言，言乃讙。』有諸？」時人君無行三年之喪禮者，問有此與，怪之也。讙，喜悦也。言乃喜悦，則臣民望其長久。仲尼曰：「胡爲其不然也？古者天子崩，王世子聽於冢宰三年。」冢宰，天官卿，貳王事者。三年之喪，使之聽朝。

知悼子卒，未葬，悼子，晉大夫荀盈，魯昭九年卒。平公飲酒，與羣臣燕。平公，晉侯彪。師曠、李調侍，侍，與君飲也。《燕禮》記曰：「請旅侍臣。」鼓鐘。樂作也。《燕禮》：「賓入門，奏《肆夏》，既獻而樂闋；獻君亦如之。」杜蕢自外來，聞鐘聲，曰：「安在？」怪之也。杜蕢，或作「屠蒯」。曰：「在寢。」燕於寢。杜蕢入寢，歷階而陞，酌，曰：「曠飲斯。」又酌，曰：「調飲斯。」又酌，堂上北面坐飲之。降，趨而出。三酌皆罰。平公呼而進之，曰：「蕢，曩者爾心或開予，是以不與爾言；曩，曏也，謂始來入時。開，謂諫爭，有所發起。爾飲曠何也？」曰：「子卯不樂；紂以甲子死，桀以乙卯亡，王者謂之疾日，不以學樂爲吉事，所以自戒懼。○顧炎武曰：「甲子、乙卯，但言子卯，省文也。翼奉乃謂子爲貪狼，卯爲陰賊，是以王者忌子卯，《禮經》避之，《春秋》諱焉。此術家之説，非經意也。」〔二〕知悼子在堂，斯其爲子卯也大矣。言大臣喪重於疾日也。《雜記》曰：「君於卿大夫，比葬不食肉，比卒哭不舉樂。」曠也大師也，不以詔，是以飲之也。」詔，告也。大師與奏樂。「爾飲調何也？」曰：「調也君之褻臣也，爲一飲一食，亡君之疾，是以飲之也。」言調貪酒食，褻嬖也。近臣亦當規君疾憂。「爾飲，何也？」曰：「蕢也宰夫也，非刀匕是共，又敢與知防，是以飲之也。」防，禁放溢。平公曰：「寡人亦有過焉，酌而飲寡人。」聞義則服。杜蕢洗而揚觶。舉爵於君也。《禮》揚作「媵」。揚，舉也。

媵，送也。揚近得之。公謂侍者曰：「如我死，則必毋廢斯爵也。」欲後世以爲戒。至于今，既畢獻，斯揚觶，謂之杜舉。此爵遂因杜蕢爲名。畢獻，獻賓與君。

公叔文子卒，文子，衛獻公之孫，名拔，或作「發」。其子戍請謚於君，曰：「日月有時，將葬矣。請所以易其名者。」謚者，行之迹。有時，猶言有數也。大夫、士三月而葬。君曰：「昔者衛國凶饑，夫子爲粥與國之餓者，是不亦惠乎？君，靈公也。昔者衛國有難，夫子以其死衛寡人，不亦貞乎？難，謂魯昭公二十年盜殺衛侯之兄縶也。時齊豹作亂。公如死鳥。夫子聽衛國之政，脩其班制，以與四鄰交，衛國之社稷不辱，不亦文乎？班制，謂尊卑之差。故謂夫子貞惠文子。」後不言貞惠者，文足以兼之。

石駘仲卒，駘仲，衛大夫石碏之族。無適子，有庶子六人，卜所以爲後者。莫適立也。曰：「沐浴佩玉則兆。」言齊潔則得吉兆。五人者皆沐浴佩玉；石祁子曰：「孰有執親之喪，而沐浴佩玉者乎？」不沐浴佩玉。心正且知禮。石祁子兆。衛人以龜爲有知也。

陳子車死於衛，其妻與其家大夫謀以殉葬，子車，齊大夫。定，而后陳子亢至，以告，曰：「夫子疾，莫養於下，請以殉葬。」子亢，子車弟，孔子弟子。下，地下。○愚按：下，謂婢妾也。殉葬多以賤者。子亢曰：「以殉葬，非禮也；雖然，則彼疾當養者，孰若妻與宰？得已，則吾欲已；不得已，則吾欲以二子者之爲之也。」度諫之不能止，以斯言拒之。已猶止也。於是弗果用。果，決。

子路曰：「傷哉貧也，生無以爲養，死無以爲禮也。」孔子曰：「啜菽飲水盡其歡，斯之謂孝；

斂手足形，還葬，而無椁，稱其財，斯之謂禮。」還，猶疾也，謂不及其日月。○愚按：菽，豆粥也，故可啜。王肅云：熬豆而食曰啜叔。

衛獻公出奔，反於衛。及郊，將班邑於從者而后入。欲賞從者，以懼居者。獻公以魯襄十四年出奔齊，二十六年復歸於衛。柳莊曰：「如皆守社稷，則孰執羈靮而從？如皆從，則孰守社稷？」言從守若一。靮，紖也。君反其國而有私也，毋乃不可乎？」言有私則生怨。弗果班。

衛有大史曰柳莊，寢疾。公曰：「若疾革，雖當祭，必告。」革，急也。公再拜稽首請於尸，曰：「有臣柳莊也者，非寡人之臣，社稷之臣也，聞之死，請往。」急弔賢者。○愚按：「聞之死，請往」，此即請於尸之辭。輟祭而往，非禮也。不釋服而往，遂以襚之。脱君祭服以襚臣，親賢也。所以此襚之者，以其不用襲也。凡襚以斂。與之邑裘氏與縣潘氏，書而納諸棺，曰：「世世萬子孫，毋變也。」所以厚賢也。裘、縣潘，邑名。

陳乾昔寢疾，屬其兄弟而命其子尊己，曰：「如我死，則必大爲我棺，使吾二婢子夾我。」婢子，妾也。陳乾昔死，其子曰：「以殉葬，非禮也，況又同棺乎？」弗果殺。善尊己不陷父於不義。

仲遂卒于垂；壬午，猶繹，萬入，去籥。《春秋·經》在宣公八年。仲遂，魯莊公之子東門襄仲。先日辛巳有事於大廟，而仲遂卒；明日而繹，非也。萬，干舞也。籥，籥舞也。《傳》曰：「去其有聲者，廢其無聲者。」○愚按：萬，舞之總名也。仲尼曰：「非禮也，卿卒不繹。」

季康子之母死，公輸若方小，公輸若，匠師。方小，言年尚幼，未知禮也。斂，般請以機封，斂，下棺於椁。般，若之族，多技巧者，見若掌斂事而年尚幼，請代之，而欲嘗其技巧。將從之。時人服般之巧。公肩假曰：「不可！夫魯有初，初，謂故事。公室視豐碑，言視者，時僭天子也。豐碑，斲大木爲之，形如石碑。於椁前後四角樹之，穿中於間爲鹿盧，下棺以紼繞。天子六紼四碑，前後各重鹿盧也。三家視桓楹，時僭諸侯，諸侯下天子也。斲之，形如大楹耳。四植謂之桓。諸侯四紼二碑，碑如桓矣。大夫二紼二碑，士二紼無碑。般，爾以人之母嘗巧，則豈不得以？以，「已」字。言寧有强使女者與？僭於禮，有似作機巧，非也。「以」與「已」字本同。其毋以嘗巧者乎？則病者乎？毋，無也。於女寧有病苦與，止之。○齊召南曰：「按今讀，『則豈不得以其母以嘗巧者乎』十二字爲句。蓋鄭以『母』字爲『毋』音，而今讀如字也。又一讀，『則豈不得』爲句，『以其母以嘗巧者乎』，亦通。噫！不寤之聲。弗果從。」

戰于郎，郎，魯近邑也。哀十一年，「齊國書帥師伐我」是也。公叔禺人遇負杖入保者息，遇，見也，見走辟齊師，將入保，罷倦加其杖頸上，兩手掖之休息者。保，縣邑小城。禺人，昭公之子，《春秋·傳》曰「公叔務人」。○愚按：杖，謂兵械也。負杖，猶曳兵也。曰：「使之雖病也，謂時繇役。任之雖重也，謂時賦稅。君子不能爲謀也，士弗能死也。不可！君子，謂卿大夫也。魯政既惡，復無謀臣，士又不能死難，禺人恥之。我則既言矣。」欲敵齊師，踐其言。與其鄰重汪踦往，皆死焉。奔敵死齊寇。鄰，鄰里也。重，皆當爲「童」，童，未冠者之稱。姓汪名踦。鄰，或爲「談」，《春秋·傳》曰「童汪踦」。魯人欲勿殤重汪踦，見其死君事，有士行，欲以成人之喪治之。言魯人者，死君事，國爲斂葬。問於仲尼，仲尼曰：「能執干戈以衛社稷，雖欲勿殤也，不亦可乎！」善之。

子路去魯，謂顔淵曰：「何以贈我？」贈，送。曰：「吾聞之也，去國，則哭于墓而後行；反其國，不哭，展墓而入。」無君事，主於孝。哭，哀去也。展，省視之。謂子路曰：「何以處我？」處猶安也。○愚按：處，居也。言何以贈居者。子路曰：「吾聞之也，過墓則式，過祀則下。」居者主於敬。

工尹商陽與陳弃疾追吴師，及之。工尹，楚官名。弃疾，楚公子弃疾也。以魯昭八年帥師滅陳，縣之，楚人善之，因號焉。至十二年，楚子狩於州，來使蕩侯、潘子、司馬督、囂尹午、陵尹喜圍徐以懼吴，於時有吴師。陳，或作「陵」，楚人聲。陳弃疾謂工尹商陽曰：「王事也，子手弓，而可。」手弓。「子射諸！」謂陽仁不忍傷人，以王事勸之。射之，斃一人，韔弓。不忍復射。斃，仆也。韔，韜也。又及，謂之，又斃二人。每斃一人，揜其目。揜其目，不忍視之。止其御，曰：「朝不坐，燕不與，殺三人，亦足以反命矣。」朝燕於寢，大夫坐於上，士立於下。然則商陽與御者皆士也。兵車：參乘、射者在左，戈盾在右，御在中央。孔子曰：「殺人之中，又有禮焉。」善之。

諸侯伐秦，曹桓公卒于會。魯成十三年曹伯廬卒於師是也。廬謚宣，言桓，聲之誤也。諸侯請含，以朋友有相啖食之道。使之襚。非也。襚，賤者之事。襄公朝于荆，康王卒。在魯襄二十八年。康王，楚子昭也。楚言荆者，州言之。荆人曰：「必請襚。」欲使襄公衣之。魯人曰：「非禮也。」荆人强之。欲尊康王。

巫先拂柩，荆人悔之。巫祝桃茢，君臨臣喪之禮。○愚按：康王殯已久，乃今請襲者，謂加衣於殯，非爲尸加衣，故云拂柩。《傳》云「祓殯而襚」是也。

滕成公之喪，魯昭三年。使子叔敬叔弔，進書，子叔敬叔，魯宣公弟叔肸之曾孫叔弓也。進書，奉君弔書。子服惠伯爲介。惠伯，慶父玄孫之子，名椒。介，副也。及郊，爲懿伯之忌，不入。郊，滕之近郊也。懿伯，惠伯之叔父忌怨也。敬叔有怨於懿伯，難惠伯也。《春秋·傳》曰：「敬叔不入」。惠伯曰：「政也，不可以叔父之私，不將公事。」政，君命所爲。敬叔於昭穆，以懿伯爲叔父。○《疏》云：此《注》後人轉寫之誤，當云「敬叔於昭穆以惠伯爲叔父」。○昭三年《左傳·疏》云：「懿伯，惠伯之叔父，爲人所殺。」及滕郊，遇懿伯之忌，逢其讐也。敬叔不入，以禮惠伯，欲使爲叔父報讐，惠伯以公義不可先入受館。《記》文雖字有小異，意與《傳》同。而鄭《注》云云，是其謬也。○愚按：彼《疏》可正此《注》之失。遂入。惠伯强之乃入。

哀公使人弔蕢尚，遇諸道。辟於路，畫宮而受弔焉。哀公，魯君也。畫宮，畫地爲宮象。曾子曰：「蕢尚不如杞梁之妻之知禮也。行弔禮於野，非。齊莊公襲莒于奪，杞梁死焉。魯襄二十三年齊侯襲莒是也。《春秋·傳》曰：「杞殖、華還載甲夜入且于之隧。」「隧」「奪」聲相近，或爲「兑」。梁即殖也。○愚按：奪，讀如字。其妻迎其柩於路而哭之哀。莊公使人弔之。對曰：『君之臣不免於罪，則將肆諸市朝，而妻妾執；肆，陳尸也。大夫以上於朝，士以下於市。執，拘也。君之臣免於罪，則有先人之敝廬在。君無所辱命。』」無所辱命，辭不受也。《春秋·傳》曰：「齊侯弔諸其室。」

孺子𧶘之喪，魯哀公之少子。哀公欲設撥，撥，可撥引輴車，所謂紼。○方氏慤曰：「爲揄沈，〔三〕故設撥，則是以手撥揄沈而灑於道也。鄭以爲『紼』，失之。」問於有若，有若曰：「其可也，君之三臣猶設之。」猶，尚也。以臣況子也。三臣，仲孫、叔孫、季孫氏。顏柳曰：「天子龍輴而椁幬，輴，殯車也，畫轅爲龍。幬，覆也，殯以椁覆棺而塗之，所謂「菆塗龍輴以椁」。諸侯輴而設幬；輴不畫龍。爲揄沈故，設撥。以水澆揄白皮之汁，有急，以播地，於引輴車滑。三臣者廢輴，而設撥，竊禮之不中者也，而君何學焉。」止其學非禮也。廢，去也。紼繫於輴。三臣於禮去輴，今有紼，是用輴僭禮也。殯禮：大夫，菆置西序；士，掘肂，見衽。

悼公之母死，母，哀公之妾。哀公爲之齊衰。有若曰：「爲妾齊衰，禮與？」譏而問之。妾之貴者，爲之緦耳。公曰：「吾得已乎哉？魯人以妻我。」言國人皆名之爲我妻。重服嬖妾，文過非也。○愚按：公蓋以妾攝女君爲解。

季子皋葬其妻，犯人之禾，季子皋，孔子弟子高柴，孟氏之邑成宰，或氏季。犯，躐也。申祥以告，曰：「請庚之。」申祥，子張子。庚，償也。子皋曰：「孟氏不以是罪予，時僭侈。朋友不以是弃予，言非大故。以吾爲邑長於斯也，買道而葬，後難繼也。」恃寵虐民，非也。○方氏苞曰：「子皋不買道而葬，所謂不違道以干百姓之譽也。蓋途次犯禾無多，使民以爲當買，則傷忠敬之俗；若大有毁於人，君子必不爲也。宓子治單父，齊師將至，父老請曰：『麥已熟矣，請致邑人出，自刈傅郭者。』三請，宓子不許，曰：『寧使齊人刈之。使吾民有自取之心，其創必數年不息。』凡此類，皆仲尼之徒深明於先王以道立民之意也。」

仕而未有禄者，君有饋焉曰獻，使焉曰寡君；見在臣位，與有禄同也。君有饋，有饋於君。違而君薨，弗爲服也。以其恩輕也。違，去也。〇愚按：「仕而未有禄」，陳氏櫟以爲賓之而勿臣，是也。「君有饋」不曰賜，尊之也。使者將命曰寡君，自謙也。違而弗服，皆有賓師之義。

虞而立尸，有几筵。卒哭而諱，諱，辟其名。生事畢而鬼事始已。謂不復饋食於下室，而鬼神祭之。已，辭也。既卒哭，宰夫執木鐸以命于宫，曰：「舍故而諱新。」故，爲高祖之父當遷者也。《易説》「帝已」曰：「《易》之帝乙爲成湯，《書》之帝乙六世王，天之錫命，疏可同名。」〇《疏》云：「鄭引《易》證六世不諱。」《易説》者，《易緯》也。凡鄭云「説」者，皆「緯候」也。時禁緯候，故轉「緯」爲「説」也。又云：「《書·酒誥》有帝乙者，祖乙也；與湯同名，是六世不諱。」〇愚按：諱起於周，自殷以前不諱。《注》引《易説》及《書》，恐非。自寢門至于庫門。百官所在。庫門，宫外門。《明堂位》曰：「庫門，天子皋門。」

二名不偏諱，夫子之母名「徵在」；言「在」不稱「徵」，言「徵」不稱「在」。稱，舉也。《雜記》曰：「妻之諱，不舉諸其側。」

軍有憂，則素服哭於庫門之外，憂，謂爲敵所敗也。素服者，縞冠也。赴車不載櫜韔。兵不戢，示當報也。以告喪之辭言之，謂還告於國。櫜，甲衣。韔，弓衣。

有焚其先人之室，則三日哭。謂人燒其宗廟。哭者，哀精神之有虧傷。故曰：「新宮火，亦三日哭。」火，人火也。新宮火，在魯成三年。○愚按：先人之室，蓋是居寢，其曰新宮，方是宗廟，故中間加「亦」字連之，明二者皆三日哭。

孔子過泰山側，有婦人哭於墓者而哀。夫子式而聽之。怪其哀甚。使子路問之，〔四〕曰：「子之哭也，壹似重有憂者？」而曰：「然。昔者吾舅死於虎，吾夫又死焉，今吾子又死焉！」而猶乃也。夫之父曰舅。夫子曰：「何爲不去也？」曰：「無苛政。」夫子曰：「小子識之，苛政猛於虎也！」

魯人有周豐也者，哀公執摯請見之。下賢也。摯，禽贄也。諸侯而用禽贄，降尊就卑之義。而曰：「不可。」辭君以尊見卑。士禮：先生異爵者請見之則辭。公曰：「我其已夫。」已，止也。重强變賢。使人問焉。曰：「有虞氏未施信於民而民信之，夏后氏未施敬於民而民敬之，何施而得斯於民也？」時公與三桓始有惡，懼將不安。對曰：「墟墓之間，未施哀於民而民哀；社稷宗廟之中，未施敬於民而民敬。言民見悲哀之處則悲哀，見莊敬之處則莊敬，非必有使之者。墟，毁滅無後之地。○愚按：喻虞夏由身行敬信，民見其敬信自學之。殷人作誓而民始畔，周人作會而民始疑。會，謂盟也。盟誓所以結衆，以信其後。外恃衆而信不由中，則民畔疑之。孔子曰：「其身正，不令而行；其身不正，雖令不從。」苟無禮義忠信誠愨之心以涖之，雖固結之，民其不解乎！」涖，臨。

喪不慮居，謂賣舍宅以奉喪。毀不危身。謂憔悴將滅性。喪不慮居，爲無廟也；毀不危身，爲無後也。○愚按：宅舍既賣，廟不獨存。

延陵季子適齊，於其反也，其長子死，葬於嬴、博之間。〔五〕季子名札，魯昭二十七年吴公子札聘於上國是也。季子讓國，居延陵，因號焉。《春秋·傳》謂延陵，延州來。嬴博，齊地，今泰山縣是也。○愚按：旅葬也。孔子曰：「延陵季子，吴之習於禮者也。」往而觀其葬焉。往弔之。其坎深不至於泉，以生斂死。其斂以時服。以行時之服，不改制節。既葬而封，廣輪揜坎，其高可隱也。示節也。輪，從也。隱，據也。封可手據，謂高四尺所。○愚按：東西爲廣，南北爲輪。隱，憑也。《孟子》：「隱几而卧」既封，左袒，右還其封，且號者三，曰：「骨肉歸復于土，命也。若魂氣則無不之也，無不之也。」還，圍也。號，哭且言也。命，須性也。○愚按：《注》「須」字，未詳。而遂行。行，去也。孔子曰：「延陵季子之於禮也，其合矣乎！」

邾婁考公之喪，考公，隱公益之曾孫。考或爲「定」。○顧炎武曰：「邾隱公當魯哀公之時，徐滅已久。定公在魯文、宣之時，作『定』爲是。」徐君使容居來弔含，弔且含。曰：「寡君使容居坐含，進侯玉，其使容居以含。」欲親含，非也。含不使賤者，君行則親含，大夫歸含耳。言侯玉者，時徐僭稱王，自比天子。○愚按：容居出言坐大，直妄人耳。謂時徐稱王，恐未然。坐，跪也。有司曰：「諸侯之來辱敝邑者，易則易，于則于，易于雜者未之有也。」易謂臣禮，于謂君禮。雜者，容居以臣欲行君禮。徐自比天子，使大夫敵諸侯，有司拒之。○愚按：于，迂也。廣大意。容居對曰：「容居聞之：事君不敢忘其君，亦不敢遺其祖。昔我先君駒王西討，濟於河，無所不用斯言也。容居，魯人也，不敢忘其祖。」言我祖與今君於諸侯初如是，不聞義則服。駒王，徐先君僭號；容居，其子孫也。濟，渡也。言西討，渡於河，廣大其國。魯，魯鈍也。言魯鈍者，欲自明不妄。○《困學紀聞》五卷云：「《後漢·東夷傳》：徐夷『率九夷以伐宗周，西至河上。穆王畏其方熾，乃分東方諸侯，命徐偃王主之』。然則《檀弓》駒王，即偃王歟？濟河即所謂『西至河上』也。」

子思之母死於衛，嫁母也，姓庶氏。赴於子思，子思哭於廟。門人至，曰：「庶氏之母死，何爲哭於孔氏之廟乎？」門人，弟子也。嫁母與廟絶族。子思曰：「吾過矣，吾過矣。」遂哭於他室。○愚按：聞赴便哭，不及致詳於禮，賢者性情，過於人遠。

天子崩三日，祝先服，祝佐含斂，先服。五日，官長服，官長，大夫、士。七日，國中男女服，庶人。三月，天下服。諸侯之大夫。○方氏苞曰：「謂『天下之民』也。康成據『喪服齊衰三月章，謂圻外之民，爲天子無服』。又據『緦衰七月章，謂諸侯之大夫，以時接見於天子，故有服，而士則無服』。二《注》既誤，故此《注》『三月，天下服』，專指侯國大夫緦衰者而言」。〔六〕虞人致百祀之木，可以爲棺椁者斬之。虞人，掌山澤之官。百祀，畿內百縣之祀也。以爲棺椁，作棺椁也。斬，伐也。不至者，廢其祀，刎其人。

○愚按：「虞人致百祀」以下，恐不概於禮，自先儒多疑之者。

齊大饑，黔敖爲食於路，以待餓者而食之。有餓者蒙袂輯屨，貿貿然來。蒙袂，不欲見人也。輯，斂也。斂屨，力憊不能屨也。貿貿，目不明之貌，所以狀其饑憊甚也。○愚按：輯斂其屨，行步蹇也。黔敖左奉食，右執飲，曰：「嗟！來食！」揚其目而視之，曰：「予唯不食嗟來之食，以至於斯也。」「嗟，來食」，雖閔而呼之，非敬辭。從而謝焉，終不食而死。從猶就也。曾子聞之曰：「微與！其嗟也可去，其謝也可食。」微猶無也。無與，止其狂狷之辭。○愚按：微，細末也，非大過。

邾婁定公之時，有弑其父者。定公，貜且也。魯文公十四年即位。有司以告，公瞿然失席，曰：「是寡人之罪也。」民之無禮，教之罪。曰：「寡人嘗學斷斯獄矣：臣弑君，凡在官者殺無赦；子弑父，凡在宫者殺無赦。言諸臣子孫無尊卑皆得殺之，其罪無赦。殺其人，壞其室，洿其宫而豬焉。明其大逆，不欲人復處之。豬，都也。南方謂都爲豬。○《疏》云：「豬，水聚之名也。」蓋君踰月而後舉爵。」自貶損。

晉獻文子成室，晉大夫發焉。文子，趙武也。作室成，晉君獻之，謂賀也。諸大夫亦發禮以往。○陳氏《注》云：「疑獻文二字皆趙武謚。」張老曰：「美哉輪焉，美哉奐焉！心譏其奢也。輪，輪囷，言高大。奐，言衆多。○王肅云：「奐，文章貌也。」○愚按：張老之言，君子謂之善頌。《注》云「譏其奢」，恐非。歌於斯，哭於斯，聚國族於斯。」祭祀、死喪、燕會於此足矣。言此者，欲防其後復爲。文子曰：「武也得歌於斯，哭於斯，聚國族於斯，是全要領以從先大夫於九京也。」北面再拜稽首。全要領者，免於刑誅也。晉卿大夫之墓地在九原，「京」蓋字之誤，當爲「原」。○愚按：京，高邱也。原與京，義皆可通。

君子謂之善頌善禱。善頌，謂張老之言。善禱，謂文子之言。禱，求也。

仲尼之畜狗死，畜狗，馴守。使子貢埋之，曰：「吾聞之也，敝帷不弃，爲埋馬也；敝蓋不弃，爲埋狗也。丘也貧，無蓋；於其封也，亦予之席，毋使其首陷焉。」封當爲「窆」。陷，謂没於土。

路馬死，埋之以帷。路馬，君所乘者。其他狗、馬，不能以帷蓋。○愚按：此當斷文另起。

季孫之母死，哀公弔焉。曾子與子貢弔焉，閽人爲君在，弗内也。閽人，守門者。曾子與子貢入於其廄而脩容焉。更莊飾。子貢先入，閽人曰：「鄉者已告矣。」既不敢止，以言下之。曾子後入，閽人辟之。見兩賢相隨，彌益恭也。涉内霤，卿大夫皆辟位，公降一等而揖之。禮之，君子言之，曰：「盡飾之道，斯其行者遠矣。」愚按：此章辭意鄙淺，似好事者爲之。

陽門之介夫死，陽門，宋國門名。介夫，甲衛士。司城子罕入而哭之哀，宋以武公諱司空爲司城。子罕，戴公子樂甫術之後樂喜也。晉人之覘宋者，反報於晉侯，曰：「陽門之介夫死，而子罕哭之哀，而民說，殆不可伐也。」覘，闚視也。孔子聞之，曰：「善哉覘國乎！善其知微。《詩》云：『凡民有喪，扶服救之。』救猶助也。雖微晉而已，天下其孰能當之。」微猶非也。

魯莊公之喪，既葬，而絰不入庫門。時子般弑，慶父作亂，閔公不敢居喪，葬已，吉服而反正。君臣欲以防遏之，微弱之至。〇愚按：絰葛，絰也。士大夫既卒哭，麻不入。麻猶絰也。羣臣畢虞卒哭，亦除喪也。閔公既吉服，不與虞、卒哭。〇愚按：麻，麻絰也。云「麻不入」，豈尚服葛歟？或遂除服歟？《記》未明言，《注》云「亦除喪」，以意言之耳。

孔子之故人曰原壤，其母死，夫子助之沐椁。沐，治也。〇愚按：沐，刷洒也，故訓治。原壤登木，曰：「久矣予之不託於音也。」木，椁材也。託，寄也。謂叩木以作音。歌曰：「貍首之斑然，〔七〕執女手之卷然。」説人辭也。〇劉敞曰：「貍首之斑」，言木文之華也。卷與「拳」同。如執女手之拳，言沐浴之滑膩也。齊召南曰：「此説勝孔《疏》。」夫子爲弗聞也者而過之，佯不知。從者曰：「子未可以已乎？」已猶止也。夫子曰：「丘聞之，親者毋失其爲親也，故者毋失其爲故也。」

趙文子與叔譽觀乎九原，叔譽，叔向也，晉羊舌大夫之孫，名肸。文子曰：「死者如可作也，吾誰與歸？」作，起也。叔譽曰：「其陽處父乎？」陽處父，襄公之太傅。文子曰：「行并植於晉國，不没其身，其知不足稱也。并猶專也。謂剛而專己，爲狐射姑所殺。没，終也。植或爲「特」。「其舅犯乎？」文子曰：「見利不顧其君，其仁不足稱也。謂久與文公辟難，至將返國，無安君之心，及河，授璧，詐請亡，要君以利是也。我則隨武子乎，利其君不忘其身，謀其身不遺其友。」武子，士會也，食邑於隨、范，字季。〇愚按：言武子仁且知。晉人謂文子知人。見其所善於前，則知其來所舉。文子其中退然如不勝衣，中，身也。退，柔和貌。《鄉射記》曰：「弓二寸，以爲侯中。」退或爲「妥」。其言吶吶然如不出諸其口」，呐呐，舒少貌。所舉於晉國，管庫之士七十有餘家，管庫之士，府史以下官長所置也。舉之於君，以爲大夫、士也。管，鍵也。庫，物所藏。生不交利，廉也。死不屬其子焉。潔也。叔仲皮學子柳。叔仲皮，魯叔孫氏之族。學，教也。子柳，仲皮之子。叔仲皮死，其妻，魯人也，衣衰而繆絰。衣當爲「齎」，壞字也。繆，當爲「不樛垂」之「樛」。士妻爲舅姑之服也。言雖魯鈍，其於禮勝學。○愚按：樛，絞也，謂兩股相交也。五服之絰皆然，惟弔服環絰不樛。叔仲衍以告，告子柳，言此非也。衍蓋皮之弟。衍或爲「皮」。請繐衰而環絰，繐衰，小功之縷而四升半之衰。環絰，弔服之絰。時婦人好輕細而多服者。衍既不知禮之本，子柳亦以爲然，而請於衍，使其妻爲舅服之。○愚按：請，謂衍請於子柳也。曰：「昔者吾喪姑姊妹亦如斯，末吾禁也。」衍答子柳也。姑姊妹在室，齊衰，與婦爲舅姑同。末，無也。言無禁我，欲其言行。退，使其妻繐衰而環絰。婦以諸侯之大夫爲天子之衰、弔服之絰服其舅，非。成人有其兄死而不爲衰者，聞子皐將爲成宰，遂爲衰。成人曰：「蠶則績而蟹有匡，范則冠而蟬有緌，兄則死而子皐爲之衰。」蚩兄死者。言其衰之不爲兄死，如蟹有匡、蟬有緌，不爲蠶之績、范之冠也。范，蜂也。蟬，蜩也。緌爲蜩喙，長在腹下。樂正子春之母死，五日而不食。曰：「吾悔之，勉强過禮。子春，曾子弟子。自吾母而不得吾情，吾惡乎用吾情。」惡乎，猶於何也。○愚按：曾子水漿不入口七日，而不曰吾悔者，情也。《大學》云：「無情者」。

歲旱，穆公召縣子而問然，然之言焉也。凡穆或作「繆」。曰：「天久不雨，吾欲暴尪而奚若？」奚若，何如也。尪者，面鄉天，覬天哀而雨之。曰：「天則不雨而暴人之疾子，虐，毋乃不可與？」錮疾，人之所哀，暴之是虐。「然則吾欲暴巫而奚若？」曰：「天則不雨，而望之愚婦人，於以求之，毋乃已疏乎？」已猶甚也。巫主接神，亦覬天哀而雨之。《春秋·傳》説巫曰：「在女曰巫，在男曰覡。」《周禮》：女巫「旱暵則舞雩」。「徙市則奚若？」曰：「天子崩，巷市七日，諸侯薨，巷市三日，爲之徙市，不亦可乎！」徙市者，庶人之喪禮。今徙市是憂戚，於旱若喪。○愚按：徙市者，行喪禮以自罰，故可之。

孔子曰：「衛人之祔也，離之。祔，謂合葬也。離之，有以間其椁中。魯人之祔也，合之，善夫。」善夫，善魯人也。祔葬當合也。

校記

〔一〕《禮記析疑》卷四《檀弓下》「及出，命引之」條，「《注》云」至「非也」作「陳氏《集説》孝子攀號不忍，君命引之，奪其情，非也」。

〔二〕顧炎武《日知録》卷六《子卯不樂》條，「甲子」至「省文也」作「子，甲子也；卯，乙卯也。古文省文，但言子卯」。

〔三〕揄，下文作「榆」。

〔四〕「使子路問之」，《禮記注疏》卷十阮元《校勘記》：「宋本『路』作『貢』……各本皆作『子貢』，則作『子貢』是也。」

〔五〕羸，《十三經注疏·禮記注疏》卷十作「羸」。

〔六〕《禮記析疑》卷四《檀弓下》。文字有删改，開頭無「謂天下之民也」六字；「而言」下有「獨不思此記文承『五日，官長服，七日，國中男女服』之下，則爲天下之民明矣」二十九字。

〔七〕斑然，《十三經注疏·禮記注疏》卷十作「班」。按：班通「斑」。

王制第五

王者之制禄爵，公、侯、伯、子、男，凡五等。諸侯之上大夫、卿、下大夫、上士、中士、下士，凡五等。二五象五行剛柔十日。禄，所受食。爵，秩次也。上大夫曰卿。〇方氏苞曰：「侯國不設中大夫，何也？王朝六官之貳，及官中要職，皆中大夫，故侯國小司徒、小司寇之類，必爵以下大夫，乃與王朝有別。舊説五大夫於經傳無徵。」

天子之田方千里。象日月之大，亦取晷同也。此謂縣内，以禄公、卿、大夫、元士。〇晷，日影也。鄭注「司徒」云：「凡日景，於地千里而差一寸。」是千里同一寸也。公侯田方百里。伯七十里。子、男五十里。不能五十里者不合於天子，附於諸侯，曰「附庸」。天子之三公之田視公、侯。天子之卿視伯。天子之大夫視子、男。天子之元士視附庸。皆象星辰之大小也。不合，謂不朝會也。小城曰附庸。附庸者，以國事附於大國，未能以其名通也。視，猶比也。元，善也。善士，謂命士也。此地殷所因夏爵三等之制也。殷有鬼侯、梅伯，《春秋》變周之文，從殷之質，合伯、子、男以爲一，則殷爵三等者，公、侯、伯也，異畿内之子。周武王初定天下，更立五等之爵，增以子男，而猶因殷之地，以九州之界尚狹也。周公攝政，致太平，斥大九州之界，制禮成武王之意，封王者之後爲公，及有功之諸侯，大者地方百里，其次侯四百里，其次伯三百里，其次子二百里，其次男百里；所因殷之諸侯，亦以功黜陟之，其不合者，皆益之地爲百里焉。是以周世有爵尊而國小、爵卑而國大者。唯天子畿内不增以禄，羣臣不主爲治民。○愚按：《注》言小城曰附庸，是庸與「墉」古字通。《注》引《公羊·桓十一年傳·注》，謂「《春秋》變周之文，從殷之質」，此説非也。周制非孔子所得變也。又云「斥大九州之界」，《疏》云「先中國方三千里，今方七千」，亦非也。周公非若商鞅開阡陌，何能斥三千里之地遽爲七千也。此皆《注》、《疏》妄説。

制：農田百畝。百畝之分，上農夫食九人，其次食八人，其次食七人，其次食六人，下農夫食五人。庶人在官者，其禄以是爲差也。農夫皆受田於公，田肥墽有五等，收入不同也。庶人在官，謂府史之屬。官長所除，不命於天子國君者。分或爲「糞」。諸侯之下士視上農夫，禄足以代其耕也。中士倍下士。上士倍中士。下大夫倍上士。卿，四大夫禄。君，十卿禄。次國之卿，三大夫禄；君，十卿禄。小國之卿，倍大夫禄，君，十卿禄；此班禄尊卑之差。○方氏慤曰：「次國、小國不言大夫、士者，多寡同於大國可知。」

次國之上卿，位當大國之中；中當其下；下當其上大夫。小國之上卿，位當大國之下卿；中當其上大夫；下當其下大夫。此諸侯使卿大夫覜聘並會之序也。其爵位同，小國在下；爵異，固在上耳。○方氏苞曰：「侯國既不立中大夫，此言大國乃别有『上大夫』，何也？於下大夫之中，又分上下也。」○愚案：不言小國於次國者，同次國於大國可知。

其有中士、下士者，數各居其上之三分。謂其爲介，若特行而並會也。居猶當也。此據大國而言，大國之士爲上，次國之士爲中，小國之士爲下。士之數，國皆二十七人，各三分之，上九，中九，下九。以位相當，則次國之上士當大之中，中當其下。小國之上士當大國之下。凡非命士，亦無出會之事。《春秋·傳》謂上爲微。〔二〕○愚按：以上節文勢推之，此中士、下士，謂次國、小國之士也。數，謂班行之次也。各居其上國之三分之二。不言二，文省耳。又按：方氏苞欲移此節於「上士二十七人」句下，以爲「二十七人」中包三等之士，故特表而出之」，今未敢從。

凡四海之内九州，州方千里。州，建百里之國三十，七十里之國六十，五十里之國百有二十：凡二百一十國，名山大澤不以封。其餘以爲附庸、間田。八州，州二百一十國。建，立也。立大國三十三公也，立次國六十六卿也，立小國百二十二小卿也。「名山大澤不以封」者，與民同財，不得障管，亦賦税之而已。此大界方三千里，三三而九，方千里者九也。其一爲縣内，餘八各立一州，此殷制也。周公制禮，九州大界，方七千里。七七四十九，方千里者四十有九也。其一爲畿内，餘四十八，八州各有方千里者六。設法：一州封地方五百里者不過四，謂之大國；又封方四百里者不過六，又封方三百里者不過十一，謂之次國；又封方二百里者不過二十五，及餘方百里者，謂之小國。盈上四等之數，并四十六，一州二百一十國，則餘方百里者百六十四也。凡處地方千里者五，方百里者五十九，其餘方百里者四十一，附庸地也。○《疏》曰：《注》「言設法，謂假設爲法，非實封也。」○齊召南曰：「賴有此文，理尚可解。朱子曰：『恐是儒者算法，其實不然。建國必因山川形勢，無截然可方之理』。真通論哉！」

天子之縣内，方百里之國九，七十里之國二十有一，五十里之國六十有三：凡九十三國。名山大澤不以朌。其餘以禄士，以爲閒田。縣内，夏時天子所居州界名也。殷曰畿，《詩·殷頌》曰：「邦畿千里，惟民所止。」周亦曰畿。畿内大國九者，三公之田三，爲有致仕者副之爲六也，其餘三待封王之子弟。次國二十一者，卿之田六，亦爲有致仕者副之爲十二，又三爲三孤之田，其餘六亦待封王之子弟。小國六十三，大夫之田二十七，亦爲有致仕者副之爲五十四，其餘九亦以待封王之子弟。三孤之田不副者，以其無職，佐公論道耳，雖有致仕，猶可即而謀焉。朌，讀爲班。

凡九州，千七百七十三國，天子之元士、諸侯之附庸不與。不與，不在數中也。《春秋·傳》云：「禹會諸侯於塗山，執玉帛者萬國。」言執玉帛，則是惟謂中國耳。中國而言萬國，則是諸侯之地有方百里、有方七十里、有方五十里者，禹承堯舜而然矣。要服之内，地方七千里乃能容之。夏末既衰，夷狄内侵，諸侯相并，土地減，國數少。殷湯承之，更制中國方三千里之界，亦分爲九州，而建此千七百七十三國焉。周公復唐虞之舊域，分其五服爲九，其要服之内，亦方七十里，而因殷諸侯之數，廣其土增其爵耳。《孝經説》曰：「周千八百諸侯，布列五千里内。」此文改周之法，關盛衰之中、三七之間以爲説也。終此説之意，五五二十五，方千里者二十五，其一爲畿内，餘二十四州，各有方千里者三，其餘諸侯之地，大小則未得而聞。○《疏》云：「此一節總明殷之畿内，畿外國數之法。」○愚按：《注》中凡遇此類，亦據傳記大略推衍而爲言，非實法也。其引「緯書」，又何可信。

天子百里之内以共官，千里之内以爲御。謂此地之田税所給也。官，謂其文書財用也。御，謂衣食。○方氏苞曰：「凡祭祀賓客師田，皆天子所御，不獨服用也。」

千里之外設方伯。五國以爲屬，屬有長。十國以爲連，連有帥。三十國以爲卒，卒有正。二百一十國以爲州，州有伯。屬、連、卒、州，猶聚也。伯、帥、正，亦長也。凡長，皆因賢侯爲之，殷之州長曰伯，虞、夏及周皆曰牧。○方氏苞曰：「卒，疑『萃』字傳寫之誤。」○愚按：或古字通。八州八伯，五十六正，百六十八帥，三百三十六長。八伯各以其屬，屬於天子之老二人，分天下以爲左右，曰二伯。老，謂上公。《周禮》曰：「九命作伯。」《春秋·傳》曰：「自陝以東，周公主之；自陝以西，召公主之。」千里之内曰甸，服治田出穀税。千里之外曰采，九州之内，地取其美物以當穀税。○愚按：采，事也。外諸侯以供王事爲職，故謂之采。《注》云采美物，恐未然。曰流。謂九州之外也。夷狄流移，或貢或不。《禹貢》：荒服之外，「三百里蠻，二百里流。」

天子：三公，九卿，二十七大夫，八十一元士。此夏制也。《明堂位》曰：「夏后氏之官百」，〔三〕舉成數也。○愚按《王制》之文，鄭皆以爲殷法，此獨據《明堂位》以爲夏制，《明堂位》未必足據，則云夏制，亦恐未然。

大國，三卿，皆命於天子；下大夫五人，上士二十七人。次國，三卿，二卿命於天子，一卿命於其君；下大夫五人，上士二十七人。小國，二卿，皆命於其君；下大夫五人，上士二十七人。命於天子者，天子選用之，如今詔書除吏是矣。小國亦三卿，一卿命於天子，二卿命於其君，此文似誤脱耳。或者欲見畿内之國二卿與?〇愚按：《注》云：「文有脱誤」，當是。〇方氏苞曰：「《疏》謂士統稱上，對府史而言。府史非士，不得與士差分上下，蓋此爲朝廷之士，對鄉遂公邑都家之士而爲上也。」

天子使其大夫爲三監，監於方伯之國，國三人。使佐方伯領諸侯。〇愚按：國即州也。州三人，八州二十四人。秦時使御史監郡，即此也。

天子之縣内諸侯，禄也；選賢置之於位，其國之禄如諸侯，不得世。〇方氏苞曰：「天子縣内之諸侯則禄也。俗讀縣字斷句，誤。」又曰：「《注》、《疏》以稱縣内，決此爲夏制，非也。縣之名肇自《周官》，六遂中大邑也，畿内與侯國皆有之。吕不韋作《月令》，始云『合諸侯，制百縣』，以『百縣』與『諸侯』相對，則秦以百縣爲畿内明矣。外諸侯，嗣也。有功乃封之，使之世也。《冠禮》記曰：「繼世以立諸侯，象賢也。」

制：三公一命卷，若有加則賜也，不過九命；次國之君不過七命；小國之君不過五命。卷，俗讀也，其通則曰衮。三公八命矣，復加一命，則服龍衮，與王者之後同。多於此，則賜，非命服也。虞、夏之制，天子服有日月星辰。《周禮》曰：諸「公之服，自衮冕而下如王之服」。

大國之卿，不過三命；下卿再命；小國之卿與下大夫一命。不著次國之卿者，以大國之下互明之。此卿命則異，大夫皆同。《周禮》：「公、侯、伯之卿三命，其大夫再命；子、男之卿再命，其大夫一命。」

凡官，民材必先論之；論，謂考其德行道藝。論辨然後使之；辨，謂考問得其定也。《易》曰：「問以辨之。」任事然後爵之；爵，謂正其秩次。位定然後禄之。與之以常食。

爵人於朝，與士共之。刑人於市，與衆弃之。必共之者，所以審慎之也。《書》曰：「克明德慎罰。」是故公家不畜刑人，大夫弗養，士遇之塗，弗與言也；屏之四方，唯其所之，不及以政，示弗故生也。〔三〕屏猶放去也。已施刑則放之棄之，役賦不與，亦不授之以田，困乏又無賙餼也。《虞書》曰：「五流有宅，五宅三居」是也。周則「墨者使守門，劓者使守關，宫者使守内，刖者使守囿，髡者使守積」。〇愚按：「有宅」，鄭注《尚書》音「知嫁反」，懲艾也。王肅讀如字，是也。

諸侯之於天子也，比年一小聘，三年一大聘，五年一朝。比年，每歲也。小聘使大夫，大聘使卿，朝則君自行。然此大聘與朝，晉文霸時所制也。虞、夏之制，諸侯歲朝。周之制，侯、甸、男、采、衛、要服六者，各以其服數來朝。天子五年一巡守。天子以海内爲家，時一巡省之。五年者，虞、夏之制也，周則十二歲一巡守。

歲二月，東巡守，至于岱宗，岱宗，東嶽。柴而望祀山川。柴，祭天告至也。覲諸侯；覲，見也。問百年者就見之。就見老人。命大師陳詩，以觀民風。陳詩，謂采其詩而視之。命市納賈，以觀民之所好惡，志淫好辟。市，典市者。賈，謂物貴賤厚薄也。質則用物貴，淫則侈物貴。民之志淫邪，則其所好者不正。命典禮考時月，定日，同律，禮樂制度衣服正之。同陰律也。〇愚按：律爲萬事根本，故居禮樂制度之上。同之，使不有殊異也。山川神祇，有不舉者爲不敬，不敬者君削以地。舉，猶祭也。宗廟有不順者爲不孝，不孝者君絀以爵。不順者，謂若逆昭穆。變禮易樂者爲不從，不從者君流。流，放也。革制度衣服者爲畔，畔者君討。討，誅也。有功德於民者加地、進律。律，法也。○愚按：律，法則也。《周禮》：「六命賜則。」〔四〕應氏以律爲「爵命之等」，恐非。五月，南巡守，至于南嶽，如東巡守之禮。八月，西巡守，至于西嶽，如南巡守之禮。十有一月北巡守，至于北嶽，如西巡守之禮。歸，假于祖禰，用特。假，至也。特，特牛也。祖，下及禰，皆一牛。

天子將出，類乎上帝，宜乎社，造乎禰。諸侯將出，宜乎社，造乎禰。帝，謂五德之帝，所祭於南郊者。類、宜、造，皆祭名，其禮亡。○愚按：帝即天也。《注》云「五德之帝」，據「緯書」爲説，非也。類上帝，告天也。宜社，告地也。

天子無事與諸侯相見曰朝，事，謂征伐。考禮、正刑、一德，以尊於天子。天子賜諸侯樂，則以柷將之；賜伯、子、男樂，則以鼗將之。將，謂執以致命。柷、鼗，皆所以節樂。諸侯賜弓矢，然後征；賜鈇鉞，然後殺；賜圭瓚，然後爲鬯。未賜圭瓚，則資鬯於天子。得其器，乃敢爲其事。圭瓚，鬯爵也。鬯，秬酒也。

天子命之教，然後爲學。小學在公宮南之左，大學在郊。學，所以學，士之宮。《尚書·傳》曰：「百里之國，二十里之郊。七十里之國，九里之郊。五十里之國，三里之郊。」此小學、大學，殷之制。天子曰「辟廱」。諸侯曰「頖宫」。尊卑學異名。辟，明也，廱，和也，所以明和天下。頖之言班也，所以班政教也。

天子將出征，類乎上帝，宜乎社，造乎禰，禡於所征之地，禡，師祭也，爲兵禱。其禮亦亡。受命於祖，告祖也。受成於學。定兵謀也。出征，執有罪，反，釋奠于學，以訊馘告。釋菜奠幣，禮先師也。訊馘，所生獲斷耳者。《詩》曰：「執訊獲醜。」又曰：「在頖獻馘。」馘或爲「國」。○愚按：此節及辟廱、頖宮等名，即據《詩·大雅、魯頌》爲說，他書實無所見，而自魯外諸侯，學亦無名頖宮者，戴震深不信之。

天子、諸侯無事，則歲三田：一爲乾豆，二爲賓客，三爲充君之庖。三田者，夏不田，蓋夏時也。《周禮》：「春曰蒐，夏曰苗，秋曰獮，冬曰狩。」乾豆，謂腊之以爲祭祀豆實也。庖，今之廚也。○愚按：三田，即爲下三事而田，鄭釋「廢疾」云爾，此《注》復據《公羊》家「緯書」而爲説。無事而不田，曰不敬；田不以禮，曰暴天物。不敬者，簡祭祀，略賓客。天子不合圍，諸侯不掩羣。爲盡物也。天子殺則下大綏，諸侯殺則下小綏，綏當爲「緌」。緌，有虞氏之旌旗也。下，謂弊之。大夫殺則止佐車。佐車止，則百姓田獵。佐車，驅逆之車。獺祭魚，然後虞人入澤梁。豺祭獸，然後田獵。鳩化爲鷹，然後設罻羅。草木零落，然後入山林。昆蟲未蟄，不以火田。取物必順時候也。梁，絶水取魚者。罻，小網也。昆，明也。明蟲者，得陽而生，得陰而藏。不麛，不卵，不殺胎，不殀夭，不覆巢。重傷未成物。殀，斷殺。少長曰夭。覆，敗也。

冢宰制國用，必於歲之杪，五穀皆入，然後制國用。制國用，如今度支經用。杪，末也。用地大小，視年之豐耗。小國、大國，豐凶之年，各以歲之收入制其用多少，多不過禮，少有所殺。○愚按：小大猶多寡也。以三十年之通制國用，量入以爲出。通三十年之率，當有九年之畜。出，謂所當給爲。祭用數之仂。算今年一歲經用之數，用其什一。喪，三年不祭，唯祭天地社稷爲越紼而行事。不敢以卑廢尊。越猶躐也。紼，輴車索。喪，用三年之仂。喪大事，用三歲之什一。喪、祭用不足曰暴，有餘曰浩。暴猶耗也。浩猶饒也。祭，豐年不奢，凶年不儉。常用數之仂。國無九年之蓄，曰不足；無六年之蓄，曰急；無三年之蓄，曰國非其國也。三年耕，必有一年之食；九年耕，必有三年之食。以三十年之通，雖有凶旱水溢，民無菜色，然後天子食，日舉以樂。菜色，食菜之色。民無食菜之飢色，天子乃日舉，以樂侑食。○王肅云：「二十七年當有九年之蓄，言三十者，舉全數。」天子七日而殯，七月而葬。諸侯五日而殯，五月而葬。大夫、士、庶人三日而殯，三月而葬。尊者舒，卑者速。《春秋·傳》曰：「天子七月而葬，同軌畢至。諸侯五月，同盟至。大夫三月，同位至。士踰月，外姻至。」三年之喪，自天子達。下通庶人，於父母同。天子、諸侯降期。庶人縣封，葬不爲雨止，不封，不樹。喪不貳事，縣封，當爲縣窆。縣窆者，至卑不得引紼下棺，雖雨猶葬，以其禮儀少。封，謂聚土爲墳。不封之，不樹之，又爲至卑無飾也。《周禮》曰：「以爵等爲丘封之度，與其樹數。」則士以上，乃皆封樹。貳之言二也。庶人終喪無二事，不使從政也。《喪大記》曰：「大夫士既葬，公政入於家，既卒哭，弁絰帶，金革之事無辟也。」○方氏苞曰：「庶人無雨具，疑或爲雨止，故特明之，貴者不必言也。鄭任鑰曰：庶人分微禮簡，雖雨可以集事。貴者禮事重大，不嫌更舉。」自天子達於庶人。喪從死者，祭從生者，支子不祭。從死者，謂衣衾棺椁。從生者，謂奠祭之牲器。

天子七廟，三昭，三穆，與大祖之廟而七。此周制。七者，大祖及文王、武王之祧，親廟四；大祖后稷。殷則六廟，契及湯與二昭二穆。夏則五廟，無大祖，禹與二昭二穆而已。○愚按：殷六廟、夏五廟，說本「緯書」，未可據信，其云文王、武王爲二祧，亦不合。王肅云：「天子七廟」，謂高祖之父及高祖之祖廟爲二祧，并始祖及親廟四爲七。又云：「周之文武，受命之王，不遷之廟，權禮所施，非常廟之數。殷之三宗，宗其德而存其廟，亦不以爲數。凡七廟者，皆不稱周室。」其說較鄭爲長。而所云二祧亦未安，祧不在七廟數中也。又按：鄭以七廟獨周制，此據韋玄成議。劉歆、馬融、王肅以爲七廟天子常禮，是也。諸侯五廟，二昭，二穆，與大祖之廟而五。大祖始封之君，王者之後不爲始封之君廟。大夫三廟，一昭，一穆，與大祖之廟而三。大祖別子始爵者。《大傳》曰：「別子爲祖。」謂此雖非別子，始爵者亦然。士一廟。謂諸侯之中士、下士名曰官師者。上士二廟。庶人祭於寢。寢，適寢也。○方氏苞曰：「自適士至庶人，皆得祭祖禰，知然者，殤與無後者從祖祔食。若庶人不得祭祖，尚何祔食之有？《楚語》：『士庶人不過其祖。』」

天子，諸侯宗廟之祭，春曰「礿」，夏曰「禘」，秋曰「嘗」，冬曰「烝」。此蓋夏殷之祭名。周則改之：春曰祠，夏曰礿，以禘爲殷祭。《詩·小雅》曰：「礿祠烝嘗，于公先王。」此周四時祭宗廟之名。天子祭天地，諸侯祭社稷，大夫祭五祀。五祀，謂司命也，中霤也，門也，行也，厲也。此祭謂大夫有地者；其無地，祭三耳。天子祭天下名山大川：五嶽視三公，四瀆視諸侯。視，視其牲器之數。諸侯祭名山大川之在其地者。魯人祭泰山、晉人祭河是也。

天子、諸侯祭因國之在其地而無主後者。謂所因之國，先王、先公有功德，宜享世祀，今絶，無後爲之祭主者。昔夏后氏郊鯀，至杞爲夏後，而更郊禹。晉侯夢黄熊入國而祀夏郊，此其禮也。

天子犆礿，祫禘，祫嘗，祫烝。犆猶一也。祫，合也。天子、諸侯之喪畢，合先君之主於祖廟而祭之，謂之祫。後因以爲常，天子先祫而後時祭，諸侯先時祭而後祫。凡祫之歲，春一礿而已。不祫以物無成者不殷祭。周改夏祭曰礿，以禘爲殷祭也。魯禮，三年喪畢而祫於大祖，明年春，禘於羣廟。自爾之後，五年而再殷祭，一祫一禘。〇愚按：此非三年之祫也。天子四時之祭，春礿特祭；禘、嘗、烝，皆合食也。諸侯礿則不禘，禘則不嘗，嘗則不烝，烝則不礿。虞夏之制：諸侯歲朝，廢一時祭。諸侯礿，犆；禘一，犆一祫；下天子也。祫歲不禘。嘗，祫；烝，祫。

天子社稷皆大牢。諸侯社稷皆少牢。大夫、士宗廟之祭，有田則祭，無田則薦。有田者，既祭又薦新。祭以首時，薦以仲月。士薦牲，用特、豚，大夫以上用羔，所謂「羔豚而祭，百官皆足。」《詩》曰：「四之日其早，獻羔祭韭。」庶人春薦韭，夏薦麥，秋薦黍，冬薦稻。韭以卵，麥以魚，黍以豚，稻以鴈。庶人無常牲，取與新物相宜而已。祭天地之牛，角繭栗；宗廟之牛，角握；賓客之牛，角尺、握。謂長不出膚。諸侯無故不殺牛；大夫無故不殺羊；士無故不殺犬豕；庶人無故不食珍。故，謂祭饗。

庶羞不踰牲，祭以羊，則不以牛肉爲羞。燕衣不踰祭服，寢不踰廟。

古者：公田，藉而不稅。藉之言借也。借民力治公田，美惡取於此。不稅，民之所自治也。《孟子》曰：「夏后氏五十而貢，殷人七十而助，周人百畝而徹。」則所云古者，謂殷時。市，廛而不稅。廛，市物邸舍。稅其舍，不稅其物。關，譏而不征。譏，譏異服，識異言。征亦稅也。《周禮》「國凶札，則無門關之征，猶譏」也。林麓川澤，以時入而不禁。麓，山足也。夫圭田無征。夫猶治也。征，稅也。《孟子》曰：「卿以下必有圭田。」治圭田者不稅，所以厚賢也。此則《周禮》之「士田」，以「任近郊之地」，稅什一。○愚按：夫音扶，發語辭也。

用民之力，歲不過三日。治宮室、城郭、道渠。

田里不粥，墓地不請。皆受於公，民不得私也。粥，賣也。請，求也。

司空執度度地，司空，冬官，卿掌邦事者。度，丈尺也。居民山川沮澤，時四時。觀寒煖燥濕。沮，謂萊沛。○愚按：寒煖謂四時，燥濕，謂山川沮澤也。草所生曰萊，水所生曰沛。《孟子》云：「沛澤多。」量地遠近，制邑井之處。興事任力。事，謂築邑廬宿市也。○方氏苞曰：「興事任力，興民事以任其力也。《周官》「以九職任萬民」，皆所以盡其力。凡使民：任老者之事，食壯者之食。寬其力，饒其食。

凡居民材，必因天地寒煖燥濕，使其材藝堪地氣也。○愚按：《注》「材」謂人「材藝」，是也。盧植云：「能寒者使居寒，能暑者使居暑。」廣谷大川異制。謂其形象。民生其間者異俗：謂其所好惡。剛柔輕重遲速異齊，謂其性情緩急。五味異和，謂香臭與鹹苦。器械異制，謂作務之用。衣服異宜。謂旃裘與絺綌。脩其教，不易其俗；齊其政，不易其宜。教，謂禮義。政，謂形禁。〇愚按：《注》「形」當作「刑」。中國戎夷五方之民皆有性也，不可推移。地氣使之然。東方曰「夷」，被髮文身，有不火食者矣。南方曰「蠻」，雕題交趾，有不火食者矣。雕文，謂刻其肌，以丹青涅之。交趾，足相鄉然，浴則同川，卧則僢。不火食，地氣煖，不爲病。西方曰「戎」，被髮衣皮，有不粒食者矣。北方曰「狄」，衣羽毛，穴居，有不粒食者矣。不粒食，地氣寒，少五穀。中國、夷、蠻、戎、狄，皆有安居、和味、宜服、利用、備器。其事雖異，各自足。五方之民言語不通，嗜欲不同。達其志，通其欲：東方曰「寄」，南方曰「象」，西方曰「狄鞮」，北方曰「譯」。皆俗間之名，依其事類耳。鞮之言知也。今冀部有言狄鞮者。〇愚按：鞮，革履也。《周官》：「鞮履氏。」

凡居民，量地以制邑，度地以居民。地、邑、民、居，必參相得也。得猶足也。〇愚按：所以必參相得，令無曠土游民也。無曠土，無游民，食節事時，民咸安其居。樂事、勸功，尊君、親上，然後興學。立小學、大學。

司徒脩六禮以節民性，明七教以興民德，齊八政以防淫，一道德以同俗，養耆老以致孝，恤孤獨以逮不足，上賢以崇德，簡不肖以絀惡。司徒，地官，卿掌邦教者。逮，及也。簡，差擇也。命鄉，簡不帥教者以告。帥，循也。不循教，謂敖很不孝弟者。司徒使鄉簡擇以告者，鄉屬司徒。耆老皆朝于庠。

元日，習射上功，習鄉上齒。大司徒帥國之俊士與執事焉。將習禮以化之，使之觀焉。耆老，致仕及鄉中老賢者。朝猶會也。此庠，謂鄉學也。鄉謂飲酒也。鄉禮春秋射，國蜡而飲酒養老。不變，命國之右鄉，簡不帥教者移之左；命國之左鄉，簡不帥教者移之右：如初禮。中年考校，而又不變，使轉徙其居，覬其見新人有所化也，亦復習禮於鄉學，使之觀焉。不變，移之郊：如初禮。郊，鄉界之外者也，稍出遠之。後中年又爲之習禮於郊學。不變，移之遂：如初禮。遠郊之外曰遂，遂大夫掌之。又中年復移之，使居遂，又爲習禮於遂之學。不變，屏之遠方，終身不齒。遠方，九州之外。齒猶録也。命鄉，論秀士，升之司徒，曰「選士」。移名於司徒也。秀士，鄉大夫所考有德行道藝者。○愚按：秀，禾之穎出者也。司徒論選士之秀者而升之學，曰「俊士」。可使習禮者，學大學。升於司徒者不征於鄉，升於學者不征於司徒，曰「造士」。不征，不給其繇役。造，成也。能習禮則爲成士。樂正崇四術，立四教。樂正，樂官之長，掌國子之教。《虞書》曰：「夔，命女典樂，教胄子。」崇，高也，高尚其術以作教也。幼者教之於小學，長者教之於大學。《尚書·傳》曰：「年十五始入小學，十八入大學。」○愚按：術，道路名也。順先王《詩》、《書》、《禮》、《樂》以造士：順此四術而教以成是士也。春秋教以《禮》、《樂》，冬夏教以《詩》、《書》。春夏，陽也。《詩》《樂》者聲，聲亦陽也。秋冬，陰也。《書》《禮》者事，事亦陰也。互言之者，皆以其術相成。○方氏苞曰：「《詩》《書》絃誦而已，《禮》《樂》則執其器，習其容，有進反、趨走、袒踊、舞蹈之事，非盛暑嚴冬所宜也。」王大子、王子、羣后之大子、卿大夫元士之適子、國之俊選皆造焉。皆以四術成之。王子，王之庶子也。羣后，公及諸侯。凡入學以齒。皆以長幼受學，不用尊卑。將出學，小胥、大胥、小樂正，簡不帥教者以告于大樂正，大樂正以告于王。此所簡者，謂王大子、王子、羣后之大子、卿大夫元士之適子。大胥、小胥，皆樂官屬也。出學，謂九年大成學止也。王命三公、九卿、大夫、元士皆入學。不變，王親視學。亦謂使習禮以化之。不變，王又親爲之臨視，重棄賢者子孫。此習禮皆於大學也。不變，王三日不舉，去食、樂，重棄人。屏之遠方，西方曰「棘」，東方曰「寄」，終身不齒。棘，當僰。僰之言偪，使之偪寄於夷戎。不屏於南北，爲其大遠。〇愚按：僰，讀如字，急也，困辱之。寄，流寓也。賤者至於四不變，然後屏之。貴者止於二不變，遂屏之。從化有難易，考期有久近，所以不同。大樂正論造士之秀者，以告于王而升諸司馬，曰「進士」。移名於司馬。司馬，夏官，卿掌邦政者。進士，可進受爵禄也。〇愚按：進，謂才德成就，堪進用也。

司馬辨論官材，辨其論，官其材，觀其所長。論進士之賢者，以告于王，而定其論。各署其所長。〇愚按：造士曰秀，論官曰賢者。賢，謂德行道藝具備也。《周禮》「使民興賢，出使長之」，謂是也。論定然後官之，使之試守。任官然後爵之，命之。〇愚按：官小，試之；爵尊，任之。位定然後禄之。大夫廢其事，終身不仕，死以士禮葬之。以不任大夫也。〇愚按：廢其事，謂罷輭不勝任也。故降其爵而止。若有罪，當别有處，不復得以士禮葬也。有發，則命大司徒教士以車甲。乘兵車衣甲之儀。有發，謂有軍師發卒。〇方氏苞曰：「有發，則司徒教以車甲者，非徒作其武勇，亦聲以禮義，使知親上死長也。教田獵以習五戎，司徒搢扑，北面誓之，義亦如此。」〔五〕○愚按：司徒主徵發，故教士車甲；司馬主嚴辨，故使論官材，此皆文武兼資也。凡執技論力，適四方，贏股肱，決射御。謂擐衣，出其臂脛，使之射御，決勝負，見勇力。○愚按：適四方，謂奔走禦侮也。又按：《顏氏家訓·書證》篇引鄭《注》云「謂捋衣，出其臂脛」。今書皆作擐甲之擐。國子博士蕭該云：「擐當作捋，音宣，是穿著之名，非出臂之義。」凡執技以事上者：祝、史、射、御、醫、卜及百工。言技，謂此七者。凡執技以事上者：不貳事，不移官，欲專其事，亦爲不德。出鄉不與士齒。賤也。於其鄉中則齒，親親也。仕於家者，出鄉不與士齒。亦賤。

司寇正刑明辟以聽獄訟，司寇，秋官，卿掌刑者。辟，罪也。必三刺。以求民情，斷其獄訟之中，一曰訊羣臣，二曰訊羣吏，三曰訊萬民。○愚按：刺，采取也。《漢·志》云：「刺《六經》中作《王制》。」〔六〕有旨無簡，不聽。簡，誠也。有其意無其誠者，不論以爲罪。○愚按：簡，核也。《書·吕刑》：「五辭簡孚。」附從輕，附，施刑也。求出之，使從輕。赦從重。雖是罪可重，猶赦之。○愚按：附入從寬典，赦出從極條也。凡制五刑，必即天論。制，斷也。即，就也。必即天論，言與天意合。閔子曰：「古之道，不即人心。」即或爲「則」。「論」或爲「倫」。○愚按：論、倫，古通用。論亦訓理也。郵罰麗於事。郵，過也。麗，附也。過人罰人，當各附於其事，不可假他以喜怒。○愚按：《詩》云：「不知其郵。」郵，傳舍也，更遞相授。王者慎刑，必遞經訊鞫，然後獄成，故曰郵罰也。麗於事，謂與所犯之事相附麗也。凡聽五刑之訟，必原父子之親，立君臣之義，以權之。權，平也。意論輕重之序，慎測淺深之量，以別之，意，思念也。淺深，謂俱有罪，本心有善惡。○愚按：意謂以己心度人也。悉其聰明，致其忠愛，以盡之。盡其情。○愚按：聰明，人不能欺；忠愛，人不忍欺。疑獄，汜與衆共之；衆疑，赦之。必察小大之比以成之。小大猶輕重。已行故事曰比。○愚按：比，例也。不敢以己意斷獄事。成獄辭，史以獄成告於正，正聽之。史，司寇吏也。正，於周鄉師之屬。今漢有正平丞，秦所置。○方氏苞曰：「《疏》云『鄉師不掌獄』，是也。然合鄉士、士師而曰鄉師，則辭不當律。疑《注》本『鄉士』，而傳寫誤『師』耳。蓋正掌鄉獄者鄉士，正掌遂獄者遂士也。士師則與大司寇共聽者，不得以士師爲正。」正以獄成告于大司寇，大司寇聽之棘木之下。《周禮》鄉師之屬，「辨其獄訟，異其死刑之罪而要之。職聽於朝，司寇聽之。」朝，王之外朝也。左九棘，孤卿大夫位焉。右九棘，公、侯、伯、子、男位焉。面三槐，三公位焉。○愚按：棘木下，司寇聽事處也，恐非《周禮》「九棘」之謂，今之刑庭多植槐矣。大司寇以獄之成告於王，王命三公參聽之。王使三公復與司寇及正共平之，重刑也。《周禮》：「王欲免之，乃命公會其期。」○愚按：參，「七南反」，謂參錯聽之。三公以獄之成告於王，王三又，然後制刑。又當作宥，宥，寬也。一宥曰不識，再宥曰過失，三宥曰遺忘。○愚按：又，復也。王恐聽不審，復命三者之官如前聽之，如是者三，然後斷刑也。凡作刑罰，輕無赦。法雖輕，不赦之，爲人易犯。刑者侀也，侀者成也，一成而不可變，故君子盡心焉。變，更也。○愚按：侀與「形」通。析言破律，亂名改作，執左道以亂政，殺。析言破律，巧賣法令者也。亂名改作，謂變易官與物之名，更造法度。左道，若巫蠱及俗禁。作淫聲、異服、奇技、奇器以疑衆，殺。淫聲，鄭、衛之屬也。異服，若聚鷸冠、瓊弁也。奇技、奇器，若公輸般請以機窆。行僞而堅，言僞而辯，學非而博，順其而澤以疑衆，殺。皆謂虛華捷給無誠者也。假於鬼神、時日、卜筮以疑衆，殺。今時持喪葬、築蓋、嫁取、卜數文書，使民倍禮違制。此四誅者，不以聽。爲其爲害大而辭不可習。〔七〕凡執禁以齊衆，不赦過。亦爲人將易犯。○方氏苞曰：「既曰『凡作刑罰，輕無赦』，又別出此條，其事各異也。《周官》『士師以五禁左右刑罰』，則此《記》所謂『執禁以齊衆』也。過者，怠慢而違禁，尚未麗於刑罰也。各隨其輕重〔而〕懲之無赦，則習而陷於大惡者，必漸少矣。」有圭、璧、金璋，不粥於市。命服、命車，不粥於市。宗廟之器，不粥於市。犧牲，不粥於市。戎器，不粥於市。尊物，非民所宜有。戎器，軍器也。粥，賣也。○惠棟《古義》云：「皇侃以爲用金爲印章。案此則「璋」字古本爲「章」，今從玉旁者，非也。」用器不中度，不粥於市。兵車不中度，不粥於市。布帛精麤不中數，幅廣狹不中量，不粥於市。姦色亂正色，不粥於市。凡以其不可用也。用器，弓矢、耒耜、飲食器也。度，丈尺也。數，升縷多少。○舊說：布朝服十五升，斬衰三升，齊衰四升。布，幅廣二尺二寸；帛，廣二尺四寸。錦文珠玉成器，不粥於市。衣服飲食，不粥於市。不示民以奢與貪也。成猶善也。○方氏苞曰：「衣服飲食，不粥於市，防民之惰也。」五穀不時，果實未熟，不粥於市。物未成，不利人。木不中伐，不粥於市。伐之非時，不中用。《周禮》：「仲冬斬陽木，仲夏斬陰木。」禽獸魚鱉不中殺，不粥於市。殺之非時，不中用。《月令》：「季冬，始漁。」《周禮》：「春獻鼈蜃。」關執禁以譏，禁異服，識異言。關，竟上門。識，呵察。

大史典禮，執簡記，奉諱惡。簡記，策書也。諱先王名，惡忌日，若子、卯。天子齊戒受諫。歲終羣臣奏歲事，諫王當所改爲也。○愚按：此句應屬上爲一節，《注》斷之，恐非。竊疑「奉諱惡」，謂陳災異、警滅亡之類。以是教諫，故天子齋戒受之。○方氏苞曰：「受諫，即受簡記中所列之儀法、所避之諱惡也。《郊特牲》云：「卜之日，王親立於澤，以聽誓命，受教諫之義也。」〔八〕司會以歲之成質於天子。司會，冢宰之屬，掌計要者。成，計要也。質，平也，平其計要。冢宰齊戒受質。贊王受之。○方氏苞曰：「陳氏《集説》：『司會質一歲之計要於天子，而先之冢宰』，〔九〕非也。觀下文司徒、司馬、司空『以百官之成質於天子』，則司會所質，乃徑達於天子，明矣。『冢宰齊戒受質』者，天子省之，而復下於冢宰，使聽決也。」大樂正、大司寇、市，三官以其成從質於天子。大樂正，於周宗伯之屬。市，司市也，於周司徒之屬。從，從於司會也。○方氏苞曰：「『三官以其成從質於天子』者，繼司會而質，非因司會而達也。『司徒、司馬、司空齊戒受質』者，亦復下使聽決也。三官特以其成質於天子者，人材之成敗，刑獄之多寡，百物之豐耗，尤天子所當留意也。陳氏又謂『六官獨不言宗伯，無可歲會』，亦非也。司會曰歲成，計要也。三官及百官第曰成，乃治狀，非財用之計也。」大司徒、大司馬、大司空齊戒受質，百官各以其成質於三官。大司徒、大司馬、大司空，以百官之成，質於天子，百官，此三官之屬。○方氏苞曰：「此三官，即大司徒、大司馬、大司空也。『百官各以其成質於三官』，三官『以百官之成質於天子』者，百官所治，各有定式；或其事細微，故先之三卿，三卿自先聽決，而後總質於天子，不每事以煩天子之聽也。」百官齊戒受質。受平報也。然後休老勞農，饗養之。成歲事，斷計要也。制國用。〇愚按：自「司會」以下，皆歲終大計之法。計吏了畢，然後息老勞農，謂蜡臘也。成歲事，制國用，謂家宰制國用於歲杪也。

凡養老，有虞氏以燕禮，夏后氏以饗禮，殷人以食禮，周人脩而兼用之。兼用之，備陰陽也。凡飲養陽氣，凡食養陰氣。陽用春夏，陰用秋冬。〇《疏》云：「老有四種。天子視學養老，一歲有七，四時皆養老。故鄭《注》」云云。五十養於鄉，六十養於國，七十養於學，達於諸侯。天子、諸侯，養老同也。國，國中，小學在王宮之左。學，大學也，在郊。小學在國中，大學在郊，此殷制，明矣。〇方氏苞曰：「五十養於鄉，乃鄉遂都家公邑庶士之老也。黨正縣正之類，屬而飲食之，故曰養於鄉也。六十養於國，七十養於學，則朝士大夫之老也。」

八十拜君命，一坐再至，瞽亦如之。九十使人受。命，謂君不親饗食，必以其禮致之。五十異粻。六十宿肉。七十貳膳。八十常珍。九十飲食不離寢，膳飲從於遊可也。粻，糧也。貳，副也。遊，謂出入止觀。〇愚按：漸老，味淡而嗜美；大老，食少而易飢，寢遊之處，皆有庋閣之飲食。六十歲制。七十時制。八十月制。九十日脩。惟絞、紟、衾、冒，死而后制。絞、紟、衾、冒，一日二日而可爲者。五十始衰。六十非肉不飽。七十非帛不煖。八十非人不煖。九十雖得人不煖矣。煖，温。五十杖於家。六十杖於鄉。七十杖於國。八十杖於朝。九十者，天子欲有問焉，則就其室，以珍從。尊養之。七十不俟朝。大夫士之老者，揖君則退。八十月告存。每月致膳。九十日有秩。秩，常也。有常膳。

五十不從力政。六十不與服戎。七十不與賓客之事。八十齊喪之事弗及也。力稍衰也。力政，城道之役也。與，及也。八十不齊，則不祭也，子代之祭，是謂宗子不孤。五十而爵。賢者命爲大夫。六十不親學。不能備弟子禮。七十致政，唯衰麻爲喪。至政還君事。

有虞氏養國老於上庠，養庶老於下庠。夏后氏養國老於東序，養庶老於西序。殷人養國老於右學，養庶老於左學。周人養國老於東膠，養庶老於虞庠，虞庠在國之西郊。皆學名也。異者四代相變耳。或上西，或上東；或貴在國，或貴在郊。上庠、右學，大學也，在西郊。下庠、左學，小學也，在國中王宮之東。東序、東膠亦大學，在國中王宮之東。西序、虞庠，亦小學也。西序在西郊，周立小學於西郊。膠之言糾也。庠之言養也。周之小學，爲有虞氏之庠制，是以名庠云。其立鄉學亦如之。膠，或作絿。○《疏》云：「庠則後有室，前有堂。序與庠制同。」○方氏苞曰：「國老，卿大夫之老也。庶老，庶士之老也。庶人之老，及死事者父祖，則有司各就其地養之，引年之政是也。若並養於學，則無地以容其席位。先王制禮，以辨上下定民志。於學校設輿臺席位，而天子諸侯親與爲禮，非所以示民也。」○金鶚《學制考》云：「『四郊』，今本作『西郊』，非也。《北史·劉芳傳》引作『四郊』。《祭義》『天子設四學』《注》云：『四學，周四郊之學也。』孔《疏》引皇氏云：『四郊虞庠』，『西』爲『四』之訛明矣。」有虞氏皇而祭，深衣而養老。夏后氏收而祭，燕衣而養老。殷人冔而祭，縞衣而養老。周人冕而祭，玄衣而養老。皇，冕屬也，畫羽飾焉。凡冕屬，其服皆玄上纁下。有虞氏十二章，周九章，夏、殷未聞。凡養老之服，皆其時與羣臣燕之服。有虞氏質，深衣而已，夏而改之尚黑，而黑衣裳。殷尚白，而縞衣裳。周則兼用之，玄衣素裳，其冠則牟追、章甫、委貌也。諸侯以天子之燕服爲朝服。《燕禮》曰：「燕，朝服」，服是服也。王者之後，亦以燕服爲之。魯季康子朝服以縞，僭宋之禮也，「天子皮弁以日視朝」也。凡三王養老皆引年。已而引户校年，當行復除也。老人衆多，非賢者不可皆養。八十者一子不從政。九十者其家不從政。廢疾非人不養者，一人不從政。廢，廢於人事。父母之喪，三年不從政。齊衰大功之喪，三月不從政。將徙於諸侯，三月不從政。自諸侯來徙家，期不從政。自，從也。○愚按：將徙，謂去之他國者。三月不從政，厚其往也。來徙，謂自他邦來者。期不從政，勸其來也。《周禮·旅師》：「新甿之治皆聽之。」

少而無父者謂之孤，老而無子者謂之獨，老而無妻者謂之矜，老而無夫者謂之寡。此四者，天民之窮而無告者也，皆有常餼。餼，廩也。

瘖、聾、跛、躃、斷者、侏儒、百工，各以其器食之。斷，謂支節絶也。侏儒，短人也。器，能也。

道路：男子由右，婦人由左，車從中央。道中三途，遠别也。○愚按：地道尊右。父之齒隨行，兄之齒雁行，朋友不相踰。廣敬也。謂於塗中。輕任并，重任分，斑白者不提挈。皆謂以與少者。雜色曰斑。君子耆老不徒行，庶人耆老不徒食。徒猶空也。

大夫祭器不假。祭器未成，不造燕器。造，爲也。○陳氏本移此節於「寢不踰廟」句下。

方一里者，爲田九百畝。一里方三百步。○愚按：方里而井田九百畝。每以十數相加，十里爲成，百里爲同，千里爲終。方十里者，爲方一里者百，爲田九萬畝。方百里者，爲方十里者百，爲田九十億畝。億，今十萬。方千里者，爲方百里者百，爲田九萬億畝。萬億，今萬萬也。○《疏》云：「此《經》萬萬。』皇氏以爲億數不定，或以十萬爲億，或以萬萬爲億，或以一萬爲億。此云萬億者，祇是萬萬也。六國時或億或萬，字相交涉，遂誤爲萬億。鄭更不顯言其錯，因此錯本萬億之言，即云：『此《經》萬億者，即今之或將萬爲億，故云萬億。但古事難悉，未知孰是。」○陳氏《注》云：「百箇百里之方，爲九千億畝，今乃云九萬億畝，《經》文也」。

自恒山至於南河，千里而近。冀州域。自南河至於江，千里而近。豫州域。自江至於衡山，千里而遥。荆州域。自東河至於東海，千里而遥。徐州域。自東河至於西河，千里而近。亦冀州域。自西河至於流沙，千里而遥。雍州域。西不盡流沙，南不盡衡山，東不盡東海，北不盡恒山。凡四海之内，斷長補短；方三千里，爲田八十萬億一萬億畝。九州之大計。○陳氏《注》云：「按方百里，爲田九十億畝。則方三千里，當云八萬一千億畝。如《疏》義亦承誤釋之也。」方百里者，爲田九十億畝。山陵、林麓、川澤、溝瀆、城郭、宫室、塗巷，三分去一，其餘六十億畝。以一大國爲率。其餘，所以授民也。山足曰麓。

古者以周尺八尺爲步，今以周尺六尺四寸爲步。古者百畝，當今東田百四十六畝三十步。古者百里，當今百二十一里六十步四尺二寸二分。周尺之數，未詳聞也。案：禮制，周猶以十寸爲尺。蓋六國時多變亂法度，或言周尺八寸，則步更爲八八六十四寸。以此計之，古者百畝當今百五十六畝二十五步，古者百里當今百二十五里。○愚按：周尺至宋始出，於今作木主，有「周尺式」，是也。○方式苞曰：「東田，疑秦人語也。《春秋·傳》：『晉人使齊盡東其畝。』秦開阡陌，必多東畝，以利戎車。故漢初儒者，猶相承而曰東田。」○案：顧炎武《日知録》三十二卷云：「《穀梁傳》：『古者三百步爲里』，今以三百六十步爲里，而尺又大於古四分之一，今之六十二里，遂當古之百里云云，《王制》之説殆未然。」又案：《晉書·摯虞傳》：「將作大匠陳勰掘地得古尺，尚書奏：『今尺長於古尺，宜以古尺爲正。』」〔一〇〕

方千里者，爲方百里者百，封方百里者三十國；其餘，方百里者七十。又封方七十里者六十，爲方百里者二十九，方十里者四十；其餘，方百里者四十，方十里者六十。又封方五十里者百二十，爲方百里者三十；其餘方百里者十，方十里者六十。名山大澤不以封；其餘以爲附庸、間田。諸侯之有功者，取於間田以禄之。其有削地者，歸之間田。○愚按：此節論畿外九州建國之法。

天子之縣内，方千里者，爲方百里者百，封方百里者九，其餘方百里者九十一，又封方七十里者二十一，爲方百里者十，方十里者二十九；其餘方百里者八十，方十里者七十一，又封方五十里者六十三，爲方百里者十五，方十里者七十五；其餘方百里者六十四，方十里者九十六。○陳氏《注》曰：「此倣上章畿外之法，推之可見。畿外封國多而餘地少，廣封建之制於天下也；畿内封國少而餘地多，備采邑之分於王朝也。」

諸侯之下士，禄食九人，中士食十八人，上士食三十六人，下大夫食七十二人，卿食二百八十八人，君食二千八百八十人。次國之卿食二百一十六人，君食二千一百六十人。小國之卿食百四十四人，君食千四百四十人。次國之卿命於其君者，如小國之卿。天子之大夫爲三監，監於諸侯之國者，其禄視諸侯之卿，其爵視次國之君，其禄取之於方伯之地。方伯爲朝天子，皆有湯沐之邑於天子之縣内，視元士。給齊戒自潔清之用。浴用湯，沐用潘。諸侯世子世國。象賢也。○愚按：此疑亦據衰世之法耳。若聖王之世，當須擇其賢否。賢固世國，不賢當擇其宗族之賢者立之。若概令世國，而不賢即其國，何罪。故云：「未賜爵，視天子之元士，以君其國。」此語殆有深意。又據《周禮》，諸侯、世子，有已誓未誓，亦自不同，恐不皆世國者也。大夫不世爵，使以德，爵以功，謂縣内及列國諸侯爲天子大夫者。不世爵而世禄，辟賢也。○愚按：父子相繼爲一世。世禄者，當禄及其子而止，非謂世世勿絶也。未賜爵，視天子之元士，以君其國。列國及縣内之國也。諸侯之大夫，不世爵禄。

六禮：冠、昏、喪、祭、鄉、相見。鄉，鄉飲酒，鄉射。七教：父子、兄弟、夫婦、君臣、長幼、朋友、賓客。八政：飲食、衣服、事爲、異别、度、量、數、制。飲食爲上，衣服次之，事爲，謂百工技藝也；異别，五方用器不同也；度，丈尺也；量，斗斛也；數，百十也；制，布帛幅廣狹也。

校記

〔一〕上，《十三經注疏·禮記注疏》卷十作「士」。

〔二〕《禮記·明堂位》「氏」下無「之」字。

〔三〕示弗故生也，《十三經注疏·禮記注疏卷十一》阮元《校勘記》：「閩、監、毛本『亦』誤『示』，衛氏《集説》同。按《正義》云：『非但不使，意在亦不欲使生』，正疏正經文『亦』字義。」

〔四〕六，依《周禮·春官宗伯·大宗伯》，《十三經注疏·周禮注疏》作「五」。

〔五〕方苞《禮記析疑》卷五《王制》云：「軍旅，司馬之事也，而有發，則司徒教之者，非徒作其武勇，亦聲以禮義，使知親上死長也。教思獮以習武戎，司徒搢扑，北面誓之，義亦如此。」

〔六〕《漢·志》，應作《史記·封禪書》。見《史記》中華書局一九八二年點校本第四册一三八二頁。

〔七〕習，《十三經注疏·禮記注疏》卷十三《校勘記》：「惠棟校宋本作『明』。」

〔八〕王親立於澤，以聽誓命，《禮記·郊特牲》作「王立于澤，親聽誓命。」

〔九〕元陳澔《禮記集説》卷三《王制》「質」下有「平其」二字。

〔一〇〕宜以古尺爲正，《晉書》卷五十一《摯虞傳》中華書局一九七四年點校本一四二五頁作「今尺長於古尺，宜以古爲正。」

月令第六

孟春之月：日在營室，昏參中，旦尾中。孟，長也。日月之行，一歲十二會。聖王因其會而分之，以爲大數焉。觀斗所建，命其四時。此云孟春者，日月會於諏訾，而斗建寅之辰也。凡記昏明中星者，爲人君南面而聽天下，視時候以授民事。○齊召南曰：「孔《疏》引《三統》、《元嘉》二歷，以證昏旦中星不同，是也；但云『不與歷正同』，其説未暢。夫《月令》之中星不同《堯典》，猶之《三統》、《元嘉》不同《月令》，此則歲差使然。唐宋以來，又去元嘉遠矣。」其日甲乙。乙之言軋也。日之行，春，東從青道，發生萬物，月爲之佐。時萬物皆解孚甲，自抽軋而出，因以爲日名焉。乙不爲月名者，君統臣功也。其帝大皞。其神句芒。此蒼精之君，木官之臣，自古以來著德立功者也。大皞，宓戲氏。句芒，少皞氏之子曰重，爲木官。其蟲鱗。象物孚甲將解。鱗，龍蛇之屬。○愚按：似云：鱗蟲，木屬耳。《注》云「象物」，恐未然。後竝同。其音角。謂樂器之聲也。三分羽益一以生角。角數六十四。屬木者，以其清濁中，民象也。春氣和則角聲調。《樂記》曰：「角亂則憂，其民怨。」凡聲尊卑取象五行，數多者濁，數少者清，大不過宫，細不過羽。○陳《注》云：「調樂於春，以角爲主。」律中大蔟。律，候氣之管，以銅爲之。中猶應也。孟春氣至，則大蔟之律應。應謂吹灰也。大蔟者，林鍾之所生，三分益一。律長八寸。凡律，空圍九分。《周語》曰：「大蔟，所以金奏贊陽出滯。」其數八。數者，五行佐天地生物成物之次也。《易》曰：「天一地二，天三地四，天五地六，天七地八，天九地十。」而五行自水始，火次之，木次之，金次之，土爲後。木，生數三，成數八。但言八者，舉其成數。其味酸，其臭羶。木之臭味也。凡酸羶者皆屬焉。其祀户，祭先脾。春，陽氣出，祀之於户，内陽也。祀之先祭脾者，春爲陽中，於藏直脾，脾爲尊。凡祭五祀於廟用特牲，有主有尸，皆先設席於奥，祀户之禮，南面設主於户内之西，乃制脾及腎爲俎奠於主北，又設盛於俎西，祭黍稷、祭肉、祭醴皆三，祭肉脾一腎再。既祭徹之，更陳鼎俎設饌於筵前。迎尸，略如宗廟之儀。○齊召南曰：「按春祭脾，夏祭肺，秋祭肝，皆祭其所剋；季夏祭心，則祭其所生；冬祭腎，則祭其所旺。許慎據此篇四時所祭，即配五行所屬，康成駁之，是也。」

東風解凍，蟄蟲始振。魚上冰。獺祭魚。鴻鴈來。皆記時候也。振，動也。《夏小正》：「正月，啓蟄。」「魚陟負冰」。漢始亦以驚蟄爲正月中。此時魚肥美，獺將食之，先以祭也。鴈自南方來，將北反其居。今《月令》「鴻」皆爲「候」。○《疏》云：「凡記時候，先言者則氣候在前，後言者則氣候在後。」○案王應麟曰：「改啓爲驚，蓋避景帝諱。」又案孔《疏》引《漢書·律曆志》云：「正月立春節，雨水中；二月驚蟄節，春分中」，是前漢之末，劉歆作《三統曆》，改驚蟄爲二月節也。○顧氏《日知録》三十卷云：「《淮南子》先雨水，後驚蟄，則漢初已有此説。而蔡邕《月令問答》云：問者曰：既不用《三統》，以驚蟄爲正月中，雨水爲二月節，皆《三統》法也，獨用之何？曰：孟春、《月令》曰：『蟄蟲始震』〔今作「振」〕，在正月也。仲春，『始雨水』，則雨水二月也。以其合，故用之。是則《三統》未嘗改雨水在驚蟄之前也。改之者，《四分曆》耳。《記》、

《疏》誤也。」

天子居青陽左个，乘鸞路，駕倉龍，載青旂，衣青衣，服倉玉，食麥與羊。其器疏以達。皆所以順時氣也。青陽左个，大寢東堂北偏。鸞路，有虞氏之車。有鸞和之節，而飾之以青，取其名耳。春言鸞，冬夏言色，互文。馬八尺以上爲龍。凡所服玉，謂冠飾及所佩者之衡璜也。麥實有孚甲，屬木。羊，火畜也。時尚寒，食之以安性也。「器疏」者，刻鏤之象物當貫土而出也。凡此車、馬、衣服，皆所取於殷時而有變焉，非周制也。《周禮》朝、祀、戎、獵，車、服各以其事，不以四時爲異。又《玉藻》曰：「天子龍衮以祭」，「玄端而朝日」，「皮弁以日視朝」，與此皆殊。○愚按：如鄭之意，則明堂四面各三室，其中爲堂，其左右爲个，共十二室也。朱子則謂十二室實是九室，如井田之制。○方氏苞曰：居，「謂居明堂以聽政」。

是月也，以立春。先立春三日，大史謁之天子，曰：「某日立春，盛德在木。」天子乃齊。大史，禮官之屬，掌正歲年以序事。謁，告也。立春之日，天子親帥三公、九卿、諸侯、大夫以迎春於東郊。還反，賞公卿、諸侯、大夫於朝。迎春，祭倉帝靈威仰於東郊之兆也。《王居明堂禮》曰：出十五里迎歲。〔二〕蓋殷禮也。周近郊五十里。賞，謂有功德者，有以顯賜之也。朝，大寢門外。○愚按：鄭本作「賞公卿、諸侯、大夫於朝」，孔《疏》可按；《陳氏本》脱去「諸侯」二字，非也。今正之。○《注》云「迎春祭倉帝靈威仰」，《疏》云：「賈、馬、蔡邕皆爲迎春祭大皞及句芒。」齊召南曰：「此可融爲一説，祭蒼帝以太皞及句芒配之。鄭之失，在名目必據『緯書』耳。」

命相布德和令，行慶施惠，下及兆民。相，謂三公相王之事也。德，謂善教也。令，謂時禁也。慶，謂休其善也。惠，謂恤其不足也。天子曰兆民。慶賜遂行，毋有不當。遂猶達也。言使當得者皆得，得者無非其人。

乃命大史守典奉法，司天日月星辰之行，宿離不貸，毋失經紀，以初爲常。典，六典；法，八法也。離，讀如儷偶之儷。宿儷，謂其屬馮相氏、保章氏掌天文者，相與宿偶，當審候伺，不得過差也。經紀，謂天文進退度數。〇顔師古《匡謬正俗》曰：「按《易》之《離卦·象辭》曰：『日月麗乎天』，今云『宿離不貸』，宿即星辰，離則日月，蓋覆上言『星辰』『日月』耳，何爲改『離』作『儷』。若然，『離』卦亦可變爲『麗』卦。」〇愚按：「典」「法」，謂歷象推步之屬也。宿，日月星辰所舍也。「離」，歷也。「貸」，差也。「經紀」，七政之躔度。「初」，即典法之故事。《注》似未安。

是月也，天子乃以元日祈穀于上帝。謂以上辛郊，祭天也。《春秋·傳》曰：「夫郊祀后稷，以祈農事。」是故啓蟄而郊，郊而後耕。上帝，大微之帝也。乃擇元辰，天子親載耒耜，措之于參保介之御間，帥三公、九卿、諸侯、大夫躬耕帝藉。天子三推，三公五推，卿、諸侯九推。元辰，蓋郊後吉辰也。耒，耜之上曲也。保介，車右也。置耒於車右與御者之間，明己勸農，非農者也。人君之車，必使勇士衣甲居右而參乘，備非常也。保猶衣也。介，甲也。帝藉，爲天神借民力所治之田也。〇方氏苞曰：「參保介者，參乘之保介也。」「朱軾曰：御，侍也。謂置於保介所侍處也。又《吕氏春秋》『參』字在『于』字上，更直截。」

〇惠棟《古義》云：《注》云「元辰蓋郊後吉亥也」，俗本作「吉辰」。《正義》曰：「知用亥者，以陰陽式法，正月亥爲天倉，以其耕事，故用天倉也。」「盧植、蔡邕竝云：郊天是陽，故用日；耕耤是陰，故用辰。元者，善也。」皇氏云：「正月建寅，日月會辰在亥，故耕用亥也。」〇案：惠氏又引《南齊志》諸議云：「五行之説，木生於亥，以亥日祭先農也。」又云：「十二辰，寅與亥合，取月建與日辰合也。」又云：「陽生於子，元起於亥。」據此諸説，則知古本皆作吉亥矣。不知何時誤作吉辰，遂傳之至今也。又按：「參」字在「于」字下爲是。據《周頌》，「保介」恐是農官也。反，執爵于大寢，三公、九卿、諸侯、大夫皆御，命曰「勞酒」。既耕而宴飲，以勞羣臣也。大寢，路寢。御，侍也。

是月也，天氣下降，地氣上騰，天地合同，〔二〕草木萌動。此陽氣蒸達可耕之候也。《農書》曰：「土長冒橛，陳根可拔，耕者急發。」王命布農事，命田舍東郊，皆脩封疆，審端徑術，田，謂田畯，主農之官也。舍東郊，順時氣而居，以命其事也。封疆，田首之分職。術，《周禮》作遂。夫間有遂，遂上有徑。遂，小溝也。步道曰徑。今《尚書》曰「分命羲仲，宅嵎夷」也。〇愚按：術，田間道也。讀如字。善相丘陵、阪險、原隰，土地所宜，五穀所殖，以教道民，必躬親之。相視之。田事既飭，先定準直，農乃不惑。説所以命田舍東郊之意也。準直，謂封疆徑遂也。《夏小正》曰：「農率均田。」〇率，「所類反」。謂田正。

是月也，命樂正入學習舞。爲仲春將釋菜。乃脩祭典，重祭禮，歲始省録。命祀山林川澤犧牲毋用牝。爲傷妊生之類。禁止伐木。盛德所在。毋覆巢，毋殺孩蟲、胎、夭、飛鳥，毋麛、毋卵。爲傷萌幼之類。毋聚大衆，毋置城郭，爲妨農之始。掩骼埋胔。謂死氣逆生也。骨枯曰骼，肉腐曰胔。○蔡邕云：「露骨曰骼，有肉曰胔。」是月也，不可以稱兵，稱兵必天殃。逆生氣。兵戎不起，不可從我始。爲客不利，主人則可。毋變天之道，以陰政犯陽。毋絶地之理，易剛柔之宜。毋亂人之紀。仁之時而舉義事。

孟春行夏令，則雨水不時，巳之氣乘之也。四月於消息爲乾。○愚按：每月失令，咎徵應之。然皆大略而言耳，不必鑿以求之。草木蚤落，生日促。國時有恐。以火訛相驚。○愚按：以訛言相驚，恐不必要是火也，季春水亦然。行秋令，則其民大疫，申之氣乘之也，七月始殺。猋風暴雨總至，正月宿直尾、箕，箕好風，其氣逆也。回風爲猋。藜莠蓬蒿並興。生氣亂，惡物茂。行冬令，則水潦爲敗，雪霜大摯，首種不入。亥之氣乘之也。舊説首種爲稷。○愚按：稷於百穀最先種，蔡邕云宿麥，非也。

仲春之月：日在奎，昏弧中，旦建星中。仲，中也。仲春者，日月會於降婁，而斗建卯之辰也。弧在輿鬼南，建星在斗上。○《疏》云：「餘月昏旦中，星皆舉二十八宿，此不然者，以弧星近井，建星近斗，井斗度多，星體廣，不可的指故也。」齊召南曰：「《注》云『弧在輿鬼南』，略差。弧在井南，其去輿鬼稍遠。」其日甲乙。其帝大皥。其神句芒。其蟲鱗。其音角。律中夾鍾。其數八。其味酸。其臭羶。其祀户。

祭先脾。夾鍾者，夷則之所生，三分益一，律長七寸二千一百八十七分寸之千七十五。仲春氣至，則夾鍾之律應。《周語》曰「夾鍾出四隙之細。」

始雨水，桃始華。倉庚鳴。鷹化爲鳩。皆記時候也。倉庚，驪黄也。鳩，搏穀也。漢始以雨水爲二月節。〇愚案：《日知録》云：「雨水者，謂天所雨者水，而非雪也。令二月間尚有雨雪，唯南方地煖，有正月雨水者。《南史·宋孝武帝紀》：『大明元年正月庚午，都下雨水。』蓋以雨水爲異。」〇《逸周書·周月解》：「春三，中氣、雨水、春分、穀雨。」〇按：搏穀，即布穀也。「布」、「搏」聲相近。

天子居青陽大廟。乘鸞路，駕倉龍，載青旂，衣青衣，服倉玉，食麥與羊。其器疏以達。青陽大廟，東堂，當大室。

是月也，安萌芽，養幼少，存諸孤。助生氣也。擇元日，命民社。社，后土也。使民祀焉，神其農業也。祀社日用甲。〇愚按：《召誥》用戊，今亦然。〇金鶚《社稷考》云：「里社制始於秦，古未之有也。一里二十五家即得立社，是民自立社也。」《月令》「命民社」，《鄭志》亦謂此秦社。自秦以下，民始得立社也。其《祭法·注》説：置社，「今時里社是也」。引秦里社以解古之置社，非矣。命有司省囹圄，去桎梏，毋肆掠，止獄訟。順陽寬也。省，減也。囹圄，所以禁守繫者，若今别獄矣。桎梏，今械也。在手曰梏，在足曰桎。肆，謂死刑暴尸也。《周禮》曰：「肆之三日。」掠，謂捶治人。〇方氏苞曰：「《周官·掌囚》：『上罪梏拲而桎。』拲既在手，安得更以梏加？《易》曰：『童牛之牿』，防其觸也。則梏在脰，拲在手，桎在足，明矣。

所謂關三木也。」○愚按：肆，縱也。言不得縱意笞掠人。

是月也，玄鳥至。至之日，以大牢祠于高禖，天子親往。玄鳥，燕也。燕以施生時來巢人堂宇而孚乳，娶嫁之象也。媒氏之官以爲候。高辛氏之世，玄鳥遺卵，娀簡吞之而生契，後王以爲媒官嘉祥而立其祠焉。變媒言禖，神之也。○愚按：高者，尊之之辭。若以高爲高辛氏，然則郊禖當復誰氏也？○方氏苞曰：「此秦人妄舉以慁禮」，「三代以前，絶無此典禮」。后妃帥九嬪御。御謂從往侍祠。《周禮》天子有夫人，有嬪，有世婦，有女御。獨云「帥九嬪」，舉中言也。乃禮天子所御，帶以弓韣，授以弓矢，于高禖之前。天子所御，謂今有娠者。於祠大祝酌酒，飲於高禖之庭，以神惠顯之也。帶以弓韣，授以弓矢，求男之祥也。《王居明堂禮》曰：「帶以弓韣，禮之禖下，其子必得天材。」

是月也，日夜分，雷乃發聲，始電。蟄蟲咸動，啓户始出。又記時候，發猶出也。○愚按：二分、二至，皆重記候者。二至，陰陽極；二分，陰陽中，皆節之大者。先雷三日，奮木鐸以令兆民，曰：「雷將發聲，有不戒其容止者，生子不備，必有凶災。」主戒婦人有娠者也。容止猶動静。日夜分，則同度、量、鈞、衡、石、角斗、甬，正權概。因晝夜等而平當平也。同、角、正，皆謂平之也。丈尺曰度，斗斛曰量，三十斤曰鈞，稱上曰衡，百二十斤曰石。甬，今斛也。稱錘曰權。概，平斗斛者。

是月也，耕者少舍，乃脩闔扇，寢廟畢備。舍猶止也。因蟄蟲啓户，耕事少閒，而治門户也。用木曰闔，用竹葦曰扇。畢猶皆也。凡廟，前曰廟，後曰寢。○方氏苞曰：「《周官》比長、爵下士，即耦耕之農也。故耕者或得有廟。」毋作大事，以妨農之事。大事，兵役之屬。是月也，毋竭川澤，毋漉陂池，毋焚山林。順陽養物也。畜水曰陂，穿地通水曰池。○陸德明曰：「漉，竭也。《尚書·傳》曰：『澤障曰陂，停水曰池。』」天子乃鮮羔開冰，先薦寢廟。鮮當爲「獻」，聲之誤也。獻羔，謂祭司寒也。祭司寒而出冰，薦於宗廟，乃復賦之。《春秋·傳》曰：「古者，日在北陸而藏冰，西陸朝覿而出之。其藏冰也，深山窮谷，固陰沍寒，於是乎取之。其出之也，朝之禄位，賓、食、喪、祭，於是乎用之。其藏之也，黑牡、秬黍，以饗司寒。其出之也，桃弧、棘矢，以除其災。其出入也時。食肉之禄，冰皆與焉。大夫、命婦，喪浴用冰。祭寒而藏之，獻羔而啓之，公始用之，火出而畢賦。自命夫、命婦，至於老、疾，無不受冰。」○愚按：鮮讀如字。今猶謂薦新物曰獻鮮。

上丁，命樂正習舞，釋菜。樂正，樂官之長也。命習舞者，順萬物始出地，鼓舞也。將舞，必釋菜於先師以《禮》之。《夏小正》曰：「丁亥，萬用入學。」天子乃帥三公、九卿、諸侯、大夫親往視之。順時達物也。仲丁，又命樂正入學習樂。爲季春將習合樂也。習樂者，習歌與八音。

是月也，祀不用犧牲，用圭璧，更皮幣。爲季春將選而合騰之也。更猶易也。當祀者，古以玉帛而已。○愚按：不用犧牲，「羣小祀」耳。

仲春行秋令，則其國大水，寒氣總至，酉之氣乘之也。八月宿直昴、畢，畢好雨。寇戎來征。金氣動也。畢又爲邊兵。行冬令，則陽氣不勝，麥乃不熟，子之氣乘之也。十一月爲大陰。民多相掠。陰姦衆也。行夏令，則國乃大旱，煖氣早來，午之氣乘之也。蟲螟爲害。暑氣所生，爲災害也。

季春之月：日在胃，昏七星中，旦牽牛中。季，少也。季春者，日月會於大梁而斗建辰之辰。其日甲乙。其帝大皞。其神句芒。其蟲鱗。其音角，律中姑洗。其數八。其味酸。其臭羶。其祀户，祭先脾。姑洗者，南吕之所生也。三分益一，律長七寸九分寸之一。季春氣至，則姑洗之律應。《周語》曰：「姑洗，所以脩絜百物，考神納賓。」

桐始華。田鼠化爲鴽。虹始見。萍始生。〔三〕皆記時候也。鴽，鴾母。螮蝀謂之虹。蓱，萍也。其大者曰蘋。○鴾母，《爾雅·疏》母作無。蔡邕云：「鴽，鶉鴿之屬。」

天子居青陽右个，乘鸞路，駕倉龍，載青旂，衣青衣，服倉玉。食麥與羊。其器疏以達。青陽右个，東堂南偏。是月也，天子乃薦鞠衣于先帝。爲將蠶求福祥之助也。鞠衣，黄桑之服。先帝，大皞之屬。

命舟牧覆舟，五覆五反，乃告舟備具于天子焉，舟牧，主舟之官也。覆反舟者，備傾側也。天子始乘舟。薦鮪于寢廟，進時美物。乃爲麥祈實。於含秀求其成也。不言所祈，承「寢廟」可知。○愚按：祈麥實恐不當於寢廟。

是月也，生氣方盛，陽氣發泄，句者畢出，萌者盡達。不可以内。時可宣出，不可收斂也。句，屈生者。芒而直曰萌。天子布德行惠，命有司發倉廩，賜貧窮，振乏絶。振，猶救也。○愚按：爲春乏無之時也。《孟子》：「春補不足」。開府庫，出幣帛，周天下。勉諸侯，聘名士，禮賢者。周，謂給不足也。

勉，猶勸也。聘，問也。名士，不仕者。〇愚按：周，徧也。

是月也，命司空，曰：「時雨將降，下水上騰，循行國邑，周視原野，修利隄防，道達溝瀆，開通道路，毋有障塞，田獵罝罘羅罔畢翳餧獸之藥，毋出九門。」

廣平曰原，國也，邑也，平野也。溝瀆與道路皆不得不通，所以除水潦便民事也。古者溝上有路。爲鳥獸方孚乳，傷之，逆天時也。獸罟曰罝罘，鳥罟曰羅網，小而柄長謂之畢翳，射者所以自隱也。凡諸罟及毒藥，禁其出九門，明其常有時不得用耳。天子九門者，路門也，應門也，雉門也，庫門也，臯門也，城門也，近郊門也，遠郊門也，關門也。今《月令》無「罘」，翳爲「弋」。〇方氏苞曰：「匠人營國方九里，旁三門，則王畿通十有二門。」「此《記》所稱九門，或侯國之制，或秦變周禮，皆未可知，而其爲國門無疑也。」〇愚按：田獵，言此時猶得田獵也。但「罝罘」以下不得用耳。

是月也，命野虞無伐桑柘。鳴鳩拂其羽，戴勝降于桑。具曲植籧筐。后妃齊戒，親東鄉躬桑。禁婦女毋觀。省婦使以勸蠶事。

愛蠶食也。野虞，謂主田及山林之官。蠶將生之候也。鳩鳴飛且翼相擊，趨農急也。戴勝，織紝之鳥，是時恒在桑。言降者，若時始自天來，重之也。時所以養蠶器也。曲，薄也。植，槌也。〇籧亦作「筥」。后妃親採桑，示帥先天下也。東鄉者，鄉時氣也。是明其不常留養蠶也。留養者，所卜夫人與世婦。婦謂世婦及諸臣之妻也。《内宰》職曰：「仲春，詔后帥外内命婦始蠶於北郊。」女，外内子女也。《夏小正》曰：「妾子始蠶。」「執養宫事。」毋觀，去容飾也。婦使，縫線組紃之事。〇方氏苞曰：「觀，遊觀也。」蠶事既登，分繭稱絲，效功，以共郊廟之服，毋有敢惰。登，成也。敕往蠶者，蠶畢將課功以勸戒之。

是月也，命工師，令百工，審五庫之量：金鐵、皮革筋、角齒、羽箭幹、脂膠丹漆，毋或不良。工師，司空之屬官也。五庫，藏此諸物之舍也。量，謂物善惡之舊法也。幹，器之木也。凡輮幹有當用脂。良，善也。

百工咸理，監工日號：毋悖于時，毋或作爲淫巧以蕩上心。咸，皆也。於百工皆理治其事之時，工師則監之，日號令之，戒之以此二事也。悖，猶逆也。百工作器物各有時，逆之則不善。時者，若弓人春液角、夏治筋、秋合三材、冬定體之屬也。淫巧，謂僞飾不如法也。蕩，謂動之使生奢泰也。今《月令》無「于時」，「作爲」爲「詐僞」。

是月之末，擇吉日，大合樂，天子乃帥三公、九卿、諸侯、大夫親往視之。大合樂者，所以助陽達物，風化天下也。其禮亡。今天子以大射、郡國以鄉射禮代之。是月也，乃合累牛騰馬，遊牝于牧。累、騰，皆乘匹之名。是月所合牛馬，謂繫在厩者，其牝欲遊，則就牧之牡而合之。〇愚按：累，相累也；騰，相跳也，皆牡者有匹偶之意。故使就牝者於牧地而遊之。犧牲、駒、犢，舉書其數。以在牧而校數書之，明出時無他故。至秋當録内，且以知生息之多少也。

命國難，九門磔攘，以畢春氣。此難，難陰氣也。陰寒至此不止，害將及人。所以及人者，陰氣右行。此月之中，日行歷昴，昴有大陵積尸之氣，氣佚則厲鬼隨而出行，命方相氏帥百隸，索室敺疫以逐之，又磔牲以攘於四方之神，所以畢止其災也。《王居明堂禮》曰：「季春出疫于郊，以攘春氣。」季春行冬令，則寒氣時發，草木皆肅，丑之氣乘之也。肅，謂枝葉縮栗。國有大恐。以水訛相驚。行夏令，則民多疾疫，時雨不降，未之氣乘之也。六月宿直鬼，鬼爲天尸，時又有暑也。山陵不收。〔四〕高者暵於熱也。行秋令，則天多沈陰，淫雨蚤降，戌之氣乘之也。九月多陰。淫，霖也。雨三日以上爲霖。今《月令》曰「衆雨」。兵革并起。陰氣勝也。

孟夏之月：日在畢，昏翼中，旦婺女中。孟夏者，日月會於實沈而斗建巳之辰。其日丙丁。丙之言炳也。日之行，夏，南從赤道，長育萬物，月爲之佐，時萬物皆炳然著見而强大，又因以爲日名焉。《易》曰：「齊乎巽，相見乎離。」其帝炎帝。其神祝融。此赤精之君，火官之臣，自古以來，著德立功者也。炎帝，大庭氏也。祝融，顓頊氏之子，曰黎，〔五〕爲火官。其蟲羽。象物從風鼓翼，飛鳥之屬。其音徵，三分宫去一以生徵，徵數五十四，屬火者，以其微清，事之象也。夏氣和則徵聲調。《樂記》曰：「徵亂則哀，其事勤。」律中中吕。孟夏氣至，則中吕之律應。中吕者，無射之所生，三分益一，律長六寸萬九千六百八十三分寸之萬二千九百七十四。《周語》曰：「中吕宣中氣。」其數七。火生數二，成數七。但言七者，亦舉其成數。其味苦。其臭焦。火之臭味也。凡苦焦者皆屬焉。其祀竈，祭先肺。夏陽氣盛，熱於外，祀之於竈，從熱類也。

祀之先祭肺者，陽位在上，肺亦在上，肺爲尊也。竈在廟門外之東。祀竈之禮，先席於門之奥，東面設主於竈陘，乃制肺及心肝爲俎，奠於主西。又設盛於俎南，亦祭黍三，祭肺心肝各一，祭醴三，亦既祭徹之，更陳鼎俎，設饌於筵前，迎尸如祀户之禮。螻蟈鳴。蚯蚓出。王瓜生。苦菜秀。皆記時候也。螻蟈，蛙也。王瓜，萆挈也。今《月令》云「王萯生」，《夏小正》云「王萯秀」，未聞孰是。○蔡邕云：「螻，螻蛄；蟈，蛙也。」

天子居明堂左个，乘朱路，駕赤騮，載赤旂，衣朱衣，服赤玉，食菽與雞。其器高以粗。明堂左个，大寢南堂東偏也。菽實孚甲堅合屬水，雞木畜，時熱食之，亦以安性也。粗猶大也。器高大者，象物盛長。

是月也，以立夏。先立夏三日，大史謁之天子，曰：「某日立夏，盛德在火。」天子乃齊。謁，告也。立夏之日，天子親帥三公、九卿、大夫以迎夏於南郊，還反，行賞，封諸侯，慶賜遂行，無不欣說。迎夏，祭赤帝赤熛怒於南郊之兆也。不言帥諸侯，而云封諸侯，諸侯時或無在京師者，空其文也。《祭統》曰：「古者於禘也，發爵賜服，順陽義也；於嘗也，出田邑，發秋政，順陰義也。」今此行賞可也，而封諸侯，則違於古。封諸侯，出土地之事，於時未可，似失之。

乃命樂師習合禮樂。爲將飲酎。命大尉贊桀俊，遂賢良，舉長大。助長氣也。贊猶出也。桀俊，能者也。遂猶進也。三王之官，有司馬，無大尉；秦官則有大尉。今俗人皆云周公作《月令》，未通於古。○按蔡邕、王肅亦謂「《月令》，周公作」；又按《宋書·百官志上》「堯時，舜爲太尉官」，是古有太尉，非始於秦。行爵出禄，必當其位。使順之也。是月也，繼長增高，謂草木盛蕃廡。毋有壞墮，亦爲逆時氣。毋起土功，毋發大衆，爲妨蠶農之事。毋伐大樹。亦爲逆時氣。是月也，天子始絺。初服暑服。命野虞出行田原，爲天子勞農勸民，毋或失時。重敕之。命司徒循行縣鄙，命農勉作，毋休于都。急趣於農也。縣鄙，鄉遂之屬，主民者也。《王居明堂禮》曰：「毋宿于國。」今《月令》休爲「伏」。是月也，驅獸毋害五穀，毋大田獵。爲傷蕃廡之氣。農乃登麥。天子乃以彘嘗麥、先薦寢廟。登，進也。麥之新氣尤盛，以彘食之，散其熱也。彘，水畜。是月也，聚畜百藥。蕃廡之時毒氣盛。靡草死。麥秋至。斷薄刑，決小罪，舊説云：靡草，薺、葶藶之屬。《祭統》曰：「草艾則墨」，謂立秋後也。刑無輕於墨者，今以純陽之月斷刑決罪，與「毋有壞墮」自相違，似非。○愚按：靡草，草之靡靡細者。今夏枯草，四月枯也。○方氏苞曰：「於此月斷之決之出之者，非極惡大罪，不忍使盛暑之月，困於囹圄也。」出輕繫。崇寬。蠶事畢，后妃獻繭。乃收繭税，以桑爲均，貴賤長幼如一，以給郊廟之服。后妃獻繭者，内命婦獻繭於后妃。收繭税者，收於外命婦。外命婦雖就公桑蠶室而蠶，其夫亦當有祭服以助祭，收以近郊之税耳。貴賤長幼如一，國服同。○愚按：后妃獻繭，蓋獻於先帝也。春薦鞠衣，祈蠶也。夏獻繭，告成功也。先儒謂「内命婦獻繭於后妃」，恐非也。「季春」「分繭稱絲效功」，則「内命婦之獻后妃」前此矣。收繭税者，外命婦及士庶人妻女之所入者也。故曰「貴賤長幼如一」。○方氏苞曰：「季春專言王宮之繭事，故曰既登；孟夏兼言國中之蠶事，故曰畢。蓋事蠶者衆，成有早晚也。」

是月也，天子飲酎，用禮樂。酎之言醇也，謂重釀之酒也。春酒至此始成，與羣臣以禮樂飲之於朝，正尊卑也。「孟冬」云「大飲烝」，此言「用禮樂」，互其文。

孟夏行秋令，則苦雨數來，五穀不滋，申之氣乘之也。苦雨，白露之類，時物得雨傷。四鄙入保。金氣爲害也。鄙，界上邑。小城曰保。行冬令，則草木蚤枯，長日促。後乃大水，敗其城郭。亥之氣乘之也。行春令，則蝗蟲爲災，暴風來格，寅之氣乘之也。必以蝗蟲爲災者，寅有啓蟄之氣，行於初暑，則當蟄者大出矣。格，至也。秀草不實。氣更生之，不得成也。

仲夏之月：日在東井，昏亢中，旦危中。仲夏者，日月會於鶉首而斗建午之辰也。其日丙丁。其帝炎帝。其神祝融。其蟲羽。其音徵。律中蕤賓。其數七。其味苦。其臭焦。其祀竈，祭先肺。蕤賓者，應鍾之所生，三分益一，律長六寸八十一分寸之二十六。仲夏氣至，則蕤賓之律應。《周語》曰：「蕤賓所以安靜神人，獻酬交酢。」

小暑至。螳蜋生。鵙始鳴。反舌無聲。皆記時候也。螳蜋，螵蛸母也。鵙，博勞也。反舌，百舌鳥也。○愚按：博勞，亦作伯勞，即伯趙、反舌。蔡邕云「蝦蟇」，非也。

天子居明堂大廟，乘朱路，駕赤駵，載赤旂，衣朱衣，服赤玉，食菽與雞。其器高以粗。明堂大廟，南堂當大室也。養壯佼。助長氣也。

是月也，命樂師脩鞀、鞞、鼓，均琴、瑟、管、簫，執干、戚、戈、羽，調竽、笙、箎、簧，飭鍾、磬、柷、敔。爲將大雩帝習樂也。脩、均、執、調，飭者治其器物、習其事之言。

命有司爲民祈祀山川百源，大雩帝，用盛樂。乃命百縣，雩祀百辟卿士有益於民者，以祈穀實。陽氣盛而常旱。山川百源，能興雲雨者也。衆水始所出爲百源，必先祭其本乃雩。雩，吁嗟求雨之祭也。雩帝，謂爲壇南郊之旁，雩五精之帝，配以先帝也。自鞀、鞞至柷、敔皆作曰盛樂。凡他雩用歌舞而已。百辟卿士，古者上公，若句龍、后稷之類也。《春秋·傳》曰：「龍見而雩。」雩之正，當以四月。凡周之秋，三月之中而旱，亦修雩禮以求雨，因著正雩此月，失之矣。天子雩上帝，諸侯以下雩上公。周冬及春夏雖旱，禮有禱無雩。○愚按：鄭於「季夏」「百縣」《注》云「鄉遂之屬」，此亦當然也。

農乃登黍。登，進也。○陳氏《注》云：「今用『登麥穀』例，移此四字在『是月也』之下。」是月也，天子乃以雛嘗黍，羞以含桃，先薦寢廟。此嘗雛也，而云以嘗黍，不以牲主穀也。必以黍者，黍，火穀，氣之主也。含桃，櫻桃也。○愚按：仲夏黍已登者，蔡邕云，今蟬鳴黍，是也。登黍則嘗黍，《注》云「此嘗雛也」者，意謂此時黍未熟，所嘗者舊黍耳。恐非也。農登黍不得云黍未熟也。

令民毋艾藍以染，爲傷長氣也。此月藍始可別。《夏小正》曰：「五月」：「啓灌藍蓼」。毋燒灰。爲傷火氣也。火之氣於是爲盛。火之滅者爲灰。○方氏苞曰：「灰燼無更燒之理，蓋燒石爲灰也。燕地暑月不燒石爲灰。窑者曰：『地氣上蒸，窑內溼，强燒即粗礦不可用。』推此則艾藍暴布，亦爲非時不能爲良，非恐傷時氣干盛陽也。」○愚按：灰，《呂覽》作「炭」。觀鄭《注》，蓋本亦作「炭」，今本傳寫譌作「灰」爾。毋暴布。不以陰功干太陽之事。門閭毋閉，關市毋索。順陽敷縱，不難物。〇愚按：索，搜索，漏税也。此月不索，知餘月索矣，非聖王之法也。挺重囚，益其食。挺猶寬也。〇愚按：挺，暫出之也。增益其飯食。孟月輕繫已出之，此月重囚復寬假之。

游牝別羣，孕妊之欲止也。則縶騰駒，爲其壯氣有餘，相蹄齧也。班馬政。馬政，謂養馬之政教也。《庾人職》曰：「掌十有二閑之政教，以阜馬、佚特、教駣、攻駒。」此之謂也。

是月也，日長至。陰陽爭，死生分。爭者，陽方盛，陰欲起也。分猶半也。君子齊戒，處必掩身，毋躁，掩猶隱翳也。躁猶動也。今《月令》「毋躁」爲「欲静」。止聲色，毋或進，進猶御見也。聲，謂樂也。《易》及《樂》、《春秋》説：「夏至，人主與羣臣從八能之士作樂五日。」今止之，非其道也。〇愚按：方氏苞以此樂爲燕私之樂，亦恐未然。薄滋味，毋致和。爲其氣異，此時傷人。節耆欲，定心氣，微陰扶精，不可散也。百官静事毋刑，罪罰之事不可以聞。今《月令》刑爲「徑」。〇愚按：《淮南子·時則訓》刑作「徑」。高誘《注》云：「事無徑，當精詳而後行。」《吕氏春秋》仍作「刑」，而高誘《注》云：「事無刑，當精詳而後行。」是字雖爲「刑」，訓則爲「徑」也。以定晏陰之所成。晏，安也。陰稱安。

鹿角解。蟬始鳴。半夏生，木堇榮。以記時候也。半夏，藥草。木堇，王蒸也。

是月也，毋用火南方。陽氣盛，又用火於其方，害微陰也。可以居高明，可以遠眺望，可以升山陵，可以處臺榭。順陽在上也。高明，謂樓觀也。闍者謂之臺，有木者謂之榭。

仲夏行冬令，則雹凍傷穀。子之氣乘之也。陽爲雨，陰起脅之，凝爲雹。道路不通，暴兵來至。盜賊攻劫，亦雹之類。行春令，則五穀晚熟。卯之氣乘之也。生日長。百螣時起，其國乃饑。螣，蝗之屬。言百者，明衆類並爲害。行秋令，則草木零落，酉之氣乘之也。八月宿直昴、畢，爲天獄，主殺。果實早成，生日短。民殃於疫。大陵之氣來爲害也。

季夏之月：日在柳，昏心中，旦奎中。季夏者，日月會於鶉火而斗建未之辰也。其日丙丁。其帝炎帝。其神祝融。其蟲羽。其音徵，律中林鍾。其數七。其味苦，其臭焦。其祀竈，祭先肺。林鍾者，黄鍾之所生，三分去一，律長六寸。季夏氣至，則林鍾之律應。《周語》曰：「林鍾和展百物，俾莫不任肅純恪。」温風始至。蟋蟀居壁。鷹乃學習。腐草爲螢。皆記時候也。鷹學習，謂攫搏也。《夏小正》曰：「六月，鷹始摯」。螢，飛蟲螢火也。○愚按：温風，《傳》所謂「融風」與？天子居明堂右个，乘朱路，駕赤駵，載赤旂，衣朱衣，服赤玉，食菽與雞。其器高以粗。明堂右个，南堂西偏也。命漁師伐蛟，取鼉，登龜，取黿。四者甲類，秋乃堅成。《周禮》曰「秋獻龜魚」，又曰「凡取龜用秋時」。是夏之秋也。作《月令》者以爲此秋據周之時也，周之八月，夏之六月，因書於此。似誤也。蛟言伐者，以其有兵衛也。龜言登者，尊之也。鼉、黿言取，羞物賤也。鼉皮又可以冒鼓。今《月令》「漁師」爲「榜人」。命澤人納材葦。蒲葦之屬，此時柔刃，可取作器物也。是月也，命四監大合百縣之秩芻，以養犧牲。令民無不咸出其力，四監，主山林川澤之官。百縣，鄉遂之屬，地有山林川澤者也。秩，常也。百縣給國養犧牲之芻，多少有常，民皆當出力爲艾之。今《月令》「四」爲「田」。以共皇天、上帝、名山、大川、四方之神，以祠宗廟社稷之靈，以爲民祈福。牲以供祠神靈。爲民求福，明使民艾芻，是不虛取也。皇天，北辰耀魄寶，冬至所祭於圜丘也。上帝，大微、五帝。〇愚按：天以大體言，帝以主宰言，一耳。是月也，命婦官染采，黼黻文章，必以法故，無或差貸。婦官，染人也。采，五色。黑黄倉赤，莫不質良，毋敢詐僞。質，正也。良，善也。所用染者，當得真采正善也。〇愚按：質，謂所用染采之材料。以給郊廟祭祀之服，以爲旗章，以别貴賤等給之度。旗章，旌旗及章識也。〇愚按：給當爲「級」。是月也，樹木方盛，乃命虞人入山行木，毋有斬伐。爲其未堅刃也。不可以興土功，不可以合諸侯，不可以起兵動衆。土將用事，氣欲静。毋舉大事，以摇養氣。大事，興徭役以有爲。毋發令而待，以妨神農之事也。發令而待，謂出徭役之令，以豫驚民也。民驚則心動，是害土神之氣。土神稱曰神農者，以其主於稼穡。〇愚按：神農，農神也。水潦盛昌，神農將持功，舉大事則有天殃。言土以受天雨澤，安静養物爲功，動之則致害也。《孝經説》曰：「地順受澤，謙虛開張，含泉任萌，滋物歸中。」是月也，土潤溽暑，潤溽，謂塗溼也。大雨時行，燒薙行水，利以殺草，如以熱湯，薙，謂迫地芟草也。此謂欲稼，萊地先薙其草，草乾燒之。至此月大雨流，水潦畜於其中，則草死不復生，而地美可稼也。薙人掌殺草。職曰：「夏日至而薙之。」又曰：「如欲其化也，則以水火變之。」可以糞田疇，可以美土疆。

〔六〕土潤溽，膏澤易行也。糞、美，互文耳。土疆，强檃之地。○蔡邕云：「穀田曰田，麻田曰疇。」○愚按：疆讀如字，《注》讀「其兩反」也。

季夏行春令，則穀實鮮落，國多風欬，辰之氣乘之也。未屬巽，辰又在巽位，二氣相亂爲害。○愚按：《吕覽》、《淮南》，「鮮」皆作「解」，見惠氏《古義》。民乃遷徙。象風轉移物也。行秋令，則丘隰水潦。戌之氣乘之也。九月宿直奎，奎爲溝瀆，溝瀆與此月大雨并，而高下皆水。禾稼不熟，傷於水也。乃多女災。含任之類敗也。行冬令，則風寒不時，丑之氣乘之也。鷹隼蚤鷙，得疾厲之氣也。四鄙入保。象鳥雀之走竄也。都邑之城曰保。○愚按：前《注》云「小城曰保」，此又云「都邑之城曰保」，未審二文何故先後異也。

中央土：火休而盛德在土也。其日戊己。戊之言茂也。己之言起也。日之行，四時之間從黄道，月爲之佐。至此萬物皆枝葉茂盛，其含秀者抑屈而起，故因以爲日名焉。其帝黄帝，其神后土。此黄精之君，土官之臣，自古以來著德立功者也。黄帝，軒轅氏也。后土，亦顓頊之子，曰犁，兼爲土官。○齊召南曰：「此《注》誤也。句龍官后土而祀於社，即土神矣，何乃疑祝融之以火官兼土官乎？」其蟲倮，象物露見不隱藏。虎豹之屬恒淺毛。其音宫。聲始於宫，宫數八十一。屬土者，以其最濁，君之象也。季夏之氣和，則宫聲調。《樂記》曰：「宫亂則荒，其君驕。」律中黄鍾之宫。黄鍾之宫最長也。十二律轉相生，五聲具，終於六十焉。季夏之氣至，則黄鍾之宫應。《禮運》曰：「五聲，六律，十二管，還相爲宫〔也〕。」其數五。土生數五，成數十。但言五者，土以生爲本。其味甘，其臭香。土之臭味也，凡甘香者皆屬之。其祀中霤，祭先心。中霤，猶中室也。土主中央而神在室。古者複穴，是以名室爲霤云。祀之先祭心者，五藏之次，心次肺，至此心爲尊也。祀中霤之禮，設主於牖下，乃制心及肺肝爲俎。其祭肉，心、肺、肝各一，他皆如祀户之禮。天子居大廟大室，乘大路，駕黄騮，載黄旂，衣黄衣，服黄玉，食稷與牛。其器圜以閎。大廟大室，中央室也。大路，殷路也。車如殷路之制，而飾之以黄。稷，五穀之長。牛，土畜也。器圜者，象土周布於四時，閎，讀如紘。紘謂中寬，象土含物。

孟秋之月：日在翼，昏建星中，旦畢中。孟秋者，日月會於鶉尾，而斗建申之辰也。其日庚辛。庚之言更也。辛之言新也。日之行，秋，西從白道，成熟萬物，月爲之佐，萬物皆肅然改更，秀實新成，人因以爲日名焉。其帝少皞，其神蓐收。此白精之君，金官之臣，自古以來，著德立功者也。少皞，金天氏。蓐收，少皞氏之子，曰該，爲金官。其蟲毛。象物應涼氣而備寒，狐貉之屬，生旃毛也。其音商。三分徵，益一以生商。商數七十二。屬金者，以其濁次宫，臣之象也。秋氣和則商聲調。《樂記》曰：「商亂則陂，其官壞。」律中夷則。孟秋氣至，則夷則之律應。夷則者，大吕之所生也。三分去一，律長五寸七百二十九分寸之四百五十一。《周語》曰：「夷則，所以詠歌九則，平民無貳。」其數九。金生數四，成數九。但言九者，亦舉其成數。其味辛。其臭腥。金之臭味也。凡辛腥者皆屬焉。其祀門。祭先肝。秋，陰氣出，祀之於門外，陰也。祀之先祭肝者，秋爲陰中，於藏值肝，肝爲尊也。祀門之禮，北面設主於門左樞，乃制肝及肺心爲俎，奠於主南，又設盛於俎東。其他皆如祭竈之禮。○愚按：門、户，一耳。祀以春、秋者，以户屬在内、門屬在外爲異。涼風至，白露降。寒蟬鳴。鷹乃祭鳥。用始行戮。皆記時候也。寒蟬，寒蜩，謂蜺也。鷹祭鳥者，將食之，示有先也。既祭之後，不必盡食，若人君行刑，戮之而已。天子居總章左个，乘戎路，駕白駱，載白旂，衣白衣，服白玉，食麻與犬，其器廉以深。總章左个，大寢西堂南偏。戎路，兵車也，制如周革路而飾之以白。白馬黑鬣曰駱。麻實有文理，屬金。犬，金畜也。器廉以深，象金傷害物入藏。

是月也，以立秋。先立秋三日，大史謁之天子，曰：「某日立秋，盛德在金。」謁，告。天子乃齊。立秋之日，天子親帥三公、九卿、諸侯、大夫以迎秋於西郊。還反，賞軍帥武人於朝。迎秋者，祭白帝白招拒於西郊之兆也。軍帥，諸將也。武人，謂環人之屬有勇力者。天子乃命將帥選士厲兵，簡練桀俊，專任有功，以征不義；征之言正也，伐也。詰誅暴慢，以明好惡；順彼遠方。詰，謂問其罪、窮治之也。順猶服也。是月也，命有司脩法制，繕囹圄，具桎梏，禁止姦，慎罪邪，務搏執。順秋氣，政尚嚴。命理瞻傷，察創，視折，理，治獄官也。有虞氏曰士，夏曰大理，周曰大司寇。創之淺者曰傷。審斷決獄，訟必端平。端猶正也。○陸德明曰：「一讀『斷』字絕句，『決』字下屬。」戮有罪，嚴斷刑。天地始肅，不可以贏。肅，嚴急之言也。贏猶解也。是月也，農乃登穀。天子嘗新，先薦寢廟。黍稷之屬，於是始熟。○愚按：仲夏登黍矣。此之穀，乃稷也。今俗亦謂稷爲穀矣。餘月皆以某嘗某，此但言「營新」者，皇氏云：「不云牲，《記》文略也。」命百官始收斂。順秋氣，收斂物。完隄坊，〔七〕謹壅塞，以備水潦。備者，備八月也。八月宿直畢，畢好雨。脩宫室，坏墻垣，補城郭。象秋收斂，物當藏也。是月也，毋以封諸侯、立大官，毋以割地、行大使，出大幣。古者，於嘗出田邑，此其月也，而禁封諸侯割地，失其義。○愚按：孟春封諸侯，順夏假之令也。孟秋禁封諸侯，順秋藏之候也。以義而斷，似無可疑。

孟秋行冬令，則陰氣大勝，亥之氣乘之也。介蟲敗穀，介，甲也，甲蟲屬冬。敗穀者，稻蟹之屬。戎兵乃來。十月宿值營室，營室之氣爲害也。營室主武事。行春令，則其國乃旱，寅之氣乘之也。雲雨以風除也。陽氣復還，五穀無實。陽氣能生而不能成。行夏令，則國多火災，巳之氣乘之也。寒熱不節，民多瘧疾。瘧疾，寒熱所爲者。今《月令》「瘧疾」爲「疾疫」。

仲秋之月：日在角，昏牽牛中，旦觜觿中。仲秋者，日月會於壽星而斗建酉之辰也。其日庚辛。其帝少皞。其神蓐收。其蟲毛。其音商。律中南吕。其數九。其味辛。其臭腥。其祀門。祭先肝。南吕者，大蔟之所生。三分去一，律長五寸三分寸之一。仲秋氣至，則南吕之律應。《周語》曰：「南吕者，贊陽秀物。」

盲風至，鴻鴈來，玄鳥歸。羣鳥養羞。皆記時候也。盲風，疾風也。玄鳥，燕也。歸，謂去蟄也。凡鳥隨陰陽者，不以中國爲居。羞，謂所食也。《夏小正》曰：「九月：〔八〕丹鳥羞白鳥。」「『説曰：丹鳥也者，謂丹良也。白鳥也者，謂閩蚋也。其謂之鳥者，重其養者也。有翼爲鳥。養也者，不盡食也。』」二者文異，羣鳥、丹良，未聞孰是。」○愚按：《太平御覽》二十五卷引蔡邕《月令章句》曰：「仲秋白露節，盲風至。」秦人謂蓼風爲盲風。案：盲通「䖟」。《説苑·辨物》篇云：「雨穀三日，䖟風之所飄也。」又按「盲風，疾風」，未詳。所謂皇氏云「秦人謂疾風爲盲風」，又云「丹良，熒火也」，未聞所據。又案：今《夏小正》云「八月：丹鳥羞白鳥」，「養也者」作「羞也者」。

天子居總章大廟，乘戎路，駕白駱，載白旂，衣白衣，服白玉，食麻與犬。其器廉以深。總章大廟，西堂當大室也。是月也，養衰老，授几杖，行麋粥飲食。助老氣也。行猶賜也。○方氏苞曰：「周制，春饗孤子，秋食耆老。此篇仲春存諸孤，仲秋養衰老，即其事也。曰存，則不獨饗之，而又存恤其家。曰授几杖，行麋粥飲食，則不獨食之，而又有賜予也。」〔九〕乃命司服，具飭衣裳，文繡有恒，制有小大，度有長短。此謂祭服也。文，謂畫也。祭服之制，畫衣而繡裳。衣服有量，必循其故，此謂朝燕及他服。凡此爲寒益至也。《詩》云：「七月流火，九月授衣。」於是作之可也。冠帶有常。因制衣服而作之也。乃命有司，申嚴百刑，斬殺必當，毋或枉橈，枉橈不當，反受其殃。申，重也。當，謂值其罪。○愚按：孟月已嚴斷刑，故此又申嚴之。嚴，謂慎重也。

是月也，乃命宰祝，循行犧牲：視全具；案芻豢；瞻肥瘠，察物色，必比類；量大小，視長短，皆中度。五者備當，上帝其饗。於鳥獸肥充之時，宜省羣牲也。宰祝，大宰、大祝，主祭祀之官也。養牛羊曰芻、犬豕曰豢。五者，謂所視也，所案也，所瞻也，所察也，所量也。此皆得其正，則上帝饗之；上帝饗之，而無神不饗也。〇愚按：體完曰全，成牢曰具。物色，如騂黝之别。比類，順陰陽之義。長短，以角言也。〇方氏苞曰：「五者以全具、肥瘠、物色、大小、長短言。芻豢因肥瘠而及，不得爲五者之一也。」

天子乃難，以達秋氣。此難，難陽氣也。陽暑至此不衰，害亦將及人。所以及人者，陽氣左行。此月宿直畢昴，畢昴亦得大陵積尸之氣，氣佚，則厲鬼亦隨而出行，於是亦命方相氏帥百隸而難之。《王居明堂禮》曰：「仲秋，九門磔攘，以發陳氣，禦止疾疫。」

以犬嘗麻，先祭寢廟。麻始熟也。〇愚按：不言農，乃登麻，文省也。是月也，可以築城郭，建都邑，穿竇窖，修囷倉。爲民將入物當藏也。穿竇窖者，入地圓曰竇，方曰窖。《王居明堂禮》曰：「仲秋，命庶民畢入于室，曰：時殺將至，毋罹其災。」

乃命有司，趣民收斂，務畜菜，多積聚。始爲禦冬之備。乃勸種麥，毋或失時。其有失時，行罪無疑。麥者，接絶續乏之穀，尤重之。〇愚按：《夏小正》「榮鞠樹麥」在「九月」。

是月也，日夜分。雷始收聲。蟄蟲坏户，殺氣浸盛，陽氣日衰，水始涸。又記時候也。雷始收聲，在地中動内物也。坏，益也。蟄蟲益户，謂稍小之也。涸，竭也。此甫八月中，雨氣未止，而云水竭，非也。《周語》曰：「辰角見而雨畢，天根見而水涸。」又曰：「雨畢而除道，水涸而成梁。」辰角見，九月本也。天根見，九月末也。《王居明堂禮》曰：「季秋除道致梁，以利農也。」日夜分，則同度量，平權衡，正鈞石，角斗甬。是月也，易關市，來商旅，納貨賄，以便民事。四方來集，遠鄉皆至，則財不匱。上無乏用，百事乃遂。易關市，謂輕其税，使民利之。商旅，賈客也。匱亦乏也。遂猶成也。凡舉大事，毋逆大數，必順其時，慎因其類。事，謂興土功，合諸侯，舉兵衆也。季夏禁之，孟秋始征伐。此月築城郭，季秋教田獵，是以於中爲之戒焉。仲秋行春令，則秋雨不降，卯之氣乘之也。卯宿直房心，心爲大火也。草木生榮，應陽動也。國乃有恐。以火訛相驚。行夏令，則其國乃旱，蟄蟲不藏，五穀復生。午之氣乘之也。行冬令，則風災數起，子之氣乘之也。北風殺物。收雷先行，先猶蚤也。冬主閉藏。草木蚤死。寒氣盛也。○愚按：草木生榮，榮，華也。桃、李、梅之屬，有歲再華者。草木蚤死，謂未至黄落而忽萎死者也。

季秋之月：日在房，昏虚中，旦柳中。季秋者，日月會於大火，而斗建戌之辰也。其日庚辛。其帝少皞。其神蓐收。其蟲毛。其音商。律中無射。其數九。其味辛。其臭腥。其祀門。祭先肝。無射者，夾鍾之所生，三分去一，律長四寸六千五百六十一分寸之六千五百二十四。季秋氣至，則無射之律應。《周語》曰：「無射，所以宣布哲人之令德，示民軌儀。」鴻鴈來賓。爵入大水爲蛤。鞠有黄華。豺乃祭獸戮禽。皆記時候也。來賓，言其客止未去也。大水，海也。戮猶殺也。〇愚按：「仲秋」曰來者，過去不留。此曰來賓者，俗謂嬾鴈也。就煖處居停，猶客旅然。大水未必是海，然今海上人皆云「雀入海爲蛤」也。

天子居總章右个，乘戎路，駕白駱，載白旂，衣白衣，服白玉，食麻與犬，其器廉以深。總章右个，西堂北偏。

是月也，申嚴號令。申，重。〇愚按：孟秋，命百官始收斂，此復申嚴號令以命之。命百官貴賤無不務內，以會天地之藏，無有宣出。內，謂收斂入之也。會猶聚也。〇惠氏《古義》云：「《吕覽》內作『入』。內，古文入。」〇愚按：會，合也。合天地閉藏之令也。

乃命冢宰，農事備收，備，猶盡也。舉五穀之要，定其租稅之簿。〇愚按：冢宰制國用於歲杪，故農事備收，舉五穀租稅之所入，定其計要也。藏帝籍之收於神倉，祗敬必飭。重粢盛之委也。帝籍，所耕千畝也。藏祭祀之穀爲神倉。祇亦敬也。

是月也，霜始降，則百工休。寒而膠漆之作不堅好也。乃命有司，曰：「寒氣總至，民力不堪，其皆入室。」總猶猥卒。上丁，命樂正入學習吹。爲將饗帝也。春夏重舞，秋冬重吹也。〇《疏》云：「必用丁者，取其丁壯成就之義，欲使學者藝業成故也。」〇齊召南曰：「『仲春，上丁，釋菜』，無《疏》。據此文，則取義同也。〇愚按：春習舞，秋習吹，互文耳。凡聲，陽也。禮家云，嘗祭無樂。鄭云『秋冬重吹』，似失之。

是月也，大饗帝，言大饗者，遍祭五帝也。《曲禮》曰：「大饗不問卜」，謂此也。嘗犧牲，告備于天子。嘗者，謂嘗羣神也。天子親嘗帝，使有司祭於羣神，禮畢而告焉。○愚按：大饗，非徧祭五帝，以其禮大，故稱大耳。帝，即上帝也。嘗，祭宗廟也，皆天子親之。告備，告犧牲備具也。

合諸侯，制百縣，爲來歲受朔日，與諸侯所稅於民輕重之法，貢職之數，以遠近土地所宜爲度，以給郊廟之事，無有所私。秦以建亥之月爲歲首，於是歲終，使諸侯及鄉遂之官受此法焉。合諸侯制者，定其國家、宫室、車旗衣服、禮儀也。諸侯言合，制百縣，言受朔日，互文也。貢職，所入天子。凡周之法，以正月和之，正歲而縣於象魏。○陳澔《集説》引王氏曰：「《注》『合諸侯制』絶句，不可從」；劉氏曰：「制猶敕也。」○愚按：稅於民者，各貯其國。貢職之數，輸納天子。

是月也，天子乃教於田獵以習五戎，班馬政。教於田獵，因田獵之禮，教民以戰法也。五戎，謂五兵，弓矢、殳、矛、戈、戟也。馬政，謂齊其色、度其力，使同乘也。《校人職》曰：「凡軍事，物馬而頒之。」命僕及七騶咸駕，載旌旐，授車以級，整設于屏外。僕，戎僕及御夫也。七騶，謂趣馬，主爲諸官駕説者也。既駕之，又爲之載旌旗。《司馬職》曰：「仲秋，教治兵，如振旅之陳，辨旗物之用。王載大常，諸侯載旂，軍吏載旗，師都載旜，鄉遂載物，郊野載旐，百官載旟」，是也。級，等次也。整，正列也。設，陳也。屏，所田之地門外之蔽。○七騶者，皇氏云：「天子馬有六種，種别有騶，則六騶也；又有總主之人，并六騶爲七。」司徒搢扑，北面誓之。誓衆以軍法也。天子乃厲飾，執弓挾矢以獵。厲飾，謂戎服尚威武也。

今《月令》「獵」爲「射」。命主祠祭禽于四方。以所獲禽祀四方之神也。《司馬職》曰：「羅弊，致禽以祀祊。」

是月也，草木黄落，乃伐薪爲炭。伐木必因殺氣。蟄蟲咸俯在内，皆墐其户。墐爲塗閉之，辟殺氣。乃趣獄刑，毋留有罪。殺氣已至，有罪者即決也。收禄秩之不當、供養之不宜者。天氣殺而萬物咸藏，可以去之也。禄秩之不當，恩所增加也。供養之不宜，欲所貪耆，熊蹯之屬，非常食。〇愚按：膳服非常者皆是。

是月也，天子乃以犬嘗稻，先薦寢朝。稻始熟也。

季秋行夏令，則其國大水，冬藏殃敗，民多鼽嚏。未之氣乘之也。六月宿直東井，氣多暑雨。行冬令，則國多盗賊，邊竟不寧，土地分裂。丑之氣乘之也。極陰爲外邊竟之象也。大寒之時，地隆坼也。行春令，則煖風來至，民氣解惰，辰之氣乘之也。巽爲風。師興不居。辰宿直角，角主兵。不居，象風行不休止也。

孟冬之月：日在尾，昏危中，旦七星中。孟冬者，日月會於析木之津，而斗建亥之辰也。其日壬癸。壬之言任也。癸之言揆也。日之行，東北從黑道，閉藏萬物，月爲之佐，時萬物懷任於下，揆然萌芽，又因以爲日名焉。其帝顓頊，其神玄冥。此黑精之君，水官之臣，自古以來，著德立功者也。顓頊，高陽氏也。玄冥，少皞氏之子曰脩、曰熙，爲水官。其蟲介。介，甲也。象物閉藏地中，龜鼈之屬。其音羽。三分商去一以生羽，羽數四十八。屬水者，以爲最清物之象也。冬氣和則羽聲調。《樂記》曰：「羽亂則危，其財匱。」律中應鍾。孟冬氣至，則應鍾之律應。應鍾者，姑洗之所生，三分去一，律長四寸二十七分寸之二十。《周語》曰：「應鍾，均利器用，俾應復。」其數六。水生數一，成數六。但言六者，亦舉其成數。其味鹹，其臭朽。水之臭味也。凡鹹朽者皆屬焉。氣若有若無爲朽。其祀行，祭先腎。冬陰，盛寒於水，祀之於行，從辟除之類也。祀之先祭腎者，陰位在下，腎亦在下，腎爲尊也。行在廟門外之西，爲軷壤，厚二寸，廣五尺，輪四尺。祀行之禮，北面設主於軷上，乃制腎及脾爲俎，奠於主南，又設盛於俎東，祭肉腎一脾再，其他皆如祀門之禮。○齊召南曰：「壤字當作壇，屬上句讀。《周禮·大馭》賈《疏》引此《注》作『爲軷壇』是也。」又本節《疏》可證。

水始冰，地始凍。雉入大水爲蜃。虹藏不見。皆記時候也。大水，淮也。大蛤曰蜃。○陳《注》云：「蜃，蛟屬。」

天子居玄堂左个，乘玄路，駕鐵驪，載玄旂，衣黑衣，服玄玉，食黍與彘。其器閎以奄。玄堂左个，北堂西偏也。鐵驪，色如鐵。黍秀舒散，屬火，寒時食之，亦以安性也。彘，水畜也。器閎而奄，象物閉藏也。今《月令》曰「乘軫路」，似當爲「袗」字之誤也。

是月也，以立冬。先立冬三日，大史謁之天子，曰：「某日立冬，盛德在水。」天子乃齊。謁，告。立冬之日，天子親帥三公、九卿、大夫以迎冬於北郊。還反，賞死事，恤孤寡。迎冬者，祭黑帝叶光紀於北郊之兆也。死事，謂以國事死者，若公叔禺人、顔涿聚者也。〔一〇〕孤寡，其妻子也。有以惠賜之，大功加賞。

是月也，命大史釁龜筴占兆，審卦吉凶，筴，蓍也。占兆，龜之繇文也。《周禮·龜人》「上春釁龜」，謂建寅之月也。秦以其歲首使大史釁龜筴，與周異矣。卦吉凶，謂《易》也。審，省録之，而不釁筮。筮短，賤於兆也。今《月令》曰「釁祠」。祠，衍字。是察阿黨，則罪無有掩蔽。阿黨，謂治獄吏以私恩曲橈相爲也。○愚按：是，正也。二句與上文不屬，又不見所命之官，疑有闕文。

是月也，天子始裘。九月授衣，至此可以加裘。

命有司曰：「天氣上騰，地氣下降，天地不通，閉塞而成冬。」使有司助閉藏之氣，門户可閉閉之，窗牖可塞塞之。命百官謹蓋藏。謂府庫囷倉有藏物。命司徒循行積聚，無有不斂。謂芻禾薪蒸之屬。坏城郭，戒門閭，脩鍵閉，慎管籥，固封疆，備邊竟，完要塞，謹關梁，塞徯徑。坏，益也。鍵，牡；閉，牝也。管籥，搏鍵器也。固封疆，謂使有司循其溝樹及其衆庶之守法也。要塞，邊城要害處也。梁，橋横也。徯徑，禽獸之道也。今《月令》「疆」或爲「壃」。○按：蔡邕《獨斷》作「固封壃」，《吕覽》同，即鄭所謂「今《月令》」也。又案：《顔氏家訓·書證》篇引蔡邕《月令章句》曰：「鍵，關牡也。牡所以止扉也。或謂之剡移，《聲類》作『扊扅』，又或作『扂』。」

飭喪紀，辨衣裳，審棺椁之薄厚，塋丘壟之小大、高卑、薄厚之度，貴賤之等級。此亦閉藏之具，順時飭正之也。辨衣裳，謂襲斂尊卑所用也。所用又有多少。

是月也，命工師效功，陳祭器，案度程。毋或作爲淫巧以蕩上心。必功致爲上。霜降而百工休，至此物皆成也。工師，工官之長也。效功，録見百工所作器物也。主於祭器，祭器，尊也。度，謂制大小也。程，謂器所容也。淫巧，謂奢僞怪好也。蕩，謂摇動，生其奢淫。物勒工名，以考其誠。勒，刻也。刻工姓名於其器，以察其信，知其不功致。功有不當，必行其罪，以窮其情。功不當者，取材美而器不堅也。〇愚按：不當，即謂不能功致與淫巧。

是月也，大飲烝。十月農功畢，天子、諸侯與其羣臣飲酒於大學，以正齒位，謂之大飲，别之於他，其禮亡。今天子以燕禮、羣國以鄉飲酒禮代之。燕謂有牲體爲俎也。《黨正職》曰：「國索鬼神而祭祀，則以禮屬民而飲酒于序，以正齒位」，亦謂此時也。《詩》云「十月滌場，朋酒斯饗，曰殺羔羊。躋彼公堂，稱彼兕觥，受福無疆」，是頌大飲之詩。〇愚按：烝，冬祭名也。祭畢大合羣臣而飲酒也。《注》「羣國」當爲「郡國」。

天子乃祈來年于天宗。大割，祠于公社及門閭，臘先祖五祀，此周禮所謂蜡祭也。天宗，謂日月星辰也。大割，大殺羣牲割之也。臘，謂以田獵所得禽祭也。五祀，門、户、中霤、竈、行也。或言祈年，或言大割，或言臘，互文。〇愚按：門閭以上，蜡也；以下，臘也。臘與蜡，同月而異祭。勞農以休息之。《黨正》「屬民飲酒正齒位」是也。齊召南曰：「此句應與上句相屬。」

天子乃命將帥講武，習射御，角力。爲仲冬將大閱簡習之，亦因營室主武士也。凡田之禮，唯狩最備。《夏小正》曰：「十一月：王狩。」

是月也，乃命水虞漁師收水泉池澤之賦，毋或敢侵削衆庶兆民，以爲天子取怨于下，其有若此者，行罪無赦。因盛德在水，收其税。○愚按：收税，秦法，非也。

孟冬行春令，則凍閉不密，地氣上泄。寅之氣乘之也。民多流亡。象蟄蟲動。行夏令，則國多暴風，方冬不寒，蟄蟲復出。巳之氣乘之也。立夏，巽用事。巽爲風。行秋令，則雪霜不時，申之氣乘之也。小兵時起，土地侵削。申，陰氣尚微。申宿直參、伐，參、伐爲兵。

仲冬之月：日在斗，昏東壁中，旦軫中。仲冬者，日月會於星紀，而斗建子之辰也。其日壬癸。其帝顓頊，其神玄冥。其蟲介。其音羽，律中黄鍾。其數六。其味鹹。其臭朽。其祀行。祭先腎。黄鍾者，律之始也。九寸，仲冬氣至，則黄鍾之律應。《周語》曰：「黄鍾，所以宣養六氣、九德。」

冰益壯，地始坼。鶡旦不鳴，虎始交。皆記時候也。鶡旦，求旦之鳥也。交猶合也。

天子居玄堂大廟，乘玄路，駕鐵驪，載玄旂，衣黑衣，服玄玉，食黍與彘。其器閎以奄。玄堂大廟，北堂當大室。

飭死事。飭軍士戰必有死志。命有司曰：「土事毋作，慎毋發蓋，毋發室屋及起大衆，以固而閉。」

地氣沮泄，是謂發天地之房。諸蟄則死，民必疾疫，又隨以喪，命之曰暢月。而猶女也。暢猶充也。大陰用事，尤重閉藏。○案：《藝文類聚》三卷引《太公金匱》曰：「夏桀之時，以十月發民鑿山穿陵，通於河。民諫曰：『孟冬鑿山穿陵，是泄天氣，發地之藏，天子失道，後必有敗。』桀殺之。朞年，岑山崩爲大澤，湯率諸侯伐之。」

是月也，命奄尹申宫令，審門閭，謹房室，必重閉。奄尹，主領奄豎之官也。於周則爲内宰，掌治王之内政、宫令、譏出入及開閉之屬。重閉，内外閉也。省婦事，毋得淫，雖有貴戚近習，毋有不禁。省婦事，所以静陰類也。淫，謂女功奢僞怪好物也。貴戚，謂姑、姊妹之屬。近習，天子所親幸者。○愚按：省，察也。

乃命大酋，秫稻必齊，麴蘖必時，湛熾必潔，水泉必香，陶器必良，火齊必得，兼用六物，大酋監之，毋有差貸。酒熟曰酋。大酋者，酒官之長也，於周則爲酒人。秫稻必齊，謂熟成也。湛，漬也。熾，炊也。火齊，腥熟之調也。物猶事也。差貸，謂失誤，有善有惡也。古者，穫稻而漬米麴，至春而爲酒。《詩》云：「十月穫稻，爲此春酒，以介眉壽。」

天子命有司祈祀四海、大川、名源、淵澤、井泉。順其德盛之時祭之也。今《月令》「淵」爲「深」。是月也，農有不收藏積聚者，馬牛畜獸有放佚者，取之不詰。此收斂尤急之時，人有取者，不罪，所以警懼其主也。《王居明堂禮》曰：「孟冬之月，命農畢積聚，繫收牛馬。」山林藪澤，有能取蔬食田獵禽獸者，野虞教道之，其有相侵奪者，罪之不赦。務收斂野物也。大澤曰藪。草木之實爲蔬食。是月也，日短至。陰陽争，諸生蕩。争者，陰方盛、陽欲起也。蕩，謂物動萌芽也。君子齊戒，處必掩身。身欲寧，去聲色，禁耆慾。安形性，事欲静，以待陰陽之所定。寧，安也。聲，謂樂也。《易》及《樂》、《春秋説》云：「冬至，人主與羣臣從八能之士作樂五日」，此言「去聲色」，又相違。芸始生。荔挺出。蚯蚓結。麋角解。水泉動。又記時候也。芸，香草也。荔挺，馬䪌也。水泉動，潤上行。○案：《注》以荔挺爲名，非也。《説文》：「荔，似蒲而小，根可爲刷。」〔一一〕蔡邕、高誘皆云「荔以挺出」是也。《顔氏家訓·書證》篇辨之詳矣。

日短至，則伐木，取竹箭。此其堅成之極時。是月也，可以罷官之無事、去器之無用者。謂先時權所建作者也。天地閉藏而萬物休，可以去之。

塗闕廷門閭，築囹圄，此所以助天地之閉藏也。〔一二〕順時氣也。

仲冬行夏令，則其國乃旱，午之氣乘之也。氛霧冥冥，霜降之氣散相亂也。○案：《注》「霜降」當作「霜露」。雷乃發聲。震氣動也。午屬震。○愚按：「午」似當爲「雷」。行秋令，則天時雨汁，瓜瓠不成，酉之氣乘之也。酉宿值昴、畢，畢好雨。雨汁者，水雪雜下也。子宿值虚、危，虚、危内有瓜瓠。國有大兵。兵亦酉之氣。行春令，則蝗蟲爲敗。當蟄者出，卯之氣乘之也。水泉咸竭，大火爲旱。○案：咸，《吕覽》作「減」。古「咸」「減」通。民多疥癘，疥癘之病，孚甲之象。

季冬之月：日在婺女，昏婁中，旦氐中。季冬者，日月會於玄枵、而斗建丑之辰也。其日壬癸。其帝顓頊。其神玄冥。其蟲介。其音羽，律中大吕。其數六。其味鹹，其臭朽。其祀行。祭先腎。大吕者，蕤賓之所生也。三分益一，律長八寸二百四十三分寸之百四。季冬氣至，則大吕之律應。《周語》曰：「大吕，助陽宣物。」

鴈北鄉，鵲始巢。雉雊，雞乳。皆記時候也。雊，雉鳴也。《詩》云：「雉之朝雊，尚求其雌。」○愚按：鴈之父母也。凡早至者，鴈之父母；晚至者，其子也。又按：《顏氏家訓·文章》篇引此《注》云：「雊，雄雉鳴。」疑今本脱「雄」字也。雞乳，《淮南子·時則訓》作「雞呼卵」，高誘《注》云：「雞呼鳴求卵。」天子居玄堂右个，乘玄路，駕鐵驪，載玄旂，衣黑衣，服玄玉，食黍與彘。其器閎以奄。玄堂右个，北堂東偏。命有司大難，旁磔，出土牛以送寒氣。此難，難陰氣也。難陰始於此者，陰氣右行。此月之中，日歷虚、危，虚、危有墳墓四司之氣，爲厲鬼將隨强陰出害人也。旁磔，於四方之門磔攘也。出猶作也。作土牛者，丑爲牛，牛可牽止也。送猶畢也。○愚按：出，蓋出之於郊耳，外陰也。征鳥厲疾。殺氣當極也。征鳥，題肩也，齊人謂之擊征，或名曰鷹，仲春化爲鳩。乃畢山川之祀，及帝之大臣、天之神祇。四時之功成於冬。孟月祭其宗，至此，可以祭其佐也。帝之大臣，句芒之屬。天之神祇，司中、司命、風師、雨師。

是月也，命漁師始漁，天子親往。乃嘗魚，先薦寢廟。天子必親往視漁，明漁非常事，重之也。此時魚潔美。

冰方盛，水澤腹堅。命取冰。腹，厚也。此月，日在北陸，冰堅厚之時也。北陸，謂虚也。今《月令》無「堅」。陳《注》云：「腹，猶内也。」〇案：腹，《吕覽》作「復」。《釋文》云：「又作複。蓋皆重累之義也。」冰以入，令告民，出五種。冰既入，而令田官告民出五種，明大寒氣過，農事將起也。命農計耦耕事，脩耒耜，具田器。耜者，耒之金也，廣五寸。田器，鎡錤之屬。

命樂師大合吹而罷。歲將終，與族人大飲作樂於大寢，以綴恩也。言罷者，此用禮樂於族人最盛，後年若時，乃復然也。凡用樂必有禮，用禮則有不用樂者。《王居明堂禮》：「季冬，命國爲酒，以合三族，君子説，小人樂。」

乃命四監收秩薪柴，以共郊廟及百祀之薪燎。四監，主山林川澤之官也。大者可析謂之薪，小者合束謂之柴。薪施炊爨，柴以給燎。《春秋·傳》曰：「其父析薪。」今《月令》無「及百祀之薪燎。」

是月也，日窮于次，月窮于紀，星回于天。數將幾終，言日月星辰運行於此月，皆周帀於故處也。次，舍也。紀，會也。歲且更始。專而農民，毋有所使。而猶女也。言專一女農民之心，令之豫有志於耕稼之事，不可徭役。徭役之，則志散失業也。

天子乃與公卿大夫共飭國典，論時令，以待來歲之宜。飭國典者，和六典之法也。《周禮》以正月爲之建寅而縣之，今用此月，則所因於夏殷也。

乃命大史次諸侯之列，賦之犧牲，以共皇天、上帝、社稷之饗。此所與諸侯共者也。列國有大小也，賦之犧牲大者出多，小者出少。饗，獻也。乃命同姓之邦共寢廟之芻豢。此所以與同姓共也。芻豢，猶犧牲。命宰、歷卿大夫、至于庶民土田之數，而賦犧牲，以共山林名川之祀。此所與卿大夫庶民共者也。歷猶次也。卿大夫采地亦有大小，其非采地，以其邑之民多少賦之。○愚按：賦犧牲，下及庶民，此亦秦法，非也。凡在天下九州之民者，無不咸獻其力，以共皇天、上帝、社稷、寢廟、山林、名川之祀。民非神之福不生，雖有其邦國采地，此賦要由民出。

季冬行秋令，則白露蚤降，介蟲爲妖，戌之氣乘之也。九月初尚有白露，月中乃爲霜，丑爲鼈蟹。四鄙入保。畏兵、辟寒象。行春令，則胎夭多傷。辰之氣乘之也。夭，少長也。此月物甫萌芽，季春乃句者畢出，萌者盡達。胎夭多傷者，生氣早至，不充其性。國多固疾，生不充性，有久疾也。命之曰逆。衆害莫大於此。行夏令，則水潦敗國，時雪不降，冰凍消釋。未之氣乘之也。季夏大雨時行。

校記

〔一〕《王居明堂禮》，孔穎達《疏》：「《逸禮》之篇名。」下同。

〔二〕合同，《禮記注疏》、陳氏《禮記集説》本作「和同」。

〔三〕萍，《禮記注疏》卷十五阮元《校勘記》作「苹」。

〔四〕陵，《禮記注疏》卷十五作「林」。

〔五〕黎，《禮記注疏》卷十五阮元《校勘記》：「閩、監、毛本『黎』作『犂』。衛氏《集説》同。」《左傳·昭二十九年》：「顓頊氏有子曰犂，爲祝融。」杜預《注》：「祝融，明貌。」

〔六〕疆，《禮記注疏》卷十六阮元《校勘記》作「彊」，下同。

〔七〕坊，《禮記注疏》卷十六阮元《校勘記》據《宋本九經》作「防」。

〔八〕九月，《大戴禮記·夏小正》作「八月」。

〔九〕周制，方苞《禮記析疑》卷六《月令》作「王制」。

〔一〇〕公叔禺人，《左傳·哀公十一年》作「公叔務人」。

〔一一〕爲刷，《説文解字注》一篇下作「作刷」。

〔一二〕所，依《禮記注疏》卷十七阮元《校勘記》校補。

曾子問第七

曾子問曰：「君薨而世子生，如之何？」孔子曰：「卿、大夫、士從攝主，北面，於西階南。變於朝夕哭位也。攝主，上卿代君聽國政。○愚按：攝主，冢宰也。有故乃以上卿耳。大祝裨冕，執束帛，升自西階，盡等，不升堂，命毋哭。將有事，宜清靜也。裨冕者，接神則祭服也。諸侯之卿大夫所服裨冕，絺冕也，玄冕也。士服爵弁服。大祝裨冕，則大夫。祝聲三，告曰：『某之子生，敢告。』聲噫，歆，警神也。某，夫人之氏也。升，奠幣于殯東几上，哭，降。几，筵。於殯東，明繼體也。衆主人、卿、大夫、士，房中，皆哭，不踊。衆主人，君之親也。房中，婦人。○愚按：不踊，以未反位故也。盡一哀，反位。遂朝奠。反朝夕哭位。○方氏苞曰：「遂朝奠，則知告必以朝。」小宰升舉幣。所主也。舉而下埋之階間。三日，衆主人、卿、大夫、士，如初位，北面。三日，負子日也。初告生時。大宰、大宗、大祝皆裨冕。少師奉子以衰；祝先，子從，宰宗人從。入門，哭者止。宰宗人，詔贊君事者。○愚按：太宰，爲攝主也，今從諸臣之位執事者，子見即子爲主矣，無爲攝主也。故變文曰：太宰而已，奉子以衰。王肅謂「以衰衣而奉之」是也。○方氏苞曰：「前曰太宰、太宗，後曰宰宗人，省文也。」子升自西階，殯前北面。祝立于殯東南隅。祝聲三。曰：『某之子某，從執事，敢見。』子拜稽顙，哭。奉子者拜哭。○愚按：殯前北面者，《疏》云「殯以東爲前」，謂當殯之東稍南、北面是也。祝、宰、宗人，衆主人，卿、大夫、士，哭，踊三者三，降東，反位，皆袒，子踊，房中亦踊三者三。襲衰，杖，踊，襲衰，杖，成子禮也。○《疏》云：「降謂降自西階也」，「堂上皆降，反東在下者，皆東反朝夕哭位。」奠出。〔二〕亦，謂朝奠。大宰命祝史以名偏告于五祀山川。」因負子名之喪於禮略也。

曾子問曰：「如已葬而世子生，則如之何?」孔子曰：「大宰、大宗從大祝而告于禰。告生也。○《疏》云：禰，父殯宫之主也。三月，乃名于禰，以名偏告及社稷宗廟山川。」○愚按：禮皆同前，故略也。惟易三日爲三月者，《疏》云：「葬後神事之，故依平常之禮，三日不見也。三月乃見，因見乃名，故云乃名于禰也。」「雖三日不見，其成服衰絰，自依常禮也。」○方氏苞曰：前「偏告于五祀山川，于當作及」，此「偏告及社稷宗廟山川，及當作于，蓋互譌也」。

孔子曰：「諸侯適天子，必告于祖，奠于禰。皆奠幣以告之，互文也。冕而出視朝，聽國事也。諸侯朝天子必裨冕，爲將廟受也。裨冕者，公衮、侯伯鷩、子男毳。命祝史告于社稷宗廟山川。臨行又偏告宗廟，孝敬之心也。乃命國家五官而後行，五官，五大夫典事者。命者，勑之以其職。道而出。祖，道也。《聘禮》曰：「出祖，釋軷，祭酒脯」也。告者，五日而徧，過是，非禮也。既告，不敢久留。凡告，用牲幣。反，亦如之。牲，當爲制字之誤也。制幣一丈八尺。○愚按：牲讀如字。天子出，歸格祖禰用特，諸侯當略同。《疏》云「諸侯禮不應用牲」，似泥。諸侯相見，必告于禰，道近或可以不親告祖。朝服而出視朝。朝服，爲事故也。命祝史告于五廟，所過山川。山川所不過則不告，貶於適天子也。亦命國家五官，道而出，反必親告于祖禰。乃命祝史告至于前所告者，而后聽朝而入。」反必親告祖禰，同出入禮。

曾子問曰：「並有喪，如之何？何先何後？」並，謂父母若親同者同月死。孔子曰：「葬先輕而后重；其奠也，先重而後輕；禮也。自啓及葬，不奠，不奠，務於當葬者。行葬不哀次；不哀次；輕於在殯者。反葬，奠而后辭於殯，遂脩葬事。殯當爲賓，聲之誤也。辭於賓，謂告將葬啟期也。○愚按：殯讀如字。辭於殯，謂告於父殯宫也。其虞也，先重而後輕，禮也。」

孔子曰：「宗子雖七十，無無主婦；族人之婦，不可無統。非宗子，雖無主婦可也。」

曾子問曰：「將冠子，冠者至，揖讓而入，聞齊衰大功之喪，如之何？」冠者，賓及贊者。孔子曰：「内喪則廢，外喪則冠而不醴，徹饌而埽，即位而哭。如冠者未至，則廢。内喪，同門也。不醴，不醴子也。其廢者，喪成服，因喪而冠。○方氏苞曰：「外喪，謂喪家在國外也。」「舊説大門内外，誤矣。」如將冠子而未及期日，而有齊衰大功小功之喪，則因喪服而冠。」廢吉禮而因喪冠，俱成人之服。及，至也。「除喪不改冠乎？」孔子曰：「天子賜諸侯大夫冕弁服於大廟，歸設奠，服賜服，於斯乎有冠醮，無冠醴。酒爲醮。冠禮醴重而醮輕。此服賜服，酌用酒，尊賜也。不醴，明不爲改冠；改冠當醴之。○方氏苞曰：「大夫而有未冠者，亦謂内諸侯世有采地」者耳。父没而冠，則已冠埽地而祭於禰；已祭而見伯父叔父，而后饗冠者。」饗，謂禮之。○方氏苞曰：「古者期之親即異宮，必同都宮，故可見伯叔父而後饗冠者。」

曾子問曰：「祭如之何則不行旅酬之事矣？」孔子曰：「聞之，小祥者，主人練祭而不旅，奠酬於賓，賓弗舉，禮也。奠無尸，虞不改爵，小祥不旅酬，大祥無無算爵，彌吉。昔者魯昭公練而舉酬行旅，非禮也；孝公大祥，奠酬弗舉，亦非禮也。」孝公，隱公之祖父。

曾子問曰：「大功之喪，可以與於饋奠之事乎？」饋奠，在殯時也。孔子曰：「豈大功耳！自斬衰以下皆可，禮也。」曾子曰：「不以輕服而重相爲乎？」怪以重服而爲人執事。○愚按：「以」「已」古通用。已，太也。孔子曰：「非此之謂也。非謂爲人，謂於其所爲服也。天子諸侯之喪，斬衰者奠；爲君服者皆斬衰，唯主人不奠。大夫，齊衰者奠；服斬衰者不奠，辟正君也。齊衰者，其兄弟。士，則朋友奠；不足，則取於大功以下者，不足，則反之。服齊衰者不奠，辟大夫也。言不足者，謂殷奠時。○陳《注》云：反之，「反取大功以上也。《疏》云：『〔反之者〕，反取前人執事者充之。』」○方氏苞曰：奠不取於親者，「不使執事以間其哀，上下所同也。」曾子問曰：「小功可以與於祭乎？」祭謂虞卒哭時。孔子曰：「何必小功耳！自斬衰以下與祭，禮也。」曾子曰：「不以輕喪而重祭乎？」怪使重者執事。孔子曰：「天子諸侯之喪祭也，不斬衰者不與祭；大夫，齊衰者與祭；士，祭不足，則取於兄弟大功以下者。」

曾子問曰：「相識、有喪服可以與於祭乎？」問己有喪服，可以助所識者祭否？孔子曰：「緦不祭，又何助於人。」〇方氏苞曰：「緦不祭，屢見於經，然似不可通行。如鄭、宋諸大族，緦功之喪，無時無之，宗廟之祭，必曠絶矣。

曾子問曰：「廢喪服，可以與於饋奠之事乎？」謂新除喪服也。孔子曰：「説衰與奠，非禮也。執事於人之神，爲其忘哀疾也。以擯相可也。」

曾子問曰：「昏禮既納幣，有吉日，女之父母死，則如之何？」吉日，取女之吉日。孔子曰：「壻使人弔。如壻之父母死，則女之家亦使人弔。必使人弔者，未成兄弟。父喪，稱父；母喪，稱母。禮宜各以其敵者也。父，使人弔之，辭云：「某子聞某氏之喪，某子使某如何不淑」；母，則若云：「宋蕩伯姬聞姜氏之喪，伯姬使某如何不淑。」凡弔辭一耳。父母不在，則稱伯父、世母。弔禮不可廢也。伯父母又不在，則稱叔父母。壻已葬，壻之伯父致命女氏，曰：『某之子有父母之喪，不得嗣爲兄弟，使其致命。』女氏許諾，而弗敢嫁，禮也。必致命者，不敢以累年之喪，使人失嘉會之時。〇愚按：嗣，後嗣也。昏姻家世世爲兄弟。壻，免喪，女之父母使人請，壻弗取而后嫁之，禮也。請，請成昏。女之父母死，壻亦如之。女，免喪，壻之父母亦使人請。其已葬時，亦致命。〇愚按：壻，免喪而取之，禮之正也；弗取而后嫁之，禮之變也；女，亦然。〇方氏苞曰：「女不嫁以待壻，壻免喪而別娶，已非人情；壻不娶以待女，女免喪而別嫁，尤害義傷教。此《注》家之誤也。其禮與辭，乃爲有吉日而設。不得嗣爲兄弟者，謂不得繼嗣前所擇日而成婚禮也。女氏許諾，許以改期也。免喪而請，請其日也。壻弗取，餘哀未忘，不忍速受室也。而后嫁之，强而後可，即嫁於免喪之壻也。若既納幣而未請期，則無此禮與辭矣。」

曾子問曰：「親迎，女在塗，而壻之父母死，如之何？」孔子曰：「女改服，布深衣，縞總，以趨喪。布深衣、縞總，婦人始喪未成服之服。女在塗，而女之父母死，則女反。」奔喪，服期。○愚按：親迎，女在塗，已有夫婦之義，故遂改服奔喪。其女之父母死，女亦反，改服奔喪而服期，與已嫁者同，明暫反也。

「如壻親迎，女未至，而有齊衰大功之喪，則如之何？」孔子曰：「男不入，改服于外次，女入，改服于内次，然後即位而哭。」不聞喪即改服者，昏禮重於齊衰以下。曾子問曰：「除喪則不復昏禮乎？」復猶償也。孔子曰：「祭，過時不祭，禮也，又何反於初？」重喻輕也。同牢及饋饗，相飲食之道。孔子曰：「嫁女之家，三夜不息燭，思相離也。親骨肉也。取婦之家，三日不舉樂，思嗣親也。重世變也。三月而廟見，稱來婦也，擇日而祭於禰，成婦之義也。」謂舅姑没者也，必祭成婦。義者，婦有供養之禮，猶舅姑存時，盥饋特豚於室。曾子問曰：「女未廟見而死，則如之何？」孔子曰：「不遷於祖，不祔於皇姑，壻不杖，不菲，不次，歸葬于女氏之黨，示未成婦也。」遷，朝廟也。壻雖不備喪禮，猶爲之服齊衰也。曾子問曰：「取女，有吉日而女死，如之何？」孔子曰：「壻齊衰而弔，既葬而除之。夫死亦如之。」未有期、三年之恩也。女服斬衰。○愚按：取女有吉日，有爲夫婦之漸也，故以其服服之。夫死，女以斬衰弔，亦葬而除之，爲未成夫婦也。〇方氏苞曰：「女宜斬衰而不弔，期而後除，泣而無聲。」

曾子問曰：「喪有二孤，廟有二主，禮與？」怪時有之。孔子曰：「天無二日，土無二王，嘗禘郊社，尊無二上。未知其爲禮也。尊喻卑也。神雖多，猶一一祭之。昔者齊桓公亟舉兵，作僞主以行。及反，藏諸祖廟。廟有二主，自桓公始也。僞猶假也。舉兵以遷廟主，行則無主，命爲假主，非也。喪之二孤，則昔者衛靈公適魯，遭季桓子之喪，衛君請弔，哀公辭，不得命，公爲主，客入弔。康子立於門右，北面；公揖讓升自東階，西鄉；客升自西階弔，公拜，興，哭；康子拜稽顙於位，有司弗辯也。今之二孤，自季康子之過也。」辯猶正也。若康子者，君弔其臣之禮也。鄰國之君弔，君爲之主，主人拜稽顙，非也，當哭踊而已。靈公先桓子以魯哀公二年夏卒，桓子以三年秋卒，是出公也。〇方氏苞曰：「《注》未明宜辯者何事，唐宋諸儒，皆謂哀公爲主，既拜賓，季孫不宜更拜，誤矣。古者國君雖有親弔士大夫之禮，然不過始至升階而哭，既斂當心而馮，奠設要節而踊，未聞有拜禮也。」「衛侯之弔，即固辭不獲命，有司宜陳君臨臣喪之禮，有哭踊而無拜，俾公與衛侯立於堂上，而季孫拜於階下。」哀公「下同季氏之孤，天澤易位」云云。〇愚按：喪之有拜，義爲賓設，非施於死者也。且據禮而言，臣子一例。《喪服小記》云：「爲父母，長子稽顙。」大夫弔，雖緦必稽顙。說者謂重服先稽顙後拜，其餘期以下先拜後稽顙也。雖緦必稽顙者，尊大大夫也。尊者爲卑稽顙，猶不得辭，況拜乎？拜以爲賓，爲長子稽顙，則爲大臣拜賓，義奚不可也。禮主賓敵體，衛君，君也；康子，臣也。臣爲主而拜賓，置魯君於何地？《小記》云：「諸侯弔於異國之臣，則其君爲主」，〔二〕不易之論也。又引君弔其臣無拜禮，以此正魯公之失，亦非也。君弔己國之臣無拜者，主無得降禮於臣也；君待異國之君必拜者，主無敢失禮於賓也。魯公之舉，蓋未爲失；方氏之論，似未爲得也。

曾子問曰：「古者師行，必以遷廟主行乎？」孔子曰：「天子巡守，以遷廟主行，載于齊車，言必有尊也。今也，取七廟之主以行，則失之矣。齊車，金路。當七廟五廟無虛主；虛主者，唯天子崩，諸侯薨，與去其國，與祫祭於祖，爲無主耳。吾聞諸老聃，曰：『天子崩，國君薨，則祝取羣廟之主而藏諸祖廟，禮也。卒哭成事而后，主各反其廟。老聃，古壽考者之號也，與孔子同時。藏諸主於祖廟，象有凶事者聚也。卒哭成事，先祔之祭名也。○陸德明曰：「老聃，即老子也。」王氏曰：「此老聃，非作五千言者。」君去其國，大宰取羣廟之主以從，禮也。鬼神依人者也。祫祭於祖，則祝迎四廟之主。祝，接神者也。主出廟入廟必蹕』。蹕，止行也。老聃云。」曾子問曰：「古者師行無遷主，則何主？」孔子曰：「主命。」問曰：「何謂也？」孔子曰：「天子諸侯將出，古以幣帛皮圭告于祖禰，遂奉以出，載于齊車以行。每舍，奠焉而后就舍。以脯醢禮神，乃敢即安也。所告而不以出，即埋之。反必告，設奠，卒，斂幣玉，藏諸兩階之間，乃出，蓋貴命也。」

子游問曰：「喪慈母如母，禮與？」如母，謂父卒三年也。子游意以爲國君亦當然。禮所云者，乃大夫以下，父所使妾養妾子。孔子曰：『非禮也。古者男子外有傅，內有慈母，君命所使教子也，何服之有！」言無服也。此指謂國君之子也。大夫、士之子，爲庶母慈己者服小功，父卒乃不服。○齊召南曰：「按《南史·儒林傳》，梁武帝敕官議皇子慈母之服，司馬筠引此經及鄭《注》云：『國君之子不服，則王者之子可知，宜依《禮》刊除，以正前代之惑。』梁武帝謂『《禮》言慈母有三條，一則妾子之無母，使妾之無子者養之，命爲母子，服以三年。《喪服·齊衰》章所言『慈母如母』是也。二則嫡妻之子無母，使妾養之，慈撫隆至，妾無爲母之義，而恩深事重，故服以小功。《喪服·小功》章所以不直言慈母，而言『庶母慈己』者，明異於三年之慈母也。其三則子非無母，正是擇賤者視之，義同師保，而不無慈愛，故亦有慈母之名。師保既無服，則此慈母亦無服矣。《内則》云：『擇于諸母與可者』，『使爲子師，其次爲慈母，其次爲保母』，〔三〕此其明文也。子游所問，自是師保之慈，非三年小功之慈也，故夫子得有此對，豈非師保之慈母無服之證乎？鄭玄不辨三慈，混爲訓釋』。按司馬筠直據此《經》，甚確；但慈母實有不同，梁武所論，亦從來説《經》者之所未晰也。」昔者魯昭公少喪其母，有慈母良，及其死也，公弗忍也，欲喪之。有司以聞，曰：『古之禮，慈母無服，據國君也，良，善也。謂之慈母，固爲其善。國君之妾子，於禮不服也。昭公年三十乃喪齊歸，猶無戚容，是不少，又安能不忍於慈母，此非昭公明矣，未知何公也。今也君爲之服，是逆古禮而亂國法也；若終行之，則有司將書之以遺後世，無乃不可乎？』公曰：『古者天子練冠以燕居。』公弗忍也，遂練冠以喪慈母。喪慈母，自魯昭公始也。」公之言又非也。天子練冠以燕居，蓋謂庶子王爲其母。

曾子問曰：「諸侯旅見天子，入門，不得終禮，廢者幾？」旅，衆。孔子曰：「四。」「請問之。」

曰：「大廟火，日食，后之喪，雨霑服失容，則廢。大廟，始祖廟。宗廟皆然，主於始祖耳。○愚按：《魏志·齊劭傳》云：「太史上言：『正旦當日蝕。』或云當廢朝，或云宜卻會。劭引此《記》而云：『然則聖人垂制，不爲變異豫廢朝禮者，或災消異伏，或推術謬誤也。』荀彧善其言。敕朝會如舊，日亦不蝕。」裴松之《注》引晉建元中朝議駁之曰：「尋此四事之指，自謂諸侯雖已入門而卒暴有之，則不得終禮。非爲先存其事，而徼倖史官推術錯謬，故不豫廢朝禮也云云。遂卻元會。」〔四〕如諸侯皆在而日食，則從天子救日，各以其方色與其兵。示奉時事，有所討也。方色者，東方衣青，南方衣赤，西方衣白，北方衣黑。兵，未聞也。○顏師古《匡謬正俗》云：「按《黄帝素問》及《淮南子》等諸書説五方之兵：東方其兵矛，南方其兵弩，中央其兵劍，西方其兵戈，北方其兵鎩。大廟火，則從天子救火，不以方色與兵。」曾子問曰：「諸侯相見，揖讓入門，不得終禮，廢者幾？」孔子曰：「六。」「請問之。」曰：「天子崩，大廟火，日食，后夫人之喪，雨霑服失容，則廢。」夫人，君之夫人。曾子問曰：「天子嘗禘郊社五祀之祭，簠簋既陳，天子崩，后之喪，如之何？」孔子曰：「廢。」既陳，謂夙興陳饌牲器時也。天子七祀言五者，關中言之。○愚按：漢桓帝時太子卒，亦罷郊也。曾子問曰：「當祭而日食，大廟火，其祭也如之何？」孔子曰：「接祭而已矣。如牲至未殺，則廢。接祭而已，不迎尸也。○《疏》云：「接，捷也。」○愚按：接，恐當如「必於是日也接」之接，〔五〕言俟救火與日食畢而更接連其祭也。天子崩，未殯，五祀之祭不行；既殯而祭，其祭也，尸入，三飯，不侑，酳不酢而已矣。自啓至于反哭，五祀之祭不行；已葬而祭，祝畢獻而已。」既葬彌吉，畢獻祝而後止，郊社亦然。惟嘗禘宗廟俟吉也。○方氏苞曰：「惟祭天地社稷，越紼而行事」，則外此皆「不親也」。「乃於始殯之後，躬親五祀，頗其類矣。《注》《疏》自護其説，乃云天地社稷，去殯處遠，故越紼；五祀去殯近，暫往則還，不爲越紼」，「不權以義之重輕，而較其地之遠近，何其蔽也」。曾子問曰：「諸侯之祭社稷，俎豆既陳，聞天子崩，后之喪，君薨，夫人之喪，如之何？」孔子曰：「廢。」亦謂夙興陳饌牲器時也。自薨比至于殯，自啓至于反哭，奉帥天子。」帥，循也。所奉循如天子者，謂五祀之祭也。社稷亦然。

曾子問曰：「大夫之祭，鼎俎既陳，籩豆既設，不得成禮，廢者幾？」孔子曰：「九。」「請問之。」曰：「天子崩，后之喪，君薨，夫人之喪，君之大廟火，日食，三年之喪，齊衰，大功，皆廢。外喪自齊衰以下行也。齊衰異門則祭。○方氏苞曰：「緦不祭，觀此條義乃明。蓋必同宮然後廢祭也。知然者，以外喪自齊衰以下行也。諸侯之大夫，服夫人期，天王七月，皆廢祭，則外喪齊衰謂世父母、叔父母兄弟不同宮者可知。以同宮爲斷，則祭之廢者寡矣。其齊衰之祭也，尸入，三飯，不侑，酳不酢而已矣；大功，酢而已矣；小功，緦，室中之事而已矣。室中之事，謂賓長獻。○舊説室中之事，獻尸、祝佐食也。賓長獻，佐食畢即止，無致爵以下事。《疏》云：「此小功、緦，兼內外。」士之所以異者，緦不祭，然則士不得成禮者十一。所祭、於死者無服，則祭。謂若舅、舅之子、從母昆弟。

曾子問曰：「三年之喪，弔乎？」孔子曰：「三年之喪，練，不羣立，不旅行。爲其苟語忘哀也。

君子禮以飾情，三年之喪而弔哭，不亦虛乎？」爲彼哀，則不專於親也；爲親哀，則是妄弔。

曾子問曰：「大夫、士有私喪，可以除之矣，而有君服焉，其除之也如之何？」孔子曰：「有君喪服於身，不敢私服，又何除焉？重喻輕也。私喪，家之喪也。《喪服四制》曰：「門外之治，義斷恩。」於是乎有過時而弗除也。君之喪，服除而后殷祭，禮也。」謂主人也，支子則否。〇殷，盛也，大也。殷祭，謂二祥之祭。

曾子問曰：「父母之喪，弗除，可乎？」以其有終身之憂。〇謂庶子也。孔子曰：「先王制禮，過時弗舉，禮也；非弗能勿除也，患其過於制也，故君子過時不祭，禮也。」言制禮以爲民中，過其時則不成禮。〇愚按：非弗能勿除，言孝子非不能終身不除喪，但禮不許耳。

曾子問曰：「君薨，既殯，而臣有父母之喪，則如之何？」孔子曰：「歸居于家，有殷事，則之君所，朝夕否。」居家者，因其哀後，隆於父母。殷事，朔月月半薦新之奠也。曰：「君既啓，而臣有父母之喪，則如之何？」孔子曰：「歸哭而反送君。」言送君，則既葬而歸也。歸哭者，服君服而歸，不敢私服也。〇《疏》云：「既葬而歸，則不待君虞祭也。其君祔與卒哭，未知臣往君所與否。」曰：「君未殯而臣有父母之喪，則如之何？」孔子曰：「歸殯，反于君所，有殷事則歸，朝夕否。其哀雜，主於君。〇愚按：君五日殯，臣三日殯，故得先歸殯；若君臣同日殯，則不得去君所也。大夫、室老行事；士，則子孫行事。大夫、士，其在君所之時，則攝其事。大夫内子，有殷事，亦之君所，朝夕否。謂夫之君既殯而有舅姑之喪者。内子，大夫妻也。妻爲夫之君如婦爲舅姑服齊衰。○愚按：此恐汎言内子之君所之節耳，未必闕君殯與有舅姑之喪否也。賤不誄貴，幼不誄長，禮也。誄，累也。累列生時行迹誄之以作謚，謚當由尊者成。唯天子稱天以誄之。以其無尊焉。《春秋·公羊》説以爲讀誄制謚於南郊，若云受之於天然。諸侯相誄，非禮也。」禮當言誄於天子也，天子乃使大史賜之謚。

曾子問曰：「君出疆，以三年之戒，以椑從。君薨，其入如之何？」其出有喪備，疑喪入必異也。戒猶備也，謂衣衾也。親身棺曰椑。其餘可死乃具也。孔子曰：「共殯服，此謂君已大斂。殯服，謂布深衣、苴絰、散帶垂，殯時主人所服，共之以待其來也。其餘殯事，亦皆具焉。則子麻弁絰，疏衰，菲，杖。棺柩未安，不忍成服於外也。麻弁絰者，布弁而加環絰也。布弁如爵弁而用布。杖者，爲已病。入自闕，升自西階。闕謂毁宗也。柩毁宗而入，異於生也。升自西階，亦異生也。所毁宗，殯宫門西也，於此正棺而服殯服。既塗而成服，殷柩出毁宗，周柩入毁宗，禮相變也。如小斂，則子免而從柩，謂君已小斂也。主人布深衣、不括髮者，行遠不可無飾。入自門，升自阼階。親未在棺，不忍異入，使如生來反。君大夫士一節也。」曾子問曰：「君之喪既引，聞父母之喪，如之何？」孔子曰：「遂。既封而歸，不俟子。」遂，遂送君也。封，當爲「窆」。子，嗣君也。曾子問曰：「父母之喪既引，及塗，聞君薨，如之何？」孔子曰：「遂。既封，改服而往。」封亦當爲「窆」。改服，括髮、徒跣、布深衣、扱上衽，不以私喪包至尊。

曾子問曰：「宗子爲士，庶子爲大夫，其祭也如之何？」孔子曰：「以上牲祭於宗子之家，貴祿重宗也。上牲，大夫少牢。祝曰：『孝子某爲介子某薦其常事。』介，副也。不言庶，使若可以祭然。若宗子有罪，居於他國，庶子爲大夫，其祭也，祝曰：『孝子某使介子某執其常事。』此之謂宗子攝大夫。攝主不厭祭，不旅，不假，不綏祭，不配。皆辟正主。厭，厭飫神也。厭有陰有陽，迎尸之前，祝酌奠，奠之且饗，是陰厭也。尸謖之後，徹薦俎，敦設於西北隅，是陽厭也。此不厭者，不陽厭也。不旅，不旅酬也。假讀爲嘏，不嘏，不嘏主人也。不綏祭，謂今主人也。綏，《周禮》作「墮」。不配者，祝辭不言以某妃配某氏。○方氏苞曰：「《注》不言以某妃配，非也。五者皆攝主自損抑之義，非所以施於神也。」「事死如事生，以主祭者不在，而屏先妣不得受祭，何義乎？」「舊説以攝主即庶子爲大夫者，更非也。按《公羊傳》『大夫聞君之喪，攝主而往』，蓋凡以國政出，子皆攝祭，無子則兄弟，或兄弟之子。此記攝主，正《公羊傳》所云，蓋暫攝也。『暫攝則』『薦徹』，既『不可』『使主婦』，又『不可』『使攝主之妻』，故『使有司代之』。」《周官·大宗伯》：「凡大祭祀，王后不與，則攝而薦豆籩徹」，等而下之可知。而不必夫婦相比以供祀事，所謂不配也。「且《記》特以攝主別之，正恐與上義相蒙」耳。布奠於賓，賓奠而不舉。布奠，謂主人酬賓，奠觶於薦北。賓奠，謂取觶奠於薦南也，此酬之始也。奠之不舉，止旅。不歸肉。肉，俎也。謂與祭者留之共燕。其辭于賓曰：『宗兄、宗弟、宗子在他國，使某辭。』」辭猶告也。宿賓之辭。與宗子爲列，則曰宗兄。若宗弟昭穆異者，曰宗子而已。其辭若云：「宗兄某在他國，使某執其常事，使某告。」○方氏苞曰：

「即攝主告賓之辭也。」

曾子問曰：「宗子去在他國，庶子無爵而居者，可以祭乎？」孔子曰：「祭哉！」有子孫存，不可以乏先祖之祀。「請問：其祭如之何？」孔子曰：「望墓而爲壇，以時祭。不祭於廟，無爵者賤，遠辟正主。○愚按：其壇不知在何所。下文云「祭於家」，則壇應在寢庭中。若宗子死，告於墓而后祭於家。言祭於家，容無廟也。○愚按：即有廟，庶人無爵，亦不合就其廟祭也。○方氏苞曰：「宗子」「既以罪去，而其身又死，即其子亦當毁廟而祭於寢」；「如死於官，則廟可存，得用其牲禮，於子祭，於孫止。」宗子死，稱名不言孝，孝，宗子之稱。不敢與之同其辭，但言「子某薦其常事」。身没而已。至子可以稱孝。子游之徒，有庶子祭者以此，以，用也。用此禮祭也。若義也。若，順。今之祭者不首其義，故誣於祭也。」首，本也。誣猶妄也。

曾子問曰：「祭必有尸乎？言無益，無用爲。若厭祭亦可乎？」厭時無尸。○愚按：厭祭當無尸。此問凡祭似厭無尸，亦可不？孔子曰：「祭成喪者必有尸，尸必以孫。孫幼，則使人抱之。無孫，則取於同姓可也。人以有子孫爲成人。子不殤，父義由此也。祭殤必厭，蓋弗成也。厭飫而已，不成其爲人。祭成喪而無尸，是殤之也。」與不成人同。孔子曰：「有陰厭，有陽厭。」言祭殤之禮，有於陰厭之者，有於陽厭之者。曾子問曰：「殤不祔祭，何謂陰厭陽厭？」祔當爲「備」，聲之誤也。言殤乃不成人，祭之不備禮，而云陰厭陽厭乎？此失孔子指也。祭成人始設奠於奥，迎尸於前，謂之陰厭；尸謖之後，改饌於西北隅，謂之陽厭。殤則不備。〇陸德明曰：「袝，本或作「附」。」〇愚按：袝、附，竝讀如字，益也。先陰厭，後陽厭，是附益其祭也。殤乃不然，故疑而問之。孔子曰：「宗子爲殤而死，庶子弗爲後也。族人以其倫代之，明不序昭穆，立之廟，其祭之，就其祖而已。代之者主其禮。〇愚按：倫爲同輩者也，與殤爲兄弟，所以避爲後之嫌也。殤無爲人父之道，故不得云爲後，而云代之者也。其殤有長中下及無服，則鄭注《喪服》記「大功衰」「小功衰」者，是矣。〇方氏苞曰：「庶子，即代宗子者」，「對宗子言，則代者無問適庶，皆稱庶子。」其吉祭，特牲。尊宗子，從成人也。凡殤則特豚。自卒哭成事之後爲吉祭。祭殤不舉肺，無肵俎，無玄酒，不告利成，此其無尸，及所降也。其他如成人舉肺脊、肵俎、利成禮之施於尸者。是謂陰厭。是宗子而殤，祭之於奥之禮，小宗爲殤，其祭禮亦如之。凡殤，與無後者，祭於宗子之家，當室之白，尊于東房，是謂陽厭。」凡殤，謂庶子之適也。或昆弟之子，或從父昆弟。無後者，如有昆弟及諸父，此則今死者皆宗子大功之內親共祖禰者。言祭於宗子之家者，爲有異居之道也。無廟者爲墠祭之，親者共其牲物，宗子皆主其禮。「當室之白，尊於東房」，異於宗子之爲殤。「當室之白」，謂西北隅得户明者也。明者曰陽。凡祖廟在小宗之家，小宗祭之亦然。宗子之適，亦爲「凡殤」，過此以往，則不祭也。祭適者，天子下祭五，諸侯下祭三，大夫下祭二，士以下祭子而止。

曾子問曰：「葬引至于堩，日有食之，則有變乎？且不乎？」堩，道也。變謂異禮。孔子曰：「昔者，吾從老聃助葬於巷黨，及堩，日有食之，老聃曰：『丘！止柩，就道右，止哭以聽變。』既明反，而后行。曰：『禮也。』巷黨，黨名也。就道右者，行相左也。變，日食也。反，復也。○愚按：以北向而言，道右，道東也。反葬，而丘問之曰：『夫柩不可以反者也，日有食之，不知其已之遲數，則豈如行哉？』已，止也。數，讀爲速。老聃曰：『諸侯朝天子，見日而行，逮日而舍奠；大夫使，見日而行，逮日而舍。舍奠，每將舍奠行主。夫柩不蚤出，不莫宿。侵晨夜，則近姦寇。見星而行者，唯罪人與奔父母之喪者乎？日有食之，安知其不見星也。爲無日而慝作，豫止也。且君子行禮，不以人之親痁患。』痁，病也。以人之父母行禮，而恐懼其有患害，不爲也。○方氏苞曰：「痁當作阽。蓋邊近之義。」吾聞諸老聃云。」

曾子問曰：「爲君使而卒於舍，《禮》曰：『公館復，私館不復。』凡所使之國，有司所授舍，則公館已，何謂『私館不復』也？』復，始死招魂。孔子曰：「善乎問之也！善其問難明也。自卿、大夫、士之家曰私館，公館與公所爲曰公館。公館復，此之謂也。」公館，若今縣官舍也。公所爲，君所命使舍己者。○按：《雜記·注》云：「公所爲，若今離宫别館也。」

曾子問曰：「下殤土周，葬于園，遂輿機而往，塗邇故也。土周，堲周也。周人以夏后氏之堲周葬下殤於園中，以其去成人遠，不就墓也。機輿，尸之牀也，以繩絙其中央，又以繩從兩旁鉤之。禮以機舉尸，輿之以就園而斂葬焉，塗近故耳。輿機，或爲「餘機」。今墓遠，則其葬也如之何？」今人斂下殤於宫中而葬於墓，與成人同。墓塗乃遠，其葬當輿其棺乎？載之也？問禮之變也。孔子曰：「吾聞諸老聃，曰：『昔者史佚有子而死，下殤也。墓遠，葢欲葬墓如長殤，從成人也。長殤有送葬車者，則棺載之矣。史佚，成王時賢史也。賢猶有所不知。召公謂之曰：「何以不棺斂於宮中？」欲其斂於宮中如成人也。斂於宮中，則葬當載之。史佚曰：「吾敢乎哉？」畏知禮也。召公言於周公，爲史佚問。周公曰：「豈，不可。」言是豈，於禮不可。不許也。〇愚按：《注》以「豈」絶句，「不可」絶句；陳《注》合爲一句。史佚行之。』失指以爲許也，遂用召公之言。下殤用棺衣棺，自史佚始也。」棺，謂斂於棺。

曾子問曰：「卿大夫將爲尸於公，受宿矣，而有齊衰内喪，則如之何？」孔子曰：「出，舍於公館以待事，禮也。」吉凶不可以同處。孔子曰：「尸弁冕而出，爲君尸或弁者，先祖或有爲大夫士者。〇愚按：士弁、大夫冕，禮也。尸在廟門外，自當服其本服，非關君祖有爲大夫士者也。卿大夫士皆下之，見而下車。尸必式，小俛禮之。必有前驅。爲辟道。」

子夏問曰：「三年之喪卒哭，金革之事無辟也者，禮與？初有司與？」疑有司初使之然。孔子曰：「夏后氏三年之喪既殯而致事，殷人既葬而致事。致事，還其職位於君，則卒哭而致事。〇愚按：《經》文止稱夏、殷，不及周；《注》亦不言；《疏》云「周人卒哭而致事」，補《經》《傳》所未及也。〇又按：《注》「則卒哭」上當脱「周人」二字，觀《疏》文可見。《記》曰：『君子不奪人之親，亦不可奪親也』，此之謂乎？」二者恕也，孝也。子夏曰：「金革之事無辟也者，非與？」疑禮當有然。孔子曰：「吾聞諸老聃，曰：『昔者魯公伯禽有爲爲之也。』伯禽，周公子，封於魯。有徐戎作難，喪卒哭而征之，急王事也。征之作《費誓》。○《疏》云：「伯禽爲母喪也。」○愚按：《史記·魯世家》：「伯禽即位之後，有管、蔡等反，淮夷、徐戎竝興反。於是伯禽率師伐之於肸，作《肸誓》。」《説文》作「粊誓」，今《書》作《費誓》，古今字耳。又《書·多方》：「王來自奄」，孔《注》云：「周公歸政之明年，淮夷、奄又叛，魯征淮夷，作《費誓》。」据此二文，則伯禽征淮徐在周公未没之時，故知爲母喪無疑也。今以三年之喪從其利者，吾弗知也。」時多攻取之兵，言非禮也。

校記

〔一〕莫，《禮記注疏》卷十八作「亦」。

〔二〕於，依《禮記注疏》卷三十二校補。

〔三〕「其」字，依《禮記注疏》卷二十七校補。

〔四〕「變異」之「異」，《三國志·魏志·劉劭傳》，中華書局點校本三册卷二十一校補。又引文有删改。

〔五〕必於，依《禮記注疏》本《禮記·檀弓下》校補。

文王世子第八

文王之爲世子，朝於王季，日三。三皆日朝，以其禮同。雞初鳴而衣服，至於寢門外，問内豎之御者曰：「今日安否何如？」内豎，小臣之屬，掌外内之通命者。御，如今小史直日矣。内豎曰：「安。」文王乃喜。孝子恒兢兢。及日中，又至，亦如之。又，復也。及莫，又至，亦如之。莫，夕也。其有不安節，則内豎以告文王，文王色憂，行不能正履。節，謂居處故事。履，蹈地也。王季復膳，然後亦復初。憂解。食上，必在視寒煖之節，在，察也。食下，問所膳，問所食者。命膳宰曰：「末有原！」應曰：「諾」，然後退。末猶勿也。原，再也。勿有所再進，爲其失飪，臭味惡也。武王帥而行之，不敢有加焉。庶幾程式之。帥，循也。文王有疾，武王不説冠帶而養。言常在側。文王一飯亦一飯，文王再飯亦再飯。欲知氣力箴藥所勝。○方氏苞曰：「父母有疾，當時己之飢飽，而飯每減焉，或偶輟一飯，亦順其自然；必以父母之一飯再飯爲準，是僞也。設旬月不入勺飲，子亦如之，可乎？」○愚按：方氏苞删自「文王有疾」至「九十三而終」止，以爲「劉歆所增竄」，未知然否。旬有二日乃間。間猶瘳也。文王謂武王曰：「女何夢矣？」間後容卧。武王對曰：「夢帝與我九齡。」帝，天也。文王曰：「女以爲何也？」武王曰：「西方有九國焉，君王其終撫諸？」撫猶有也。言君王，則此受命之後也。○愚按：作《記》者追稱之辭耳。謂文王受命稱王，此先儒之妄説。文王曰：「非也。古者謂年齡，齒亦齡也。我百，爾九十，吾與爾三焉。」年，天氣也。齒，人壽之徵也。九齡，九十年之祥也。文王以憂勤損壽，武王以安樂延年。言「與爾三」者，明傳業於女，女受而成之。○愚按：此據周公以身代兄，因謂文王以齡與子。鑿空造語，此記人之妄説。《釋文》云：「齡，本或作聆。」〔二〕《説文》無齡字。徐鉉曰：「《禮記》『夢帝與我九齡』，疑通用『靈』」。武王初聞九齡之語，不達其義，乃云「西方有九國」，若當時有此齡字，則武王豈不達也，蓋後人所加。文王九十七乃終，武王九十三而終。君子曰終，終其成功。成王幼，不能涖阼，涖，視也。不能視阼階，行人君之事。○案：方氏苞刪「不能涖阼」及「踐阼而治」及「文王之爲世子也」句，云：「周公抗世子法於伯禽」，爲成王不逮事武王，「非」爲其「不能」踐「阼也」，且「公」「於伯禽」，何待「踐阼而後法可抗」，其爲歆所「增竄」無疑。周公相，踐阼而治。踐，履也。代成王履阼階，攝王位，治天下也。○愚按：既云「周公相」，則非攝王位也。鄭蓋誤信《明堂位》之謬説。抗世子法於伯禽，欲令成王之知父子君臣長幼之道也；抗猶舉也，謂舉以世子之法，使與成王居而學之。成王有過，則撻伯禽，所以示成王世子之道也。以成王之過擊伯禽，則足以感喻焉。文王之爲世子也。題上事。○《日知録》二十卷云：「詩篇章句，皆篇末題之。《文王世子》篇有曰：「文王之爲世子也」，有曰：「教世子」，有曰「周公踐阼」，《樂記》篇有曰「子貢問樂」，亦同此例，後人誤連於本文也。又如《漢書·禮樂志》郊祀歌、練時日一、帝臨二，凡十九首，皆著其名於本章之末；《安世房中歌》桂花、美芳二題，傳寫之誤，遂以冠後。」○方氏苞曰：「此句非衍也。蓋欲於『世子之謂也』下綴『周公踐阼』，故於此節綴此句，於『一獻無介語可也』下綴『教世子』，以示三語乃記禮者各標名目，使人疑古《記》所傳，或有同異，蓋故亂其緒以揜飾其所增竄，正公孫禄所謂顛倒『五經』，使學士疑惑也。」

凡學世子及學士，必時。四時各有所宜。學士，謂司徒論俊選所升於學者。○陸德明曰：「學，户孝反。教也。」○愚按：篇中皆可意求。春夏學干戈，秋冬學羽籥，皆於東序。干，盾也。戈，句子戟也，〔二〕干戈，萬舞，象武也，用動作之時學之。羽籥，籥舞，象文也，用安静之時學之。《詩》云：「左手執籥，右手秉翟。」○愚按：萬舞，舞之總名。東序，大學也。小樂正學干，大胥贊之。籥師學戈，籥師丞贊之。四人皆樂官之屬也。通職秋冬亦學以羽籥。小樂正，樂師也。《周禮》：「樂師掌國學之政，教國子小舞。」「大胥掌學士之版，以待致諸子。春，入學，舍采合舞。秋，頒學合聲。」「籥師掌教國子舞羽吹籥。」○方氏苞曰：「《周官》『樂師下大夫四人』，即《記》所謂『大樂正』也；『上士八人』，即所謂『小樂正』也。」「《注》《疏》以大樂正爲大司樂」，「似未安」。胥鼓南。南，南夷之樂也。胥掌以六樂之會，正舞位，旄人教夷樂，則以鼓節之。《詩》云：「以雅以南，以籥不僭。」○方氏苞曰：「謂二南也。」「教世子及國子，而首以南蠻之樂，何義哉！」或「謂象箾南籥」，又「謂南亦雅樂名，蓋以春誦夏弦，已包二南，不知正始之風，尤切於修身齊家，故始學者於四詩中又時習之也。」春誦，夏弦，大師詔之瞽宗；秋學禮，執禮者詔之；冬讀書，典書者詔之。禮在瞽宗，書在上庠。誦，謂歌樂也。弦，謂以絲播詩。陽用事則學之以聲，陰用事則學之以事。

因時順氣，於功易成也。周立三代之學，學書於有虞氏之學，典謨之教所興也；學舞於夏后氏之學，文武中也；學禮樂於殷之學，功成治定，與己同也。○愚按：詔禮與書，不目其人，取其善者，無專職也。

凡祭、與養老乞言，合語之禮，皆小樂正詔之於東序。學以三者之威儀也。養老乞言，養老人之賢者，因從乞善言而可行者也。合語，謂鄉射、鄉飲酒、大射、燕射之屬也。《鄉射記》曰：「古者於旅也語。」大樂正學舞干戚、語說，命乞言，皆大樂正授數，學以三者之義也。戚，斧也。語說，合語之說也。數，篇數。○愚按：數謂多寡，劑量，三者無篇數也。大司成論說在東序。論說，課其義之深淺、才能優劣。此云樂正、司業、父師、司成，即大司成，司徒之屬師氏也。師氏掌以媺詔王，教國子以三德三行及國中失之事也。○方氏苞曰：「《注》以大司成爲地官之師氏，似未安」，「大司成即大司樂」也。

凡侍坐於大司成者，遠近間三席，可以問。間猶容也。容三席，則得指畫相分別也。席之制，廣三尺三寸三分，則是所謂函丈也。終則負牆，卻就後席相辟。列事未盡，不問。錯尊者之語，不敬也。

凡學，春，官釋奠于其先師，秋冬亦如之。官爲《禮》、《樂》、《詩》、《書》之官。《周禮》曰：「凡有道者，有德者，使教焉，死則以爲樂祖，祭於瞽宗。」此之謂「先師」之類也。若漢，《禮》有高堂生，《樂》有制氏，《詩》有毛公，《書》有伏生。億可以爲之也。不言夏，夏從春可知也。釋奠者，設薦饌酌奠而已，無迎尸以下之事。

凡始立學者，必釋奠于先聖先師，及行事，必以幣。謂天子命之教始立學官者也。先聖，周公若孔子。

○愚按：皇氏云：「行事必用幣，謂禮樂器成，及出軍之事，其告用幣而已。」此説是。孔《疏》非之，何也？凡釋奠者，必有合也。國無先聖先師，則所釋奠者，當與鄰國合也。○陳《注》云：「合，謂合樂也。」有國故則否。若唐、虞有夔龍、伯夷，周有周公，魯有孔子，則各自奠之不合也。○陳《注》云：「國有凶喪之故。」凡大合樂，必遂養老。大合樂，謂春入學，舍菜，合舞。秋頒學，合聲。於是時也，天子則視學焉。遂養老者，謂用其明日也。鄉飲酒、鄉射之禮，明日乃息，司正徵唯所欲以告於先生君子可也。是養老之象類。凡語于郊者，語，謂論説於郊學。○愚按：虞庠在國之西郊，故曰郊學。必取賢斂才焉。或以德進，或以事舉，或以言揚。大樂正論造士之秀者，升諸司馬，曰進士，謂此矣。○愚按：此謂造士所升之餘人不及格者，故復設三科以節取其長，非進士之比也。曲藝皆誓之，曲藝，爲小技能也。誓，謹也。皆使謹習其事。以待又語。又語，爲後復論説也。三而有一焉，三説之中有一善，則取之。以有曲藝，不必盡善。○愚按：三者，謂德、事、言也。雖曲藝，必於三者有其一，乃後爲善。乃進其等，進於衆學者。以其序，又以其藝爲次。謂之郊人，遠之，俟事官之缺者以代之。遠之者，不曰俊選，曰郊人，賤技藝。於成均以及取爵於上尊也。董仲舒曰：「五帝名大學曰成均」，則虞庠近是也。天子飲酒於虞庠，則郊人亦得酌於上尊以相旅。○愚按：方氏苞云：「及當作『次』。蓋以次第取爵於其長官，不得達於君也。」義恐未安。始立學者，既興器，用幣。興當爲「舋」，字之誤也。禮樂之器成，則舋之。又用幣告先聖先師以器成。然後釋菜。告先聖先師以器成，有時將用也。不舞不授器。釋菜禮輕也，釋奠則舞，舞則授器，司馬之屬司兵、司戈、司盾。祭祀授舞者兵也。〔三〕乃退。儐于東序。一獻。無介語，可也。言乃退者，謂得立三代之學者，釋菜於虞庠，則儐賓於東序。魯之學，有米廩、東序、瞽宗也。○方氏苞曰：「東序，即所立學中之東廂。蓋釋奠於堂上，而禮賓於東廂，非與虞庠相對之夏學也。使先有東序，則虞庠之立，不可云始；若虞庠與東序並立，又不應虞庠不禮賓，東序不釋菜。以此知爲注家之誤也。」「《顧命》『東序』、『西序』，《特牲饋食》『設庶羞於西序』，皆謂廂。」教世子。亦題上事。

凡三王教世子，必以禮樂。樂，所以脩内也；禮，所以脩外也。禮樂交錯於中，發形於外，是故其成也懌，恭敬而温文。中，心中也。懌，悦懌。立大傅、少傅以養之，欲其知父子君臣之道也。養猶教也。言養者，積浸成長之。大傅審父子君臣之道以示之。謂爲之行其禮。少傅奉世子，以觀大傅之德行而審喻之。爲説其義。大傅在前，少傅在後，謂其在學時。入則有保，出則有師，謂燕居出入時。是以教喻而德成也。以有四人維持之。師也者，教之以事而喻諸德者也；保也者，慎其身以輔翼之而歸諸道者也。慎其身者，謹安護之。《記》曰：「虞、夏、商、周有師保，有疑丞。《記》所云，謂天子也。取以成説。○愚按：質疑曰疑，相助曰丞。設四輔及三公。不必備，唯其人。」語使能也。語，言也。得能則用之，無則已，不必備其官也。小人處其位，不如且闕。○按方氏苞删自「《記》曰」以下至此止。君子曰德，德成而教尊，教尊而官正，官正而國治，君之謂也。○陳《注》云：「君子曰德，此德指世子之德。」

仲尼曰：「昔者周公攝政，踐阼而治，抗世子法於伯禽，所以善成王也。聞之曰：爲人臣者，殺其身有益於君，則爲之，況于其身以善其君乎？周公優爲之。」聞之者，聞之於古也。于讀爲迂。迂猶廣也。大也。○按：方氏苞全刪此一段。

是故知爲人子，然後可以爲人父；知爲人臣，然後可以爲人君；知事人，然後能使人。成王幼不能涖阼，以爲世子，則無爲也。以爲世子，若爲世子時。○愚按：先習卑辱之事，然後明於尊上之理，乃能順事恕施也。是故抗世子法於伯禽，使之與成王居，亦學此禮於成王側。欲令成王之知父子君臣長幼之義也。君之於世子也，親則父也，尊則君也。有父之親，有君之尊，然後兼天下而有之。是故養世子不可不慎也。處君父之位，覽海内之士，而近不能教其子，則其餘不足觀矣。○按方氏苞刪「成王幼」以下至此止。

行一物而三善皆得者，唯世子而已。其齒於學之謂也。物猶事也。故世子齒於學，國人觀之，曰：「將君我而與我齒讓，何也？」曰：「有父在，則禮然，然而衆知父子之道矣。」其二曰：「將君我而與我齒讓，何也？」曰：「有君在，則禮然，然而衆著於君臣之義也。」其三曰：「將君我而與我齒讓，何也？」曰：「長長也，然而衆知長幼之節矣。」故父在斯爲子，君在斯謂之臣，居子與臣之節，所以尊君親親也。故學之爲父子焉，學之爲君臣焉，學之爲長幼焉。學教。父子君臣長幼之道得而國治。語曰：「樂正司業，父師司成，一有元良，萬國以貞。」世子之謂也。司，主也。一，一人也。元，大也。良，善也。貞，正也。周公踐阼。亦題上事。庶子之正於公族者，教之以孝弟睦友子愛，明父子之義、長幼之序。正者，政也。庶子，司馬之屬，掌國子之倅，爲政於公族者。○愚按：子愛，疑如「子諒」之子。《韓詩外傳》「子諒」作「慈」。其朝于公：內朝，則東面北上，臣有貴者，以齒。內朝，路寢庭。其在外朝，則以官，司士爲之。外朝，路寢門之外庭。司士，亦司馬之屬也，掌羣臣之班、正朝儀之位也。其在宗廟之中，則如外朝之位。宗人授事，以爵以官。宗人掌禮及宗廟也。以爵，貴賤異位也。以官，官各有所掌也。若司徒奉牛，司馬奉羊，司空奉豕。○方氏苞曰：「官謂有職司者，爵謂無職司而有爵命者。無職司而有爵命，亦或授以事；無爵者序立而已。蓋宗廟之中，與外朝異，雖無爵者得與，而事則不及焉。故特文以著之也。」其登餕、獻、受爵，則以上嗣。上嗣，君之適長子。以特牲饋食禮言之，受爵，謂上嗣舉奠也。獻謂舉奠洗爵酌入也。餕，謂宗人遣舉奠盥，祝命之餕也。大夫之嗣無此禮，辟君也。○方氏苞曰：「《注》以《特牲》『嗣舉奠』禮爲獻、受爵之序，非也。舉奠，主人之嗣子也。此《記》所謂『上嗣』，公族也；所謂『獻』，即長兄弟之加爵也；所謂『受爵』，即受尸酢爵也。獻、受爵，惟長兄弟一人，餕則與者稍多，然皆以上嗣，而餘子不得與焉。餕者有常數，故不能徧也。」○愚按：三者皆登堂爲之，故以「其登」目下事。先言餕，重也。庶子治之，雖有三命，不踰父兄。治之，治公族之禮也。唯於內朝則然，其餘會聚之事則與庶姓同。一命齒於鄉里，再命齒於父族，三命不齒。不齒者，特爲位，不在父兄行列中。○《疏》云：「此句應承第二條前『臣有貴者以齒』之下」，「當是簡札遺脱」；「鄭不言者，略耳。」其公大事，則以其喪服之精麤爲序。雖於公族之喪亦如之，以次主人。大事，謂死喪也。其爲君雖皆斬衰，序之必以本親也。主人，主喪者，次主人者，主人恆在上。主人雖有父兄，猶不得下齒。若公與族燕，則異姓爲賓，同宗無相賓客之道。膳宰爲主人，君尊，不獻酒。公與父兄齒。親親也。族食，世降一等。親者稠，疏者希。

其在軍，則守於公禰。謂從軍者。公禰，行主也。所以遷主言禰，在外親也。公若有出疆之政，謂朝覲會同也。庶子以公族之無事者守於公宮，正室守大廟，正室，適子也。大廟，大祖之廟。諸父守貴宮貴室，謂守路寢。諸子諸孫守下宮下室。下宮，親廟也。下室，燕寢。或言宮，或言廟，通異語。

五廟之孫，祖廟未毀，雖爲庶人，冠、取妻，必告；死，必赴；練祥則告。赴告於君也。實四廟孫而言「五廟」者，容顯考爲始封子也。族之相爲也，宜弔不弔，宜免不免，有司罰之。弔謂六世以往，免謂五世。至于賵賻承含，皆有正焉。承，讀爲贈，聲之誤也。正，正禮也。

公族，其有死罪，則磬于甸人。不於市朝者，隱之也。甸人，掌郊野之官。縣縊殺之曰磬。其刑罪，則纖剸，亦告于甸人。纖讀爲殲。殲，刺也。剸，割也。宮、割、臏、墨、劓、刖，皆以刀鋸刺割人體也。告，讀爲鞫，讀書用法曰鞫。公族無宮刑。宮割，淫刑。獄成，有司讞于公。其死罪，則曰某之罪在大辟；其刑罪，則曰某之罪在小辟。成，平也。讞之言白也。辟亦罪也。公曰：宥之。宥寬也。欲寬其罪，出於刑也。有司又曰：在辟。公又曰：宥之。又，復也。有司又曰：在辟。及三宥，不對，走出，致刑于甸人。對，答也。先者君每言宥則答之，以將更寬之。至於三罪定，不復答，走往刑之，爲君之恩無已。公又使人追之，曰：雖然，必赦之。有司對曰：無及也！罪既正，不可宥；乃欲赦之，重刑殺其類也。反命于公，白已刑殺。公素服，不舉，爲之變，如其倫之喪。無服，素服。於凶事爲吉，於吉事爲凶，非喪服也。君雖不服，臣卿大夫死，則皮弁錫衰以居，往弔當事，則弁絰。於士，蓋疑衰，同姓則緦衰以弔之。今無服者，不往弔也。倫，謂親疏之比也。素服亦皮弁矣。親哭之。不往弔，爲位哭之而已。君於臣，使有司哭之。

公族朝于内朝，内親也。雖有貴者以齒，明父子也。謂以宗族事會。外朝以官，體異姓也。體猶連結也。〇愚按：體，一體也。嫌親疏異視之。下文「體百姓」同。宗廟之中，以爵爲位，崇德也。崇，高也。宗人授事以官，尊賢也。官各有能。登餕受爵以上嗣，尊祖之道也。上嗣，祖之正統。喪紀以服之輕重爲序，不奪人親也。紀猶事也。公與族燕則以齒，而孝弟之道達矣。以至尊不自異於親之列。其族食世降一等，親親之殺也。殺，差也。戰則守於公禰，孝愛之深也。行主，君父之象。正室守大廟，尊宗室，而君臣之道著矣。以其不敢以庶守君所重。諸父諸兄守貴室，弟子守下室，而讓道達矣。以其貴者守貴，賤者守賤。上言父子孫，此言兄弟，互相備也。

五廟之孫，祖廟未毁，雖及庶人，冠、取妻必告，死必赴，不忘親也。親未絶而列於庶人，賤無能也。敬弔臨賻賵，睦友之道也。古者庶子之官治而邦國有倫，邦國有倫而衆鄉方矣。鄉方，言知所鄉。公族之罪，雖親，不以犯有司，正術也，所以體百姓也。犯猶干也。術，法也。刑于隱者，不與國人慮兄弟也。弗弔，弗爲服，哭于異姓之廟，爲忝祖遠之也。素服，居外，不聽樂，私喪之也，骨肉之親無絶也。公族無宮刑，不翦其類也。翦，割截也。

天子視學，大昕鼓徵，所以警衆也。早昧爽擊鼓以召衆也。警猶起也。《周禮》：「凡用樂，大胥以鼓徵學士。」衆至，然後天子至。乃命有司行事，興秩節，祭先師先聖焉。興猶舉也。秩，常也。節猶禮也。使有司攝其事，舉常禮，祭先師先聖。不親祭之者，視學觀禮耳，非爲彼報也。〇愚按：先師先聖先老竝天子親祭之，而有司贊之。《注》未安。有司卒事，反命。告祭畢也。祭畢，天子乃入。〇愚按：卒事，謂終奠徹之事，有司職也。始之養也。又之養老之處。凡大合樂必遂養老，是以往焉。言始，始立學也。適東序，釋奠於先老，親奠之者，己所有事也。養老東序，則是視學於上庠。〇方氏苞曰：「東序，即太學東廂。」遂設三老、五更、羣老之席位焉。三老、五更，各一人也，皆年老更事致仕者也。天子以父兄養之，示天下之孝悌也。名以三、五者，取象三辰、五星，天所因以照明天下者。羣老無數，其禮亡。以鄉飲酒禮言之，帝位之處，則三老如賓，五更如介，羣老如衆賓必也。〇愚按：蔡邕云：更當爲「叟」，三老三人，五更五人。非鄭義也。以東漢事證之，鄭説是。適饌、省醴，養老之珍具，親視其所有。遂發咏焉，退脩之以孝養也。發咏，謂以樂納之。退脩之，謂既迎而入，獻之以醴，獻畢而樂闋。〇方氏苞曰：「『遂發咏焉退』爲句。蓋適饌、省醴，樂聲既發，則天子遂退。《樂記》天子「執醬而饋，執爵而酳，冕而總干」，正與此篇義相發明。」

「執醬，示欲親饋」，「執爵，示欲親酳」，「總干，示欲親舞」，「皆用以爲禮，而不親執其事。此篇云適饌，則不親饋」，「省醴，則不親酌」，「發咏而退，則不親舞」。「蓋養老於東序，而天子位在太學中堂，樂聲甫作，即退反其位」也。「使天子親饋獻則老更當拜，親舞」則「老更當立而待，非所以安養之也。」「燕禮，『宰夫爲獻主』，義亦如此。」反，登歌《清廟》，反，謂獻羣老畢，皆升就席也。反就席，乃席工於西階上歌《清廟》以樂之。〇方氏苞曰：「天子將退時，老更必離位致敬。既退，然後各反其位也。」既歌而語，以成之也。言父子君臣長幼之道，合德音之致，禮之大者也。既歌，謂樂正告正歌備也。語，談説也。歌備而旅，旅而説父子君臣長幼之道，諸合樂之所美，以成其意。《鄉射記》曰：「古者於旅也語。」〇愚按：《清廟》之歌，德音也。德即父子君臣長幼是也。故言説其道，以合其致。下管《象》，舞《大武》。大合衆以事，達有神，興有德也。《象》，周武王伐紂之樂也。以管播其聲，又爲之舞，皆於堂下。衆，謂所合學士也。達有神，明天授命周家之有神也。興有德，美文王、武王有德，師樂爲用，前歌後舞。正君臣之位、貴賤之等焉，而上下之義行矣。由《清廟》與《武》也。有司告以樂闋，闋，終也。告君以歌舞之樂終。此所告者，謂無算樂。王乃命公、侯、伯、子、男及羣吏曰：「反！養老幼於東序。」終之以仁也。羣吏，鄉遂之官。王於燕之末而命諸侯。時朝會在此者各反養老如此禮。是終其仁心。《孝經説》所謂「諸侯歸，各帥於國，大夫，勤於朝；州里，騐於邑」，是也。〇方氏苞曰：「并及幼者，《周官》養耆老孤子，事每相連。」是故聖人之記事也，慮之以大，謂先本於孝弟之道。〇愚按：「記」字未詳。《疏》云「記序」，亦未安。

愛之以敬，謂省其所以養老之具。行之以禮，謂親迎之，如見父兄。脩之以孝養，謂親獻之，薦之。紀之以義，謂既歌而語之。終之以仁。謂又以命諸侯歸於國，復自行之。是故古之人一舉事，而衆皆知其德之備也。古之君子舉大事必慎其終始，而衆安得不喻焉？言其爲之本末露見，盡可得而知也。喻猶曉也。《兑命》曰：「念終始典于學。」兑當爲「説」。《説命》，《書》篇名。殷高宗之臣傅説之所作。典，常也。念事之終始常於學。學，禮義之府。

《世子之記》曰：「朝夕至於大寢之門外，問於内豎，曰：『今日安否何如？』朝夕，朝朝暮夕也。日中又朝。文王之爲世子，非禮之制。世子之禮亡，言此存其説。内豎曰：『今日安。』世子乃有喜色。其有不安節，則内豎以告世子，世子色憂不滿容。色憂，憂淺也。不及文王行不能正履。内豎言復初，然後亦復初。朝夕之食上，世子必在視寒煖之節。食下，問所膳羞。必知所進，以命膳宰，然後退。羞必知所進，必知親所食。若内豎言疾，則世子親齊玄而養。親猶自也。養疾者齊玄、玄冠、玄端也。膳宰之饌，必敬視之。疾者之食齊和，所欲或異。疾之藥，必親嘗之。試毒味也。嘗饌善，則世子亦能食；善，謂多於前。嘗饌寡，世子亦不能飽；又不及武王一飯再飯。以至于復初，然後亦復初。」復常所服。

校記

〔一〕《十三經注疏·禮記注疏》卷二十阮元《校勘記》：「《釋文》出『九聆』，云『本亦作齡』。」

〔二〕子，阮元《十三經注疏·禮記注疏卷二十校勘記》作「孑」。

〔三〕孫詒讓云：「《夏官》作『司戈盾』是一官，此《注》分爲二，似誤。」（見《十三經注疏校記》五一五頁）

禮運第九

昔者仲尼與於蜡賓，蜡者，索也。歲十二月合聚萬物而索饗之，亦祭宗廟時。孔子仕魯，在助祭之中。事畢，出遊於觀之上，喟然而嘆。觀，闕也。孔子見魯君於祭禮有不備，於此又覩象魏舊章之處，感而嘆之。仲尼之嘆，蓋嘆魯也。言偃在側，曰：「君子何嘆？」言偃，孔子弟子子游。孔子曰：「大道之行也，與三代之英，丘未之逮也，而有志焉。大道，謂五帝時也。英，俊選之尤者。逮，及也，言不及見。志，謂識古文。不言魯事，爲其大切；廣言之。○愚按：志，當爲「志於學」之志。

「大道之行也，天下爲公，選賢與能，講信，脩睦。公猶共也，禪位授聖，不家之。睦，親也。故人不獨親其親，不獨子其子；孝慈之道廣也。使老有所終，壯有所用，幼有所長，矜、寡、孤、獨、廢疾者皆有所養，無匱乏也。男有分，分，猶職也。女有歸。皆得良奧之家。貨，惡其弃於地也，不必藏於己；力，惡其不出於身也，不必爲己。勞事不憚，施無吝心，仁厚之教也。是故謀閉而不興，盜竊亂賊而不作，尚辭讓之故也。故外户而不閉。禦風氣而已。是謂『大同』。同猶和也，平也。

「今大道既隱，隱猶去也。天下爲家。傳位於子。各親其親，各子其子。貨力爲己。俗狹嗇。大人世及以爲禮；大人，諸侯也。城郭溝池以爲固。亂賊繁多，爲此以服之也。禮義以爲紀：以正君臣，以篤父子，以睦兄弟，以和夫婦，以設制度，以立田里，以賢勇知；以功爲己。故謀用是作而兵由此起。以其違大道敦朴之本也。教令之稠，其弊則然。《老子》曰：「法令滋章，盜賊多有。」禹、湯、文、武、成王、周公由此其選出。由，用也。能用禮義以成治。此六君子者，未有不謹於禮者也。以著其義，以考其信，著有過，刑仁，講讓，示民有常。考，成也。刑，猶則也。○愚按：治國以禮爲本。六君子謹禮而行，著義以下五事，示民爲常法。如有不由此者，在執者去，衆以爲殃。執，執位也。去，罪退之也。殃猶禍惡也。○陳《注》云：在「勢位」「而不以禮行此五事，則天下」「以爲殃民之主」，「共廢黜之」。是謂『小康』。」康，安也。大道之人，以禮於忠信爲薄。言小安者，失之則賊亂將作矣。

言偃復問，曰：「如此乎禮之急也？」孔子曰：「夫禮，先王以承天之道，以治人之情，故失之者死，得之者生。《詩》曰：『相鼠有體，人而無禮！人而無禮，胡不遄死！』相，視也。遄，疾也。言鼠之有身體，如人而無禮者矣。人而無禮，可憎賤如鼠，不如疾死之愈。是故夫禮，必本於天，殽於地，列於鬼神，聖人則天之明，因地之利，取法度於鬼神，以制禮下教令也。既又祀之，盡其敬也，教民嚴上也。鬼者，精魂所歸；神者，引物而出，謂祖廟、山、川、五祀之屬也。○陸德明曰：「殽，法也。」達於喪、祭、射、御、冠、昏、朝、聘。民知嚴上，則此理達於下也。故聖人以禮示之，故天下國家可得而正也。」民知禮，則易教。

言偃復問，曰：「夫子之極言禮也，可得而聞與？」欲知禮終始所成。孔子曰：「我欲觀夏道，欲行其禮，觀其所成。是故之杞，杞，夏后氏之後也。而不足徵也，徵，成也。無賢君不足與成也。○朱子《論語·注》云：「徵，證也。」吾得《夏時》焉。得夏四時之書也。其書存者有《小正》。我欲觀殷道，是故之宋，而不足徵也，宋，殷人之後也。吾得《坤乾》焉。得殷陰陽之書也。其書存者有《歸藏》。○熊氏曰：「《殷易》以坤爲首。」《坤乾》之義，《夏時》之等，吾以是觀之。觀於二書之意。

「夫禮之初，始諸飲食，其燔黍捭豚，汙尊而抔飲，蕢桴而土鼓，猶若可以致其敬於鬼神。言其物雖質，略有齊敬之心，則可以薦羞於鬼神，鬼神饗德不饗味也。中古未有釜、甑，釋米、捭肉，加於燒石之上而食之耳，今北狄猶然。汙尊，鑿地爲尊也，抔飲，手掬之也。蕢，讀爲「凷」，聲之誤也。凷，塥也，謂摶土爲桴也。土鼓，築土爲鼓也。及其死也，升屋而號，告曰：『皋，某復。』招之於天。○陳《注》云：「皋者，引聲之言。」然後飯腥而苴孰。飯以稻米，上古未有火化；苴孰，取遺奠有火利也。苴或爲「俎」。○舊說「生」、「腥」古通用。故天望而地藏也，體魄則降，知氣在上。地藏謂葬。故死者北首，首陰也。生者南鄉，鄉陽也。皆從其初。謂今行之然也。

「昔者先王未有宮室，冬則居營窟，夏則居橧巢。寒則累土，暑則聚薪柴居其上。未有火化，食腥也。食草木之實、鳥獸之肉，飲其血，茹其毛。未有麻絲，衣其羽皮。此上古之時也。後聖有作，然後脩火之利，孰治萬物。范金，鑄作器用。○陳《注》云：「范字當從竹。韻註云：以土曰型，以金曰鎔，以木曰模，以竹曰笵。」合土，瓦、瓴、甓及甒、大。○愚按：「大」、「泰」同，樽名。以爲臺榭、宮室、牖户；榭，器之所藏也。以炮，裹燒之也。以燔，加於火上。以亨，煮之鑊也。以炙，貫之火上。以爲醴酪；烝釀之也。酪，酢截。治其麻絲，以爲布帛。以養生送死，以事鬼神上帝，皆從其朔。朔，亦初也。亦謂今行之然。

「故玄酒在室，醴醆在户，粢醍在堂，澄酒在下，陳其犧牲，備其鼎俎，列其琴、瑟、管、磬、鍾、鼓，脩其祝嘏，以降上神與其先祖，以正君臣，以篤父子，以睦兄弟，以齊上下，夫婦有所，是謂『承天之祜』。此言今禮饌具所因於古及其事義也。粢讀爲「齊」，聲之誤也。《周禮》：「五齊，一曰泛齊，二曰醴齊，三曰盎齊，四曰醍齊，五曰沈齊。」（二）字雖異，「醆」與「盎」，「澄」與「沈」，蓋同物也。奠之不同處，重古略近也。祝，祝爲主人饗神辭也；嘏，祝爲尸致福於主人之辭也。祜，福也，福之言備也。

「作其祝號，玄酒以祭，薦其血毛，腥其俎，孰其殽，與其越席、疏布以冪，衣其澣帛，醴醆以獻，薦其燔炙，君與夫人交獻，以嘉魂魄，是謂『合莫』。此謂薦上古、中古之食也。《周禮》：祝號有六，「一曰神號，二曰鬼號，三曰祇號，四曰牲號，五曰齍號，六曰幣號。」號者，所以尊神顯物也。腥其俎，謂豚解而腥之；及血毛，皆所以法於大古也。孰其殽，謂體解而爓之。此以下，皆所法於中古也。越席，翦蒲也。冪，覆尊也。澣帛，練染以爲祭服。嘉，樂也。莫，虚無也。《孝經説》曰：「上通無莫。」〇按《注》「無莫」，無本作「无」。无，奇字「無」字也。《正義》云：「上通元莫者，《孝經緯》文，言人之精靈所感，上通元氣寂寞，引之者證莫爲虛無」也。正本元字作「无」，謂虛無寂寞，義或然也。按《注》、《疏》今本无誤作「無」，此依段若膺據《北宋本》訂正之。

「然後退而合亨，體其犬、豕、牛、羊，實其簠、簋、籩、豆、鉶羹，祝以孝告，嘏以慈告，是謂『大祥』。此謂薦今世之食也。體其犬、豕、牛、羊，謂分别骨肉之貴賤以爲衆俎也。祝以孝告，嘏以慈告，各首其義也。祥，善也，今世之食，於人道爲善也。此禮之大成也。」解子游以禮所成也。

孔子曰：「嗚呼哀哉！我觀周道，幽、厲傷之，吾舍魯何適矣！政亂禮失，以爲魯尚愈，魯之郊禘，非禮也，周公其衰矣。非猶失也。魯之「郊牛口傷」，「鼷鼠食其角」，又有「四卜郊，不從」，是周公之道衰矣。言子孫不能奉行興之。○愚按：言非禮者，魯諸侯也，臚於郊祀，自亂周公之制法。孔子遊於觀之上，喟然而嘆，爲此也。《注》以「口傷」、「食角」等爲非禮，恐誤。杞之郊也，禹也；宋之郊也，契也。是天子之事守也。先祖法度，子孫所當守。○愚按：言二國於禮得郊，是世守天子之事故也，反譏魯。故天子祭天地，諸侯祭社稷。○按：方氏苞斷此二句屬下節，亦通。祝嘏莫敢易其常古，是謂『大假』。假，亦大也。不敢改其常古之法度，是謂大大也。將言今不然。○陳《注》云：「假，亦當作『嘏』。」

「祝嘏辭説，藏於宗祝巫史，非禮也。是謂『幽國』。藏於宗祝巫史，言君不知有也。幽，闇也。國闇者，君與大夫俱不明也。○愚按：祝嘏辭説，藏於宗祝巫史，不令人見也。如秦祕祝移過於下之類。幽，隱闇也。

「醆斝及尸君，非禮也，是謂『僭君』。僭禮之君也。醆、斝，先王之爵也，唯魯與王者之後得用之耳，其餘諸侯用時王之器而已。

「冕、弁、兵革藏於私家，非禮也，是謂『脅君』。劫脅之君也。冕、弁，君之尊服。兵革，君之武衛及軍器也。○愚按：大夫冕弁，皆公家爲之。《周禮·弁師》可見。

「大夫具官，祭器不假，聲樂皆具，非禮也，是謂『亂國』。臣之奢富儗於國君，敗亂之國也。孔子謂管仲「官事不攝，焉得儉」。○愚按：大夫祭不用樂，《少牢饋食》無奏樂之文。

「故仕於公曰『臣』，仕於家曰『僕』。三年之喪與新有昏者，期不使。以衰裳入朝，與家僕雜居齊齒，非禮也，是謂『君與臣同國』。臣有喪昏之事而不歸，反服其衰裳以入朝，或與僕相等輩而處，是謂君臣共國無尊卑也。有喪昏不歸，唯君耳；臣有喪昏，當致事而歸。僕又不可與士齒。

「故天子有田以處其子孫，諸侯有國以處其子孫，大夫有采以處其子孫，是謂『制度』。言今不然也。《春秋·昭元年》「秦伯之弟鍼出奔晉」，刺其有千乘之國，不能容其母弟。○方氏苞曰：「此畿内大夫，有勳勞，賜世邑，如周、召分子，見於《春秋》者。《金縢》「王與大夫盡弁」，與此篇所舉，皆該公卿。」故天子適諸侯，必舍其祖廟，而不以禮籍入，是謂『天子壞法亂紀』。以禮籍入，謂大史典禮，執簡記奉諱惡也。天子雖尊，舍人宗廟，猶有敬焉，自拱勑也。諸侯非問疾、弔喪而入諸臣之家，是謂『君臣爲謔』。無故而相之，是戲謔也。陳靈公與孔寧、儀行父數如夏氏，以取弑焉。

「是故禮者，君之大柄也：所以別嫌明微，儐鬼神，考制度，別仁義，所以治政安君也。疾今失禮如此，爲言禮之大義也。柄，所操以治事。故政不正則君位危。君位危則大臣倍，小臣竊。刑肅而俗敝，則法無常。法無常而禮無列。禮無列，則士不事也。刑肅而俗敝，則民弗歸也。是謂『疵國』。又爲言政失君危之禍敗也。肅，駿也。疵，病也。

「故政者，君之所以藏身也。於此又遂爲之言政也。藏，謂輝光於外而形體不見，若日月星辰之神。是故夫政必本於天，殽以降命。降，下也。殽天之氣以下教令，天有運移之期，陰陽之節也。命降于社之謂殽地。謂教令由社下者也，社，土地之主也。《周禮》「土會之法」，有「五地之物生」。降于祖廟之謂仁義，謂教令由祖下者。《大傳》曰：「自禰率而上，至于祖遠者，輕仁也。自祖率而下，至於禰高者，重義也。」降于山川之謂興作，謂教令由山川下者也。山川有草木禽獸，可作器物共國事。降于五祀之謂制度。謂教令由五祀下者。五祀有中霤、門、户、竈、行之神，此始爲宫室制度。〇愚按：方氏苞以此五祀爲五行之帝。蓋以祀門、行、户、竈，無命之可降也。恐非。此聖人所以藏身之固也。政之行如此，何用城郭溝池之爲！

故聖人參於天地、竝於鬼神，以治政也。處其所存，禮之序也；玩其所樂，民之治也。竝，并也，謂比方之也。存，察也。治，所以樂其事居也。〇方氏苞曰：「物必有則其所存也，節之文之，各就其本然之則，處其所存也，是禮之所以序也。玩與《易·大傳》玩辭、玩占之義略同，謂思索而體驗之也。觀《周官》於民治，凡利於民者，皆曲盡而無遺，乃知聖人玩其所樂之實。故天生時而地生財，人其父生而師教之，四者，君以正用之。故君者，立於無過之地也。順時以養財，尊師以教民，而以治政，則無過差矣。《易》曰：「何以守位曰仁。何以聚人曰財。」

「故君者，所明也，非明人者也；君者，所養也，非養人者也；君者，所事也，非事人者也。故君明人則有過，養人則不足，事人則失位。明猶尊也。○愚按：君自昭明德，是人所觀法以爲明也，非恃覺察以明人也。○陳《注》讀明爲「則」，今未敢從。故百姓則君以自治也，養君以自安也，事君以自顯也。故禮達而分定，故人皆愛其死而患其生。則當爲「明」。人之道，身治，居安，名顯，則不苟生也。不義而死，舍義而生，是不愛死患生也。○愚按：則，讀如字。君者所明，故百姓法則於君，以自治其身也。

「故用人之知，去其詐；用人之勇，去其怒；用人之仁，去其貪。用知者之謀，勇者之斷，仁者之施，足以成治矣。詐者害民信，怒者害民命，貪者害民財。三者亂之原。故國有患，君死社稷，謂之義，大夫死宗廟，謂之變。變當爲「辯」，聲之誤也。辯猶正也。君守社稷，臣衛君宗廟者。患，謂見圍入。○方氏苞曰：「大夫死國事，常也。若死己之宗廟，則必族有亂人，爲君所討」，「事之變也」。

「故聖人耐以天下爲一家，以中國爲一人者，非意之也，必知其情，辟於其義，明於其利，達於其患，然後能爲之。耐，古「能」字。傳書世異，古字時有存者，則亦有今誤矣。意，心所無慮也。辟，開也。○愚按：「無慮」，古人語，未詳。《疏》云：「即慮無也。」又按：無慮，古人語。今人言「模量」，即

「無慮」聲之轉耳。

「何謂人情？喜、怒、哀、懼、愛、惡、欲，七者弗學而能。何謂人義？父慈、子孝、兄良、弟弟、夫義、婦聽、長惠、幼順、君仁、臣忠，十者謂之人義。講信、脩睦，謂之人利。爭奪相殺，謂之人患。極言人事。故聖人之所以治人七情，脩十義，講信，脩睦，尚辭讓，去爭奪，舍禮何以治之？唯禮可耳。飲食、男女，人之大欲存焉；死亡、貧苦，人之大惡存焉。故欲惡者，心之大端也。人藏其心，不可測度也；美惡皆在其心，不見其色也。欲一以窮之，舍禮何以哉？言人情之難，知明禮之重。○愚按：七情單舉欲、惡者，欲、惡總七情之要，其餘五者相生相變也。美惡皆在其心。美惡即爲七情之中失也。禮所以節七情，明十義，故舍禮無以。

「故人者，其天地之德，陰陽之交，鬼神之會，五行之秀氣也。言人兼此氣性純也。○愚按：天地之德，健順是也。人之精爽爲魂魄，魄陰魂陽，是謂陰陽鬼神也。五臟、五性，本乎五行，是其秀氣所凝也。德以性言；交、會兼性與氣言；秀氣以氣兼性言。《注》云「言人兼此氣性純」，是統論四句。《疏》以天地、陰陽屬氣，鬼神、五行屬性，非也。

「故天秉陽，垂日星；秉猶持也。言天持陽氣，施生照臨下也。地秉陰，竅於山川。播五行於四時，和而后月生也。是以三五而盈，三五而闕。竅，孔也。言地持陰氣，出內於山川，以舒五行於四時。此氣和，乃后月生，而上配日，若臣功成進爵位也。一盈一闕，屈伸之義也。必三五者，播五行於四時也。一曰水，二曰火，三曰木，四曰金，五曰土，合爲十五之成數也。○李光地曰：「日星從天而屬陽，四時，日星之所經也。山川從地而屬陰；五行，山川之所主也。」○愚按：垂，陽象；竅，陰象也。播，宣布也。四時調和，月生如期，即日行循軌可知。五行之動，迭相竭也。五行，四時、十二月，還相爲本也。五聲，六律、十二管，還相爲宫也。五味，六和、十二食，還相爲質也。五色，六章、十二衣，還相爲質也。竭猶負載也。言五行運轉，更相爲始也。五聲，宫、商、角、徵、羽也。其管，陽曰律，陰曰吕。布十二辰，始於黄鍾，管長九寸，下生者三分去一，上生者三分益一，終於南吕，更相爲宫，凡六十也。五味，酸、苦、辛、鹹、甘也。和之者，春多酸，夏多苦，秋多辛，冬多鹹，皆有滑甘，是謂六和。五色、六章，畫繢事也。《周禮·考工記》曰：「土以黄，其象方，天時變，火以圜，山以章，水以龍，鳥獸蛇。雜四時五色之位以章之，謂之巧」也。○愚按：竭，終盡也。鄭訓「負載」，則當爲「揭」矣。

「故人者，天地之心也，五行之端也，食味、別聲、被色而生者也。此言兼氣性之效也。○愚按：人居天地中間而秀靈，故曰心。人一身具五行之事。端，緒也。此言兼氣性之驗也。故聖人作則，必以天地爲本，以陰陽爲端，以四時爲柄，以日星爲紀，月以爲量，鬼神以爲徒，五行以爲質，禮義以爲器，人情以爲田，四靈以爲畜。天地以至於五行，其制作所取象也。禮義人情，其政治也。四靈者，其徵報也。此則《春秋》始於元、終於麟，包之矣。吕氏説《月令》而謂之「春秋」，事類相近焉。量猶分也。鬼神，謂山川也；山川，助地通氣之象也。器，所以操事。田，人所桴治也。禮之位，賓主象天地，介僎象陰陽，四面之位象四時，三賓象三光，夫婦象日月，亦是也。《疏》云：自「天地爲本」以下凡十句，總覆説前事也。禮義爲耒耨，可耕治人情。○愚按：《注》以鬼神爲山川，恐非。既云覆説前文，則前云「鬼神之會」，不得謂專指山川也。竊謂「鬼神以爲徒」，即前所謂「竝於鬼神」也。聖人政治與鬼神合吉凶，即是與鬼神爲徒侶也。徒猶黨也。「五行爲質」與「四時爲柄」不同。柄，所操也，操時以作事。質，謂幹也，依五行之理以立幹。以天地爲本，故物可舉也。物，天地所養生。以陰陽爲端，故情可睹也。情，以陰陽通也。以四時爲柄，故事可勸也。事，以四時成。以日星爲紀，故事可列也。事以日與星爲候，興作有次第。月以爲量，故功有藝也。藝猶才也。十二月各有分，猶人之才各有所長也。藝或爲「倪」。○愚按：藝，能也。按十二月之分限課事，則各效其能。方氏苞以藝爲「貪欲無藝」之「藝」，藝，極限也。鬼神以爲徒，故事可守也。山川守職不移。○愚按：聖人作事，鬼神協從，故可守而勿失。五行以爲質，故事可復也。事下竟復，由上始也。○愚按：復，反復其道也。五行終則復始，道可常行。禮義以爲器，故事行有考也。考，成也。器利則事成。人情以爲田，故人以爲奧也。奧猶主也。田無主則荒。○愚按：奧，深處也。治人情如治田，不使莠稂害嘉穀，故人以爲奧區而墾治之。四靈以爲畜，故飲食有由也。由，用也。四靈與羞物爲羣。「何謂四靈？」麟、鳳、龜、龍，謂之四靈，故龍以爲畜，故魚鮪不淰。鳳以爲畜，故鳥不獝。麟以爲畜，故獸不狘。龜以爲畜，故人情不失。淰之言，閃也。獝、狘，飛、走之貌也。失猶去也。龜，北方之靈，信則至矣。○愚按：龜所以決人情之疑，不失，言得事理也。

「故先王秉蓍龜，列祭祀，瘞繒，宣祝嘏辭説，設制度，故國有禮，官有御，事有職，禮有序。故先王患禮之不達於下也。患下不信也。皆卜筮所造置也。埋牲曰瘞。幣帛曰繒。宣猶揚也。繒，或作「贈」。

「故祭帝於郊，所以定天位也。祀社於國，所以列地利也。祖廟，所以本仁也。山川，所以儐鬼神也。五祀，所以本事也。故宗祝在廟，三公在朝，三老在學，王前巫而後史，卜筮、瞽、侑，皆在左右，王中心無爲也，以守至正。此所以達禮於下也。教民尊神、慎居處也。宗，宗人也。瞽，樂人也。侑，四輔也。○愚按：達嚴上之禮，故曰「定天位」；達報恩之禮，故曰「列地利」。○陳《注》「王中」爲句，「心」字屬下讀。

「故禮行於郊，而百神受職焉。禮行於社，而百貨可極焉。禮行於祖廟，而孝慈服焉。禮行於五祀，而正法則焉。言信得其禮，則神物與人皆應之。百神，列宿也。百貨，金玉之屬。○陳《注》云：「不言山川興作，『法則』包之。」故自郊、社、祖廟、山川、五祀，義之脩而禮之藏也。脩猶飾也。藏，若其城郭然。

「是故夫禮必本於大一，分而爲天地，轉而爲陰陽，變而爲四時，列而爲鬼神，其降曰命，聖人象此下之以爲教令。○《疏》云：「極大曰大，未分曰一。」其官於天也。官猶法也。此聖人所以法於天也。○方氏苞曰：「天以健順之理，降於人而爲命。人秉之〔而〕爲性」，「是即其受於天之職分，故曰官於天」。「朱軾曰：『通節皆言太極陰陽之理，至下節始言先王本此爲禮以教人。』」

「夫禮必本於天，本於大一與天之義。動而之地，後法地也。列而之事，後法五祀。五祀，所以本事也。變而從時，後法四時。○方氏苞曰：「因革損益，必隨時以通其變。協於分藝，協，合也。言禮合於月之分，猶人之才也。「合於月之分」，本或作「日月之分」。「日」，衍字。○愚按：「合於月之分」以下，疑後人竄入者，不然，何自注自疏。其居人也曰養，養，當作「義」，字之誤也。下之則爲教令，居人身爲義。《孝經説》曰：「義由人出。」○按：養，王肅讀如字，《家語》亦同。蓋以下云「穫而弗食」、「食而弗肥」，字宜曰養。其説非也，今從鄭。其行之以貨、力、辭讓、飲食、冠、昏、喪、祭、射、御、朝、聘。貨，摯幣庭實也。力，筋骸强者也。不則偃罷。

「故禮義也者，人之大端也，所以講信脩睦，而固人之肌膚之會、筋骸之束也。所以養生、送死、事鬼神之大端也，所以達天道、順人情之大竇也。竇，孔穴也。故唯聖人爲知禮之不可以已也，故壞國、喪家、亡人，必先去其禮。言愚者之反聖人也。故禮之於人也，猶酒之有糵也；君子以厚，小人以薄。皆得以爲美味性善者醇耳。○愚按：言君子、小人，皆不能去禮也。

「故聖王脩義之柄、禮之序，以治人情。治者，去瑕穢，養菁華也。故人情者，聖王之田也。脩禮以耕之，和其剛柔。○愚按：人道先禮，田事首耕；耕者有疆界，禮亦有分限也。陳義以種之，樹以善道。○愚按：義合時措，種別土宜。講學以耨之，存是去非類也。本仁以聚之，合其所盛。○愚按：聚，收斂也。

仁聚衆善，猶穀登衆實。禮義講學，皆本於仁，則凡事立乎其誠而德凝焉。播樂以安之。感動使之堅固。○愚按：樂者，樂也。和順於道德，猶安適於飽飫。故禮也者，義之實也，協諸義而協，協，合也。合禮於義，則與義合，不乖刺。○方氏苞曰：「義虛縣而無所麗，著於事物而禮生焉，故曰：禮也者，義之實也。」則禮雖先王未之有，可以義起也。以其合於義，可以義起作。義者，藝之分、仁之節也。藝猶才也。協於藝，講於仁，得之者强。有義則人服之也。○愚按：藝，功能也。以事言，仁惠愛也；以心言，二者皆得義以自堅强。仁者，義之本也，順之體也，得之者尊。有仁，則人仰之也。○愚按：仁爲衆善之本，百順之原，天之尊爵，故得之而尊。故治國不以禮，猶無耜而耕也。無以入也。爲禮不本於義，猶耕而弗種也。嘉穀無由生也。○愚按：《注》闕二字。〔二〕爲義而不講之以學，猶種而弗耨也。苗不殖，草不除。講之以學而不合之以仁，猶耨而弗穫也。無以知收之豐荒也。合之以仁而不安之以樂，猶穫而弗食也。不知味之甘苦。安之以樂而不達於順，猶食而弗肥也。功不見也。○愚按：前文至「播樂以安」而止，此又益以「達順」者，樂安則修己之功，達順則安百姓贊天地之極致。四體既正，膚革充盈，人之肥也。父子篤，兄弟睦，夫婦和，家之肥也。大臣法，小臣廉，官職相序，君臣相正，國之肥也。天子以德爲車，以樂爲御，諸侯以禮相與，大夫以法相序，士以信相考，百姓以睦相守，天下之肥也。是謂『大順』。大順者，所以養生、送死、事鬼神不常也。常，謂皆有禮，用無匱乏也。車，或爲「居」。○愚按：以厚德載物，故曰爲車。和樂以行之，故曰爲御。故事，大積焉而不苑，竝行而不繆，細行而不失，深而通，茂而有間，連而不相及也，動而不相害也，此順之至也。言人皆明於禮，無有蓄亂滯合者，各得其分理，順其職也。〇愚按：下四句即承上三句言。「深而通」，承「細行不失」句，言深微有不通，是細行有闕失也。「茂而有間」，承「大積不苑」句，言茂密而無間，是大積有鬱滯也。「連而不相及」、「動而不相害」承「竝行不繆」句，言連與動即「竝行」，「不及」、「不害」即不繆也。此皆汎言人事，故以「事」字總起之。方氏苞牽引禮事訓釋，恐非。〇苑讀于粉反，積也。故明於順然後能守危也。能守自危之道也。君子居安如危，小人居危如安。《易》曰：「危者安其位。」

「故禮之不同也，不豐也，不殺也，所以持情而合危也。豐、殺，謂天子及士名位不同，禮亦異數，所以拱持其情，合安其危。〇方氏苞曰：「禮達而分定，則當其常，可以持情不至於驕盈；當其變，可以合危而自固以分義。」故聖王所以順，山者不使居川，不使渚者居中原，而弗敝也。小洲曰渚，廣平曰原。山者利其禽獸，渚者利其魚鹽，中原利其五穀，使各居其所安，不易其利、勞敝之也。民失其業則窮，窮則濫。用水、火、金、木，飲食必時。用水，謂漁人以時漁爲梁，「春獻鱉蜃，秋獻龜魚」也。用火，謂司爟「四時變國火，以救時疾」，及「季春出火」、「季秋納火」也。用金，謂丱人「以時取」「金玉錫石」也。用木，謂山虞「仲冬斬陽木」、「仲夏斬陰木」。飲食，謂「食齊視春時，羹齊視夏時，醬齊視秋時，飲齊視冬時」。合男女，頒爵位，必當年、德。謂媒氏「令男三十而娶，女二十而嫁」；司士「稽士任，進退其爵禄」也。用民必順。不奪農時。故無水旱、昆蟲之災，民無凶饑、妖孽之疾。言大順之時陰陽和也。昆蟲之災，螟蠡之屬也。○陸德明曰：「孽又作蠥，妖又作祆。《説文》云：『衣服歌謡草木之怪，謂之祆；禽獸蟲蝗之怪，謂之蠥。』」故天不愛其道，地不愛其寶，人不愛其情。言嘉瑞出，人情至也。故天降膏露，地出醴泉，山出器車，河出馬圖，鳳皇麒麟皆在郊棷，龜龍在宫沼，其餘鳥獸之卵胎，皆可俯而闚也。膏猶甘也。器，謂若銀甕丹甑也。馬圖，龍馬負圖而出也。棷，聚草也。沼，池也。○愚按：器車，謂自然成器也。《文選·〈上林賦〉·注》：「張揖曰：山出象輿，瑞應車也。」象輿，蓋亦自然有形象也。《宋書·禮志五》云：「殷有山車之瑞」，謂桑根車，殷人制爲大路。《禮緯》曰：「山車垂句。」句，曲也。言不揉治而自曲也。古曰桑根車，秦曰金根車，漢因秦舊，亦爲乘輿，所謂「乘殷之路」者也。據張揖及《禮志》之言，器車與馬圖爲偶，不得如鄭君所言矣。山車，素木樸材，不假雕治，殷人制以爲路，取其攻堅，故孔子舍周從殷者也。棷，本或作「藪」。則是無故，非有他事使之然也。先王能脩禮以達義，體信以達順故，此順之實也。」實猶誠也，盡也。

校記

〔一〕醍，《周禮·天官冢宰·酒正》作「緹」。

〔二〕「嘉穀」，据《十三經注疏·禮記注疏》卷二十二阮元《校勘記》補。

禮器第十

禮器，是故大備。大備，盛德也。禮器，言禮使人成器，如耒耜之爲用也。「人情以爲田」，「脩禮以耕之」，此是也。大備，自耕至於食之而肥。○愚按：禮使人成器前，用備足，故曰大備。禮釋回，增美質，措則正，施則行。釋猶去也。回，邪辟也。質猶性也。措，置也。其在人也，如竹箭之有筠也，如松柏之有心也。二者居天下之大端矣。故貫四時而不改柯易葉。箭，篠也。端，本也。四物於天下最得氣之本，或柔刃於外，或和澤於内，用此不變易也。人之得禮，亦猶然也。○鄭云：「筠，竹之青皮也。」○方氏苞曰：「以竹與均成字，似當爲竹節，謂其長短略均也。」○愚按：竹有筠，所以均節於外；禮亦君子所自均節於外也。故君子有禮，則外諧而内無怨。人協服也。○愚按：外諧，以有筠言；身有禮，則節文諧協也。内無怨，以有心言；心有禮，則志意堅定也。故物無不懷仁，鬼神饗德。懷，歸也。

先王之立禮也，有本，有文。忠信，禮之本也；義理，禮之文也。無本不立，無文不行。言必外内具也。禮也者，合於天時，設於地財，順於鬼神，合於人心，理萬物者也。鬼神所祀，事有德也。是故天時有生也，地理有宜也，人官有能也，物曲有利也。言皆有異。○愚按：人官，如耳目之官，之官，〔一〕言人具才力，各有所能也。物曲，如致曲之曲。《易》云：「曲成萬物而不遺」，言物之委曲，各有利用也。故天不生，地不養，君子不以爲禮，鬼神弗饗也。天不生，謂非其時物也。地不養，謂非地所生。居山以魚鼈爲禮，居澤以鹿豕爲禮，君子謂之不知禮。不順其鄉之所有也。故必舉其定國之數，以爲禮之大經，定國之數，謂地物所出多少。禮之大倫：以地廣狹。爲貢賦之常差。禮之薄厚，與年之上下。用年之豐凶也。是故年雖大殺，衆不匡懼，則上之制禮也節矣。言用之有節也。殺，謂穀不孰也。匡猶恐也。○匡、恇，通。

禮，時爲大，順次之，體次之，宜次之，稱次之。言聖人制禮所先後也。堯授舜，舜授禹，湯放桀，武王伐紂，時也。言受命改制度。《詩》云：「匪革其猶，聿追來孝。」革，急也。猶，道也。聿，述也。言文王改作者，非必欲急行己之道，乃追述先祖之業，來居此爲孝。○愚按：今《毛詩》革作「棘」，猶作「欲」，聿作「遹」。此蓋舉齊、魯、韓三家詩也。天地之祭，宗廟之事，父子之道，君臣之義，倫也。倫之言順也。社稷、山川之事，鬼神之祭，體也。天地人之别體也。喪祭之用，賓客之交，義也。義之言宜也。人道之宜。羔豚而祭，百官皆足；大牢而祭，不必有餘，此之謂稱也。足猶得也。稱，稱牲之大小而爲俎。此指謂助祭者耳，而云百官，喻衆也。○愚按：百官、大夫、士也。足，謂慊於心意。稱，謂稱其尊卑也。《注》以稱爲牲體之大小，恐非；且與下歷言「多」、「少」、「大」、「小」等不合也。諸侯以龜爲寶，以圭爲瑞；家不寶龜，不藏圭，不臺門，言有稱也。古者貨貝寶龜，大夫以下有貨耳。《易》曰：「十朋之龜」，瑞信也。諸侯執瑞，孤卿以下執摯，闍者謂之臺。○愚按：寶龜爲占吉凶，非以貨貝也。

禮有以多爲貴者：天子七廟，諸侯五，大夫三，士一。天子之豆二十有六，諸公十有六，諸侯十有二，上大夫八，下大夫六。諸侯七介、七牢，大夫五介、五牢。天子之席五重，諸侯之席三重，大夫再重。天子崩，七月而葬，五重，八翣；諸侯五月而葬，三重，六翣；大夫三月而葬，再重，四翣。此以多爲貴也。豆之數，謂天子朔食、諸侯相食及食大夫。《公食大夫禮》曰：「宰夫自東房薦豆六，設于醬東」，此食下大夫，而豆六則其餘著矣。《聘禮》致饔餼於上大夫，「堂上八豆，設于户西」，則凡致饔餼堂上之豆數亦如此。《周禮》，公之豆四十，其東西夾各十有二。侯伯之豆三十有二，其東西夾各十。子男之豆二十有四，其東西夾各六。「諸侯七介七牢」者，周之侯伯也。「大夫五介五牢」者，侯伯之卿使聘者也。《周禮》上公九介九牢，侯伯七介七牢，子男五介五牢。《聘義》所云「上公七介，侯伯五介，子男三介」，乃謂其使者也。天子葬五重者，謂抗木與茵也。葬者，抗木在上，茵在下。《士喪禮》下篇陳器曰：「抗木橫三縮二，加抗席三，加茵用疏布，緇翦有幅，亦縮二橫三。」此士之禮一重者。以此差之，上公四重。」○方氏苞曰：「朱軾曰：『五重、三重、再重，皆謂棺。《喪大記》所謂「大棺」、「屬」、「椑」是也。』天子水兕革棺，如合甲，爲二重；杝棺一，梓棺二，故五重。」○愚按：此説與鄭異，未審誰是。

有以少爲貴者：天子無介。祭天特牲。天子適諸侯，諸侯膳以犢，諸侯相朝，灌用鬱鬯，無籩豆之薦。大夫聘，禮以脯醢。天子一食，諸侯再，大夫士三，食力無數。大路，繁纓一就。次路，繁纓七就。圭、璋特，琥、璜爵，鬼神之祭單席。諸侯視朝，大夫特，士旅之。此以少爲貴也。

天子無介，無客禮也。灌，獻也。一食，再食，三食，謂告飽也。食力，謂工商農也。大路繁纓一就，殷祭天之車也。《周禮》：「王之五路：玉路，繁纓十有二就；金路，九就；象路，七就；革路，五就；木路，翦繁鵠纓。圭、璋特，朝聘以爲瑞，無幣帛也。琥、璜爵者，天子酬諸侯，諸侯相酬，以此玉將幣也。大夫特，士旅之，謂君揖之。」〇鄭注《郊特牲》以此云「七就」爲誤。

有以大爲貴者：宮室之量，器皿之度，棺椁之厚，丘封之大，此以大爲貴也。

有以小爲貴者：宗廟之祭，貴者獻以爵，賤者獻以散，尊者舉觶，卑者舉角。五獻之尊，門外缶，門内壺，君尊瓦甒。此以小爲貴也。凡觴一升曰爵，二升曰觚，三升曰觶，四升曰角，五升曰散。五獻，男子之饗禮也。壺大一石，瓦甒五斗，缶大小未聞也。《易》曰：「尊酒、簋貳，用缶。」〇《疏》云：「按天子、諸侯及大夫，皆獻尸以爵，無『賤者獻以散』之文，《禮》文散亡，不具也。」〇按：《鬯人》「疈事用散」注：謂「漆尊也」，「無飾曰散」。

有以高爲貴者：天子之堂九尺，諸侯七尺，大夫五尺，士三尺。天子、諸侯臺門。此以高爲貴也。

有以下爲貴者：至敬不壇，掃地而祭。天子、諸侯之尊廢禁，大夫、士，棜禁。此以下爲貴也。

廢猶去也。棜，斯禁也。謂之棜者，無足，有似於棜，或因名云耳。大夫用斯禁，士用棜禁，如今方案，隋長局足，高三寸。

禮有以文爲貴者：天子龍衮，諸侯黼，大夫黻，士玄衣纁裳。天子之冕，朱緑藻，十有二旒，諸侯九，上大夫七，下大夫五，士三。此以文爲貴也。此祭冕服也。朱緑，似夏殷禮也。《周禮》：「天子五采藻。」

有以素爲貴者：至敬無文。父黨無容。大圭不琢，大羹不和。大路素而越席。犧尊疏布鼏。樿杓。此以素爲貴也。大圭長三尺，杼上終葵首。琢，當爲篆，字之誤也。《明堂位》曰：「大路，殷路也。」鼏，或作幕。樿，木白理也。○愚按：琢，《郊特牲》亦作琢。二處皆誤。琢當爲瑑，形近而譌。《漢書·董仲舒傳》云：「良玉不瑑。」注云：「瑑，謂雕刻爲文也。」

孔子曰：「禮不可不省也。禮不同，不豐，不殺。」此之謂也，蓋言稱也。省，察也。不同，言異也。○愚按：此總結上多少、大小、高下、文質之屬，故云皆言稱也。

禮之以多爲貴者，以其外心者也。外心，用心於外，其德在表也。德發揚，詡萬物，詡猶普也，偏也。○愚按：《注》以德爲王者之德，是也。陳《注》謂「天地之德」，恐非。大理物博如此，則得不以多爲貴乎？故君子樂其發也。發猶見也。樂多其外見也。

禮之以少爲貴者，以其内心者也。内心，用心於内，其德在内。德産之致也精微，致，致密也。○愚按：言天地之德生物，至精至微。方氏苞謂「以德致其感格，較之以物産致報更爲精微」，恐未安。觀天下之物無可以稱其德者，萬物皆天所生，孰可奉薦以稱也。如此，則得不以少爲貴乎？是故君子慎其獨也。少其牲物，致誠慤。

古之聖人内之爲尊，外之爲樂，少之爲貴，多之爲美。是故先王之制禮也，不可多也，不可寡也，唯其稱也。

是故君子大牢而祭，謂之禮；匹士大牢而祭，謂之攘。君子，謂大夫以上。攘，盗竊也。○愚按：常祭：太牢，天子、大夫也。○《疏》云：檢《禮》本，匹字有作正字者，誤也。管仲鏤簋、朱紘，山節、藻棁，君子以爲濫矣。濫，亦盗竊也。鏤簋，謂刻而飾之。大夫刻爲龜耳，諸侯飾以象，天子飾以玉。朱紘，天子冕之紘也。諸侯青組紘，大夫士當緇組紘，纁邊。栭謂之節，梁上楹謂之棁，宫室之飾，士首本，大夫達棱，諸侯斲而礱之，天子加密石焉，無畫山藻之禮也。晏平仲祀其先人，豚肩不揜豆，澣衣濯冠以朝，君子以爲隘矣。隘猶狹陋也。祀不以少牢，與無田者同，不盈禮也。士大夫有田則祭，無田則薦，澣衣濯冠，儉不務新。是故君子之行禮也，不可不慎也，衆之紀也，紀散而衆亂。言二大夫皆非也。紀，絲縷之數有紀。孔子曰：「我戰則克，祭則受福，蓋得其道矣。」我，我知禮者也。克，勝也。○愚按：齊、戰，孔子所慎，則此我者，自我也。末句乃記者釋聖言。

君子曰：祭祀不祈，祈，求也。祭祀不爲求福也。《詩》云：「自求多福。」福由己耳。不麾蚤，麾之言快也。祭有時不以先之爲快也。齊人所善曰麾。不樂葆大，謂器幣也。葆之言褒也。不善嘉事，嘉事之祭致夫人是也。禮宜告見於先祖耳，不善之而祭。○愚按：《注》云「致夫人」，蓋據僖八年「七月，禘于大廟，用致夫人」，從《公羊》説也。《疏》取桓三年，齊侯使「仲年來聘，致夫人」當之，然於時無祭，不得言嘉事之祭，蓋誤也。牲不及肥大，薦不美多品。以禮之義，有以小少爲貴也。

孔子曰：「臧文仲安知禮！夏父弗綦逆祀，而弗止也。燔柴於奥。文仲，魯公子彄之曾孫臧孫辰也。莊、文之間爲大夫，於時爲賢，是以非之不正禮也。文二年「八月，丁卯，大事于大廟，躋僖公」，始逆祀，是夏父弗綦爲宗伯之爲也。奥當爲爨，字之誤也；或作竈。《禮》：「尸卒食，而祭饎爨、饔爨」也。時人以爲祭火神，乃燔柴。○愚按：燔柴於奥，此亦臧文仲不能止夏父弗綦失禮之事。夫奥者，老婦之祭也。盛於盆，尊於瓶。老婦，先炊者也。盆、瓶，炊器也。明此祭先炊，非祭火神，燔祭似失之。

禮也者，猶體也。若人身體。體不備，君子謂之不成人。設之不當，猶不備也。禮有大，有小，有顯，有微。大者不可損，小者不可益，顯者不可揜，微者不可大也。故經禮三百，曲禮三千，其致一也。致之言至也。一，謂誠也。經禮，謂《周禮》也。《周禮》六篇，其官有三百六十。曲猶事也，事禮，謂今禮也。禮篇多亡，本數未聞，其中事儀三千。未有入室而不由户者。三百、三千，皆由誠也。

君子之於禮也，有所竭情盡慎，致其敬而誠若，謂以少、小、下、素爲貴也。若，順也。陳《注》云：「若，語辭。」有美而文而誠若。謂以多、大、高、文爲貴也。○愚按：内心外心，皆主於誠。

君子之於禮也，有直而行也，謂若始死哭踊無節也。有曲而殺也，謂若父在爲母期也。有經而等也，謂若天子以下至士庶人，爲父母三年。有順而討也，討猶去也。謂若天子以十二、公以九、侯伯以七、子男以五爲節也。有摲而播也，摲之言芟也，謂芟殺有所與也。若祭者，貴賤皆有所得，不使虚也。有推而進也，謂若王者之後，得用天子之禮。有放而文也，謂若天子之服，服日月以至黼黻。〇愚按：放，法效也。有放而不致也，謂若諸侯自山龍以下。〇愚按：致，極也。有順而摭也。謂若君沐粱，大夫沐稷，士沐粱。〇愚按：摭，拾取也。

三代之禮一也，民共由之。或素或青，夏造殷因。一也，俱趨誠也。由，用也。素尚白、黑尚青者也，言所尚雖異，禮則相因耳。孔子曰：「殷因於夏禮，所損益，可知也；周因於殷禮，所損益，可知也。」變白黑言素青者，秦二世時，趙高欲作亂，或以青爲黑，黑爲黄，民言從之，至今語猶存也。〇愚按：一，言不有二也。又按《後漢書》崔琦對梁冀曰：「將使玄黄改色，馬鹿易形乎？」《注》言「馬鹿」而不言「玄黄」。《困學紀聞》五卷引此《注》，謂玄黄改色，即此事也。周坐尸，詔侑武方，其禮亦然。其道一也。言此亦周所因於殷也。武當爲無，聲之誤也。方猶常也。告尸行節，勸尸飲食者，常若孝子之爲也。孝子就養無方。詔侑或爲詔囿。夏立尸而卒祭，夏禮，尸有事乃坐。殷坐尸，無事猶坐。周旅酬六尸。使之相酌之也。后稷之尸，發爵不受旅。曾子曰：「周禮其猶醵與！」合錢飲酒爲醵，旅酬相酌似之也。王居明堂之禮，仲秋乃命國醵。

君子曰：禮之近人情者，非其至者也。近人情者褻，而遠之者敬。郊血，大饗腥，三獻爓，一獻孰。

郊，祭天也。大饗，祫祭先王也。三獻，祭社稷五祀。一獻，祭羣小祀也。爓，沈肉於湯也。血、腥、爓、孰，遠近備古今也。尊者先，遠差降而下，至小祀，孰而已。是故君子之於禮也，非作而致其情也，作，起也。敬，非己情也，所以下彼。○方氏苞曰：「君子非作爲是禮以强致人情使從之，蓋有所由始，皆出於人情之自然也。」此有由始也。有所法也。是故七介以相見也，不然則已慤；三辭三讓而至，不然則已蹙。已，猶甚也。慤、蹙，愿貌。大愿則辭，不見情無由至也。故魯人將有事於上帝，必先有事於頖宮；上帝，周所郊祀之帝，謂蒼帝靈威仰也。魯以周公之故，得郊祀上帝，與周同。先有事於頖宮，告后稷也。告之者，將以配天先仁也。頖，郊之學也，《詩》所謂頖宮也。字或爲郊宮。○齊召南曰：「頖宮，學也。所祀者先聖先師。魯主周公之祀，則先有事於頖宮者，告周公也。后稷之主，如何得在頖宮？」○愚按：周公之主，當在太廟，亦不得在頖宮也。或魯所有事於頖宮者，即是先聖先師，如將祭，必先擇士習射於澤宮耳。晉人將有事於河，必先有事於惡池。惡，當爲呼，聲之誤也。呼池、漚夷，并州川。齊人將有事於泰山，必先有事於配林。配林，林名。三月繫，七日戒，三日宿，慎之至也。繫，繫牲於牢也。戒，散齊也。宿，致齊也。將有祭祀之事，必先敬慎如此，不敢切也。故禮有擯詔，樂有相步，温之至也。皆爲温藉重禮也。擯詔，告道賓主者也。相步，扶工也。詔或爲「紹」。○愚按：温讀如字，柔和也；《注》讀爲蘊。禮也者，反本脩古，不忘其初者也。故凶事不詔，朝事以樂；二者反本也。哭泣由中，非由人也；朝廷養賢以樂，樂之也。○愚按：反本，反其本性也。本者，人之初；古者，今之初，故皆不忘之，凶事不詔，二者反本也。醴酒之用，三者脩古也。醴酒之用，玄酒之尚，割刀之用，鸞刀之貴，莞簟之安，而槀鞂之設。三者脩古。穗去實曰鞂。《禹貢》：「三百里納鞂服。」是古先王之制禮也，必有主也。主謂本與古也。故可述而多學也。以本與古求之而已。

君子曰：無節於内者，觀物弗之察矣。節猶驗也。○愚按：節，度也。欲察物而不由禮，弗之得矣。故作事不以禮，弗之敬矣。出言不以禮，弗之信矣。故曰：禮也者，物之致也。致之言至也，極也。

是故昔先王之制禮也，因其財物而致其義焉爾。故作大事，必順天時；大事，祭祀也。《春秋·傳》曰：「啓蟄而郊，龍見而雩，始殺而嘗，閉蟄而烝。」爲朝夕，必放於日月；日出東方，月出西方。爲高必因丘陵；謂冬至祭天於圜丘之上。爲下必因川澤。謂夏至祭地於方澤之中。是故天時雨澤，君子達亹亹焉。達，猶皆也。亹亹，勉勉也。君子愛物，見天雨澤，皆勉勉勸樂。○愚按：達，通也。天時雨澤，君子勉然通之，達其生成之功。

是故昔先王尚有德，尊有道，任有能，舉賢而置之，聚衆而誓之。古者將有大事，必選賢誓衆，重事也。是故因天事天，天高，因高者以事也。因地事地，地下，因下者以事也。因名山升中于天。名猶大也。升，上也。中猶成也。謂巡守至於方嶽，燔柴祭天，告以諸侯之成功也。《孝經説》曰：「封乎泰山，考績燔燎；禪乎梁甫，刻石紀號」也。○愚按：方氏苞以《周禮》「治中」、「登中」釋「升中」之義，是也。因吉土以饗帝于郊。吉土，王者所卜而居之土也。饗帝于郊，以四時所兆，祭於四郊者也。今漢亦四時迎氣，其禮則簡。〇愚按：吉土，疑謂壇兆也。升中于天而鳳凰降，龜龍假；功成而太平，陰陽氣和而致象物。饗帝於郊而風雨節，寒暑時。五帝主五行。五行之氣和而庶徵得其序也。五行：木爲雨，金爲暘，火爲燠，水爲寒，土爲風。是故聖人南面而立，而天下大治。南面立者，視朝。

天道至教，聖人至德。目下事也。廟堂之上，罍尊在阼，犧尊在西；廟堂之下，縣鼓在西，應鼓在東。禮樂之器尊西也。小鼓謂之應。犧，《周禮》作獻。君在阼，夫人在房。人君尊東也。天子諸侯有左右房。〇愚按：夫人在右房。右，西也。大明生於東，月生於西：此陰陽之分，夫婦之位也。大明，日也。君西酌犧象，夫人東酌罍尊。象日出東方而西行也，月出西方而東行也。《周禮》曰：「春祠，夏禴，祼用雞彝、鳥彝，皆有舟。其朝踐，用兩獻尊；其再獻，用兩象尊，皆有罍，諸臣之所酢。」禮交動乎上，樂交應乎下，和之至也。言交乃和。

禮也者，反其所自生；自，由也。制禮者，本己所由得民心也。樂也者，樂其所自成。作樂，緣民所樂於己之功。舜之民樂其紹堯而作《大韶》，湯武之民樂其濩伐而作《濩武》。〇愚按：禮不忘本，故反其所自生；樂以象成，故樂其所自成。是故先王之制禮也以節事，動反本也。脩樂以道志，勸之善也。故觀其禮樂而治亂可知也。國亂，禮慢而樂淫也。蘧伯玉曰：「君子之人達。」觀其禮樂，則知治亂也。蘧伯玉，衛大夫也，名瑗。故觀其器而知其工之巧，觀其發而知其人之知。禮樂亦猶是也。故曰：君子慎其所以與人者。將以是觀。

大廟之内敬矣。君親牽牲，大夫贊幣而從。納牲於庭時也。當用幣告神而殺牲。君親制祭，夫人薦盎。親制祭，謂朝事進血膋時。所制者，制肝，洗於鬱鬯，以祭於室及主。君親割牲，夫人薦酒。親割，謂進牲孰體時。○《疏》云：「侯伯子男之君朝踐，君不獻，故夫人薦盎。」比「薦孰時，〔二〕君親割牲體，於時君亦不獻，故夫人薦酒。」卿大夫從君，命婦從夫人。洞洞乎其敬也，屬屬乎其忠也，勿勿乎其欲其饗之也。勿勿，猶勉勉也。○愚按：洞洞，深遠也。屬屬，繼續也。《詩》「黽勉從事」亦作「密勿」，故知勿勿猶勉勉也。納牲，詔於庭；血毛，詔於室；羹定，詔於堂。三詔皆不同位，蓋道求而未之得也。肉，謂之羹。道猶言也。○方氏苞曰：「肉熟曰定者，孰而後大小形定也。」設祭於堂，設祭之饌於堂，人君禮焉。爲祊乎外。祊，祭明日之繹祭也。謂之祊者，於廟門之旁，因名焉。其祭之禮，既設祭於室，而事尸於堂。孝子求神，非一處也。《周禮》曰：「夏后氏世室，門堂三之二，室三之一。」《詩·頌·絲衣》曰：「自堂徂基。」○齊召南曰：按《郊特牲·疏》云：「凡祊有二種：一是正祭之時，既設祭於廟，復求神於廟門之内。二是明日繹祭之時，設饌於廟門之西室。」《禮器》言「爲祊乎外」，以其稱外，故《注》云「祊祭，明日之繹祭」。但以經文推之，此句亦似指本日求神於門内之祊。蓋以門内對廟中言，則爲外也。鄭必以「繹」解「祊」，拘矣。故曰：於彼乎？於此乎？不知神之所在也。

一獻，質；謂祭羣小祀也。三獻，文；謂祭社稷五祀。五獻，察；察，明也，謂祭四望山川也。七獻，神。謂祭先公。

大饗，其王事與?盛其饌與貢，謂祫祭先王。三牲魚腊，四海九州之美味也。籩豆之薦，四時之和氣也。此饌，諸侯所獻。內金，示和也。此所貢也，內之庭實，先設之。金從革，性和，荆揚二州貢金三品。○陳《注》：「劉氏曰：『後篇言「鍾次之，以和居參之」，則此言「內金，示和」，亦取其聲之和耳。「見情也」者，見人情之和也。』」束帛加璧，尊德也。貢享所執致命者，君子於玉比德焉。龜爲前列，先知也。龜知事情者，陳於庭在前。荆州「納錫大龜」。金次之，見情也。金炤物。金有兩義，先入後設。丹漆、絲纊、竹箭，與衆共財也。萬民皆有此物。荆州貢「丹」，兖州貢「漆、絲」，豫州貢「纊」，揚州貢「篠簜」。其餘無常貨，各以其國之所有，則致遠物也。其餘謂九州之外夷服、鎮服、蕃服之國。《周禮》：「九州之外謂之蕃國。」世一見。各以其所貴寶爲摯。周穆王征犬戎，得白狼、白鹿，近之。其出也，《肆夏》而送之，蓋重禮也。出，謂諸侯之賓也。禮畢而出，作樂以節之。《肆夏》當爲《陔夏》。○愚按：肆讀如字，亦通。其出，謂尸出也。又按《傳》曰：「《肆夏》，天子所以饗元侯也。」後篇云「賓入大門而奏《肆夏》」是也。《注》易肆爲陔，非。

祀帝於郊，敬之至也。言就而祭之，不敢致也。宗廟之祭，仁之至也。仁，恩也。父子主恩也。喪禮，忠之至也。謂哭踊袒襲也。備服器，仁之至也。謂小斂、大斂之衣服，葬之明器。賓客之用幣，義之至也。謂來賻賵。故君子欲觀仁義之道，禮其本也。言禮有節於內，可以觀也。

君子曰：甘受和，白受采，忠信之人，可以學禮。苟無忠信之人，則禮不虛道。是以得其人之爲貴也。道猶由也，從也。

孔子曰：「誦《詩》三百，不足以一獻。一獻之禮，不足以大饗。大饗之禮，不足以大旅。大旅具矣，不足以饗帝。誦《詩》三百，喻習多言而不學禮也。大旅，祭五帝也。饗帝，祭天。○愚按：祭山曰旅，即《周禮》大旅，旅四望也。大旅所以難於大饗者，以其外神，不易格也。毋輕議禮。」謂若誦《詩》者不可以强言禮。

子路爲季氏宰。宰，治邑吏也。季氏祭，逮闇而祭，日不足，繼之以燭。謂舊時也。雖有强力之容，肅敬之心，皆倦怠矣。以其久也。有司跛倚以臨祭，其爲不敬大矣。偏任爲跛，依物爲倚。他日祭，子路與。室事交乎户，堂事交乎階，質明而始行事，晏朝而退。室事，祭時。堂事，儐尸。孔子聞之，曰：「誰謂由也而不知禮乎！」多其知禮。

校記

〔一〕下「之官」二字疑衍。

〔二〕就，《周禮注疏》卷二十四《禮器》「君親割牲」孔《疏》作「孰」。

郊特牲第十一

郊特牲，而社稷大牢。天子適諸侯，諸侯膳用犢；諸侯適天子，天子賜之禮大牢；貴誠之義也。故天子，牲孕弗食也，祭帝弗用也。犢者誠慤，未有牝牡之情，是以小爲貴也。孕，任子也。《易》曰：「婦孕不育。」○《疏》案《聖證論》以天體無二。郊即圜丘，圜丘即郊。鄭氏以爲天有六天，丘郊各異。愚按齊召南曰：「此《疏》不如賈氏《大宗伯·疏》云一天而已，似無六天之義」爲直截明快也。又《疏》言天有六天，歲有八祭。按祭天一歲有九，《曲禮》「天子祭天地」《疏》言之已詳，故此文稍略也。楊復曰：「《疏》言《周禮》一歲九祭天，孫奭亦言歲有九祭。但《疏》謂郊祭感生帝，不如孫奭謂正月郊是祈穀，於經有明證也。」

大路繁纓一就，先路三就，次路五就。此因小說以少爲貴者。《禮器》言次路七就，與此乖，字之誤也。

郊血，大饗腥，三獻爓，一獻孰；至敬不饗味而貴氣臭也。血、腥、爓，祭用氣。○方氏苞曰：「《疏》謂祭天七獻，有尸而後有獻。獻者，生人飲食之道也。天地至廣大，灌且不用，不敢以神道求之也。乃設尸而以生人飲食之道獻焉，可乎！」諸侯爲賓，灌用鬱鬯。灌用臭也，大饗，尚腶脩而已矣。亦不饗味也。此大饗，饗諸侯也。

大饗，君三重席而酢焉。言諸侯相饗，獻酢禮敵也。三獻之介，君專席而酢焉。此降尊以就卑也。

三獻，卿大夫來聘，主君饗燕之。以介爲賓，賓爲尊敬，〔一〕則徹重席而受酢也。專猶單也。饗禘有樂而食嘗無樂，陰陽之義也。凡飲，養陽氣也；凡食，養陰氣也。故春禘而秋嘗；春饗孤子，秋食耆老，其義一也。而食嘗無樂。言義同而或用樂或不用樂也。此「禘」當爲「禴」字之誤也。《王制》曰：春禴夏禘。○按先儒云：嘗無樂，無稽之言也。飲，養陽氣也，故有樂；食，養陰氣也，故無聲。凡聲，陽也。

鼎俎奇而籩豆偶，陰陽之義也。籩豆之實，水土之品也。水土之品，言非人常所食。不敢用褻味而貴多品，所以交於旦明之義也。旦當爲「神」，篆字之誤也。○顧炎武《金石文字記》曰：「神，古碑多作禮，下从旦。《莊子》『有旦宅而無情死』，亦讀爲神。蓋昔之傳書者遺其上半，因訛爲『旦』耳，非旦可作神也。」

賓入大門而奏《肆夏》，示易以敬也。賓，朝聘者。易，和説也。○愚按：易，變也。禮以變爲敬。卒爵而樂闋，孔子屢歎之。美此禮也。奠酬而工升歌，發德也。以《詩》之義發明賓主之德。歌者在上，匏竹在下，貴人聲也。匏，笙也。樂由陽來者也，禮由陰作者也，陰陽和而萬物得。得，得其所。○愚按：禮樂，即目上事。賓主用禮樂，則陰陽和同，萬物得所，贊言其妙也。

旅幣無方，所以别土地之宜，而節遠邇之期也。旅，衆也。邇，近也。龜爲前列，先知也，以鍾次之，以和居參之也。鍾，金也。獻金爲作器，鍾，其大者。以金參居庭實之間，示和也。虎豹之皮，示服猛也。束帛加璧，往德也。

庭燎之百，由齊桓公始也。僭天子也。庭燎之差，公蓋五十，侯、伯、子、男皆三十。大夫之奏《肆夏》也，由趙文子始也。僭諸侯。趙文子，晉大夫，名武。

朝覲，大夫之私覿，非禮也。大夫執圭而使，所以申信也；其君親來，其臣不敢私見於主國君也；以君命聘，則有私見。不敢私覿，所以致敬也；而庭實私覿，何爲乎諸侯之庭？非其與君無別。爲人臣者無外交，不敢貳君也。私覿是外交也。○方氏苞曰：「此因私覿之非禮，而推廣言之。」

大夫而饗君，非禮也。其饗君，由强且富也。大夫强而君殺之，義也；由三桓始也。三桓，魯桓公之子、莊公之弟公子慶父、公子牙、公子友。慶父與牙通於夫人以脅公，季友以君命鴆牙，後慶父弑二君，又死也。○愚按：《匡謬正俗》云：「殺讀爲降殺之殺，謂衰弱也。」然文義不合，顏説非也。天子無客禮，莫敢爲主焉。君適其臣，升自阼階，不敢有其室也。明饗君非禮也。覲禮，天子不下堂而見諸侯。正君臣也。下堂而見諸侯，天子之失禮也，由夷王以下。夷王，周康王之玄孫之子也，時微弱，不敢自尊於諸侯。

諸侯之宮縣，而祭以白牡，擊玉磬，朱干設錫，冕而舞《大武》，乘大路，諸侯之僭禮也。言此皆天子之禮也。宮縣，四面縣也。干，盾也；錫，傅其背如龜也。武，萬武也。白牡、大路，殷天子禮也。臺門而旅樹，反坫，繡黼、丹朱、中衣，大夫之僭禮也。言此皆諸侯之禮也。旅，道也。屏謂之樹。樹所以蔽行道。「管氏樹塞門」，塞，猶蔽也。禮：「天子外屏，諸侯内屏」，大夫以簾，士以帷。反坫，反爵之坫也，蓋在尊南。兩君相見，主君既獻，於反爵焉。繡黼、丹朱，以爲中衣領緣也。繡讀爲綃，綃，繒名也。《詩》云「素衣朱綃」，又云「素衣朱襮」，襮，黼領也。〇愚按：繡，《毛詩》讀如字，《魯詩》作「綃」，鄭《昏禮·注》亦引之。故天子微，諸侯僭。大夫强，諸侯脅。於此相貴以等，相覿以貨，相賂以利，而天下之禮亂矣。言僭所由。諸侯不敢祖天子，大夫不敢祖諸侯。而公廟之設於私家，非禮也，由三桓始也。言仲孫、叔孫、季孫氏皆立桓公廟。魯以周公之故立文王廟，三家見而僭焉。〇愚按：魯立文王廟，即是僭禮，不得以周公有大功德爲解也。《疏》引文三年《左傳》云「宋祖帝乙，鄭祖厲王」，〔二〕非也。鄭不得祖厲王，猶魯不得祖文王耳，此竝僭禮也。又引《左傳》「凡邑，有宗廟先君之主曰都」，因爲説曰：「公子得祖先君，公孫不得祖諸侯」，故公子爲大夫者，亦得立宗廟於其采地。此説尤非也。《左傳》所言，多衰世之法，不足爲典要，何必曲爲之説。

天子存二代之後，猶尊賢也。尊賢不過二代。過之，遠難法也。二或爲「三」。〇愚按：不過二代，言非其餘諸侯可比耳，非限定止容二代也，周有「三恪」矣。

諸侯不臣寓公，故古者寓公不繼世。寓，寄也。寄公之子非賢者，世不足尊也。寓或爲「託」。

君之南鄉，答陽之義也。臣之北面，答君也。答，對也。大夫之臣不稽首，非尊家臣，以辟君也。辟國君也。

大夫有獻弗親，君有賜，不面拜，爲君之答己也。〔三〕不面拜者，於外告小臣，小臣受以入也。小臣掌三公及孤卿之復逆也。

鄉人裼，裼，强鬼也。謂時儺索室毆疫逐强鬼也。裼或爲「獻」，或爲「儺」。孔子朝服立于阼，存室神也。神依人也。

孔子曰：「射之以樂也，何以聽，何以射。」多其射容與樂節相應也。○愚按：鄭注《射義》云：「何以，言其難也。」孔子曰：「士，使之射，不能，則辭以疾。縣弧之義也。」男子生而設弧於門左，示有射道而未能也。女子設帨。○愚按：縣弧之義，明不當辭以不能耳，非以初生之未能證今辭疾之未能也。

孔子曰：「三日齊，一日用之，猶恐不敬；二日伐鼓，何居？」居讀爲姬，語之助也。何居，怪之也。伐猶擊也。齊者止樂，而二日擊鼓，則是成一日齊也。○愚按：伐鼓，謂作樂也。此必有爲而言。

孔子曰：「繹之於庫門內，祊之於東方，朝市之於西方，失之矣。」祊之禮，宜於廟門外之西室，繹又於其室，神位於西也。此二者同時，而大名曰繹。其祭禮簡而事尸禮大。朝市宜於市之東偏。《周禮》市有三期：「大市日側而市，百族爲主；朝市朝時而市，商賈爲主；夕市夕時而市，販夫販婦爲主。」○愚按：《家語》以此爲譏衛莊公，而《疏》據《明堂位》「庫門，天子皋門」，以爲魯事，未審誰是。

社祭土而主陰氣也。君南鄉於北墉下，答陰之義也。牆謂之墉。北墉，社内北牆。日用甲，用日之始也。國中之神，莫貴於社。天子大社必受霜露風雨，以達天地之氣也。大社，王爲羣姓所立。是故喪國之社屋之，不受天陽也。薄社北牖，使陰明也。絶其陽，通其陰而已。薄社，殷之社；殷始都薄。○薄又作「亳」。社所以神地之道也。地載萬物，天垂象。取財於地，取法於天，是以尊天而親地也，故教民美報焉。家主中霤，而國主社，示本也。中霤，亦土神也。○朱軾曰：「尊天，故臣民不敢祭；親地，故庶民皆得祭也。」唯爲社事，單出里。唯爲社田，國人畢作。唯社，丘乘共粢盛，〔四〕所以報本反始也。單出里，皆往祭社。於都鄙，二十五家爲里。畢作，人則盡行，非徒羨也。丘，十六井也。四丘，六十四井，曰甸，或謂之乘。乘者，以於車賦出長轂一乘。乘或爲「鄰」。

季春出火，爲焚也。謂焚萊也。凡出火，以火出建辰之月，火始出。然後簡其車賦而歷其卒伍，而君親誓社，以習軍旅。左之右之，坐之起之，以觀其習變也。簡、歷，謂算具陳列之也。君親誓社，誓吏士以習軍旅，既而遂田以祭社也。言祭社，則此是仲春之禮也。仲春以火田，田止弊火，然後獻禽。至季春火出，而民乃用火。今云「季春出火」，乃後「誓社」，記者誤也。社或爲「省」。而流示之禽，而鹽諸利，以觀其不犯命也。流猶行也。行，行田也。鹽讀爲艷。行田示之以禽，使歆艷之，觀其用命不也。謂禽謂利者，凡田，大獸公之，小禽私之。○愚按：鹽，疑與「引」通。古樂府《昔昔引》，引亦作鹽也。惠氏《古義》云：「古樂府有《昔昔鹽》、《三婦鹽》，亦作「艷」，古字通。」求服其志，不貪其得，失伍而獲，猶爲犯命。故以戰則克，以祭則受福。

天子適四方，先柴。所到必先燔柴，有事於上帝也。《書》曰：「歲二月，東巡守，至于岱宗，柴。」

郊之祭也，迎長日之至也。《易說》曰：「三王之郊，一用夏正。」夏正，建寅之月也。此言迎長日者，建卯而晝夜分，分而日長也。○齊召南曰：『按經文是言冬至圜丘之祭，非寅月祈穀之祭也。日至冬至極短，從此漸長，是所以迎長日之至也。』○愚按：此本陳《注》用朱子說，而朱子說又本於王肅，肅謂圜丘與郊是一也。大報天而主日也。大猶徧也。天之神，日爲尊。兆於南郊，就陽位也。日，大陽之精也。埽地而祭，於其質也。器用陶匏，以象天地之性也。觀天下之物，無可以稱其德。於郊，故謂之郊。牲用騂，尚赤也。用犢，貴誠也。尚赤者，周也。

郊之用辛也，周之始郊，日以至。言日以周郊天之月而至，陽氣新用事，順之而用辛日。此說非也。郊天之月而日至，魯禮也。三王之郊，一用夏正。魯以無冬至祭天於圜丘之事，是以建子之月郊天，示先有事也。用辛日者，凡爲人君，當齋戒自新耳。周衰禮廢，儒者見周禮盡在魯，因推魯禮以言周事。○方氏苞曰：「此祈穀之郊也，故有卜日之禮。」○愚按：《注》言魯禮，恐非也。王肅用董仲舒、劉向之說，以此爲周郊。上文云「郊之祭，迎長日之至」，謂周之郊祭，於建子之月而迎此冬至長日之至也。而用辛者，以冬至陽氣新用事，故用辛也。「周之始郊，日以至」者，對建寅之月，又祈穀郊祭。此言始者，對建寅爲始也。此說甚允，惟用辛之說未當，宜爲孔《疏》所駁。然鄭解用辛，亦以意說耳，未知是否也。

卜郊，受命于祖廟，作龜于禰宮，尊祖親考之義也。受命，謂告之退而卜。卜之日，王立于澤，親聽誓命，受教諫之義也。澤，澤宮也。所以擇賢之宮也。既卜，必到澤宮，擇可與祭祀者，因誓勑之以禮也。《禮器》曰：「舉賢而置之，聚衆而誓之」，是也。獻命庫門之内，戒百官也。大廟之命，戒百姓也。王自澤宫而還，以誓命重相申勑也。庫門在雉門之外，入庫門則至廟門外矣。大廟者，祖廟也。百官，公卿以下也。百姓，王之親也。入廟，戒親親也。王自此還齊路寢之室。庫或爲「廄」。○愚按：百官，謂羣有司也，故戒之外，遠之；百姓謂卿大夫也，故戒之内，近之。祭之日，王皮弁以聽祭報，示民嚴上也。報猶白也。夙興朝服以待白祭事者，乃後服祭服而行事也。《周禮》：「祭之日」，小宗伯「逆粢省鑊，告時于王，告備于王」也。喪者不哭，不敢凶服，氾埽、反道，鄉爲田燭。謂郊道之民爲之也。反道，剗令新土在上也。田燭，田首爲燭也。弗命而民聽上。化王嚴上。祭之日，王被衮以象天。謂有日月星辰之章，此魯禮也。《周禮》：王「祀昊天上帝，則服大裘而冕，祀五帝亦如之」。魯侯之服，自衮冕而下也。○陳氏曰：「合《周官》、《禮記》考之，王之祀天，内服大裘，外被龍衮。龍衮，所以襲大裘也。」戴冕，璪十有二旒，則天數也。天之大數，不過十二。乘素車，貴其質也。旂十有二旒，龍章而設日月，以象天也。設日月畫於旂上。素車，殷路也。魯公之郊，用殷禮也。天垂象，聖人則之。郊所以明天道也。明，謂則之以示人也。

帝牛不吉，以爲稷牛。養牲必養二也。○《疏》云：「爲猶用也，謂用稷牛而爲帝牛。」○愚按：爲不得訓用，文義亦不順。竊疑卜帝牛不吉，則以帝牛爲稷牛；而以稷牛爲帝牛，不待言矣，故文省耳。帝牛必在滌三月，稷牛唯具。所以别事天神與人鬼也。滌，牢中所搜除處也。唯具，遭時，又選可用也。

萬物本乎天，人本乎祖，此所以配上帝也。言俱本，可以配。郊之祭也，大報本反始也。天子大蜡八。所祭有八神也。伊耆氏始爲蜡。伊耆氏，古天子號也。○愚按：陸德明謂「或云即帝堯」，是也。孔《疏》謂是「神農」，未審誰是。蜡也者，索也。謂求索也。歲十二月，合聚萬物而索饗之也。歲十二月，周之正數，〔五〕謂建亥之月也。饗者，祭其神也。萬物有功加於民者，神使爲之也，祭之以報焉。造者，配之也。○愚按：十二月，蓋夏之十二月，建丑之月也。觀下文「既蜡」，「民息」，「君子不興功」，則非建亥之月矣。十月營室中，土功方始，安得云「不興功」也。蜡之祭也：主先嗇，而祭司嗇也。先嗇，若神農者。司嗇，后稷是也。祭百種，以報嗇也。嗇所樹蓺之功，使盡饗之。饗農，及郵表畷，禽獸，仁之至，義之盡也。農，田畯也。郵表畷，謂田畯所以督約百姓於井間之處也。《詩》云：「爲下國畷郵。」禽獸，服不氏所教擾猛獸也。○愚按：禽獸，即謂猫虎。古之君子，使之必報之。迎猫，爲其食田鼠也；迎虎，爲其食田豕也，迎而祭之也。迎其神也。祭坊與水庸，事也。水庸，溝也。曰：土反其宅，水歸其壑，昆蟲毋作，草木歸其澤。此蜡祝辭也。若辭同，則祭同處可知矣。壑猶坑也。昆蟲暑生寒死。螟螽之屬，爲害者也。皮弁素服而祭。素服，以送終也，葛帶榛杖，喪殺也。蜡之祭，仁之至，義之盡也。送終、喪殺，所謂老物也。素服。衣裳皆素。黄衣黄冠而祭，息田夫也。祭，謂既蜡臘先祖五祀也。於是勞農以休息之。《論語》曰：「黄衣，狐裘。」○愚按：臘謂之息民之祭。下文「既蜡而收，民息已」《疏》云：「但不知臘與蜡祭相去幾日，唯隋禮及今禮皆蜡之後日。」野夫黄冠；黄冠，草服也。言祭以息民，服象其時物之色，季秋而草木黄落。大羅氏，天子之掌鳥獸者也。諸侯貢屬焉。草笠而至，尊野服也。諸侯於蜡使使者戴草笠貢鳥獸也。《詩》云：「彼都人士，臺笠緇撮。」又曰：「其餉伊黍，其笠伊糾」，皆言野人之服也。羅氏致鹿與女，而詔客告也。以戒諸侯，曰：「好田好女者亡其國。」詔使者，使歸以此告其君，所以戒之。○方氏苞曰：「《周官·羅氏》『蜡則作羅襦』，蓋鹿則與羅並致，女則但以襦致，而申好女好田之戒也。舊説亡國之俘女，未安。」天子樹瓜華，不斂藏之種也。華，果蓏也。又詔以天子樹瓜蓏而已，戒諸侯以蓄藏蘊財利也。○方氏苞曰：「此自爲一節。舊説亦令使者歸戒其君之事，誤。」

八蜡以記四方。四方，方有祭也。四方年不順成，八蜡不通，以謹民財也。其方穀不熟則不通於蜡者，使民謹於用財。蜡有八者：先嗇一也，司嗇二也，農三也，郵表畷四也，猫、虎五也，坊六也，水庸七也，昆蟲八也。○愚按：八神之數，王肅分猫、虎爲二，無昆蟲，此説甚是。昆蟲，所惡也，非所當祭，經亦無祭昆蟲之文。順成之方，其蜡乃通，以移民也。移之言羨也。《詩·頌·豐年》曰：「爲酒爲醴，烝畀祖妣，以洽百禮。」此其羨之與？○陳《注》云：「移者，寬縱之義。」既蜡而收，民息已。故既蜡，君子不興功。收，謂收斂積聚也。息民與蜡異，則黄衣黄冠而祭，爲臘必矣。○愚按：功，土功也。《傳》云：「土功，日至而畢。」故既蜡，君子不興功，則知蜡在建丑之月，明矣。

恒豆之菹，水草之和氣也；其醢，陸産之物也。加豆，陸産也；其醢，水物也。此謂諸侯也。天子朝事之豆，有昌本、麋臡、茆菹、麇臡；饋食之豆，有葵菹、蠃醢、豚拍、魚醢；其餘，則有雜錯云也。籩豆之薦，水土之品也，不敢用常褻味而貴多品，所以交於神明之義也，非食味之道也。言禮以異爲敬。先王之薦，可食也，而不可耆也。卷冕、路車，可陳也，而不可好也。《武》，壯而不可樂也。宗廟之威，而不可安也。宗廟之器，可用也，而不可便其利也。所以交於神明者，不可以同於所安樂之義也。〔六〕武，萬舞也。酒醴之美，玄酒明水之尚，貴五味之本也。黼黻文繡之美，疏布之尚，反女功之始也。莞簟之安，而蒲越槀鞂之尚，明之也。大羹不和，貴其質也。大圭不琢，美其質也。丹漆雕幾之美，素車之乘，尊其樸也，貴其質而已矣。所以交於神明者，不可同於所安褻之甚也。如是而后宜。尚質貴本，其至如是，乃得交於神明之宜也。明水，司烜以陰鑑所取於月之水也。蒲越、槀鞂，藉神席也。明之者，神明之也。琢，當爲「篆」，字之誤也。幾，謂漆飾沂鄂也。○愚按：玄酒、明水，二物也。舊説陳列酒尊之時，明水在五齊之上，玄酒在三酒之上。鼎俎奇而籩豆偶，陰陽之義也。牲，陽也。庶物，陰也。黄目，鬱氣之上尊也。黄者，中也，目者，氣之清明者也。言酌於中而清明於外也。黄目，黄彝也，周所造，於諸侯爲上也。祭天，掃地而祭焉，於其質而已矣。醯醢之美，而煎鹽之尚，貴天產也。割刀之用，而鸞刀之貴，貴其義也。聲和而后斷也。

冠義，始冠之，緇布之冠也。始冠三加，先加緇布冠也。○齊召南曰：「按此「冠義」及「昏義」二段，可見古《記》篇簡淆亂，諸儒編集時偶未審定，後遂相沿耳。」大古冠布，齊則緇之。其緌也，孔子曰：

「吾未之聞也。大古無飾，非時人緌也。《雜記》曰：「大白、緇布之冠，不緌。」大白，即大古白布冠，今喪冠也。齊則緇之者，鬼神尚幽闇也。唐虞以上曰大古也。冠而敝之可也。此重古而冠之耳。三代改制，齊冠不復用也；以白布冠質，以爲喪冠也。適子冠於阼，以著代也。東序少北，近主位也。醮於客位，加有成也。每加而有成人之道也。成人則益尊，醮於客位，尊之也。三加彌尊，喻其志也。始加緇布冠，次皮弁，次爵弁。冠益尊則志益大也。冠而字之，敬其名也。重以未成人之時呼之。委貌，周道也。章甫，殷道也。毋追，夏后氏之道也。〔七〕常所服以行道之冠也。或謂委貌爲玄冠也。○陳《注》云：「此一條是論三加、始加之冠。」周弁，殷冔，夏收。齊所服而祭也。○陳《注》云：「各是時王所制，以爲三加之冠。」三王共皮弁素積。所不易於先代。○陳《注》云：「三代皆以此爲再加之冠服。」無大夫冠禮，而有其昏禮。古者，五十而后爵，何大夫冠禮之有？言年五十乃爵爲大夫也。其有昏禮，或改取也。諸侯之有冠禮，夏之末造也。言夏初以上，諸侯雖有幼而即位者，猶以士禮冠之，亦五十乃爵命也。至其衰末，未成人者，多見篡弑，乃更即位，則爵命之以正君臣，而有諸侯之冠禮。天子之元子，士也。天下無生而貴者也。儲君副主，猶云士也。明人有賢行著德，乃得貴也。繼世以立諸侯，象賢也。賢者子孫，恒能法其先父德行。○方氏苞曰：「殷道或生或及，雖天子亦然。則古者繼世以立諸侯，必擇其能象先人之賢者而立之，不專與子也。《微子之命》曰：『維稽古崇德象賢。』微子以支庶承商統，故首發此義。」以官爵人，德之殺也。言德益厚，官益尊也。死而謚，今也；古者生無爵，死無謚。古，謂殷以前也。大夫以上乃謂之爵，死有謚也。周制，爵及命士，雖及之，猶不謚耳。今《記》時死則謚之，非禮也。禮之所尊，尊其義也。言禮所以尊，尊其有義也。失其義，陳其數，祝史之事也。故其數可陳也，其義難知也。知其義而敬守之，天子之所以治天下也。」言政之要盡於禮之義。○愚按：總結「冠義」以下。故天地合而后萬物興焉。目禮之義。夫昏禮，萬世之始也。取於異姓，所以附遠厚別也。同姓或取，多相褻也。○方氏苞曰：「附，比附也。以遠相附，惟夫婦爲然。」幣必誠，辭無不腆。誠，信也。腆猶善也。告之以直信；直猶正也。此二者，所以教婦正直信也。○愚按：幣必誠，無僞濫；辭必腆，無詐飾。即是告之以直信也。信，事人也。信，婦德也。事猶立也。○愚按：婦人，服事於夫也。壹與之齊，終身不改，故夫死不嫁。齊，謂共牢而食，同尊卑也。齊或爲醮。○愚按：此之謂信也。男子親迎，男先於女，剛柔之義也。天先乎地，君先乎臣，其義一也。先，謂倡道也。執摯以相見，敬章別也。言不敢相褻也。摯，所奠鴈也。男女有別，然後父子親。父子親，然後義生。義生，然後禮作。禮作，然後萬物安。言人倫有別，則氣性醇也。○陳《注》云：「親親之殺，則義生禮作。」無別無義，禽獸之道也。言聚麀之亂類也。壻親御授綏，親之也。親之也者，親之也。言己親之，所以使之親己。○愚按：方氏苞據《家語》「親迎者，敬之至也」，謂此《記》及《哀公問》篇竝誤，當作「親之也者，敬之也」。敬而親之，先王之所以得天下也。先王，若大王、文王。○愚按：執摯相見，敬也。親御授綏，親也。敬與親，先王所以得天下之歡心而治之也。先王亦非大王、文王。出乎大門而先，男帥女，女從男，夫婦之義，由此始也。先者，車居前也。婦人，從人者也。幼從父兄，嫁從夫，夫死從子。從，謂順其教令。夫也者，夫也；夫也者，以知帥人者也。夫之言丈夫也。夫或爲「傅」。玄冕齊戒，鬼神陰陽也。將以爲社稷主，爲先祖後，而可以不致敬乎？玄冕，祭服也。陰陽，謂夫婦也。○愚按：玄冕示幽陰，齊戒告鬼神，所以重陰陽匹偶也。共牢而食，同尊卑也。故婦人無爵，從夫之爵，坐以夫之齒。爵謂夫命爲大夫，則妻爲命婦。器用陶匏，尚禮然也。此謂大古之禮器也。三王作牢用陶匏。言大古無共牢之禮，三王之世作之，而用大古之器，重夫婦之始也。厥明，婦盥饋；舅姑卒食，婦餕餘；私之也。私之猶言恩也。舅姑降自西階，婦降自阼階；授之室也。明當爲家事之主也。昏禮不用樂，幽陰之義也。樂，陽氣也。幽，深也。欲使婦深思其義，不以陽散之也。昏禮不賀，人之序也。序猶代也。有虞氏之祭也，尚用氣。血、腥、爓祭，用氣也。尚，謂先薦之。爓，或爲「膶」。○《疏》云：「不言夏，或從虞也。」殷人尚聲，臭味未成，滌蕩其聲，樂三闋，然後出迎牲。聲音之號，所以詔告於天地之間也。滌蕩猶摇動也。○方氏苞曰：「《商頌·那》，『三闋』之一也。其二或在所逸七篇内，或用先代之樂。《周官·大司樂》祀先祖、先妣，皆舞先代之樂，是也。」周人尚臭，灌用鬯臭。鬱合鬯。臭，陰達於淵泉。灌以圭璋，用玉氣也。既灌，然後迎牲，致陰氣也。蕭合黍稷；臭，陽達於牆屋。故既奠，然後焫蕭、合羶薌。灌，謂以圭瓚酌鬯，始獻神也。已乃迎牲於庭殺之；天子諸侯之禮也。奠，謂薦孰時也。《特牲饋食》所云祝酌奠于鉶南，是也。蕭，薌蒿也。染以脂，合黍稷燒之。《詩》云：「取蕭祭脂」。

羶當爲「馨」，聲之誤也。奠或爲「薦」。○愚按：羶讀如字。羶者，脂氣。薌者，黍稷氣，與蕭同焫，是謂合羶薌也。凡祭，慎諸此。魂氣歸于天，形魄歸于地。故祭，求諸陰陽之義也。殷人先求諸陽，周人先求諸陰，此其所以先後異也。詔祝於室，坐尸於堂，謂朝事時也。朝事延尸於户，西南面布主席，東面取牲膟膋，燎於爐炭，洗肝於鬱鬯而燔之，入以詔神於室，又出以墮於主，主人親制其肝，所謂制祭也。時尸薦以籩豆，至薦孰乃更延主於室之奥，尸來升席自北方，坐於主北焉。用牲於庭，謂殺之時。升首於室。制祭之後，升牲首於北墉下，尊首尚氣也。直祭，祝于主；謂薦孰時也。如特牲、少牢饋食之爲也。直，正也。祭以孰爲正，則血腥之屬，盡敬心耳。索祭，祝于祊。索，求神也。廟門曰祊。謂之祊者，以於繹祭名也。○《疏》云：「此正祭日廟門内之祊是也。」不知神之所在，於彼乎？於此乎？室與？堂與？或諸遠人乎？祭于祊，尚曰求諸遠者與？尚，庶幾也。祊之爲言倞也。倞猶索也。倞，或爲「諒」。○陳《注》云：「倞，遠也。承『求諸遠者』而言」。肵之爲言敬也。爲尸有肵俎。此訓也。富也者福也。人君嘏辭有富，此訓之也。或曰：福也者，備也。○愚按：《注》「嘏辭有富」，疑當爲「福」字。首也者直也。訓所以升首祭也。直，或爲「犆」也。相，饗之也。相，謂詔侑也。詔侑尸者，欲使饗此饌也。《特牲饋食禮》曰：「主人拜妥尸，尸答拜，執奠，祝饗。」嘏，長也，大也。主人受祭福曰嘏。此訓也。尸，陳也。尸，或詁爲主。此尸神象，當從主，訓之言「陳」，非也。毛血，告幽全之物也。幽，謂血也。告幽全之物者，貴純之道也。純，謂中外皆善。血祭，盛氣也。祭肺肝心，貴氣主也。氣主，氣之所舍也。周祭肺，殷祭肝，夏祭心。○愚按：不言有虞氏祭首者，首非氣主。祭黍稷加肺，祭齊加明水，報陰也。祭黍稷加肺，謂綏祭也。明水，司烜所取於月之水也。齊，五齊也。五齊加明水，則三酒加玄酒也。取膟膋燔燎，升首，報陽也。膟膋，腸間脂也，與蕭合燒之，亦有黍稷也。明水涚齊，貴新也。涚猶清也。五齊濁，泲之使清，謂之涚齊；及取明水，皆貴新也。《周禮·㡛氏》以涚水漚絲。涚齊或爲「汎齊」。凡涚，新之也。新之者，敬也。其謂之明水也，由主人之絜著此水也。著猶成也。言主人齊潔，此水乃成可得也。○愚按：絜淨著明也。君再拜稽首，肉袒親割，敬之至也。敬之至也，服也。拜，服也；稽首，服之甚也；肉袒，服之盡也。割解牲體。祭稱孝孫孝子，以其義稱也；謂事祖禰。稱曾孫某，謂國家也。謂諸侯事五廟也。於曾祖以上，稱曾孫而已。○愚按：家，謂卿大夫。祭祀之相，主人自致其敬，盡其嘉，而無與讓也。相，謂詔侑尸也。嘉，善也。腥、肆、爓、腍祭，豈知神之所饗也？主人自盡其敬而已矣。治肉曰肆。腍，孰也。爓，或爲「膶」。舉斝、角，詔妥尸。古者，尸無事則立，有事而后坐也。尸，神象也。祝，將命也。妥，安坐也。尸始入，舉奠斝若奠角。將祭之，祝則詔主人拜安尸，使之坐。尸即至尊之坐，或時不自安，則以拜安之也。天子奠斝，諸侯奠角。古，謂夏時也。縮酌用茅，明酌也。謂泲醴齊以明酌也。《周禮》曰：「醴齊縮酌。」五齊醴尤濁，和之以明酌，泲之以茅，縮去滓也。明酌者，事酒之上也。名曰明者，事酒今之醳酒，皆新成也。《春秋·傳》曰：「爾貢包茅不入，王祭不共，無以縮酒。」酌猶斟也。酒已泲，則斟之以實尊彝。《昏禮》曰：『酌玄酒，三注于尊。』凡行酒亦爲酌也。○方氏苞曰：「縮酌用茅者，所以明潔此酒也。縮而去其滓，則明潔矣。酒久故乃清明，以新作者爲清，不知何考？」醆酒涚于清，謂泲醆酒以清酒也。醆酒，盎齊。盎齊差清，和之以清酒，泲之而已。泲盎齊必和以清酒者，皆久味相得。汁獻涚于醆酒，謂泲秬鬯以醆酒也。獻，讀當爲「莎」，齊語聲之誤也。秬鬯者，中有煑鬱，和以盎齊，摩莎泲之，出其香汁，因謂之汁莎。不以三酒泲秬鬯者，秬鬯尊也。○愚按：以上二酒不用茅也。○《疏》云：「此《記》不言五齊，獨舉醴、盎二齊者，以《司尊彝》說時祭惟用二齊三酒與鬱，〔八〕天子時祭所用尤多，故特言之。猶明、清與醆酒于舊澤之酒也。猶，若也。澤，讀爲醳。舊醳之酒，謂昔酒也。泲醴齊以明酌，泲醆酒以清酒，泲汁獻以醆酒，天子諸侯之禮也。天子諸侯禮廢，時人或聞此而不審知，云若今明酌清酒與醆酒，以舊醳之酒泲之矣。就其所知以曉之也。泲清酒以舊醳之酒者，爲其味厚腊毒也。○陸德明曰：「《隱義》云：『腊，久也。久酒有毒。』」○方氏苞曰：「涚，欲其清也。當以濁者涚於清者，不當以清者涚於濁者。《注》、《疏》辭意俱晦。蓋酒陳久則愈清，故以舊醳之酒，明清與醆酒耳。」祭有祈焉，祈猶求也。謂祈福祥求永貞也。有報焉，謂若獲禾報社。有由辟焉。由，用也。辟，讀爲弭，謂弭災兵遠罪疾也。○愚按：辟，讀如字，謂避禳禍災。齊之玄也，以陰幽思也。故君子三日齊，必見其所祭者。齊三日者，思其居處，思其笑語，思其志意，思其所樂，則見之也。

校記

〔一〕賓爲尊敬，《禮記注疏》卷二十五阮元《校勘記》：「按《儀禮》正作『賓爲苟敬』。監、毛本『苟』誤『尊』，衛氏《集説》同。」按《儀禮·聘禮》：「燕則上介爲賓，賓爲苟敬。」鄭玄《注》：「苟，且也，假也。」清王引之《經義述聞》卷十謂：「賓既辭爲賓，就諸公之位，則歡心多而敬少，既不可專事恭敬，又不可全不敬，故稱苟敬。」

〔二〕三，《春秋左傳注疏》卷十三作「二」。

〔三〕此二小節中四「答」字及下文「答陰」等之「答」，《禮記注疏》各卷均作「荅」。按荅，應對，回答。古皆假用「荅」字。今通作「答」。

〔四〕桼，郝氏家刻本之訛字。應依《禮記注疏》卷二十五校正爲「桼」。

〔五〕數，《周禮注疏》卷二十六阮元《校勘記》：「衛氏《集説》作『朔』。」

〔六〕「以」，依《禮記注疏》卷二十六校補。

〔七〕《禮記注疏》卷二十六《郊特牲》阮元《校勘記》：「毋追，石經同，岳本同，《釋文》同。閩監毛本作『母』，嘉靖本同，衛氏《集説》同。」母，「毋」的古字。

〔八〕説，《禮記注疏》卷二十六孔《疏》作「涚」。

内則第十二

后王命冢宰降德于衆兆民。后，君也。德猶教也。萬億曰兆。天子曰兆民，諸侯曰萬民。《周禮》冢宰掌飲食，司徒掌十二教。今一云冢宰，記者據諸侯也。諸侯并六卿爲三，或兼職焉。○齊召南曰：「按《釋文》載孫炎、王肅以君王解后王甚確，何得以冢宰不司教即疑爲諸侯之卿乎？」○愚按：鄭云「后，君也」，謂「諸侯也」。「王，天子也」。盧植云：「后，王后也；王，天子也」，皆不可從。

子事父母，雞初鳴，咸盥，漱，櫛，縰，笄，總，拂髦，冠緌纓，端，韠，紳，搢笏。咸，皆也。縰，韜髮者也。總，束髮也，垂後爲飾。拂髦，振去塵著之。髦，用髮爲之，象幼時鬌，其制未聞也。緌，纓之飾也。端，玄端，士服也。庶人深衣。紳大帶，所以自紳約也。搢猶扱也。扱笏於紳。笏，所以記事也。○愚按：此笄，以固髻，非冠笄也。故文在「冠」上，《注》亦下文始詳之。左右佩用，自佩也。必佩者，備尊者使令也。左佩紛帨、刀、礪、小觿、金燧，紛帨，拭物之佩巾也，今齊人有言「紛」者。刀、礪，小刀及礪礱也。小觿，解小結也，觿貌如錐，以象骨爲之。金燧，可取火於日。右佩玦、捍、管、遰、大觿、木燧。捍，謂拾也，言可以捍弦也。管，筆彄也。遰，刀鞞也。木燧，鑽火也。偪，偪，行縢。屨著綦。綦，屨繫也。

婦事舅姑，如事父母。雞初鳴，咸盥，漱，櫛，縰，笄，總，衣，紳，笄，今簪也。衣紳，衣而著紳。○愚按：衣謂玄端、綃衣。左佩紛帨、刀、礪、小觿、金燧，右佩箴、管、線、纊。施縏袠，大觿，木燧。縏，小囊也。縏袠言施，明爲箴、管、綫、纊有之。○熊氏云：「袠，刺也。以針刺袠而爲縏囊，故云縏袠也。」○愚按：箴，一物也；管，一物也，非箴之管也。故《疏》云：「施縏袠，明爲四物而施。」衿纓，綦屨。衿猶結也。婦人有纓，示繫屬也。以適父母舅姑之所，適，之。及所，下氣怡聲，問衣燠寒，疾痛苛癢，而敬抑搔之。怡，説也。苛，疥也。抑，按。搔，摩也。○《説文》云：疥，瘙瘍也。出入，則或先或後，而敬扶持之。先後之，隨時便也。進盥，少者奉槃，長者奉水，請沃盥，盥卒，授巾。槃，承盥水者。巾以帨手。問所欲而敬進之，柔色以温之，温，藉也。承尊者必和顔色。饘、酏、酒、醴、芼、羹、菽、麥、蕡、稻、黍、粱、秫，唯所欲。酏，粥也。芼，菜也。蕡，熬枲實。○《釋文》云：「饘，厚粥也。酏，薄粥也。」棗、栗、飴、蜜以甘之，堇、荁、枌、榆，免、薨、滫瀡以滑之，脂、膏以膏之。謂用調和飲食也。荁，堇類也。冬用堇，夏月荁。榆白曰枌。免，新生者。薨，乾也。秦人溲曰滫，齊人滑曰瀡也。○愚按：堇荼之堇，烏頭也；此菜耳。免、薨，目上四物也。《説文》云：「滫，久泔也。」父母舅姑必嘗之而後退。敬也。

男女未冠笄者，雞初鳴，咸盥，漱，櫛，縰，拂髦，總角，衿纓，皆佩容臭，總角，收髮結之。容臭，香物也。以纓佩之，爲迫尊者給小使也。○愚按：此纓，香囊也。與婦人之纓異。彼《疏》云：纓，「蓋以五采爲之，其制未聞。」昧爽而朝，後成人也。問何食飲矣。若已食，則退；若未食，則佐長者視具。具，饌也。

凡内外，雞初鳴，咸盥，漱，衣服，斂枕簟，灑埽室、堂、及庭，布席，各從其事。斂枕簟者，不欲人見己褻者簟席之親身也。孺子蚤寢，晏起，唯所欲，食無時。又後未成人者。孺子，小子也。

由命士以上，父子皆異宫。昧爽而朝，慈以旨甘，日出而退，各從其事，日入而夕，慈以旨甘。異宫，崇敬也。慈，愛；敬進之。日出乃從事，食禄不荒農也。○愚按：旨甘非必飲食，如果餌之類亦是。凡親蓄旨甘以哺子，慈也；孝子於親有深愛，亦如親之哺子，故亦曰慈也。

父母舅姑將坐，奉席請何鄉？將衽，長者奉席請何趾？少者執牀與坐，將衽，謂更卧處。御者舉几，斂席與簟，縣衾，篋枕，斂簟而襡之。須卧乃鋪之也。襡，韜也。○方氏苞曰：「夜卧有常所，有定向。此晝卧也。席與床，卧具也。坐與几，備其時起坐而憑之也。老者卧起無常，故有此禮。晝卧無常處，故起則縣衾，篋枕，斂簟而襡之，以是知長者夜卧之枕簟，無縣、斂、篋、襡之法。」

父母舅姑之衣衾簟席枕几，不傳，杖屨，祗敬之，勿敢近。傳，移也。敦、牟、卮、匜，非餕莫敢用；餕乃用之。牟，讀曰堥也。卮、匜，酒漿器。敦、牟，黍稷器也。○《釋文》云：「齊人呼土釜爲牟。」○愚按：卮，酒器也。匜，水漿器也。《傳》云：「奉匜沃盥。」與恒食飲，非餕莫之敢飲食。餕乃食之。恒，常也，旦夕之常食。

父母在，朝夕恒食，子婦佐餕，婦皆與夫餕也。既食，恒餕，每食，餕而盡之，末有原也。○愚按：既，盡也。盡食其所常餕，不留餘也。父没母存，冢子御食，羣子婦佐餕如初，御，侍也，謂長子侍母食也。侍食者不餕，其婦猶皆餕也。旨甘柔滑，孺子餕。

在父母舅姑之所，有命之，應，唯，敬對。進退周旋，慎齊，齊，莊也。升降出入揖遊，不敢噦、噫、嚏、咳、欠伸、跛、倚、睇視，不敢唾洟；睇，傾視也。《易》曰：「明夷，睇于左股。」○陳氏選曰：「揖，謂進而前其身略俯如揖也。遊，揚也，謂退而後其身微仰而揚也。」寒不敢襲，癢不敢搔；襲，謂重衣。不有敬事，不敢袒裼，父黨無容。不涉，不撅，撅，揭衣也。褻衣衾不見裏。爲其可穢。父母唾洟不見，輒刷去之。冠帶垢，和灰請漱；衣裳垢，和灰請澣；手曰漱，足曰澣。和，漬也。○愚按：灰，如今灰湯也。漱、澣，皆洗濯之名。《曲禮》云：「諸母不漱裳。」然則漱澣通耳。《注》恐未然。衣裳綻裂，紉箴，請補綴。綻猶解也。五日，則燂湯請浴，三日具沐，其間面垢，燂潘請靧；足垢，燂湯請洗。潘，米瀾也。○《釋文》云：「燂，温也。」少事長，賤事貴，共帥時。共猶皆也。帥，循也。時，是也。禮皆如此也。男不言内，女不言外。謂事業之次序。非祭、非喪，不相授器。祭嚴、喪遽，不嫌也。其相授，則女受以篚，其無篚，則皆坐奠之而后取之。奠，停地也。外内不共井，不共湢浴，不通寢席，不通乞假，男女不通衣裳，内言不出，外言不入。湢，浴室也。○愚按：井非汲井。《周禮·宫人·注》云：「井，漏井。所以受水潦」者也。若汲水之井，不容内外異也。男子之服，衣裳殊色，女子衣裳不殊，本不可通，今言不通者，疑即不同椸枷之類歟？男子入内，不嘯、不指，夜行以燭，無燭則止。嘯，讀爲叱。叱，嫌有隱使也。○愚按：嘯讀如字，吹聲也。女子出門，必擁蔽其面，夜行以燭，無燭則止。擁猶障也。○愚按：擁蔽面，蓋如後世便面之類。道路，男子由右，女子由左。地道尊右。

子婦孝者敬者，父母舅姑之命，勿逆，勿怠。恃其孝敬之愛，或時違解。若飲食之，雖不耆，必嘗而待。待後命而去也。加之衣服，雖不欲，必服而待，待後命釋藏也。加之事，人代之，己雖弗欲，謂難其妨己業。姑與之，而姑使之，而後復之。遠慰怨於勞事。姑猶且也。○愚按：姑與之，許其代也。姑使之，教之爲也。而後復之，白於親也。以上三事，皆重違親意，養志之孝也。子婦有勤勞之事，雖甚愛之，姑縱之，而寧數休之。不可愛此而移苦於彼也。○愚按：縱，緩之也。數休之，養其力也。此言子婦不可愛以姑息。子婦未孝未敬，勿庸疾怨，庸之言用也。姑教之；若不可教，而後怒之。怒，譴責也。不可怒，子放、婦出，而不表禮焉。表猶明也。猶爲之隱，不明其犯禮之過也。○愚按：不自表明放出之得禮。

父母有過，下氣、怡色、柔聲以諫，諫若不入，起敬起孝，説則復諫，子事父母，有隱無犯。起猶更也。不説，與其得罪於鄉黨州閭，寧孰諫。子從父之令，不可謂孝也。《周禮》曰：「二十五家爲閭，四閭爲族，五族爲黨，五黨爲州，五州爲鄉也。」○《疏》云：「孰諫，謂純熟殷勤而諫。」父母怒不説，而撻之流血，不敢疾怨，起敬起孝。撻，擊也。

父母有婢子、若庶子、庶孫，甚愛之，雖父母没，没身敬之不衰。婢子，所通賤人之子。○方氏苞曰：「婢子，侍女也。」「朱軾曰：『大夫二妾，士一妾，有定數；外此曰婢。』」子有二妾，父母愛一人焉，子愛一人焉，由衣服飲食，由執事，毋敢視父母所愛，雖父母没，不衰。由，自也。子甚宜其妻，父母不説，出。宜猶善也。子不宜其妻，父母曰：是善事我。子行夫婦之禮焉，没身不衰。父母雖没，將爲善，思貽父母令名，必果。將爲不善，思貽父母羞辱，必不果。貽，遺也。果，决也。

舅没則姑老，謂傳家事於長婦也。冢婦所祭祀賓客，每事必請於姑。婦雖受傳，猶不敢專行也。介婦請於冢婦，以其代姑之事。介婦，衆婦。舅姑使冢婦，毋怠。雖有勤勞，不敢解倦。不友無禮於介婦。衆婦無禮，冢婦不友之也。善兄弟爲友，娣姒猶兄弟也。○劉氏敞曰：「不友，不愛也。無禮，不敬也。言舅姑以事命冢婦，則冢婦當自任其勞，不可怠於勞而怨介婦不助己遂不愛敬之也。」舅姑若使介婦，毋敢敵耦於冢婦，雖有勤勞，不敢掉罄。○《釋文》：「《隱義》云：齊人以相絞訐爲掉罄。崔云：北海人謂相激事爲掉罄也。」不敢並行，不敢並命，不敢並坐。下冢婦也。命爲使令。凡婦，不命適私室，不敢退。婦，侍舅姑者也。婦將有事，大小必請於舅姑。不敢專行。子婦無私貨，無私畜，無私器，不敢私假，不敢私與。家事統於尊也。婦，或賜之飲食、衣服、布帛、佩帨、茝蘭，則受而獻諸舅姑，舅姑受之，則喜，如新受賜；或賜之，謂私親兄弟。若反賜之，則辭，不得命，如更受賜，藏以待乏。待舅姑之乏也。不得命者，不見許也。婦若有私親兄弟，將與之，則必復請其故賜而后與之。〇愚按：陳《注》以「復請其故」爲句，「賜」字屬下句。

適子、庶子祇事宗子宗婦，祇，敬也。宗，大宗。雖貴富，不敢以貴富入宗子之家，雖衆車徒，舍于外，以寡約入。入，謂入宗子家。子弟猶歸器，衣服裘衾車馬，則必獻其上，而后敢服用其次也；猶，若也。子弟若有功德，以物見饋賜，當以善者與宗子也。若非所獻，則不敢以入於宗子之門，謂非宗子之爵所當服也。不敢以貴富加於父兄宗族。加猶高也。若富，則具二牲，獻其賢者於宗子，賢，猶善也。夫婦皆齊而宗敬焉，當助祭於宗子之家。終事而后敢私祭。祭其祖禰。〇愚按：方氏苞曰：「富者，有田禄也。此『適子庶子，始爲士大夫，而』祭『大宗之祖廟』也。『終事而後私祭者，以得』祭『大宗之祖廟爲榮，而歸告其祖禰也。若祖禰常祭，己所得專，不必告於宗子』，『《疏》謂事小宗子亦然，非也。大夫士祖禰之廟，皆立於宗子之家，其祭本宗子主之，無所爲私祭也。』」

飯：目諸飯也。黍，稷，稻，粱，白黍，黄粱，稰，穛。孰穫曰稰，生穫曰穛。黍，黄黍也。膳：目諸膳也。膷，臐，膮，醢，牛炙。醢。牛胾，醢，牛膾。羊炙。羊胾，醢，豕炙。醢。豕胾，芥醬，魚膾。雉，兔，鶉，鴽。此上大夫之禮，庶羞二十豆也。以《公食大夫禮》饌校之，則膮、牛炙間不得有醢，「醢」衍字也。又以鷃爲「鴽」也。〇《釋文》云：「膷，牛臛也。臐，羊臛也。膮，豕臛也。」〇愚按：以上除「醢」衍字外，每四物爲一行，合之爲二十豆也。飲：目諸飲也。重醴，稻醴清糟，黍醴清糟，粱醴清糟，重，陪也。糟，醇也。清，泲也。致飲有醇者，有泲者，陪設之也。〇陳《注》云：「醴者，稻、黍、粱三者各爲之。」或以酏爲醴，釀粥爲醴。黍酏，酏，粥。漿，酢截。水，清新。醷，梅漿。濫，以諸和水也。以《周禮》「六飲」校之，則濫，涼也。紀莒之間，名諸爲濫。〇愚按：《釋文》云：「乾桃、乾梅皆曰諸。」《疏》云：「謂以諸雜糗飯之屬和水也。」酒：目諸酒也。清，白。白事酒，昔酒也。

羞：目諸羞也。糗，餌，粉，酏。糗，擣熬穀也，以爲粉餌與餈，此《記》似脱。《周禮》：「羞籩之實，糗餌、粉餈。」「羞豆之實，酏食、糝食。」此酏當爲「餰」，以稻米與狼臅膏爲餰是也。〇陳《注》云：酏字當讀爲餈。《説文》云：「餈，稻餅也，炊米擣之。」

食：目人君燕食所用也。蝸醢而苽食，雉羹；麥食，脯羹，雞羹；折稌，(一)犬羹、兔羹；和糝不蓼。苽，雕胡也。稌，稻也。凡羹齊宜五味之和，米屑之糝，蓼則不矣。此脯所謂析乾牛羊肉也。〇愚按：食爲主，羹爲輔。以文勢推之，苽食二字當在「蝸醢」上，「而」字，衍文也。羹和糝，如今人用豆粉爲羹也。不蓼，不須加蓼也。此云「不蓼」，别於下文「蓼」者也。濡豚，包苦實蓼；濡雞、醢、醬實蓼；濡魚、卵、醬實蓼。濡鼈、醢、醬實蓼。凡濡，謂亨之以汁和也。苦，苦荼也。以包豚殺其氣。卵讀爲「鯤」。鯤，魚子，或作「擱」也。〇皇氏曰：「實蓼於其腹中，又更縫合之。」腶脩，蚳醢。腶脩，捶脯施薑桂也。蚳，蚍蜉子也。〇愚按：言食腶脩之時，以蚳醢配之。下竝同。脯羹，兔醢，麋膚，魚醢，魚膾，芥醬，麋腥，醢，醬。桃諸，梅諸，卵鹽。自蝸醢至此二十六物，似皆人君燕所食也。其饌則亂膚切肉也。膚或爲「胖」。卵鹽，大鹽也。〇王肅云：「諸，菹也。謂桃菹、梅菹，即今之藏桃也、藏梅也。」

凡食齊視春時，飯宜温也。羹齊視夏時，羹宜熱也。醬齊視秋時，醬宜凉也。飲齊視冬時。飲宜寒也。

凡和，春多酸，夏多苦，秋多辛，冬多鹹，調以滑甘。多其時味以養氣也。

牛宜稌，羊宜黍，豕宜稷，犬宜粱，鴈宜麥，魚宜苽。言其氣味相成。

春宜羔、豚，膳膏薌，夏宜腒、鱐，膳膏臊，秋宜犢、麛，膳膏腥，冬宜鮮、羽，膳膏羶。此八物四時肥美也。爲其大盛，煎以休廢之膏，節其氣也。牛膏薌。犬膏臊。雞膏腥。羊膏羶。腒，乾雉也。鱐，乾魚也。鮮，生魚也。羽，鴈也。

牛脩，鹿脯，田豕脯，麋脯，麕脯，麋、鹿、田豕、麕皆有軒，雉、兔皆有芼。脯皆析乾肉也。軒讀爲憲，憲謂藿菜切也。芼謂菜釀也。軒或爲「胖」。爵、鷃、蜩，范，蜩，蟬也。范，蜂也。芝栭，蔆，椇，棗，栗，榛，柹，瓜，桃，李，梅，杏，柤，梨，薑，桂。蔆，芰也。椇，枳椇也。柤，梨之不臧者。自牛脩至此三十一物，皆人君燕食所加庶羞也。《周禮》天子羞用百二十品，記者不能次録。〇庾蔚之云：「無華葉而生者曰芝栭。」《疏》云：「今春夏生於木，可用爲菹。其有白者，不堪食也。」〇按陳《注》云「江淮呼小栗爲栭栗」，但如此，則芝、栭爲二，與《注》「三十一物」不合。

大夫燕食，有膾無脯，有脯無膾。士不貳羹胾，庶人耆老不徒食。尊卑差也。

膾：春用葱，秋用芥，豚，春用韭，秋用蓼，芥，芥醬也。脂用葱，膏用薤，脂，肥凝者。釋者曰膏。三牲用藙，藙，煎茱萸也。「漢律」：「會稽獻焉。」《爾雅》謂之榝。和用醯，畜與家物自相和也。○舊説用醯和三牲也。獸用梅，亦野物自相和。鶉羹，鷄羹，鴽，釀之蓼；釀，謂切雜之也。鴽在羹下，烝之，不羹也。○《疏》云：「《釋鳥》云：『鴽，鴾母。』」皇氏用賀氏之説：「鴽，蝙蝠」，其義未聞。魴鱮烝，雛燒，雉，薌，無蓼。薌，蘇荏之屬也。燒，煙於火中也。自「膾用葱」至此，言調和菜釀之所宜也。○愚按：《疏》云：「雛鳥之小者」也。「鴽」、「雉」皆絶句，「雉」在「烝」、「燒」之下，或烝之，燒之，羹之無定用，故直云「雉」也。「薌，無蓼」，總言魴、鱮三者皆調和之以香草，無用蓼也。不食雛鼈，狼去腸，狗去腎，貍去正脊，兔去尻，狐去首，豚去腦，魚去乙，鼈去醜。皆爲不利人也。雛鼈，伏乳者。乙，魚體中害人者名也。今東海鰫魚有骨名乙，在目旁，狀如篆乙，食之鯁人，不可出。醜，謂鼈竅也。○陳《注》云：「醜，或云頸下有骨，能毒人。」肉曰脱之，魚曰作之，棗曰新之，栗曰撰之，桃曰膽之，相梨曰攢之。皆治擇之名也。○愚按：脱之者，皇氏云：「治肉除其筋膜。」作之者，皇氏云：「作，謂動摇也。凡取魚，摇動之，視其鮮餒。」《爾雅》作「斮之」，《注》云：「削鱗也。」牛夜鳴則庮，羊泠毛而毳，羶；狗赤股而躁，臊；鳥皫色而沙鳴，鬱；豕望視而交睫，腥；馬黑脊而般臂，漏；雛尾不盈握，弗食。舒鴈翠，鵠鴞胖，舒鳧翠，雞肝，鴈腎，鴇奥，鹿胃，亦皆爲不利人也。庮，惡臭也。《春秋·傳》曰：「一薰一庮」。〔二〕泠毛毳，毛別聚於不解者也。赤股，股里無毛也。皫色，毛變色也。沙，猶嘶也。鬱，腐臭也。望視，視遠也。腥，當爲「星」，聲之誤也。星，肉中如米者。般臂，前脛般般然也。漏，當爲「螻」，如螻蛄臭也。舒鴈，鵝也。翠，尾肉也。鵠、鴞胖，謂脅側薄肉也。舒鳧，鶩也。鴇奥，脾肶也。鵠，或爲鴇也。○《説文》云：「腥，星見食豕，令肉中生小息肉也。」○愚按：漏讀如字，馬有病漏者也。黑脊般臂，蓋是其病之候。又按《北山經·求如之山·注》引《周禮》曰：「馬黑脊而斑臂，膢。」又按《抱朴子》據「道戒」云：「若以漏脯救飢。」又《良規》篇云：「飢者之取飽於鬱肉漏脯」，皆本此「漏」字也。肉腥，細者爲膾，大者爲軒。言大切、細切異名也。膾者必先軒之，所謂聶而切之也。或曰，麋、鹿、魚爲菹，麕爲辟雞，野豕爲軒，兔爲宛脾，切葱若薤，實諸醯以柔之。此軒、辟雞、宛脾，皆菹類也。釀菜而柔之以醯，殺腥肉及其氣。今益州有鹿𣨙者，近由此爲之矣。菹、軒，聶而不切；辟雞、宛脾，聶而切之。軒或爲「胖」，宛或作「鬱」。○《釋文》云：「益州人取鹿，殺而埋之地中令臭，乃出食之，名鹿𣨙是也。」○《疏》云：「此一節明齏菹之異，用肉不同。凡大切若全物爲菹，細切者爲齏。其牲體大者菹之，小者齏之。用此麋、鹿、魚爲菹及野豕爲軒，是菹也。麕爲辟雞，兔爲宛脾者，是齏也。」《少儀》與此同，但無魚耳。羹、食，自諸侯以下至於庶人無等。羹、食，食之主也。庶羞亦異耳。大夫無秩膳，謂五十始命，未甚老也。秩，常也。○方氏苞曰：「天子諸侯朝夕膳品有常，大夫則惟所便。七十而有閣，非秩膳也，恐不時需食，故庋置於其旁。」大夫七十而有閣，有秩膳也。閣以板爲之，庋食物也。天子之閣，左達五，右達五，公侯伯於房中五，大夫於閣三，士於坫一。達，夾室。大夫言「於閣」，與天子同處。天子二「五」，倍諸侯也。五者，三牲之肉及魚、腊也。○方氏苞曰：「《疏》以閣爲庖廚，所庋爲三牲、魚、腊，非也。君子遠庖廚，未聞置正室之序外也。蓋非朝夕常膳，乃果疏、飴、餌、脯、醢之屬，備不時之需耳。」「《注》言：『達，夾室。』以最遠，故云達。」

凡養老：有虞氏以燕禮，夏后氏以饗禮，殷人以食禮，周人脩而兼用之。凡五十養於鄉，六十養於國，七十養於學，達於諸侯。八十拜君命，一坐再至，瞽亦如之，九十者使人受。五十異粻，六十宿肉，七十二膳，八十常珍，九十飲食不違寢，膳飲從於遊可也。六十歲制，七十時制，八十月制，九十日脩，唯絞、紟、衾、冒，死而后制。五十始衰，六十非肉不飽，七十非帛不煖，八十非人不煖，九十雖得人不煖矣。五十杖於家，六十杖於鄉，七十杖於國，八十杖於朝，九十者，天子欲有問焉，則就其室，以珍從。七十不俟朝，八十月告存，九十日有秩，五十不從力政，六十不與服戎，七十不與賓客之事，八十齊喪之事弗及也。五十而爵，六十不親學，七十致政：凡自七十以上，唯衰麻爲喪。凡三王養老皆引年，八十者，一子不從政，九十者，其家不從政；瞽亦如之。凡父母在，子雖老不坐。有虞氏養國老於上庠，養庶老於下庠；夏后氏養國老於東序，養庶老於西序；殷人養國老於右學，養庶老於左學；周人養國老於東膠，養庶老於虞庠，虞庠在國之西郊。有虞氏皇而祭，深衣而養老；夏后氏收而祭，燕衣而養老；殷人冔而祭，縞衣而養老；周人冕而祭，玄衣而養老。《記·王制》有此。○齊召南曰：「按《王制》作於漢文帝時，在《記》中諸篇最爲後出，則此一段係《內則》本文而《王制》引之也。《疏》特以《禮記》篇第《王制》在前故云耳。」

曾子曰：孝子之養老也，樂其心，不違其志，樂其耳目，安其寢處，以其飲食忠養之。孝子之身終，終身也者，非終父母之身，終其身也；是故父母之所愛亦愛之，父母之所敬亦敬之，至於犬馬盡然，而況於人乎？賤喻貴也。

凡養老，五帝憲，憲，法也。養之，爲法其德行。三王有乞言。有，讀爲「又」。又從之求善言可施行也。五帝憲，養氣體，而不乞言，有善，則記之，爲惇史。三王亦憲，既養老而後乞言，亦微其禮。皆有惇史。惇史，史惇厚者也。微其禮者，依違言之，求而不切也。○愚按：微，略也。

淳熬煎醢，加于陸稻上，沃之以膏，曰淳熬。淳，沃也。熬，亦煎也。沃，煎成之以爲名。○愚按：陸稻，别於水稻也。淳母，〔三〕煎醢加於黍食上，沃之以膏，曰淳母。母，讀曰模。模，象也。作此象淳熬。炮，取豚若將，刲之刳之，實棗於其腹中，編萑以苴之，塗之以謹塗，炮之，塗皆乾，擘之，濯手以摩之，去其皾，爲稻粉糔溲之以爲酏，以付豚，煎諸膏，膏必滅之，鉅鑊湯，以小鼎薌脯於其中，使其湯毋滅鼎，三日三夜毋絶火，而后調之以醯醢。炮者，以塗燒之爲名也。將，當作「牂」。牂，牡羊也。刲、刳，博異語也。謹當爲「墐」，聲之誤也。謹塗，塗有穰草也。皾，謂皮肉之上魄莫也。糔、溲，亦博異語也。糔，讀如滫瀡之滫同。薌脯，謂煮豚若羊於小鼎中，使之香美也。謂之脯者，既去皾，則解析其肉，使薄如爲脯然。唯豚全耳。豚羊入鼎三日，乃内醯醢可食也。○愚按：付，傅也。付豚，即付牂亦然。擣珍：取牛、羊、麋、鹿、麇之肉，必脄，每物與牛若一，捶反側之，去其餌，孰，出之，去其皽，柔其肉。脄，脊側肉也。捶，擣之也。餌，筋腱也。柔之，爲汁和也。汁和亦醢醢與？漬，取牛肉，必新殺者，薄切之，必絶其理，湛諸美酒。期朝，而食之以醢、若醯醷。湛，亦漬也。○愚按：今之變雞法與此同，但薄切之又捶之爲異耳。爲熬：捶之，去其皽，編萑，布牛肉焉，屑桂與薑以洒諸上而鹽之，乾而食之。施羊，亦如之。施麋、施鹿、施麇，皆如牛羊。欲濡肉，則釋而煎之以醢；欲乾肉，則捶而食之。熬，於火上爲之也，今之火脯似矣。欲濡欲乾，人自由也。醢或爲醯。此七者，《周禮》「八珍」，其一肝膋是也。○愚按：鹽，如「鹽諸利」之「鹽」，謂引之令其氣入也。糝：取牛羊豕之肉，三如一，小切之，與稻米（稻米二、肉一）、合以爲餌，煎之。此《周禮》「糝食」也。肝膋：取狗肝一，幪之以其膋，濡炙之，舉燋其膋，不蓼。膋，腸間脂。舉，或爲「巨」。取稻米，舉糔溲之，小切狼臅膏，以與稻米爲酏。狼臅膏，臆中膏也。以煎稻米，則似今膏餈矣。此《周禮》「酏食」也。此酏，當從「餰」。○愚按：《注》讀酏爲餰。但餰雖雜以狼臅膏，其實亦粥之般類也。酏讀如字亦通，前「糗、餌、粉、酏」同。○《釋文》云：「𩞁與𩟄、𩛴竝同。」

禮，始於謹夫婦，爲宫室，辨外内。男子居外，女子居内，深宫固門，閽寺守之，男不入，女不出。閽，掌守中門之禁也。寺，掌内人之禁令也。男女不同椸枷、不敢縣於夫之楎椸，不敢藏於夫之篋笥，不敢共湢浴。竿謂之椸。楎，杙也。夫不在，斂枕篋、簟席，襡器而藏之。不敢褻也。○方氏苞曰：「斂枕篋與簟席，襡褻器而藏之也。褻器，虎子之屬。」少事長，賤事貴，咸如之。咸，皆也。夫婦之禮，唯及七十同藏，無間。衰老無嫌。及猶至也。故妾雖老，年未滿五十，必與五日之御。五十始衰，不能孕也，妾閉房不復出御矣。此御，謂侍夜勸息也。五日一御，諸侯制也。諸侯取九女，姪娣兩兩而御，則三日也。次兩媵，則四日也。次夫人，專夜，則五日也。天子十五日乃一御。將御者，齊，漱澣，慎衣服，櫛，縰，笄，總，角拂髦，衿纓，綦屨。其往如朝也。「角」，衍字也。拂髦，或爲繆髦也。○愚按：「拂髦」二字亦衍，觀篇首可見。雖婢妾，衣服飲食必後長者。人貴賤不可以無禮。妻不在，妾御莫敢當夕。辟女君之御日也。

妻將生子，及月辰，居側室，側室，謂夾之室，次燕寢也。○愚按：月辰，月朔也。夫使人日再問之，作而自問之，妻不敢見，使姆衣服而對，至于子生，夫復使人日再問之。作，有感動。夫齊，則不入側室之門。若始時使人問。子生，男子設弧於門左，女子設帨於門右。表男女也。弧者，示有事於武也。帨，事人之佩巾也。三日，始負子，男射，女否。始有事也。負之，謂抱之而使鄉前也。

國君世子生，告于君，接以大牢，宰掌具。接讀爲捷。捷，勝也。謂食其母，使補虛强氣也。○愚按：接讀如字。王肅、杜預竝以爲接待夫人以太牢，是也。三日，卜士負之，吉者宿齊，朝服寢門外，詩負之，射人以桑弧、蓬矢、六射天地四方，詩之言承也。桑弧、蓬矢，本大古也。天地四方，男子所有事也。〇《疏》引《詩含神霧》云「詩者，持也」，「謂以手承下而抱負之」，是也。保受，乃負之。代士也。保，保母。宰醴負子，賜之束帛，醴，當爲「禮」，聲之誤也。禮，以一獻之禮，酬之以幣也。〇愚按：醴當如字。卜士之妻、大夫之妾，使食子。食子不使君妾，適妾有敵義，不相褻以勞辱事也。士妻、大夫之妾，謂時自有子。〇愚按：不使君妾食子者，食子事賤，又適夫人在避爲慈母之嫌也。

凡接子，擇日，雖三日之内，尊卑必皆選其吉焉。冢子則大牢，天子，世子也。冢，大也。冢子猶言長子，通於下也。庶人特豚，士特豕，大夫少牢，國君世子大牢，皆謂長子。其非冢子，則皆降一等。謂冢子之弟及衆妾之子生也。天子諸侯少牢，大夫特豕，士特豚，庶人猶特豚也。

異爲孺子室於宫中，特埽一處以處之。擇於諸母、與可者，必求其寬裕、慈惠、温良、恭敬、慎而寡言者，使爲子師，其次爲慈母，其次爲保母，皆居子室。此人君養子之禮也。諸母，衆妾也；可者，傅御之屬也；子師，教示以善道者；慈母，知其嗜欲者；保母，安其居處者；士妻，食乳之而已。〇愚按：此慈母，孔子所謂無服者也。《疏》引《喪服》小功章，謂此三母，獨諸侯不服之，非也。他人無事不往。爲兒精氣微弱，將驚動也。

三月之末，擇日翦髮爲鬌，男角，女羈，否則男左女右。鬌，所遺髮也。夾囟曰角，午達曰羈也。〇嚴氏云：「夾囟，兩髻也；午達，三髻也。」是日也，妻以子見於父，貴人則爲衣服，由命士以下皆漱澣，貴人，大夫以上也。由，自也。男女夙興，沐浴，衣服，具視朔食，朔食：天子大牢，諸侯少牢，大夫特豕，士特豚也。夫入門，升自阼階，立于阼，西鄉，妻抱子出自房，當楣立，東面。入門者，入側室之門也。大夫以下，見子就側室，見妾子於内寢，辟人君也。○方氏苞曰：「妻得有其室，故子生於側室，即於側室以子見；妾不得有其室，而統於妻，故見子於妻之燕寢，夫及女君臨視焉。」

姆先相曰：「母某敢用時日祗見孺子。」某，妻姓。若言姜氏也。祗，敬也，或作「振」。○陳《注》云：「時日，是日也。」夫對曰：「欽，有帥。」父執子之右手，咳而名之。欽，敬也。帥，循也。言教之敬，使有循也。執右手，明將授之事也。○《説文》云：「咳，小兒笑聲。」妻對曰：「記有成。」遂左還，授師。記猶識也。識夫之言，使有成也。師，子師也。子師辯告諸婦諸母名，後告諸母，若名成於尊。○方氏苞曰：「《注》迂晦難通。命士以上，父子異宫，而必同都宫。諸婦蓋子之期親，同在都宫内者；諸母則或異居，故告先近而後及遠耳。」妻遂適寢。復夫之燕寢。夫告宰名，宰辯告諸男名，書曰某年某月某日某生，而藏之，宰，謂屬吏也。《春秋》書「桓六年九月丁卯子同生。」宰告閭史，閭史書爲二，其一藏諸閭府，其一獻諸州史，州史獻諸州伯，州伯命藏諸州府。四閭爲族。族，百家也。閭胥中士一人。五黨爲州。州，二千五百家也。州長，中大夫一人也。皆有屬吏。獻猶言也。夫入，食如養禮。夫入，已見子入室也。其與妻食，如婦始饋舅姑之禮也。

世子生，則君沐浴朝服，夫人亦如之，皆立于阼階，西鄉，世婦抱子升自西階，君名之，乃降。

子升自西階，則人君見世子於路寢也。見妾子就側室。凡子生皆就側室。諸侯夫人朝於君次而褖衣也。○愚按：卿大夫見適子，既有父執右手咳而名之及告戒之辭，故此略之，從同同也。又下文見「適子、庶子」云「禮帥初，無辭」，知此有辭也。方氏苞以爲「命世子」當「無辭，則適子、庶子不得有辭」，似未安。

適子庶子見於外寢，撫其首，咳而名之，禮帥初，無辭。此適子，謂世子弟也。庶子，妾子也。外寢，君燕寢也。無辭，辭謂「欽有帥」、「記有成」也。○方氏苞曰：「君之燕寢，對夫人正寢稱外，非對側室稱外也。觀此則世子見於路寢明矣。蓋國君尊，以子見而就夫人之内寢，於義未安。故世子以外，皆見於外寢。」

凡名子，不以日月，不以國，終使易諱，不以隱疾。諱衣中之疾，難爲醫也。大夫士之子，不敢與世子同名。尊世子也。其先世子生，亦勿爲改。

妾將生子，及月辰，夫使人日一問之。子生三月之末，漱澣，夙齊，見於内寢，禮之如始入室，君已食，徹焉，使之特餕，遂入御。内寢，適妻寢也。禮謂已見子夫食而使獨餕也。如始入室，始來嫁時。妾餕夫婦之餘亦如之。既見子，可以御，此謂大夫士之妾也。凡妾稱夫曰君。

公庶子生，就側室。三月之末，其母沐浴朝服見於君，擯者以其子見，君所有賜，君名之。衆子，則使有司名之。擯者，傅姆之屬也。人君尊，雖妾不抱子。有賜於君，有恩惠也。有司，臣有事者也。魯桓公名子，問於申繻也。○愚按：庶子加「公」者，别於上文「大夫士」也。

庶人無側室者，及月辰，夫出居羣室，其問之也，與子見父之禮，無以異也。夫雖辟之，至問妻及見子，禮同也。庶人或無妾。

凡父在，孫見於祖，祖亦名之，禮如子見父，無辭。見子於祖，家統於尊也。父在則無辭，有適子者，無適孫，與見庶子同也。父卒，而有適孫，則有辭，與見冢子同。父雖卒，而庶孫猶無辭也。○愚按：《春秋·傳》云：「王命父子」，〔四〕此是也。方氏苞謂「孫名不主於祖」，蓋非也。無辭者，尊祖而遠之。又辭者，夫婦所以相授受也。雖適孫，亦當無辭。

食子者，三年而出，見於公宮，則劬。劬，勞也。士妻、大夫之妾，食國君之子，三年出，歸其家，君有以勞賜之。大夫之子有食母，選於傅御之中，喪服所謂乳母也。○愚按：獨言有食母，似不得有慈母、保母也。鄭注《喪服》小功章「君子爲庶母慈己者」，引此《内則》「三母」，恐未然。士之妻自養其子。賤不敢使人也。

由命士以上及大夫之子，旬而見，旬當爲「均」，聲之誤也。有時適妾同時生子，「子均而見」者，以生先後見之。既見乃食，亦辟人君也。《易·説卦》「坤」「爲均」，今亦或作「旬」也。○愚按：旬，徧也，亦均之義，不必讀爲均也。應氏鏞又以旬爲十日，每旬而一見之。此説與《注》，竝所未詳。又按《説文·女部》「姰，均適也。男女併也。」疑「旬」蓋「姰」之假借，姰訓均適，不必易旬爲均也。冢子未食而見，必執其右手，適子、庶子已食而見，必循其首。天子諸侯，尊别世子，雖同母，禮則異矣。「未食」「已食」，急正緩庶之義也。○愚按：《注》以此爲天子、諸侯之禮，蓋以上文「適子、庶子」在「世子」一條下耳。然此既云「冢子」，「冢子」上下通稱，則此禮當亦通大夫士也。

子能食食，教以右手。能言，男唯，女俞。男鞶革，〔五〕女鞶絲。俞，然也。鞶，小囊，盛帨巾者。男用韋，女用繒，有飾緣之，則是鞶裂與？《詩》云：「垂帶如厲」，〔六〕紀子帛名裂繻，字雖今異，意實同也。

六年，教之數與方名。方名，東西。七年，男女不同席，不共食。蚤其別也。八年，出入門户，及即席飲食，必後長者，始教之讓。示以廉恥。九年，教之數日。朔望與六甲也。十年，出就外傅，居宿於外，學書計，衣不帛襦袴，禮帥初，朝夕學幼儀，請肄簡諒。外傅，教學之師也。不用帛爲襦袴，爲大温傷陰氣也。禮帥初，遵習先日所爲也。肄，習也。諒，信也。請習簡，謂所書篇數也。請習信，謂應對之言也。方氏苞曰：「不帛襦袴，非爲大温也」，「就外傅，則宜示以素樸」也。禮「帥初，謂帥循古先相承出就外傅之禮」，「《弟子職》所載是也」。前《記》「見於外寢，禮帥初，亦」然。○陳《注》云：「簡者，簡要不煩擾也。」十有三年，學樂、誦詩、舞勺；成童，舞象、學射御。先學勺，後學象，文武之次也。成童，十五以上。○朱子曰：「酌即勺也。」○齊召南曰：「象即《大武》。」二十而冠，始學禮，可以衣裘帛，舞《大夏》，惇行孝弟，博學不教，内而不出。《大夏》，樂之文武備者也。内而不出，謂人之謀慮也。三十而有室，始理男事，博學無方，孫友視志。室猶妻也。男事，受田給政役也。方猶常也。至此，學無常，在志所好也。孫，順也。順於友，視其所志也。四十始仕，方物、出謀發慮，道合則服從，不可則去。方猶常也。物猶事也。方氏苞曰：「方與義以方外同義，必遇物而方之，然後不踰矩也。方物而出謀，乃無過計；方物而發慮，乃無邪心。」五十命爲大夫，服官政，統一官之政也。七十致事。致其事於君而告老。凡男拜，尚左手。左陽。

女子十年不出，恒居内也。姆教婉娩聽從，婉，謂言語也。娩之言媚也。媚，謂容貌也。〇愚按：《注》分言、貌，意蓋以此上下備四德耳，恐未然。司馬温公曰：「『柔順貌』是也。」執麻枲，治絲繭，織紝組紃，學女事，以共衣服，紃，絛。觀於祭祀，納酒漿籩豆菹醢，禮相、助奠。當及女時而知。十有五年而笄，謂應年許嫁者。女子許嫁，笄而字之；其未許嫁，二十則笄。二十而嫁；有故，二十三年而嫁。故，謂父母之喪。聘則爲妻，聘，問也。妻之言齊也。以禮聘問，則得與夫敵體。奔則爲妾。妾之言接也。聞彼有禮，走而往焉，以得接見於君子也。奔或爲「衒」。凡女拜，尚右手。右，陰也。

校記

〔一〕折，《十三經注疏·禮記注疏》卷二十七作「析」。

〔二〕廼，《左傳·僖公四年》：「一薰一蕕，十年尚有臭。」《十三經注疏·春秋左傳注疏》卷十二阮元《校勘記》：「案鄭注《内則》引作『一薰一廼』，字雖異而音義並同。」

〔三〕母，《禮記注疏》卷二十八阮元《校勘記》作「毋」。

〔四〕王命父子，《穀梁傳·昭公七年》：「王父名子也。」「命」作「名」。

〔五〕鞶革，《左傳·桓公二年》作「鞶、厲」。

〔六〕《詩·小雅·都人士》：「垂帶而厲」，「如」作「而」。鄭玄《箋》：「而亦『如』也。而厲，如鞶厲也。鞶必垂厲以爲飾。厲字當作『裂』。蠆，螫蟲也，尾末揵然，似婦人髮末曲上卷也。」

玉藻第十三

天子玉藻，有十二旒，前後邃延，龍卷以祭。祭先王之服也。雜采曰藻。天子以五采藻爲旒，旒十有二。前後邃延者，言皆出冕前後而垂也。天子齊肩，延冕上覆也。玄表，纁裏。龍卷，畫龍於衣，字或作「衮」。〇《釋文》云：「邃，深也。」玄端而朝日於東門之外，聽朔於南門之外，閏月則闔門左扉，立于其中。端當爲「冕」，字之誤也。玄衣而冕。冕服之下朝日，春分之時也。東門、南門，皆謂國門也。天子廟及路寢皆如明堂制。明堂在國之陽，每月就其時之堂而聽朔焉，卒事，反宿路寢，亦如之。閏月，非常月也，聽其朔於明堂門中，還處路寢門終月。凡聽朔，必以特牲告其帝，及其神，配以文王、武王。〇方氏苞曰：「《注》謂『特牲告其帝，及其神，配以文王、武王』，非也。五人帝及五臣之主，當在四郊，不聞又設主於明堂也。且既告朔、朝饗於太廟，而又迎文武之主於明堂，不可也。」〇愚按：據孔《疏》，文王、武王之主皆在明堂，故得以配帝。方氏苞似未會其意。然文武之主豈得在明堂，《疏》說非也。〇方氏苞曰：「《注》謂『反宿路寢』，又謂『還處路寢終月』，非也。諸侯視朝，退適路寢聽政。適小寢釋服，天子禮宜同。其處路寢門中，特聽政時耳。居食與宿，仍在燕寢也，《周禮·宫人》『掌王之六寢』《注》：『路寢一，以治事。小寢五，以休息。』」

皮弁以日視朝，遂以食，日中而餕，奏而食。日少牢，朔月大牢；餕，食朝之餘也。奏，奏樂也。〇愚按：朔月，月朔，月半也。五飲：上水、漿、酒、醴、酏。上水，水爲上，餘其次之。卒食，玄端而居。天子服玄端，燕居也。動則左史書之，言則右史書之。其書，《春秋》、《尚書》其存者。御瞽幾聲之上下。瞽，樂人也。幾猶察也。察其哀樂。○愚按：察樂聲高下，以知政治得失。魏文侯曰：「宫聲不比乎？左高。」〔一〕年不順成，則天子素服，乘素車，食無樂。自貶損也。

諸侯玄端以祭，祭先君也。端亦當爲「冕」，字之誤也。諸侯祭宗廟之服，唯魯與天子同。裨冕以朝，朝天子也。裨冕，公衮。侯伯鷩，子男毳也。皮弁以聽朔於大廟，皮弁，下天子也。朝服以日視朝於内朝。朝服，冠、玄端、素裳也。此内朝，路寢門外之正朝也。天子諸侯皆三朝。朝，辨色始入。羣臣也。入，入應門也。辨猶正也，别也。君日出而視之，退適路寢，聽政，使人視大夫，大夫退，然後適小寢，釋服。小寢，燕寢也。釋服，服玄端。又朝服以食，特牲，三俎，祭肺，食必復朝服，所以敬養身也。三俎，豕、魚、腊。夕深衣，祭牢肉。祭牢肉，異於始殺也。天子言日中，諸侯言夕，天子言餕，諸侯言祭牢肉，互相挾。○愚按：日中餕，非不祭也。與夕祭牢肉，皆别用牲餘體，非以食餘進也。朔月少牢，五俎，四簋，五俎，加羊與其腸胃也。朔月四簋，則日食粱稻各一簋而已。子卯稷食菜羹，忌日貶也。夫人與君同庖廚。不特殺也。

君無故不殺牛，大夫無故不殺羊，士無故不殺犬豕。故，謂祭祀之屬。○愚按：此君還爲諸侯也。大夫其臣也。君子遠庖廚，凡有血氣之類，弗身踐也。踐當爲「翦」，聲之誤也。翦猶殺也。○愚按：踐讀如字，猶不踐生草、不履生蟲然。至于八月不雨，君不舉。爲旱變也。此謂建子之月不雨，盡建未月也。《春秋》之義，周之春夏無雨，未能成災。至其秋秀實之時而無雨則雩，雩而得之則書雩，喜祀有益也。雩而不得則書旱，明災成也。

年不順成，君衣布，搢本，關梁不租，山澤列而不賦，土功不興，大夫不得造車馬。皆爲凶年變也。君衣布者，謂若衛文公大布之衣、大帛之冠是也。搢本，去珽、荼，佩士笏也，士以竹爲笏，飾本以象。關梁不租，此周禮也，殷則關但譏而不征。列之言遮列也。雖不賦，猶爲之禁，不得非時取也。造，謂作新也。○方氏苞曰：「《周官》關梁無所爲租税，記者妄也。」○愚按：列不必爲「遮列」。列，布也。頒布於民而不收邦賦。

卜人定龜，謂靈射之屬所當用者。○愚按：射，《爾雅》作「謝」。史定墨，視兆坼也。君定體。視兆所得也。周公曰：「體，王其無害。」

君羔幦虎犆，幦，覆苓也。犆，讀皆如「直道而行」之「直」。直謂緣也。此君齊車之飾。○愚按：苓亦作「軨」。幦，《詩》作「幭」，《周禮》作「𧝓」。大夫齊車，鹿幦豹犆，朝車，士齊車，鹿幦豹犆。臣之朝車與齊車同飾。○方氏苞曰：或曰：「末『鹿幦豹犆』，字必有誤也」。

君子之居恒當户，鄉明。寢恒東首，首生氣也。若有疾風迅雷甚雨，則必變，雖夜必興，衣服冠而坐。敬天之怒。日五盥，沐稷而靧粱，櫛用樿櫛，髮晞用象櫛，進禨，進羞，工乃升歌。晞，乾

也。沐櫝必進機，作音盈氣也。更言進羞，明爲羞籩豆之實。〇《匡謬正俗》云：「機，謂福祥也。山東俗新
沐浴飲酒謂之幾頭。字當作機，音譏。此謂新櫝沐體虛，故更進食飲，而又加樂以自輔助，致福祥也。浴用二
巾，上絺下綌。刷去垢也。出杅，履蒯席，連用湯，杅，浴器也。蒯席澀，便於洗足也。連猶同也。〇愚
按：連，續也。出杅立蒯席上，别用新湯連續以澆體之上下令潔淨，然後履蒲席上晞身也。履蒲席，衣布，
晞身，乃屨，進飲。進飲，亦盈氣也。將適公所，宿齊戒，居外寢，沐浴，史進象笏，書思對命。
思，所思念將以告君者也。對，所以對君者也。命，所受君命者也。書之於笏，爲失忘也。既服，習容、觀、
玉聲，玉佩。乃出，揖私朝，煇如也，登車則有光矣。私朝，自大夫家之朝也。揖其臣，乃行。
天子搢珽，方正於天下也。此亦笏也，謂之珽。珽之言珽然無所屈也。〔二〕或謂之大圭，長三尺，杼上終
葵首。終葵首者，於杼上又廣其首，方如椎頭，是謂無所屈，後則恒直。《相玉書》曰：「珽六寸，明自炤。」
諸侯荼，前詘後直，讓於天子也。荼，讀爲「舒遲」之「舒」。舒懦者，所畏在前也。〔三〕詘，謂圜殺其
首，不爲椎頭。諸侯唯天子詘焉，是以謂笏爲荼。大夫前詘後詘，無所不讓也。大夫，奉君命出入者也。
上有天子，下有己君，又殺其下而圜。
侍坐則必退席。不退則必引而去君之黨。引，卻也。黨，鄉之細者。退，謂旁側也，辟君之親黨也。〔四〕
〇愚按：黨在鄉之旁側，故借以爲喻。坐必卻去君之旁側，不敢迫近君也。據《釋文·注》中，「一本無退字」，
是也。登席不由前，爲躐席。升必由下也。徒坐，不盡席尺。示無所求於前，不忘謙也。讀書，食，

則齊，豆，去席尺。讀書聲當聞尊者。食，爲污席也。○愚按：豆去席尺，書几亦去席尺。讀書近則審，食近則便，故讀書與食齊也。若賜之食而君客之，則命之祭然後祭。雖見賓客，猶不敢備禮也。侍食則正不祭。先飯，辯嘗羞，飲而俟。俟君食而後食也。君將食，臣先嘗之，忠孝也。若有嘗羞者，則俟君之食，然後食，飯，飲而俟。不祭侍食，不敢備禮也。不嘗羞，膳宰存也。飯、飲，利將食也。○愚按：有嘗羞者，此謂君但賜食而不客也。君命之羞，羞近者，辟貪味也。命之品嘗之，然後唯所欲。必先徧嘗之。凡嘗遠食，必順近食。從近始也。○愚按：客與不客皆然，故云「凡」也。君未覆手，不敢飧；覆手以循咡，已食也。飧，勸飽也。君既食，又飯飧，不敢先君飽。○愚按：既，盡也。又飯飧，亦謂君也。飯飧者，三飯也。臣勸君食，如是可也。君既徹，執飯與醬，乃出授從者。食於尊者之前，當親徹也。○方氏苞曰：「飯與醬」「出授從者使餕之」「不敢虚君惠，又不敢使公士食己之餘」也。

凡侑食，不盡食；食於人不飽。謙也。唯水漿不祭，若祭，爲已偞卑。水漿，非盛饌也。已猶大也。祭之，爲夫有所畏迫。臣於君則祭之。

君若賜之爵，則越席再拜稽首受，登席祭之，飲，卒爵而俟。君卒爵，然後授虚爵。不敢先君盡爵。君子之飲酒也，受一爵而色洒如也。洒如，肅敬貌。洒，或爲「察」。二爵而言言斯，言言，和敬貌。斯猶耳也。禮已三爵而油油，油油，説敬貌。○愚按：《注》讀言言與誾誾同。洒，王肅本作「察」，云：「明貌也。」王肅本亦作「二爵而言」，《注》云：「飲二爵，可以語也。」又云：「言斯禮」，《注》云：

「語必以禮也」。「三爵而油」，《注》云：「敬悦貌。」無「已」及下「油」字也。以上皆《釋文》所録與鄭本異者。以退，禮，飲過三爵則敬殺，可以去矣。退則坐取屨，隱辟而后屨，坐左納右，坐右納左。隱辟，俛逡巡而退著屨也。○愚按：辟與僻同。就隱辟之處而后屨，所謂「就屨，跪而舉之，屏於側」也。凡尊必上玄酒，不忘古也。唯君面尊，面猶鄉也。《燕禮》曰：「司宫尊于東楹之西，兩方壺，左玄酒，南上。公尊瓦大兩，有豐」，「在尊南，南上。」唯饗野人皆酒，飲賤者不備禮。○方氏苞曰：「蜡非上饗之也。惟饗耆老孤子，則有爵者不與，故曰野人。」大夫側尊，用棜；士側尊，用禁。棜，斯禁也。無足有似於棜，是以言棜。○《疏》曰：「面尊者，尊鼻嚮君，燕臣子得專恩惠也。其兩君相見，則尊鼻於兩楹間，賓主夾之也。側，謂旁側，在賓主兩楹之旁側夾之，尊於房户之間，賓主共之也。」

始冠緇布冠，自諸侯下達，冠而敝之可也。本大古耳，非時王之法服也。玄冠朱組纓，天子之冠也。緇布冠繢緌，諸侯之冠也。皆始冠之冠也。玄冠，委貌也。諸侯緇布冠有緌，尊者飾也。繢，或作「繪」。緌，或作「蕤」。玄冠丹組纓，諸侯之齊冠也。玄冠綦組纓，士之齊冠也。言齊時所服也。四命以上，齊祭異冠。縞冠玄武，子姓之冠也。謂父有喪服，子爲之不純吉也。武，冠卷也。古者冠卷殊。縞冠素紕，既祥之冠也。紕，緣邊也。紕，讀如埤益之「埤」。既祥之冠也，已祥祭而服之也。《閒傳》曰：「大祥，素縞、麻衣。」

垂緌五寸，惰游之士也，惰游，罷民也。亦縞冠素紕，凶服之象也。垂長緌，明非既祥。玄冠縞武，不齒之服也。所放不帥教者。居冠屬武，謂燕居冠也。著冠於武，少威儀。自天子下達，有事然後緌。燕無事者去飾。五十不散送，送喪不散麻，始衰不備禮。親没不髦。去爲子之飾。大帛不緌。帛當爲「白」，聲之誤也。大帛，謂白布冠也。不緌，凶服去飾。玄冠紫緌，自魯桓公始也。蓋僭宋王者之後服也。緌當用繢。○愚按：紫，閒色也。此譏其變禮耳，云「僭宋」，恐非。

朝玄端，夕深衣，深衣三袪，謂大夫士也。三袪者，謂要中之數也。袪尺二寸，圍之爲二尺四寸。三之，七尺二寸。縫齊倍要，縫，紩也。紩下齊倍要中齊，丈四尺四寸。縫或爲「逢」，或爲「豐」。○方氏苞曰：縫「當從逢。《儒行》『逢掖之衣』、《楚辭》『後嗣逢長』，皆大也。若以縫爲義，則曰『齊倍要』足矣，於文爲贅。」衽當旁，衽，謂裳幅所交裂也。凡衽者，或殺而下，或殺而上，是以小要取名焉。衽屬衣則垂而放之；屬裳則縫之以合前後，上下相變。○方氏苞曰：「謂裳衽也。衣衽無不當旁者，裳則前三幅後四幅，衽之相交，或不當旁。惟深衣與裳連，則裳衽亦當旁也。」袂可以回肘。二尺二寸之節。長中繼揜尺，其爲長衣、中衣，則繼袂揜一尺。若今褎衣、深衣，則緣而已。○愚按：長、中衣制同，著之有内外耳。繼揜尺者，深衣袂較短，惟長、中二衣，繼袂之末，揜餘一尺，則袂較長矣。惟此與深衣異，餘竝同也。袷二寸，曲領也。袪尺二寸，袂口也。緣廣寸半。飾邊也。以帛裏布，非禮也。中外宜相稱也。冕服，絲衣也，中衣用素。皮弁服、朝服、玄端，麻衣也，中衣用布。○愚按：素，熟絹也。麻，亦布也。士不衣織，織，染絲織之。士衣染繒也。無君者不貳采。大夫去位，宜服玄端玄裳。衣正色，裳間色。謂冕服玄上纁下。非列采不入公門，列采，正服。振絺綌不入公門，表裘不入公門。振，讀爲「袗」。袗，禪也。表，裘外衣也。二者形且褻，皆當表之，乃出。○段玉裁云：「外裘，今本作『外衣』，誤。」

襲裘不入公門。衣裘必當裼也。纊爲繭，縕爲袍，衣有著之異名也。纊，謂今之新緜也。縕，謂今纊及舊絮也。禪爲絅，有衣裳而無裏。帛爲褶，有表裏而無著。○愚按：褶，裌衣也。朝服之以縞也，自季康子始也。亦僭宋王者之後。○愚按：康子是宋彌甥，又尚白，故云耳，恐亦未然。

孔子曰：「朝服而朝，卒朔然後服之。」謂諸侯與羣臣也。諸侯視朔皮弁服。曰：「國家未道，則不充其服焉。」謂若衛文公者，未道，未合於道。○陳《注》：「曰字承上文，亦孔子之言也。」

唯君有黼裘以誓省，大裘非古也。僭天子也。天子祭上帝，則大裘而冕。大裘，羔裘也。黼裘，以羔與狐白雜爲黼文也。省當爲「獮」。獮，秋田也。國君有黼裘獮田之禮。時大夫又有大裘也。○愚按：省宜讀如字，未詳其義。方氏慤謂「省耕、省斂」，亦未安。「省」、「獮」竝在秋，何以未冬而裘也？君衣狐白裘，錦衣以裼之。君衣狐白毛之裘，則以素錦爲衣覆之，使可裼也。袒而有衣曰裼。必覆之者，裘褻也。《詩》云：「衣錦絅衣，裳錦絅裳。」然則錦衣復有上衣明矣。天子狐白之上，衣皮弁服與？凡裼衣象裘色也。君之右虎裘，厥左狼裘。衛尊者宜武猛。士不衣狐白。辟君也。狐之白者少，以少爲貴也。

君子狐青裘、豹褎，玄綃衣以裼之；君子，大夫士也。綃，綺屬也，染之以玄，於狐青裘相宜。狐青裘，蓋玄衣之裘。麛裘、青豻褎，絞衣以裼之；豻，胡犬也。絞，蒼黃之色也。孔子曰：「素衣，麛裘。」羔裘、豹飾，緇衣以裼之；飾猶褎也。孔子曰：「緇衣，羔裘。」狐裘，黄衣以裼之。黄衣，大蜡時臘先祖之服也。孔子曰：「黄衣，狐裘。」錦衣狐裘，諸侯之服也。非諸侯則不用錦衣爲裼。○愚按：除狐裘不言何物爲褎，自餘之裘，凡君用純，臣用雜也。犬羊之裘，不裼。質略，亦庶人無文飾。

不文飾也，不裼。裼主於有文飾之事。

裘之裼也，見美也。君子於事以見美爲敬。○《疏》云：「見裼衣之美。」

弔則襲，不盡飾也。喪非所以見美。

君在則裼，盡飾也。臣於君所。○愚按：君在，謂君弔臣時。

服之襲也，充美也。充猶覆也。所敬不主於君則襲。○方氏苞曰：裼言裘，襲言服者，「於見則舉内之裘，於充則舉外之服也。」

是故尸襲。尸尊。執玉龜襲。重寶瑞也。無事則裼，弗敢充也。謂已致龜玉也。

笏：天子以球玉，諸侯以象，大夫以魚須文竹，士竹本，象可也。球，美玉也。文猶飾也。大夫士飾竹以爲笏，不敢與君並用純物也。《釋文》：「須音班。崔云：『用文竹及魚班也。』《隱義》云：『以魚須飾文竹之邊。』」《疏》引庾氏云：「以鮫魚須飾竹以成文。」見於天子與射，無説笏；入大廟説笏，非禮也。〔五〕言凡吉事無所説笏也。大廟之中，唯君當事説笏也。小功不説笏，當事免則説之。免，悲哀哭踊之時，不在於記事也。小功輕不當事，可以搢笏也。既搢必盥，雖有執於朝，弗有盥矣。搢笏輒盥，爲必執事。

○方氏苞曰：「入朝時既搢笏，必盥，故執笏於朝，弗再盥。《疏》義甚明。」凡有指畫於君前，用笏。造受命於君前，則書於笏。笏畢用也，因飾焉。畢，盡也。笏度二尺有六寸，其中博三寸，其殺六分而去一。殺猶杼也。天子杼上終葵首，諸侯不終葵首，大夫士又杼其下，首廣二寸半。

而素帶，終辟，大夫素帶，辟垂。士練帶，率，下辟。居士錦帶，弟子縞帶，并紐約，用組。而素帶終辟，謂諸侯也。諸侯不朱裏，合素爲之，如今衣帶爲之，下天子也。大夫亦如之。率，繂也。士以下皆禪，不合而繂積，如今作幧頭爲之也。辟，讀如「裨冕」之裨，謂以繒采飾其側，人君充之，大夫禪其紐及末，士裨其末而已。居士，道藝處士也。此自「而素帶」亂脱在是耳，宜承「朱裏終辟」。

韠，君朱，大夫素，士爵韋。此玄端服之韠也。韠之言蔽也。凡韠以韋爲之，必象裳色，則天子諸侯玄端朱裳，大夫素裳，唯士玄裳、黄裳、雜裳也。皮弁服皆素韠。圜、殺、直：目韠制。天子直，四角直，無圜殺。公侯前後方，殺四角使之方，變於天子也。所殺者去上下各五寸。大夫前方後挫角，圜其上角，變於君也。韠以下爲前，以上爲後。士前後正。士賤，與君同，不嫌也。正，直方之間語也。天子之士則直，諸侯之士則方。韠，下廣二尺，上廣一尺，長三尺，其頸五寸，肩、革帶博二寸。頸五寸，亦謂廣也。頸中央、肩兩角，皆上接革帶以繫之。肩與革帶廣同，凡佩，繫於革帶。大夫大帶四寸。雜帶，君朱緑，大夫玄、華，士緇辟，二寸，再繚四寸。凡帶，有率、無箴功，雜猶飾也。即上之裨也。君裨帶，上以朱，下以緑終之。大夫裨垂外以玄，内以華，華，黄色也。士裨垂之下、外、内皆以緇，是謂緇帶。大夫以上以素，皆廣四寸。士以練，廣二寸，再繚之。凡帶，有司之帶也，亦綼之，如士帶矣。無箴功，則不裨之。士雖綼帶，裨亦用箴功。凡帶不裨，下士也。此又亂脱，在是宜承「紳、韠、結，三齊」。陳《注》云：「凡帶，當率縺之處，箴線細密，不見用箴之功，若無箴功也。」○愚按：此説近是。一命緼韍、幽衡，再命赤韍、幽衡，三命赤韍、葱衡。此玄冕、爵弁服之韠，尊祭服異其名耳。韍之言亦蔽也。緼，赤黄之間色，所謂韎也。衡，佩玉之衡也。幽，讀爲黝。黑謂之黝，青謂之葱。《周禮》：「公侯伯之卿三命，其大夫再命，其士一命。子男之卿再命，其大夫一命，其士不命。」○愚按：韠、韍，亦或通名。《詩》云「服其命服，朱芾斯皇」，則非祭服也。幽，讀如字，亦通。《詩》云「隰桑有阿，其葉有幽」，《郊特牲》云「齊之玄也，以陰幽思也」，是皆以幽爲黑也。天子素帶，朱裏，終辟。謂大帶也。

王后褘衣，夫人揄狄，褘，讀如翬；揄，讀如摇。翬、摇皆翟雉名也。刻繒而畫之，著於衣以爲飾，因以爲名也，後世作字異耳。夫人，三夫人，亦侯伯之夫人也。王者之後，夫人亦褘衣。三寸，長齊于帶，紳長、制，士三尺，有司二尺有五寸。子游曰：「參分帶下，紳居二焉」，紳、韠、結、三齊。三寸，謂約帶紐組之廣也。長齊于帶，與紳齊也。紳，帶之垂者也，言其屈而重也。《論語》曰：「子張書諸紳。」有司，府史之屬也。三分帶下而三尺，則帶高於中也。結，約餘也。此又亂脱，在是宜承「約用組」。結，或爲「衿」。○愚按：「并紐約，用組」《疏》云：「并，並也。並天子以下至弟子。」竊謂：并，合也。合結之作兩紐，防開結也。下文「童子」「錦紳，并紐」，知「并紐」二字連讀，不當如《疏》言。「紳長制」，言紳長之法也。「士三尺」，舉卑見尊也。君命屈狄，再命褘衣，一命襢衣，士褖衣。君，女君也。屈，《周禮》作「闕」，謂刻繒爲翟不畫也。此子男之夫人及其卿大夫之妻命服也。褘當爲「鞠」，字之誤也。禮：天子諸侯命其臣，后夫人亦命其妻以衣服，所謂「夫尊於朝，妻榮於室也。」子男之卿再命，而妻鞠衣。則鞠衣、襢衣、褖衣者，諸侯之臣皆分爲三等，其妻以次受此服也。公之臣，孤爲上卿，大夫次之，士次之。侯伯子男之臣，卿爲上，大夫次之，士次之。褖，或作「税」。○愚按：「君命」，未詳，《注》説亦未安。方氏苞「疑惟子男之妻，五命，然後得受命於王。自四命以下，其妻皆有司等其爵命」，亦未知是否。唯世婦命於奠繭，其他則皆從男子。奠猶獻也。凡世婦以下，蠶事畢獻繭，乃命之以其服。天子之后、夫人、九嬪及諸侯之夫人，夫在其位，則妻得服其服矣。自「君命屈狄」至此，亦亂脱，在是宜承「夫人揄狄」。○方氏苞曰：「其他皆從男子，則自王之卿大夫、公子孤以下，婦從夫爵，而有司命之可知矣。外命婦然，則内官自世婦以下，亦有司等其班次，以爲服命，而王不親可知矣，侯國之夫人不得親受命於王明矣。而《記》曰：『夫人之不命於天子，自魯昭公始。』蓋謂達其姓氏於王，而内史賜以册命耳。」

凡侍於君，紳垂，足如履齊，頤霤，垂拱，視下而聽上，視帶以及袷，聽鄉任左。紳垂則磬折也，齊裳下緝也。袷，交領也。○陳《注》云：「霤，屋簷也。」聽任左向君也。凡君召，以三節，二節以走，一節以趨，節所以明信，輔君命也。使使召臣，急則持二，緩則持一。《周禮》曰：「鎮圭以徵守。」其餘未聞也。今漢使者擁節。在官不俟屨，在外不俟車。趨君命也。必有執隨授之者。官，謂朝廷治事處也。

士於大夫，不敢拜迎，而拜送。禮不敵，始來拜，則士辟也。○愚按：凡拜迎須答拜、拜送不答拜故也。士於尊者，先拜，進面，答之拜，則走。士往見卿大夫，卿大夫出迎，答拜亦辟也。士於君所言大夫，没矣到稱謚若字，名士；與大夫言，名士，字大夫。君所，大夫存，亦名。

於大夫所，有公諱，無私諱。公諱，若言語所辟先君之名。凡祭不諱，廟中不諱。謂祝嘏之辭中有先君之名者也。凡祭，祭羣神。廟中，上不諱下。教學、臨文，不諱。爲惑未知者。

古之君子必佩玉，比德焉。君子，士已上。右徵角，左宫羽。玉聲所中也。徵角在右，事也，民也，可以勞。宫羽在左，君也，物也，宜逸。趨以《采齊》，路門外之樂節也。門外謂之趨。齊，當爲「楚薺」之「薺」。行以《肆夏》，登堂之樂節。周還中規，反行也，宜圜。折還中矩，曲行也，宜方。進則揖之，退則揚之，然後玉鏘鳴也。揖之，謂小俛，見於前也。揚之，謂小仰，見於後也。鏘，聲貌。故君子在車，則聞鸞和之聲，行則鳴佩玉，是以非辟之心，無自入也。鸞在衡，和在式。自，由也。君在不佩玉，左結佩，右設佩，謂世子也。出所處而君在焉，則去德佩而設事佩，辟德而示即事也。結其左者，若於事有未能也。結者，結其綬不使鳴焉。居則設佩，謂所處而君不在焉。朝則結佩。朝於君亦結左。○愚按：朝，謂昧爽而朝也。知此皆謂世子者，臣在朝不結佩。《曲禮》「佩垂」、「佩委」是也。世子如此，即知凡爲子者，親在不佩玉矣。「左結佩」《注》云「若於事有未能」，「事」字疑當爲「德」。齊則綪結佩，而爵韠。綪，屈也。結又屈之，思神靈不在事也。爵韠者，齊服玄端。○愚按：爵，淺赤色也。熊氏、皇氏並謂：諸侯以下，皆以玄端齊，而以爵韋爲韠，同士禮。以其齊，故不用朱韠、素韠也。凡帶必有佩玉，唯喪否。喪主於哀，去飾也。凡，謂天子以至士。〇愚按：帶，即韠肩革帶也。佩玉有衝牙，居中央，以前後觸也。君子無故玉不去身，君子於玉比德焉。故，謂喪與災眚。天子佩白玉而玄組綬，公侯佩山玄玉而朱組綬，大夫配水蒼玉而純組綬，世子佩瑜玉而綦組綬，士佩瓀玟而緼組綬，玉有山玄水蒼者，視之文色所似也。綬者，所以貫佩玉相承受者也。純，當爲「緇」。古文緇字或作絲旁才。綦，文雜色也。緼，赤黃。孔子佩象環五寸而綦組綬。謙不比德，亦不事也。象，有文理者也。環，取可循而無窮。

童子之節也，緇布衣，錦緣，錦紳，并紐，錦束髮，皆朱錦也。童子，未冠之稱也。《冠禮》曰：「將冠者，采衣紒」也。肆束，及帶，勤者有事則收之，走則擁之。肆，讀爲「肄」。肄，餘也。餘束，約組之餘組也。勤，謂執勞辱之事也。此亦亂脱，在是宜承「無箴功」。〇方氏苞曰：「肄者，紐約之餘。帶者，下垂之紳。束者，組綬所束之玉佩也。蓋惟佩玉，不利於勤者之事及走趨，故收擁玉佩，則并事佩及紳約之垂者。」童子不裘，不帛，不屨絇，無緦服。聽事，不麻；無事，則立主人之北，南面。見先生，從人而入。皆爲幼小，不備禮也。雖不服緦，猶免、深衣、無麻，往給事也。裘帛溫，傷壯氣也。絇，屨頭飾也。

侍食於先生，異爵者後祭先飯。謙也。客祭，主人辭，曰：「不足祭也。」祭者，盛主人之饌也。客飧，主人辭以疏。飧者，美主人之食也。疏之言麤也。主人自置其醬，則客自徹之。敬主人也。徹奠於序端。一室之人，非賓客，一人徹。同事合居者也。賓客則各徹其饌也。壹食之人，一人徹。壹，猶聚也。爲赴事聚食也。○舊説二者皆推少者一人徹也。凡燕食，婦人不徹。婦人質，不備禮。○按方氏苞據《特牲饋食》及《周官·内宗》云云，婦人非不徹。此不徹者，「不敢以煩女賓也」。

食棗、桃、李，弗致于核，恭也。瓜、祭上環，食中，弃所操。上環，頭忖也。○愚按：瓜疐爲上，脱華處爲下。頭忖，《釋文》云：「忖，本又作『刌』」。《疏》云：「忖，切，謂切瓜頭，切去疐。此庶人法也。」凡食果實者後君子，陰陽所成，非人事也。火孰者先君子。備火齊不得也。有慶，非君賜，不賀。唯君賜爲榮也。○愚按：自賀、人賀，皆賀也。有憂者，此下絶亡，非其句也。勤者有事則收之，走則擁之。此補脱重。

孔子食於季氏，不辭，不食肉而飧。以其待己及饌非禮也。

君賜車馬，乘以拜，賜衣服，服以拜。敬君惠也。○朱子讀二「賜」字絶句。賜，君未有命，弗敢即乘服也。謂卿大夫受賜於天子者，歸必致於其君，君有命，乃服之。君賜，稽首，據掌致諸地。致首於地。據掌，以左手覆按右手也。酒肉之賜，弗再拜。輕也。受重賜者拜受，又拜於其室也。凡賜，君子與小人不同日。慎於尊卑。

凡獻於君，大夫使宰，士親，皆再拜稽首送之。敬也。膳於君，有葷、桃、茢，於大夫去茢，於士去葷，皆造於膳宰。膳，美食也。葷、桃、茢，辟凶邪也。大夫用葷、桃，士桃而已。葷，薑及辛菜也。

茢，菼帚也。造於膳宰，既致命而授之。葦，或作「焄」。○《釋文》引郭璞云：「菼，烏蓲也。取其苗爲帚。」

大夫不親拜，爲君之答己也。不敢變動至尊。○愚按：拜，謂拜獻與拜賜。

大夫拜賜而退，士待諾而退，又拜，弗答拜。小臣受大夫之拜，復以入告大夫拜，便辟也。大夫親賜士，士拜受，又拜於其室。衣服，弗服以拜。異於君惠也。拜受，又就拜於其家，是所謂再拜也。敵者不在，拜於其室。謂來賜時不見也。見則不復往也。凡於尊者有獻。而弗敢以聞。此謂獻辭也。《少儀》曰：「君將適他，臣若致金玉貨貝於君，則曰：致馬資於有司。」是其類也。〔六〕士於大夫不承賀，下大夫於上大夫承賀。承，受也。士有慶事，不聽大夫親來賀己，不敢變動尊也。親在，行禮於人。稱父，人或賜之，則稱父拜之。事統於尊。

禮不盛，則不充，猶盛者服充。大事不崇曲敬。故大裘不裼，乘路車不式。謂祭天也。《周禮》：王「祀昊天上帝，則服大裘而冕」。乘玉路，或曰乘兵車不式。

父命呼，唯而不諾，手執業則投之，食在口則吐之，走而不趨。至敬。親老，出不易方，復不過時。不可以憂父母也。易方，爲其不信己所處也。復，反也。親癠、色容不盛，此孝子之疏節也。言非至孝也。癠，病也。王季有疾，文王色憂，行不能正履。○愚按：癠，瘦病也。親以憂念其子，致色容顑頷。此亦孝子之疏脱於禮節也。孔子曰：「父母在，不遠遊」，爲親老言之也。父没而不能讀父之書，手澤存焉爾。母没而杯圈不能飲焉，口澤之氣存焉爾。孝子見親之器物，哀惻不忍用也。圈，屈木所爲，謂卮匜之屬。

君入門，介拂闑，大夫中棖與闑之間，士介拂棖。此謂兩君相見也。棖，門楔也。君入必中門，上介夾闑，大夫介、士介鴈行於後，示不相沿也。君若迎聘客，擯者亦然。〇愚按：介既如是，擯亦同也。賓入不中門，不履閾，辟尊者所從也。此謂聘客也。閾，門限。〇朱子曰：「門之左右各有中，所謂闔門左扉，立於其中也。」公事自闑西，聘享也。私事自闑東。覿面也。

君與尸行，接武，尊者尚徐蹈半迹。〇方氏苞曰：「主人」「無與尸同行之禮」。「此言君至尊，尸象先君，亦至尊，故在廟之接武同，大夫士則各有差等耳。」大夫繼武，迹相及也。士中武，迹間容迹。徐趨皆用是。君大夫士之徐行也，皆如與尸行之節也。〇愚按：此徐趨之節也。陳《注》云「或徐或趨」，非也。疾趨則欲發，而手足毋移。疾趨，謂直行也，疏數自若。發，謂起屨也。移之言靡迆也。毋移，欲其直且正。欲，或爲「數」。〇愚按：此疾趨之節也。發，揚也。手足雖揚舉，而不變移常度，如孔子「趨進翼如」之類是也。圈豚行，不舉足，齊如流，圈，轉也。豚之言若有所循；不舉足，曳踵則衣之齊如水之流矣。孔子執圭則然，此徐趨也。〇愚按：此又言徐趨之狀。「圈」、「豚」皆讀如字。凡豚用牢圈之，則回旋其中，速而如流，故謂之「圈豚行」也。席上亦然。尊處亦尚徐也。端行，頤霤、如矢，弁行，剡剡起屨，此疾趨也。端，直也。頤，或爲霤也。〇愚按：此又言疾趨之狀。《疏》云：「弁，急也。」「剡剡，身起貌也。」陳《注》「一説：端，謂玄端、素端；弁，謂爵弁、皮弁，行容各欲稱其服也。」執龜玉，舉前、曳踵，蹜蹜如也。著徐趨之事。

○愚按：此又言徐趨之狀，如執龜玉者然，非專言此事也。

凡行，容惕惕，惕惕，直疾貌也。凡行，謂道路也。○愚按：揚子《方言》云：「惕，遊也。」則惕惕當是舒散之貌。蓋行於道路，無與爲禮也。廟中齊齊，恭慤貌也。○愚按：齊齊，整齊也。《詩》云：「既齊既稷。」朝廷濟濟翔翔。莊敬貌也。

君子之容舒遲，見所尊者齊遬。謙慤貌也。遬猶蹙蹙也。足容重，舉欲遲也。手容恭，高且正也。目容端，不睇視也。口容止，不妄動也。聲容静，不噦欬也。頭容直，不傾顧也。氣容肅，似不息也。立容德，如有予也。○應鏞曰：「中立不倚，儼然有德之氣象。」色容莊，勃如，戰色。坐如尸，尸居神位，敬慎也。燕居告、温温。告，謂教使也。《詩》云：「温温恭人。」○陳《注》所謂「居不容，寬容以教」也。

凡祭，容貌顔色，如見所祭者。如覩其人在此。

喪容壘壘，羸憊貌也。色容顛顛，憂思貌也。視容瞿瞿梅梅，不審貌也。○方氏苞曰：「《莊子·知北遊》篇『媒媒晦晦』，睡寐之貌也。蓋周時方言有此，而傳寫或作『梅』，或作『媒』。」言容繭繭。聲氣微也。戎容暨暨，果毅貌也。言容詻詻，教令嚴也。色容厲肅，義形貌也。視容清明。察於事也。立容辨卑，毋諂，辨，讀爲「貶」。自貶卑，謂磬折也。諂，爲傾身以自下也。○愚按：自此以下，不屬「戎容」。辨，讀如字。「立容辨」三字句絶。謂立時之容，尊卑所施，各有分辨。雖貴，卑退而毋諂也。頭頸必中，頭容直。山立，不揺動也。時行，時而後行也。《詩》云：「威儀孔時。」盛氣、顛實、揚休，顛，讀爲「闐」，揚，讀爲「陽」，聲之誤也。盛身中之氣，使之闐滿，其息若陽氣之休物也。〇方氏苞曰：「盛氣填實於中，則休美發揚於外也。」玉色。色不變也。〇方氏苞曰：「顔色如玉，即休美之外揚者。」

凡自稱，天子曰予一人。謙自別於人而已。〇愚按：「自稱」，總目下事。《注》、《疏》云此章皆自稱之辭，《曲禮》所云，擯者之辭。故不同。伯曰天子之力臣。伯，上公九命分陝者。諸侯之於天子，曰某土之守臣某；其在邊邑，曰某屏之臣某；其於敵以下，曰寡人；小國之君曰孤，擯者亦曰孤。邊邑，謂九州之外。大國之君自稱曰寡人，擯者曰寡君。

上大夫曰下臣，擯者曰寡君之老；下大夫自名，擯者曰寡大夫。世子自名，擯者曰寡君之適。擯者之辭，主謂見於他國君。下大夫自名於他國君曰外臣某。公子曰臣孽。孽，當爲「枿」，聲之誤。士曰傳遽之臣；於大夫，曰外私。傳遽，以車馬給使者也。士臣於大夫者曰私人。大夫私事使，私人擯，則稱名；私事使，謂以君命私行，非聘也。若魯成公時，「晉侯使韓穿來言汶陽之田，歸之于齊」之類。公士擯，則曰寡大夫、寡君之老。大夫有所往，必與公士爲賓也。謂聘也。大聘使上大夫，小聘使下大夫。公士爲賓，謂作介也。往，之也。〇愚按：此論爲擯之事。「大夫私事」，「事」字絶句，「使」字連下讀，謂大夫在本國有私家之事，則使家臣爲擯而稱名。如云「常之母，有魚菽之祭」是也。若鄰國之賓來，本國卿大夫爲君致郊勞饋食之禮，則使公臣爲擯而不稱名，公事尊也。凡主者曰擯，賓者曰介。此二節若如舊說，即當稱介，而《經》云「擯」，失其理矣。「大夫有所往」二句方及出使之事，「賓」讀如字，凡正與介，皆賓也。

校記

〔一〕宫，《戰國策》卷二十二《魏策一》及《資治通鑒》卷一《周紀》作「鍾」。

〔二〕孫詒讓云：「《荀子·大略篇》楊注引鄭注『珽然』作『挺然』。」（見《十三經注疏校記》五三九頁）

〔三〕孫詒讓云：「『讀爲』，『爲』作『如』，『懦』作『儒』，與皇本及陸所見或本同。」（見同上）

〔四〕孫詒讓云：「『黨』當訓爲『所』，《注》未安。」（見同上）

〔五〕禮，《禮記注疏》卷三十阮元《校勘記》作「古」。

〔六〕臣若，《禮記·少儀》作「臣如」。

明堂位第十四

昔者周公朝諸侯于明堂之位：周公攝王位，以明堂之禮儀朝諸侯也。不於宗廟，辟王也。〇愚按：記者妄也，《注》又成之。天子負斧依南鄉而立；天子，周公也。負之言背也。斧依，爲斧文屏風於户牖之間，周公於前立焉。〇愚按：天子，成王。周公相王以朝諸侯也。三公，中階之前，北面，東上。諸侯之位，阼階之東，西面，北上。諸伯之國，西階之西，東面，北上。諸子之國，門東，北面，東上。諸男之國，門西，北面，東上。九夷之國，東門之外，西面，北上。八蠻之國，南門之外，北面，東上。六戎之國，西門之外，東面，南上。五狄之國，北門之外，南面，東上。九采之國，應門之外，北面，東上。四塞，世告至。此周公明堂之位也。朝之禮不於此，周公權用之也。朝位之上，上近主位尊也。九采，九州之牧，典貢職者也。正門謂之應門。二伯帥諸侯而入，牧居外而糾察之也。四塞，謂夷服、鎮服、蕃服在四方爲蔽塞者，新君即位則乃朝。《周禮》：「侯服，歲一見；甸服，二歲一見；男服，三歲一見；采服，四歲一見；衛服，五歲一見；要服，六歲一見。九州之外謂之蕃國，世一見。」〇愚按：九牧似不應在四裔外。方氏苞謂「四裔之國」，亦「無四面分布之理」。明堂也者，明諸侯之尊卑也。朝於此，所以正儀辨等也。

昔殷紂亂天下，脯鬼侯以饗諸侯。以人肉爲薦羞，惡之甚也。是以周公相武王以伐紂。武王崩，成王幼弱，周公踐天子之位，以治天下；六年，朝諸侯於明堂，制禮作樂頒度量，而天下大服；踐猶履也。頒，讀爲班。度謂丈尺高卑廣狹也。量謂豆區斗斛筐筥所容受。七年，致政於成王；成王以周公爲有勳勞於天下。致政，以王事歸授之。王功曰勳，事功曰勞。是以封周公於曲阜，地方七百里，革車千乘。曲阜，魯地。上公之封，地方五百里，加魯以四等之附庸，方百里者，二十四井，五五二十五，積四十九，開方之，得七百里。革車，兵車也。兵車千乘，成國之賦也。《詩·魯頌》曰：「王謂：『叔父，建爾元子，俾侯于魯，大啓爾宇，爲周室輔。』乃命魯公，俾侯于東，錫之山川，土田附庸。」又曰：「公車千乘，朱英緑縢。」命魯公世世祀周公以天子之禮樂。同之於周，尊之也。魯公，謂伯禽。○愚按：謂成王命之，非也。成王賢主，何爲命之乎？魯之郊禘，非禮也。周公其衰矣。孔子不云成王命也。據《竹書》，魯惠公請禘於周平王，使史角諭止之。此言近得其實。是以魯君，孟春乘大路，載弧韣；旂十有二旒，日月之章；祀帝于郊，配以后稷。天子之禮也。孟春，建子之月。魯之始郊日以至。大路，殷之祭天車也。弧，旌旗所以張幅也，其衣曰韣。天子之旌旗畫日月。帝，謂蒼帝靈威仰也。昊天上帝，魯不祭。季夏六月，以禘禮祀周公於大廟，牲用白牡；尊用犧象，山罍；鬱尊用黄目，灌用玉瓚，大圭；薦用玉豆雕篹；爵用玉琖仍雕，加以璧散璧角；俎用梡嶡；升歌《清廟》，下管《象》；朱干玉戚，冕而舞《大武》；皮弁、素積，裼而舞《大夏》。《昧》，東夷之樂也；《任》，南蠻之樂也。

納夷蠻之樂於大廟，言廣魯於天下也。季夏，建巳之月也。禘，大祭也。周公曰大廟，魯公曰世室，羣公稱宮。白牡，殷牲也。尊，酒器也。犧尊，以沙羽爲畫飾，象骨飾之。鬱，鬯之器也，黄彝也。灌，酌鬱尊以獻也。瓚形如槃，容五升，以大圭爲柄，是謂圭瓚。篹，籩屬也，以竹爲之，雕刻飾其直者也。爵，君所進於尸也。仍，因也。因爵之形爲之飾也。加，加爵也。散角，皆以璧飾其口也。梡，始有四足也。嶡，爲之距。《清廟》，《周頌》也。《象》，謂《周頌·武》也，以管播之。朱干，赤大盾也。戚，斧也。冕，冠名也。諸公之服，自衮冕而下，如王之服也。《大武》，周舞也。《大夏》，夏舞也。《周禮》：「昧師，掌教昧樂。」〔一〕《詩》曰：「以雅以南，以籥不僭。」廣，大也。○愚按：沙羽字亦作「莎」。《鄭志》：「沙，鳳皇也。」飾其直，《釋文》云：「直，柄也。」下管《象》，嚴氏云：「《象》，《周頌·維清》是也。」君卷冕立于阼，夫人副褘立于房中。君肉袒迎牲于門；夫人薦豆籩。卿大夫贊君，命婦贊夫人，各揚其職。百官廢職，服大刑，而天下大服。副，首飾也，今之步摇是也。《詩》云：「副笄六珈。」《周禮》：「追師掌王后之首服，爲副。」褘，王后之上服，唯魯及王者之後夫人服之，諸侯夫人則自揄翟而下。贊，佐也。命婦，於内則世婦也；於外，則大夫之妻也。祭祀，世婦以下佐夫人。揚，舉也。大刑，重罪也。天下大服，知周公之德宜饗此也。是故夏礿、秋嘗、冬烝，春社、秋省，而遂大蜡，天子之祭也。不言「春祠」，魯在東方，王東巡守以春，或闕之。省，讀爲獮。獮，秋田名也。春田祭社，秋田祀祊。大蜡，歲十二月索鬼神而祭之。○陳

《注》：「秋省，省斂也。」「必視年之上下，以爲蜡之豐嗇。」

大廟，天子明堂。庫門，天子皋門。雉門，天子應門。言廟及門，如天子之制也。天子五門，皋、庫、雉、應、路。魯有庫、雉、路，則諸侯三門與?。皋之言高也。《詩》云：「乃立皋門，皋門有伉。乃立應門，應門將將。」〔二〕〇戴震曰：天子諸侯皆三朝，則天子諸侯皆三門，朝與門無虚設也。詳具本集。

振木鐸於朝，天子之政也。天子將發號令，必以木鐸警衆。

山節、藻棁，復廟、重檐，刮楹、達鄉，反坫出尊，崇坫康圭，疏屏：天子之廟飾也。山節，刻欂盧爲山也。藻棁，畫侏儒柱爲藻文也。復廟，重屋也。重檐，重承壁材也。刮，刮摩也。鄉，牖屬，謂夾户窗也；每室八窗爲四達。反坫，反爵之坫也。出尊，當尊南也，唯兩君爲好，既獻，反爵於其上。禮：君尊于兩楹之間。崇，高也。康讀爲亢龍之亢，又爲高坫，亢所受圭，奠於上焉。屏，謂之樹，今桴思也；刻之爲雲氣蟲獸，如今闕上爲之矣。〇方氏苞曰：「凡爵奠於席上，有坫則隆然高出，故曰出尊。」〇陳《注》：「康，安也。」讀如字。

鸞車，有虞氏之路也。鉤車，夏后氏之路也。大路，殷路也。乘路，周路也。鸞，有鸞和也。鉤，有曲輿者也。大路，木路也。乘路，玉路也。漢祭天，乘殷之路也，今謂之桑根車也。《春秋·傳》曰大路素。鸞，或爲「樂」也。

有虞氏之旂，夏后氏之綏，殷之大白，周之大赤。四者旌旗之屬也。綏當爲「緌」，讀如冠蕤之蕤。有虞氏當言綏，夏后氏當言旂，此蓋錯誤也。綏，謂注旄牛尾於杠首，所謂大麾。《書》云：武「王左杖黄鉞，右秉白旄以麾」。《周禮》：王「建大旂，以賓」，「建大赤，以朝」，「建大白，以即戎，建大麾，以田」也。○愚按：綏，讀如字。

夏后氏駱馬，黑鬣。殷人白馬，黑首。周人黄馬，蕃鬣。夏后氏，牲尚黑，殷白牡，周騂剛。順正色也。白馬黑鬣曰駱。殷黑首，爲純白凶也。騂剛，赤色。○《疏》云：「三代俱以鬣爲所尚也。」「蕃，赤也。」○《釋文》引郭璞云：「蕃，兩披髮。」

泰，有虞氏之尊也。山罍，夏后氏之尊也。著，殷尊也。犧象，周尊也。泰用瓦。著，著地無足。

爵，夏后以琖，〔三〕殷以斝，周以爵。斝，畫禾稼也。《詩》曰：「洗爵奠斝。」

灌尊，夏后氏以雞夷，殷以斝，周以黄目。其勺，夏后氏以龍勺，殷以疏勺，周以蒲勺。夷，讀爲彝。《周禮》：「春祠夏禴，祼用雞夷、鳥彝。」「秋嘗冬烝，祼用斝彝、黄彝。」龍，龍頭也。疏，通刻其頭。蒲，合蒲如鳧頭也。

土鼓、蕢桴、葦籥，伊耆氏之樂也。蕢，當爲「凷」，聲之誤也。籥如笛，三孔。伊耆氏，古天子有天下之號也。今有姓伊耆氏者。

拊搏、玉磬、揩擊，大琴、大瑟、中琴、小瑟，四代之樂器也。拊搏，以韋爲之，充之以糠，形如小鼓。揩擊，謂柷敔，皆所以節樂者也。四代，虞、夏、殷、周也。○愚按，拊搏，手彈弄也。揩擊，即戛擊也。

此文當云「揩擊玉磬，拊搏大琴大瑟」，文誤倒耳。

魯公之廟，文世室也。武公之廟，武世室也。此二廟象周有文王、武王之廟也。世室者，不毁之名也，
魯公伯禽也。武公，伯禽之玄孫也，名敖。〇愚按：此尤附會無理。春秋立武宫，魯之慝禮，何足道之。

米廩，有虞氏之庠也；序，夏后氏之序也。瞽宗，殷學也；頖宫，周學也。庠序亦學也。庠之言詳
也，於以考禮詳事也。魯謂之米廩。虞帝上孝，今藏粢盛之委焉。序，次序王事也。瞽宗，樂師瞽矇之所宗也。
古者有道德者使教焉，死則以爲樂祖，於此祭之。頖之言班也，於以班政教也。

崇鼎，貫鼎，大璜，封父龜，天子之器也。崇、貫、封父，皆國名。文王伐崇。古者伐國遷其重器，以
分同姓。大璜，夏后氏之璜。《春秋·傳》曰：「分魯公以夏后氏之璜。」

越棘、大弓，天子之戎器也。越，國名也。棘，戟也。《春秋·傳》曰：「子都拔棘。」

夏后氏之鼓，足。殷，楹鼓；周，縣鼓。足，謂四足也。楹謂之柱，貫中上出也。縣，縣之簨虡也。《殷
頌》曰：「植我鼗鼓。」《周頌》曰：「應朄縣鼓。」

垂之和鐘，叔之離磬，女媧之笙簧。垂，堯之共工也。女媧，三皇承宓羲者。叔，未聞也。和、離，謂次
序其聲縣也。笙簧，笙中之簧也。《世本》作「曰垂作鐘，無句作磬，女媧作笙簧」。〇愚按：方氏慤謂：「以
和居參之，故謂之和鐘。磬以立辨，故謂之離磬。」皇氏云：「無句，叔之别名；句又作『劬』。」

夏后氏之龍簨虡，殷之崇牙，周之璧翣。簨虡，所以縣鐘磬也。橫曰簨，飾之以鱗屬；植曰虡，飾之以贏

屬、羽屬。簨以大版爲之，謂之業。殷又於龍上刻畫之，爲重牙以挂縣紘也。周又畫繒爲翣，戴以璧，垂五采羽於其下，樹於簨之角上，飾彌多也。《周頌》曰：「設業設虡，崇牙樹羽。」

有虞氏之兩敦，夏后氏之四璉，殷之六瑚，周之八簋。皆黍稷器。制之異同未聞。

俎，有虞氏以梡，夏后氏以嶡，殷以椇，周以房俎。梡，斷木爲四足而已。嶡之言蹷也，謂中足爲橫距之象。周禮謂之距。椇之言枳椇也，謂曲橈之也。房，謂足下跗也，上下兩間，有似於堂房。《魯頌》曰：「籩豆大房。」

夏后氏以楬豆，殷玉豆，周獻豆。楬，無異物之飾也。獻，疏刻之。齊人謂無髮爲禿楬。○愚按：楬，通作「扢」。《淮南子·齊俗訓》云：「親母爲其子治扢禿。」扢音蓋也。

有虞氏服韍，夏后氏山，殷火，周龍章。韍，冕服之韠也。舜始作之，以尊祭服。禹、湯至周，增以畫文，後王彌飾也。山，取其仁，可仰也。火，取其明也。龍，取其變化也。天子備焉；諸侯，火而下；卿、大夫，山；士，韎韋而已。韍，或作「黻」。

有虞氏祭首，夏后氏祭心，殷祭肝，周祭肺。氣主盛也。○方氏慤曰：「三代各祭其所勝。」夏后氏尚明水，殷尚醴，周尚酒。此皆其時之用耳；言尚，非。

有虞氏官五十，夏后氏官百，殷二百，周三百。周之六卿，其屬各六十，則周三百六十官也。此云三百者，記時《冬官》亡矣。《昏義》曰：「天子立六官、三公、九卿、二十七大夫、八十一元士」，凡百二十，蓋謂夏時也。以夏、周推前後之差，有虞氏官宜六十，夏后氏宜百二十，殷宜二百四十，不得如此《記》也。有虞氏之綏，夏后氏之綢練，殷之崇牙，周之璧翣。綏，亦旌旗之緌也。夏綢其杠以練，爲之旒。殷又刻繒爲重牙，以飾其側，亦飾彌多也。湯以武受命，恒以牙爲飾也。此旌旗及翣，皆喪葬之飾。《周禮》：大喪葬，巾車「執蓋從車，持旌」，御僕持翣，旌從遣車，翣夾柩路左右前後，天子八翣，皆戴璧垂羽；諸侯六翣，皆戴圭；大夫四翣、士二翣，皆戴綏。孔子之喪，公西赤爲志，亦用此焉。《爾雅》説旌旗曰：「素錦綢杠，纁白縿，素升龍於縿，練旒九。」

凡四代之服，器，官，魯兼用之，是故，魯，王禮也，天下傳之久矣。君臣，未嘗相弑也；禮樂刑法政俗，未嘗相變也，天下以爲有道之國。是故，天下資禮樂焉。王禮，天子之禮也。傳，傳世也。資，取也。此蓋盛周公之德耳。春秋時，魯三君弑。又士之有誄，由莊公始。婦人髽而弔，始於臺駘云。君臣未嘗相弑，政俗未嘗相變，亦近誣矣。資，或爲飲。◯愚按：戴氏所傳《禮記》無《明堂位》篇，至東漢時，馬融始入焉。故自先儒以來，多疑之者。然考《逸周書》有《明堂解》。此《記》篇首一段，録彼全文，又篇末「君臣未嘗相弑」云云，蓋作《記》之人生漢以前，但見《春秋經》而未覩《三傳》，故云然耳。此篇非漢儒書明矣。而方氏苞斥爲劉歆僞撰，恐或未審耳。◯《逸周書》作「四塞九□之國，世告至者，應門之外，北面東上」，〔四〕與此《記》異。《逸書》近是。

校記

〔一〕昧、昧，《周禮·春官宗伯·韎師》皆作「韎」。

〔二〕乃，《詩·大雅·緜》作「迺」。迺同乃。

〔三〕《禮記注疏》卷三十一及陳澔《禮記集説》卷六作「夏后氏以琖」。

〔四〕四塞九□之國，《逸周書》卷六《明堂第五十五》，《四部備要》二八二册，「九」下爲「采」字，即「四塞九采之國」。

喪服小記第十五

斬衰，括髮以麻。爲母，括髮以麻，免而以布。母服輕，至免，可以布代麻也。爲母，又哭而免。○愚按：小斂竟，括髮以麻，父母同也。拜賓竟，布免以踊，母所獨也。《注》云「又哭」者，謂小斂拜賓後即堂下位哭踊時也。朱軾謂括髮、免、髽，三者名異而制一，恐未然。又謂麻亦布也，以未成布，故曰麻。鄭《注》「廣二寸」，似不足以括髮；馬融謂「廣四寸」爲是。愚謂古者爲父母服有輕重，布與麻亦似不容爲一。齊衰，惡笄以終喪。笄所以卷髮，帶所以持身也。婦人質，於喪所以自卷持者，有除無變。男子冠而婦人笄，男子免而婦人髽。其義：爲男子則免，爲婦人則髽。別男女也。○愚按：此節惟言齊衰耳。故別男免女髽。髽，露紒也，亦有二焉。男免既布，則女髽亦布也。其斬衰，則皆以麻。苴杖，竹也。削杖，桐也。○陳《注》云：「竹杖圓，象天；削杖方，象地，父母之別也。」○齊召南曰：「《疏》文牽强。陳説似較直截。然後文又曰：『母爲長子削杖』，則似二杖所以分別輕重，在乎自然與微加斲削耳，且削杖亦未嘗不圓也。」

祖父卒，而后爲祖母後者三年。祖父在，則其服如父在爲母也。○愚按：此爲嫡孫承重者也。爲祖母三年，則爲祖父三年可知矣。顧炎武《日知録》六卷云：「宋孝宗崩，光宗不能執喪，寧宗嗣服，已服期年喪，欲大祥畢，更服兩月。監察御史胡紘言：孫爲祖服，已過期矣。議者欲更持禫兩月，不知用何典禮。若曰嫡孫承重，則太上聖躬亦已康復，於宮中自行二十七月之重服，而陛下又行之，是喪有二孤也。詔侍從臺諫給舍集議。時朱熹（君前臣名）上議，〔一〕以紘言爲非，而未有以折之。後讀《禮記正義·喪服小記》『爲祖後者』條，因自識於本議之末，其略云：準五服年月格，斬衰三年，嫡孫爲祖，法意甚明。而《禮經》無文。《傳》云：父没而爲祖後者服斬。然而不見本經，未詳何據。但《小記》云：『祖父卒，而后爲祖母後者三年』，可以傍照。至『爲祖後者』條下《疏》中所引《鄭志》，乃有『諸侯父有廢疾，不任國政，不任喪事』之問，而鄭答以『天子諸侯之服皆斬』之文（《儀禮·喪服》篇『不杖』章『爲君之祖父母』下《疏》亦引此趙商問答），方見父在而承國於祖之服。向日上此奏時，無文字可檢，又無朋友可問，故大約且以禮律言之。亦有疑父在不當承重者。時無明白證驗，但以禮律人情大意答之，心常不安。歸來稽攷，始見此説，方得無疑。乃知學之不講，其害如此；而《禮經》之文，誠有闕略，不無待於後人。向使無鄭康成，則此事終未有所斷決，不可直謂古經定制，一字不可增損也。」

爲父母，長子稽顙。喪尊者及正體，不敢不盡體。大夫弔之，雖緦，必稽顙。尊大夫，不敢以輕待之。

婦人爲夫與長子稽顙，其餘則否。恩殺於父母。

男主必使同姓，婦主必使異姓。謂爲無主後者爲主也。異姓，同宗之婦也。婦人外成。〇愚按：婦主即使男主之妻。

爲父後者，爲出母無服。不敢以己私廢父所得傳重之祭祀。

親親以三，爲五，以五爲九，上殺，下殺，旁殺，而親畢矣。己上親父、下親子，三也。以父親祖，以子親孫，五也。以祖親高祖，以孫親玄孫，九也。殺，謂親益疏者服之則輕。

王者禘其祖之所自出，以其祖配之。禘，大祭也。始祖感天神靈而生，祭天則以祖配之。自外至者，無主不止。○愚按：漢儒皆以禘爲祭天，以所自出爲感生帝，非也。趙伯循始謂推始祖所自出之帝，祀於始祖廟，而以始祖配之。朱子從之，是也。而立四廟。高祖以下，與始祖而五。○齊召南曰：「按此文即韋玄成所據以爲天子五廟之證，而康成祖述其説者也。但此文似有錯簡，以『禮，不王不禘』句尚脱在後可知。」庶子王，亦如之。世子有廢疾不可立而庶子立，其祭天立廟，亦如世子之立也。春秋時衛侯元有兄縶。○方氏苞曰：「謂旁支繼大統者，專奉四廟，而不得顧私親也。」

別子爲祖，諸侯之庶子，別爲後世爲始祖也。謂之別子者，公子不得禰先君。繼別爲宗，別子之世長子，爲其族人爲宗，所謂百世不遷之宗。繼禰者爲小宗。別子庶子之長子，爲其昆弟爲宗也。謂之小宗者，以其將遷也。有五世而遷之宗，其繼高祖者也。謂小宗也。小宗有四，或繼高祖，或繼曾祖，或繼祖，或繼禰，皆至五世則遷。是故，祖遷於上，宗易於下。尊祖故敬宗，敬宗所以尊祖禰也。宗者，祖禰之正體。○愚按：五世外，祖遷無服。自不得以無服之宗宗四從族人也，各以服近者爲之宗而已。○方氏苞曰：「古之宗法，所以收族，乃爲生者而設，非使各領其族以祀先祖也。」庶子不祭祖者，明其宗也。明其尊宗以爲本也，禰則不祭矣。言不祭祖者，主謂宗子庶子俱爲適士，得立祖禰廟者也。凡正體在乎上者謂下正，猶爲庶也。
○愚按：宗子庶子俱爲適士，則祖廟固立於宗子家，而庶子不得私祭。即庶子爲大夫，宗子爲士、庶人，其得
立廟雖由庶子，亦必立於宗子之家，而使宗子主祭也。

庶子不爲長子斬，不繼祖與禰故也。尊先祖之正體，不二其統也。言不繼祖禰，則長子不必五世。○愚
按：馬融注《喪服》云：「五世之適，父乃爲之斬。」如鄭説，不必五世，則父適二世承重，爲長子三年也。若
但繼禰不繼祖，猶不得耳。

庶子不祭殤與無後者，殤與無後者從祖祔食。不祭殤者，父之庶也。不祭無後者，祖之庶也。此二者當
從祖祔食，而己不祭祖，無所食之也。共其牲物，而宗子主其禮焉。祖庶之殤，則自祭之。凡所祭殤者，唯適
子耳。無後者，謂昆弟諸父也。宗子之諸父無後者，爲墠祭之。○愚按：此庶子兼父祖之庶而言。殤即庶子之
子。無後者，庶子之昆弟。《疏》云：「言祖，兼曾祖也。」「若己是曾祖之庶，亦不得祭諸父無後者。諸父無後
（者），當於曾祖之廟而祭。」○《注》云「祖庶之殤」者，己雖祖之庶，而爲父之適，得立父廟。故於父廟自祭
之也。云「諸父無後爲墠祭之」者，此據宗子爲士者耳。士唯有祖禰二廟，而祭諸父當於曾祖廟故也。若宗子
爲大夫，得立曾祖廟，則不必祭於墠矣。○方氏苞曰：「祔食之禮，宜於繹祭，於祊後，當室之白，陳殤與無
後者次主，設俎孰豆籩，一如尸未入設饌祝神之禮。宗子獻奠，祝一一致告，但不主尸無酬酢，則終朝可畢，
然後儐尸未晚也。若正祭之日，則無暇及此。」

庶子不祭禰者，明其宗也。謂宗子庶子俱爲下士，得立禰廟也。雖庶人亦然。○《疏》云：「解庶所以不祭

殤義也。」

親親、尊尊、長長，男女之有別，人道之大者也。言服之所以降殺。○《疏》云：「親親，謂父母也。尊尊，謂祖及曾高。長長，謂兄及旁親。男女，謂父母、夫婦及姑姊妹之屬。」○皇氏以此節爲結上，非論喪服。

從服者，所從亡，則已。謂若爲君母之父母昆弟從母也。屬從者，所從雖没也服。謂若自爲己之母黨。妾從女君而出，則不爲女君之子服。妾爲女君之黨，服得與女君同。而今俱出，女君猶爲子期，妾於義絶，無施服。○愚按：此亦從服之類。○《疏》謂：「徒從四，屬從三，鄭略舉一隅耳。」

禮，不王不禘。禘謂祭天。○陳《注》：「此句合在『王者禘其祖之所自出』上，錯亂在此。」

世子不降妻之父母；其爲妻也，與大夫之適子同。世子，天子諸侯之適子也。不降妻之父母，爲妻故親之也。爲妻亦齊衰不杖者，君爲之主，子不得伸也。主言與大夫之適子同，據服之成文也。本所以正見父在爲妻不杖於大夫適子者，〔二〕明大夫以上雖尊，猶爲適婦爲主。○方氏苞曰：「世子不降妻之父母，外喪不廢祭故也。」○愚按：嫌世子尊同於君，故明言之。《注》據《喪服·齊衰不杖》章稱大夫適子爲妻，故云「服之成文」。又陳《注》云：「大夫適子死，服齊衰不杖」，與鄭異也。

父爲士，子爲天子諸侯，則祭以天子諸侯，其尸服以士服。祭以天子諸侯，養以子道也。尸服士服，父本無爵，子不敢以己爵加之，嫌於卑之。○朱軾曰：「大夫士相去不遠，故葬從死者，祭從生者。至於天子諸侯，則宜有變易，主人冕旒而尸士服，禮不宜然，此漢儒附會之非也。」父爲天子諸侯，子爲士，祭以士，其尸服以士服。謂父以罪誅，尸服以士服，不成爲君也。天子之子當封爲王者後，以祀其受命之祖。云爲士，則擇其宗之賢者，若微子者，不必封其子。爲王者後及所立爲諸侯者，祀其先君以禮卒者，尸服天子諸侯之服。如遂無所封立，則尸也，祭也，皆如士，不敢僭用尊者衣物。

婦當喪而出，則除之。爲父母喪，未練而出，則三年。既練而出，則已。未練而反，則期；既練而反，則遂之。當喪，當舅姑之喪也。出，除喪絶族也。

再期之喪，三年也；期之喪，二年也。九月七月之喪，三時也；五月之喪，二時也；三月之喪，一時也。言喪之節，應歲時之氣。○陳《注》云：「《儀禮·大功》章有「中殤七月」之文，即此「七月之喪」也。故期而祭，禮也，期而除喪，道也。祭不爲除喪也。此謂練祭也。禮：正月存親。親亡，至今而期，期則宜祭。朝，天道一變，哀惻之情益衰，衰則宜除，不相爲也。三年而后葬者必再祭。其祭之間不同時，而除喪。再祭，練、祥也。間不同時者，當異月也。既祔，明月練而祭，又明月祥而祭。必異月者，以葬與練、祥本異歲，宜異時也。而除喪，已祥則除，不禫。大功者主人之喪，有三年者，則必爲之再祭。朋友，虞祔而已。謂死者之從父昆弟，來爲喪主。有三年者，謂妻若子幼小，大功爲之再祭，則小功緦麻，爲之練祭可也。○愚按：據文義，當云：若爲人主喪而遇有三年者，雖已服本大功，亦必爲之主練、祥二祭，不以己之服輕而不終事也。士妾有子，而爲之緦；無子則已。士卑，妾無男女則不服，不別貴賤。○

愚按：大夫爲貴妾緦；士卑，不也。

生不及祖父母、諸父、昆弟，而父稅喪，己則否。謂子生於外者也。父以他故居異邦而生己，己不及此親存時歸見之，今其死，於喪服年月已過乃聞之，父爲之服，己則否者，不責非時之恩於人所不能也。當其時則服。稅，讀如「無禮則稅」之稅。稅喪者，喪與服不相當之言。〇方氏苞曰：「祖父母上脱『從』字，謂從祖父母及從祖父母所出之諸父昆弟也。於父爲期爲大功，於己皆小功，小功不稅謂此。下節『降而在緦小功者，則稅之』，可證此必文有脱誤。」爲君之父、母、妻、長子，君已除喪而後聞喪，則不稅。臣之恩輕也。謂卿大夫出聘問以他故久留。降而在緦小功者，則稅之。謂正親在齊衰大功者，親緦小功不稅矣。曾子問曰：「小功不稅，則是遠兄弟終無服也。」此句補脱誤，在是宜承「父稅喪，己則否」。〇方氏苞曰：「陳氏《集說》引從祖兄弟之長殤，非也。」近臣，君服斯服矣。其餘，從而服，不從而稅。謂君出朝覲不時反而不知喪者。近臣，閽寺之屬也。其餘，羣介、行人、宰史也。君雖未知喪，臣服已。從服者，所從雖在外，自若服也。虞，杖不入於室；祔，杖不升於堂。哀益衰，敬彌多也。虞於寢，祔於祖廟。

爲君母後者，君母卒，則不爲君母之黨服。徒從也。所從亡，則已。〇愚按：亦爲嫌同於正嫡。〇方氏苞曰：「曰『爲君母後』，以此知妾有子，則適免於出，所以重恩義，化嫉妒。」

經殺五分而去一，杖大如經。如要經也。〇按：上經，首經也。《喪服》：「《傳》曰：苴經大搹。」

妾爲君之長子，與女君同。不敢以恩輕輕服君之正統。

除喪者，先重者；謂練。男子除乎首，婦人除乎要。易服者，易輕者。謂大喪既虞卒哭而遭小喪也。其易喪服，男子易乎事，婦人易乎首。

無事不辟廟門，鬼神尚幽闇也。廟，殯宮。哭皆於其次。無時哭也。有事則入即位。

復、與書銘，自天子達於士，其辭一也。男子稱名，婦人書姓與伯仲，如不知姓，則書氏。此謂殷禮也。殷質，不重名，復則臣得名君。周之禮，天子崩，復曰：皋天子復。諸侯薨，復曰：皋某甫復。其餘及書銘則同。○齊召南曰：「按《士喪禮》賈《疏》云云，《檀弓》孔《疏》引之，則周制銘之尺度不同。以復辭不同例之，則其書銘亦應不同也。」

斬衰之葛與齊衰之麻同。絰之大，俱七寸五分寸之一，帶五寸二十五分寸之十九。齊衰之葛與大功之麻同。絰之大，俱五寸二十五分寸之十九，帶四寸百二十五分寸之七十六。麻同，皆兼服之。皆者，皆上二事也。男子則絰上服之葛，帶下服之麻。婦人則絰下服之麻。同，自帶其故帶也。兼服之文，主於男子。〔三〕○舊説：葛，卒哭之變服；麻，初喪之正服。同，謂大小同也。易服，易輕者。故男子仍葛絰而麻帶；婦人不葛帶，上下皆麻。故《注》云：「帶其故帶也。」○方氏苞曰：「兼服，謂男子首仍重喪之葛，要則服輕喪之麻，兼服重喪之葛也。知非以麻帶易去葛帶者，《間傳》：『斬衰之喪，既虞卒哭，遭齊衰之喪，輕者包，重者特。』男子則首絰不易，要絰以葛包；婦人則要絰不易，首絰以葛包。不易者，以其本同。包者，重喪之痛，可外加而不可中變也。」

報葬者報虞，三月而後卒哭。報，讀爲「赴疾」之赴，謂不及期而葬也。既葬即虞，虞，安神也。卒哭之祭，待哀殺也。

父母之喪偕，先葬者不虞祔，待後事。其葬，服斬衰。偕，俱也。謂同月若同日死也。先葬者，母也。《曾子問》曰：「葬，先輕而後重。」又曰：「反葬，奠而後辭於殯，遂脩葬事。其虞也，先重而後輕。」待後事，謂如此也。其葬服斬衰者，喪之隆，哀宜從重也。假令父死在前月，而同月葬，猶服斬衰，不葬不變服也。言其葬服斬衰，則虞、祔各以其服矣，及練、祥皆然。卒事反服重。

大夫降其庶子，其孫不降其父。祖不厭孫也。大夫爲庶子大功。○方氏苞曰：「古者，諸侯大夫，無時不有朝聘會同之事，而在喪則禮不得行」，「故諸侯絶旁期，大夫降在大功，則事不廢」也。「然所謂降者，不過降其衰麻，減其時月而已。其不飲酒、食肉、御内、聽樂之實，則不廢也。知然者，《文王世子》：『公族』，『有死罪』，君『素服』，居外，『不舉』，不聽樂，『如其倫之喪』。諸侯且然，大夫可知；旁喪且然，子厭於父而降其母者可知。漢戴德喪服變除，天子諸侯庶昆弟、大夫庶子，爲其母，哭泣飲食居處思慕猶三年也。義甚當而未得所據，可以《文王世子》記證之。大夫不主士之喪。士之喪雖無主，不敢攝大夫以爲主。○方氏苞曰：「喪紀以服之輕重爲序，不奪人親也。此葬、歆所增竄。」

爲慈母之父母無服。恩不能及。

夫爲人後者，其妻爲舅姑大功。以不貳降。○齊召南曰：「夫之所生父母仍稱舅姑者，其辭窮也。」

士祔於大夫則易牲。不敢以卑牲祭尊也。大夫少牢也。

繼父不同居也者，必嘗同居，皆無主後，同財而祭其祖禰爲同居；有主後者爲異居。録恩服深淺也。見同財，則期；同居異財，故同居今異居，及繼父有子，亦爲異居，則三月；未嘗同居，則不服。〇愚按：「繼父」下疑脱「同居」二字。此解喪服中繼父同居及不同居之文也。「必嘗同居」下或脱「然後爲異居」五字，亦未可知。

哭朋友者於門外之右，南面。變於有親者也。門外，寢門外。〇陳《注》：「南嚮〔者〕，爲主以待弔賓〔也〕。」祔葬者不筮宅。宅，葬地也。前人葬既筮之。

士大夫不得祔於諸侯，祔於諸祖父之爲士大夫者，其妻祔於諸祖姑。妾祔於妾祖姑。亡，則中一以上而祔，祔必以其昭穆。士大夫，謂公子公孫爲士大夫者。不得祔於諸侯，卑别也。既卒哭，各就其先君爲祖者兄弟之廟而祔之。中猶間也。〇《疏》云：下言「妾母不世祭」，「則妾無廟，今乃云祔及高祖者，當爲壇祔之耳。」〇方氏苞曰：「祔者，告以新主將入此廟也。若祔後仍各立廟於家，則此告甚無謂。若竟奉主入諸祖父之廟，則舊主當祧，以讓新主。無故而祧人之祖，其人之孫當祔者，轉無可祔之廟，周公制禮，豈如此瀆亂不經；莽、歆僞附也。」又曰：「如此則妾亦祀於祖廟，至曾、玄而不廢矣，其妾可知。」愚按：《記》中此類自可疑。諸侯不得祔於天子，天子諸侯大夫可以祔於士。人莫敢卑其祖也。

爲母之君母，母卒則不服。母之君母，外祖適母。徒從也。所從亡則已。

宗子，母在爲妻禫。宗子之妻尊也。〇按《疏》云：「宗子妻尊，母所不厭，故特服得禫」。〔四〕然則非宗子而母在，不得禫矣。然《疏》又云「嫌畏宗子尊，厭其妻，故特云宗子」，「宗子尚然，則其餘適子母在爲妻禫可知」。二説不同，未審何故。

爲慈母後者，爲庶母可也。爲祖庶母可也。謂父命之爲子母者也。即庶子爲後，此皆子也。傳重而已，不先命之與適妻使爲母子也。緣爲慈母後之義，父之妾無子者，亦可命己庶子爲後。

爲父、母、妻、長子，禫。自所爲禫者也。

慈母與妾母，不世祭也。以其非正。《春秋·傳》曰：「於子祭，於孫止。」〇愚按：以上章推之，妾既無廟，當去壇而止也。〇方氏苞曰：「庶子不得立廟，故雖妾母，亦適子主祭而祔食，即從祖祔食之義。此《記》及《春秋·傳》『於子祭，於孫止』，皆主適子適孫而言也。即妾子爲父後，亦止及其身得祔食於君母。」

丈夫冠而不爲殤，婦人笄而不爲殤。言成人也。婦人許嫁而笄，未許嫁與丈夫同。爲殤後者，以其服服之。言爲後者，據承之也。殤無爲人父之道，以本親之服服之。〇顧炎武曰：「此謂大宗之子未及成人而殤，取殤者之兄弟若兄之子以爲後，則以爲人後之服而服之。如父不以其殤而殺，重大宗也，若魯之閔公八歲而薨，僖爲之後是已。夫禮之制殤，所以示長幼之節而殺其恩也。大宗重則長幼之節輕，故殤之服而有時不異乎成人，此所謂權也。若曰服其本服云爾，《記》何必言之，而亦烏有爲殤後者哉！」〇愚按：此指天子、諸侯、卿、大夫正體傳重者，故與尋常之殤不同，顧説確當。

久而不葬者，唯主喪者不除；其餘以麻終月數者，除喪則已。其餘，謂旁親也。以麻終月數，不葬者喪不變也。

箭笄終喪三年。亦於喪所以自卷持者，有除無變。

齊衰三月與大功同者，繩屨。雖尊卑異，於恩有可同也。

練，筮日，筮尸，視濯，皆要絰、杖、繩屨。有司告具，而后去杖。筮日，筮尸，有司告事畢而后杖，拜送賓。臨事去杖，敬也。濯，謂溉祭器也。大祥，吉服而筮尸。凡變除者，必服其吉服以即祭事，不以凶臨吉也。《間傳》曰：「大祥，素縞，麻衣。」〇《疏》云：「吉服，朝服也。」大祥後復著素縞麻衣。

庶子在父之室，則爲其母不禫。妾子，父在厭也。庶子不以杖即位。下適子也。位，朝夕哭位也。〇顧炎武曰：「喪無二主，則無二杖，故庶子不以杖即位。」又曰：「夫爲妻杖，則其子不杖矣；父爲長子杖，則其孫不杖矣。」父不主庶子之喪，則孫以杖即位可也。祖不厭孫，孫得伸也。父在，庶子爲妻，以杖即位可也。舅不主妾之喪，子得伸也。〇愚按：此《注》「妾」字，疑誤。

諸侯弔於異國之臣，則其君爲主。君爲之主弔臣，恩無已也，子不敢當主，中庭北面哭不拜。諸侯弔，必皮弁錫衰；所弔雖已葬，主人必免。主人未喪服，則君亦不錫衰。必免者，尊人君，爲之變也。未喪服，未成服也。既殯，成服。〇舊說，錫者，治其布令滑易也。皮弁錫衰，弔異國臣也。自弔其臣，則素弁環絰錫衰。鄭《注》：「國君於其臣弁絰，他國之臣皮弁。」〇方氏苞曰：「前四句以『諸侯』貫之，異國之君也。後一句以『君』别之，兼本國之君也。」

養有疾者不喪服，遂以主其喪。不喪服，求生主吉，惡其凶也。遂以主其喪，謂養者有親也，死則當爲之主。其爲主之服，如素無喪服。非養者入主人之喪，則不易己之喪服。入猶來也。謂養者無親於死者，不得爲主。其有親，來爲主者，素有喪服而來爲主，與素無服者異。素無服、素有服爲今死者當服，則皆三日成也。養尊者必易服，養卑者否。尊爲父兄，卑謂子弟之屬。

妾無妾祖姑者，易牲而祔於女君可也。女君，適祖姑也。易牲而祔，則凡妾下女君一等。〇方氏苞曰：「此皆衰世慝禮，記者所誤入也。《春秋·傳》：『不祔於姑』，『不稱夫人』。繼室且然，則妾無祔廟之禮可知矣。其祔食於廟，應同殤與無後者，俟正祭既畢而别舉之。」「《注》『女君』謂『適祖姑』，非也。曰『可也』，蓋《禮經》無文，記者以意度之，謂無妾祖姑者，或祔於女君尚可，以明祔於祖姑之必不可耳。祔於祖姑，則嫌於嫡之再祔矣。」〇愚按：《朱子家禮》載程子曰：「庶母决不可入祠堂，其子當祠之私室。」朱子遂謂「若嫡母無子，而庶母之子主祀其主，亦可入祠堂」。竊謂如朱子説，恐不免二嫡之嫌，不若「祠之私室」之爲得矣。

婦之喪，虞，卒哭，其夫若子主之。祔，則舅主之。婦，謂凡適婦庶婦也。虞，卒哭，祭婦非舅事也。祔於祖廟，尊者宜主焉。

士不攝大夫。士攝大夫，唯宗子。士之喪雖無主，不敢攝大夫以爲主；宗子尊，可以攝之。〇方氏苞曰：「此似言宗子得兼攝庶子之祭，雖異爵亦然。即《曾子問》篇『宗子爲士，庶子爲大夫」，『以上牲祭於宗子之家，祝曰：「孝子某爲介子某薦其常事」』，是也。」舊説於義難通。主人未除喪，有兄弟自他國至，則主人不免而爲主。親質，不崇敬也。

陳器之道，多陳之而省納之可也；省陳之而盡納之可也。多陳之，謂賓客之就器也，以多爲榮。省陳之，謂主人之明器也，以節爲禮。

奔兄弟之喪，先之墓而后之家，爲位而哭，所知之喪，則哭於宮而后之墓。兄弟，先之墓，骨肉之親，不由主人也。宮，故殯宮也。

父不爲衆子次於外。於庶子略，自若居寢。〇方氏苞曰：「雖不次於中門之外，然所居必外寢也。公族以罪死，君爲之居外，如其倫之喪，況父子之戚乎！」

與諸侯爲兄弟者服斬。謂卿大夫以下也。與尊者爲親，不敢以輕服服之。言諸侯者，明雖在異國，猶來爲三年也。〇愚按：雖止以兄弟言，其實與君五屬之親，皆服斬也。稱諸侯則知異國也。

下殤小功，帶，澡麻不絶本，詘而反以報之。報猶合也。下殤小功，本齊衰之親，其經帶，澡率治麻爲之。帶不絶其本，屈而上至要中，合而糾之，明親重也。凡殤，散帶垂。〇愚按：詘，謂屈其麻之散垂者也。

婦祔於祖姑，祖姑有三人，則祔於親者。謂舅之母死，而又有繼母二人也。親者，謂舅所生。其妻，爲大夫而卒，而后其夫不爲大夫，而祔於其妻，則不易牲。妻卒而后夫爲大夫，而祔於其妻，則以大夫牲。妻爲大夫，夫爲大夫時卒。不易牲，以士牲也。此謂始來仕無廟者。無廟者不祔。宗子去國，乃以廟從。○方氏苞曰：「祔葬也。將祔葬，必先祭告於其主。」爲父後者，爲出母無服。無服也者，喪者不祭故也。適子正體，於上當祭，禮也。

婦人不爲主而杖者：姑在爲夫杖，姑不厭婦。○愚按：「婦人不爲主」，絶句；「而杖者」，連下讀。又按：姑在而不爲子杖者，非長子故也。母爲長子削杖。嫌服男子當杖竹也。母爲長子服，不可以重於子爲己也。○顧炎武曰：「姑在爲夫杖，必其無子也。母爲長子削杖，必其無父也。此二者皆無主之喪，故婦人杖。」

女子子在室爲父母，其主喪者不杖，則子一人杖。女子子在室亦童子也。無男昆弟，使同姓爲攝主，不杖。「則子一人杖」，謂長女也。許嫁及二十而笄，笄爲成人，成人正杖也。○顧炎武曰：「無主則不成喪，故女子子在室，父母死而無男昆弟，則女子杖。其曰『一人杖』，明無二杖也。」〔五〕

緦小功，虞、卒哭則免。棺柩已藏，嫌恩輕可以不免也。言「則免」者，既殯先啓之間，雖有事不免。既葬而不報虞，則雖主人皆冠，及虞，則皆免。有故不得疾虞。雖主人皆冠，不可久無飾也。「皆免」，自主人至緦麻。爲兄弟，既除喪已。及其葬也，反服其服。報虞卒哭，則免；如不報虞，則除之。小功以下。○愚按：葬也，反服其服，自期以下皆然，不獨兄弟也。如不報虞則除之，此謂小功以下耳；服重者不然。遠葬者、比反哭者皆冠，及郊而后免，反哭。墓在四郊之外。君弔，雖不當免時也，主人必免，不散麻。雖異國之君，免也，親者皆免。不散麻者，自若絞垂，爲人君變貶於大斂之前既啓之後也。親者，大功以上也。異國之君免，或爲弔。○愚按：大斂之前既啓之後，大功以上亦皆散麻。

除殤之喪者，其祭也必玄。殤無變，文不縟，冠玄端黄裳而祭，不朝服，未純吉也。於成人爲釋禫之服。

除成喪者，其祭也朝服縞冠。成，成人也。縞冠，未純吉祭服也。既祥祭乃素縞麻衣。

奔父之喪，括髮於堂上，袒、降、踊，襲絰于東方。奔母之喪，不括髮，袒於堂上，降、踊，襲免于東方，絰即位，成踊，出門、哭止。三日而五哭三袒。凡奔喪，謂道遠已殯乃來也。爲母不括髮，以至成服，一而已，貶於父也。「即位」以下，於父母同也。三日五哭者，始至訖夕反位哭乃出就次，一哭也，與明日又明日之朝夕而五哭。三袒者，始至袒，與明日又明日之朝而三也。○方氏苞曰：「爲母，括髮以麻，免而以布。奔喪則不括髮者，初聞喪時已括髮，猶聞父喪已笄纚徒跣，禮過時不再舉也。」

適婦不爲舅後者，則姑爲之小功。謂夫有廢疾、他故若死而無子不受重者。小功，庶婦之服也。凡父母於子、舅姑於婦，將不傳重於適，及將所傳重者非適，服之皆如庶子庶婦也。

校記

〔一〕〔　〕括號内爲作者原書所刻雙行小字，下同。

〔二〕《十三經注疏·禮記注疏》卷三十二阮元《校勘記》云：「浦鏜從《續通解》校『服』上補『喪』字，删『正』字；《疏》内同。」

〔三〕《十三經注疏·禮記注疏》卷三十三「皆兼服之」孔《疏》「皆上二事也」下脱「麻同，皆兼服之」

六字，永懷堂本亦脱此句。阮元《校勘記》云：「『皆者，皆以上二事也。兼服之，謂服麻又服葛也，男子則絰上服之葛，帶下服之麻，婦人則絰下服之麻。同，自帶其故帶也。所謂易服，易輕者也。兼服之文，主于男子。』此六十一字，系『麻同，皆兼服之』注，此本（按指《禮記注疏》本）合脱。」按郝氏箋本此記「麻同，皆兼服之」六字未脱，惟《注》中「二事也」之下脱「兼服之，謂服麻又服葛也」十字，「其故帶也」之下脱「所謂易服，易輕者也」八字。

〔四〕服，《禮記注疏》卷三十三孔《疏》作「明」。

〔五〕主，《日知録》卷六《婦人不爲主而杖者》條作「杖」。

大傳第十六

禮：不王不禘。王者禘其祖之所自出，以其祖配之。凡大祭曰禘。自，由也。大祭其先祖所由生，謂郊祀天也。王者之先祖，皆感大微五帝之精以生。蒼則靈威仰，赤則赤熛怒，黄則含樞紐，白則白招拒，黑則汁光紀。皆用正歲之正月郊祭之，蓋特尊焉。《孝經》曰：「郊祀后稷以配天」，配靈威仰也。「宗祀文王於明堂，以配上帝」，汎配五帝也。諸侯及其大祖，大祖，受封君也。大夫士，有大事，省於其君，干祫，及其高祖。大事，寇戎之事也。省，善也。善於其君，謂免於大難也。干猶空也。空祫，謂無廟祫祭之於壇墠。

牧之野，武王之大事也。既事而退，柴於上帝，祈於社，設奠於牧室，柴，祈奠告天地及先祖也。牧室，牧野之室也。古者郊關皆有館焉。先祖者，行主也。遂率天下諸侯，執豆籩，逡奔走。逡，疾也。疾奔走，言勸事也。《周頌》曰：「逡奔走在廟」。〔二〕追王大王亶父、王季歷、文王昌；不以卑臨尊也。不用諸侯之號臨天子也。文王稱王早矣，於殷猶爲諸侯，於是著焉。

上治祖禰，尊尊也，下治子孫，親親也；旁治昆弟，合族以食，序以昭繆，別之以禮義，人道竭矣。治猶正也。繆，讀爲穆，聲之誤也。竭，盡也。

聖人南面而聽天下，所且先者五，民不與焉：且先，言未遑餘事。一曰治親，二曰報功，三曰舉賢，四曰使能，五曰存愛。功，功臣也。存，察也，察存仁愛也。〇方氏苞曰：「興滅繼絕，所以存其遺愛也。」五者一得於天下，民無不足、無不贍者。五者，一物紕繆，民莫得其死，物猶事也。紕繆猶錯也。五事得則民足，一事失則民不得其死；明政之難。聖人南面而治天下，必自人道始矣。人道，謂此五事。立權、度、量，考文章，改正朔，易服色，殊徽號，異器械，別衣服，此其所得與民變革者也。權，稱也。度，丈尺也。量，斗斛也。文章，禮法也。服色，車馬也。徽號，旌旗之名也。器械，禮樂之器及兵甲也。衣服，吉凶之制也。徽，或作褘。〔二〕其不可得變革者則有矣；親親也，尊尊也，長長也，男女有別，此其不可得與民變革者也。四者人道之常。

同姓從宗，合族屬；異姓主名，治際會。名著，而男女有別。合，合之宗子之家，序昭穆也。異姓，謂來嫁者也。主於母與婦之名耳。際會，昏禮交接之會也。著，明也。母婦之名不明，則人倫亂也。亂者，若衛宣公、楚平王爲子取而自納焉。其夫，屬乎「父」道者，妻皆「母」道也。其夫，屬乎「子」道者，妻皆「婦」道也。言母婦無昭穆於此，統於夫耳。母焉則尊之，婦焉則卑之。尊之卑之，明非己倫以厚別也。謂弟之妻「婦」者，是嫂亦可謂之「母」乎？言不可也。謂之婦與嫂者，以其在己之列，以名遠之耳。復謂嫂爲母，則令昭穆不明。昆弟之妻、夫之昆弟，不相爲服，不成其親也。男女無親，則遠於相見。名者，人治之大者也，可無慎乎！人治所以正人。

四世而緦，服之窮也；五世袒免，殺同姓也。六世，親屬竭矣。四世共高祖，五世高祖昆弟，六世以外親盡無屬名。其庶姓別於上而戚單於下，昏姻可以通乎？問之也。玄孫之子，姓別於高祖，五世而無服。姓，世所由生。繫之以姓而弗別，綴之以食而弗殊，雖百世而昏姻不通者，周道然也。周之禮，所建者長也。姓，正姓也。始祖爲正姓，高祖爲庶姓繫之弗別，謂若今宗室屬籍也。《周禮》：「小史掌定繫世，辨昭穆。」

服術有六：一曰親親，二曰尊尊，三曰名，四曰出入，五曰長幼，六曰從服。術猶道也。親親，父母爲首。尊尊，君爲首。名，世母、叔母之屬也。出入，女子子嫁者及在室者。長幼，成人及殤也。從服，若夫爲妻之父母、妻爲夫之黨服。

從服有六：有屬從，子爲母之黨。有徒從，臣爲君之黨。有從有服而無服，公子爲其妻之父母。有從無服而有服，公子之妻爲公子之外兄弟。有從重而輕，夫爲妻之父母。有從輕而重。公子之妻爲其皇姑。○愚按：《注》皆舉一隅耳，《疏》較詳。

自仁率親，等而上之，至于祖，名曰輕。自義率祖，順而下之，至于禰，名曰重。一輕一重，其義然也。自猶用也。率，循也。用恩則父母重而祖輕，用義則祖重而父母輕。恩重者爲之三年，義重者爲之齊衰。然，如是也。

君有合族之道，族人不得以其戚戚君，位也。君恩可以下施，而族人皆臣也。不得以父兄子弟之親自戚於君。位，謂齒列也，所以尊君別嫌也。○王氏曰：「位也」當自爲句。○愚按：《注》亦當「君」字絶句，

「位」字連下讀，孔《疏》誤耳。又按：方氏苞兼存没言，極是。「生則諸父兄弟皆臣」，「没則有服無服皆斬」，並是不得以戚戚君也。

庶子不祭，明其宗也。庶子不得爲長子三年，不繼祖也。明猶尊也，一統焉。族人上不戚君，下又辟宗，乃後能相序。別子爲祖，別子，謂公子若始來在此國者，後世以爲祖也。繼別爲宗，別子之世適也。族人尊之，謂之大宗，是宗子也。繼禰者爲小宗，父之適也。兄弟尊之，謂之小宗。有百世不遷之宗，有五世則遷之宗。百世不遷者，別子之後也；宗其繼別子之所自出者，百世不遷者也。宗其繼高祖者，五世則遷者也。尊祖故敬宗，敬宗，尊祖之義也。遷猶變易也。繼別子，別子之世適也。繼高祖者，亦小宗也。先言繼禰者，據別子子弟之子也。以高祖與禰皆有繼者，則曾祖亦有也。則小宗四與大宗凡五。

○朱子曰：「之所自出」四字，衍文也。

有小宗而無大宗者，有大宗而無小宗者，有無宗亦莫之宗者，公子是也。公子有此三事也。公子，謂先君之子，今君昆弟。

公子有宗道，公子之公，爲其士大夫之庶者，宗其士大夫之適者，公子之宗道也。公子不得宗君，君命適昆弟爲之宗使之宗之，是公子之宗道也。所宗者適，則如大宗，死爲之齊衰九月，其母則小君也，爲其妻齊衰三月。無適而宗，庶則如小宗，死爲之大功九月，其母妻無服，公子唯己而已，則無所宗，亦莫之宗。

○愚按：公子之公，公君也。《史記》高祖曰：「乃公」，又曰：「幾敗乃公事」，是也。

絶族無移服。族昆弟之子不相爲服。○按《釋文》云：「移，本或作施。移猶旁也。」謂在旁延移及之。親者，屬也。有親者服，各以其屬親疏。○愚按：絶族無移服，使疏者不得以强親，正所以使親者不容以或疏，情意相連屬耳。故曰：「親者，屬也。」

自仁率親，等而上之，至於祖；自義率祖，順而下之，至於禰。是故人道親親也。言先有恩。親親故尊祖，尊祖故敬宗，敬宗故收族，收族故宗廟嚴，宗廟嚴故重社稷，重社稷故愛百姓，愛百姓故刑罰中，刑罰中故庶民安，庶民安故財用足，財用足故百志成，百志成故禮俗刑，禮俗刑然後樂。收族，序以昭穆也。嚴猶尊也。《孝經》曰：「孝莫大於嚴父。」百志，人之志意所欲也。刑猶成也。○按《疏》云：「百姓，百官也。」蓋百官得人，則刑罰不濫而民安。《詩》云：「不顯不承，無斁於人斯。」此之謂也。斁，厭也。言文王之德不顯乎！不承先人之業乎！言其顯且承之，人樂之無厭也。

校記

〔一〕逡，《詩·周頌·清廟》：「駿奔走在廟。」「逡」作「駿」。

〔二〕禕，《禮記注疏》卷三十四阮元《校勘記》：「『徽或作禕』，岳本同。《釋文》亦作『禕』。嘉靖本，衛氏《集説》，閩、監、毛本『禕』誤『褘』。」

少儀第十七

聞始見君子者，辭曰：某固願聞名於將命者。君子，卿大夫若有異德者。固，如故也。將猶奉也。即君子之門而云願以名聞於奉命者，謙遠之也。重則云固奉命傳辭出入。

不得階主。階，上進者，言賓之辭不得指斥主人。○愚按：主非主人也。謂不得主爲進見之人。

敵者，曰：某固願見。敵，當也。願見，願見於將命者，謙也。○愚按：願見，謂願見主人也。敵者故無謙。

罕見，曰聞名。罕，希也。希相見，雖於敵者，猶爲尊主之辭，如於君子。○愚按：願聞名於將命者，不敢斥主人之辭。如云：願造於下執事也。不敢必進面，故云聞名而已。

亟見，曰朝夕。亟，數也。於君子則曰：某願朝夕聞名於將命者。於敵者則曰：某願朝夕見於將命者。

瞽，曰聞名。瞽，無目者也。無目，辭不稱見。

適有喪者，曰比。適，之也。曰：某願比於將命者。比，猶比方俱給事。

童子，曰聽事。曰：某願聽事於將命者。童子未成人，不敢當相見之禮。

適公卿之喪，則曰：聽役於司徒。喪，憂戚，無賓主之禮，皆爲執事來也。○愚按：司徒，州長、黨正之屬。

君將適他，臣如致金玉貨貝於君，則曰：致馬資於有司；敵者，曰：贈從者。適他，行朝會也。資猶用也。贈，送也。

臣致襚於君，則曰：致廢衣於賈人；敵者，曰襚。言廢衣，不必以其歛也。賈人知物善惡也。《周禮》玉府掌「凡王之獻金玉、兵器、文織、良貨賄之物，受而藏之」，「有賈八人」。

親者兄弟，不以襚進。不執將命者，以即陳而已。

臣爲君喪，納貨貝於君，則曰：納甸於有司。甸，謂田野之物。

賵馬入廟門；以其主於死者。賻馬、與其幣，大白兵車，不入廟門。以其主於生人也。兵車，革路也，雖爲死者來，陳之於外，戰伐田獵之服，非盛者也。《周禮》：「革路」，「建大白以即戎」。

賻者既致命，坐委之，擯者舉之。主人無親受也。喪者非尸柩之事則不親也。舉之，舉以東。

受立，授立不坐。由便。性之直者，則有之矣。有之，有跪者也。謂受授於尊者，而尊者短，則跪，不敢以長臨之。〇愚按：《注》恐非。陳《注》云：「直情徑行之人，亦或有跪者。」

始入而辭，曰：辭矣。即席，曰：可矣。可猶止也。謂擯者爲賓主之節也。始入則告之辭，至就席則止其辭。〇愚按：辭即讓也。排闔說屨於户内者，一人而已矣。雖衆敵，猶有所尊也。有尊長在，則否。

在，在内也。後來之衆，皆說屨於户外。

問品味，曰：「子亟食於某乎？」問道藝，曰：「子習於某乎？子善於某乎？」不斥人，謙也。道，三德三行也。藝，六藝。不疑在躬，躬，身也。不服行所不知，使身疑也。○愚按：在躬，謂衣服也。不得疑之，令人心生嫌惡，即下文「毋訾衣服」之類。不度民械，械，兵器也。不計度民家之器物使己亦有。不願於大家，大，謂富之廣也。不訾重器。訾，思。重猶寳也。方氏苞曰：「訾與《齊語》『訾相其質』之訾同。蓋擬議其所值也。」汜埽曰埽，埽席前曰拚，拚席不以鬣。執箕膺擖。鬣，謂帚也。帚恒埽地，不潔清也。膺，親也。擖，舌也。持箕將去糞者，以舌自鄉。○愚按：膺，胸也。《曲禮》云：「以箕自鄉而扱之。」不貳問。當正己之心以問吉凶於蓍龜，不得於正，凶，則卜筮其權也。問卜筮，曰：「義與？志與？」義則可問，志則否。」大卜問來卜筮者也。義，正事也。志，私意也。

尊長於己踰等，不敢問其年。踰等，父兄黨也。問年，則己恭孫之心不全。燕見不將命。自不用賓主之正，來則若子弟然。遇於道，見則面，可以隱則隱，不敢煩動也。不請所之。尊長所之或卑褻。喪俟事，不犆弔。亦不敢故煩動也。事，朝夕哭時。侍坐，弗使，不執琴瑟，不畫地，手無容，不翣也。端慤所以爲敬也。尊長或使彈琴瑟，則爲之可。○《釋文》云：「翣，本亦作萎。盧云：扇也。」○愚按：揮翣亦手容之類，故不也。寢，則坐而將命。命，有所傳辭也。坐者，不敢臨之。侍射，則約矢。不敢與之拾取也。侍投，則擁矢。不敢釋於地也。投，投壺也。投壺坐。勝則洗而以請。洗爵，請行觴，不敢直飲之。

客亦如之。客射若投壺不勝，主人亦洗而請之。不角，角，謂觥，罰爵也。於尊長與客，如獻酬之爵。不擢馬。擢，去也，謂徹也。己徹馬，嫌勝，故薄之。○陳《注》云：「擢，進而取也。」

執君之乘車則坐。執，執轡，謂守之也。君不在中，坐，示不行也。僕者右帶劍，負良綏，申之面，拖諸幦。面，前也。幦，覆苓也。良綏，君綏也。負之，由左肩上入右腋下，申之於前覆苓上也。○愚按：右帶劍，謂負良綏於右，狀如帶劍然，非實事也。如「負劍辟咡」矣。苓即式也。以散綏升，執轡，然後步。步，行也。○愚按：散綏，貳綏也。《曲禮》「取貳綏，跪乘」，即此《記》「執君之乘車則坐」也。坐亦跪也。「執策分轡，驅之，五步而立」，即此《記》「執轡，然後步」也，步亦驅也。

請見不敢退。〔一〕去止不敢自由。朝廷，曰退；近君爲進。燕遊，曰歸；禮褻，主於家也。師役，曰罷。罷之言，罷勞也。《春秋·傳》曰：「師還曰疲。」○愚按：罷，止也，不必讀疲。

侍坐於君子，君子欠伸，運笏，澤劍首，還屨，問日之蚤莫，雖請退可也。以此皆解倦之狀。伸，頻伸也。運，澤，皆玩弄也。金器弄之，易以汗澤。

事君者量而后入，不入而后量；凡乞假於人、爲人從事者，亦然。然，故上無怨而下遠罪也。量，量其事意合成否。

不窺密，嫌伺人之私也。密，隱曲處也。不旁狎，妄相服習，終或爭訟。○愚按：旁，邊近也。禮，君子不好狎，雖稍近於狎，亦不爲也。不道舊故，言知識之過失，損友也。孔子曰：「故舊不遺，則民不偷。」○愚按：與尊貴人有舊故，不可自道説，避下援上之嫌。不戲色。暫變傾顔色爲非常，則人不長，失敬也。○愚按：色容莊。

爲人臣下者，有諫而無訕，有亡而無疾；亡，去也。疾，惡也。○愚按：疾，「不敢疾怨」之疾。大夫士去國，不説人以無罪。頌而無調，諫而無驕；頌，謂將順其美也。驕，謂言行謀從，恃知而慢也。〔二〕怠則張而相之，怠，墮也。相，助也。○愚按：張，張大之也。揚子《方言》云：「張小使大謂之廓。」廢則埽而更之；廢，政教壞亂，不可因也。謂之社稷之役。役，爲也。

毋拔來，毋報往，報，讀爲「赴疾」之赴，拔、赴皆疾也。人來往所之，當有宿漸，不可卒也。○愚按：報，讀如字。禮尚往來，人有來者，不可自我拔絶之；其有非禮，我亦不可往報之。○《釋文》云：「拔，王本作校。」○愚謂：毋校來，言人以非禮來，我不與校也。尤明。毋瀆神，瀆，謂數而不敬。毋循枉，前日之不正，不可復遵行以自伸。毋測未至。測，意度也。士依於德，游於藝；德，三德也；一曰至德，二曰敏德，三曰孝德。藝，六藝也；一曰五禮，二曰六樂，三曰五射，四曰五御，五曰六書，六曰九數。○齊召南曰：「六德、三德，皆德也。《疏》云『三德教國子，此《經》言士，故以三德解之』，泥矣。」工依於法，游於説。法，謂規矩尺寸之數也。説，謂鴻殺之意所宜也。《考工記》曰：「薄厚之所震動，清濁之所由出，侈弇之所由興，有説。」説，或爲「申」。毋訾衣服成器，訾，思也。成猶善也。思此則疾貧也。○愚按：訾當讀如「不苟訾」之訾，「不訾重器」亦然。毋身質言語。質，成也。聞疑則傳疑，若成之，或有所誤也。

言語之美，穆穆皇皇；朝廷之美，濟濟翔翔；祭祀之美，齊齊皇皇；車馬之美，匪匪翼翼；鸞和之美，肅肅雍雍。匪，讀如「四牡騑騑」。「齊齊皇皇」，讀如「歸往」之往。美，皆當爲「儀」，字之誤也。《周禮》：教國子六儀，「一曰祭祀之容，二曰賓客之容，三曰朝廷之容，四曰喪紀之容，五曰軍旅之容，六曰車馬之容。」○愚按：美讀如字。齊齊，整飭貌。皇皇，如有求也。匪，與「斐」通，文貌。《考工記》云：「匪色必似鳴矣」。

問國君之子長幼，長則曰能從社稷之事矣，幼則曰能御未能御。御，謂御事。○方氏苞曰：「《曲禮》言大夫之子，則御當爲射御之御」。「若國君之子」，則「不應以僕御爲言。古者臣子之侍君父，並曰御。《射義》『小大莫處，御於君所』，《内則》『父没母存，冢子御食』，是也。」問大夫之子長幼，長則曰能從樂人之事矣，幼則曰能正於樂人未能正於樂人。正，樂政也。《周禮·大司樂》：「以樂德教國子：中、和、祗、庸、孝友。以樂語教國子：興、道、諷、誦、言、語。以樂舞教國子：舞《雲門》、《大卷》、《大咸》、《大韶》、《大夏》、《大濩》、《大武》。」問士之子長幼，長則曰能耕矣，幼則曰能負薪未能負薪。士禄薄，子以農事爲業。執玉執龜筴不趨，堂上不趨，城上不趨。於重器，於近尊，於迫狹，無容也。步張足曰趨。武車不式，介者不拜。兵車不以容禮下人也。車中之拜，肅拜。婦人，吉事雖有君賜，肅拜；爲尸坐，則不手拜，肅拜；爲喪主，則不手拜。肅拜，拜低頭也。手拜，手至地也。婦人以肅拜爲正，凶事乃手拜耳。爲尸，爲祖姑之尸也。《士虞禮》曰：「男，男尸。女，女尸。」爲喪主不手拜者，爲夫與長子當稽顙也；其餘亦手拜而已。「雖」，或爲「唯」。或曰：「喪爲主，則不手拜，肅拜也。」○愚按：「低頭」上當脱「不」字。《周禮》鄭司農《注》：「肅拜但俯下手，今時揖是也。」然則但俯下手，可知不低頭矣。不低頭言拜者，跪而舉首下手爲肅拜，漢時謂之揖。《説文·手部》「揖」下段氏《注》詳矣。其手拜亦跪，而手下至地也。凡婦人拜亦未有不跪者，不跪不爲拜也。

葛絰而麻帶。謂既虞卒哭也。帶所以自結束也。婦人質，少變；於喪之帶，有除而無變。

取俎進俎不坐。以其有足，亦柄尺之類。○《疏》引《管子》書《弟子職》云：「進「柄尺」，謂爵豆之屬是也。」

執虚如執盈，入虚如有人。重慎。

凡祭於室中、堂上無跣，燕則有之。祭不跣者，主敬也。燕則有跣，爲歡也。天子諸侯祭，有坐尸於堂之禮。祭所尊在室，燕所尊在堂。將燕，降，説屨乃升堂。

未嘗不食新。嘗，謂薦新物於寢廟。

僕於君子，君子升、下，則授綏；始乘則式；君子下行，然後還立。還車而立，以俟其去。

乘貳車則式，佐車則否。貳車、佐車，皆副車也。朝祀之副曰貳，戎獵之副曰佐。魯莊公敗于乾時，公喪戎路，傳乘而歸。貳車者，諸侯七乘，上大夫五乘，下大夫三乘。此蓋殷制也。《周禮》：「貳車：公九乘，侯伯七乘，子男五乘；卿大夫各如其命之數。」

有貳車者之乘馬、服車，不齒。尊有爵之物，廣敬也。服車，所乘車也。車有新舊。觀君子之衣服、服劍、乘馬、弗賈。平尊者之物，非敬也。

其以乘壺酒、束脩、一犬賜人。若獻人，則陳酒執脩以將命，亦曰乘壺酒、束脩、一犬。陳重者，執輕者，便也。乘壺，四壺也。酒謂清也，糟也。不言陳犬，或無脩者牽犬以致命也。於卑者曰賜，於尊者曰獻。○愚按：不言陳犬者，犬則執緤，下文詳之。其以鼎肉，則執以將命。鼎肉，謂牲體已解，可升於鼎。其禽加於一雙，則執一雙以將命，委其餘。加猶多也。犬則執緤；守犬、田犬，則授擯者，既受，乃問犬名。牛則執紖，馬則執靮，皆右之。緤、紖、靮，皆所以繫制之者。守犬、田犬問名，畜養者當呼之。名，謂若「韓盧」、「宋鵲」之屬。右之者，執之宜，由便也。○愚按：食犬不問名也。臣則左之。異於衆物。臣謂囚俘。車則説綏，執以將命。甲，若有以前之，則執以將命；無以前之，則袒櫜奉胄。甲，鎧也。有以前之，謂他摯幣也。櫜，弢鎧衣也。胄，兜鍪也。袒其衣，出兜鍪以致命。○愚按：「前之」猶言「乘韋先」也。器則執蓋。謂有表裏。弓則以左手屈韣執拊。韣，弓衣也。左手屈衣并於拊執之，而右手執簫。劍則啓櫝，蓋襲之，加夫襓與劍焉。櫝，謂劍函也。襲，卻合之。夫襓，劍衣也。加劍於衣上。夫或爲「煩」，皆發聲。笏、書、脩、苞苴、弓、茵、席、枕、几、穎、杖、琴、瑟，戈有刃者櫝，筴、籥，其執之皆尚左手。苞苴，謂編束萑葦以裹魚肉也。茵，著蓐也。穎，警枕也。筴。蓍也。籥，如笛，三孔。皆十六物也。左手執上，上，陽也。右手執下，下，陰也。○愚按：《釋文》於「穎」音「京領反，」下文音「役頴反」。刀，卻刃，授頴。削，授拊。辟用時。頴，鐶也。拊謂把。凡有刺刃者，以授人，則辟刃。辟刃，不以正鄉人也。

乘兵車，出先刃，入後刃。不以刃鄉國也。軍尚左，左，陽也。陽主生。將軍有廟勝之策。左將軍爲上貴，不敗績。卒尚右。右，陰也。陰主殺。卒之行伍以右爲上，示有死志。

賓客主恭，祭祀主敬，喪事主哀，會同主詡。恭在貌也。而敬又在心。詡，謂敏而有勇，若齊國佐。軍旅思險，隱情以虞。險阻，出奇覆謢之處也。隱，意也，思也。虞，度也。當思念己情之所能，以度彼之將然否。〇愚按：隱，深密也。

燕侍食於君子，則先飯而後已；所以勸也。毋放飯，毋流歠；小飯而亟之；亟，疾也。備噦噎若見問也。數噍毋爲口容。口容，弄口。客自徹，辭焉則止。主人辭其徹。

客爵居左，其飲居右；客爵，謂主人所酬賓之爵也，以優賓耳。賓不舉奠于薦東。介爵、酢爵、僎爵皆居右。三爵，皆飲爵也。介，賓之輔也。酢，所以酢主人也。古文《禮》「僎」作「遵」。遵，謂鄉人爲卿大夫來觀禮者。「酢」，或爲「作」；「僎」，或爲「騶」。〇舊説此節明《鄉飲酒》奠置爵之處。其飲，主人之飲也。賓南向，左右即東西也。

羞濡魚者進尾；擗之由後，鯁肉易離也。乾魚進首，擗之由前，理易析也。冬右腴，氣在下。腴，腹下也。夏右鰭；氣在上。鰭，脊也。祭膴。膴，大臠，謂刳魚腹也。膴，讀如冔。

凡齊，執之以右，居之於左。〔三〕齊，謂食羹醬飲有齊和者也。居於左手之上，右手執而正之，由便也。

贊幣自左，詔辭自右。自，由也。謂爲君受幣、爲君出命也。立者尊右。

酌尸之僕，如君之僕。當其爲尸則尊。○方氏苞曰：「舊説犯軷時飲僕，非也。《周官·大馭》『犯軷』時，僕無受飲之事。」「下云：『及祭，酌僕』，則正祭之後，始酌僕明矣。祭之末，『有畀煇、胞、翟、閽』，況君之御僕乎！」「曰『其在車』，則有受飲而不在車者。」「惟尸之僕宜常在車，故總見其受飲之儀。」其在車，則左執轡，右受爵，祭左右、軌、范，乃飲。《周禮·大馭》「祭兩軹，祭軓，乃飲。」軌與軹，於車同謂轊頭也。軓與范聲同，謂軾前也。○愚按：軌，轂末也。范亦作「軓」，軾前也。孔《疏》辨之甚明；惟云「《詩》『濟盈不濡軌』亦車旁凡」，則非也。

凡羞有俎者，則於俎内祭。俎於人爲横，不得祭於間也。君子不食圂腴。《周禮》圂作「豢」，謂犬豕之屬，食米穀者也。腴，有似人濊。○愚按：濊，與穢同。小子走而不趨，舉爵則坐祭，立飲。小子，弟子也。卑不得與賓介具備禮容也。凡洗，必盥。洗盥，乃洗爵先自潔也。盥有不洗也。牛羊之肺，離而不提心。提猶絶也。刲離之，不絶中央少者，使易絶以祭耳。凡羞有湇者不以齊。齊，和也。○愚按：大羹也，故不和。爲君子擇葱薤，則絶其本末。爲有萎乾。羞首者，進喙祭耳。耳出見也。尊者以酌者之左爲上尊。尊者，設尊者也。酌者鄉尊，其左則上尊也。○舊説二人俱以南爲上。尊壺者面其鼻。鼻在面中，言鄉人也。○愚按：惟君面尊，即面其鼻也。飲酒者，機者、醮者，有折俎不坐。折俎尊徹之乃坐也。已沐飲曰機，酌始冠曰醮。○方氏苞曰：「飲酒者」，謂「燕禮、大射禮」也。「《疏》謂飲酒者即謂機冠，則三字爲贅設矣。」未步爵不嘗羞。步，行也。牛與羊魚之腥，聶而切之，爲膾；聶之言牒也。先藿葉切之，復報切之，則成膾。麋鹿爲菹，野豕爲軒，皆聶而不切；麕爲辟雞，兔爲宛脾，皆聶而切之。切葱若薤實之醯以柔之。此軒、辟雞、宛脾，皆菹類也。其作之狀，以醢與葷菜淹之，殺肉及腥氣也。○《釋文》云：「實之絶句。」其有折俎者，取祭，〔四〕反之，不坐；燔亦如之。亦爲柄尺之類也。燔，炙也。《鄉射》曰：賓「奠爵于薦西，興，取肺，坐，絶祭，左手，嚌之，興，加于俎，坐帨手。」○方氏苞曰：「上言有折俎不坐，此明取祭反之之後，乃得坐也。」尸則坐尸尊也。《少牢饋食禮》曰：「尸左就爵，右兼取肝肺，擩于俎鹽，振祭，嚌之，加于菹豆。」〔五〕○愚按：尸尊，取祭反之，皆有祝者，故得坐也。

衣服在躬而不知其名爲罔。罔猶罔罔，無知貌。

其未有燭，而後至者，〔六〕則以在者告。道瞽亦然。爲其不見，意欲知之也。「師冕見，及階，子曰：『階也。』及席，子曰：『席也。』皆坐，子告之曰：『某在斯，某在斯。』」凡飲酒，爲獻主者執燭、抱燋，客作而辭，然後以授人。爲宵言也。主人親執燭敬賓，示不倦也。言獻主者，容君使宰夫也。未爇曰燋。執燭，不讓、不辭、不歌。以燭繼晝，禮殺。

洗、盥、執食飲者，勿氣，有問焉，則辟咡而對。示不敢歆臭也。口旁曰咡。○陳《注》云：「洗盥，奉進洗盥之水於尊長、及執食飲以進之時。」

爲人祭，曰致福；爲己祭而致膳於君子，曰膳；祔練，曰告。此皆致祭祀之餘。於君子攝主言致福，申其辭也。自祭言膳，謙也。祔練言告，不敢以爲福膳也。凡膳告於君子，主人展之，以授使者于阼階之南，南面，再拜稽首送；反命，主人又再拜稽首。展，省具也。其禮：大牢則以牛左肩、臂、臑、折九个，少牢則以羊左肩七个，犆豕則以豕左肩五个。〔七〕折，斷分之也。皆用左者，右以祭也。羊、豕不言臂臑，因牛序之可知。○愚按：臂、臑，肩、脚也。

國家靡敝，則車不雕幾，甲不組縢，食器不刻鏤，君子不履絲屨，馬不常秣。靡敝，賦税亟也。雕，畫也，幾，附纏爲沂鄂也。組縢，以組飾之，及紟帶也。《詩》云：「公徒三萬，貝胄朱綅。」亦鎧飾也。

○《疏》云：「靡爲爢，謂財物爢散彫敝。」

校記

〔一〕敢，《禮記注疏》卷三十五及陳澔《禮記集説》卷十七作「請」。

〔二〕孫詒讓云：「『驕』，疑當讀爲『撟』。」（《十三經注疏校記》五五〇頁）

〔三〕於，《禮記注疏》卷三十五及陳氏《禮記集説》卷六均作「以」；惟孔《疏》作「於」。

〔四〕《禮記注疏》卷三十五「祭」下有「肺」字。陳氏《禮記集説》卷六「取祭」下無「肺」字。孫詒讓云：「撫州本『祭』下無『肺』字，閩本同。此疑衍。」（見《十三經注疏校記》五五二頁）

〔五〕同上《少牢饋食禮》「就」作「執」，「肝」下無「肺」字。

〔六〕《禮記注疏》卷三十五阮元《校勘記》作「而有後至者」。

〔七〕三「个」字，各本原作「箇」。《禮記注疏》卷三十六阮元《校勘記》曰：「惠棟校宋本『箇』作『个』」，今據正。

學記第十八

發慮憲，求善良，足以謏聞，不足以動衆；憲，法也，言發計慮當擬度於法式也。求，謂招來也。〔一〕就賢，體遠，足以動衆，未足以化民。就

謏之言小也。動衆，謂師役之事。○愚按：動衆，謂感動衆人。

謂躬下之。體猶親也。○愚按：體恤卑遠之人，故曰體遠。君子如欲化民成俗，其必由學乎！所學者，聖

人之道，在方策。

玉不琢，不成器；人不學，不知道。是故古之王者建國君民，教學爲先。爲内則設師保以教，使國

子學焉；外則有大學庠序之官。《兑命》曰：「念終始典于學。」其此之謂乎！典，經也。言學之不舍業

也。兑，當爲「説」，字之誤也。高宗夢傅説，求而得之，作《説命》三篇，在《尚書》。今亡。

雖有嘉肴，弗食不知其旨也；雖有至道，弗學不知其善也。旨，美也。是故學然後知不足，教然

後知困。學，則睹己行之所短。教，則見己道之所未達。知不足，然後能自反也；知困，然後能自强

也。故曰：教學相長也。自反，求諸己也。自强，脩業不敢倦。《兑命》曰：「學學半。」其此之謂

乎！言學人乃益己之學半。○按：上「學」音斆，教也。

古之教者，家有塾，黨有庠，術有序，國有學。術，當爲「遂」，聲之誤也。古者，仕焉而已者，歸教於

閭里，朝夕坐於門，門側之堂謂之塾。《周禮》：「五百家爲黨。萬二千五百家爲遂。」黨屬於鄉。遂在遠郊之外。比年入學，學者每歲來入也。中年考校：中猶間也。鄉遂大夫間歲則考學者之德行道藝。《周禮》：「三歲大比，乃考焉。」一年，視離經辨志；三年，視敬業樂羣；五年，視博習親師；七年，視論學取友：謂之「小成」。九年，知類通達，强立而不反：謂之「大成」。離經，斷句絶也。辨志，謂别其心意所趣鄉也。知類，知事義之比也。强立，臨事不惑也。不反，不違失師道。〇方氏苞曰：入學，蓋謂「十五入大學」也。「自一年至七年，四曰『視』者」，師「以是程其學也。九年則不復言『視』者」，「非教者所能程，惟學者之自致焉。」夫然後足以化民易俗，近者説服而遠者懷之。此大學之道也。懷，來也，安也。《記》曰：「蛾子時術之。」其此之謂乎！蛾，蚍蜉也。蚍蜉之子，微蟲耳。時術，蚍蜉之所爲，其功乃復成大垤。〇《釋文》云：「蛾，本或作蟻。」

大學始教，皮弁祭菜，示敬道也。皮弁，天子之朝朝服也。祭菜，禮先聖先師。菜，謂芹藻之屬。宵雅肄三，官其始也。宵之言小也。肄，習也。習《小雅》之三，謂《鹿鳴》、《四牡》、《皇皇者華》也。此皆君臣宴樂相勞苦之詩，爲始學者習之，所以勸之以官，且取上下相和厚。入學鼓篋，孫其業也。鼓篋，擊鼓警衆，乃發篋，出所治經業也。孫猶恭順也。〇愚按：鼓，振動也。鼓篋筍，出書策，所以作其恭。夏楚二物，收其威也。夏，稻也。楚，荆也。二者所以撲撻犯禮者。收謂收斂整齊之。威，威儀也。未卜禘不視學，游其志也。禘，大祭也。天子諸侯，既祭乃視學考校，以游暇學者之志意。〇愚按：禘，五年殷祭。此言不五年不視學耳。《注》「諸侯」二字似衍。時觀而弗語，存其心也。使之悱悱憤憤，然後啓發也。○愚按：時觀以發其端，弗語以生其悟。幼者聽而弗問，學不躐等也。學，教也。教之長稺。○愚按：學讀如字。此七者，教之大倫也。倫，理也。自「大學始教」至此，其義七也。《記》曰：「凡學，官先事，士先志。」其此之謂乎！官，居官者也。士，學士也。

大學之教也時，教必有正業，退息必有居。有居，有常居也。○按，陳《注》讀「時」字屬下句，「學」字屬上句。學，不學操縵，不能安弦；操縵，雜弄。不學博依，不能安《詩》；博依，廣譬喻也。依，或爲「衣」。不學雜服，不能安禮。雜服，冕服、皮弁之屬。雜，或爲「雅」。不興其藝，不能樂學。興之言喜也，歆也。藝謂禮、樂、射、御、書、數。○愚按：《爾雅》云：「歆、喜，興也。」藝謂操縵、依博、雜服之藝。樂，去聲，好也。故君子之於學也，藏焉，脩焉，息焉，遊焉。藏謂懷抱之。脩，習也。息謂作勞休止之爲息。遊謂閑暇無事之爲遊。○方氏苞曰：「藏，入學時也。入學之時，則修其正業，退息之時，則遊於藝。」夫然，故安其學而親其師，樂其友而信其道，是以雖離師輔而不反也。《兑命》曰：「敬孫務時敏，厥脩乃來。」其此之謂乎！敬孫，敬道孫業也。敏，疾也。厥，其也。學者務及時而疾，其所修之業乃來。○愚按：輔即友也。友主切磋以輔仁。

今之教者，呻其佔畢，多其訊，呻，吟也。佔，視也。簡謂之畢。訊猶問也。言今之師，自不曉經之義，但吟誦其所視簡之文，多其難問也。呻，或爲「慕」。訊，或爲「訾」。言及于數，其發言出説，不首其義，動云其所法象而已。○愚按：數，亟也，謂多言也。進而不顧其安，務其所誦多，不惟其未曉。使人不由其誠，由，用也。使學者誦之而爲之説，不用其誠。教人不盡其材，材，道也。謂師有所隱也。《易》曰：「兼三材而兩之。」謂天、地、人之道。○愚按：材謂資才也。教者務多，既不顧學者所安，是使彼飾詐以應其師，不由誠，不盡材也。其施之也悖，其求之也佛。教者言非，則學者失問。○《釋文》云：「佛，本又作拂。」夫然，故隱其學而疾其師，苦其難而不知其益也；隱，不稱揚也。不知其益，若無益然。○愚按：隱，匿也。學者隱其實以欺其師也。雖終其業，其去之必速。速，疾也。學不心解，則忘之易。教之不刑，其此之由乎！刑猶成也。

大學之法，禁於未發之謂豫；未發，情慾未生，謂年十五時。當其可之謂時，可，謂年二十成人時。○齊召南曰：「此《注》太拘。」不陵節而施之謂孫。不陵節，謂不教長者才者以小、教幼者鈍者以大也。施，猶教也。孫，順也。相觀而善謂之摩。不並問，則教者思專也。摩，相切磋也。此四者，教之所由興也。興，起也。

發然後禁，則扞格而不勝；教不能勝其情慾。格讀如「凍洛」之洛。扞格，堅不可入之貌。○愚按：凍洛之洛應作「垎」。《説文》：垎，水乾也。《楚辭·九思》云：「冰凍兮垎澤。」王逸自注云：「格，竭也。寒而水澤竭成冰。」今本「垎澤」作「洛澤」。《廣韻》、《集韻》本之，又誤作「洛澤」矣。《齊民要術》云：溼耕堅垎，數年不佳。〔二〕言耕溼田則土堅垎，故不佳也。孔穎達《正義》以爲「如地之凍，則堅彊而難入，故云『如凍洛』之洛。今人謂地堅爲洛也。」此説得之。陸德明《釋文》作「凍洛」，亦誤。時過然後學，則勤苦而難成；時過則思放也。雜施而不孫，則壞亂而不脩；小者不達，大有難識，學者所惑也。獨學而無友，則孤陋而寡聞；不相觀也。燕朋逆其師；燕猶褻也。褻其朋友。○愚按：燕，安也。安於朋比，則侮師尊。燕辟廢其學。褻師之譬喻。○愚按：安於邪僻，則荒正學。此六者，教之所由廢也。廢，滅。

君子既知教之所由興，又知教之所由廢，然後可以爲人師也。故君子之教，喻也：道而弗牽，强而弗抑，開而弗達。道，示之以道塗也。抑猶推也。開，爲發頭角。道而弗牽則和，强而弗抑則易，開而弗達則思。和易以思，可謂善喻矣。思而得之則深。○愚按：勉强輔進之，而不沮抑其邁往之氣，則易而不苦其難。

學者有四失，教者必知之。人之學也，或失則多，或失則寡，或失則易，或失則止。此四者，心之莫同也。失於多，謂才少者。失於寡，謂才多者。失於易，謂好問不識者。失於止，謂好思不問者。知其心，然後能救其失也。救其失者。多與易則抑之，寡與止則進之。教也者，長善而救其失者也。

善歌者使人繼其聲；善教者使人繼其志。言爲之善者，則後人樂放傚。其言也，約而達，微而臧，罕譬而喻，可謂繼志矣。師説之明，則弟子好述之，其言少而解。臧，善也。○愚按：辭不極盡，微也。人心感動，皆以爲善，臧也。「罕譬而喻」，即此意。

君子知至學之難易，而知其美惡，然後能博喻；能博喻，然後能爲師；能爲師，然後能爲長；能爲長，然後能爲君。美惡，説之是非也。長，達官之長。○愚按：學道有難易，人質有美惡。故師也者，所以學爲君也。弟子學於師學爲君。是故擇師不可不慎也。師善則善。《記》曰：「三王四代唯其師。」此之謂乎。〔三〕四代，虞、夏、殷、周。

凡學之道，嚴師爲難。嚴，尊敬也。師嚴然後道尊，道尊然後民知敬學。是故君之所不臣於其臣者二：當其爲尸，則弗臣也；當其爲師，則弗臣也。尸，主也，爲祭主也。大學之禮，雖詔於天子，無北面，所以尊師也。尊師，重道焉，不使處臣位也。武王踐阼，召師尚父而問焉，曰：「昔黄帝、顓頊之道存乎意，亦忽不可得見與？」師尚父曰：「在丹書。王欲聞之，則齊矣。」王齊三日，端冕，師尚父亦端冕，奉書而入，負屏而立。王下堂，南面而立。師尚父曰：「先王之道，不北面。」王行西，折而南，東面而立。師尚父西面道書之言。〔四〕

善學者，師逸而功倍，又從而庸之。不善學者，師勤而功半，又從而怨之。從，隨也。庸，功也。功之，受其道有功於己。善問者如攻堅木，先其易者，後其節目，及其久也，相説以解。不善問者反此。言先易後難，以漸入。方氏苞曰：「木之有節處似目，最堅而難攻。相説以解，即以攻木言，與《莊子》『斲輪，徐則甘而不固』甘字義同。蓋攻而不入，如相苦者；及順理而解，如相説也。」善待問者如撞鐘，叩之以小者則小鳴，叩之以大者則大鳴，待其從容，然後盡其聲。不善答問者反此。從，讀如「富父春戈」之春。春容，謂重撞擊也。始者一聲而已，學者既開其端意，進而復問，乃極説之，如撞鐘之成聲矣。

從或爲「松」。○方氏苞曰：「從容，悠裕也。必悠裕，聲乃得盡。《尚書》：『從容以和。』」此皆進學之道也。此皆善問善答也。○愚按：知其善不善，則進學之道。

記問之學，不足以爲人師，記問，謂豫誦雜難雜説，至講時爲學者論之。此時或師不心解，或學者所未能問。必也其聽語乎。必待其問乃説之。力不能問，然後語之，語之而不知，雖舍之可也。舍之須後。○愚按：舍之，謂且舍置，須後更語之，非即舍之不復教也。

良冶之子，必學爲裘；仍見其家錮補穿鑿之器也。補器者，其金柔乃合，有似於爲裘。○愚按：冶者爲火扇，連綴衆皮爲之，故其子學爲裘。今之冶耜者猶然。良弓之子，必學爲箕；仍見其家撓角幹也。撓角幹者，其材宜調，調乃三體相勝，有似於爲楊柳之箕。始駕馬者反之，車在馬前。以言仍見則貫，即事易也。君子察於此三者，可以有志於學矣。仍讀先王之道，則爲來事不惑。

古之學者，比物醜類。以事相況而爲之。醜猶比也。醜，或爲之「計」。〔五〕○愚按：醜，亦類也。比方衆物，而類其類以求其理，下四事是也。鼓無當於五聲，五聲弗得不和；水無當於五色，五色弗得不章；學無當於五官，五官弗得不治；師無當於五服，五服弗得不親。當，猶主也。五服，斬衰至緦麻之親。○按：《疏》云：「五官金、木、水、火、土也。」陳《注》云：「五官，即《洪範》五事也。」

君子曰：大德不官，謂君也。大道不器，謂聖人之道，不如器施於一物。大信不約，謂若「胥命于蒲」，無盟約。大時不齊。或時以生，或時以死。察於此四者，可以有志於本矣。本立而道生。言以學爲本，則其德，於民無不化，於俗無不成。三王之祭川也，皆先河而後海，或源也，或委也，此之謂務本。源，泉所來也。委，流所聚也。始出一勺，卒成不測。

校記

〔一〕孫詒讓云：「『慮憲，鄭、孔説未塙。疑『慮』當讀爲『臚』；『憲』即憲令，言傳布憲令以求善良之士。」（見《十三經注疏校記》五五三頁）

〔二〕《齊民要術·耕田》：「秋，無雨而種，絶土氣，土堅垎。」又《旱稻》：「凡下田停水處，燥則堅垎，溼則汙泥。」引文與之不全同。

〔三〕三王四代唯其師，此之謂乎。《禮記正義》與衆本同。宋衛湜《禮記集説》「唯」作「惟」。元陳澔《禮記集説》「此」上有「其」字。盧文弨校古本云：「據《疏》，『此』上有『其』字。」

〔四〕自「武王踐阼」至「道書之言」爲《大戴禮》卷六《武王踐阼》文。清王聘珍《解詁》本「召」上有「然後」二字，「三日」上無「王齊」二字，「端冕」上有「王」字。

〔五〕之計，《禮記注疏》卷三十六阮元《校勘記》：「惠棟校宋本無『之』字，此本誤衍。段玉裁云：『「計」當作「討」。古音「討」與「醜」同。』」

樂記第十九

凡音之起，由人心生也。人心之動，物使之然也。感於物而動，故形於聲。宮、商、角、徵、羽雜比曰音，單出曰聲。形猶見也。聲相應，故生變。樂之器，彈其宮則衆宮應，然不足樂，是以變之使雜也。《易》曰：「同聲相應，同氣相求。」《春秋·傳》曰：「若以水濟水，誰能食之。若琴瑟之專一，誰能聽之。」○愚按：變謂清濁高下相變。變成方，謂之音。方猶文章也。○愚按：方猶體也。清濁變而成曲調。比音而樂之，及干、戚、羽、旄，謂之樂。干，盾也；戚，斧也，「武舞」所執也。羽，翟羽也；旄，旄牛尾也，「文舞」所執。《周禮》：「舞師、樂師掌教舞，有兵舞，有干舞，有羽舞，有旄舞。」《詩》曰：「左手執籥，右手秉翟。」

樂者，音之所由生也，其本在人心之感於物也。是故其哀心感者，其聲噍以殺；其樂心感者，其聲嘽以緩；其喜心感者，其聲發以散；其怒心感者，其聲粗以厲；其敬心感者，其聲直以廉；其愛心感者，其聲和以柔；六者，非性也，感於物而后動。言人聲在所見，非有常也。噍，踧也。嘽，寬綽貌。發猶揚也。粗，麄也。○《疏》云：「樂是長久之歡，喜是一時之悦」，「《左傳》云：『喜生於好』。」是故先王慎所以感之者。故禮以道其志，樂以和其聲，政以一其行，刑以防其姦：禮、樂、刑、政，其極一也，極，至也。○賀氏云：「雖有禮樂刑政之殊，及其檢情歸正，同至理極，其道一也。」所以同民心而出治道也。此其所謂至也。

凡音者，生人心者也。情動於中，故形於聲。聲成文，謂之音。是故治世之音，安以樂，其政和；亂世之音，怨以怒，其政乖；亡國之音，哀以思，其民困：聲音之道，與政通矣。言八音和否隨政也。《玉藻》曰：「御瞽幾聲之上下。」○愚按：此言音生於情，情感於政，政兼禮、樂、刑、政而言也。宮爲君，商爲臣，角爲民，徵爲事，羽爲物，五者不亂，則無怗懘之音矣。五者，君、臣、民、事、物也。凡聲，濁者尊，清者卑。怗懘，敝敗不和貌。宮亂則荒，其君驕；商亂則陂，其臣壞；角亂則憂，其民怨；徵亂則哀，其事勤；羽亂則危，其財匱：五者皆亂，迭相陵，謂之慢。如此，則國之滅亡無日矣。君、臣、民、事、物，其道亂，則其音應而亂。荒猶散也。陂，傾也。《書》曰：「王耄荒。」《易》曰：「無平不陂。」

鄭衛之音，亂世之音也，比於慢矣。比猶同也。桑間濮上之音，亡國之音也。其政散，其民流，誣上、行私，而不可止也。濮水之上，地有桑間者，亡國之音於此之水出也。昔殷紂使師延作靡靡之樂，已而自沈於濮水。後師涓過焉，夜聞而寫之，爲晉平公鼓之，是之謂也。桑間在濮陽南。誣，罔也。

凡音者，生於人心者也；樂者，通倫理者也。倫猶類也。理，分也。○愚按：禮有倫理，樂能通之。故下云「知樂則幾於禮」。又按：樂亦有倫理，故曰「論倫無患」。是故知聲而不知音者，禽獸是也；知音而不知樂者，衆庶是也；唯君子爲能知樂。禽獸知此爲聲耳，不知其宫商之變也。八音竝作克諧曰樂。是故審聲以知音，審音以知樂，審樂以知政，而治道備矣。是故不知聲者不可與言音，不知音者不可與言樂。知樂則幾於禮矣。禮樂皆得，謂之有德。德者，得也。幾，近也。聽樂而知政之得失，則能正君、臣、民、事、物之禮也。〇愚按：此言禮樂本一。是故樂之隆，非極音也；食饗之禮，非致味也。隆，猶盛也。極，窮也。《清廟》之瑟，朱弦而疏越，壹倡而三歎，有遺音者矣。大饗之禮，尚玄酒而俎腥魚，大羹不和，有遺味者矣。《清廟》，謂作樂歌《清廟》也。朱絃，練朱弦，練則聲濁。越，瑟底孔也，畫疏之，使聲遲也。倡，發歌句也。三歎，三人從歎之耳。大饗祫祭先生，以腥魚爲俎實，不臑熟之。大羹，肉湆不調以鹽菜。遺猶餘也。是故先王之制禮樂也，非以極口、腹、耳、目之欲也、將以教民平好惡，而反人道之正也。教之使知好惡也。〇愚按：平，不陂也。人道不正，由好惡不平。周子曰：「淡則欲心平。」

人生而静，天之性也；感於物而動，性之欲也。言性不見物則無欲。物至，知知，然後好惡形焉。至，來也。知知，每物來，則又有知也。言見物多，則欲益衆。形猶見也。〇愚按：上知，知覺也。下知，知其事也。好惡無節於内，知誘於外，不能反躬，天理滅矣。節，法度也。知猶欲也。誘猶道也，引也。射猶己也。理猶性也。〇按《淮南子·原道訓》作「感而後動，性之害也。物至而神應，知之動也。知與物接而好憎生焉，好憎成形而知誘於外」云云，字句微異，唯發首二句全同。又「反躬」作「反己」，下一句亦與此同也。夫物之感人無窮，而人之好惡無節，則是物至而人化物也。人化物也者，滅天理而窮人欲者也。窮人欲，言無所不爲。於是有悖逆詐僞之心，有淫泆作亂之事。是故强者脅弱，衆者暴寡，知者詐愚，勇者苦怯，疾病不養，老幼孤獨不得其所：此大亂之道也。

是故先王之制禮樂，人爲之節。言爲作法度以遏其欲。衰麻、哭泣，所以節喪紀也；鐘鼓、干戚，所以和安樂也；昏姻、冠笄，所以别男女也；射、鄉、食、饗，所以正交接也。男二十而冠，女許嫁而笄，成人之禮。射、鄉，大射、鄉飲酒也。禮節民心，樂和民聲，政以行之，刑以防之：禮、樂、刑、政，四達而不悖，則王道備矣。○方氏苞曰：「謂四者之理，交相通達，而無悖於人情也。尚未及民不違悖。」

樂者爲同，禮者爲異。同則相親，異則相敬。同謂協好惡也。異謂别貴賤也。樂勝則流，禮勝則離。流謂合行不敬也。離謂析居不和也。合情、飾貌者，禮樂之事也。欲其竝行斌斌然。○愚按：合情則不離，飾貌則不流。禮義立，則貴賤等矣；樂文同，則上下和矣；好惡著，則賢不肖别矣；刑禁暴，爵舉賢，則政均矣；仁以愛之，義以正之：如此則民治行矣。等，階級也。○愚按：禮必有義，樂必有文。禮辨異，故貴賤有等；樂統同，故上下和親。雅樂用之邦國，用之鄉人，其文皆同，亦其事也。仁以愛之，樂節禮也。義以正之，禮節樂也。故曰：「仁近於樂，義近於禮。」又按：此節明禮樂之用。

樂由中出，和在心也。禮自外作。敬在貌也。樂由中出，故静；禮自外作，故文；文猶動也。○愚按：樂聲淡，則欲心平；和，則躁心釋。所謂「貊其德音」也，故曰靜；禮取諸賁，故曰文。大樂必易；大禮必簡。易、簡，若於清廟、大饗然。樂至則無怨；禮至則不爭。揖讓而治天下者，禮樂之謂也。至猶達也，行也。暴民不作，諸侯賓服，兵革不試，五刑不用，百姓無患，天子不怒：如此，則樂達矣。合父子之親，明長幼之序，以敬四海之内：天子如此，則禮行矣。賓，協也。試，用也。○愚按：言天子如此者，明禮自天子始也。樂不言者，從可知。又按：此節明禮樂之本。

大樂與天地同和，大禮與天地同節。言順天地之氣與其數。和，故百物不失，不失其性。節，故祀天祭地。成物有功，報焉。○愚按：天尊地卑，祀天圜丘，祭地方澤，此其限節也。明則有禮樂，教人者。幽則有鬼神。助天地成物者也。《易》曰：「是故知鬼神之情狀。與天地相似。」《五帝德》説黄帝德曰：「死而民畏其神者百年。」《春秋·傳》曰：「若敖氏之鬼。」然則聖人之精氣謂之神，賢知之精氣謂之鬼。○朱子曰：「禮主減，樂主盈。鬼神亦止是屈伸之義，禮樂鬼神一理。」如此，則四海之内，合敬同愛矣。禮者，殊事合敬者也；樂者，異文合愛者也。禮樂之情同，故明王以相沿也。沿猶因述也。孔子曰：「殷因於夏禮，所損益，可知也；周因於殷禮，所損益，可知也。」沿，或爲「緣」。○愚按：禮樂之文不相沿，愛敬之情則無異也。故事與時並，爲事在其時也。《禮器》曰：「堯授舜，舜授禹，湯放桀，武王伐紂，時也。」名與功偕。爲名在其功也。偕，猶俱也。堯作《大章》，舜作《大韶》，禹作《大夏》，湯作《大濩》，武王作《大武》，各因其得天下之功。○愚按：此二者不相沿也。又按：此節明禮樂之功效。

故鍾、鼓、管、磬、羽、籥、干、戚，樂之器也；屈伸、俯仰、綴兆、舒疾，樂之文也。簠、簋、俎、豆，制度、文章，禮之器也；升降、上下、周還、裼襲，禮之文也。綴，謂酇舞者之位也。兆，其外營域也。故知禮樂之情者能作，識禮樂之文者能述。述謂訓其義也。○愚按：知禮樂之情者能作，承上節言。作者之謂聖，述者之謂明。明聖者，述作之謂也。○愚按：此節言禮樂之作述。

樂者，天地之和也；禮者，天地之序也。和，故百物皆化；序，故羣物皆別。化猶生也。別謂形體異也。○愚按：「不失」，以人事言；「皆化」，以天地言也。樂由天作，禮以地制。言法天地也。過制則亂，過作則暴。過猶誤也。暴，失「文」、「武」之意。○方氏苞曰：「不咸、不容，感以生疾，所謂『過作則暴』也。」明於天地，然後能興禮樂也。○愚按：此節言禮、樂之法效。

論倫無患，樂之情也；欣喜歡愛，樂之官也。倫猶類也。患，害也。官猶事也。○愚按：論，辭足論也。《詩》曰：「於論鼓鍾。」倫，律呂之條理也。官，主也，樂以欣喜歡愛爲主。中正無邪，禮之質也；莊敬恭順，禮之制也。質猶本也。若夫禮樂之施於金石，越於聲音，用於宗廟社稷，事乎山川鬼神，則此所與民同也。言情、官、質、制，先王所專也。

王者功成作樂，治定制禮。功成、治定，同時耳。功主於王業，治主於教民。《明堂位》說周公曰：「治天下，六年，朝諸侯於明堂，制禮作樂。」其功大者其樂備，其治辯者其禮具。辯，偏也。○愚按：方氏苞詁爲明辯之辯，亦通。干戚之舞，非備樂也；樂以文德爲備，若《咸池》者。孔子曰：「《韶》，盡美矣，又盡善也。」謂《武》，「盡美矣，未盡善也。」孰亨而祀，非達禮也。達，具也。《郊特牲》曰：「郊血，大饗腥，三獻爓，一獻孰；至敬不饗味而貴氣臭也。」五帝殊時，不相沿樂；三王異世，不相襲禮。言其有損益也。樂極則憂，禮粗則偏矣。樂人之所好也，害在淫侉；禮人之所勤也，害在倦略。及夫敦樂而無憂，禮備而不偏者，其唯大聖乎！敦，厚也。〇愚按：敦者，樂不及也。備者，禮不粗也。

天高地下，萬物散殊，而禮制行矣。禮爲異也。流而不息，合同而化，而樂興焉。樂爲同也。春作、夏長，仁也；秋斂、冬藏，義也。仁近於樂；義近於禮。言樂法陽而生，禮法陰而成。樂者敦和，率神而從天；禮者别宜，居鬼而從地。敦和，樂貴同也。率，循也。從，順也。别宜，禮尚異也。居鬼謂居其所爲，亦言循之也。鬼神謂先聖先賢也。〇方氏苞曰：「神者，天地之氣化，樂達天地之和，則氣化之行，順而不悖，如有以率之也。居鬼者，廟社壇兆，各有其方也。」故聖人作樂以應天，制禮以配地。禮樂明備，天地官矣。官猶事也，各得其事。〇愚按：天地官猶云天地位焉，上清下寧，各效其職也。又按：此節申言禮樂法效之本與成功之所合，爲下二節總起。

天尊地卑，君臣定矣。卑高已陳，貴賤位矣。動静有常，小大殊矣。方以類聚，物以羣分，則性命不同矣。在天成象，在地成形。如此，則禮者天地之别也。卑高謂山澤也。位矣，尊卑之位，象山澤也。動静，陰陽用事。大小，萬物也。大者常存，小者隨陽出入。方謂行蟲也。物謂殖生者也。性之言生也。命，生之長短也。象，光耀也。形，體貌也。〇方氏苞曰：「天地萬物，動静有常，而小大之事法之。」「殊謂動静異宜，非謂小與大殊。」○劉敞曰：「方，言中國、蠻、夷、戎、狄之民，各以類聚。物，言飛、潛、動、植之物，各以羣分。以其各正性命不同也。」○愚按：鄭注《易》云：「類聚羣分，謂水火也。」此《注》亦未安。

地氣上齊，天氣下降；陰陽相摩，天地相蕩；鼓之以雷霆，奮之以風雨，動之以四時，煖之以日月：而百化興焉。如此，則樂者，天地之和也。齊，讀爲躋，躋，升也。摩猶迫也。蕩猶動也。奮，訊也。百化，百物化生也。○愚按：煖，舊讀爲暄；如字亦通。

化不時則不生，男女無辨則亂升，天地之情也。辨，别也。升，成也。樂失則害物；禮失則亂人。○愚按：總結上二節。《注》以「化不時」屬樂，「男女無辨」屬禮。

及夫禮樂之極乎天而蟠乎地，行乎陰陽而通乎鬼神，窮高極遠而測深厚。極，至也。蟠猶委也。高遠，三辰也。深厚，山川也。言禮樂之道，上至於天，下委於地，則其間無所不之。樂著大始，而禮居成物。著之言處也。大始，百物之始主也。○方氏苞曰：「《史記》引古樂書語。聖人知天識地之别，故從有以至未有，以得細若氣，微若聲。聖人因神而存之，雖妙必效情。有者，天地之形也；未有者，天地之神，所謂太始也。著者，因六律五聲而發著，神之存，情之效也。居成物者，因已成之物，而措置之也。君臣父子，物之已成者也，而制禮以明其分誼，聯其恩愛，所以居之也。」著不息者天也；著不動者地也；著猶明白也。息猶休止也。《易》曰：「天行健，君子以自强不息。」一動一静者，天地之間也。間謂百物也。故聖人曰禮樂云。言禮樂之法天地也。樂静而禮動，其並用事，則亦天地之間耳。

昔者，舜作五弦之琴，以歌《南風》。夔始制樂，以賞諸侯。夔欲舜與天下之君共此樂也。《南風》，長養之風也，以言父母之長養己；其辭未聞也。夔，舜時典樂者也。《書》曰：「夔，命女典樂。」○齊召南曰：「《南風》詩，鄭以意説耳，並無所據。王肅引《家語》及《尸子》以難鄭，是也。」

故天子之爲樂也，以賞諸侯之有德者也。德盛而教尊，五穀時熟，（二）然後賞之以樂。故其治民勞者，其舞行綴遠；其治民逸者，其舞行綴短。民勞則德薄，酇相去遠，舞人少也。民逸則德盛，酇相去近，舞人多也。○愚按：應鏞謂勤於治民，則舞列遠而長；怠於治民，則武列近而短是也。故觀其舞，知其德；聞其謚，知其行也。謚者，行之迹也。

《大章》，章之也。堯樂名也。言堯德章明也。《周禮》闕之。或作《大卷》。《咸池》，備矣。黄帝所作樂名也，堯增脩而用之。咸，皆也；池之言施也，言德無不施也。《周禮》曰《大咸》。《韶》，繼也。舜樂名也。韶之言紹也，言舜能繼紹堯之德。《周禮》曰《大韶》。《夏》，大也。禹樂名也。言禹能大堯舜之德。《周禮》曰《大夏》。殷周之樂盡矣。言盡人事也。《周禮》曰《大濩》、《大武》。

天地之道，寒暑不時則疾，風雨不節則饑。教者，民之寒暑也，教不時則傷世；事者，民之風雨也，事不節則無功。教，謂樂也。然則先王之爲樂也，以法治也，善則行象德矣。以法治，以樂爲治之法。行象德，民之行順君之德也。○愚按：法治謂法寒暑之時以爲治也。樂教得其時而善，則民行象君德，而不至於傷世也。

夫豢豕、爲酒，非以爲禍也；而獄訟益繁，則酒之流生禍也。以穀食犬豕曰豢。爲，作也。言豢豕作酒，本以饗祀養賢，而小人飲之善酗，以致獄訟。是故先王因爲酒禮：壹獻之禮，賓主百拜，終日飲酒，而不得醉焉。此先王之所以備酒禍也。壹獻，士飲酒之禮。百拜以喻多。故酒食者，所以合歡也；樂者，所以象德也；禮者，所以綴淫也。綴猶止也。方氏苞曰：「淫，過也。舞者有行綴，則不可妄動，猶禮節之不可過也。」是故先王有大事，必有禮以哀之；有大福，必有禮以樂之。哀樂之分，皆以禮終。大事謂死喪也。樂也者，聖人之所樂也，而可以善民心。其感人深，其移風易俗，故先王著其教焉。著猶立也，謂立司樂以下，作教國子。○按：應氏本《漢·志》「俗」下增「易」字。

夫民有血氣心知之性，而無哀樂喜怒之常，應感起物而動，然後心術形焉。言在所以感之也。術，所由也。形猶見也。○方氏苞曰：「起物，興起於物也。『志微』、『噍殺』之類，所以感也。『思』、『憂』之類，心術之所形也。」是故志微噍殺之音作，而民思憂；嘽諧慢易繁文簡節之音作，而民康樂；粗厲猛起奮末廣賁之音作，而民剛毅；廉直勁正莊誠之音作，而民肅敬；寬裕肉好順成和動之音作，而民慈愛；流辟、邪散、狄成、滌濫之音作，而民淫亂。志微，意細也。吴公子札聽《鄭風》，而曰：「其細已甚，民弗堪也。」簡節，少易也。奮末，動使四支也。賁，讀爲憤。憤，怒氣充實也。《春秋·傳》曰：「血氣狡憤。」狄、滌，往來疾貌也。濫，僭差也。此皆民心無常之傚也。肉，或爲「潤」。○陳《注》：「起，初也。末，終也。」又引《考工記·注》云：「好，璧孔也。此言肉好，以璧喻樂音之圓瑩通滑耳。」狄與「逖」同，遠也。成者，樂之一終。滌，洗也，言其音汎濫侵僭也。○方氏苞曰：「《集説》引劉氏云云，非也。篇首言音之生，由人心之感於物。此六節言樂之作，又能感人心而使之各以類應也。故下文言先王之有樂教，取其和聲以厚民德；又言禮慝樂淫，則滅和平之德，意義蓋相承。」

是故先王本之情性，稽之度數，制之禮義，合生氣之和，道五常之行，使之陽而不散，陰而不密，剛氣不怒，柔氣不懾，四暢交於中，而發作於外，皆安其位而不相奪也。生氣，陰陽氣也。五常，五行也。密之言閉也。懾猶恐懼也。○陳《注》：「度數，十二律上生下生損益之數也。」○方氏苞曰：「『制之禮義』，謂聲音中倫次，如宮、商、角、徵、羽，象君、臣、民、事、物，以次降殺而不可相陵之類。『陽而不散』四句，皆言聲律之節奏分際，非以天地人心言也。」「交於中者，律之諧乎聲」，「作於外者，聲之達於器」。「作樂之始，以度數禮義劑其陰陽剛柔之分而無不調，所謂四暢交於中也，是内之安其位而不相奪也。由是聲之發無少乖戾」，「是外之安其位而不相奪也」。然後立之學等，廣其節奏，省其文采，以繩德厚。等，差也。各用其才之差，學之廣，謂增習之。省，猶審也。文采，謂節奏合也。繩猶度也。《周禮·大司樂》「以樂語教國子興、道、諷、誦、言、語。以樂舞教國子舞《雲門》、《大卷》、《大咸》、《大韶》、《大夏》、《大濩》、《大武》。」○方氏苞曰：「廣其節奏，如自一成而九成也。歌咏其聲，則有文；舞動其容，則有采。」○愚按：繩，猶束也。樂有學等、節奏、文采，皆所以檢束其德性，使之敦厚堅固也。律小大之稱，比終始之序，以象事行，律，六律也。《周禮·典同》以「六律·六呂」「辨天地四方陰陽之聲，以爲樂器」。小大謂高聲、正聲之類也。終始謂始於宫，終於羽。宗廟黄鐘爲宫，大呂爲角，大蔟爲徵，應鐘爲羽。以象事行，宫爲君，商爲臣。○陳《注》云：「律，以法度整齊之；比，以次序聯合之。宫音至大，羽音至小。律之使各得其稱，始於黄鐘之初九，終於仲呂之上六，比之使各得其序。」使親疏、貴賤、長幼、男女之理，皆形見於樂。故曰樂觀其深矣。謂同聽之，莫不和敬，莫不和順，莫不和親。○愚按：律呂相生爲親，相間爲疏。宫爲君，貴也；商爲臣，賤也。長幼猶大小也。「男女之理，形見於樂」，謂如律娶妻、呂生子之類。

土敝則草木不長，水煩則魚鼈不大，氣衰則生物不遂，世亂則禮慝而樂淫。是故其聲哀而不莊，樂而不安，慢易以犯節，流湎以忘本，廣則容姦，狹則思欲，感條暢之氣而滅平和之德；〔二〕是以君子賤之也。遂猶成也。慝，穢也。廣謂聲緩也。狹謂聲急也。感，動也，動人條暢之善氣，使失其所。○愚按：慢易者，聲之遲緩。犯節謂不赴其節，如流辟邪散也。流湎者，聲之淫液忘本，謂失其所歸，如「狄成、滌濫」也。此六句竝以樂言，不兼禮。

凡姦聲感人而逆氣應之，逆氣成象而淫樂興焉；正聲感人而順氣應之，順氣成象而和樂興焉。倡和有應，回邪曲直各歸其分，而萬物之理各以類相動也。成象者，謂人樂習焉。○愚按：聲動氣隨，聲氣合而成象。始感何？樂。還生何？樂。是故君子反情以和其志，比類以成其行；姦聲亂色，不留聰明，淫樂慝禮，不接心術，惰慢邪辟之氣不設於身體；使耳目鼻口心知百體，皆由順正以行其義。反猶本也。術猶道也。○方氏苞曰：「此承上文言君子欲興和樂以導民，必先使一身之內，有順氣而無逆氣，然後能辨正聲，興和樂，以移風易俗，下節所陳是也。陳氏《集説》『此學者修身之法』，與上下文意義不貫。」

然後發以聲音，而文以琴瑟，動以干戚，飾以羽旄，從以簫管，奮至德之光，動四氣之和，以著萬物之理。奮猶動也。動至德之光，謂降天神，出地祇，假祖考。著猶成也。是故清明象天，廣大象地，終始象四時，周還象風雨；五色成文而不亂，八風從律而不姦，百度得數而有常；小大相成，終始相生，倡和清濁，迭相爲經。清明謂人聲也。廣大謂鐘鼓也。周還謂舞者。五色，五行也。八風從律，應節至也。百度，百刻也，言日月晝夜，不失正也。清謂「蕤賓」至「應鍾」也。濁謂「黄鐘」至「中吕」。○方氏慤曰：「清明者，樂之聲，故象天；廣大者，樂之體，故象地；終始者，樂之序，故象四時；周還者，樂之節，故象風雨。」○愚按：方氏之意，蓋謂舞者疾徐赴節，象風雨作止也。○方氏苞曰：「干戚羽毛，旌題服物，雜用五色，各成文理。」「屈伸俯仰，綴兆舒疾之度，皆有數以紀之。」「或曰：度，十二律之尺度。數，黄鐘八十一分，凡樂器之度，皆以十二律五聲之數紀之，故曰百度得數而有常。」故樂行而倫清，耳目聰明，血氣和平，移風易俗，天下皆寧。言樂用則正人理和陰陽也。倫謂人道也。○方氏苞曰：「親疏貴賤、長幼男女之理，皆形見於樂，故樂行而倫清。」

故曰：樂者，樂也。君子樂得其道，小人樂得其欲。以道制欲，則樂而不亂；以欲忘道，則惑而不樂。道謂仁義也。欲謂邪淫也。

是故君子反情以和其志，廣樂以成其教，樂行而民鄉方，可以觀德矣。方猶道也。德者，性之端也；樂者，德之華也；金石絲竹，樂之器也。詩，言其志也；歌，詠其聲也；舞，動其容也：三者本於心，然後樂器從之。〔三〕是故情深而文明，氣盛而化神，和順積中而英華發外。唯樂不可以爲僞。三者本志也、聲也、容也。言無此本於内，則不能爲樂也。○方氏苞曰：「謂德本於心，可也；謂性本於心，可乎？且既曰本於心，則德與性爲二，而不可云三。王氏之説，非也。」○愚按：五德見性之端倪，樂又發德之英華。情深以志言，文明以聲容言，氣盛以樂器言，化神以感化而言也。

樂者，心之動也；聲者，樂之象也；文采節奏，聲之飾也。君子動其本，樂其象，然後治其飾。是故先鼓以警戒，三步以見方，再始以著往，復亂以飭歸，奮疾而不拔，極幽而不隱，獨樂其志，不厭其道；備舉其道，不私其欲。是故情見而義立，樂終而德尊，君子以好善，小人以聽過。故曰：生民之道，樂爲大焉。文采，樂之威儀也。先鼓，將奏樂先擊鼓以警戒衆也。三步，謂將舞必先三舉足以見其舞之漸也。再始以著往，武王除喪，至盟津之上，紂未可伐，還歸，二年乃遂伐之。「武舞」再更始，以明伐時再往也。復亂以飭歸，謂鳴鐃而退，明以整歸也。奮疾，謂舞者也。極幽，謂歌者也。○愚按：再始以著前始之既往，復亂以飭繼亂之所歸。凡樂九成皆然，《注》專指「武舞」，先儒駁之是也。○方氏苞曰：「再始」二句，「舊説專以舞言，似未安。樂重在聲，奮疾而不拔，於聲亦然。舊説專屬舞，亦未安。備舉其道，廣樂以成其教也。不私其欲，聞者皆得以蕩滌邪穢也。即下文『君子好善，小人聽過』之事。」「感於樂，則人之情見，事之義立。」「莫不和敬」，「莫不和親」，「情見也。而君臣上下父子兄弟之義，由是立矣。」○愚按：小人聽之有以形其醜，則自知其過而必改矣。故曰「以聽過」也。

樂也者，施也；禮也者，報也。言樂出而不反，而禮有往來也。○愚按：樂，陽，主發散於外，故曰施。禮，陰，主收斂反質，故曰報。樂，樂其所自生；而禮，反其所自始。樂章德，禮報情反始也。自，由也。

所謂大輅者，天子之車也；龍旂九旒，天子之旌也；青黑緣者，天子之寶龜也；從之以牛羊之羣，則所以贈諸侯也。贈諸侯，謂來朝將去，報之以禮。○愚按：《春秋·定八年公羊傳》云：「龜，青純。」何休曰：「純，緣也，謂緣甲髯也。千歲之龜青髯。」又按：孔《疏》「青黑緣」未明，故以此補之。○王氏曰：「此節當是他篇之錯簡。」

樂也者，情之不可變者也；禮也者，理之不可易者也。理猶事也。○按方氏苞以情爲情實，亦通。理，道理也。樂統同，禮辨異。統同，同和合也。辨異，異尊卑也。禮樂之説，管乎人情矣。管猶包也。

窮本知變，樂之情也；著誠去僞，禮之經也。禮樂偩天地之情，達神明之德，降興上下之神，而凝是精粗之體，領父子君臣之節。偩猶依象也。降，下也。興猶出也。凝，成也。精粗，謂萬物大小也。領猶理治也。愚按：樂之動，其本在人心感於物，故曰窮本。聲相應故生變，故曰知變。禮之經，如親疏隆殺不相混，使人習之，厚者既以益其誠，薄者亦漸化其僞。著，讀如土著之著，謂安其居止也。禮樂之文，體之粗者；禮樂之情，體之精者。凝如「至道不凝」之凝。是故大人舉禮樂，則天地將爲昭焉。言天地將爲之昭焉明也。〔四〕天地訢合，陰陽相得，煦嫗覆育萬物，然後草本茂，區萌達，羽翼奮，角觡生，蟄蟲昭蘇，羽者嫗伏，毛者孕鬻，胎生者不殰，而卵生者不殈，則樂之道歸焉耳。訢，讀爲熹，熹猶烝也。氣曰煦，體曰嫗。屈生曰區。無鰓曰觡。昭，曉也。蟄蟲以發出爲曉，更息曰蘇。孕，任也。鬻，生也。内敗曰殰。殈，裂也；今齊人語有殈者。《釋文》云：「訢，依字音欣。」○愚按：單言樂之道歸，禮亦同也。又案：高誘《淮南子·原道訓·注》云：「角，鹿角也。觡，麋角也。」又按：殰作「𧗿」。殈作「㲉」。

樂者，非謂黄鍾、大吕、弦歌、干揚也，樂之末節也，故童者舞之。鋪筵席，陳尊俎，列籩豆，以陞降爲禮者，禮之末節也，故有司掌之。言禮樂之本由人君也。禮本著誠去僞，樂本窮本知變。○齊召南曰：《史記集解》引鄭《注》云：『揚，鉞也。』似古本有此《注》。又《疏》引皇氏云：『揚，舉也。干揚，舉干以舞也。』但《詩》言『干戈戚揚』，則解作武器爲順。」○愚按：若如皇氏説詁《詩》更順，毛、鄭自誤耳。樂師辨乎聲詩，故北面而弦；宗祝辨乎宗廟之禮，故後尸；商祝辨乎喪禮，故後主人。辨猶別也，正也。弦謂鼓琴瑟也。後尸，居後贊禮儀。此言知本者尊，知末者卑。是故德成而上，藝成而下；行成而先，事成而後。德，三德也。行，三行也。藝，才技也。先謂位在上也。後謂位在下也。是故先王有上有下，有先有後，然後可以有制於天下也。言尊卑備，乃可制作，以爲治法。

魏文侯問於子夏曰：「吾端冕而聽古樂，則唯恐臥。聽鄭、衛之音，則不知倦。敢問古樂之如彼何也？新樂之如此何也？」魏文侯，晉大夫畢萬之後，僭諸侯者也。端，玄衣也。古樂，先王之正樂也。○《疏》云：端冕，「謂玄冕也。凡冕服，皆其制正幅」，「故稱端也」。

子夏對曰：「今夫古樂，進旅退旅，和正以廣，弦匏笙簧，會守拊鼓，始奏以文，復亂以武，治亂以相，訊疾以雅，君子於是語，於是道古，脩身及家，平均天下。此古樂之發也。旅猶俱也。俱進俱退，言其齊一也。和正以廣，無姦聲也。會猶合也，皆也，言衆皆待擊鼓乃作。《周禮·大師職》曰：「大祭祀，帥瞽登歌，令奏擊拊，下管播樂器，令奏鼓朄。」文謂鼓也，武謂金也。相即拊也，亦以節樂，拊者以韋爲表，裝之以穅，穅一名相，因以名焉。今齊人或謂穅爲相。雅，亦樂器名也，狀如漆筩，中有椎。○愚按：拊亦擊也。《書》曰：「擊石拊石」。王肅云：「相，輔相也。」愚謂，「樂有相步」，恐即此相也。語、道，古皆講説也。《詩》曰：「於論鼓鐘。」今夫新樂，進俯退俯，姦聲以濫，溺而不止；及優侏儒，獶雜子女，不知父子。樂終不可以語，不可以道古。此新樂之發也。俯猶曲也。言不齊也。濫，濫竊也。溺而不止，聲淫亂無以治之。獶，獮猴也，言舞者如獮猴戲也，亂男女之尊卑。獶，或爲「優」。○按：《北齊書·魏收傳》：「收善胡舞，文宣末，數於東山與諸優爲獮猴與狗鬭，帝寵狎之。」即此所謂「獶雜」也。今君之所問者，樂也；所好者，音也。夫樂者，與音相近而不同。」言文侯好音而不知樂也。鏗鏘之類皆爲音，應律乃爲樂。

文侯曰：「敢問何如？」欲知音、樂異意。

子夏對曰：「夫古者天地順而四時當，民有德而五穀昌，疾疢不作而無妖祥：此之謂『大當』。然後聖人作爲父子君臣以爲紀綱。紀綱既正，天下大定。天下大定，然後正六律，和五聲，弦歌《詩》、《頌》，此之謂『德音』。德音之謂樂。當，謂樂不失其所。〔五〕愚按：民有德何以五穀昌，《傳》所謂「民和年豐」也。先正紀綱，然後正六律，和五聲，所謂「禮先而樂後」也。○陳《注》「大當」，謂「大化之均調」。《詩》云：『莫其德音，其德克明。克明克類，克長克君。王此大邦，克順克俾，俾于文王，其德靡悔。既受帝祉，施于孫子。』〔六〕此之謂也。此有德之音，所謂樂也。德正應和曰莫。照臨四方曰明。勤施無私曰類。教誨不倦曰長。賞慶刑威曰君。慈和徧服曰順。「俾」當爲「比」，聲之誤也。擇善從之曰比。施，延也，言文王之德，皆能如此，故受天福延於後世也。○愚按：《注》謂「文王之德」者，《左傳》作「唯此文王」，與今《毛詩》異。今君之所好者，其溺音乎？」言無文王之德，則所好非樂也。

文侯曰：「敢問溺音何從出也？」玩習之久，不知所由出也。

子夏對曰：「鄭音好濫淫志，宋音燕女溺志，衛音趨數煩志，齊音敖辟喬志：此四者，皆淫於色而害於德，是以祭祀弗用也。言四國皆出此溺音。濫，濫竊姦聲也。燕，安也。《春秋·傳》曰：「懷與安，實敗名。」趨數，讀爲促速，聲之誤也。煩，勞也。祭祀者不用淫樂。○愚按：好濫、燕女，是其本聲，淫志、溺志，則令聽者如此。下竝同。衛齊亦淫聲也，但淫佚之外，更有趨數、敖辟，故總之曰「四者皆淫於色」也。○齊召南曰：「宋無《風》，而與鄭、衛、齊並列，或是但論四國之音，不涉《詩》篇也；《注》及《疏》並無明訓。」○愚按：據此，是宋有《風》也，謂宋魯無《風》，非也。

「《詩》云：『肅雍和鳴，先祖是聽。』夫肅肅，敬也；雍雍，和也。夫敬以和，何事不行。言古樂敬且和，故無事而不用；溺音無所施。

「爲人君者，謹其所好惡而已矣。君好之則臣爲之，上行之則民從之。《詩》云：『誘民孔易。』

〔七〕此之謂也。誘，進也。孔，甚也。言民從君所好惡，進之於善無難。

「然後聖人作爲鞉、鼓、椌、楬、壎、篪，此六者，德音之音也。六者爲本，以其聲質也。椌、楬，謂柷、敔也。壎、篪，或爲「簨、虡」。然後鍾、磬、竽、瑟以和之，干、戚、旄、狄以舞之。此所以祭先王之廟也，所以獻酬酳酢也，所以官序貴賤各得其宜也，所以示後世有尊卑長幼之序也。官序貴賤，謂尊卑樂器列數有差次。

「鍾聲鏗，鏗以立號，號以立横，横以立武；君子聽鍾聲，則思武臣。號，號令所以警衆也。横，充也，謂氣作充滿也。○愚按：横音古曠反，古通「光」。石聲磬，磬以立辨，辨以致死；君子聽磬聲，則思封疆之臣。石聲磬，磬當爲「罄」，字之誤也。辨，謂分明於節義。○愚按：磬、罄，古通用。《春秋·傳》曰：「室如縣罄。」絲聲哀，哀以立廉，廉以立志；君子聽琴瑟之聲，則思志義之臣。廉，廉隅也。○陳《注》云：「人心雖放逸，忽聞哀怨聲，必惻然收斂，是哀能立廉也。絲聲凄切，有廉劌裁割之義。竹聲濫，濫以立會，會以聚衆：君子聽竽笙簫管之聲，則思畜聚之臣。濫之意猶擥聚也。會猶聚也。聚，或爲最。鼓鼙之聲讙，讙以立動，動以進衆：君子聽鼓鼙之聲，則思將帥之臣。聞讙囂則人意動作。讙或爲「歡」。動，或爲「勳」。君子之聽音，非聽其鏗鏘而已也，彼亦有所合之也。」以聲合成己之志。

賓牟賈侍坐於孔子。孔子與之言，及樂，曰：「夫《武》之備戒之已久，何也？」對曰：「病不得其衆也。」《武》謂周舞也。備戒，擊鼓警衆。病猶憂也。以不得衆心爲憂，憂其難也。「咏歎之，淫液之，何也？」對曰：「恐不逮事也。」咏歎、淫液，歌遲之也。逮，及也。事，戎事也。「發揚蹈厲之已蚤，何也？」對曰：「及時事也。」時至，武事當施也。「《武》坐，致右，憲坐，何也？」對曰：「非《武》坐也。」言《武》之事無坐也。致謂膝至地也。憲，讀爲「軒」，聲之誤也。「聲淫及商，何也？」對曰：「非《武》音也。」言《武》歌在正其軍，不貪商也。時人或説其義爲貪商也。○方氏苞曰：「淫者，過也；商者，殺伐之聲，祭祀不用。（《大司樂》用宮、角、徵、羽，而無商。）而舞《大武》之時，樂音或過而入於商聲商調。」子曰：「若非《武》音，則何音也？」對曰：「有司失其傳也。若非有司失其傳，則武王之志荒矣。」有司，典樂者也。傳猶説也。荒，老耄也。言典樂者，失其説也，而時人妄説也。《書》曰：「王耄荒。」○愚按：傳，授也。子曰：「唯丘之聞諸萇弘，亦若吾子之言是也。」萇弘，周大夫。○陳《注》「是也」爲句。

賓牟賈起，免席而請，曰：「夫《武》之備戒之已久，則既聞命矣。敢問遲之遲，而又久，何也？」遲之遲，謂久立於綴。○方氏苞曰：「賈言戒備之久，既已聞命，而又發問，則所疑乃六成復綴之後，遲之又久而後退也。」「故孔子歷序至豐以後諸大政，而曰如此則周道四達，禮樂交通，則夫《武》之遲久，不亦宜乎！其遲之又久，正以俟周道之達且通也，安得仍以舞者未出以前戒備之久爲義乎！」

子曰：「居，吾語女。夫樂者，象成者也；總干而山立，武王之事也；發揚蹈厲，大公之志也；〔八〕《武》亂皆坐，周召之治也。居猶安坐也。成謂已成之事也。總干，持盾也。山立猶正立也，象武王持盾正立，待諸侯也。發揚蹈厲，所以象威武時也。《武》舞，象戰鬭也。亂，謂失行列也。失行列則皆坐，象周公、召公以文止武也。○愚按：亂，樂之卒章也。

且夫《武》，始而北出，再成而滅商，三成而南，四成而南國是疆，五成而分周公左，〔九〕召公右，六成復綴以崇。成猶奏也。每奏《武》曲一終爲一成。始奏象觀兵盟津時也；再奏象克殷時也；三奏象克殷有餘力而反也；四奏象南方荆蠻之國侵畔者服也；五奏象周公、召公分職而治也；六奏象兵還振旅也。復綴，反位止也。崇，充也。凡六奏以充《武》樂也。

「天子夾振之，而駟伐，盛威於中國也。夾振之者，王與大將夾舞者振鐸以爲節也。駟當爲「四」，聲之誤也。《武》舞，戰象也，每奏四伐。一擊一刺爲一伐。《牧誓》曰：「今日之事，不過四伐、五伐。」○按：王肅讀「天子」上屬，謂作樂六成，尊崇天子之德，是也。又按：夾振之者，二人振鐸夾舞人，非天子親夾之也。分夾而進，事蚤濟也。分猶部曲也。事猶爲也。濟，成也。舞者各有部曲之列又夾振之者，象用兵務於早成也。久立於綴，以待諸侯之至也。象武王伐紂待諸侯也。〇方氏苞曰：「如此，則不宜倒序於『分夾而進，事蚤濟也』之下。按武成丁未祀周廟。來相祀者，不過邦甸侯衛，至大誥武成，然後庶邦冢君暨百工，受命於周，則必六成而南，又久立於綴，象既告武成而待庶邦冢君之至也。且女獨未聞牧野之語乎？欲語以作《武》樂之意。武王克殷，反商。未及下車，而封黃帝之後於薊，封帝堯之後於祝，封帝舜之後於陳；下車而封夏后氏之後於杞，投殷之後於宋，封王子比干之墓，釋箕子之囚，使之行商容而復其位。庶民弛政，庶士倍祿。濟河而西，馬散之華山之陽而弗復乘，牛散之桃林之野而弗復服，車甲衅而藏之府庫而弗復用，倒載干戈，包之以虎皮，將帥之士，使爲諸侯，名之曰『建櫜』。然後天下知武王之不復用兵也。反商當爲「及」，字之誤也。及商，謂至紂都也。《牧誓》曰：「至于商郊牧野。」封謂故無土地者也。投，舉徙之辭也。時武王封紂子武庚於殷墟。所徙者微子也。後周公更封而大之，積土爲封，封比干墓，宗賢也。行猶視也，使箕子視商禮樂之官。賢者所處，皆令反其居也。弛政，去紂時苛政也。倍祿，復其紂時薄者也。散猶放也。桃林，在華山旁。甲，鎧也。衅，「釁」字也。包干戈以虎皮，明能以武服兵也。建，讀爲「鍵」，字之誤也。兵甲之衣曰櫜。鍵櫜，言閉藏兵甲也。《詩》曰：「載櫜弓矢。」《春秋·傳》曰：「垂櫜而入。」《周禮》曰：「櫜之欲其約也。」薊，或爲「續」。祝，或爲「鑄」。〇《釋文》云：

「薊。即燕國之都也。」「召公與周同姓。案：黄帝姓姬，君奭蓋其後也。」○齊召南曰：「薊即燕。黄帝之後即召公。陸氏此説甚確，爲先儒所未及。」○愚按：封微子於宋，在成王時。據此，則武王時已徙微子於宋，其後周公乃就封之耳。商容，孔安國云「殷之賢人」是也。行者，時商容家居，使之行而受職於周也。又案：《史記·周〔本〕紀》稱武王「封神農之後於焦，黄帝之後於祝，帝堯之後於薊」，與此不同。○《日知録》二卷曰：「投殷之後於宋，此本之《吕氏春秋》，乃戰國時人之妄言。以武王下車即封微子，更誤。」愚按：《説鈴》載《天録識餘》：「《左傳》『蒙皋比而先犯之』，《樂記》『建櫜』，櫜，韜也，其字或作『建皋』。服虔引此以解《左傳》。」

「散軍而郊射，左射《貍首》，右射《騶虞》，而貫革之射息也。裨冕搢笏，而虎賁之士説劍也。祀乎明堂，而民知孝。朝覲，然後諸侯知所以臣。耕藉，然後諸侯知所以敬。五者，天下之大教也。郊射，爲射宫於郊也。左，東學也。右，西學也。《貍首》、《騶虞》，所以歌爲節也。貫革，射穿甲革也。裨冕，衣裨衣而冠冕也。裨衣，衮之屬也。搢猶插也。賁，憤怒也。文王之廟爲明堂制。〔一〇〕耕藉，藉田也。○愚按：先儒以斯時未有明堂，因文王廟爲明堂制而即曰明堂，似未安。

「食三老五更於大學，天子袒而割牲，執醬而饋，執爵而酳，冕而總干，所以教諸侯之弟也。三老、五更，互言之耳，皆老人更知三德、五事者也。冕而總干，親在舞位也。周名大學曰東膠。○愚按：此「三老、五更」《注》與《文王世子·注》異。

「若此，則周道四達，禮樂交通。則夫《武》之遲久，不亦宜乎？」言《武》之遲久，爲重禮樂。

君子曰：禮樂不可斯須去身。致樂以治心，則易直子諒之心油然生矣。易直子諒之心生則樂，樂則安，安則久，久則天，天則神。天則不言而信，神則不怒而威。致樂，以治心者也。致猶深審也。子，讀如「不子」之子。油然，新生好貌也。善心生則寡於利欲，寡於利欲則樂矣。志明行成，不言而見信如天也，不怒而見畏如神也。樂由中出故治心。○朱子曰：《韓詩外傳》「子諒」作「慈良」。〔一一〕致禮，以治躬則莊敬，〔一二〕莊敬則嚴威。躬，身也。禮自外作，故治身。心中斯須不和不樂，而鄙詐之心入之矣；鄙詐入之，謂利欲生。○愚按：心言入者，私欲皆外至。禮樂不修，私心緣外物而入也。外貌斯須不莊不敬，而易慢之心入之矣。易，輕易也。

故樂也者，動於內者也；禮也者，動於外者也。樂極和，禮極順。內和而外順，則民瞻其顔色而弗與爭也；望其容貌而民不生易慢焉。故德煇動於內而民莫不承聽，理發諸外而民莫不承順。德煇，顔色潤澤也。理，容貌之進止也。○愚按：內和則顔色和，故民瞻之不争矣。德煇動於內，和順積中、英華發外也。理發諸外者，禮者理之不可易者也；以不可易之理發於四支，暢於事業，則民莫不承順矣。故曰：「致禮樂之道，舉而錯之天下，無難矣。」○愚按：謂莫不承聽，莫不承順也。稱「故曰」者，引成文。

樂也者，動於內者也；禮也者，動於外者也。故禮主其減，樂主其盈。禮主其減，人所倦也。樂主其盈，人所歡也。○愚按：減有揫斂殺損之意，所謂恭敬撙節退讓以明禮。禮減而進，以進爲文；樂盈而反，以反爲文。進，謂自勉强也。反，謂自抑止也。文猶美也，善也。〇愚按：美相雜曰文。禮減而不進則銷；樂盈而不反則放。故禮有報而樂有反。放淫聲樂，〔一三〕不能止也。報，讀曰「褒」，猶進也。〇愚按：報讀如字。報者答也。禮和爲貴，外主其減而内答之以和，和則樂矣。禮得其報則樂；樂得其反則安。得，謂曉其義、知其吉凶之歸。〇愚按：樂不得其反，則流蕩無歸而不安矣。禮之報，樂之反，其義一也。俱趨立於中，不銷不放也。

夫樂者，樂也，人情之所不能免也。樂必發於聲音，形於動静，人之道也。聲音、動静，性術之變，盡於此矣。免猶自止也。人道，人之所爲也。性術，言此出於性也。盡於此不可過。故人不耐無樂，樂不耐無形。形而不爲道，不耐無亂。形，聲音動静也。耐，古書「能」字也。〔一四〕後世變之，此獨存焉。古以「能」爲三台字。

先王恥其亂，故制《雅》、《頌》之聲以道之，使其聲足樂而不流，使其文足論而不息，使其曲直、繁瘠，廉肉、節奏，足以感動人之善心而已矣，不使放心邪氣得接焉。是先王立樂之方也。流猶淫放也。文，篇辭也。息猶銷也。曲直，歌之曲折也。繁瘠、廉肉，聲之鴻殺也。節奏，闋作進止所應也。方，道也。〇惠氏《古義》云：「《荀子》瘠作省。按省與眚通，猶瘠也。故字亦作瘠。尋文義，『繁省』爲長。」

是故樂在宗廟之中，君臣上下同聽之，則莫不和敬；在族長鄉里之中，長幼同聽之，則莫不和順；在閨門之內，父子兄弟同聽之，則莫不和親；故樂者，審一以定和，比物以飾節，節奏合以成文，所以合和父子君臣，附親萬民也。是先王立樂之方也。審一，審其人聲也。比物，謂雜金、革、土、匏之屬也。以成文，五聲八音克諧，相應和。○愚按：和敬、和順、和親，並以和言者，樂主和也。○《疏》云：審一者，一，謂人聲。人聲雖一，其感有喜怒哀樂之殊，當須詳審其聲，以定調和之曲。故聽其《雅》、《頌》之聲，志意得廣焉；執其干戚，習其俯仰詘伸，容貌得莊焉；行其綴兆，要其節奏，行列得正焉，進退得齊焉：故樂者，天地之命，中和之紀，人情之所不能免也。綴，表也，所以表行列也。《詩》云：「荷戈與綴。」〔一五〕兆，域也，舞者進退所至也。要猶會也。命，教也。紀，總要之名也。○愚按：《注》引《詩》，與《毛詩》異。

夫樂者，先王之所以飾喜也；軍旅、鈇鉞者，先王之所以飾怒也。故先王之喜怒皆得其儕焉。儕猶輩類。喜則天下和之；怒則暴亂者畏之。先王之道，禮樂可謂盛矣。天子之於天下，喜怒節之以禮樂，則兆民和從而畏敬之。禮樂，王者所常興，則盛矣。

子贛見師乙而問焉，曰：「賜聞聲歌各有宜也，如賜者宜何歌也？」子贛，孔子弟子。師，樂官也。乙，名。聲歌各有宜，氣順性也。師乙曰：「乙，賤工也，何足以問所宜？請誦其所聞，而吾子自執焉。樂人稱工。執猶處也。愛者宜歌《商》；溫良而能斷者宜歌《齊》。夫歌者，直己而陳德也，動己而天地應焉，四時和焉，星辰理焉，萬物育焉。故《商》者，五帝之遺聲也。寬而靜，柔而正者宜歌《頌》；廣大而静，疏達而信者宜歌《大雅》；恭儉而好禮者宜歌《小雅》，正直而静，廉而謙者宜歌《風》；肆直而慈此文换簡失其次。「寛而静」宜在上，『愛者宜歌《商》』宜承此下行，讀云「肆直而慈愛者宜歌《商》。」《商》，宋詩也。愛，或爲「哀」。直己而陳德，各因其德歌所宜。育，生也。〇愚按：《風》、《雅》、《頌》三以「静」言者，静，安也。樂由中出，本静。又詩本性情，須具安恬之性者乃能領會其義也。《史記集解》引鄭《注》云：「肆，正也。」似古本有此《注》。愚謂：肆，寛緩也。直己，謂正直己身，即「寛而静、柔而正」等是也。陳德，謂敷陳古人之德，即歌頌等是也。又按：《風》、《雅》、《頌》四歌，皆合性之所近；《商》、《齊》二歌，皆嬌性之所偏。又按：「肆直而慈」下，刊本有「愛」字，疑傳寫衍字，非鄭本也。商之遺聲也，商人識之，故謂之《商》。〔一六〕《齊》者，三代之遺聲也，齊人識之，故謂之《齊》。云「商之遺聲也」，衍字也，又誤。上所云「故《商》者，五帝之遺聲也」當居此衍字處也。〇愚按：《商》聲古穆，近於五帝；《齊》音宏長，近於三王。其實二者非帝王之奏也。明乎《商》之音者，臨事而屢斷；明乎《齊》之音者，見利而讓。屢，數也。數斷事，以其肆直也。見利而讓，以其温良能斷也。斷猶决也。臨事而屢斷，勇也；見利而讓，義也。有勇有義，非歌孰能保此。保猶安也，知也。故歌者，上如抗，下如隊，曲如折，止如槀木，倨中矩，句中鉤，累累乎端如貫珠。言歌聲之著，動人心之審，如有此事。〔一七〕〇陳《注》云：「倨，微曲也。句，甚曲也。端，正也。」〇愚按：端，緒也。故歌之爲言也，長言之也。説之，故言之；言之不足，故長言之；長言之不足，故嗟歎之；嗟歎之不足，故不知手之舞之足之蹈之也。」長言之，引其聲也。嗟歎，和續之也。不知手之舞之足之蹈之，歡之至也。子貢問樂。上下同美之也。〔一八〕

校記

〔一〕熟，郝氏此箋本同陳氏《集説》本。衆本則均作「孰」。按：孰，熟本字。

〔二〕而，依《十三經注疏·禮記注疏》卷三十八校補。陳澔《集説》本無「而」字。

〔三〕器，阮元《禮記注疏》卷三十八·阮元《校勘記》及《史記》卷二十四《樂書》作「氣」。

〔四〕焉，阮元《校勘記》：「惠棟校宋本『焉』作『然』。」諸本皆同。

〔五〕《史記·樂書》「此之謂大當」，南朝宋裴駰《史記集解》引鄭玄《禮記·樂記·注》曰：「當，謂不失其所也。」「謂」下無「樂」字。衆本亦無「樂」字。

〔六〕《詩·大雅·皇矣》：「維此三季，帝度其心，貊其德音，其德克明，克明克類，克長克君，王此大邦，克順克比。比于文王，其德靡悔。既受帝祉，施于子孫。」「莫」作「貊」。兩「俾」均作「比」。《左傳·昭公二十八年》亦引作「莫」。《廣雅·釋詁》：「莫，布也。」

〔七〕誘，《詩·大雅·板》作「牖」。

〔八〕大公，衆本多作「大公」，毛本及陳氏《集説》本作「太公」。

〔九〕《禮記注疏》卷三十九阮元《校勘記》：「『五成而分周公左』，各本同，《石經》同。《考文》云：古本『分』下有『陜』字。孫志祖校云：按《史記·樂書》本《家語·辨樂解》，皆有『陜』字。」孫詒讓云：「《大司樂》賈疏引亦有『陜』字。」（見《十三經注疏校記》五五九頁）

〔一〇〕「制」，孫詒讓云：「《覲禮·記》賈疏此注云：『彼本無「制」字，直云「文王廟爲明堂」』，則唐時别本無『制』字。」（見《十三經注疏校記》五五八頁）

〔一一〕按：《韓詩外傳》許維遹《集釋》本第三十一章：「智慮潛深則一之以易諒」許氏云：「《荀子·修身》篇『諒』作『良』。郝懿行云：『良、諒，古通用。《樂記》云：「易直子諒之心生」，易諒即易良也。』」按：《韓詩外傳》集釋本無「慈良」連文，亦無「子諒」連文；朱子所見，或爲古本歟？

〔一二〕「致禮以治躬則莊敬」，今本《史記·樂書》作「致禮，以治躬者也。治躬則莊敬。」

〔一三〕同上「樂盈而不反則放」《史記集解》引鄭玄《注》「淫」下有「於」字。

〔一四〕同上三「耐」字均作「能」。

〔一五〕《詩·曹風·候人》作「彼候人兮，何戈與祋。」何，通「荷」。祋，音對，即殳，古兵器。孔穎達《疏》：「今按《詩》『荷戈與祋』不同者，蓋鄭所見齊、魯、韓《詩》本不同也。」

〔一六〕依鄭《注》，自「請誦其所聞，而吾子自執焉」至「商人識之，故謂之《商》」中間之文字有錯簡失次，有衍字。理順其次，並删去衍字之後，此段文字應作：「請誦其所聞，而吾子自執焉。

寬而静，柔而正者宜歌《頌》；廣大而静，疏達而信者宜歌《大雅》；恭儉而好禮者宜歌《小雅》；正直清廉而謙者宜歌《風》；肆直而慈愛者宜歌《商》；温良而能斷者宜歌《齊》。夫歌者，直己而陳德，動己而天地應焉，四時和焉，星辰理焉，萬物育焉。故《商》者，五帝之遺聲也，商人志之，故謂之《商》。」

〔一七〕《史記·樂書》「累累乎端如貫珠」之「端」作「殷」。又《史記集解》引鄭此《注》「如有此事」之「如」作「而」。

〔一八〕同上「子貢問樂」，《史記正義》曰：「結此前事，悉是答子貢問之事。其《樂記》者，公孫尼子次撰也。爲《樂記》通天地，貫人情，辯政治，故細解之。以前劉向《别録》篇次與鄭《目録》同，而《樂記》篇次又不依鄭《目》。按：中華書局一九八二年版點校本《史記·樂記》「子貢問樂」四字加書名號。

雜記上第二十

諸侯行而死於館，則其復，如於其國。如於道，則升其乘車之左轂，以其綏復。館，主國所致舍。復，招魂復魄也。如於其國，主國館賓，予使有之，得升屋招用褒衣也。如於道，道上廬、宿也。升車左轂，象升屋東榮。綏，當爲「緌」，讀如蕤賓之蕤，字之誤也。緌，謂旌旗之旄也。去其旒而用之，異於生也。〇愚按：綏，讀如字。升車之綏，《少儀》所謂「良綏」也。

其輤有裧，緇布裳帷，素錦以爲屋，而行。輤，載柩將殯之車飾也。輤，取名於櫬與蒨，讀如「蒨旆」之蒨，櫬棺也。蒨，染赤色者也。將葬載柩之車飾曰柳。裧，謂鼈甲邊緣緇布裳帷，圍棺者也。裳帷用緇，則輤用赤矣。〔二〕輤象宮室屋其中、小帳櫬覆棺者。若未大斂，其載尸而歸，車飾皆如之。〇朱軾曰：「帷上接於輤，如裳續衣，故曰裳帷。《喪大記》『素錦褚，加帷荒。』荒即輤，褚即屋也。」〇愚按：下文云「疏布輤」，鄭《注》：「輤，其蓋也。」

至於廟門，不毀墻，遂入，適所殯，唯輤爲說於廟門外。廟，所殯宮。牆，裳帷也。適所殯，謂兩楹之間。去輤乃入廟門，以其入自有宮室也。毀，或爲「徹」。凡柩自外來者，正棺於兩楹之間。尸亦偀之於此，皆因殯焉。異者：柩「入自闕，升自西階」；尸「入自門，升自阼階」。其殯必於兩楹之間者，以其死不於室，而自外來，留之於中不忍遠也。〇愚按：《曾子問》「入自闕」即毀牆也。此云「不毀牆」，未詳；或者「不」

字爲「外」字之誤也。至於裳帷，不名牆也。即名牆者，本爲輤而設，既已説輤，又安用牆。且入即正棺兩楹之間，牆益無用矣。以是知牆非裳帷也。○方氏苞曰：「於大夫，言載以輲車。及階，説車。此諸侯不言者，蓋在路即用輴車，而因以殯明矣。《疏》：在路自天子至士皆用蜃車，乃以意測《遂師》及《既夕禮》而誤。觀顔柳以廢輴設撥爲竊禮，則諸侯在路用輴，禮也。」

大夫士死於道，則升其乘車之左轂，以其綏復。如於館死，則其復，如於家。綏，亦緌也。大夫復於家，以玄冕；士，以爵弁服。大夫以布爲輤，而行，至於家而説輤，載以輲車，入自門，至於阼階下而説車，舉自阼階，升適所殯。大夫輤言用布，白布不染也。言輤者，達名也。不言裳帷，俱用布無所別也。至門亦説輤乃入，言載以輲車入自門，明車不易也。輲，讀爲「輇」，或作「槫」。許氏《説文解字》曰：「有輻曰輪，無輻曰輇。」《周禮》又有「蜃車」，天子以載柩。「蜃」、「輇」，聲相近，其制同乎？輇，崇蓋，半乘車之輪。諸侯言不毁牆，大夫士言不易車，互相明也。不易者，不易以輴也。廟中有載柩以輴之禮。此不耳。○愚按：大夫言「入自門」，異於諸侯「入自闕」矣。此亦與《曾子問》異。《曾子問》言如小斂，則「入自門，升自阼階」，抑此《記》或互相明歟？○齊召南曰：「後人稱輀車音『而』，因『輲』字而誤也。」

士輤，葦席以爲屋，蒲席以爲裳帷。言以葦席爲屋，則無素錦爲帳。○方氏苞曰：「舉屋與裳帷之用席，明輤及裧皆用布，與大夫同也。」○愚按：大夫獨不言屋，明亦素錦矣。

凡訃於其君，曰：君之臣某死。訃，或作「赴」。赴，至也。臣死，其子使人至君所告之。父、母、妻、長子，曰：君之臣某之某死。此臣於其家喪所主者。君訃於他國之君，曰：寡君不禄，敢告於執事。夫人，曰：寡小君不禄。大子之喪，曰：寡君之適子某死。君夫人不稱薨，告他國君謙也。

大夫訃於同國：適者，曰：某不禄；訃於士，亦曰：某不禄。訃於他國之君，曰：君之外臣寡大夫某死。訃於適者，曰：吾子之外私寡大夫某不禄，使某實。訃於士，亦曰：吾子之外私寡大夫某不禄，使某實。適，讀爲「匹敵」之「敵」，謂爵同者也。實，當爲「至」。此讀，周秦之人，聲之誤也。○愚按：實，讀如字。實謂以實告也。

士訃於同國，大夫，曰：某死。訃於士，亦曰：某死。訃於他國之君，曰：君之外臣某死。訃於大夫，曰：吾子之外私某死。訃於士，亦曰：吾子之外私某死。

大夫次於公館，以終喪，士練而歸。士次於公館，公館，公宮之舍也。練而歸之，士謂邑宰也；練而猶處公館，朝廷之士也。唯大夫三年無歸也。大夫居廬，士居堊室。謂未練時也。士居堊室，亦謂邑宰也。朝廷之士亦居廬。○愚按：大夫士竝斬衰。斬衰、未練，皆居廬。

大夫爲其父、母、兄弟之未爲大夫者之喪服，如士服。士爲其父、母、兄弟之爲大夫者之喪服，如士服。大夫雖尊，不以其服服父、母、兄、弟，嫌若踰之也。士，謂大夫庶子爲士者也，已卑又不敢服尊者之服。今大夫喪服禮逸，與士異者，未得而備聞也。《春秋·傳》曰：「齊晏桓子卒，晏嬰麄衰斬，苴絰帶，杖，菅屨，食粥，居倚廬，寢苫，枕草。其老曰：『非大夫之禮也。』曰：『唯卿爲大夫。』」此平仲之謙也。言已非大夫，故爲父服士服耳。麄衰斬者，其縷在齊、斬之間，謂縷如三升半，而三升不緝也。斬衰以三升爲正，微細焉則屬於麄也。然則士與大夫爲父服異者，有麄衰斬、枕草矣。其爲母五升縷而四升，爲兄弟六升縷而五升乎？唯大夫以上乃能備儀盡飾。士以下，則以臣服君之斬衰爲其父，以臣從君而服之齊衰爲其母與兄弟，亦以勉人爲高行也。大功以下，大夫士服同。○齊召南曰：「三年之喪，無貴賤，一也。王肅及張融説正合曾子『自天子達』、孟子『三代共之』之義。齊疏之服，豈有大夫士之異哉！晏平仲身行古禮而不直言當時之非，謙也。不可以春秋變制爲先王之正禮也。鄭《注》非是。」○方氏苞曰：「此數條目，自宋以後儒者，皆知其悖，而未有悟爲莽、歆所增竄者。蓋莽以居攝，爲其母功顯君服天子弔諸侯之服，不主其喪，故歆竄此《記》以示士大夫相去一間耳。而子爲大夫於父母之爲士者服即有降。子爲大夫其父母之爲士者即不敢主其喪，況居攝踐阼與尊者爲體，尚可重服爲母喪主乎？

大夫之適子，服大夫之服。仕至大夫，賢著而德成。適子得服其服，亦尊其適象賢。

大夫之庶子爲大夫，則爲其父母服大夫服；其位，與未爲大夫者齒。雖庶子得服其服，尚德也。使齒於士，不可不宗適。

士之子爲大夫，則其父母弗能主也，使其子主之。無子，則爲之置後。大夫之子，得用大夫之禮，而士不得也。置猶立也。

大夫卜宅與葬日，有司麻衣、布衰，布帶，因喪屨，緇布冠不蕤。占者皮弁。有司，卜人也。麻衣，白布深衣而著衰焉。及布帶、緇布冠，此服非純吉，亦非純凶也。皮弁，則純吉之尤者也。占者，尊於有司，卜求吉，其服彌吉。大夫士朔服皮弁。○皇氏云：「以三升半布爲衰，其長六寸，廣四寸，綴於衣前，當胸上；後又有負版，長一尺六寸，廣四寸。」

如筮，則史練冠，長衣，以筮，占者朝服。筮者，筮宅也，謂下大夫若士也。筮史，筮人也。長衣，深衣之純以素也。長衣練冠，純凶服也。朝服，純吉服也。大夫士日朝服以朝也。○《疏》云：「如筮者，謂下大夫及士不合用卜。」

大夫之喪，既薦馬。薦馬者，哭踊。出，乃包奠，而讀書。嫌與士異，記之也。《既夕禮》曰：「包牲，取下體。」又曰：「主人之史請讀賵。」〔二〕○方氏苞曰：「『哭踊』二字，當在『既薦馬』下。」○朱軾曰：「『薦馬者』三字疑衍。」

大夫之喪，大宗人相，小宗人命龜，卜人作龜。卜葬及日也。相，相主人禮也。命龜，告以所問事也。作龜，謂揚火灼之以出兆。○劉氏曰：「大宗人，或是都宗人；小宗人，或是家宗人，掌都家之禮者。」

內子以鞠衣褒衣，素沙，下大夫以襢衣，其餘如士。此復所用衣也。當在「夫人狄稅素紗」下，爛脫失處在此上耳。內子，卿之適妻也。《春秋·傳》曰：「晉趙姬請逆叔隗於狄，趙衰以爲內子，而己下之是也。」下大夫，謂下大夫之妻。襢，《周禮》作「展」。王后之服六，唯上公夫人，亦有褘衣；侯伯夫人，自揄狄而下；子男夫人，自闕狄而下；卿妻，自鞠衣而下；大夫妻，自展衣而下；士妻，稅衣而已。素沙，若今紗縠之帛也。

六服皆袍制，不禪，以素紗裹之，〔三〕如今袿袍襈重繒矣。褒衣者，始爲命婦見加賜之衣也。其餘如士之妻，則亦用稅衣。

復，諸侯以褒衣，冕服，爵弁服。復，招魂復魄也。冕服者，上公五，侯伯四，子男三。褒衣，亦始命爲諸侯及朝覲見加賜之衣也。褒猶進也。

夫人稅衣揄狄，狄稅素沙。言其招魂用稅衣，上至揄狄也。狄稅素沙，言皆以白紗縠爲裏。

復西上。北面而西上，陽長左也。復者多少，各如其命之數。

大夫不揄絞，屬於池下。謂池飾也。揄，揄翟也。采青黄之間曰絞。屬猶繫也。人君之柳，其池繫絞繒於下而畫翟雉焉，名曰振容；又有銅魚在其間。大夫去振容，士去魚。此無人君及士，亦爛脱。

大夫附於士，士不附於大夫，附於大夫之昆弟。無昆弟則從其昭穆。雖王父母在，亦然。附，讀皆爲「祔」。大夫祔於士，不敢以己尊自殊於其祖也。士不祔於大夫，自卑別於尊者也。大夫之昆弟，謂爲士者也。從其昭穆中一以上祖又祖而已。祔者，祔於先死者。○愚按：方氏苞辨大旨，與《喪服小記》同。

婦附於其夫之所附之妃，無妃，則亦從其昭穆之妃。妾附於妾祖姑，無妾祖姑，則亦從其昭穆之妾。夫所附之妃，於婦則祖姑。

男子附於王父，則配；女子附於王母，則不配。配，謂并祭王母；不配，則不祭王父也。有事於尊者，可以及卑；有事於卑者，不敢援尊。配與不配，祭饌如一，祝辭異，不言以某妃配某氏耳。女子，謂未嫁者也。

嫁未三月而死，猶歸葬於女氏之黨。○愚按：女子即婦人，因對男子而言耳，舊説似泥。

公子附於公子。不敢戚君。○方氏苞曰：「公子則必有兄弟一人爲宗主者，其餘羣公子死者，其子自當別立廟而祭之，以爲小宗，不應祔於祖之兄弟。」

君薨，大子號稱子，待猶君也。謂未踰年也。雖稱子，與諸侯朝會如君矣。春秋魯僖公九年夏，葵丘之會，宋襄公稱子而與諸侯序。待，或爲「侍」。○愚按：待猶君，謂國中臣民耳。在喪而會諸侯，衰世事耳，不足爲典禮。

有三年之練冠，則以大功之麻易之；唯杖屨不易。謂既練而遭大功之喪者也。練除首絰、要絰，葛又不如大功之麻重也。言練冠易麻，互言之也。唯杖屨不易，言其餘皆易也。屨不易者，練與大功俱用繩耳。○《疏》云：「此大功，謂降服大功也。」○方氏苞曰：「練後首絰既除，服大功麻絰，要亦服大功麻帶。《問傳》所謂「重麻」也。」

有父母之喪，尚功衰，而附兄弟之殤，則練冠。附於殤，稱陽童某甫，不名，神也。此兄弟之殤，謂大功親以下之殤也。斬衰、齊衰之喪，練皆受以大功之衰，此謂之功衰。以是時而祔大功親以下之殤。大功親以下之殤，輕不易服冠。而兄爲殤，謂同年者也。兄十九而死，己明年因喪而冠。陽童，謂庶殤也。宗子則曰陰童。童，未成人之稱也。某甫，且字也。尊神不名，爲之造字。○愚按：此兄弟之殤，謂小功緦麻耳。若正服大功，則不合練冠矣。上文是也。

凡異居，始聞兄弟之喪，唯以哭對可也。惻怛之痛，不以辭言爲禮也。其始麻，散帶絰。與居家同也。凡喪，小斂而麻。未服麻而奔喪，及主人之未成絰也：疏者，與主人皆成之；親者，終其麻帶絰之日數。疏者，爲小功以下也。親者，大功以上也。疏者，及主人之節則用之；其不及，亦自用其日數。○《疏》云：「奔喪之後，三日而成服也。」

主妾之喪則自附，至於練祥，皆使其子主之。其殯祭不於正室。附自爲之者，以其祭於祖廟。○方氏苞曰：此與前文「妾附於妾祖姑」一條，皆「衰周俗禮也。妾母不世祭」，祖之妾安得著位於廟？「無列於廟，何祔之有？其身爲主者，或妾子有德位，而尊者來弔，不敢使其子拜賓與？」○愚按：先儒之説，亦非謂妾祔於廟也。《疏》云：「妾祖姑無廟，爲壇祭之。鄭云：『於廟者，於廟中爲壇祭之耳。』又云：『此謂攝女君之妾，若不攝者，則不得爲主，別爲壇不在祖廟中，而子自主之也。』君不撫僕妾。略於賤也。○愚按：君通上下，凡僕妾於其主稱君。

女君死，則妾爲女君之黨服。攝女君，則不爲先女君之黨服。妾於女君之親，若其親然。

聞兄弟之喪，大功以上，見喪者之鄉而哭。奔喪節也。○盧植云：「此大功，謂降服大功者也。」適兄弟之送葬者弗及，遇主人於道，則遂之於墓。言骨肉之親，不待主人也。凡主兄弟之喪，雖疏亦虞之。喪事虞祔乃畢。

凡喪服未畢，有弔者，則爲位而哭拜踊。客始來，主人不可以殺禮待之。

大夫之哭大夫，弁絰；大夫與殯，亦弁絰。弁絰者，大夫錫衰相弔之服也。如爵弁而素、加環絰曰弁絰。

大夫有私喪之葛，則於其兄弟之輕喪，則弁絰。私喪，妻子之喪也。輕喪，緦麻也，大夫降焉。弔服而往，不以私喪之末臨兄弟。

爲長子杖，則其子不以杖即位。辟尊者。

爲妻，父母在，不杖，不稽顙。尊者在，不敢盡禮於私喪也。

母在，不稽顙。稽顙者，其贈也拜。言獨母在，於贈拜得稽顙；則父在，贈拜不得稽顙。○方氏苞曰：「明雖父没母存，亦不敢稽顙也。既以父母在不稽顙，不應重贈物而廢禮。『稽顙者』三字疑衍。」「『其贈也拜』，總承上五句，言弔者贈者，皆以拜答之而不稽顙也。」

違諸侯，之大夫，不反服。違大夫，之諸侯，不反服。其君尊卑異也。違猶去也。去諸侯，仕諸侯；去大夫，仕大夫，乃得爲舊君服。○愚按：不反服者，非但已也；居處飲食，如反服一也。凡禮宜爲服而不得者皆然。

喪冠條屬，以別吉凶。三年之練冠，亦條屬，右縫。別吉凶者，吉冠不條屬也。條屬者，通屈一條繩若布爲武，垂下爲纓，屬之冠，象大古喪事略也。吉冠則纓武異材焉。右縫者，右辟而縫之。小功以下左。左辟象吉，輕也。緦冠繰纓。繰，當爲「澡麻帶絰」之澡，聲之誤也。謂有事，其布以爲纓。

大功以上散帶。小功緦輕，初而絞之。

朝服十五升，去其半而緦；加灰，錫也。緦精麄與朝服同，去其半則六百縷而疏也。又無事，其布不灰焉。

諸侯相襚。以後路與冕服。先路與褒衣，不以襚。不以己之正者施於人，以彼不以爲正也。後路，貳車。貳車行在後也。○愚按：衣服曰襚，車馬曰賵。據此當亦可通與？

遣車視牢具。言車多少，各如所包遣奠牲體之數也。然則遣車載所包遣奠而藏之者與？遣奠天子大牢包九个，諸侯亦大牢包七个，大夫亦大牢包五个，士少牢包三个，大夫以上乃有遣車。

疏布輤，四面有章，置于四隅。輤，其蓋也。四面皆有章蔽，以隱翳牢肉。四隅，椁中之四隅。

載粻，有子曰：非禮也。粻，米糧也。喪奠，脯醢而已。言死者不食糧也。遣奠本無黍稷。○方氏苞曰：「《注》言非也。死者不食糧，又能食牲體乎？」「朝夕之奠惟脯醢，以黍稷具於下室之饋也。遣奠不載粻，以入藏之黍稷實於筲也。」

祭稱孝子孝孫；喪稱哀子哀孫。各以其義稱。○愚按：謂當顧名思義，各盡其誠也。

端衰，喪車，皆無等。喪車，惡車也。喪者衣衰及所乘之車貴賤同，孝子於親一也。衣衰言端者，玄端吉時常服，喪之衣衰當如之。○愚按：此《記》云「無等」，正與《中庸》、《孟子》合，益知前文「大夫爲其父母兄弟未爲大夫」一條之妄矣。

大白冠，緇布之冠，皆不蕤。委武玄、縞而后蕤。不蕤，質無飾也。大白冠，大古之布冠也。《春秋·

傳》曰：「衛文公大布之衣，大白之冠。」委武，冠卷也，秦人曰委，齊人曰武。玄，玄冠也。縞，縞冠也。○按：「蕤」、「緌」通。

大夫冕而祭於公，弁而祭於己。士弁而祭於公，冠而祭於己。弁，爵弁也。冠，玄冠也。祭於公，助君祭也。大夫爵弁而祭於己，唯孤爾。○《疏》云：「冕，絺冕也。」「崔云：孤不悉絺冕。」士弁而親迎，然則士弁而祭於己可也。緣類欲許之也。親迎雖亦己之事，攝盛服爾，非常也。

暢臼以椈，杵以梧。所以擣鬱也。椈，柏也。枇以桑，長三尺，或曰五尺。枇，所以載牲體者。此謂喪祭也。吉祭枇用棘。畢用桑，長三尺，刊其柄於末。畢，所以助主人載者。刊猶削也。

率帶，諸侯大夫皆五采，士二采。此謂襲尸之大帶，率，繂也，繂之不加箴功。大夫以上更飾以五采，士以朱綠襮。事成於帶，變之所以異於生。○《疏》云：「此二采，天子士也。《士喪禮》緇帶。」○齊召南曰：「此文明與《士喪禮》不合，《疏》以『大子之士』强解之。然上句言『諸侯大夫皆五采』，豈是天子之大夫也。又大夫不應與諸侯同。此類禮文，殘缺無可考正，《注》、《疏》皆爲之辭耳。」

醴者，稻醴也，甕甒筲衡，實見間，而后折入。此謂葬時藏物也。衡，當爲「桁」，所以庪甕甒之屬，聲之誤也。實見間，藏於見外椁内也。折，承席也。○按《既夕禮·注》云：「見，棺飾也。」〔四〕又云：「折，猶庪也。」《釋文》云：「如牀而無足。」

重，既虞而埋之。就所依處埋之。《疏》云：「埋之，謂於祖廟門外之東也。」

凡婦人，從其夫之爵位。婦人無專制生禮，死事以夫爲尊卑。

小斂，大斂，啓，皆辯拜。嫌當事來者終不拜，故明之也。此既事皆拜。

朝夕哭，不帷。緣孝子心欲見殯肂也。既出，則施其扂，鬼神尚幽闇也。○《釋文》云：「扂，《字林》户臘反，閉也。《纂文》云古『闔』字。《玉篇》『羌據』『公答』二反，皆云『閉也』。」○愚按：《説文》云：「扂，閉也。」無柩者不帷。謂既葬也。棺柩已去，鬼神在室，堂無事焉，遂去帷。

君若載而后弔之，則主人東面而拜，門右北面而踊，出待，反而后奠。主人拜踊於賓位，不敢迫君也。君即位車東。出待，不必君留也。君反之使奠。

子羔之襲也：繭衣裳、與税衣、纁袡爲一，素端一，皮弁一，爵弁一，玄冕一。曾子曰：「不襲婦服。」繭衣裳者，若今大襡也。纊爲繭，緼爲袍，表之以税衣，乃爲一稱爾。税衣，若玄端而連衣裳者也。大夫而以纁爲之緣，非也。唯婦人纁袡。禮以冠名服，此襲其服，非襲其冠。曾子譏襲婦服而已。玄冕，又大夫服，未聞子羔曷爲襲之。玄冕，或謂爲玄冠，或爲玄端。○《釋文》云：「袡，裳下襈也。」王肅云：「婦人蔽膝也。」○愚按：如王説，與「不襲婦服」意尤近。

爲君使而死，公館復；私館不復。公館者，公宫與公所爲也。私館者，自卿大夫以下之家也。公所爲，君所作離宫、别館也。

公七踊，大夫五踊，婦人居間。士三踊，婦人皆居間。公，君也。始死及小斂、大斂而踊，君、大夫、士一也，則皆三踊矣。君五日而殯，大夫三日而殯，士二日而殯，士小斂之朝不踊，君、大夫大斂之朝乃不踊。

婦人居間者，踊必拾，主人踊，婦人踊，賓乃踊。

公襚：卷衣一，玄端一，朝服一，素積一，纁裳一，爵弁二，玄冕一，褒衣一。朱緑帶，申加大帶於上。朱緑帶者，襲衣之帶，飾之雜以朱緑，異於生也。此帶亦以素爲之。申，重也。重於革帶也。革帶以佩韍，必言重加大帶者，明雖有變，必備此二帶也。士襲三稱，子羔襲五稱，今公襲九稱，則尊卑襲數不同矣。諸侯七稱，天子十二稱與？

小斂環絰，公、大夫、士一也。環絰者，一股，所謂纏絰也。士素委貌，大夫以上素爵弁而加此絰焉，散帶。

公視大斂，公升，商祝鋪席，乃斂。《喪大記》曰：「大夫之喪，將大斂，既鋪絞紟衾」，君至，比君升，乃鋪席，則君至爲之改，始新之也。

魯人之贈也：三玄二纁，廣尺，長終幅。言失之也。《士喪禮》下篇曰：「贈用制幣玄纁束帛。」〔五〕

弔者即位于門西，東面；其介在其東南，北面，西上，西於門。賓立門外，不當門。主孤西面。立於阼階下。相者受命，曰：「孤某使某請事。」客曰：「寡君使某，如何不淑。」受命，受主人命以出也。不言擯者，喪無接賓也。淑，善也。如何不善，言君痛之甚，使某弔。相者入告，出曰：「孤某須矣。」稱其君名者，「君薨稱子某」，使人知適嗣也。須矣，不出迎也。弔者入，主人升堂，西面。弔者升自西階，東面，致命，曰：「寡君聞君之喪，寡君使某，如何不淑！」子拜稽顙，弔者降，反位。子，孤子也。降反位者，出反門外位。無「出」，字脱。含者執璧將命，曰：「寡君使某含。」相者入告，出曰：「孤某須矣。」含玉爲璧制，其分寸大小未聞。含者入，升堂，致命。子拜稽顙，〔六〕含者坐委于殯東南，有葦席，既葬，蒲席，降，出，反位。言降出反位，則是介也。《春秋》有既葬歸含賵襚，無譏焉。皆受之於殯宫。宰夫朝服，即喪屨，升自西階，西面坐取璧，降自西階，以東。朝服，待鄰國之禮也。即，就也。以東，藏於内也。○《疏》云：「宰，上卿也。夫，衍字。朝服，吉服也。」「執玉不麻，故著朝服，以仍在喪，不可純吉，故即喪屨也。」襚者，曰：「寡君使某襚。」相者入告，出曰：「孤某須矣。」襚者執冕服，左執領，右執要，入，升堂，致命，曰：「寡君使某襚。」子拜稽顙，委衣于殯東。亦於席上所委璧之北，順其上下。襚者降，受爵弁服於門内霤，將命，子拜稽顙如初。受皮弁服於中庭，自西階受朝服，自堂受玄端，將命，子拜稽顙皆如初。襚者降、出，反位。授襚者以服者賈人。宰夫五人舉以東。降自西階。其舉亦西面。亦西面者，亦襚者委衣時。上介賵：執圭將命，曰：「寡君使某賵。」相者入告，反命曰：「孤某須矣。」〔七〕陳乘黄、大路於中庭，北輈。執圭將命。客使自下，由路西。子拜稽顙，坐委于殯東南隅。宰舉以東。輈，轅也。自，率也。下，謂馬也。馬在路之下。《覲禮》曰：「路下四，亞之。」客給使者入，設乘黄於大路之西，客入則致命矣。使或爲「史」。〇陸德明曰：「『孤須矣』，從此盡篇末，皆無『某』字，有者非。」〇愚按：下謂堂下，即中庭也。《禮》：「賵馬入廟門」，是賵馬陳於庭下也。上介執圭將命，在堂上。是時客之僕從陳乘黄大路者自庭下，而由路之西。路即庭也。方氏苞謂「客使」「卑賤，不敢與主孤爲禮，故由西路而下也」，亦可通。

凡將命，鄉殯將命，子拜稽顙。西面而坐委之，宰舉璧與圭，宰夫舉襚，升自西階，西面，坐取之，降自西階。凡者，説不見者也。鄉殯將命，則將命時立於殯之西南。宰夫，宰之佐也。此言宰舉璧與圭，則上宰夫朝服。衍「夫」字。賵者出，反位于門外。乃著言門外，明禮畢將更有事。〇陳《注》云：「此句當屬於前章『上介賵云云宰舉以東』之下。」

上客臨，曰：「寡君有宗廟之事，不得承事，使一介老某相執綍。」上客，弔者也。臨，視也。言欲入視喪所不足而給助之，謙也。其實爲哭耳。相者反命，曰：「孤某須矣。」〔八〕臨者入門右，介者皆從之，立于其左，東上。入門右，不自同於賓客。〇愚按：由外入而言，則右東也，左西也。宗人納賓，升受命于君；降曰：「孤敢辭吾子之辱，請吾子之復位。」客對曰：「寡君命，某毋敢視賓客，敢辭。」宗人反命曰：「孤敢固辭吾子之辱，請吾子之復位。」客對曰：「寡君命，某毋敢視賓客，敢固辭。」宗人反命曰：「孤敢固辭吾子之辱，請吾子之復位。」客對曰：「寡君命，使臣某毋敢視賓客，是以敢固辭；固辭不獲命，敢不敬從。」賓三辭而稱使臣，爲恭也。爲恭者，將從其命。

客于立門西，介立于門左，〔九〕東上。孤降自阼階，拜之，升，哭，與客拾踊三。拜客，謝其厚意。○愚按：由内而言，則右西也，左東也。始弔則介西上、及臨則東上者，公事尊、私事卑也。客出，送于門外，拜稽顙。不迎而送，喪無接賓之禮。

其國有君喪，不敢受弔。辟其痛傷己之親如君。

外宗房中南面，小臣鋪席，商祝鋪絞、紟衾，士盥于盤北，舉遷尸于斂上。卒斂，宰告，子馮之踊。夫人東面坐，馮之，興踊。此《喪大記》脱字，重著於是。

士喪有與天子同者三：其終夜燎，及乘人，專道而行。乘人，謂使人執引也。專道，人辟之。

校記

〔一〕《禮記·喪大記》「帷」作「僞」。鄭玄《注》：「僞當爲帷，或作于，聲之誤也。」

〔二〕《儀禮·既夕禮》「包牲」之「包」作「苞」。

〔三〕裏，《禮記注疏》本卷四十鄭《注》作「裹」。

〔四〕《儀禮·既夕禮》：「藏器，於旁加見。」鄭玄《注》：「見，棺飾也。」《釋文》：「一解云：鄭合『見』『間』二字共爲『覵』字。音古辯反。」孫詒讓云：「《周禮·校人·疏》約此義作『覵』，與一解同。」（見《十三經注疏校記》五六一頁）

〔五〕今《儀禮·既夕禮》作「贈用制幣玄纁束」。「束」下無「帛」字。

〔六〕子，《禮記注疏》卷四十一作「再」，陳澔《禮記集説》作「子」。

〔七〕《禮記注疏》卷四十一「孤」下有「某」字。郝氏家刻本依陳澔《集説》本「孤」下無「某」字。

〔八〕同上。

〔九〕介立于門左，《禮記注疏》卷四十一作「介立于其左」。

雜記下第二十一

有父之喪，如未沒喪而母死，其除父之喪也，服其除服。卒事，反喪服。沒猶竟也。除服，謂祥祭之服也。卒事，既祭。反喪服，服後死者之服。雖諸父昆弟之喪，如當父母之喪，其除諸父昆弟之喪也，皆服其除喪之服。卒事，反喪服。雖有親之大喪猶爲輕服者，除骨肉之恩也。唯君之喪，不除私服。言「當」者，期、大功之喪，或終始皆在三年之中；小功、緦麻則不除，殤長中乃除。如三年之喪，則既潁，其練、祥皆行。言今之喪既服潁，乃爲前三年者變除而練、祥祭也。此主謂先有父母之服今又喪長子者。其先有長子之服今又喪父母，其禮亦然。然則言未沒喪者已練、祥矣。潁，草名。無葛之鄉，去麻則用潁。○愚按：潁，疑「檾」字也。○方氏苞曰：「練、祥行者，補祭，非除服也。既潁行，明未潁不得行也。三年之喪行，明餘喪不得行也。餘喪有主者，則彼自及時而舉練、祥，即此人爲主，既潁後，亦不得追舉。知然者，上除服兼諸父昆弟，此獨舉三年之喪以別之也。祭與除服，相聯而義不相蒙。」「合行者其常也，遭變，則廢舉各以義起。有君喪服則私服不得除，而練、祥可追舉，《曾子問》是也。並繫私服，則前喪服皆得除，而祭惟重喪可追舉，此《記》是也。」又曰：「《注》『即潁』謂虞後，山陰陸氏以爲禫後，俱未安。禫則後喪大祥皆畢矣。然後補前喪小祥練祭，則過緩。虞後則後喪甫三月餘，而飲福衣朝服可乎！《禮》文殘缺，潁惟此《記》

一見，未知以潁代葛，何據云然。以義揆之，當爲練後服也。曰練、祥皆行者，至後喪練期，則前喪練祭，可以次並舉。其大祥之期至，亦可先舉也。曰既潁者，將練，必先易潁而後祭也。大祥之祭也，主人於前夕除服，易朝服。祥因其故服，則練祭亦前夕易服可知矣。」王父死，未練、祥，而孫又死，猶是附於王父也。未練、祥，嫌未祫祭序於昭穆爾。王父既附，則孫可附焉。猶當爲「由」，由，用也。附，皆當作「祔」。○愚按：周卒哭而祔，殷既練而祔。此言練、祥，據殷禮也。「猶是祔於王父」，言當俟練、祥後，王父既祔，而後孫祔焉。猶，不必改爲「由」，下「猶是與祭」同。

有殯，聞外喪，哭之他室。明所哭者異也。哭之爲位。入奠，卒奠出，改服即位，如始即位之禮。謂後日之哭，朝入奠於其殯，既乃更即位就他室，如始哭之時。

大夫士將與祭於公，既視濯，而父母死，則猶是與祭也，次於異宮。既祭，釋服，出公門外哭而歸。其他如奔喪之禮。〔一〕如未視濯，則使人告。告者反而後哭。〔二〕猶亦當爲「由」。次於異宮，不可以吉與凶同處也。使者反而後哭，不敢專己於君命也。○愚按：父母死，反禁其哭踊而次於異宮，甚非人情。方氏苞譏爲春秋慝禮，漢儒誤述之，是也。如諸父昆弟姑姊妹之喪，則既宿，則與祭。卒事，出公門，釋服而後歸。其他如奔喪之禮。如同宮，則次于異宮。宿則與祭，出門乃解祭服，皆爲差緩也。

曾子問曰：「卿大夫將爲尸於公，受宿矣，而有齊衰內喪，則如之何？」孔子曰：「出舍乎公宮以待事，禮也。」尸重受宿，則不得哭。內喪同宮也。孔子曰：「尸弁冕而出，卿大夫士皆下之，尸必式，必有前驅。」冕兼言弁者，君之尸或服士大夫之服也。諸臣見尸而下車，敬也。尸式以禮。

父母之喪，將祭而昆弟死；既殯而祭。如同宮，則雖臣妾，葬而后祭。祭，主人之升降散等，執事者亦散等。雖虞附亦然。將祭，謂練、祥也。言若同宮，則是昆弟異宮也。古者昆弟異居同財，有東宮，有西宮，有南宮，有北宮。有父母之喪，當在殯宮，而在異宮者，疾病或歸者。主人適子散等栗階，爲新喪，略威儀。○方氏苞曰：「士之臣妾賤，葬事簡，旬日可畢。又家徒少，不能兼共祀事，故葬而後祭。《疏》謂『天子諸侯，臣妾死於宮中，不得爲虞、祔、卒哭之祭』，誤矣。」

自諸侯達諸士，小祥之祭，主人之酢也嚌之；衆賓兄弟，則皆啐之。大祥：主人啐之，衆賓兄弟皆飲之，可也。嚌、啐，皆嘗也。嚌至齒，啐入口。

凡侍祭喪者，告賓祭薦，而不食。薦，脯醢也。告祭告賓祭薦，〔三〕賓既祭而食之。喪祭賓不食。○《疏》云：「（此亦）謂練、祥祭也。其虞、祔不獻賓也。」

子貢問喪，子曰：「敬爲上，哀次之，瘠爲下。顔色稱其情，戚容稱其服。」問喪，問居父母之喪也。喪尚哀，言敬爲上者，疾時尚不能敬也。容，威儀也。《孝經》曰：「容止可觀。」○愚按：敬、哀、瘠三者皆不可廢也，有重輕耳。喪之顔色，如「喪容纍纍，色容顛顛」是也。稱其服，謂齊斬輕重。請問兄弟之喪。子曰：「兄弟之喪，則存乎書策矣。」言疏者如禮行之，未有加也。齊斬之喪，哀容之體，經不能載矣。○愚按：小功謂之兄弟。君子不奪人之喪，重喪禮也。亦不可奪喪也。」不可以輕之於己也。孔子曰：「少連、大連善居喪，三日不怠，三月不解，期悲哀，三年憂。東夷之子也。」言其生於夷狄而知禮也。怠，惰也。解，倦也。

三年之喪，言而不語，對而不問；廬，堊室之中，不與人坐焉。在堊室之中，非時見乎母也，不入門。言，言己事也，爲人說爲語。在堊室之中，以時事見乎母乃後入門，則居廬時不入門。疏衰皆居堊室，不廬。廬，嚴者也。言廬，哀敬之處，非有其實則不居。

妻視叔父母，姑姊妹視兄弟，長中下殤視成人。視猶比也。所比者哀容居處也。

親喪外除，日月已竟，而哀未忘。兄弟之喪内除。日月未竟，而哀已殺。○顧炎武曰：「親喪外除者，祥爲喪之終矣，而哀未忘，故中月而禫。兄弟之喪内除者，如其日月而止。」《注》非也。○愚按：顧說「如其日月而止」，似不得謂之内除，必如鄭說始通矣。

視君之母與君之妻，〔四〕比之兄弟。發諸顔色者，亦不飲食也。方小君服輕，亦内除也。發於顔色，謂醲美酒食使人醉飽。○愚按：此兄弟亦謂小功也。《儀禮》：「凡小功者謂之兄弟。」

免喪之外，行於道路，見似目瞿，聞名心瞿。弔死而問疾，顔色戚容，必有以異於人也。如此，而后可以服三年之喪。其餘則直道而行之，是也。惻隱之心能如是，則其餘齊衰以下，直道而行，盡自得也。似，謂容貌似其父母也。名，與親同。

祥，主人之除也，於夕爲期，朝服。祥因其故服。爲期，爲祭期也。朝服以期，至明日而行祭亦朝服。

始即吉，正祭服也。《喪服小記》曰：「除成喪者，其祭也朝服縞冠」是也。祭猶縞冠，未純吉也。既祭乃服，「大祥，素縞、麻衣。」釋「禫」之禮云：「玄衣黃裳。」則是禫祭玄冠矣。黃裳者，未大吉也。既祭，乃服禫朝服緌冠。踰月吉祭，乃玄冠朝服。既祭，玄端而居，復平常也。○《疏》云：此據諸侯卿大夫言之。「從祥至吉，凡服有六。」○方氏苞曰：「祥爲吉祭，前夕當視濯省牲，不得仍練服。」

子游曰：「既祥，雖不當縞者，必縞然後反服。」謂有以喪事贈賵來者，雖不及時，猶變服服祥祭之服以受之，重其禮也。其於此時始弔者，則衛將軍文子之爲之是矣。反服，反素縞麻衣也。○方氏苞曰：「不當縞，謂有新喪之重服也。」

當袒，大夫至，雖當踊，絶踊而拜之，反，改成踊，乃襲。尊大夫來，至則拜之，不待事已也。更成踊者，新其事也。於士，既事，成踊，襲，而后拜之，不改成踊。於士，士至也。事，謂大小斂之屬。○方氏苞曰：「若事爲大小斂及殯，則於大夫亦既事而後拜，不獨於士然。所謂既事者，即視殯、設熬、卒塗、置銘諸事也。蓋於大夫，則加蓋後即降拜，然後視殯。於士，則直至置銘踊襲後，然後拜之。故曰『不改成踊』也。於大夫絶加蓋時踊，以前踊未終，故曰『改成踊』。」

上大夫之虞也，少牢。卒哭成事，附，皆大牢。下大夫之虞也，犆牲。卒哭成事，附，皆少牢。卒哭成事附言皆，則卒哭成事附與虞異矣。下大夫虞以犆牲，與士虞禮同與？○齊召南曰：《左傳·襄二十二年》「鄭公孫黑肱有疾」，「使」「薄祭」，「祭以特羊，殷以少牢」。《疏》曰：「少牢饋食禮者，諸侯之大夫時祭禮也。而《禮器》云：『君子太牢而祭謂之禮。』又《雜記》『上大夫之虞』云云。據此二文，大夫得用大牢者。《禮器》之文，據天子大夫言也。《雜記》據喪祭，故進用一等。士喪禮士遣奠用少牢是也。《禮》大夫時祭少牢，大祭大牢。今黑肱全減之，謙也。」按此《疏》甚明，可移以解此文。

祝稱卜葬虞，子孫曰哀，夫曰乃，兄弟曰某，卜葬其兄弟曰伯子某。祝稱卜葬虞者，卜葬卜虞，祝稱主人之辭也。孫，謂爲祖後者，稱曰：哀孫某卜葬其祖某甫。夫曰：乃某卜葬其妻某氏。兄弟相爲，卜稱名而已。○《疏》云：「初虞用葬日，故并言葬虞也。」○方氏苞曰：「夫曰乃者，稱乃夫某。」

古者貴賤皆杖。叔孫武叔朝，見輪人以其杖關轂而輠輪者，於是有爵而后杖也。記庶人失禮所由始也。叔孫武叔，魯大夫叔孫州仇也。輪人，作車輪之官。○《釋文》：「輠，迴也。」

鑿巾以飯，公羊賈爲之也。記士失禮所由始也。士親飯，必發其巾。大夫以上，賓爲飯焉，則有鑿巾。

冒者何也？所以揜形也。自襲以至小斂，不設冒則形，是以襲而后設冒也。言設冒者，爲其形人將惡之也。襲而設冒。言「后」，衍字耳。○方氏苞曰：「設冒，似非爲人惡之」，「鬼神之情，既之幽，不欲嚮明也」。

或問於曾子曰：「夫既遣而包其餘，猶既食而裹其餘與？君子既食，則裹其餘乎？」言遣既奠而又包之，是與食於人已而裹其餘將去何異與！君子寧爲是乎？言傷廉也。曾子曰：「吾子不見大饗乎？夫大饗，既饗，卷三牲之俎，歸于賓館。父母而賓客之，所以爲哀也。子不見大饗乎！」既饗，歸賓俎，所以厚之也。言父母家之主，今賓客之，是孝子哀親之去也。

非爲人喪問與？賜與？此上滅脱，未聞其首云何。是言非爲人喪而問之與？人喪而賜之與？問，遺也。久無事曰問。

三年之喪，以其喪拜；非三年之喪，以吉拜。謂受問受賜者也。稽顙而後拜曰喪拜。拜而後稽顙曰吉拜。

三年之喪，如或遺之酒肉，則受之，必三辭。主人衰絰而受之。受之必正服，明不苟於滋味。如君命，則不敢辭，受而薦之。薦於廟，貴君之禮。喪者不遺人，人遺之，雖酒肉，受也。從父昆弟以下，既卒哭，遺人可也。言齊斬之喪重志，不在施惠於人。縣子曰：「三年之喪如斬。期之喪如剡。」言其痛之惻怛有淺深也。

期之喪，十一月而練，十三月而祥，十五月而禫。此爲父在爲母也。當在「練則弔」上，爛脱在此。〇齊召南曰：「按鄭《注》甚明。此期喪專主父在爲母，故備二祥之節，而加以禫。若他期喪，及期而除，無所謂禫也。」三年之喪，雖功衰，不弔，自諸侯達諸士。如有服，而將往哭之，則服其服而往。功衰，既練之服也。諸侯服新死者之服而往哭，謂所不臣也。〇方氏苞曰：「《檀弓》：『有殯，聞遠兄弟之喪，雖緦必往』，專舉同姓。此曰『服其服』，則兼異姓小功緦麻也。」〇愚按：弔與哭亦有别。弔施於生者，哭施於死者。雖在異姓，既爲有服之親，則聞其死而往哭，亦情之不能已也。子張死，曾子以母之齊衰往哭之。或曰：齊衰不以弔。曾子曰：我弔也與哉？然則哭異於弔明矣。子張於曾子，父執也，而猶然，是雖無服而往哭之，其亦可也。練則弔。父在爲母功衰可以弔人者，以父在故輕於出也。然則凡齊衰十一月，皆可以出矣。既葬，大功，弔，哭而退，不聽事焉。聽猶待也。事，謂襲斂執紼之屬。○愚按：「既葬大功弔」，絶句。言大功既葬，則可弔也。期之喪，未葬，弔於鄉人，哭而退，不聽事焉。功衰弔，待事，不執事。謂爲姑姊妹無主殯不在己族者。○愚按：鄭知此期喪謂姑姊妹者，以情輕故也。功衰，即此喪既葬受以大功之衰也。○言弔又言哭者，弔謂置詞也。凡弔必先置詞然後哭，子夏喪明，曾子曰：「吾聞之，朋友喪明則哭之。」此弔詞也。「曾子哭。」此哭也。惟重喪未除者則哭而不弔，曾子於子張是也。小功、緦，執事，不與於禮。禮，饋奠也。

相趨也，出宮而退。相揖也，哀次而退。相問也，既封而退。相見也，反哭而退。朋友，虞附而退。此弔者恩薄厚、去遲速之節也。相趨，謂相聞姓名，來會喪事也。相揖，嘗會於他也。相問，嘗相惠遺也。相見，嘗執摯相見也。附，皆當爲「祔」。○陳《注》云：「相趨者，古人以趨示敬也。」弔，非從主人也。四十者執紼，言弔者必助主人之事。從猶隨也。成人二十以上至四十下壯時。〔五〕鄉人五十者從反哭，四十者待盈坎。非鄉人則長少皆反，優遠也。坎，或爲「壙」。

喪食雖惡，必充飢，飢而廢事，非禮也；飽而忘哀，亦非禮也；視不明，聽不聰，行不正，不知哀，君子病之。故有疾飲酒食肉，五十不致毀，六十不毀，七十飲酒食肉，皆爲疑死。病猶憂也。疑猶恐也。有服，人召之食，不往。大功以下，既葬，適人，人食之，其黨也食之，非其黨弗食也。往而見食，則可食也。爲食而往，則不可。黨猶親也。非親而食，則是食於人無數也。功衰，食菜果，飲水漿，無鹽酪。不能食食，鹽酪可也。功衰，齊斬之末也。酪，酢截。孔子曰：「身有瘍則浴，首有創則沐，病則飲酒食肉，毀瘠爲病，君子弗爲也。毀而死，君子謂之無子。」毀而死，是不重親。非從柩與反哭，無免於堩。言喪服出入，非此二事皆冠也。免所以代冠，人於道路，不可以無飾。堩，道路。

凡喪，小功以上，非虞、附、練、祥，無沐浴。言不有飾事，則不沐浴。

疏衰之喪，既葬，人請見之，則見；不請見人。小功，請見人可也。大功不以執摯，唯父母之喪，不辟涕泣而見人。見重喪不行求見人爾，人來求見己，亦可以見之矣。不辟涕泣，言至哀無飾也。〇方氏苞曰：「不辟涕泣，謂身執事者，情勢有所窮也。」

三年之喪，祥而從政；期之喪，卒哭而從政；九月之喪，既葬而從政；小功緦之喪，既殯而從政。以《王制》言之，此謂庶人也。從政，從爲政者教令，謂給繇役。曾申問於曾子曰：「哭父母有常聲乎？」曰：「中路嬰兒失其母焉，何常聲之有？」嬰猶鷖彌也。言其若小兒亡母，啼號安得常聲乎？所謂哭不偯。

卒哭而諱。自此而鬼神事之，尊而諱其名。王父母、兄弟、世父、叔父、姑、姊妹，子與父同諱。父爲其親諱，則子不敢不從諱也。謂王父母以下之親諱，是謂士也。天子諸侯諱羣祖。〇方氏苞曰：「『王父母』

總貫下，蓋王父母之兄、弟、伯、叔父、姑、姊、妹，父諱之，則子在父側，亦不敢舉其名也。《檀弓》：〔六〕『逮事父母，則諱王父母。』與此義正相發。」母之諱，宮中諱。妻之諱，不舉諸其側；與從祖昆弟同名則諱。母之所謂其親諱，子孫於宮中不言，妻之所爲其親諱，夫於其側亦不言也。孝子聞名心瞿，凡不言人諱者，亦爲其相感動也。子與父同諱，則子可盡曾祖之親也。從祖昆弟在其中，於父輕，不爲諱；與母妻之親同名，重則諱之。

以喪冠者，雖三年之喪，可也。既冠於次，入哭踊，三者，三乃出。言「雖」者，明齊衰以下，皆可以喪冠也。始遭喪，以其冠月，則喪服因冠矣；非其冠月，待變除卒哭而冠。次，廬也。雖，或爲「唯」。

大功之末，可以冠子，可以嫁子。父，小功之末，可以冠子，可以嫁子，可以取婦。己，雖小功，既卒哭，可以冠，取妻；下殤之小功，則不可。此皆謂可用吉禮之時。父大功卒哭而可以冠子嫁子，小功卒哭而可以取婦；己大功卒哭而可以冠子，小功卒哭而可以取妻，必偕祭乃行也。下殤小功齊衰之親，除喪而後可爲昏禮。凡冠者，其時當冠，則因喪而冠之。○陳《注》云：「末，服之將除也。舊説，以末爲卒哭後，恐非。」○愚按：必偕祭乃行者，冠娶必祭，須父子同在服末，乃後得行也。○《疏》引賀瑒云：「小功下殤，本是期親，以其重，故不得冠取。推此而言，降在大功，理不得冠嫁矣。」○齊召南曰：「按賀瑒此論，孔《疏》之所取也。」又按《南史·賀琛傳》：「皇太子議大功之末，可以冠子嫁女。琛駁議曰：『令旨以「大功之末，可得冠子嫁女，不得自冠自娶。」推以《記》文，竊猶致惑。冠嫁之禮，本是禮之所成，無父之人，乃可自冠。故《記》稱大功小功並以「冠子嫁子」爲文，非關惟得爲子而己身不得也。小功之末既得自娶，而亦云「冠子取婦」，其義益明。冠子嫁子結於後句，方顯自娶之義。既明小功自娶，即知大功自冠矣。蓋有服不行嘉禮，本謂吉凶不可相干。子雖小功之末，可得行冠嫁，猶應須父得爲其冠嫁。父於大功之末可以冠子嫁子，是於吉凶禮無礙，豈不得自冠自嫁乎？又令旨推「下殤小功不可取婦，則降服大功亦不得爲子冠嫁」。按《記》文惟稱下殤，實有其義。緣幼弱之故。夭喪情深，故特明不娶，以示本恩之重。不得言大功之降服皆不冠嫁也。且《記》言「下殤」，則不得通於中上；語小功，又不得兼於大功也。」』遂從琛議。」〔七〕按琛即瑒之從子，而其論與瑒判然不同，蓋即庾蔚之之説也。雖爲孔《疏》所不取，而駁辨甚暢，今附録焉。○愚按：賀氏辨説，並可爲窮經者法，故兩存之。

凡弁絰，其衰侈袂。侈猶大也。弁絰服者，弔服也。其衰，錫也、緦也、疑也。袂之小者二尺二寸；大者半而益之，則侈袂三尺三寸。

父有服宫中，子不與於樂。母有服，聲聞焉不舉樂。妻有服，不舉樂於其側。宫中，子與父同宫者也。《禮》：「由命士以上，父子異宫。」不與於樂，謂出行見之，不得觀也。大功，將至，辟琴瑟。亦所以助哀也。至，來也。小功，至，不絶樂。

姑姊妹，其夫死，而夫黨無兄弟，使夫之族人主喪。妻之黨，雖親弗主。此謂姑姊妹無子寡而死也。夫黨無兄弟，無緦之親也。其主喪，不使妻之親，而使夫之族人，婦人外成，主，必宜得夫之姓類。夫若無族矣，則前後家，東西家；無有，則里尹主之。喪無無主也。里尹，閭胥里宰之屬。《王度記》曰：「百户爲里，里一尹，其禄如庶人在官者。」里，或爲「士」。諸侯弔於異國之臣，則其君爲主。里尹主之，亦斯義也。○《疏》云：「案《别録·〈王度記〉》云：『似齊宣王時淳于髡等所説也。』」或曰：主之，而附於夫之黨。妻之黨自主之，非也。夫之黨，其祖姑也。

麻者不紳，執玉不麻。麻不加於采。吉凶不相干也。麻，謂絰也。紳，大帶也。喪以要絰代大帶也。麻不加於采，衣采者不麻，謂弁絰者必服弔服是也。采，玄纁之衣。

國禁哭，則止，朝夕之奠。即位，自因也。禁哭，謂大祭祀時，雖不哭，猶朝夕奠。自因，自用故事。

童子哭不偯，不踊，不杖，不菲，不廬。未成人者不能備禮也。當室則杖。○《疏》引戴德云：童子當室，謂十五以上。皇氏云：童子當室，則備此經中五事。特云杖者，舉重言也。孔子曰：「伯母叔母疏衰，踊不絶地。姑姊妹之大功，踊絶於地。如知此者，由文矣哉！由文矣哉！」由，用也。言知此踊絶地不絶地之情者，能用禮文矣，能用禮文哉，美之也。伯母、叔母，義也。姑、姊妹，骨肉也。

泄柳之母死，〔八〕相者由左。泄柳死，其徒由右相。由右相，泄柳之徒爲之也。亦記失禮所由始也。泄柳，魯穆公時賢人也。相，相主人之禮。○愚按：《檀弓》云：「有若之喪，子游擯由左。」《注》云：「喪禮廢亡時。人以爲此儀當如詔辭，而皆由右相。是善子游正之。」據此《注》，則知由右相，不自泄柳之徒始矣。

天子飯九貝，諸侯七，大夫五，士三。此蓋夏時禮也。《周禮》：「天子飯含用玉。」士三月而葬，是月也卒哭；大夫三月而葬，五月而卒哭；諸侯五月而葬，七月而卒哭。士三虞，大夫五，諸侯七。尊卑，恩之差也。天子至士，葬即反虞。

諸侯使人弔，其次：含、襚、賵、臨，皆同日而畢事者也，其次如此也。言五者相次同時。

卿大夫疾，君問之無算；士壹問之。君於卿大夫，比葬不食肉，比卒哭不舉樂；爲士，比殯不舉樂。○方氏苞曰：「比葬不食肉，恐當作殯。」

升正柩，諸侯執綍五百人，四綍，皆銜枚，司馬執鐸，左八人，右八人，匠人執羽葆御柩。大夫之喪，其升正柩也，執引者三百人，執鐸者左右各四人，御柩以茅。升正柩者，謂將葬朝於祖正棺於廟也。五百人，謂一黨之民。諸侯之大夫，邑有三百户之制。綍、引，同耳。廟中曰綍，在塗曰引，互言之。御柩者居前道正之，大夫士皆二綍。○愚按：茅，蓋茅旌之屬與？

孔子曰：管仲鏤簋而朱紘，旅樹而反坫，山節而藻棁。賢大夫也，而難爲上也。言其僭天子諸侯。鏤簋，刻爲蟲獸也。冠有笄者爲紘。紘在纓處兩端，上屬下不結。旅樹，門屏也。反坫，反爵之坫也。山節，薄櫨刻之爲山。棁，侏儒柱畫之爲藻文。晏平仲祀其先人，豚肩不揜豆。賢大夫也，而難爲下也。言其偪士庶人也。豚，俎實。豆徑尺，言併豚兩肩不能覆豆，喻小也。君子上不僭上，下不偪下。

婦人非三年之喪，不踰封而弔。踰封，越竟也。或爲越疆。如三年之喪，則君夫人歸。奔父母喪也。

夫人，其歸也以諸侯之弔禮；其待之也，若待諸侯然。謂夫人行道、車服，主國致禮。夫人至，入自闈門，升自側階，君在阼。其他如奔喪禮然。女子子不自同於女賓也。宮中之門曰闈門，爲相通者也。側階，亦旁階也。他，謂哭踊、髽麻。闈門，或爲帷門。○《疏》云：「奔喪禮，婦人升自東階。故知『側階』，東旁階也。」

嫂不撫叔，叔不撫嫂。遠別也。

君子有三患：未之聞，患弗得聞也；既聞之，患弗得學也；既學之，患弗能行也。君子有五恥：居其位，無其言，君子恥之；有其言，無其行，君子恥之；既得之而又失之，君子恥之；地有餘而民不足，君子恥之；衆寡均而倍焉，君子恥之。恥民不足者，古者居民，量地以制邑，度地以居民。地邑民居，必參相得也。衆寡均，謂俱有役事，人數等也。倍焉，彼功倍己也。○愚按：得失，即以行言也。

孔子曰：凶年則乘駑馬。祀，以下牲。自貶損，亦取易供也。駑馬，六種最下者。下牲，少牢若特豕特豚也。○方氏苞以爲「駑當作髦」，愚謂恐未然。

恤由之喪，哀公使孺悲之孔子學「士喪禮」，「士喪禮」於是乎書。時人轉而僭上，士之喪禮已廢矣。孔子以教孺悲，國人乃復書而存之。

子貢觀於蜡。孔子曰：「賜也樂乎？」對曰：「一國之人皆若狂，賜未知其樂也！」蜡也者，索也。歲十二月，合聚萬物而索饗之祭也。國索鬼神而祭祀，則黨正以禮屬民而飲酒于序，以正齒位。於是時，民無不醉者如狂矣。曰「未知其樂」，怪之。子曰：「百日之蜡，一日之澤，非爾所知也。」蜡之祭主先嗇也。大飲烝勞農以休息之，言民皆勤稼穡有百日之勞，喻久也。今一日使之飲酒燕樂是君之恩澤，非女所知，言其義大。張而不弛，文武弗能也；弛而不張，文武弗爲也。一張一弛，文武之道也。」一張弛，以弓弩喻人也。弓弩久張之則絶其力，久弛之則失其體。

孟獻子曰：正月日至，可以有事於上帝；七月日至，可以有事於祖。七月而禘，獻子爲之也。記魯失禮所由也。孟獻子，魯大夫仲孫蔑也。魯以周公之故，得以正月日至之後郊天，亦以始祖后稷配之。獻子欲尊其祖，以郊天之月對月禘之，非也。魯之宗廟，猶以夏時之孟月爾。《明堂位》曰：「季夏六月，以禘禮祀周公於大廟。」〇愚按：此必因事廢禘，其後欲追爲之，或云不可，獻子乃爲權禮之議如此。説者不譏魯禘之非禮，而責獻子之失時，過矣。〇《疏》引鄭又一解云：「《禮記》之言，不可合於《春秋》之例。」愚謂此真通論。《疏》又引《春秋》，何也？〇齊召南曰：「襄七年《左傳》：『孟獻子曰：啓蟄而郊，郊而後耕。』杜《注》云：『啓蟄爲夏正建寅之月。』《疏》云：『據《傳》獻子此言郊天之禮，必用周之三月。而《雜記》云云，二文不同，必有一謬。《禮記》後人所録，《左傳》當得其真云云。』」

夫人之不命於天子，自魯昭公始也。亦記魯失禮所由也。周之制，同姓，百世昏姻不通。吳，大伯之後，魯同姓。昭公取於吳，誤之吳孟子，不告於天子。自此後，取者遂不告於天子，天子亦不命之。

外宗爲君夫人，猶内宗也。皆謂嫁於國中者也。爲君服斬、夫人齊衰，不敢以其親服至尊也。外宗，謂姑姊

妹之女、舅之女及從母皆是也。内宗，五屬之女也。其無服而嫁於諸臣者，從爲夫之君；嫁於庶人，從爲國君。〔九〕

廄焚，孔子拜鄉人爲火來者。拜，謝之。拜之，士壹，大夫再。亦相弔之道也。言拜之者，其來弔己。《宗伯職》曰：「以弔禮哀禍災。」

孔子曰：管仲遇盗，取二人焉，上以爲公臣，曰：其所與遊辟也。可人也！言此人可也，但居惡人之中，使之犯法。管仲死，桓公使爲之服。宦於大夫者之爲之服也，自管仲始也，有君命焉爾也。亦記失禮所由也。善桓公不忘賢者之舉。宦猶仕也。此仕於大夫，更升於公，與違大夫之諸侯同爾，禮不反服。

過而舉君之諱，則起。舉猶言也。起立者，失言而變自新。與君之諱同，則稱字。謂諸臣之名也。

内亂不與焉，外患弗辟也。謂卿大夫也。同僚將爲亂，己力不能討，不與而已。至於鄰國爲寇，則當死之也。《春秋》：「魯公子友如陳葬原仲。」《傳》曰、「君子辟内難而不辟外難。」

《贊大行》曰：「圭，公九寸，侯伯七寸，子男五寸。博三寸，厚半寸。剡上，左右各寸半，玉也。藻，三采六等。」《贊大行》者，書説大行人之禮者名也。藻，薦玉者也。三采六等，以朱、白、蒼畫之再行也。子男執璧，作此《贊》者失之矣。

哀公問子羔曰：「子之食奚當？」問其先人始仕食禄以何君時。對曰：「文公之下執事也。」

成廟則釁之。其禮：祝、宗人、宰夫、雍人，皆爵弁純衣。廟新成必釁之，尊而神之也。宗人先請於君曰：「請命以釁某廟。」君諾之乃行。〇愚按：雍當與「饔」同。又案：《注》云：「先請於君」云云，見《大戴記》。雍人拭羊，宗人祝之，〔一〇〕宰夫北面，于碑南，東上。居上者，宰夫也。宰夫，攝主也。拭，静也。〇愚按：宗人祝之，其辭未聞。此節並見《大戴禮·釁廟》篇。但彼君臣同著玄服，與此異。雍人舉羊，升屋，自中，中屋南面，刲羊，血流于前，乃降。門，夾室，皆用雞。先門而後夾室。其衈，皆于屋下。割雞，門當門。夾室中室。自，由也。衈，謂將刲割牲以釁，先滅耳旁毛薦之。耳，聽聲者，告神，欲其聽之。《周禮》有「刉衈」。有司皆鄉室而立，門則有司當門北面。有司：宰夫、祝、宗人。既事，宗人告事畢，乃皆退。告者，告宰夫。反命于君，曰：「釁某廟事畢。」反命于寢，君南鄉于門內，朝服。既反命，乃退。君朝服者，不至廟也。路寢成，則考之，而不釁。釁屋者，交神明之道也。言路寢者，生人所居。不釁者，不神之也。考之者，設盛食以落之爾。《檀弓》曰：「晉獻文子成室，諸大夫發焉」是也。凡宗廟之器，其名者成，則釁之以豭豚。宗廟名器，謂尊彝之屬。

諸侯出夫人，夫人比至于其國，以夫人之禮行；至，以夫人入。行道以夫人之禮者，棄妻致命其家乃義絶，不用此爲始。使者將命，曰：「寡君不敏，不能從而事社稷宗廟，使使臣某敢告於執事。」主人對曰：「寡君固前辭不教矣，寡君敢不敬須以俟命。」前辭不教，謂納采時也。此辭賓在門外，擯者傳焉。賓入，致命如初，主人卒辭曰：「敢不聽命。」〇愚按：敬須以俟命，俟後命也。古者，夫人被出，有復反之義。《傳》曰：「蔡姬蕩公，公怒，歸之，未絶之也。蔡人嫁之。」有司官陳器皿；主人有司亦官受之。器皿，其本所齎物也。《律》：「棄妻畀所齎。」妻出，夫使人致之，曰：「某不敏，不能從而共粢盛，使某也敢告於侍者。」主人對曰：「某之子不肖，不敢辟誅，敢不敬須以俟命。」使者退，主人拜送之。肖，似也。不似，言不如人。誅猶罰也。如舅在，則稱舅。舅没，則稱兄。無兄，則稱夫。言棄妻者，父兄在則稱之，命當由尊者出也。唯國君不稱兄。主人之辭曰：「某之子不肖。」如姑、姊妹，亦皆稱之。姑、姊妹見棄，亦曰某之姑、某之姊若妹不肖。

孔子曰：「吾食於少施氏而飽，少施氏食我以禮。言貴其以禮待己而爲之飽也。時人倨慢，若季氏則不以禮矣。少施氏，魯惠公子施父之後。○愚按：禮貴辭讓。孔子食於季氏，不辭，共食不飽。〔一二〕孔子食於施氏而飽，此聖人從容中禮也。吾祭，作而辭曰：『疏食不足祭也。』吾飧，作而辭曰：『疏食也，不敢以傷吾子』。」

納幣一束，束五兩，兩五尋。納幣，謂昏禮納徵也。十个爲束，貴成數兩。兩者合其卷，是謂五兩。八尺曰尋，五兩五尋，則每卷二丈也，合之則四十尺，今謂之匹，猶匹偶之云與？婦見舅姑，兄弟、姑姊妹，皆立于堂下，西面，北上，是見已。婦來爲供養也。其見，主於尊者；兄弟以下在位，是爲已見，不復特見。見諸夫，各就其寢。旁尊也，亦爲見時不來。女雖未許嫁，年二十而笄，禮之，婦人執其禮。雖未許嫁，年二十，亦爲成人矣。禮之，酌以成之，言婦人執其禮，明非許嫁之笄。○愚按：婦人，蓋姆歟？無主婦及女賓，不備儀也。備儀者，十五許嫁而笄之時。燕則鬈首。既笄之後，去之，猶若女有鬠紒也。

韠，長三尺，下廣二尺，上廣一尺。會去上五寸，紕以爵韋，六寸，不至下五寸。純以素，紃以五采。會，謂領上縫也。領之所用，蓋與紕同。在旁曰紕，在下曰純。素，生帛也。紕六寸者，中執之，表裏各三寸也。純紕所不至者五寸，與會去上同。紃，施諸縫中，若今時條也。○方氏苞曰：「會即《玉藻》所謂頸也。彼言頸廣，此言其長。」○愚按：會、紕，同以爵韋也。約而言之，韠長三尺，會之上餘五寸，純之下餘五寸，紕施於表裏兩旁，韠施於諸縫中。

校記

〔一〕其他之「他」，《十三經注疏·禮記注疏》卷四十二作「它」。下「其他」同。

〔二〕後，同上作「后」，阮元《校勘記》：「按『后』，假借字。」下「釋服而後歸」之「後」同。

〔三〕告，《十三經注疏·禮記注疏》卷四十二作「吉」。

〔四〕《禮記注疏》卷四十二「妻」上無「君之」二字。阮元《校勘記》云：「閩、監、毛本『妻』上衍『君之』二字。」

〔五〕下，《十三經注疏·禮記注疏》卷四十二作「丁」。

〔六〕按：「《檀弓》」應作「《曲禮上》」。

〔七〕《南史》卷六十二《賀琛傳》。引文稍有改動。

〔八〕泄柳，《十三經注疏·禮記注疏》卷四十三作「世柳」，陳澔《禮記集説》作「泄柳」。

〔九〕孫詒讓云：「據《服問》疏引熊安生説，此《注》「從母」下疑本有『之女』二字，而孔本奪之。爲夫之君齊衰不杖期，見《喪服》。外宗爲君，見《服問》，非《儀禮·喪服》文。」（見《十三經注疏校記》五六四頁）

〔一〇〕祝，《禮記注疏》本及阮元《校勘記》作「視」。

〔一一〕《禮記·玉藻》作「孔子食於季氏，不辭，不食而飧」。

喪大記第二十二

疾病，外内皆埽。爲賓客將來問病也。疾困曰病。君大夫徹縣，士去琴瑟。聲音動人，病者欲静也。凡樂器，天子宫縣，諸侯軒縣，大夫判縣，士特縣。去琴瑟者，不命之士。寢東首，於北牖下。謂君來視之時也。病者恒居北牖下。或爲「北墉下」。○愚謂：北墉者是。廢牀。徹褻衣，加新衣，體一人。廢，去也。人始生在地。去牀，庶其生氣反。徹褻衣，則所加者新朝服矣，互言之也。加朝服者，明其終於正也。體，手足也。四人持之，爲其不能自屈伸也。男女改服。爲賓客來問病，亦朝服也。庶人深衣。屬纊以俟絶氣，纊，今之新綿，易動摇，置口鼻之上以爲候。男子不死於婦人之手，婦人不死於男子之手。君子重終，爲其相褻。君夫人，卒於路寢。大夫、世婦，卒於適寢。内子未命，則死於下室。遷尸于寢，士之妻皆死于寢。〔一〕言死者必皆於正處也。寢、室通耳，其尊者所不燕焉。君謂之路寢，大夫謂之適寢，士或謂之適室。此變命婦言世婦者，明尊卑同也。世婦以君下寢之上爲適寢。内子，卿之妻也。下室，其燕處也。○愚按：此路寢，謂夫人正寢，非君聽政之路寢也。適寢，亦謂世婦生時所居之正室，非夫人下寢之上也。復，有林麓，則虞人設階；無林麓，則狄人設階。復，招魂復魄也。階，所乘以升屋者。虞人，主林麓之官也。狄人，樂吏之賤者。階，梯也，簨虡之類。

小臣復，復者朝服。君以卷，夫人以屈狄；大夫以玄赬，世婦以襢衣；士以爵弁，士妻以税衣。皆升自東榮，中屋，履危；北面，三號；捲衣，投于前，司服受之，降自西北榮。小臣，君之近臣也。朝服而復，所以事君之衣也。用朝服而復之者，敬也。復用死者之祭服，以其求於神也。君以卷，謂上公也。夫人以屈狄，互言耳。上公以衮，則夫人用褘衣。而侯伯以鷩，其夫人用揄狄。子男以毳，其夫人乃用屈狄矣。赬，赤也。玄衣赤裳，所謂卿大夫自玄冕而下之服也。其世婦亦以襢衣。榮，屋翼。升東榮者，謂卿大夫士也。天子諸侯言東霤。危，棟上也。號，若云：「皋，某復也。」司服以篋，待衣於堂前。其爲賓，則公館復，私館不復；其在野，則升其乘車之左轂而復。私館，卿大夫之家也。不於之復，爲主人之惡。

復衣不以衣尸，不以斂。不以衣尸，謂不以襲也。復者，庶其生也。若以其衣襲斂，是用生施死，於義相反。《士喪禮》云：「以衣衣尸，浴而去之。」婦人復，不以袡。袡，嫁時上服，而非事鬼神之衣。凡復，男子稱名，婦人稱字。婦人不以名行。〇按《孔叢子》：「衛將軍文子之内子死，復者曰：『皋媚女復。』子思聞之，曰：『此女氏之字，非夫氏之名也。婦人於夫氏，以姓氏稱，禮也。』」唯哭先復，復而後行死事。氣絶則哭，哭而復，復而不蘇，可以爲死事。〇愚按：先，讀去聲，如「以乘韋先」之「先」。

始卒，主人啼，兄弟哭，婦人哭踊。悲哀有深淺也。若嬰兒中路失母，能勿啼乎？

既正尸，子坐于東方，卿、大夫、父兄、子姓，立于東方，有司庶士，哭于堂下，北面。夫人坐于西方，内命婦、姑姊妹、子姓，立于西方，外命婦率外宗哭于堂上，北面。正尸者，謂遷尸牖下南首也。子姓，謂衆子孫也。姓之言生也。其男子立於主人後，女子立於夫人後。世婦爲内命婦。卿大夫之妻爲外命婦。外宗，姑姊妹之女。○《疏》云：「立于東方，當在户外之東方。婦人無堂下之位，故皆堂上北面。」

大夫之喪，主人坐于東方，主婦坐于西方，其有命夫、命婦則坐，無則皆立。命夫命婦來哭者，同宗父兄子姓、姑姊妹子姓也。凡此哭者，尊者坐，卑者立。○愚按：喪紀當論親疏，不合别貴賤。同宗之人而有爵則坐，無爵即立，甚非人情。方氏苞駁之，良是。士之喪，主人、父、兄，子姓，皆坐于東方，主婦、姑姊妹、子姓，皆坐于西方。士賤，同宗尊卑皆坐。凡哭尸于室者，主人二手承衾而哭。承衾，哭者哀慕，若欲攀援。

君之喪，未小斂，爲寄公、國賓出；大夫之喪，未小斂，爲君命出；士之喪，於大夫，不當斂則出。父母始死，悲哀，非所尊不出也。出者，或至庭，或至門。國賓，聘大夫。不當斂，其來非斂時。

凡主人之出也，徒跣、扱衽、拊心，降自西階，君拜寄公、國賓于位；大夫於君命，迎于寢門外，使者升堂致命，主人拜于下；士於大夫親弔，則與之哭，不逆於門外。拜寄公、國賓于位者，於庭鄉其位而拜之。此時寄公位在門西，國賓位在門東，皆北面；小斂之後，寄公東面，國賓門西北面。士於大夫親弔，謂大夫身來弔士也。與之哭，既拜之，即位西階，東面哭；大夫特來則北面。

夫人爲寄公夫人出，命婦爲夫人之命出，士妻，不當斂，則爲命婦出。出，拜之於堂上也。此時寄公夫人、命婦，位在堂上北面；小斂之後，尸西東面。

小斂，主人即位于户内，主婦東面，乃斂。卒斂，主人馮之踊；主婦亦如之。主人袒，說髦，括髮以麻，婦人髽，帶麻于房中。士既殯説髦，此云小斂，蓋諸侯禮也。士之既殯，諸侯之小斂，於死者俱三日也。婦人之髽，帶麻於房中，則西房也。天子諸侯有左右房。

徹帷，男女奉尸夷于堂，降拜。夷之言尸也。於遷尸，主人主婦以下，從而奉之，孝敬之心。降拜，拜賓也。

君拜寄公、國賓、大夫、士，拜卿大夫於位；於士旁三拜；夫人亦拜寄公夫人於堂上，大夫内子、士妻，特拜命婦，氾拜衆賓，於堂上。衆賓，謂士妻也。尊者皆特拜，拜士與其妻皆旅之。○愚按：陳《注》讀「君拜寄公、國賓大夫、士」爲句，本《疏》所取皇氏説也，義與鄭合。熊氏云：「大夫士拜卿大夫於位者，是卿大夫家自遭喪，小斂後拜賓耳。大夫内子、士妻亦然。」方氏苞謂：「如其説，則似國君惟拜寄公、夫人惟拜寄公夫人矣，非也。」主人即位，襲帶絰踊。即位，阼階之下位也。有襲絰乃踊，尊卑相變也。○《疏》云：「拜賓時袒，今拜訖襲衣，加要帶、首絰，於序東復位乃踊也。」母之喪，即位而免，記異者。禮：斬衰括髮，齊衰免，以至成服而冠。爲母重，初亦括髮，既小斂，則免。乃奠。小斂奠也。弔者襲裘，加武，帶、絰，與主人拾踊。始死，弔者朝服裼裘，如吉時也；小斂，則改襲而加武與帶絰矣。武，吉冠之卷也。加武者，明不改冠，亦不免也。《檀弓》曰：「主人既小斂，子游趨而出，襲裘帶絰而入。」

君喪，虞人出木、角，狄人出壺，雍人出鼎，司馬縣之，乃官代哭，代，更也。未殯，哭不絶聲；爲其罷倦，既小斂，可以爲漏刻分時而更哭之也。木，給爨竈。角以爲斞，水斗。壺，漏水之器也。冬漏以火爨鼎，沸而後沃之，此挈壺氏所掌也，屬司馬。司馬涖，縣其器。○《釋文》：「斞音俱，水斗也。」《隱義》云：「容四升。」○愚按：代哭之禮，似非人情，豈以爲僞歟？○方氏苞曰：「使主人聞代哭之聲，怵然自覺哀敬之不屬，而內省無以自安，又使族姻之遞代而不哭者，知出位踰階，錯立族談之非禮，而不失臨喪之色。禮有以故興物者，斯之謂也。」○愚按：方氏苞曲爲之説耳。蒙意終不以爲然也。《南史》孔秀之遺令曰：「世俗以僕妾直靈助哭，當繇喪主不能淳至，欲以多聲相亂。魂而有靈，吾當笑之。」是則古人已有先我而非之者矣。大夫官代哭，不縣壺，下君也。士代哭不以官。即以親疏哭也。君堂上二燭、下二燭，大夫堂上一燭、下二燭，士堂上一燭、下一燭。燭，所以照饌也。滅燎而設燭。

賓出徹帷。君與大夫之禮也。士卒斂，即徹帷。徹，或爲「廢」。

哭尸于堂上，主人在東方，由外來者在西方，諸婦南鄉。由外來，謂奔喪者也。無奔喪者，婦人猶東面。

婦人迎客送客不下堂，下堂不哭；男子出寢門外見人不哭。〔二〕婦人所有事，自堂及房；男子所有事，自堂及門。非其事處而哭，猶野哭也。出門見人，謂迎賓客者也。其無女主，則男主拜女賓于寢門內；其無男主，則女主拜男賓于阼階下。子幼，則以衰抱之，人爲之拜；爲後者不在，則有爵者辭，無爵者，人爲之拜，在竟内則俟之，在竟外則殯葬可也。喪有無後，無無主。拜者，皆拜賓於位也。爲後者有爵，攝主爲之辭於賓耳，不敢當尊者禮也。

君之喪：三日，子、夫人杖，五日，既殯，授大夫、世婦杖。子、大夫寢門之外杖，寢門之内輯之；夫人、世婦在其次則杖，即位則使人執之。子有王命則去杖，國君之命則輯杖，聽卜、有事於尸則去杖。大夫於君所則輯杖，於大夫所則杖。三日者，死之後三日也。爲君杖不同日，人君禮大，可以見親疏也。輯，斂也。斂者，謂舉之不以拄地也。夫人、世婦次於房中，即位堂上，堂上近尸殯，使人執杖，不敢自持也。子於國君之命輯杖，下成君不敢敵之也。卜，卜葬卜日也。凡喪祭虞而有尸。大夫於君所輯杖，謂與之俱即寢門外位也；獨焉則杖。君謂子也，於大夫所杖，俱爲君杖，不相下也。

大夫之喪：三日之朝既殯，主人、主婦、室老皆杖。大夫有君命，則去杖；大夫之命，則輯杖。内子爲夫人之命，去杖；爲世婦之命，授人杖。大夫有君命去杖，此指大夫之子也。而云大夫者，通實大夫有父母之喪也。授人杖，與使人執之同也。

士之喪：二日而殯，三日之朝主人杖，婦人皆杖。於君命、夫人之命，如大夫。於大夫、世婦之命，如大夫。士二日而殯者，下大夫也。士之禮，「死與往日，生與來日」。此二日，於死者亦得三日也。婦人皆杖，謂主婦容妾爲君女子子在室者。子皆杖，不以即位。子謂凡庶子也。不以即位，與去杖同。大夫士哭殯則杖，哭柩則輯杖。哭殯，謂既塗也。哭柩，謂啓後也。大夫士之子於父，父也，尊近，哭殯可以杖。

天子諸侯之子於父，父也，君也，尊遠，杖不入廟門。弃杖者，斷而弃之於隱者。杖以喪至尊，爲人得而褻之也。

君設大盤，造冰焉，大夫設夷盤，造冰焉，士併瓦盤，無冰，設牀，襢第，有枕。含一牀，襲一牀，遷尸于堂又一牀，皆有枕席，君大夫士一也。此事皆沐浴之後，宜承「濡濯弃於坎」下，札爛脱在此耳。造猶内也。襢第，袒簀也，謂無席，如浴時牀也。禮：自仲春之後，尸既襲，既小斂，先内冰盤中，乃設牀於其上，不施席，而遷尸焉，秋凉而止。士不用冰，以瓦爲盤，併以盛水耳。漢禮：大盤廣八尺，長丈二，深三尺，赤中。夷盤小焉。《周禮》，天子夷盤。《士喪禮》，君賜冰，亦用夷盤。然則其制宜同之。

始死，遷尸于牀，幠用斂衾，去死衣，小臣楔齒用角柶，綴足用燕几，君大夫士一也。牀，謂所設牀第當牖者也。《士喪禮》曰：士「死於適室，幠用斂衾。」去死衣，病時所加新衣及復衣也，去之，以俟沐浴。

管人汲，不説繘屈之，盡階不升堂，授御者，御者入浴：小臣四人抗衾，御者二人浴，浴水用盆，沃水用枓，浴用絺巾，挋用浴衣，如它日；小臣爪足，浴餘水弃于坎。其母之喪，則内御者抗衾而浴。抗衾者，蔽上，重形也。挋，拭也。爪足，斷足爪也。〇《釋文》云：「管人如字，掌管籥之人；又古亂反，掌館舍之人也。」〇愚按：「不説繘」，爲升階防失墜也。《内則》云「浴燂湯」，〔三〕亦熱水耳。如此《記》，似用新汲水矣，非也。疑「授御者」之上下有脱文，以下節推之可見。

管人汲，授御者，御者差沐于堂上，君沐粱，大夫沐稷，士沐粱。甸人爲垼于西牆下，陶人出重鬲，管人受沐，乃煮之，甸人取所徹廟之西北厞薪，用爨之。管人授御者沐，乃沐；沐用瓦盤，挋用巾，如它日，小臣爪手，翦須，濡濯弃于坎。差，淅也。淅飯米取其潘以爲沐也。浴沃用枓，沐於盤中，文相變也。《士喪禮》「沐稻」，〔四〕此云「士沐粱」，蓋天子之士也。以差率而上之，天子沐黍與？

君之喪，子、大夫、公子、衆士，皆三日不食。子、大夫、公子食粥，納財，朝一溢米，莫一溢米，食之無算；士疏食，水飲，食之無算；夫人、世婦、諸妻皆疏食水飲，食之無算。納財，謂食穀也。二十兩曰溢。於粟米之法，一溢爲米一升二十四分升之一。諸妻，御妾也。同言「無算」，則是皆一溢米或粥或飯。○愚按：溢與鎰通。趙岐《孟子·注》亦云「鎰，二十兩也」。《國語》：「二十四兩爲鎰。」○方氏苞曰：「古喪禮惟此難行，博野顔習齋勉爲之，苦病幾死。蓋二十四分升之一以爲粥，不能盈杯，安能持至三月五月乎？」

大夫之喪，主人、室老、子姓皆食粥；衆士疏食水飲；妻、妾疏食水飲。室老，其貴臣也。衆士，所謂衆臣。士亦如之。如其子食粥，妻妾疏食水飲。

既葬，主人疏食水飲，不食菜果；婦人亦如之，君大夫士一也。練而食菜果，祥而食肉。果，瓜、桃之屬。○方氏苞曰：「婦人，初喪疏食水飲，疑既葬復有變，故更立此文。」

食粥於盛，不盥，食於篹者盥。食菜以醯醬，始食肉者先食乾肉，始飲酒者先飲醴酒。盛，謂今時杯杅也。箸，竹筥也。歠者不盥手，飯者盥。箸，或作「箕」。

期之喪，三不食；食，疏食，水飲，不食菜果；三月既葬，食肉飲酒。期終喪，不食肉，不飲酒，父在爲母，爲妻。九月之喪，食飲猶期之喪也，食肉飲酒，不與人樂之。食肉飲酒，亦謂既葬。○愚按：「三月既葬，食肉飲酒」，謂旁期大功以下。

五月三月之喪，壹不食、再不食可也。比葬，食肉飲酒，不與人樂之。叔母、世母、故主、宗子，食肉飲酒。義服恩輕也。故主，謂舊君也。言故主者，關大夫及君也。不能食粥，羹之以菜可也；謂性不能者，可食飯菜羹。有疾，食肉飲酒可也。爲其氣微。五十不成喪。成，猶備也。所不能備，謂不致毁、不散送之屬也。七十唯衰麻在身。言其餘居處飲食，與吉時同也。既葬，若君食之，則食之；大夫、父之友食之，則食之矣。不辟粱肉，若有酒醴則辭。尊者之前可以食美也。變於顔色亦不可。○陳氏從王曰：君母妻之喪，發諸顔色者，亦不飲食，哀情本輕也。父母之喪，豈爲變於顔色而畏人見乎？蓋酒醴或至忘哀，非粱肉之比，故以自閑耳。

小斂於户内，大斂於阼。君以簟席，大夫以蒲席，士以葦席。簟，細葦席也。三者下皆有莞。○愚按：簟，竹席也。葦，蘆席也。《注》欲一之，恐非。

小斂，布絞，縮者一，横者三。君錦衾，大夫縞衾，士緇衾，皆一。衣十有九稱，君陳衣于序東；大夫士陳衣于房中；皆西領北上，絞紟不在列。絞，既斂所用束堅之者。縮，從也。衣十有九稱，法天地之終數也。《士喪禮》：小斂，「陳衣於房中，南領，西上」，與大夫異。今此同，亦蓋天子之士也。「絞紟不在列」，以其不成稱，不連數也。小斂無紟，因絞不在列見之也。或曰：縮者二。○《疏》云：「房中者，東房也，士大夫唯有東房故也。」

大斂：布絞，縮者三，橫者五，布紟，二衾，君、大夫、士一也。君陳衣于庭，百稱，北領，西上；大夫陳衣于序東，五十稱，西領，南上；士陳衣于序東，三十稱，西領，南上。絞、紟如朝服，絞一幅爲三，不辟；紟五幅，無紞。二衾者，或覆之，或薦之。如朝服者，謂布精麤，朝服十五升。小斂之絞也，廣終幅，析其末以爲堅之强也。大斂之絞，一幅三析，用之以爲堅之急也。紞，以組類爲之，綴之領側，若今被識矣。生時禪被有識，死者去之，異於生也。《士喪禮》：大斂亦「陳衣於房中，南領，西上」，與大夫異。今此又同，亦蓋天子之士。紞，或爲「點」。○方氏苞曰：「君棺在輴，應南面，故陳衣北領。大夫士殯於西序，故陳衣西領。西上、南上，皆上左也。小斂皆西領北上者，遷尸於牖，南首，君大夫士所同也。『絞一幅爲三不辟』者，總言大小斂絞，皆以布一幅，析其末爲三片，而中不擘裂也。蓋不析其末則布全幅，不可結，而所束衣衾，不得平貼。前既分舉二斂絞數，故復總言其制。《注》非也。」

小斂之衣，祭服不倒。奠祭服也。斂者要方，散衣有倒。○愚按：下云「大斂」，亦不倒。君無襚，大夫士畢主人之祭服；親戚之衣，受之，不以即陳。無襚者，不陳、不以斂。○愚按：「君無襚」，《注》讀三字句也。熊氏則以「君無襚大夫士」六字爲句。《士喪禮》「君襚不倒」賈《疏》引此文亦六字爲句。今按：

從《注》是。小斂，君、大夫、士皆用複衣複衾；大斂，君、大夫、士祭服無算，君褶衣褶衾，大夫、士猶小斂也。褶，袷也。君衣尚多，去其著也。

袍必有表，不禪；衣必有裳，謂之一稱。袍，褻衣，必有以表之，乃成稱也。《雜記》曰：「子羔之襲，繭衣裳，與稅衣、纁袡爲一」是也。《論語》曰：「當暑，袗絺綌，必表而出之。」亦爲其褻也。

凡陳衣者，實之篋，取衣者亦以篋，升降者自西階。取猶受也。○方氏苞曰：「者，當作『皆』。」凡陳衣不詘，非列采不入，絺、綌、紵不入。不屈，謂舒而不卷也。列采，謂正服之色也。絺、綌、紵者，當暑之褻衣也。襲尸重形，冬夏用袍，及斂則用正服。

凡斂者袒，遷尸者襲。袒者，於事便也。君之喪，大胥是斂，衆胥佐之；大夫之喪，大胥侍之，衆胥是斂；士之喪，胥爲侍，士是斂。胥，樂官也，不掌喪事，胥，當爲「祝」，字之誤也。侍猶臨也。大祝之職，大喪，贊斂。喪祝，卿大夫之喪掌斂。《士喪禮》商祝主斂。○按臨川吳氏謂：「大祝，下大夫；喪祝，上士，非能親執斂役者，故各以其下之胥服勞。」方氏苞駁之，謂不「親執役」，忍使賤胥及君體，其「義甚悖」。此說是也。但破胥爲祝，終似未安。且大祝贊斂，小宗伯率異姓而佐。不云衆胥佐之也。竊疑大胥即樂官，衆胥即小胥也。樂官掌喪事者，亦猶「遷尸」，射人舉焉；「君喪」「狄人出壺」，其義同耳，復何疑乎？

小斂大斂，祭服不倒，皆左衽，結絞不紐。左衽，衽鄉左，反生時也。

斂者既斂必哭。士與其執事，則斂，斂焉則爲之壹不食。凡斂者六人。斂者，必使所與執事者，不欲妄人褻之。執，或爲「槷」。

君錦冒，黼殺，綴旁七；大夫玄冒，黼殺，綴旁五；士緇冒，赬殺，綴旁三。凡冒質，長與手齊，殺三尺，自小斂以往用夷衾，夷衾質殺之，裁猶冒也。冒者，既襲所以韜尸，重形也。殺，冒之下帬，韜足上行者也。小斂又覆以夷衾。裁猶制也，字或爲「材」。○《疏》云：「自小斂後，衣多，不可用冒，故用夷衾覆之也。」

君將大斂，子弁絰，即位于序端，卿大夫即位于堂廉，楹西，北面，東上，父兄堂下北面，夫人、命婦尸西東面，外宗房中南面，小臣鋪席，商祝鋪絞紟衾衣，士盥于盤上，士舉遷尸于斂上。卒斂，宰告，子馮之踊，夫人東面亦如之。子弁絰者，未成服。弁如爵弁而素。大夫之喪，子亦弁絰。○方氏苞曰：「《注》『告爲斂畢』，非也。蓋告以當踊之節耳。於夫人覆舉東面，以見子之西面而踊也。獨舉夫人，明世婦視斂而不敢馮也。」〔五〕

大夫之喪，將大斂，既鋪絞紟衾衣，君至，主人迎，先入門右，巫止于門外，君釋菜，祝先入升堂，君即位于序端，卿大夫即位于堂廉楹西，北面東上，主人房外南面，主婦尸西東面，遷尸卒斂，宰告，主人降，北面于堂下，君撫之，主人拜稽顙，君降，升主人馮之，命主婦馮之。先入右者，入門而右也。巫止者，君行必與巫，巫主辟凶邪也。釋菜，禮門神也。必禮門神者，《禮》：君非問疾弔喪，不入諸臣之家也。「主人房外南面」，大夫之子尊，得升視斂也。

士之喪，將大斂，君不在，其餘禮猶大夫也。「其餘」，謂卿大夫及主婦之位。鋪絞紟，踊；鋪衾，踊；鋪衣，踊；遷尸，踊；斂衣，踊；斂衾，踊；斂絞紟，踊。目孝子踊節。

君撫大夫，撫内命婦。大夫撫室老，撫姪娣。撫，以手按之也。内命婦，君之世婦。君大夫馮父、母、妻、長子，不馮庶子；士馮父、母、妻、長子、庶子，庶子有子，則父母不馮其尸。凡馮尸者，父母先，妻子後。目於其親所馮也。馮，謂扶持服膺。君於臣撫之，父母於子執之，子於父母馮之，婦於舅姑奉之，舅姑於婦撫之。妻於夫拘之，夫於妻、於昆弟執之。此恩之深淺尊卑之儀也。馮之類，必當心。○愚按：君於臣撫之，臣於君未知當何如，疑亦馮之如子於父母也，似脱此一句。馮尸不當君所。不敢與尊者所馮同處。凡馮尸興，必踊。悲哀之至，馮尸必坐。

父母之喪，居倚廬，不塗，寢苫，枕凷，非喪事不言，君爲廬，宫之，大夫士禫之。宫，謂圍障之也。禫，袒也，謂不障。

既葬，拄楣，塗廬不於顯者。君、大夫、士皆宫之。不於顯者，不塗見面。

凡非適子者，自未葬，以於隱者爲廬。不欲人屬目，蓋廬於東南角，既葬猶然。

既葬，與人立；君言王事，不言國事；大夫士言公事，不言家事。此常禮也。

君既葬，王政入於國，既卒哭而服王事；大夫士既葬，公政入於家，既卒哭，弁經帶，金革之事無辟也。此權禮也。弁經帶者，變喪服而弔服，輕可以即事也。○方氏苞曰：「王政入於國，公政入於家，皆謂金革之事也。」「舍此則王政公政，皆有常經，無所謂入於國入於家也。」

既練，居堊室，不與人居。居謀國政，大夫士謀家事。既祥，黝堊。祥而外無哭者，禫而内無哭者，樂作矣故也。黝堊，堊室之飾也。地謂之黝，牆謂之堊。外無哭者，於門外不哭也。内無哭者，入門不哭也。禫踰月而可作樂，樂作無哭者。黝堊，或爲「要期」。禫，或皆作「道」。

禫而從御，吉祭而復寢。從御，御婦人也。復寢，不復宿殯宫也。○顧炎武曰：「二句互言之也。鄭《注》已明，而孔氏乃以吉祭爲四時之祭，非也。禫即吉祭也。」○方氏苞曰：「禫後使婦人從而御事，吉祭後始復内寢也。『孟獻子禫，比御而不入』，即此義。蓋使比次侍御，而不入居内寢也。」○愚按：顧説「禫即吉祭」，似未安。方説當是，但引孟獻子事，獻子「比御不入」，孔子稱其「加人一等」，則似禫而御者禮之常，獻子獨爲高世之行耳。如此則方説亦復難通，未知當從誰氏。期，居廬，終喪不御於内者，父在爲母、爲妻，齊衰期者、大功布衰九月者，皆三月不御於内。婦人不居廬，不寢苫。喪父母，既練而歸；期、九月者，既葬而歸。歸，謂歸夫家也。○方氏苞曰：「若遽反夫家，則壻哀妻之親屬，不能久而不怠」故也。

公之喪，大夫俟練，士卒哭而歸。此公，公士大夫有地者也。其大夫士歸者，謂素在君所食都邑之臣。○愚按：公，謂内諸侯也。大夫士，其屬也。

大夫士，父母之喪，既練而歸。朔月、忌日，則歸哭于宗室。諸父、兄弟之喪，既卒哭而歸。歸，謂歸其宫也。忌日，死日也。宗室，宗子之家，謂殯宫也。《禮》：命士以上，父子異宫。○愚按：既稱宗室，則此大夫士謂庶子明矣。然父母之喪，貴賤一也，況可以嫡庶別乎！既歸於家，則不居堊室，於汝安乎？此悪禮也。

父不次於子，兄不次於弟。謂不就其殯宫爲次而居。○方氏苞曰：「以尊者而次於其宫，則其婦其子，當勤於供養，而不得致其哀。故但居己之外寢，以畢不御内之期。」

君於大夫、世婦，大斂焉；爲之賜，則小斂焉。爲之賜，謂有恩惠也。於外命婦，既加蓋而君至。於臣之妻略也。於士，既殯而往；爲之賜，大斂焉。夫人於世婦，大斂焉；爲之賜，小斂焉。於諸妻，爲之賜，大斂焉。於大夫、外命婦，既殯而往。大夫士既殯而君往焉，使人戒之，主人具殷奠之禮，俟于門外。見馬首，先入門右。巫止于門外，祝代之先，君釋菜于門内。祝先升，自阼階，負墉南面。君即位于阼。小臣二人執戈立于前，二人立于後。殷猶大也。朝夕小奠，至月朔則大奠。君將來，則具大奠之禮以待之，榮君之來也。祝負墉南面，直君北房户東也。小臣執戈先後君，君升而夾階立，大夫殯即成服，則君亦成服，錫衰而往弔之。○方氏苞曰：「巫以桃茢驅鬼，故止于門外，以示在路祓除，而非爲死者設也。」擯者進，當贊主人也。始立門東，北面。主人拜稽顙。君稱言，視祝而踊，主人踊。稱言，舉所以來之辭也。視祝而踊，祝相君之禮，當節之也。

大夫，則奠可也。士，則出俟于門外，命之反奠，乃反奠。卒奠，主人先俟于門外，君退，主人送于門外，拜稽顙。迎不拜，拜送者，拜迎則爲君之答己。○愚按：喪不迎賓，此迎者爲君也。不拜者，嫌君之臨己也，故必俟君見殯而後拜稽顙也。拜送者禮也。凡喪拜送賓，無答拜也。君於大夫疾，三問之；在殯，三往焉。士疾，壹問之；在殯，壹往焉。所以致殷勤也。君弔，則復殯服。復，反也。反其未殯未成服之服，新君事也。謂臣喪既殯後君乃始來弔也。復，或爲「服」。〇愚按：亦爲不敢後君之弔也。

夫人弔於大夫士，主人出迎于門外，見馬首，先入門右。夫人入，升堂即位。主婦降自西階，拜稽顙于下。夫人視世子而踊。奠如君至之禮。夫人退，主婦送于門內，拜稽顙。主人送于大門之外，不拜。視世子而踊，世子從夫人，夫人以爲節也。世子之從夫人，位如祝從君也。〇《疏》云：「主婦送于門內，門，寢門也。婦人迎送不出門。〇按方氏苞謂：「大夫士之喪，蓋必君之同姓或異姓親屬也。」

大夫君，不迎于門外。入即位于堂下。主人北面，衆主人南面；婦人即位于房中。若有君命、命夫命婦之命、四鄰賓客，其君後主人而拜。入即位于下，不升堂，而立阼階之下，西面，下正君也。衆主人南面於其北，婦人即位于房中，君雖不升堂，猶辟之也。後主人而拜者，將拜賓，使主人陪其後，而君前拜。不俱拜者，主人無二也。〇方氏苞曰：《疏》謂「前記君臨大斂，主婦尸西東面，以哀深，故不辟君。此既殯哀殺，故辟」，非也。大斂與殯同時，哀心豈得遽殺。以附於身者必誠必信，正在斂時，主婦不容不視；今已在殯，則婦人無爲列位於堂上耳。」〇愚按：此家臣也。而有君命與四鄰賓客。方氏苞以爲「衰周慝禮」，是也。

君弔，見尸柩而后踊。塗之後，雖往不踊也。踊，或爲「哭」，或爲「浴」。

大夫士，若君不戒而往，不具殷奠；君退，必奠。榮君之來。

君大棺八寸，屬六寸，椑四寸；上大夫大棺八寸，屬六寸；下大夫大棺六寸，屬四寸；士棺六寸。大棺，棺之在表者也。《檀弓》曰：「天子之棺四重；水、兕、革棺被之，其厚三寸，杝棺一，梓棺二，四者皆周。」此以内説而出也。然則大棺及屬用梓，椑用杝。以是差之，上公革棺不被，三重也。諸侯無革棺，再重也。大夫無椑，一重也。士無屬，不重也。庶人之棺四寸。上大夫，謂列國之卿也。趙簡子云「不設屬椑」，時僭也。

君裏棺用朱緑，用雜金鐕；大夫裏棺用玄、緑，用牛骨鐕；士不緑。鐕，所以琢著裏。○《釋文》：「鐕，釘也。」

君蓋用漆，三衽，三束；大夫蓋用漆，二衽，二束；士蓋不用漆，二衽二束。用漆者，塗合牝牡之中也。衽，小要也。

君大夫鬊、爪，實于緑中；士埋之。緑，當爲「角」，聲之誤也。角中，謂棺内四隅也。鬊，亂髮也。將實爪髮棺中，必爲小囊盛之。此「緑」或爲「簍」。○愚按：緑當如字。君大夫裏棺用緑貼四角，故謂四角爲緑也。

君殯用輴，欑至于上，畢塗屋；大夫殯以幬，欑至于西序，〔六〕塗不暨于棺，士殯見衽，塗上，帷之。欑猶菆也。屋，殯上覆如屋者也。幬，覆也。暨，及也。此《記》參差，以《檀弓》參之，天子之殯，居棺以龍輴，欑木題湊，象椁。上四注如屋以覆之，盡塗之。諸侯，輴不畫龍，欑不題湊，象椁，其他亦如之。大夫之殯，廢輴，置棺西牆下，就牆欑其三面塗之。不及棺者，言欑中狹小，裁取容棺。然則天子諸侯，差寬大矣。士，不欑，掘地下棺，見小要耳。帷之，鬼神尚幽闇也。士達於天子皆然。幬或作「錞」，或作「埻」。○方氏苞曰：「《注》不暨於棺，乃對君畢塗、士塗上而言。暨猶既也。大夫塗三面，貼序壁西面不塗，則所塗不遍於棺。自君至士，皆欑外加塗，塗外復有帷帳以蔽之。君四注，其形如屋，故名屋。大夫三面名幬，士覆棺而下被於衽，故名帷。畢塗屋者，盡塗之而外加幄也。《注》謂『欑木形似屋』，誤矣。士大夫欑外有帷帳，不應君反無。」

熬，君四種，八筐，大夫三種，六筐，士二種，四筐，加魚腊焉。熬者，煎穀也。將塗設於棺旁，所以惑蚍蜉使不至棺也。《士喪禮》曰：「熬黍稷各二筐。」又曰：「設熬旁各一筐。」大夫三種，加以粱。君四種，加以稻。四筐，則手足皆一，其餘設於左右。○方氏苞曰：「棺旁用熬穀魚腊，豈穿壙時，以引蟻蟲，迹其窟穴而掘去之，而非下棺後所用與？」○愚按：方氏苞說與《注》竝可疑，以爲惑蚍蜉，恐適以召之也；以爲引蟻蟲，未下棺時所用，而又何足爲典禮也。古禮此類，殊不可曉。

飾棺，君龍帷，三池，振容。黼荒，火三列，黼三列。素錦褚，加僞荒。纁紐六。齊，五采、五貝。黼翣二，黻翣二，畫翣二，皆戴圭。魚躍拂池，君纁戴六。纁披六。大夫畫帷，二池，不振容。畫荒，火三列，黻三列。素錦褚。纁紐二，玄紐二。齊，三采，三貝。黻翣二，畫翣二，皆戴綏。魚躍拂池。大夫戴前纁後玄，披亦如之。士布帷，布荒，一池，揄絞。纁紐二，緇紐二。

齊，三采，一貝。畫翣二，皆戴綏。士戴前纁後緇，二披，用纁，飾棺者，以華道路及壙中，不欲衆惡其親也。荒，蒙也。在旁曰帷，在上曰荒，皆所以衣柳也。士，布帷布荒者，白布也；君大夫，加文章焉。黼荒，緣邊爲黼文；畫荒，緣邊爲雲氣，火，黻爲列於其中耳。僞，當爲「帷」，或作「于」，聲之誤也。大夫以上有褚，襯以覆棺，乃加帷荒於其上。紐，所以結連帷荒者也。池，以竹爲之，如小車笭衣以青布。柳，象宫室，縣池於荒之爪端，若承霤然云。君大夫以銅爲魚，縣於池下。揄，揄翟也，青質五色，畫之於絞繒，而垂之以爲振容，象水草之動摇，行則又魚上拂池。《雜記》曰：「大夫不揄絞，屬於池下」，是不振容也。士則去魚。齊，象車蓋蕤，縫合雜采爲之，形如瓜分然；綴貝落其上及旁。戴之言值也，所以連繫棺束與柳材，使相值，因而結前後披也，漢禮，翣以木爲筐，廣三尺，高二尺四寸，方兩角高，衣以白布。畫者，畫雲氣，其餘各如其象，柄長五尺，車行使人持之而從，既窆，樹於壙中。《檀弓》曰：「周人牆置翣」，是也。綏，當爲「緌」，讀如「冠蕤」之蕤，蓋五采羽注於翣首也。○愚按：褚，屋也。《雜記》曰：「素錦以爲屋」，是也。僞，讀如字，假也。既有黼荒矣，又加之僞荒，若彼正而此假也。《注》「以木爲筐」，即「匡」字。「皆戴圭」，所謂璧翣是也。士有「揄絞」，明大夫亦得有矣，但不屬於池下耳。

君葬用輴，四綍，二碑，御棺用羽葆。大夫葬用輴，二綍，二碑，御棺用茅。士葬用國車，二綍，無碑，比出宫，御棺用功布。大夫廢輴，此言輴非也。輴皆當爲「載以輇車」之「輇」，聲之誤也。輇字或作「團」，是以文誤爲「國」。輇車，柩車也。尊卑之差也，在棺曰綍，行道曰引，至壙將窆又曰綍，而設碑，是以連言之碑桓楹也。御棺，居前爲節度也。士言比出宫用功布，則出宫而止，至壙無矣。綍，或爲

「率」。〇《釋文》云：「輴，王肅並讀如字，音『勑倫反』。又國車，王讀如字，云：一國所用也。」〇愚按：《檀弓》言「諸侯輴而設幬，爲榆沈，故設撥」，則葬用楯明矣。又言「三臣，廢輴而設撥」爲「竊禮不中者也」，似但譏其設撥，未必譏其用輴。《注》謂「大夫廢輴」，恐亦未然也。士無命車，故資於公家耳。〇齊召南曰：「《注》『尊卑之差也』，似言載柩俱用輇車，無尊卑之差也；脱一『無』字。」

凡封，用綍，去碑負引，君封，以衡，大夫士以咸。君，命毋譁，以鼓封；大夫，命毋哭；士，哭者相止也。封，《周禮》作「窆」，窆，下棺也。此「封」或皆作「斂」。《檀弓》曰：「公輸若方小，斂，般請以機封」，謂此斂也。然則棺之入坎爲斂，與斂尸相似，記時同之耳。咸，讀爲「緘」。凡柩車，及壙説載除飾，而屬紼於柩之緘，又樹碑於壙之前後，以紼繞碑間之鹿盧輓棺而下之。此時棺下窆，使輓者皆繫紼而繞要負引舒縱之，備失脱也。用紼去碑者，謂縱下之時也。衡，平也。人君之喪，又以木橫貫緘耳，居旁持而平之，又擊鼓爲縱舍之節。大夫士旁牽緘而已，庶人縣窆不引紼也。禮唯天子葬有隧。今齊人謂棺束爲緘繩。咸，或爲「椷」。

君松椁，大夫柏椁，士雜木椁。椁，謂周棺者也。天子柏椁，以端長六尺。夫子制於中都，使庶人之椁五寸。五寸，謂端方也。此謂尊者用大材，卑者小材耳。自天子、諸侯、卿、大夫、士、庶人六等，其椁長自六尺而下，其方自五寸而上，未聞其差所定也。抗木之厚，蓋與椁方齊，天子五重，上公四重，諸侯三重，大夫再重，士一重。〇盧植云：以松黄腸爲椁。庾蔚之云：「黄腸，松心也。」《疏》云：「大夫柏椁者，不用黄腸，下天子也。」〇愚按：《春秋·傳》云：魏獻子「卒於甯，范獻子去其柏椁」，是也。

棺椁之間，君容柷，大夫容壺，士容甒。間，可以藏物，因以爲節。君裏椁、虞筐，大夫不裏椁，士不虞筐。裏棺之物、虞筐之文，未聞也。

校記

〔一〕《十三經注疏·禮記注疏》卷四十四阮元《校勘記》：「『士之妻』，閩、監、毛本同，岳本同，嘉靖本同，衛氏《集説》同。《石經》作『士、士之妻』。段玉裁校本云：『唐《石經》「士、士之妻」是也。各本脱一「士」字。按《正義》云「夫妻俱然，故云皆也」』又云：『此云「士死於寢」，是《正義》本，經文有兩「士」字也。』」

〔二〕《十三經注疏·禮記注疏》卷四十五「門」下無「外」字。阮元《校勘記》曰：「閩、監、毛本（同）〔門〕下衍『外』字，陳澔《集説》同。《石經考文提要》云：『宋大字本、宋本《九經》、南宋巾箱本、余仁仲本、劉叔剛本並無「外」字。』按：《疏》述經亦無『外』字。」

〔三〕《禮記·内則》作「五日則燂湯請浴」。

〔四〕《儀禮·士喪禮》：「稻米一豆，實於筐，沐巾一，浴巾二，皆用綌於笲。」笲，附袁切，音凡。竹器。

〔五〕此條見清方苞《禮記析疑》卷二十三。方氏引自《禮記·喪大記·疏》，誤爲《注》。

〔六〕至，《禮記注疏》卷四十六阮元《校勘記》作置。陳澔《集説》本作「至」。

祭法第二十三

祭法，有虞氏禘黄帝而郊嚳，祖顓頊而宗堯。夏后氏亦禘黄帝而郊鯀，祖顓頊而宗禹。殷人禘嚳而郊冥，祖契而宗湯。周人禘嚳而郊稷，祖文王而宗武王。禘郊祖宗，謂祭祀以配食也。此禘，謂祭昊天於圜丘也。祭上帝於南郊曰郊，祭五帝五神於明堂曰祖宗。祖宗通言爾，下有禘、郊、祖、宗。《孝經》曰：「宗祀文王於明堂，以配上帝。」《明堂月令》曰：「春曰其帝大昊，其神句芒。夏曰其帝炎帝，其神祝融。中央曰其帝黄帝，其神后土。秋曰其帝少昊，其神蓐收。冬曰其帝顓頊，其神玄冥。」有虞氏以上尚德，禘、郊、祖、宗，配用有德者而已。自夏以下，稍用其姓代之。先後之次：有虞氏夏后氏宜郊顓頊，殷人宜郊契。郊祭一帝，而明堂祭五帝，小德配寡，大德配衆，亦禮之殺也。〇王肅《聖證論》難鄭云：「禘，宗廟五年祭之名。」又云：「祖宗，祖有功，宗有德，其廟不毁。」又云：「郊與圜丘是一，郊則圜丘，圜丘則郊。」又云：「虞夏出黄帝，殷周出帝嚳，祭法四代禘，此二帝上下相證之明文也。」〇愚按：祖文王，宗武王，謂二世室不祧耳，與明堂何與？又謂明堂兼祀武王，皆非也。又案：禘郊大祭，配享帝天，自合尊奉祖禰祭法。有虞不宗瞽瞍，非以教尊尊親親也。記禮者誤，而康成又附會其失。辨見《魏志·蔣濟傳·注》

燔柴於泰壇，祭天也；瘞埋於泰折，祭地也；用騂犢。壇、折，封土爲祭處也。壇之言坦也。坦，明貌也。折，炤晳也。必爲炤明之名，尊神也。地陰，祀用黝牲，與天俱用犢，連言爾。○陳氏《注》云：「泰壇即圜丘。泰折，即方丘。折，如磬折折旋之義，喻方也。」○愚按：《疏》云：「此論祭感生之帝於南郊，神州地祇於北郊。」一本「緯書」之説，不足信也。

埋少牢於泰昭，祭時也；相近於坎壇，祭寒暑也。王宮，祭日也；夜明，祭月也。幽宗，祭星也；雩宗，祭水旱也；四坎壇，祭四方也。山林、川谷、丘陵，能出雲爲風雨，見怪物，皆曰神。有天下者，祭百神。諸侯，在其地則祭之，亡其地則不祭。昭，明也，亦謂壇也。時，四時也，亦謂陰陽之神也。埋之者，陰陽出入於地中也。凡此以下，皆祭用少牢。「相近」，當爲「禳祈」，聲之誤也。禳猶卻也。祈，求也。寒暑不時，則或禳之，或祈之。寒於坎，暑於壇。王宮，日壇。王，君也；日稱君宮。壇，營域也。夜明，亦謂月壇也。「宗」，皆當爲「禜」，字之誤也。幽禜，亦謂星壇也。星以昏始見，禜之言營也。雩禜，亦謂水旱壇也。雩之言吁嗟也。《春秋·傳》曰：「日月星辰之神，則雪霜風雨之不時，於是乎禜之。山川之神，則水旱癘疫之不時，於是乎禜之。」〔一〕四方，即謂山林川谷丘陵之神也。祭山林丘陵於壇，川谷於坎，每方各爲坎爲壇。怪物，雲氣非常見者也。有天下，謂天子也。百者，假成數也。○《釋文》云：「『相近』，王肅作『祖迎』也。幽宗、雩宗，王讀如字。」○愚按：王肅以此爲六宗，未知是否。又按《疏》謂此經所載祈禱之禮，非關正禮之事，故不列於《宗伯》。○齊召南曰：「《疏》可謂飾非矣。祭日祭月，可謂非正禮乎！必謂「泰昭」六者即《虞書》之「六宗」，所不敢知；然謂六者非正禮，則必不可也。」

大凡生於天地之間者皆曰命。其萬物死，皆曰折；人死曰鬼；此五代之所以不變也。生時形體異，可同名；至死，腐爲野土，異其名，嫌同也。折，弃敗之言也。鬼之言歸也。五代，謂黄帝、堯、舜、禹、湯，周之禮樂所存法也。七代之所更立者：禘、郊、祖、宗；〔二〕其餘不變也。七代，通數顓頊及嚳也。所不變者，則數其所法而已；變之，則通數所不法，爲記者之微意也。少昊氏修黄帝之法，後王無所取焉。○方氏苞曰：「七代宜作四代。本《記》自『有虞氏』始，《國語》亦然。舊説俱不可通。」

天下有王，分地建國，置都立邑，設廟、祧、壇、墠而祭之，乃爲親疏多少之數。是故王立七廟，一壇，一墠。曰考廟，曰王考廟，曰皇考廟，曰顯考廟，曰祖考廟；皆月祭之。遠廟爲祧，有二祧，享嘗乃止。去祧爲壇，去壇爲墠。壇墠，有禱焉祭之；無禱，乃止。去墠曰鬼。諸侯立五廟，一壇，一墠。曰考廟，曰王考廟，曰皇考廟，皆月祭之；顯考廟，祖考廟，享嘗乃止。去祖爲壇，去壇爲墠。壇墠，有禱焉祭之；無禱，乃止。去墠爲鬼。大夫立三廟，二壇。曰考廟，曰王考廟，曰皇考廟，享嘗乃止。顯考祖考無廟，有禱焉，爲壇祭之。去壇爲鬼。適士二廟，一壇。曰考廟，曰王考廟，享嘗乃止。顯考無廟，有禱焉，爲壇祭之。去壇爲鬼。官師一廟，曰考廟。王考無廟而祭之。去王考爲鬼。庶士、庶人無廟，死曰鬼。建國，封諸侯也。置都立邑，爲卿大夫之采地，及賜士有功者之地。廟之言貌也。宗廟者，先祖之尊貌也。祧之言超也，超上去意也。封土曰壇，除地曰墠。《書》曰：「三壇同墠」。王、皇，皆君也；顯，明也；祖，始也。名先人以君明始者，所以尊本之意也。天子遷廟之主，以昭穆合藏於二祧之中，諸侯無祧，藏於祖考之廟中。《聘禮》曰：「不腆先君之祧」，是謂始祖廟也。享嘗，謂四時之祭。天子諸侯爲壇墠祈禱，謂後遷在祧者也。既事，則反其主於祧，鬼亦在祧，顧遠之於無事，祫乃祭之爾。《春秋·文二年》：「秋，大事于大廟。」《傳》曰：「毁廟之主，陳于大祖，未毁廟之主，皆升合食于大祖」是也。魯煬公者，伯禽之子也，至昭公、定公，久已爲鬼，而季氏禱之，而立其宫，則鬼之主在祧明矣。唯天子諸侯有主禘祫；大夫有祖考者，亦鬼其百世，不禘祫無主爾。其無祖考者，庶士以下鬼其考、王考，官師鬼其皇考，大夫適士鬼其顯考而已。大夫祖考，謂別子也。凡鬼者，薦而不祭。《王制》曰：「大夫士有田則祭，無田則薦。」適士，上士也，官師中士下士庶士府史之屬。此適士云「顯考」無廟，非也，當爲「皇考」，字之誤。○方氏苞曰：「親疏多少之數，即下親者祭多、疏者祭少也。廟祧壇墠之多少，義亦得兼。」「五廟月祭，後儒傅會之説也。」「此《記》誤會《國語》，而韋昭注又因此《記》而誤也。必欲曲爲之説，上食也；所謂月祀者，朔望喪奠也。《記》所據蓋《周語》『日祭月祀』之文，不知所謂日祭者，在喪朝夕豈月朔朝廟，亦有奠饋，而非若正祭之備禮與？」○愚按：遠廟，謂高祖之父以下也。以其當祧，謂之遠廟也。去祧爲壇，高祖之父也。去壇爲墠，高祖之祖也。又按《疏》謂二祧爲「文武二廟」，非也。祧廟即毁廟，故《傳》云：「毁廟之主，陳於太祖」，是也。二祧者，東西二夾室也。鄭注《周禮》「守祧」云：「先公遷主藏于后稷之廟，先王遷主藏于文武之廟。」據此，則后稷廟、文武廟皆有二祧也。先公當祧者，以昭穆藏于后稷廟之二夾室，至祫乃陳之。先王當祧者，亦以昭穆藏於文武廟之二夾室，至祫乃陳之。所以此《記》云「享嘗乃止」者，嘗謂時祫也，享謂三年祫也。非此則不得祭，故云「乃止」也。大夫士享嘗，乃時祭耳。

王爲羣姓立社，曰大社。王自爲立社，曰王社。諸侯爲百姓立社，曰國社。諸侯自爲立社，曰侯社。大夫以下成羣立社，曰置社。羣，衆也。大夫以下，謂下至庶人也。大夫不得特立社，與民族居百家以上，則共立一社，今時里社是也。《郊特牲》曰：「唯爲社事，單出里。」○《疏》曰：「大社在庫門之内右。」〔三〕「王社所在，書傳無文。」「崔氏云：王社在藉田。」王爲羣姓立七祀：曰司命，曰中霤，曰國門，曰國行，曰泰厲，曰户，曰竈。王自爲立七祀。諸侯爲國立五祀：曰司命，曰中霤，曰國門，曰國行，曰公厲。諸侯自爲立五祀。大夫立三祀：曰族厲，曰門，曰行。適士立二祀：曰門，曰行。庶士庶人立一祀，或立户，或立竈。此非大神所祈報大事者也。小神居人之間，司察小過，作譴告者爾。《樂記》曰：「明則有禮樂，幽則有鬼神。」鬼神謂此與？司命主督察三命，中霤主堂室居處，門户主出入，行主道路行作，厲主殺罰，竈主飲食之事。《明堂月令》：「春曰其祀户，祭先脾。夏曰其祀竈，祭先肺。中央曰其祀中霤，祭先心。秋曰其祀門，祭先肝。冬曰其祀行，祭先腎。」《聘禮》曰：使者出，「釋幣於行」；歸「釋幣於門」。《士喪禮》曰：「疾病，禱於五祀。」〔四〕司命與厲，其時不著。今時民家，或春秋祠司命、行神、山神，門、户、竈在旁，是必春祠司命，秋祠厲也。或者合而祠之。山即厲也。民惡言厲，巫祝以厲山爲之，謬乎！《春秋·傳》曰：「鬼有所歸，乃不爲厲。」○愚按：司命，當據《周禮·注》；三命之説，出「緯書」，未可信也。《援神契》云：「命有三科，有受命以保慶，有遭命以謫暴，有隨命以督行。」又按《説文》引「漢律」曰：「祠祉司命」，釋之曰：「以豚祠司命」。《禮·

疏》引皇侃以爲「文昌第四星」，惠棟非之，以爲司命有二，《楚辭》有大司命、少司命。七祀之司命，乃少司命也，在虚北，見《星經》。

王下祭殤五：適子，適孫，適曾孫，適玄孫，適來孫。諸侯下祭三。大夫下祭二。適士及庶人，祭子而止。祭適殤者，重適也。祭適殤於廟之奥，謂之陰厭。王子、公子祭其適殤於其黨之廟，大夫以下庶子祭其適殤於宗子之家，皆當室之白，謂之陽厭。凡庶殤不祭。

夫聖王之制祭祀也：法施於民則祀之；以死勤事則祀之；以勞定國則祀之；能禦大菑則祀之；能捍大患則祀之。是故，厲山氏之有天下也，其子曰農，能殖百穀；夏之衰也，周棄繼之，〔五〕故祀以爲稷。共工氏之霸九州也，其子曰后土，能平九州，故祀以爲社。帝嚳能序星辰以著衆；堯能賞均、刑法以義終；舜勤衆事而野死。鯀鄣鴻水而殛死，禹能脩鯀之功。黄帝正名百物以明民共財，顓頊能脩之。契爲司徒而民成；冥勤其官而水死。湯以寬治民而除其虐；文王以文治，武王以武功，去民之菑。此皆有功烈於民者也。及夫日月星辰，民所瞻仰也；山林川谷丘陵，民所取財用也。非此族也，不在祀典。此所謂大神也。《春秋·傳》曰：「封爲上公，祀爲大神。」厲山氏，炎帝也。起於厲山。或曰有烈山氏。棄，后稷名也。共工氏無録而王謂之霸，在大昊、炎帝之間。著衆，謂使民興事，知休作之期也。賞，賞善，謂禪舜封禹稷等也。能刑，謂去四凶。義終，謂既禪二十八載乃死也。野死，謂征有苗死於蒼梧也。殛死，謂不能成其功也。明民，謂使之衣服有章也。民成，謂知五教之禮也。冥，契六讀世之孫也。其官玄冥，水官也。虐、菑，謂桀、紂也。烈，業也。族猶類也。祀典，謂祭祀也。○陳《注》讀「能賞」絶句，《刑法》絶句。

校記

〔一〕《春秋左傳正義·昭公元年》阮元《校勘記》引惠棟云：「鄭氏注《周禮·鬯人》引《傳》云：『日月星辰之神，則雪霜風雨之不時，於是乎禜之。山川之神，則水旱癘疫之不時（原注：《史記》作「菑」），於是乎禜之。』賈公彦云：『鄭君所讀《春秋》先「日月」，與賈、服《傳》不同故也。彼無「不時」，此有之者，鄭氏以義增之，非《傳》文。』」

〔二〕祖、宗，《禮記正義》卷四十六作「宗、祖」，同惠棟校宋本；陳氏《集説》本作「祖、宗」，同閩、監、毛本。

〔三〕《禮記正義·祭法》阮元《校勘記》：「『之内』，惠棟校宋本作『内之』。」

〔四〕《儀禮·既夕禮》：「疾病，外内皆掃，徹褻衣，加新衣，御者四人，皆坐持體，屬纊以俟氣絶」，「乃行禱于五祀」。《儀禮正義·既夕禮第十三》孔《疏》引鄭玄《目録》云：「《士喪禮》之下篇也。」故鄭引稱《士喪禮》。

〔五〕棄，《禮記正義》、陳澔《集説》本作「弃」。阮元《校勘記》謂：「閩監本、石經、岳本、嘉靖本作弃。毛本、衛氏《集説》本作棄。」按弃爲棄的古字，今又爲棄的簡體字。

祭義第二十四

祭不欲數，數則煩，煩則不敬。祭不欲疏，疏則怠，怠則忘。是故君子合諸天道，春禘，秋嘗。忘與不敬，違禮莫大焉。合於天道，因四時之變化，孝子感時念親，則以此祭之也。春禘者，夏殷禮也。周以禘爲殷祭，更名春祭曰祠。○愚按：禘宜讀爲禴，如《郊特牲·注》。霜露既降，君子履之，必有悽愴之心，非其寒之謂也。春，雨露既濡，君子履之，必有怵惕之心，如將見之。非其寒之謂，謂悽愴及怵惕皆爲感時念親也。霜露既降，《禮説》在秋，此無秋字，蓋脱爾。〔一〕○方氏苞曰：「雨露通春夏，故必舉首時。」樂以迎來，哀以送往。故禘有樂而嘗無樂。迎來而樂，樂親之將來也。送去而哀，哀其享否不可知也。小言之，則爲一祭之間，孝子不知鬼神之期；推而廣之，放其去來於陰陽。○陳氏云：「殷周秋冬之祭，不可言無樂。此與《郊特牲》皆云無樂，未詳。」

致齊於内，散齊於外。齊之日，思其居處，思其笑語，思其志意，思其所樂，思其所嗜。齊三日，乃見其所爲齊者。致齊，思此五者也；散齊，七日不御不樂不弔耳，見所謂齊者，思之熟也。所嗜，素所欲飲食也。《春秋·傳》曰：「屈到嗜芰。」〔二〕○方氏苞曰：「樂以事言，嗜以物言。」

祭之日：入室，僾然必有見乎其位。周還出户，肅然必有聞乎其容聲。出户而聽，愾然必有聞乎其嘆息之聲。周還出户，謂薦設時也。無尸者闔户，若食間，則有出户而聽之。〇按：《釋文》云：「僾，微見貌。《詩》云：『僾而不見。』」〔三〕

是故先王之孝也，色不忘乎目，聲不絶乎耳，心志嗜欲不忘乎心。致愛則存，致愨則著。著存不忘乎心，夫安得不敬乎？存、著，則謂其思念也。〇方氏苞曰：「愨，愛之篤也。存，如見其親也；著，親之形聲志意，無微不著也。有淺深，愨非以敬言。」

君子生則敬養，死則敬享，思終身弗辱也。享猶祭也，饗也。君子有終身之喪，忌日之謂也。忌日不用，非不祥也；言夫日，志有所至，而不敢盡其私也。忌日，親亡之日。忌日者不用舉他事，如有時日之禁也。祥，善也。志有所至，至於親以此日亡，其哀心如喪時。

唯聖人爲能饗帝，孝子爲能饗親。謂祭之能使之饗也。帝，天也。饗者，鄉也，鄉之然後能饗焉。言中心鄉之，乃能使其祭見饗也。上「饗」或爲「相」。是故孝子臨尸而不怍。君牽牲，夫人奠盎；君獻尸，夫人薦豆；卿大夫相君，命婦相夫人：齊齊乎其敬也，愉愉乎其忠也，勿勿諸其欲其饗之也。色不和曰怍。奠盎，設盎齊之奠也。此時君牽牲，將薦毛血。君獻尸，而夫人薦豆，謂繹日也。儐尸，主人獻尸，主婦自東房薦韭菹醢。勿勿猶勉勉也，愨愛之貌。〇愚按：怍，慙恧也。「君牽牲」以下，當主正祭言。若專屬繹祭，恐非。

文王之祭也，事死者如事生，思死者如不欲生；忌日必哀；稱諱如見親。祀之忠也，如見親之所愛，如欲色然，其文王與？思死者如不欲生，言思親之深也。如欲色者，以時人於色厚，假以喻之。○陳《注》：「如欲色者，如見親有欲之之色。」〔四〕《詩》云：「明發不寐，有懷二人。」文王之詩也。祭之明日，明發不寐，饗而致之，又從而思之。祭之日，樂與哀半，饗之必樂，已至必哀。明發不寐，謂夜至旦也；祭之明日，謂繹日也，言繹之夜不寐也。二人，謂父母，容尸侑也。

仲尼嘗，奉薦而進，其親也慤，其行也趨趨以數。嘗，秋祭也。親，謂身親執事時也。慤與趨趨，言少威儀也。趨，讀如促。數之言速也。○方氏苞曰：「親，當作視。」已祭，子贛問曰：「子之言祭，濟濟漆漆然；今子之祭，無濟濟漆漆，何也？」子曰：「濟濟者，容也遠也；漆漆者，容也自反也。容以遠若容以自反也，夫何神明之及交？夫何濟濟漆漆之有乎？漆漆，讀如「朋友切切」。自反，猶言自脩整也。容以遠，言非所以接親親也。容以自反，言非孝子所以事親也。及，與也。此皆非與神明交之道。○愚按：容也，遠也。言至親當無容，既爲容，便有疏遠之意也。王肅破容作「客」字，非鄭義也。反饋，樂成，薦其薦俎，序其禮樂，備其百官，君子致其濟濟漆漆，夫何慌惚之有乎？天子諸侯之祭，或從血腥始，至反饋，是進熟也。〔五〕薦俎，豆與俎也。慌惚，思念益深之時也。言祭事既備，使百官助己祭。然而見其容而自反，是無慌惚之思念。○皇氏云：「初祭，尸入於室，後出在堂門，尸更反入而設饋，故云反饋。」夫言豈一端而已，夫各有所當也。」豈一端，言不可以一槩也。禮各有所當行，祭宗廟者，賓客濟濟漆漆，主人慤而趨趨。

孝子將祭，慮事不可以不豫。比時具物，不可以不備，虛中以治之。比時猶先時也。虛中，言不兼念餘事。○愚按：比時，及時也。此節總目下事也。宮室既脩，牆屋既設，百物既備，夫婦齊戒沐浴盛服，奉承而進之，洞洞乎，屬屬乎，如弗勝，如將失之，其孝敬之心至也與！脩室，謂埽除及黝堊。薦其薦俎，序其禮樂，備其百官，奉承而進之。百官助主人進之。於是諭其志意，以其慌惚以與神明交，庶或饗之。庶或饗之，孝子之志也。諭其志意，謂使祝祝饗及侑尸也。或，猶「有」也。言想見其彷彿來。○方氏苞曰：「百官奉承而進，或諭乎孝子之志意，而孝子獨致其慌惚，以與神明交也。舊説總屬助祭者，誤。」

孝子之祭也，盡其愨而愨焉，盡其信而信焉，盡其敬而敬焉，盡其禮而不過失焉。進退必敬，如親聽命，則或使之也。言當盡己而已。如居父母前，將受命而使之。○方氏苞曰：「於愨敬外別言信者，《春秋·傳》稱范武子『祝史陳信於鬼神無愧詞』。晏子對齊侯，『其祝史薦信』，是也。」

孝子之祭可知也，其立之也敬以詘，其進之也敬以愉，其薦之也敬亦欲，退而立，如將受命，已徹而退，敬齊之色不絕於面。詘，充詘，形容喜貌也。進之，謂進血腥也。愉，顔色和貌也。薦之，謂進熟也。欲，婉順貌。齊，謂齊莊。○愚按：《釋文》云「敬齊，讀如字」，非也。詘，謂體卑屈也。進，謂前進行也。退而立者，謂出户而聽時也。已徹而退，則祭畢時也。孝子之祭也，立而不詘，固也；進而不愉，疏也；薦而不欲，不愛也；退立而不如受命，敖也；已徹而退，無敬齊之色，而忘本也：如是而祭，失之矣。固猶質陋也。「而忘本」，「而」衍字。

孝子之有深愛者，必有和氣；有和氣者，必有愉色；有愉色者，必有婉容。和氣，謂立而詘。孝子如執玉，如奉盈，洞洞屬屬然如弗勝，如將失之。嚴威儼恪，非所以事親也，成人之道也。成人，既冠者。然則孝子不失其孺子之心也。

先王之所以治天下者五：貴有德，貴貴，貴老，敬長，慈幼。此五者，先王之所以定天下也。貴有德何爲也？爲其近於道也。貴貴，爲其近於君也。貴老，爲其近於親也。敬長，爲其近於兄也。慈幼，爲其近於子也。言治國有家道。是故至孝近乎王，至弟近乎霸。至孝近乎王，雖天子必有父；至弟近乎霸，雖諸侯必有兄。先王之教，因而弗改，所以領天下國家也。天子有所父事，諸侯有所兄事，謂若三老五更也。天子衰，諸侯興，故曰霸。

子曰：「立愛自親始，教民睦也。立教自長始，教民順也。親、長，父、兄也。睦，和厚也。教以慈睦，而民貴有親。教以敬長，而民貴用命。尊長，出教令者。孝以事親，順以聽命，錯諸天下，無所不行。」

郊之祭也，喪者不敢哭，凶服者不敢入國門；敬之至也。祭者吉禮，不欲聞見凶人。

祭之日，君牽牲，穆答君，卿大夫序從。祭，謂祭宗廟也。穆，子姓也。答，對也。序，以次第從也。序，或爲「豫」。〇愚按：穆字疑誤。既入廟門，麗于碑。卿大夫袒，而毛牛尚耳，鸞刀以刲，取膟膋，乃退。爓祭祭腥而退：敬之至也。麗猶繫也。毛牛尚耳，以耳毛爲上也。膟膋，血與腸間脂也。爓祭祭腥，祭爓肉腥肉也。湯肉曰爓。爓祭祭腥，或爲「合祭腥泄腤熟」也。

郊之祭，大報天，而主日，配以月。夏后氏祭其闇。殷人祭其陽。周人祭日，以朝及闇。主日者，以其光明。天之神可見者莫著焉。闇，昏時也。陽，讀爲「日雨曰暘」之「暘」，謂日中時也。朝，日出時也。夏后氏大事以昏，殷人大事以日中，周人大事以日出，亦謂此郊祭也。以朝及闇，謂終日有事。

祭日於壇，祭月於坎，以別幽明，以制上下。幽明者，謂日照晝，月照夜。

祭日於東，祭月於西，以別外內，以端其位。端，正。愚按：出在外，入在內。

日出於東，月生於西，陰陽長短，終始相巡，以致天下之和。巡，讀如「沿漢」之沿，謂更相從道。○愚按：巡，讀如字。致和者，陰陽相巡而不已，則絪緼之化行。

天下之禮，致反始也，致鬼神也，致和用也，致義也，致讓也。因祭之義，汎説禮也。致之言至也，使之勤行至於此也。至於反始，謂報天之屬也。至於鬼神，謂祭宗廟之屬也。至於和用，謂治民之事以足用也。

○方氏苞曰：「服物采章之用，各得其宜，然後尊卑上下之分誼無不和，故曰『致物用以立民紀也』。」致反始，以厚其本也；致鬼神，以尊上也；致物用，以立民紀也；致義，則上下不悖逆矣；致讓，以去争也。合此五者以治天下之禮也，雖有奇邪，而不治者則微矣。物，猶事也。變和言物，互文也。微猶少也。○方氏苞曰：「致反始，慎終追遠之類，故曰『厚其本也』。致鬼神，謂天地社稷百神之祀在民上者。」

宰我曰：「吾聞鬼神之名，不知其所謂。」子曰：「氣也者，神之盛也。魄也者，鬼之盛也。合鬼與神，教之至也。氣，謂噓吸出入者也。耳目之聰明爲魄。合鬼神而祭之，聖人之教致之也。

「衆生必死，死必歸土，此之謂鬼，骨肉斃于下，陰爲野土。陰，讀爲「依廕」之廕，言人之骨肉廕於地中爲土壤。〇愚按：陰如俗語「陰乾」之陰。

「其氣發揚于上，爲昭明，焄蒿悽愴，此百物之精也，神之著也。焄，謂香臭也。蒿，謂氣烝出貌也。上言衆生，此言百物，明其與人同也，不如人貴爾。蒿，或爲「藨」。〇方氏苞曰：「人之死，其氣焄蒿，而見者悽愴，傳所謂喪氛是也，此神之著見者。百物之精，猶云萬物之靈。言百物中，惟人得此氣之最精，而其神可識也。」

「因物之精，制爲之極，明命鬼神，以爲黔首則，百衆以畏，萬民以服。明命，猶尊名也。尊極於鬼神，不可復加也。黔首，謂民也。則，法也。爲民作法，使民亦事其祖禰。鬼神，民所畏服。

「聖人以是爲未足也。築爲宫室，設爲宗祧，以別親疏遠邇，教民反古復始，不忘其所由生也。衆之服自此，故聽且速也。自，由也。言人由此服於聖人之教也。聽，謂順教令也。速，疾也。

「二端既立，報以二禮。建設朝事，燔燎羶薌，見以蕭光，以報氣也。此教衆反始也。薦黍稷，羞肝肺首心，見間以俠甒，加以鬱鬯，以報魄也。教民相愛，上下用情，禮之至也。」二端既立，謂氣也，魄也。更有尊名，云鬼神也。二禮，謂朝事與薦黍稷也。朝事，謂薦血腥時也，薦黍稷，所謂饋食也。「見」及「見間」，皆當爲「覸」，字之誤也。「羶」當爲「馨」，聲之誤也。燔燎羶香，覸以蕭光，取牲祭脂也。光猶氣也。有虞氏祭首，夏侯氏祭心，殷祭肝，周祭肺。覸以俠甒，謂雜之兩甒醴酒也。相愛、用情，謂此以人道祭之也。報氣以氣，報魄以實，各首其類。○愚按：羶，讀如字。○《疏》云：「覸者，所見錯雜之義，故間旁見也。」

君子反古復始，不忘其所由生也。是以致其敬，發其情，竭力從事以報其親，不敢弗盡也。從事，謂脩薦可以祭者也。

是故昔者天子爲藉千畝，冕而朱紘，躬秉耒。諸侯爲藉百畝，冕而青紘，躬秉耒。以事天地山川社稷先古，以爲醴酪齊盛於是乎取之，敬之至也。藉，藉田也。先古，先祖。○《釋文》云：「藉，在亦反。」藉田，《說文》作「耤」。○愚按：藉田，天子在南郊，諸侯在東郊。

古者天子諸侯必有養獸之官。及歲時，齊戒沐浴而躬朝之。犧牷祭牲，必於是取之，敬之至也。君召牛，納而視之，擇其毛而卜之，吉，然後養之。君皮弁、素積，朔月月半，君巡牲。所以致力，孝之至也。歲時齊戒沐浴而躬朝之，謂將祭祀卜牲，君朔月月半巡視之。君召牛，納而視之，更本擇牲意。○愚按：歲時，即朔月月半也。躬朝之，即皮弁素積，君巡牲也，《疏》文甚明。必言朝者，敬其事若朝廟然。

古者天子諸侯必有公桑、蠶室，近川而爲之，築宫仞有三尺，棘墻而外閉之。及大昕之朝，君皮弁、素積，卜三宫之夫人、世婦之吉者，使入蠶于蠶室，奉種浴于川。桑于公桑，風戾以食之。大昕，季春朔日之朝也。諸侯夫人三宫，半王后也。風戾之者，及早涼脆采之，風戾之，使露氣燥，乃以食蠶。蠶性惡濕。○愚按：公桑、蠶室，天子諸侯並在北郊。○方氏苞曰：「天子則卜三宫之夫人，諸侯則卜世婦也。首舉天子諸侯，故中以君包之。」○愚按：浴之，使蠶種柔濡而易生，凡再浴乃出。歲既單矣，世婦卒蠶，奉繭以示于君，遂獻繭于夫人。夫人曰：「此所以爲君服與。」遂副褘而受之，因少牢以禮之。歲單，謂三月月盡之後也。言歲者，蠶歲之大功，事畢於此也。副褘，王后之服，而云夫人，記者容二王之後與？禮之，禮奉繭之世婦。○方氏苞曰：「〔獻繭之禮〕舉世婦，則三宫之夫人獻繭於天子及后視此矣。」古之獻繭者，其率用此與。問者之辭。○愚按：此二句結上文，非問辭也。及良日，夫人繅，三盆手，遂布于三宫夫人、世婦之吉者，使繅。遂朱緑之，玄黄之，以爲黼黻文章。服既成，君服以祀先王先公，敬之至也。三盆手者，三淹也。凡繅，每淹大總而手振之以出緒也。○《釋文》云：「繅，《説文》作繆。云抽繭出絲也。」○愚按：繅，於諸侯舉夫人，於王后舉三宫夫人，又總云祀先王先公，皆互文也。

君子曰：「禮樂不可斯須去身。」斯須猶須臾也。致樂以治心，則易直子諒之心，油然生矣。易直子諒之心生則樂，樂則安，安則久，久則天，天則神。天則不言而信，神則不怒而威：致樂以治心者也。子，讀如「不子」之子。〔六〕諒，信也。油然，物始生好美貌。致禮以治躬則莊敬，莊敬則嚴威。躬，身也。心中斯須不和不樂，而鄙詐之心入之矣。外貌斯須不莊不敬，而慢易之心入之矣。故樂也者，動於内者也；禮也者，動於外者也。樂極和；禮極順。内和而外順，則民瞻其顔色而不與争也，望其容貌而衆不生慢易焉。極，至也。故德煇動乎内，而民莫不承聽，理發乎外，而衆莫不承順。理爲言行也。○愚按：禮，理也，使萬物各得其理。故曰：致禮樂之道而天下塞焉，舉而錯之無難矣。塞，充滿也。樂也者，動於内者也；禮也者，動於外者也。故禮主其減，樂主其盈。禮減而進，以進爲文；樂盈而反，以反爲文。減猶倦也。盈猶溢也。樂以統情，禮以理行。人之情有溢而行有倦。倦而進之，以能進者爲文；溢而使反，以能反者爲文。文謂才美。禮減而不進則銷，樂盈而不反則放。故禮有報而樂有反。報，皆當爲「褒」，聲之誤。禮得其報則樂；樂得其反則安。禮之報，樂之反，其義一也。〔七〕

曾子曰：「孝有三：大孝尊親，其次弗辱，其下能養。」公明儀問於曾子曰：「夫子可以爲孝乎？」曾子曰：「是何言與！是何言與！君子之所爲孝者，先意承志，諭父母於道。參，直養者也，安能爲孝乎？」公明儀，曾子弟子。○愚按：先意，如先天弗違。承志，如後天奉時。諭父母於道，非口陳之也。反身而誠，潛移默化，所謂「瞽瞍亦允若」，是爲能曉諭父母於道也。

曾子曰：「身也者，父母之遺體也。行父母之遺體，敢不敬乎？居處不莊，非孝也；事君不忠，非孝也；涖官不敬，非孝也；朋友不信，非孝也；戰陳無勇，非孝也。五者不遂，烖及於親，敢不敬乎？遂猶成也。亨孰羶薌，嘗而薦之，非孝也，養也。君子之所謂孝也者，國人稱願，然曰：幸哉有子！如此，所謂孝也已。然猶而也。衆之本教曰孝，其行曰養。養可能也，敬爲難；敬可能也，安爲難；安可能也，卒爲難。父母既没，慎行其身，不遺父母惡名，可謂能終矣。仁者，仁此者也；禮者，履此者也；義者，宜此者也；信者，信此者也；强者，强此者也。樂自順此生，刑自反此作。」曾子曰：「夫孝置之而塞乎天地，溥之而横乎四海，施諸後世而無朝夕，推而放諸東海而準，推而放諸西海而準，推而放諸南海而準，推而放諸北海而準。無朝夕，言常行無輟時也。放猶至也。準猶平也。○方氏苞曰：「莊嚴儼恪，未嘗非敬也，而父母或爲之不自適。蓋所難者父母之安也，與恭而安之義異矣。○愚按：置之，《淮南子·原道訓》作「植之」；溥之，作「横之」；横乎，作「彌於」；後世，作「無窮」。又按：仁、禮、義、信、强，皆自孝出，亦自孝推也。順乎親則樂，而樂生焉；罪莫大於不孝，而刑作焉。《詩》云：『自西自東，自南自北，無思不服』，此之謂也。」曾子曰：「樹木以時伐焉，禽獸以時殺焉。夫子曰：『斷一樹，殺一獸，不以其時，非孝也。』夫子，孔子也。曾子述其言以云。孝有三：小孝用力，中孝用勞，大孝不匱。勞猶功也。思慈愛忘勞，可謂用力矣；尊仁安義，可謂用勞矣；博施備物，可謂不匱矣。思慈愛忘勞，思父母之慈愛己而自忘己之勞苦。○愚按：博施備物，如潁考叔愛其母施及莊公之類。故曰：「孝子不匱，永錫爾類。」父母愛之，喜而弗忘；〔八〕父母惡之，懼而無怨；無怨，無怨於父母之心。父母有過，諫而不逆；順而諫之。父母既没，必求仁者之粟以祀之：此之謂禮終。」喻貧困猶不取惡人物以事亡親。

樂正子春下堂而傷其足，數月不出，猶有憂色。門弟子曰：「夫子之足瘳矣。數月不出，猶有憂色，何也？」樂正子春曰：「善如，爾之問也！善如，爾之問也！吾聞諸曾子，曾子聞諸夫子，曰：天之所生，地之所養，無人爲大。父母全而生之，子全而歸之，可謂孝矣。不虧其體，不辱其身，可謂全矣。曾子聞諸夫子，述曾子所聞於孔子之言。○愚按：《韓非·説林》載：「齊伐魯，索讒鼎。魯以其贋往，齊人曰：贋也。魯人曰：真也。齊曰：使樂正子春來，吾將聽子。」然則其爲人可知矣。故君子頃步而弗敢忘孝也。今予忘孝之道，予是以有憂色也。頃當爲「跬」，聲之誤也。予，我也。○《釋文》云：「一舉足爲跬，再舉足爲步。」○愚按：頃與蹞相似，蓋逸其半也。《荀子·勸學篇》：「不積蹞步，無以至千里。」《注》云：「半步曰蹞。蹞與『跬』同。」壹舉足而不敢忘父母，壹出言而不敢忘父母。壹舉足而不敢忘父母，是故道而不徑，舟而不游，不敢以先父母之遺體行殆。壹出言而不敢忘父母，是故惡言不出於口，忿言不反於身。不辱其身，不羞其親，可謂孝矣。」徑，步邪趨疾也。忿言不反於身，人不能無忿怒，忿怒之言，當由其直，直則人服，不敢以忿言來也。

昔者有虞氏貴德而尚齒，夏后氏貴爵而尚齒，殷人貴富而尚齒，周人貴親而尚齒。貴，謂燕賜有加於諸臣也。尚，謂有事尊之於其黨也。臣能世禄曰富。舜時多仁聖有德，後德在小官。○方氏苞曰：「貴與尚，其事各别，所施之地亦殊。」「《注》謂『燕賜有加於諸臣』，《疏》謂於有德者，又校其齒。」「牽合言之」，「俱未安」。虞、夏、殷、周，天下之盛王也，未有遺年者。年之貴乎天下久矣，次乎事親也。言其先老也。

是故朝廷同爵則尚齒。七十杖於朝，君問則席。八十不俟朝，君問則就之，而弟達乎朝廷矣。同爵尚齒，老者在上也。君問則席，爲之布席於堂上而與之言。凡朝位立於庭。魯哀公問於孔子，命席。不俟朝，君揖之即退，不待朝事畢也。就之，就其家也。老而致仕，君或不許，異其禮而已。

行，肩而不併。不錯則隨。見老者則車徒辟；斑白者不以其任行乎道路。而弟達乎道路矣。錯，鴈行也。父黨隨行，兄黨鴈行。車徒辟，乘車、步行者皆辟老人也。斑白者，髮雜色也。任，所擔持也。不以任，少者代之。

居鄉以齒，而老窮不遺，强不犯弱，衆不暴寡。而弟達乎州巷矣。老窮不遺，以鄉人尊而長之，雖貧見無子孫，無棄忘也。一鄉者五州。巷猶閭也。古之道，五十不爲甸徒，頒禽隆諸長者，而弟達乎獀狩矣。四井爲邑，四邑爲丘，四丘爲甸。甸，六十四井也，以爲軍田出役之法。五十始衰，不從力役之事也。頒之言分也。隆猶多也。及田者分禽多其老者，謂竭作未五十者。春獵爲獀，冬獵爲狩。軍旅什伍，同爵則尚齒。而弟達乎軍旅矣。什伍，士卒部曲也。《少儀》曰：「軍尚左，卒尚右。」

孝弟發諸朝廷，行乎道路，至乎州巷，放乎獀狩，脩乎軍旅，衆以義死之，而弗敢犯也。死之，死此孝弟之禮。

祀乎明堂，所以教諸侯之孝也。食三老五更於大學，所以教諸侯之弟也。祀先賢於西學，所以教諸侯之德也。耕藉，所以教諸侯之養也。朝覲，所以教諸侯之臣也。五者天下之大教也。祀乎明堂，宗祀文王。西學，周之小學也。先賢，有道德，王所使教國子者。○方氏慤曰：「先賢、樂祖是也。西學，瞽宗是也。」○齊召南曰：「方説是。周立四代之學，其右學即瞽宗，在太學之西，故曰西學耳。何必以西郊之小學爲解乎？」

食三老五更於大學，天子袒而割牲，執醬而饋，執爵而酳，冕而總干，所以教諸侯之弟也。是故鄉里有齒，而老窮不遺，强不犯弱，衆不暴寡，此由大學來者也。割牲，制俎實也。冕而總干，親在舞位，以樂侑食也。教諸侯之弟，次事親。天子設四學。當入學而大子齒。四學，謂周四郊之虞庠也。《文王世子》曰：「行一物而三善皆得，唯世子而已。」其齒於學之謂也。○愚按：四學，四代之學也。虞庠唯聞在西郊。《注》似謂四郊皆有虞庠，未聞所出。

天子巡守，諸侯待于竟。天子先見百年者。問其國君，以百年者所在，而往見之。八十九十者，東行，西行者弗敢過；西行，東行者弗敢過。欲言政者，君就之可也。弗敢過者，謂道經之則見之。○愚按：此謂道路逢遇，則下車見之耳。

壹命齒于鄉里。再命齒于族。三命不齒；族有七十者弗敢先。此謂鄉射飲酒時也。齒者，謂以年次立若坐也。三命，列國之卿也，不復齒席之於賓東。不敢先族之七十者，謂既一人舉觶乃入也。雖非族亦然。承齒乎族，故言族爾。七十者不有大故不入朝。若有大故而入，君必與之揖讓，而后及爵者。謂致仕在家者。其入朝，君先與之爲禮，而后揖卿大夫士。天子有善，讓德於天。諸侯有善，歸諸天子。卿大夫有善，薦於諸侯。士庶人有善，本諸父母，存諸長老。禄爵慶賞，成諸宗廟。所以示順也。薦，進也。成諸宗廟，於宗廟命之。《祭統》有十倫，六曰「見爵賞之施焉」。

昔者聖人建陰陽天地之情，立以爲易。易抱龜南面，天子卷冕北面。雖有明知之心，必進斷其志焉，〔九〕示不敢專，以尊天也。善則稱人，過則稱己，教不伐以尊賢也。立以爲易，謂作易。易抱龜，易，官名，《周禮》曰「大卜」。大卜，主《三兆》、《三易》、《三夢》之占。○愚按：易亦書也。謂易與抱龜者皆南面。○王氏曰：「此説卜者之位，與《儀禮》不合，亦近張大之辭。」

孝子將祭祀，必有齊莊之心以慮事，以具服物，以脩宫室，以治百事。謂齊之前後也。及祭之日，顔色必温，行必恐，如懼不及愛然。如懼不及見其所愛者。其奠之也，容貌必温，身必詘，如語焉而未之然。奠之，謂酌尊酒奠之及酳之屬。如語焉而未之然，如有所以語親而未見答。○愚按：上下「然」字絶句，皆語辭，不合此「然」偏爲答然之然，蓋亦語辭也。之，往也。言身詘之狀，如欲往前共語而身猶未往然。宿者皆出，其立卑静以正，如將弗見然。宿者皆出，謂賓助祭者事畢出去也。如將弗見然，祭事畢，而不知親所在，思念之深，如不見出也。○愚按：宿，即宿賓之宿。及祭之後，陶陶遂遂，如將復入然。

思念既深，如覩親當復入也。陶陶遂遂，相隨行之貌。○愚按：陶陶，鬱也。遂遂，進也。鬱陶思親，將欲復進。是故愨善不違身，耳目不違心，思慮不違親，結諸心，形諸色，而術省之：孝子之志也。術，當爲「述」，聲之誤也。○愚按：術與述，蓋古字通。「蛾子時術之」，亦作術也。愨善不違身，如顔色容貌必温，行必恐，身必詘，其立卑静以正是也。耳目不違心，即「如將弗見」、「如將復入」等是也。思慮不違親，即「如懼不及愛」、「陶陶遂遂」等是也。三句結上文「孝子祭祀」如此。方氏苞謂「祭之本義，故以結通篇」，亦通。

建國之神位，右社稷而左宗廟。周尚左也。○《疏》引何休云：「質家右宗廟，尚親親；文家右社稷，尚尊尊。」故鄭云「周尚左」也。○齊召南曰：「恐是三代通禮。左爲陽，右爲陰，賞于祖，戮于社，自夏后氏已然。何休之説，未足據也。」

校記

〔一〕孫詒讓云：「此冡上秋嘗，故不言秋，古書自有此文例，《注》未然。『禮説』蓋亦據『禮緯』，鄭例凡稱『緯』並云『説』。」（見《十三經注疏校記》五七五頁）

〔二〕《國語》卷十七《楚語上》：「屈到嗜芰，有疾，召其宗老而屬之，曰：『祭我必以芰。』」按：東漢王充《論衡·案書》云：「《國語》，《左氏》之外傳也。《左氏》傳經，辭語尚略，故復選録《國語》之辭以實。」是以鄭《注》稱《國語》爲《春秋·傳》。

〔三〕按《說文》八篇上《人部·僾》：「《詩》曰：『僾而不見。』」段玉裁《注》：「《邶風》『城隅』文。今《詩》作『愛』，非古也。『僾而』，猶隱然。《離騷》之『薆然』也。」按：「城隅」文，即《詩·邶風·静女》「静女其姝，俟我于城隅。愛而不見，搔首踟躕」。

〔四〕陳澔《禮記集説》卷八《祭義第二十四》注：「如欲色然，言其想像親平生所愛之物，如見親有欲之之色也。」

〔五〕孫詒讓云：「『熟』，當依《疏》作『孰』。」（《十三經注疏校記》五七五頁）

〔六〕「不子」，指「弗子」。《尚書·虞書·益稷》：「啓呱呱而泣，予弗子，惟荒度土功。」參見《禮記·樂記》「易直子諒之心生」孔《疏》。

〔七〕自「君子曰：禮樂不可斯須去身」至「其義一也」孔穎達《疏》曰：「此一節已具於《樂記》。但記者别入，故於此又記之。其義已具在《樂記》，故於此不繁文也。」

〔八〕喜，《禮記注疏》卷四十八阮元《校勘記》：「閩本、惠棟校宋本、宋監本、石經、岳本、衛氏《集説》本均作『嘉』。監毛本嘉作『喜』，陳澔《集説》同。《石經考文提要》云：『宋大字本、余仁仲本，劉叔剛本並作『嘉』。」

〔九〕孫詒讓云：「天子卷冕者，服祭服也。《周禮·司服》『享先王則衮冕』，説詳《少牢·饋食禮》賈疏。」（《十三經注疏校記》五七六頁）

祭統第二十五

凡治人之道莫急於禮。禮有五經，莫重於祭。禮有五經，謂吉禮、凶禮、賓禮、軍禮、嘉禮也。莫重於祭，謂以吉禮爲首也。《大宗伯職》曰：「以吉禮事邦國之鬼神祇。」夫祭者，非物自外至者也，自中出、生於心也；心怵而奉之以禮。是故唯賢者能盡祭之義。怵，感念親之貌也。怵，或爲「述」。賢者之祭也，必受其福。非世所謂福也。福者，備也；備者，百順之名也。無所不順者謂之備。言内盡於己而外順於道也。忠臣以事其君，孝子以事其親，其本一也。世所謂福者，謂受鬼神之祐助也。賢者之所謂福者，謂受大順之顯名也。其本一者，言忠孝俱由順出也。上則順於鬼神，外則順於君長，内則以孝於親，如此之謂備。唯賢者能備，能備然後能祭。是故賢者之祭也：致其誠信與其忠敬，奉之以物，道之以禮，安之以樂，參之以時。明薦之而已矣，不求其爲。此孝子之心也。明猶潔也。爲，謂福祐爲己之報。祭者，所以追養繼孝也。孝者，畜也。順於道，不逆於倫，是之爲畜。畜，謂順於德教。〇《疏》引《援神契》云：「天子之孝曰就，諸侯曰度，大夫曰譽，士曰究，庶人曰畜。」〇愚按：畜，非徒養也。順道與倫，是有止而不過之義。是故孝子之事親也有三道焉：生則養，没則喪，喪畢則祭。養則觀其順也，喪則觀其哀也，祭則觀其敬而時也。盡此三道者，孝子之行也。没，終也。

既内自盡，又外求助，昏禮是也。故國君取夫人之辭曰：「請君之玉女，與寡人共有敝邑，事宗廟社稷。」此求助之本也。言玉女者，美言之也。「君子於玉比德焉。」夫祭也者，必夫婦親之，所以備外内之官也；官備則具備。具，謂所供衆物。水草之菹，陸産之醢，小物備矣；三牲之俎，八簋之實，美物備矣；昆蟲之異，草木之實，陰陽之物備矣。水草之菹，芹茆之屬。陸産之醢，蚳蝝之屬。天子之祭八簋。昆蟲，謂温生寒死之蟲也。《内則》：「可食之物有蜩、范。草木之實：蔆、芡、榛、栗之屬。」凡天之所生，地之所長，苟可薦者莫不咸在，示盡物也。外則盡物，内則盡志，此祭之心也。咸，是也。是故天子親耕於南郊以共齊盛，王后蠶於北郊以共純服。諸侯耕於東郊亦以共齊盛；夫人蠶於北郊以共冕服。天子諸侯非莫耕也，王后夫人非莫蠶也，身致其誠信，誠信之謂盡，盡之謂敬，敬盡然後可以事神明，此祭之道也。純服，亦冕服也，互言之爾。純以見繒色，冕以著祭服。東郊，少陽，諸侯象也。夫人不蠶於西郊，婦人禮少變也。齊，或爲「粢」。

及時將祭，君子乃齊。齊之爲言齊也。齊不齊以致齊者也。是以君子非有大事也，非有恭敬也，則不齊。不齊則與物無防也，嗜欲無止也。及其將齊也，防其邪物，訖其嗜欲，耳不聽樂，故《記》曰：「齊者不樂。」言不敢散其志也。心不苟慮，必依於道；手足不苟動，必依於禮。訖猶止也。○方氏苞曰：「謂君子必齊，乃防其邪物，陋矣。」是故君子之齊也，專致其精明之德也。故散齊七日以定之。致齊三日以齊之。定之之謂齊。齊者精明之至也，然後可以交於神明也。定者，定其志意。是故先期旬有一日，宮宰宿夫人，夫人亦散齊七日，致齊三日。宮宰，守宮官也。宿，讀爲肅，肅猶戒也。戒輕、宿重也。君致齊於外，夫人致齊於內，然後會於大廟。君純冕立於阼，夫人副褘立於東房。君執圭瓚祼尸，大宗執璋瓚亞祼。及迎牲，君執紖，卿大夫從。士執芻。宗婦執盎從，夫人薦涚水。君執鸞刀羞嚌，夫人薦豆，此之謂夫婦親之。大廟，始祖廟也。圭瓚、璋瓚，祼器也。以圭璋爲柄酌鬱鬯曰祼。大宗亞祼，容夫人有故攝焉。紖，所以牽牲也。《周禮》作「絼」。芻，謂藁也，殺牲時用薦之。《周禮·封人》：「祭祀，飾牲，共其水藁。」涚，盎齊也。盎齊，涚酌也。凡尊有明水，因兼云水爾。嚌，嚌肺，祭肺之屬也。君以鸞刀割制之。天子諸侯之祭禮，先有祼尸之事，乃後迎牲。芻或爲「稠」。○《釋文》：「『從夫人』絕句，一讀以『從』字絕句。」○《疏》云：「冕皆上玄下纁，其服竝然，故通云緇冕。若非二王之後，及周公廟，即悉用玄冕而祭。」「副及褘，后之上服。魯及二王之後夫人得服之。侯伯夫人揄狄，子男夫人屈狄。而竝立東房，以俟行事，尸既入之後，轉就西房。」

及入舞，君執干戚就舞位，君爲東上，冕而總干，率其羣臣以樂皇尸。是故天子之祭也，與天下樂之；諸侯之祭也，與竟內樂之。冕而總干，率其羣臣以樂皇尸，此與竟內樂之之義也。君爲東上，近主位也。皇，君也，言君尸者尊之。

夫祭有三重焉：獻之屬莫重於祼，聲莫重於升歌，舞莫重於《武宿夜》，此周道也。《武宿夜》，武曲名。周道猶周之禮。〇齊召南曰：「此即大武樂之舞曲也。《周語》：伶州鳩曰：『王以二月癸亥夜陳未畢而雨，以夷則之上宫畢（之）』。此宿商郊之明證。」〇愚按：《漢書·禮樂志》：「乃立樂府，采詩夜誦。」案：詩，詞也。夜，舞也。誦，哥也。哥、舞、詞，是樂之三體。凡作樂，皆有之。古以「夜」爲樂武之名，蓋起於周。《祭統》曰：「聲莫重於升歌，舞莫重於《武宿夜》。鄭《注》「《武宿夜》，武曲名也」，不言其義，蓋師説亡。孔《疏》引皇氏云：「師説《書·傳》云：武王伐紂，至於商郊，停止宿夜，士卒皆歡樂，歌舞以待旦，因名《武宿夜》，其樂亡也。」皇氏之説，望文生訓，未有確證。孔穎達苟取爲《疏》，顔師古注《漢·志》，乃云「夜誦者，其言辭或祕不可宣露，故於夜中歌誦」，竟以夜誦爲淫哇之曲，其謬甚矣。漢《郊祀歌》首章有云「俠嘉夜」，如淳《注》云：「佳、俠，皆美人之稱。嘉夜，芳草也。」亦不以夜爲昏夜。然則美人芳草，本於《楚詞·招魂》之義。豈有郊祀天神而敢奏淫邪之曲乎？凡三道者，所以假於外而以增君子之志也，故與志進退，志輕則亦輕，志重則亦重。輕其志而求外之重也，雖聖人弗能得也。是故君子之祭也，必身自盡也，所以明重也。道之以禮，以奉三重而薦諸皇尸，此聖人之道也。

夫祭有餕；餕者，祭之末也，不可不知也。是故古之人有言曰：「善終者如始。餕其是已。」是故古之君子曰：「尸亦餕鬼神之餘也，惠術也，可以觀政矣。」術猶法也。爲政尚施惠。盡美能知能惠。《詩》云：「維此惠君，民人所瞻。」是故尸謖，君與卿四人餕。君起，大夫六人餕。臣餕君之餘也。大夫起，士八人餕。賤餕貴之餘也。士起，各執其具以出，陳于堂下，百官進，徹之，下餕上之餘也。進，當爲「餕」，聲之誤也。百官，謂有事於君祭者也。既餕乃徹之而去，所謂自卑至賤。進、徹，或俱爲餕。○方氏苞曰：「卿大夫之餕有數，而獻無數，以退老者雖無所共之職事，必陪位也。」「侯國三卿五大夫而餕之數有加焉，則退老者必與祭明矣。」「『各執其具以出』，《疏》謂『所司徹之』，是也。凡餕之道，每變以衆，所以別貴賤之等而興施惠之象也。是故以四簋黍，見其脩於廟中也。廟中者，竟内之象也。鬼神之惠徧廟中，如國君之惠徧竟内也。○《疏》云：「諸侯祭有六簋。以二簋留爲陽厭之祭，故以四簋而餕。簋有黍稷，舉黍，稷可知也。」祭者，澤之大者也。是故上有大澤，則惠必及下，顧上先下後耳，非上積重而下有凍餒之民也。是故上有大澤，則民夫人待於下流，知惠之必將至也，由餕見之矣。故曰：「可以觀政矣。」鬼神有祭，不獨饗之，使人餕之，恩澤之大者也。國君有蓄積，不獨食之，亦以施惠於竟内也。○方氏苞曰：「周人之祭，自朝及闇，凡執事者皆不免饑渴矣。餕以廣神惠，亦以充其饑也。酬以洽人情，亦以解其渴也。故曰惠術也，可以觀政矣。」「祭之末，有畀煇胞翟閽者，以各守其局，未得與於餕與旅酬而不敢遺也。」

夫祭之爲物大矣，其興物備矣。順以備者也，其教之本與？爲物猶爲禮也。興物，謂薦百品。是故君子之教也，外則教之以尊其君長，内則教之以孝於其親。是故明君在上，則諸臣服從，崇事宗廟社稷，則子孫順孝。盡其道，端其義，而教生焉。崇猶尊也。○《疏》云：「外教謂郊天，内教謂祭宗廟。」○方氏苞曰：「禮行於宗廟，則凡與祭者，皆觀感興起，外知尊君敬長之義，内篤事親之恩。《疏》義未安。」是故君子之事君也，必身行之。所不安於上，則不以使下；所惡於下，則不以事上；非諸人，行諸己，非教之道也。必身行之，言恕己乃行之。○方氏苞曰：「此言國君祀事，而忽及君子之事君，必身行之者？國中無在君之上，而惟廟中「事尸之禮，一同於事君，所謂身行之者此也。所以然者，必能事人，然後能使人」，故「國君與卿並餕尸之餘，皆身行事上之事，以庶幾無惡於下也。」是故君子之教也，必由其本，順之至也，祭其是與？故曰：祭者，教之本也已。教由孝順生也。

夫祭有十倫焉，見事鬼神之道焉，見君臣之義焉，見父子之倫焉，見貴賤之等焉，見親疏之殺焉，見爵賞之施焉，見夫婦之別焉，見政事之均焉，見長幼之序焉，見上下之際焉。此之謂十倫。倫猶義也。

鋪筵設同几，爲依神也；詔祝於室而出于祊，此交神明之道也。同之言詷也。祭者以其妃配，亦不特几也。詔祝，告事於尸也。出于祊，謂索祭也。○《疏》云：「詷，共也。」○愚按：「同几」之義，陳氏《集説》本《疏》義，方氏苞非之，云：「虞有女尸，以在寢且獨設之也。於廟則非儀，況爲女尸，必爲男尸者之婦而後可。設尸甚多，尸必以孫，孫必與婦偕，何可備也，況大祫乎！先王制禮，乃緣人情，究事理，不得不然。過而求之，斯失之矣。」

君迎牲而不迎尸，别嫌也。尸在廟門外，則疑於臣，在廟門中，則全於君；君在廟門外，則疑於君，入廟門，則全於臣，全於子。是故不出者，明君臣之義也。不迎尸者，欲全其尊也。尸，神象也。鬼神之尊在廟中，人君之尊出廟門則伸。

夫祭之道，孫爲王父尸。所使爲尸者，於祭者子行也；父北面而事之，所以明子事父之道也。此父子之倫也。子行猶子列也。祭祖則用孫列，皆取於同姓之適孫也。天子諸侯之祭，朝事延尸於户外，是以有北面事尸之禮。

尸飲五，君洗玉爵獻卿；尸飲七，以瑶爵獻大夫；尸飲九，以散爵獻士及羣有司，皆以齒。明尊卑之等也。尸飲五，謂酳尸五獻也。大夫士祭三獻而獻賓。〔一〕○《疏》云：「此據備九獻之禮者。」

夫祭有昭穆，昭穆者，所以别父子遠近長幼親疏之序而無亂也。是故，有事於大廟，則羣昭羣穆咸在而不失其倫。此之謂親疏之殺也。照穆咸在，同宗父子皆來。○愚按：祭有昭穆，謂尸主也；羣昭羣穆，則人也。

古者明君爵有德而禄有功，必賜爵禄於大廟，示不敢專也。故祭之日，一獻，君降立于阼階之南，南鄉。所命北面，史由君右執策命之。再拜稽首，受書以歸，而舍奠于其廟。此爵賞之施也。一獻，一酳尸也。舍，當爲「釋」，聲之誤也。非時而祭曰奠。○《疏》云：「一獻」，即「尸飲五，君獻卿時也」。「以酳尸之前，皆爲祭事，承奉鬼神，未暇策命。而尸食已畢，祭事方了，始可以行其爵賞及賜勞臣下。」又云：「若天子命羣臣，則不因常祭之日特假於廟。故《大宗伯》云：『王命諸侯則儐。』」○愚按：《注》、《疏》所以知此據諸侯之禮者，以諸侯不得專爵命，故假大廟以行之，亦所以重名器、尊天子也。方氏苞深駁舊説，以爲「不宜獻飲未終，而爵命羣臣以間之」。因謂此「特假於廟，故簡其禮而用一獻，天子諸侯所同也」。竊謂此説恐未然。諸侯不得專爵命，故假祭日以行之。此亦先王制禮斟酌事勢，不得不然。謂獻酬交錯，不當以爵命間之，則獻卿畢而爵命，於時尸未飲七，大夫瑶爵尚未獻，亦不爲間也。且使「特假於廟」，則《記》不得云「祭之日」也。下文「於禘，發爵、賜服」，使行於禘祭之後，則又不必特舉禘日矣。竊謂《注》、《疏》甚確，不可易也。

君卷冕立于阼，夫人副褘立于東房。〔二〕夫人薦豆，執校，執醴授之，執鐙。尸酢夫人，執柄。夫人受尸，執足。夫婦相授受，不相襲處，酢必易爵。明夫婦之別也。校，豆中央直者也。執醴、授醴之人，授夫人以豆，則執鐙。鐙，豆下跗也。〇方氏苞曰：「上《記》『宗婦執盎以從夫人』，則執醴者亦宗婦也。」〇《疏》以「酢必易爵」，即爲「不相襲處」。〇方氏苞曰：「按《特牲饋食禮》：主婦致爵於主人，席於户内。主人致爵於主婦，席於房中。『夫婦相授受，不相襲處』，謂此。蓋授爵受爵，易地不相襲耳。」

凡爲俎者，以骨爲主。骨有貴賤：殷人貴髀，周人貴肩，凡前貴於後。俎者，所以明祭之必有惠也。是故，貴者取貴骨，賤者取賤骨。貴者不重，賤者不虚，示均也。惠均則政行，政行則事成，事成則功立。功之所以立者，不可不知也。俎者，所以明惠之必均也。善爲政者如此，故曰見政事之均焉。殷人貴髀，爲其厚也。周人貴肩，爲其顯也。「凡前貴於後」，謂脊、脅、臂、臑之屬。〇《釋文》：「臑，肱骨也。」

凡賜爵，昭爲一，穆爲一。昭與昭齒，穆與穆齒，凡羣有司皆以齒，此之謂長幼有序。昭穆猶特牲、少牢饋食之禮衆兄弟也。羣有司猶衆賓下及執事者。君賜之爵，謂若酬之。○方氏苞曰：「昭與昭齒，穆與穆齒，謂諸父兄弟之燕也。羣有司皆以齒，謂繼士之後而得獻者，故統曰『賜爵』以包之。（《注》《疏》云云）蓋未達於諸侯之禮。祭之日，衆兄弟與賓無旅法，凡賓侑祝佐食衆賓衆兄弟旅酬，皆在繹而儐尸時。」

夫祭有畀煇、胞、翟、閽者，惠下之道也。唯有德之君爲能行此，明足以見之，仁足以與之。畀之爲言與也，能以其餘畀其下者也。煇者，甲吏之賤者也；胞者，肉吏之賤者也；翟者，樂吏之賤者也。閽者，守門之賤者也。古者不使刑人守門，此四守者，吏之至賤者也。尸又至尊，以至尊既祭之末，而不忘至賤而以其餘畀之。是故明君在上，則竟内之民無凍餒者矣，此之謂上下之際。明足以見之，見此卑者也。仁足以與之，與此卑者也。煇，《周禮》作韗，謂韗，磔皮革之官也。翟，謂教羽舞者也。古者不使刑人守門，謂夏殷時。○愚按：翟者，羽舞也。《詩》云：「右手秉翟，公言錫爵」，是畀翟之事也。甲吏，疑保介之屬也。肉吏，疑庖廚之屬也。

凡祭有四時，春祭曰礿，夏祭曰禘，秋祭曰嘗，冬祭曰烝。謂夏殷時禮也。礿禘，陽義也；嘗烝，陰義也。禘者，陽之盛也；嘗者，陰之盛也。故曰莫重於禘嘗。夏者尊卑著，而秋萬物成。古者於禘也，發爵賜服，順陽義也；於嘗也，出田邑發秋政，順陰義也。言爵命屬陽，國地屬陰。故《記》曰：「嘗之日發公室，示賞也；草艾則墨；未發秋政，則民弗敢草也。」發公室，出賞物也。草艾，謂艾取草也。秋，草木成，可芟艾，給爨亨。時則始行小刑也。故曰：禘嘗之義大矣。治國之本也，不可不知也。明其義者，君也；能其事者，臣也。不明其義，君人不全；不能其事，爲臣不全。全猶具也。夫義者，所以濟志也，諸德之發也。是故其德盛者其志厚。其志厚者其義章。其義章者其祭也敬。祭敬，則竟内之子孫莫敢不敬矣。濟，成也。發，謂機發也。竟内之子孫，萬人爲子孫。是故君子之祭也，必身親涖之；有故，則使人可也。雖使人也，君不失其義者，君明其義故也。涖，臨也。君不失其義者，言君雖不自親祭，祭禮無闕，於君德不損也。其德薄者，其志輕，疑於其義而求祭，使之必敬也，弗可得已。祭而不敬，何以爲民父母矣。○愚按：使之必敬，謂求所使攝祭者必敬也。

夫鼎有銘，銘者自名也。自名，以稱揚其先祖之美而明著之後世者也。爲先祖者莫不有美焉，莫不有惡焉。銘之義，稱美而不稱惡，此孝子孝孫之心也。唯賢者能之。銘，謂書之刻之以識事者也。自名，謂稱揚其先祖之德，著己名於下。銘者，論譔其先祖之有德善，功烈勳勞慶賞聲名，列於天下，而酌之祭器，自成其名焉，以祀其先祖者也。顯揚先祖，所以崇孝也。身比焉，順也。明示後世，教也。烈，業也。王功曰勳，事功曰勞。酌之祭器，言斟酌其美，傳著於鐘鼎也。身比焉，謂自著名於下也。順也。自著名以稱揚先祖之德，孝順之行也。教也，所以教後世。夫銘者，壹稱而上下皆得焉耳矣。是故君子之觀於銘也，既美其所稱，又美其所爲。美其所爲，美此人爲此銘。爲之者，明足以見之，仁足以與之，知足以利之，可謂賢矣。賢而勿伐，可謂恭矣。明足以見之，見其先祖之美也。仁足以與之，與其先祖之銘也。非有仁恩，君不使與之也。知足以利之，利己名得比於先祖。〇愚按：此所謂美其所爲也。美其所稱，則先祖是矣。「知足以利之」，方氏苞深駁此句，又以舉衛孔悝《銘》爲陋，是也。故衛孔悝之鼎銘曰：「六月丁亥，公假于大廟。孔悝，衛大夫也。公，衛莊公蒯聵也。德孔悝之立己，依禮褒之，以静國人自固也。假，至也。至於大廟，謂以夏之孟夏禘祭。公曰：叔舅！乃祖莊叔，左右成公，成公乃命莊叔隨難于漢陽，即宮于宗周，奔走無射。公曰叔舅者，公爲策書，尊呼孔悝而命之也。乃猶女也。莊叔，悝七世之祖衛大夫孔達也。隨難者，謂成公爲晉文公所伐，出奔楚，命莊叔從焉。漢，楚之川也。即宮於宗周，後反得國，坐殺弟叔武，晉人執而歸之於京師，寘之深室也。射，厭也。言莊叔當奔走至勞苦而不厭倦也。周既去鎬京，猶名王城爲宗周也。啓右獻公。獻公乃命成叔纂乃祖服。獻公，魏侯衎，成公曾孫也。亦失國得反。言莊叔之功流於後世，啓右獻公，使得反國也。成叔，莊叔之孫，成子烝鉏也。右，助也。纂，繼也。服，事也。獻公反國，命成子繼女祖莊叔之事，欲其忠如孔達也。乃考文叔興舊耆欲，作率慶士，躬恤衛國，其勤公家，夙夜不解，民咸曰：休哉！文叔者，成叔之曾孫文子圉，即悝父也。作，起也。率，循也。慶，善也。士之言事也。言文叔能興行先祖之舊德，起而循其善事。〇應鏞曰：「嗜欲者，心志之所存。慶，卿也。古者卿慶同。」〇愚按：方氏苞曰：「耆音旨，義訓致。興起舊勳，而致其所欲效於國家也。《春秋·傳》：『撫弱耆昧』，亦訓致。慶士，謂善士，用之而國有慶者也。猶《書》所謂『吉士』。」

公曰：叔舅！予女銘，若纂乃考服。若、乃猶女也。公命悝：「予女先祖以銘：以尊顯之，女繼女父之事。」欲其忠如文子也。成公、獻公、莊公，皆失國得反，言孔氏世有功焉，寵之也。悝拜稽首，曰：對揚以辟之，對，遂也。辟，明也。言遂揚君命，以明我先祖之德也。○愚按：陳《注》「『對揚』至『彝鼎』十三字作一句」，是也。辟，君也。勤大命，施于烝彝鼎。」施猶著也。言我將行君之命，又刻著於烝祭之彝鼎。彝，尊也。《周禮》：「大約劑，書於宗彝。」此衛孔悝之《鼎銘》也。言銘之類衆多也，略取其一以言之。古之君子，論譔其先祖之美，而明著之後世者也。以比其身以重其國家如此。如莊公命孔悝之爲也。莊公、孔悝，雖無令德以終，其事於禮是，行之非。子孫之守宗廟社稷者，其先祖無美而稱之，是誣也；有善而弗知，不明也。知而弗傳，不仁也。此三者，君子之所恥也。昔者周公旦有勳勞於天下。周公既没，成王、康王追念周公之所以勳勞者，而欲尊魯，故賜之以重祭。外祭則郊社是也；内祭則大嘗禘是也。言此者王室所銘，若周公之功。○愚按：記者蓋見《春秋》書「魯郊禘」，不知其僭，疑爲成王所賜，又疑爲康王。蓋皆億度之詞耳。魯僭禘，自閔公；僭郊，自僖公。謂成王賜，伯禽受，皆誣也。夫大嘗禘，升歌《清廟》，下而管《象》；朱干玉戚，以舞《大武》；八佾，以舞《大夏》，此天子之樂也。康周公，故以賜魯也。《清廟》，頌文王之詩也。管《象》，吹管而舞《武象》之樂也。朱干，赤盾；戚，斧也，此《武象》之舞所執也。佾猶列也。《大夏》，禹樂，文舞也，執羽、籥。文武之舞，皆八列，互言之耳。康猶褒大也。《易·晉卦》曰：「康侯用錫馬。」子孫纂之，至于今不廢，所以明周公之德而又以重其國也。不廢，不廢其此禮樂也。〔三〕重猶尊也。

校記

〔一〕《儀禮·特牲饋食禮》文。孫詒讓云：「注『尸飲至獻賓』疏：『此據備九獻之禮者。』《司尊彝》賈疏謂此據侯伯七獻禮，是也。孔謂據上公九獻禮，失之。江氏《禮經綱目》所辯甚塙。」（《十三經注疏校記》五七七頁）

〔二〕禕，《禮記正義》卷四十九作「褘」。

〔三〕《禮記注疏》卷四十九阮元《校勘記》：「浦鏜《校》云：『《集説》無『其』字。』」按《疏》，則『其』字當衍。」

經解第二十六

孔子曰：「入其國，其教可知也。觀其風俗，則知其所以教。其爲人也温柔敦厚，《詩》教也；疏通知遠，《書》教也；廣博易良，《樂》教也；絜静精微，《易》教也；恭儉莊敬，《禮》教也；屬辭比事，《春秋》教也。屬猶合也。《春秋》多記諸侯朝聘會同，有相接之辭，罪辯之事。故《詩》之失愚；《書》之失誣；《樂》之失奢；《易》之失賊；《禮》之失煩；《春秋》之失亂。失，謂不能節其教者也。《詩》敦厚近愚；《書》知遠近誣；《易》精微，愛惡相攻，遠近相取，則不能容人，近於傷害；《春秋》習戰争之事，近亂。〇方氏苞曰：「經本無弊，解者失其意，而愚誣賊亂之弊生。此篇别其教並著其失，故以《經解》名。」又曰：「辭與事比，事同而辭異，則義必異矣。若妄起義例而失聖人之本指，則大亂經常之道，如公羊氏『祭仲知權』、『不以父命辭王父命』之類是也。」又曰：「此《記》中間所述多荀卿語，疑出於漢之中葉傳荀氏之學者爲之也。」「記者既列」經「説之有所失，而又念一道德而同風俗，非羣儒之私教所可冀也。所以養君德，施政教，正俗化，莫急於禮。而禮非天子不能行。」「夫六經火於秦，並出於漢，而《禮》之廢則自漢始。河間獻王獻古邦國《禮》五十六篇，武帝不用而沿襲秦故，以定宗廟百官之儀。其《士禮》之僅存者，〔二〕亦未布頒以爲民紀。」「《記》所云『以舊禮爲無所用而去之者』，意在斯乎！」〇愚按：《淮南子·泰族訓》

云：「六藝異科而皆同道：温惠柔良者，《詩》之風也；淳龐敦厚者，《書》之教也；清明條達者，《易》之義
也；恭儉尊讓者，《禮》之爲也；寬裕簡易者，《樂》之化也；刺幾辯義者，《春秋》之靡也。」又云：「《易》之
失也卦；《書》之失也敷；《樂》之失也淫；《詩》之失也辟；《禮》之失也責；《春秋》之失也刺。」又云
「《易》之失鬼；《樂》之失淫；《詩》之失愚；《書》之失拘；《禮》之失忮；《春秋》之失訾。」亦與此義
同。

其爲人也温柔敦厚而不愚，則深於《詩》者也；疏通知遠而不誣，則深於《書》者也；廣博易良
而不奢，則深於《樂》者也；絜静精微而不賊，則深於《易》者也；恭儉莊敬而不煩，則深於
《禮》者也。屬辭比事而不亂，則深於《春秋》者也。」言深者既能以教，又防其失。

天子者與天地參，故德配天地，兼利萬物，與日月並明，明照四海而不遺微小。其在朝廷，則道
仁聖禮義之序；燕處，則聽《雅》《頌》之音；行步，則有環佩之聲；升車，則有鸞和之音；居
處有禮，進退有度，百官得其宜，萬事得其序。《詩》云：「淑人君子，其儀不忒。其儀不忒，
正是四國。」此之謂也。道猶言也。環佩，佩環、佩玉也，所以爲行節也。《玉藻》曰：「進則揖之，退則揚
之，然後玉鏘鳴也。」環取其無窮止，玉則比德焉。孔子佩象環，五寸。人君之環，其制未聞也。鸞、和，皆鈴
也，所以爲車行節也。《韓詩内傳》曰：「鸞在衡，和在軾。」前升車則馬動，馬動則鸞鳴，鸞鳴則和應。居處，
朝廷與燕也。進退，行步與升車也。

發號出令而民説，謂之和；上下相親，謂之仁；民不求其所欲而得之，謂之信；除去天地之害，謂之義。義與信，和與仁，霸王之器也。有治民之意而無其器，則不成。器，謂所操以作事者也。義、信、和、仁，皆存乎禮。

禮之於正國也，猶衡之於輕重也，繩墨之於曲直也，規矩之於方圜也。故衡誠縣，不可欺以輕重；繩墨誠陳，不可欺以曲直；規矩誠設，不可欺以方圜；君子審禮，不可誣以姦詐。衡，稱也。縣，謂錘也。陳、設，謂彈畫也。誠猶審也，或作「成」。是故隆禮由禮，謂之有方之士；不隆禮不由禮，謂之無方之民。敬讓之道也。故以奉宗廟，則敬；以入朝廷，則貴賤有位；以處室家，則父子親，兄弟和；以處鄉里，則長幼有序。孔子曰：「安上、治民，莫善於禮。」此之謂也。隆禮，謂盛行禮也。方猶道也。《春秋·傳》曰：「教之以義方。」〇方氏苞曰：「方猶所也。」「『敬讓之道也』上，應有闕文。」

故朝覲之禮，所以明君臣之義也；聘問之禮，所以使諸侯相尊敬也；喪祭之禮，所以明臣子之恩也；鄉飲酒之禮，所以明長幼之序也；昏姻之禮，所以明男女之别也。夫禮，禁亂之所由生，猶坊止水之所自來也。故以舊坊爲無所用而壞之者，必有水敗；以舊禮爲無所用而去之者，必有亂患。春見曰朝，小聘曰問，其篇今亡。昏姻，謂嫁取也。壻曰昏，妻曰姻。自，亦由也。

故昏姻之禮廢，則夫婦之道苦，而淫辟之罪多矣；鄉飲酒之禮廢，則長幼之序失，而争鬭之獄繁矣；喪祭之禮廢，則臣子之恩薄，而倍死忘生者衆矣；聘覲之禮廢，則君臣之位失，諸侯之行惡，而倍畔侵陵之敗起矣。苦，謂不至、不答之屬。○愚按：《論衡·薄葬》篇「忘生」作「亡先」，於義爲長，宜據以訂正；又「薄」作「泊」，亦是。〔二〕故禮之教化也微，其止邪也於未形，使人日徙善遠罪而不自知也；是以先王隆之也。《易》曰：「君子慎始，差若豪氂，繆以千里。」〔三〕此之謂也。隆，謂尊盛之也。始，謂其微時也。○愚按：《漢書》引《易》曰：「正其本而萬物理，失之豪釐，差以千里。」見於《易緯·通卦驗》。蓋漢儒引《易緯》、《易傳》之文，通謂之《易》也。又《左傳·疏》引《易》云：「伏羲作十言之教，曰乾、坤、震、巽、坎、離、艮、兑消息。」而朱子發以爲鄭康成之語，蓋亦「緯書」也。

校記

〔一〕《士禮》，《儀禮》之别名。《史記》卷一百二十一《儒林列傳》：「諸學者多言《禮》，而魯高堂生最本。《禮》固自孔子時而其經不具，及至秦焚書，書散亡益多，於今獨有《士禮》，高堂生能言之。」《漢書》卷八十八《儒林傳》：「漢興，魯高堂生傳《士禮》十七篇。」

〔二〕《論衡·薄喪》篇：「喪祭禮廢，則臣子恩泊；臣子恩泊，則倍死亡先；倍死亡先，則不孝獄多。」

〔三〕孔穎達《疏》：「此《易·繫辭》文也。」按引《易》語，今《周易》無之。又按：《史記》卷一百三十《太史公自序》：「故《易》曰：『失之豪釐，差以千里。』南朝宋裴駰《集解》：「徐廣曰：『一云「差以毫氂」，一云「繆以千里」。』駰案：《易》無此語，《易緯》有之。」又《漢書》卷六十二《司馬遷傳》：「察其所以，皆失其本已。故《易》曰：『差之豪氂，謬以千里。』」顏師古《注》：「今之《易經》及彖、象、繫辭，並無此語。所稱《易緯》者，則有之焉。斯蓋《易》家之別説者也。」

哀公問第二十七

哀公問於孔子曰：「大禮如何？君子之言禮，何其尊也？」

孔子曰：「丘也小人，不足以知禮。」謙不答也。

君曰：「否，吾子之言也！」

孔子曰：「丘聞之，民之所由生，禮爲大。非禮無以節事天地之神也，非禮無以辨君臣上下長幼之位也。非禮無以别男女父子兄弟之親、昏姻親數之交也。君子以此爲尊敬然。言君子以此故尊禮。然後以其所能教百姓，不廢其會節。君子以其所能於禮教百姓，使其不廢此上事之期節。有成事，然後治其雕鏤文章黼黻以嗣。上事行於民有成功，乃後續以治文飾，以爲尊卑之差。其順之，然後言其喪算，備其鼎俎，設其豕腊，脩其宗廟，歲時以敬祭祀，以序宗族。即安其居，節醜其衣服，卑其宫室。車不雕幾，〔一〕器不刻鏤，食不貳味，以與民同利。昔之君子之行禮者如此。」言，語也。算，數也。即，就也。醜，類也。幾，附纏之也。言君子既尊禮，民以爲順，乃後語以喪祭之禮，就安其居處，正其衣服，教之節儉，與之同利者，上下俱足也。○陳氏云：「節，儉也。醜猶惡也。」

公曰：「今之君子，胡莫行之也？」

孔子曰：「今之君子，好實無厭，淫德不倦，荒怠敖慢，固民是盡；午其衆以伐有道；求得當欲，不以其所。昔之用民者由前，今之用民者由後。今之君子莫爲禮也。」實猶富也。淫，放也。固猶故也。午其衆，逆其族類也。當猶稱也。所猶道也。由前，用上所言。由後，用下所言。○陳氏云：「固，如『固獲』之固。」○《釋文》云：「午，王肅作『迕』。迕，違也。」○按：午，《大戴禮》作「忤」，蓋俗字也。

孔子侍坐於哀公，哀公曰：「敢問人道誰爲大？」

孔子愀然作色而對，曰：「君之及此言也，百姓之德也，固臣敢無辭而對？人道，政爲大。」愀然，變動貌也。作猶變也。德猶福也。辭，讓也。○愚按：固，鄙也。固臣，謙也。一云：固與「故」同。

公曰：「敢問何謂政？」

孔子對曰：「政者，正也。君爲正，則百姓從政矣。君之所爲，百姓之所從也。君所不爲，百姓何從？」言君當務於政。

公曰：「敢問爲政如之何？」

孔子對曰：「夫婦別，父子親，君臣嚴。三者正，則庶物從之矣。」庶物猶衆事也。○愚按：哀公嫡妾不明，父子無禮，君臣相疑。故稱三者以正之。

公曰：「寡人雖無似也，願聞所以行三言之道，可得聞乎？」無似猶言不肖。

孔子對曰：「古之爲政，愛人爲大。所以治愛人，禮爲大。所以治禮，敬爲大。敬之至矣，大昏爲大，大昏至矣。大昏既至，冕而親迎，親之也；親之也者，親之也。是故君子興敬爲親，舍敬是遺親也。弗愛不親，弗敬不正。愛與敬，其政之本與！」大昏，國君取禮也。至矣，言至大也。興敬爲親，言相敬則親。○愚按：夫婦者，正始之道，王化之基。故問「行三言之道」，而獨舉大昏。○方氏苞曰：「君臣父子之敬，人所共知。惟夫婦居室，易狎難敬。故必夫婦能敬，而後爲敬之至。」「『親之也者，親之也』，《家語》作『親迎者，敬之至也』。下『親之』宜作『敬之』。」

公曰：「寡人願有言然。冕而親迎，不已重乎？」已猶大也。怪親迎乃服祭服。○愚按：哀公惟不知此之重，故爲妾齊衰。

孔子愀然作色而對，曰：「合二姓之好，以繼先聖之後，以爲天地宗廟社稷之主，君何謂已重乎？」先聖，周公也。○愚按：先聖及天地，蓋兼天子言也。○方氏苞曰：「后夫人不與外祀，而曰爲天地社稷之主，蓋粢盛必親舂，服冕絲物必親繅也。《疏》謂大宗伯攝，未知何據。」

公曰：「寡人固；不固，焉得聞此言也。寡人欲問，不得其辭；請少進。」固不固，言吾由鄙固故也。請少進，欲其爲言以曉己。○愚按：「寡人固」絶句。鄭以上「固」爲鄙固，下「固」故也。王肅則以二「固」皆爲固陋。

孔子曰：「天地不合，萬物不生。大昏，萬世之嗣也，君何謂已重焉？」

孔子遂言曰：「内以治宗廟之禮，足以配天地之神明；出以治直言之禮，足以立上下之敬；物恥，足以振之；國恥，足以興之。爲政先禮，禮其政之本與！」宗廟之禮，祭宗廟也。夫婦配天地，有日月之象焉。《禮器》曰：「君在阼，夫人在房。大明生於東，月生於西：此陰陽之分，夫婦之位也。」直猶正也；正言，謂出政教也。政教有夫婦之禮焉。《昏義》曰：「天子聽外治，后聽内職。教順成俗，外内和順，國家理治，此之謂盛德。」物猶事也；事恥，臣恥也。振，猶救也。國恥，君恥也。君臣之行有可恥者，禮足以救之，足以興復之。○《疏》云：「天地，日月也。夫配日，婦配月。」○陳氏云：「『直言』二字未詳。或云：當作『朝廷』。」○愚按：「物恥」、「國恥」，似不合分屬君臣；「物恥」，一事之恥；「國恥」，舉國之恥。振，洗刷也。

孔子遂言曰：「昔三代明王之政，必敬其妻子也，有道。妻也者，親之主也，敢不敬與？子也者，親之後也，敢不敬與？君子無不敬也，敬身爲大。身也者，親之枝也。敢不敬與？不能敬其身，是傷其親，傷其親，是傷其本；傷其本，枝從而亡。三者，百姓之象也：身以及身，子以及子，妃以及妃。君行此三者，則愾乎天下矣：大王之道也。如此，則國家順矣。」愾猶至也。大王居豳，爲狄所伐，乃曰：「土地所以養人也。君子不以其所養害所養。」乃去之岐。是言百姓之身猶吾身也，百姓之妻子猶吾之妻子也。不忍以土地之故而害之，去之岐，而王迹興焉。〔二〕○愚按：象，法象也。百姓所則而象之。「愾乎」猶《祭義》所謂「愾然」也。方氏苞謂「其氣之感通震動」，其説是矣。

公曰：「敢問何謂敬身？」

孔子對曰：「君子過言，則民作辭；過動，則民作則。君子言不過辭，動不過則，百姓不命而敬恭。如是，則能敬其身。能敬其身，則能成其親矣。」則，法也。民者，化君者也。君之言雖過，民猶稱其辭，君之行雖過，民猶以爲法。〇愚按：《傳》言：「公弔季康子，降禮；立公子荆之母爲夫人，國人惡之」；又謂「郭重食言而肥，則公之過動過言多矣，百姓能敬恭乎？」

公曰：「敢問何謂成親？」

孔子對曰：「君子也者，人之成名也。百姓歸之名，謂之『君子之子』。是使其親爲君子也；是爲成其親之名也已！」

孔子遂言曰：「古之爲政，愛人爲大。不能愛人，不能有其身。不能有其身，不能安土。不能安土，不能樂天。不能樂天，不能成其身。」有猶保也。不能保身者，言人將害之也。不能安土，動移失業也。不能樂天，不知己過而怨天也。〇方氏苞曰：「民不知君數世矣。」「哀公此時非愛人之心大信於民，將不能有其身。」「其後不忍季氏之詬，而隱身於越，則不能安土樂天，而無以保其身。孔子已見其端倪矣。」

公曰：「敢問何謂成身？」

孔子對曰：「不過乎物。」物猶事也。〇愚按：有物必有則。小而言動不過也；大而綱常，夫婦別，父子親，君臣嚴，是即不過乎物也。以上既爲公備陳之，故於此約而言之。

公曰：「敢問君子何貴乎天道也？」

孔子對曰：「貴其不已。如日月東西相從而不已也，是天道也；不閉其久，是天道也；無爲而物成，是天道也；已成而明，是天道也。」已猶止也。是天道也者，言人君法之，當如是也。日月相從，君臣相朝會也。不閉其久，通其政教不可以倦。無爲而成，使民不可以煩也。已成而明，照察有功。○方氏苞曰：「不已，則久於中而其徵不可掩矣。所謂不閉其久也。」「天道，轉運密移，不見所爲，而時行物生」，「無爲而物成」也。「造化之功，皆既成而後燦然有迹」，「已成而明」也。

公曰：「寡人惷愚，冥煩子志之心也。」志，讀爲識，識，識知也。冥煩者，言不能明理此事，子之心所知也。欲其要言使易行。○愚按：鄭讀「惷愚」絶句，陳氏讀「冥煩」絶句，「志」讀如字，言「欲孔子以簡切之語，志記於我心」。

孔子蹴然辟席而對，曰：「仁人不過乎物，孝子不過乎物。是故仁人之事親也如事天，事天如事親；是故孝子成身。」蹴然，敬貌。物猶事也。事親事天，孝敬同也。《孝經》曰：「事父孝，故事天明。」舉無過事，以孝事親，是所以成身。

公曰：「寡人既聞此言也，無如後罪何！」既聞此言也者，欲勤行之者也，無奈後日過於事之罪何，爲謙辭。

孔子對曰：「君之及此言也，是臣之福也」。善哀公及此言。此言，善言也。

校記

〔一〕雕幾，器物鏤成凹凸綫狀之花紋。參閲《禮記·少儀》「國家靡敝，則車不雕幾，甲不組縢」鄭《注》、孔《疏》。

〔二〕孔穎達《疏》：「云『大王居豳，爲敵所伐』者，《毛詩·傳》文。」「《毛傳》所引，皆《孟子》文。」「此《注》『君子不以其所養害所養』，取《莊子》、《吕氏春秋》文。」

仲尼燕居第二十八

仲尼燕居，子張、子貢、言游侍，縱言至於禮。言游，言偃子游也。縱言，汎説事。子曰：「居女三人者，吾語女禮，使女以禮周流，無不徧也。」居女三人者，女三人且坐也。使之坐，凡與尊者言，更端則起。

子貢越席而對，曰：「敢問何如？」對，應也。子曰：「敬而不中禮謂之野；恭而不中禮謂之給；勇而不中禮謂之逆。」子曰：「給奪慈仁。」奪猶亂也。巧言足恭之人，似慈仁，實鮮仁。特言是者，感子貢也。子貢辯，近於給。

子曰：「師，爾過而商也不及。子産猶衆人之母也，能食之，不能教也。」過與不及，言敏鈍不同，俱違禮也。衆人之母，言子産慈仁，多不矜莊，又與子張相反。子産嘗以其乘車濟冬涉者，而車梁不成。是慈仁亦違禮。

子貢越席而對，曰：「敢問將何以爲此中者也？」子曰：「禮乎禮！夫禮，所以制中也。」禮乎禮，唯有禮也。

子貢退，言游進，曰：「敢問禮也者，領惡而全好者與？」子曰：「然。」領猶治也。好，善也。

「然則何如？」子曰：「郊社之義，所以仁鬼神也；嘗禘之禮，所以仁昭穆也；饋奠之禮，所以仁死喪也；射鄉之禮，所以仁鄉黨也；食饗之禮，所以仁賓客也。」仁猶存也。凡存此者，所以全善之道也。郊社、嘗禘、饋奠，存死之善者也。射鄉、食饗，存生之善者也。郊有后稷，社有句龍。○愚按：《注》「存」，謂存念也。禮生於仁，故五者之禮，並以仁言。

子曰：「明乎郊社之義，嘗禘之禮，治國其如指諸掌而已乎！是故以之居處有禮，故長幼辨也；以之閨門之內有禮，故三族和也；以之朝廷有禮，故官爵序也；以之田獵有禮，故戎事閑也；以之軍旅有禮，故武功成也。是故宮室得其度，量鼎得其象，味得其時，樂得其節，車得其式，鬼神得其饗，喪紀得其哀，辨説得其黨，官得其體，政事得其施；加於身而錯於前，凡衆之動得其宜。」治國指諸掌，言易知也。郊社、嘗禘，尊卑之事，有治國之象焉。辨，别也。三族，父、子、孫也。凡言「得」者，得法於禮也。量，豆、區、斗、斛也。味，酸苦之屬也。四時有所多，及獻所宜也。式，謂載也，所載有尊卑。辨禮之説，謂禮樂之官教學者。黨，類也。體，尊卑異而合同。○方氏苞曰：「上五者第曰禮，原禮之所以制也。此五者曰『以之』，以人之用禮言也。」「知禮，則得失從違判若白黑，故辨説得其黨。凡此皆所謂好也。惟有禮，故能全。」

子曰：「禮者何也？即事之治也。君子有其事必有其治。治國而無禮，譬猶瞽之無相與，倀倀乎其何之？譬如終夜有求於幽室之中，非燭何見？若無禮則手足無所錯，耳目無所加，進退揖讓無所制。是故以之居處，長幼失其別，閨門、三族失其和，朝廷、官爵失其序，田獵、戎事失其策，軍旅、武功失其制，宮室失其度，量鼎失其象，味失其時，樂失其節，車失其式，鬼神失其饗，喪紀失其哀，辨説失其黨，官失其體，政事失其施；加於身而錯於前，凡衆之動失其宜。如此，則無以祖洽於衆也。」凡言失者，無禮故也。策，謀也。祖，始也。洽，合也。言失禮無以爲衆倡始，無以合和衆。〇愚按：禮隨事而在。苟無禮則事不行。故有其事必有其治也。〇方氏苞曰：「凡此皆所謂惡也。惟無禮，故無以領而去之也。」

子曰：「慎聽之，女三人者！吾語女禮，猶有九焉，大饗有四焉。苟知此矣，雖在畎畝之中事之，聖人已。

「兩君相見，揖讓而入門，入門而縣興；揖讓而升堂，升堂而樂闋。下管《象式》，《夏籥》序興；陳其薦俎，序其禮樂，備其百官。如此而后君子知仁焉。行中規，還中矩，和鸞中《采齊》，客出以《雍》，徹以《振羽》：是故君子無物而不在禮矣。入門而金作，示情也；升歌《清廟》，示德也；下而管《象》，示事也：是故古之君子不必親相與言也，以禮樂相示而已。」猶有九焉，吾所欲語女，餘有九也，但大饗有四。大饗，謂饗諸侯來朝者也。四者謂金再作，升歌《清廟》，下管《象》也。事之，謂立置於位也。聖人已者，是聖人也。縣興，金作也。金再作者，獻主君又作也。下，謂堂下也。《象武》，武舞也。《夏籥》，文舞也。序，更也。堂下吹管，舞文武之樂更起也。知仁焉，知禮樂所存也。《采齊》、《雍》、《振羽》，皆樂章也。《振羽》、《振鷺》。及《雍》金作，示情也。賓、主人各以情相示也。金性内明，象人情也。示德也，相示以德也，《清廟》頌文王之德。示事也，相示以事也，武《象》，武王之大事也。○愚按：「樂闋」之下，脱「升歌《清廟》」一句。夏，翟也。《詩》云「左手執籥，右手秉翟」，即下文「興羽籥」是也。《疏》以「夏」爲「大夏」，非也。「人而不仁，如禮何？」禮本於仁，故行禮而曰君子知仁也。《疏》以「行中規」以下凡五事合上「大饗」四者爲九也。又按：九者之義，盧植、王肅，説各不同，皆與鄭異，而義皆似劣於鄭，故不從也。「下管《象》」，《疏》按《周頌·維清》「奏《象》舞也」《注》云：「武王制焉」。〔一〕愚按：「下管《象》」，《文王世子》、《明堂位》、《祭統》皆有此句。《明堂位·注》云，《象》謂《周頌·武》也。《毛詩·疏》辨「下管《象武》」不指《維清》之詩。齊召南譏其相矛盾也。

子曰：「禮也者，理也；樂也者，節也。君子無理不動，無節不作。不能詩，於禮繆；不能樂，於禮素；薄於德，於禮虛。」繆，誤也。素猶質也。歌詩所以通禮意也。作樂所以同成禮文也。崇德所以實禮行也。《王制》曰：「樂正崇四術，立四教，順先王《詩》、《書》、《禮》、《樂》以造士：春秋教以《禮》《樂》，冬夏教以《詩》《書》。王大子、王子、羣后之大子、卿大夫元士之適子、國之俊選皆造焉。」則古之人皆知諸侯之禮樂。

子曰：「制度在禮，文爲在禮，行之其在人乎！」文爲，文章、所爲。

子貢越席而對，曰：「敢問夔其窮與？」見其不達於禮。子曰：「古之人與？古之人也，達於禮而不達於樂謂之素，達於樂而不達於禮謂之偏。夫夔達於樂而不達於禮，是以傳於此名也；古之人也。」素與偏，俱不備耳。夔達於樂，傳世名，此賢人也。非不能，非所謂窮。○愚按：素與「於禮素」之素同也。伯夷典禮，猶讓夔龍；《周官》宗伯，實兼司樂。則夔非不達於禮明矣。或有洞悉精微，不如其達於樂之尤深耳，非不通也；何得謂之窮。

子張問政，子曰：「師乎，前，吾語女乎！君子明於禮樂，舉而錯之而已。」言禮樂足以爲政也。錯猶施行也。

子張復問。子曰：「師，爾以爲必鋪几筵，升降，酌獻，酬酢，然後謂之禮乎？爾以爲必行綴兆，興羽籥，作鍾鼓，然後謂之樂乎？言而履之，禮也；行而樂之，樂也。君子力此二者，以南面而立，夫是以天下大平也。諸侯朝，萬物服體，而百官莫不承事矣。禮之所興，衆之所治也；禮之所廢，衆之所亂也。目巧之室則有奥阼，席則有上下，車則有左右，行則有隨，立則有序：古之義也。室而無奥阼，則亂於堂室也；席而無上下，則亂於席上也；車而無左右，則亂於車也；行而無隨，則亂於塗也；立而無序，則亂於位也。昔聖帝、明王、諸侯，辨貴賤、長幼、遠近、男女、外内，莫敢相踰越，皆由此塗出也。」服體，體服也。謂萬物之符長，皆來爲瑞應也。衆之所治，衆之所以治也。衆之所亂，衆之所以亂也。目巧，謂但用巧目善意作室，不由法度，猶有奥阼賓主之處也。自「目巧」以下，古今常事，不可廢改也。○《釋文》云：「符長，《隱義》云：『符，謂甘露、醴泉之屬；長，謂麟鳳五靈之屬。』」○愚按：服體，謂萬物以形體相屈服。三子者既得聞此言也於夫子，昭然若發矇矣。乃曉禮樂不可廢改之意也。

校記

〔一〕《詩·周頌·維清》「《維清》，奏『象舞』也」鄭玄《注》：「『象舞』，象用兵時刺伐之舞。武王制焉。」朱熹《詩集傳》謂詩中未見「奏『象舞』」之意，認爲是祭祀文王的詩篇之一。近人王國維研究認爲「象武」有「文舞」、「武舞」之别，《維清》則爲《周頌》三十一篇中唯一的「象舞」（「文舞」）之詩。

孔子閒居第二十九

孔子閒居，子夏侍。子夏曰：「敢問《詩》云『凱弟君子，民之父母』，何如斯可謂民之父母矣？」凱弟，樂易也。

孔子曰：「夫民之父母乎，必達於禮樂之原，以致『五至』，而行『三無』，以横於天下；四方有敗，必先知之：此之謂民之父母矣。」原猶本也。横，充也。敗，謂禍烖也。○愚按：四方有敗，必先知之，非切於愛民者不能。如「父母愛子，必爲子計深遠也」。

子夏曰：「民之父母，既得而聞之矣；敢問何謂『五至』？」

孔子曰：「志之所至，詩亦至焉；詩之所至，禮亦至焉；禮之所至，樂亦至焉；樂之所至，哀亦至焉，哀樂相生。是故正明目而視之，不可得而見也；傾耳而聽之，不可得而聞也；志氣塞乎天地。此之謂『五至』。」凡言至者，至於民也。志，謂恩意也。言君恩意至於民，則其詩亦至也。詩，謂好惡之情也。自此以下，皆謂民之父母者，善推其所有，以與民共之；人耳不能聞，目不能見，行之在胸心也。塞，滿也。○愚按：至猶極也。志之所至，謂凱弟也。詩，謂民間風謡也。風謡美，則禮俗刑，故禮亦至焉。禮俗刑則頌聲作，故樂亦至焉。目不可見，耳不可聞，極言至之微妙也。如云：「無聲無臭，至矣。」

子夏曰：「『五至』既得而聞之矣，敢問何謂『三無』？」

孔子曰：「無聲之樂，無體之禮，無服之喪，此之謂『三無』。」

子夏曰：「『三無』既得略而聞之矣，敢問何《詩》近之？」於意未察，求其類於詩，詩長人情。

孔子曰：「『夙夜其命宥密』，〔一〕無聲之樂也；『威儀逮逮，不可選也』，無體之禮也；『凡民有喪，匍匐救之』，無服之喪也。」《詩》讀「其」爲「基」，聲之誤也。基，謀也。密，靜也。言君夙夜謀爲政教以安民，則民樂之；此非有鐘鼓之聲也。逮逮，安和之貌也。言君之威儀安和，逮逮然，則民傚之；此非有升降揖讓之禮也。救之，賙恤之。言君於民有喪，有以賙恤之，則民傚之；此非有衰絰之服。○愚按：「基」當從《詩·箋》訓「始」也。夙夜憂勤，肇受天命，於寬靜之中，是即樂之希聲也。威儀閑富，不可選數，禮餘於體也。他人有喪，匍匐往救，非有服之親也。逮逮，《毛詩》作「棣棣」。

子夏曰：「言則大矣！美矣！盛矣！言盡於此而已乎？」

孔子曰：「何爲其然也？君子之服之也，猶有五起焉。」言盡於此乎，意以爲説未盡也。服猶習也。君子習讀此詩，起此之義，其説有五也。

子夏曰：「何如？」

孔子曰：「無聲之樂，氣志不違；無體之禮，威儀遲遲；無服之喪，内恕孔悲。無聲之樂，氣志既得；無體之禮，威儀翼翼；無服之喪，施及四國。無聲之樂，氣志既從；無體之禮，上下和同，無服之喪，以畜萬邦。無聲之樂，日聞四方；無體之禮，日就月將；無服之喪，純德孔明。無聲之樂，氣志既起；無體之禮，施及四海；無服之喪，施于孫子。」不違者，民不違君之氣志也。孔，甚也。施，易也。從，順也。畜，孝也。使萬邦之民兢爲孝也。就，成也。將，大也。使民之傚體日有所成，至月則大矣。起猶行也。○愚按：此節文凡五疊，如《洪範》「皇極」「敷言」相似，所以使人反覆詠歌，感發心志，故云「五起」也。大抵前三疊法本己身，加於邦國；後二疊功密無間，化及後人。○方氏苞曰：「日不違，曰既得，己之志氣也。曰既從，曰既起，人之志氣也。從者與人無忤而已，起則善端興起，化及於人也。」

子夏曰：「三王之德參於天地，敢問何如斯可謂參於天地矣？」

孔子曰：「奉三無私以勞天下。」三王，謂禹、湯、文王也。參天地者，其德與天地爲三也。勞，勞來。

子夏曰：「敢問何謂三無私？」

孔子曰：「天無私覆，地無私載，日月無私照，奉斯三者以勞天下，此之謂三無私。其在《詩》曰：『帝命不違，至於湯齊。湯降不遲，聖敬日齊。昭假遲遲，上帝是祗。帝命式于九圍。』是湯之德也。帝，天帝也。《詩》讀湯齊爲「湯躋」。躋，升也。降，下也。齊，莊也。昭，明也。假，至也。祗，敬也。式，用也。九圍，九州之界也。此《詩》云：殷之先君，其爲政不違天之命，至於湯升爲君，又下天之政教甚疾，其聖敬日莊嚴，其明道至於民遲遲然安和，天是用敬之，命之用事於九州，謂使王也。是湯之德者，是湯奉天無私之德也。〇愚按：湯齊，齊讀如字。日齊，齊從《詩》讀爲「躋」。餘竝從《詩》解。鄭先注《禮》，後箋《詩》。齊召南曰：「當是注《禮》時誤，及箋《詩》，不及追改耳。」

「天有四時，春、秋、冬、夏、風、雨、霜、露，無非教也；地載神氣，神氣風霆，風霆流形，庶物露生，無非教也。言天地之施化收殺，地之載生萬物，此非有所私也。無非教者，皆人君所當奉行以爲政教。〇愚按：霆，雷也。此言天地之無私。

「清明在躬，氣志如神；耆欲將至，有開必先，天降時雨，山川出雲。其在《詩》曰：『嵩高維嶽，竣極于天。維嶽降神，生甫及申。維申及甫，維周之翰。四國于蕃，四方于宣。』〔二〕此文、武之德也。清明在躬，氣志如神，謂聖人也。耆欲將至，謂其王天下之期將至也。神有以開之，必先爲之生賢知之輔佐，若天將降時雨，山川爲之先出雲矣。峻，高大也。翰，幹也。言周道將興，五嶽爲之生賢輔佐。仲山甫及申伯爲周之幹臣，天下之蕃衛，宣德於四方，以成其王功。此文武之德也，是文王、武王奉天地無私之德也。此宣王詩也，文武之時，其德如此，而詩無以言之，取類以明之。〇方氏苞曰：「耆，致也，謂致其所欲也。《注》、《疏》以王天下言，誤矣。」「此節蓋因天道至教，而言人事之與天地相感通，以申『昭假遲遲，上帝是祗』之義也。」「《家語》作『有物將至，其兆必先』，『有』與『耆』、『其』與『有』，形近而訛也。『物』與『欲』，音近而訛也。『兆』與『開』，疑亦剥蝕形近而訛。」〇愚按：「嵩」，《毛詩》作「崧」。甫，甫侯也。

「三代之王也，必先令聞。《詩》云：『明明天子，令聞不已。』三代之德也。令，善也。言以名德善聞，天乃命之王也。不已，不倦止也。『弛其文德，協此四國。』〔三〕大王之德也。」弛，施也。協，和也。大王，文王之祖。周道將興，始有令聞。○愚按：此節申言三王之無私以王天下，本其先代之有令聞，追言大王之始造周，以終「有開必先」之意。

子夏蹶然而起，負牆而立，曰：「弟子敢不承乎！」承，奉承，不失隊也。起、負牆者，所問竟，辟後來者。

校記

〔一〕《詩·周頌·昊天有成命》。《毛詩》「其」作「基」。毛《傳》：「基，始；命，信；宥，寬；密，寧也。」鄭玄《箋》：「早夜始〔信〕順天命，不能解倦，行寬仁安静之政，以定天下。寬仁所以止苛刻也；安静所以息暴亂也。」

〔二〕《毛詩·大雅·崧高》峻作「駿」。

〔三〕《毛詩·大雅·江漢》弛作「矢」，協作「洽」。按：矢通「施」，施通「弛」。洽，協和也。

坊記第三十

子言之：君子之道，辟則坊與，坊民之所不足者也。民所不足，謂仁義之道也。失道則放辟邪侈也。大爲之坊，民猶踰之。言嚴其禁尚不能止，況不禁乎！故君子禮以坊德，刑以坊淫，命以坊欲。命謂教令。○愚按：命，天命也。孟子謂「性也，有命焉，君子不謂性〔也〕」，所謂「命以坊欲」也。「禮以坊德」者，仁義，皆天德也，過之則有蔽；以禮坊之，則釋回而增美。坊，與「防」，古字通。

子云：小人貧斯約，富斯驕；約斯盜，驕斯亂。約，猶窮也。禮者，因人之情，而爲之節文，以爲民坊者也。故聖人之制富貴也，使民富不足以驕，貧不至於約，貴不慊於上，故亂益亡。此「節文」者，謂農有田里之差，士有爵命之級。慊，恨不滿之貌也。慊，或爲「嫌」。

子云：貧而好樂，富而好禮，衆而以寧者，天下其幾矣。言如此者寡也。寧，安也。大旅衆家，恒多作亂。《詩》云：「民之貪亂，寧爲荼毒。」言民之貪爲亂者，安其荼毒之行，惡之也。故制國不過千乘，都城不過百雉，家富不過百乘。以此坊民，諸侯猶有畔者。古者，方十里，其中六十四井出兵車一乘，此兵賦之法也。成國之賦千乘，雉，度名也。高一丈、長三丈爲雉。百雉爲長三百丈、方五百步。子男之城方五里。百雉者，此謂「大都三國之一」。○齊召南曰：「千乘之説有二。謂地方三百一十六里而出車千乘者，馬、鄭説也；謂千乘即百里之國者，包咸、何休説也，不能相通。包氏注《論語》，以爲古者井田方里爲井，十井爲乘；百里之國，通計萬井。則魯地方百里，當有千乘矣。朱子注《孟子》，以包氏之説爲是。

子云：夫禮者，所以章疑别微，以爲民坊者也。故貴賤有等，衣服有别，朝廷有位，則民有所讓。位，朝位也。

子云：天無二日，土無二王，家無二主，尊無二上，示民有君臣之别也。《春秋》不稱楚越之王喪，禮，君不稱天，大夫不稱君，恐民之惑也。楚越之君，僭號稱王；不稱其喪，謂不書葬也。《春秋·傳》曰：「吴楚之君不書葬，辟其僭號也。」〔一〕臣者天君，稱天子爲天王，稱諸侯不言天公，辟王也。大夫有臣者，稱之曰主，不言君，辟諸侯也。此者皆爲使民疑惑，不知孰者尊也。《周禮》曰：「主友之讎視從父昆弟。」〔二〕《詩》云：「相彼盍旦，尚猶患之。」盍旦，夜鳴求旦之鳥也。求不可得也，人猶惡其欲反晝夜而亂晦明，況於臣之僭君，求不可得之類，亂上下、惑衆也。〇按：盍，一作「渴」，一作「鶡」。旦，一作「鴠」。

子云：君不與同姓同車，與異姓同車不同服，示民不嫌也。以此坊民，民猶得同姓以弑其君。同姓者，謂先王先公子孫有繼及之道者也。其非此，則無嫌也。僕、右，恒朝服；君則各以時事，唯在軍同服爾。

子云：君子辭貴不辭賤，辭富不辭貧，則亂益亡。亡，無也。故君子與其使食浮於人也，寧使人浮於食。食，謂禄也。在上曰浮。禄勝己則近貪，己勝禄則近廉。

子云：觴酒豆肉，讓而受惡，民猶犯齒。衽席之上，讓而坐下，民猶犯貴。朝廷之位，讓而就賤，民猶犯君。犯猶僭也。齒，年也。禮六十以上，籩豆有加，貴秩異者。《詩》云：「民之無良，相怨一方。受爵不讓，至于已斯亡。」〔三〕良，善也。言無善之人，善遥相怨。貪爵禄好得無讓，以至亡已。

○愚按：爵，飲器也。引此以證觴酒、豆肉須讓之義。

子云：君子貴人而賤己，先人而後己，則民作讓。故稱人之君曰君，自稱其君曰寡君。寡君猶言少德之君。言之謙。

子云：利禄先死者而後生者，則民不偝；先亡者而後存者，則民可以託。言不偷於死亡，則於生存信。○《釋文》：「愉音偷。本亦作偷。」《詩》云：「先君之思，以畜寡人。」此衛夫人定姜之詩也。定姜無子，立庶子衎，是爲獻公。畜，孝也。獻公無禮於定姜，姜作詩以言獻公當思先君定公，以孝於寡人。

○《釋文》云：「畜，《毛詩》作勖。定姜之詩，此是《魯詩》，《毛詩》爲莊姜。」以此坊民，民猶偝死而號無告。死者見偝，其家之老弱號呼稱冤。無所告，無理也。

子云：有國家者貴人而賤禄，則民興讓；尚技而賤車，則民興藝。言人君貴尚賢者能者，而不吝於班禄賜車服，則讓道興。賢者、能者，人所服也。技猶藝也。故君子約言，小人先言。言人尚德不尚言也。「約」與「先」，互言爾。君子約則小人多矣；小人先則君子後矣。《易》曰：「君子以多識前言往行，以畜其德。」

子云：上酌民言，則下天上施；上不酌民言，則犯也；下不天上施，則亂也。酌猶取也。取衆民之言，以爲政教，則得民心。得民心，則恩澤所加，民受之如天矣。言其尊。○方氏苞曰：「違於義理，逆於衆心，皆所謂犯也。讓即『酌民言』之謂。」故君子信讓以涖百姓，則民之報禮重。涖，臨也。報禮重者，猶言能死其難。《詩》云：「先民有言，詢于芻蕘。」先民，謂上古之君也。詢，謀也。芻蕘，下民之事也。言古之人君，將有政教，必謀之於庶民乃施之。

子云：善則稱人，過則稱己，則民不争。善則稱人，過則稱己，則怨益亡。《詩》云：「爾卜爾筮，履無咎言。」爾，女也。履，禮也。言女鄉卜筮，然後與我爲禮，則無咎惡之言矣。言惡在己，彼過淺。○愚按：以「卜」、「筮」、「無咎言」稱「爾」，證「善則稱人」之意。履，《毛詩》作「體」。《箋》云：「卦兆之體。」

子云：善則稱人，過則稱己，則民讓善。《詩》云：「考卜惟王，度是鎬京。惟龜正之，武王成之。」度，謀也。鎬京，鎬宫也。言武王卜而謀居此鎬邑，龜則出吉兆正之，武王築成之。此臣歸美於君。○愚按：此似言歸美於龜卜，爲讓善耳。宅，古多作「度」，《皇矣》篇：「此維予度。」〔四〕凡此，蓋皆齊、魯、韓《詩》也。

子云：善則稱君，過則稱己，則民作忠。《君陳》曰：「爾有嘉謀嘉猷，入告爾君于内，女乃順之于外。曰，此謀此猷，惟我君之德，於乎！是惟良顯哉。」君陳，蓋周公之子，伯禽弟也。名篇在

《尚書》，今亡。嘉，善也。猷，道也。「於乎！是維良顯哉！」美君之德。

子云：善則稱親，過則稱己，則民作孝。《大誓》曰：「予克紂，非予武，惟朕文考無罪。紂克予，非朕文考有罪，惟予小子無良。」《大誓》，《尚書》篇名也。克，勝也。非予武，非我武功也。文考，文王也。無罪，則言有德也。無良，無功善也。此武王誓衆以伐紂之辭也。今《大誓》無此章，則其篇散亡。

子云：君子弛其親之過而敬其美。弛猶棄忘也。孝子不藏識父母之過。○方氏苞曰：「非也。過已成矣，爲子者不復藏記於心，安得爲孝。弛者，使其過有所解，而人不忍攻，幹蠱之義也。禹能灑沉澹災，三代命祀，鯀亦列焉。且曰禹能以德脩鯀之功，則鯀之過弛矣。」《論語》曰：「三年無改於父之道，可謂孝矣。」不以己善駮親之過。高宗云：「三年其維不言，言乃讙。」高宗，殷王武丁也。名篇在《尚書》。三年不言，有父小乙喪之時也。讙當爲「歡」，聲之誤也。其既言，天下皆歡喜，樂其政教也。

子云：從命不忿，微諫不倦，勞而不怨，可謂孝矣。微諫不倦者，子於父母，尚和順，不用鄂鄂。《論語》曰：「事父母幾諫。見志不從，又敬不違。」《内則》曰：「父母有過，下氣怡色柔聲以諫，諫若不入，起敬起孝，説則復諫。」此所謂不倦。《詩》云：「孝子不匱。」匱，乏也。孝子無乏止之時。

子云：睦於父母之黨，可謂孝矣。睦，厚也。黨猶親也。故君子因睦以合族。合族，謂與族人燕、與族人食。《詩》云：「此令兄弟，綽綽有裕。不令兄弟，交相爲瘉」令，善也。綽綽，寬容貌也。交猶更。瘉，病也。

子云：於父之執，可以乘其車，不可以衣其衣。君子以廣孝也。父之執，與父執志同者也。可以乘其車，車於身差遠也。謂今與己位等。〔五〕

子云：小人皆能養其親，君子不敬，何以辨。辨，别也。

子云：父子不同位，以厚敬也。同位，尊卑等，爲其相褻。《書》云：「厥辟不辟，忝厥祖。」〔六〕厥，其也。辟，君也。忝，辱也。爲君不君，與臣子相褻，則辱先祖矣。君父之道宜尊嚴。

子云：父母在，不稱老，言孝不言慈；閨門之内，戲而不歎。孝，上施；言慈，則嫌下流也。戲，謂孺子言笑者也。孟子曰：舜年五十，而不失其孺子之心。歎，謂有憂戚之聲也。○愚按：不稱老，非但不自稱也；雖稱他人，猶爲嫌老其親也。不言慈，嫌若感其親也。戲，如老萊子爲孺子戲以娱親。君子以此坊民，民猶薄於孝而厚於慈。〔七〕

子云：長民者朝廷敬老，則民作孝。長民，謂天子諸侯也。

子云：祭祀之有尸也，宗廟之有主也，示民有事也。脩宗廟，敬祀事，教民追孝也。有事，有所尊事。以此坊民，民猶忘其親。

子云：敬則用祭器。祭器，籩豆簠簋之屬也。有敬事於賓客則用之，謂饗食也。盤盂之屬爲燕器。故君子不以菲廢禮，不以美没禮。言不可以其薄不及禮而不行禮，亦不可以其美過禮而去禮，禮王敬；廢滅之，是不敬。故食禮：主人親饋，則客祭；主人不親饋，則客不祭。故君子苟無禮，雖美不食焉。

《易》曰：「東鄰殺牛，不如西鄰之禴祭，寔受其福。」東鄰，謂紂國中也。西鄰，謂文王國中也。此辭在《既濟》。《既濟》離下坎上。離爲牛，坎爲豕。西鄰禴祭則用豕。與言殺牛而凶，不如殺豕受福，喻奢而慢，不如儉而敬也。《春秋·傳》曰：「黍稷非馨，明德惟馨」，信矣。方氏苞曰：「敵客無不親饋之禮，其諸侍食於長者與！」「蓋父兄爲客，則主人於子弟，容不親進饌也。」《詩》云：「既醉以酒，既飽以德。」言君子饗燕，非專爲酒肴，亦以觀威儀，講德美。以此示民，民猶争利而忘義。

子云：七日戒，三日齊，承一人焉以爲尸，過之者趨走，以教敬也。戒，謂散齊也。承猶事也。醴酒在室，醍酒在堂，澄酒在下，示民不淫也。淫猶貪也。澄酒，清酒也。三酒尚質不尚味。尸飲三，衆賓飲一，示民有上下也。上下猶尊卑也。主人主婦上賓獻尸，乃後主人降，洗爵獻賓。因其酒肉，聚其宗族，以教民睦也。言祭有酒肉，羣昭羣穆皆至而獻醻之，咸有薦俎。故堂上觀乎室，堂下觀乎上。謂祭時肅敬之威儀也。《詩》云：「禮儀卒度，笑語卒獲。」卒，盡也。獲，得也。言在廟中者不失其禮儀，皆歡喜得其節也。

子云：賓禮每進以讓，喪禮每加以遠。浴於中霤，飯於牖下，小斂於户内，大斂於阼，殯於客位，祖於庭，葬於墓，所以示遠也。遠之，所以崇敬也。阼或爲「堂」。○方氏苞曰：「喪禮每加以遠者，恐愈遠而哀遂亡，故每加設禮節，以爲之紀也。自「浴於中霤」至「葬於墓」，每節皆有哭泣辟踊祭弔之禮，所以示遠而不可怠也。故卒哭之弔宜於家，正爲民之卒事不嫌於過厚耳。」「舊説以《檀弓》『即遠』之義詁，似不可通。」殷人弔於壙，周人弔於家，示民不偝也。既葬，哀而哭踊，於是弔之。
子云：死，民之卒事也，吾從周。周於送死尤備。以此坊民，諸侯猶有薨而不葬者。○方氏苞曰：
「告薨而鄰國不會葬也。」
子云：升自客階，受弔於賓位，教民追孝也。謂反哭時也。既葬矣，猶不由阼階，不忍即父位也。未没
喪，不稱君，示民不争也。故魯《春秋》記晉喪，曰：「殺其君之子奚齊及其君卓。」没，終也。
《春秋·傳》曰：「諸侯於其封内三年稱子」，至其臣子，踰年則謂之君矣。奚齊與卓子，皆獻公之子也。獻公
卒，其年奚齊殺，明年而卓子殺矣。以此坊民，子猶有弑其父者。弑父，不子之甚。
子云：孝以事君，弟以事長，示民不貳也。故君子有君不謀仕，唯卜之日稱二君。不貳，不自尊於
尊者也。自貳，謂若鄭叔段者也。君子有君，謂君之子、父在者也。不謀仕，嫌遲爲政也。卜之日，謂君有故
而爲之卜也。二當爲「貳」，唯卜之時，辭得曰「君之貳某爾」。晉惠公獲於秦，命其大夫歸擇立君，曰：「其
卜貳圉也。」○按：方氏苞云：「既有君，則不謀仕於他國，或謀得美仕，惟筮仕之初，未决所從，則可稱二君
以决之。」愚按：此章語意未詳，方氏苞説，亦未確然；且似與「孝」、「弟」、「不貳」意微隔，不如仍從《注
説》。喪父三年，喪君三年，示民不疑也。不疑於君之尊也。君，無骨肉之親，不重其服，至尊不明。父
母在，不敢有其身，不敢私其財，示民有上下也。身及財，皆當統於父母也。有猶專也。故天子四海
之内無客禮，莫敢爲主焉。故君適其臣，升自阼階，即位於堂，示民不敢有其室也。臣亦統於君。

父母在，饋獻不及車馬，示民不敢專也。車馬，家物之重者。以此坊民，民猶忘其親而貳其君。

子云：禮之先幣帛也，欲民之先事而後禄也。此禮，謂所執之贄以見者也。既相見，乃奉幣帛以修好也。或云：禮之先辭而後幣帛。先財而後禮，則民利；財，幣帛也。利猶貪也。無辭而行情，則民爭。辭，辭讓也。情，主利欲也。故君子於有饋者，弗能見，則不視其饋。饋，遺也。不能見，謂有疾也。不視猶不内也。○愚按：不納，非不受也。謂使人代受，自己不納而視之耳。蓋必有喪疾者不能親受，故亦不食之；若視之，則嫌於欲食矣。《易》曰：「不耕穫，不菑畬，凶。」〔八〕言必先種之乃得穫，若先菑乃得畬也。安有無事而取利者乎！田一歲曰菑，二歲曰畬，三歲曰新田。○愚按：今《易》本無「凶」字。以此坊民，民猶貴禄而賤行。行猶事也。言務得其禄，不務其事。

子云：君子不盡利以遺民。不與民爭利也。《詩》云：「彼有遺秉，此有斂穧，伊寡婦之利。」〔九〕言穫者之遺餘，捃拾所以爲利。故君子仕則不稼，田則不漁，食時不力珍，大夫不坐羊，士不坐犬。食時，謂食四時之膳也。力猶務也。天子諸侯有秩膳，古者殺牲食其肉，坐其皮，不坐犬羊，是不無故殺之。○愚按：殺食而不坐其皮，亦不盡利之道。《詩》云：「采葑采菲，無以下體。德音莫違，及爾同死。」葑，蔓菁也。陳宋之間謂之葑。菲，藚類也。下體，謂其根也。采葑菲之菜者，采其葉而可食，無以其根美則并取之，苦則棄之。并取之，是盡利也。此詩故親今疏者，言人之交，當如采葑采菲，取一善而已。君子不求備於一人，能如此，則德美之音，不離令名，我願與女同死矣。《論語》曰：「故舊無大故，則不棄也。」

〇《疏》云：「鄭此《注》，前釋正合《記》文，後釋不知何意如此，今所未詳。」以此坊民，民猶忘義而争利，以亡其身。

子云：夫禮，坊民所淫，章民之别，使民無嫌，以爲民紀者也。淫猶貪也。章，明也。嫌，嫌疑也。故男女無媒不交，無幣不相見，恐男女之無别也。重男女之會，所以遠别之於禽獸也。有幣者必有媒，有媒者不必有幣。仲春之月，會男女之時，不必待幣。以此坊民，民猶有自獻其身。獻猶進也。〇按：陳《注》謂此十一字當在所引《詩》下。《詩》云：「伐柯如之何？匪斧不克。取妻如之何？匪媒不得。蓺麻如之何？横從其畝。取妻如之何？必告父母。」〔一〇〕伐柯，伐木以爲柯也。克，能也。蓺猶樹也。横從，横行治其田也。言取妻之法必有媒，如伐柯之必須斧也。取妻之道，必告父母，如樹麻當先易治其田。〇愚按：「横從」之義，《詩》毛《傳》云：「從獵之，横獵之。」

子云：取妻不取同姓，以厚别也。厚猶遠也。故買妾不知其姓則卜之。妾言買者，以其賤同之於衆物也。士庶之妾，恒多凡庸，有不知其姓者。以此坊民，魯《春秋》猶去夫人之姓曰吴，其死曰孟子卒。吴，大伯之後，魯同姓也。昭公取焉，去「姬」曰「吴」而已；至其死，亦略云「孟子卒」，不書「夫人某氏薨」。「孟子」，蓋其且字。

子云：禮，非祭，男女不交爵。交爵，謂相獻酢。以此坊民，陽侯猶殺繆侯而竊其夫人。同姓也。以貪夫人之色，至殺君而立。其國未聞。〔一一〕〇愚按：以文勢推之，蓋是二君相朝，夫人出饗賓，因殺其君而竊之耳。既云「其國未聞」，何以知爲同姓相弑也。《疏》謂陽侯是「謚」，亦非也。《逸周書》有「陽氏之君」。未知當此陽侯何人，是陽乃國名矣。繆侯，即蓼侯。《淮南子·氾論訓》作「蓼侯」，高誘《注》云：「陽侯，陽陵國侯。蓼侯，偃姓國侯也。今在廬江。古者大饗飲酒，君執爵，夫人執豆。陽侯見蓼侯夫人美艷，因殺蓼侯而娶夫人。由是廢夫人之禮。」故大饗廢夫人之禮。大饗，饗諸侯來朝者也。夫人之禮使人攝。

子云：寡婦之子，不有見焉，則弗友也，君子以辟遠也。有見，謂睹其才藝也。同志爲友。故朋友之交，主人不在，不有大故，則不入其門。大故：喪、病。以此坊民，民猶以色厚於德。

子云：好德如好色。此句似不足。《論語》曰：「未見好德如好色。」疾時人厚於色之甚而薄於德也。諸侯不下漁色。謂不内取於國中也。内取國中爲下漁色。昏禮始「納采」，謂采擇其可者也。國君而内取，象捕魚然，中網取之，是無所擇。故君子遠色，以爲民紀。故男女授受不親。不親者，不以手相與也。《内則》曰：「非祭、非喪，不相授器。其相授，則女受以篚；其無篚，則皆坐奠之而後取之。」御婦人，則進左手。御者在右前，左手則身微背之。姑、姊妹、女子子已嫁而反，男子不與同席而坐。女子十年而不出也，嫁及成人，可以出矣，猶不與男子共席而坐，遠別。寡婦不夜哭。嫌思人道。婦人疾，問之，不問其疾。嫌媚，略之也。問增損而已。以此坊民，民猶淫泆而亂於族。亂族，犯非妃匹也。

子云：昏禮，壻親迎，見於舅姑。舅姑承子以授壻。恐事之違也。舅姑，妻之父母也。妻子之父爲外舅，妻之母爲外姑。父戒女曰：夙夜無違命。母戒女曰：毋違宫事。以此坊民，婦猶有不至者。不至，不親夫以孝舅姑也。《春秋·成公九年》：春「二月，伯姬歸於宋」，夏五月，「季孫行父如宋致女」，是時宋共公不親迎，恐其有違而致之也。〇愚嘗讀《毛詩·序》，有「男行而女不隨」者，固嘗疑之。及讀此《記》，推尋文義，似謂衰世有因禮不備，女不自行，而以他賤女代之者。故此《記》謂舅姑親承子以授壻，恐事之違，蓋防有他變也。但此事考之《經》《傳》，無可依據，則仍從《注》説可也。

校記

〔一〕《公羊傳·宣公十八年》：「甲戌，楚子旅卒。何以不書葬？吳楚之君不書葬，辟其號也。」「號」上無「僭」字。

〔二〕《周禮·地官司徒·調人》：「主友之讎眡從父兄弟。」視作眡。眡，古「視」字，比照。

〔三〕已，《詩·小雅·角弓》。毛《傳》：「爵禄不以相讓，故怨禍及之。比周而黨愈少，鄙争而名愈辱，求安而身愈危。」鄭玄《箋》：「斯，此也。」孔穎達《疏》：「由此爲彼所怨，至於己身以此而致滅亡，是不教之大禍也。」《毛詩注疏》十五之一阮元《校勘記》：「《唐石經》『已』作『己』。案：『己』字是也，音紀。《正義》云『至於己身以此而致滅亡』可證。《坊記》引此詩，鄭彼《注》云『以至亡己』，是鄭義自作『己』也。」鄭彼《注》，指《坊記》「至于斯己亡」鄭玄《注》。下同。

〔四〕《毛詩·大雅·皇矣》篇「乃眷西顧，此維與宅」，「度」作「宅」。

〔五〕謂今與己位等，《十三經注疏·禮記正義》卷五十一阮元《校勘記》：「閩監，毛本同，岳本同，嘉靖本同，衛氏《集説》同，《考文》引宋版無『今』字。」

〔六〕《尚書·商書·太甲》作：「祇爾厥辟，辟不辟，忝厥祖。」

〔七〕《十三經注疏·禮記注疏》卷五十一《坊記第三十》經文「猶」下有「有」字。

〔八〕《周易·無妄》六二爻辭：「六二：不耕穫，不菑畬，則利有攸往。」無「凶」字。

〔九〕《毛詩·小雅·大田》「斂穧」作「滯穗」。

〔一〇〕《毛詩·齊風·南山》作：「蓺麻如之何？衡從其畝。取妻如之何？必告父母。」「析薪如之何？匪斧不克。取妻如之何？匪媒不得。」

〔一一〕孫詒讓云：「《注》『同姓至未聞』《疏》：『其同姓上公，則后與夫人親祼獻拜送也。若異姓上公，使人攝祼，故《宗伯職》云「大賓客，則攝而載祼」，謂異姓也。』此説與《大宗伯》注異。」（見《十三經注疏校記》五七八頁）

中庸第三十一

天命之謂性，率性之謂道，脩道之謂教。天命，謂天所命生人者也，是謂性命。木神則仁，金神則義，火神則禮，水神則信，土神則知。《孝經説》曰：〔一〕「性者，生之質命，人所稟受度也。」率，循也。循性行之，是謂道。脩，治也。治而廣之，人放傚之，是曰教。○愚按：《注》似當云土神則信，水神則知。○賀瑒云：「性之與情，猶波之與水。静時是水，動則是波；静時是性，動則是情。」道也者，不可須臾離也，可離非道也。道猶道路也。出入動作由之，離之惡乎從也。是故君子戒慎乎其所不睹，恐懼乎其所不聞。「小人閑居爲不善，無所不至」也。君子則不然，雖視之無人，聽之無聲，猶戒慎恐懼自脩，正是其不須臾離道。莫見乎隱，莫顯乎微，故君子慎其獨也。慎獨者，慎其閑居之所爲。小人於隱者，動作言語，自以爲不見睹，不見聞，則必肆盡其情也。若有佔聽之者，是爲顯見，甚於衆人之中爲之。喜怒哀樂之未發，謂之中；發而皆中節，謂之和。中也者，天下之大本也；和也者，天下之達道也。中爲大本者，以其含喜怒哀樂，禮之所由生，政教自此出也。致中和，天地位焉，萬物育焉。致，行之至也。位猶正也。育，生也，長也。

仲尼曰：「君子中庸，小人反中庸。君子之中庸也，君子而時中；小人之中庸也，小人而無忌憚也。」庸，常也。用中爲常道也。反中庸者，所行非中庸，然亦自以爲中庸也。君子而時中者，其容貌君子，而又時節其中也。小人而無忌憚，其容貌小人，又以無畏難爲常行，是其反中庸也。○愚按：君子、小人，不合以容貌言。君子謂其質美也；小人謂其質劣也。如以容貌而已，則君子亦有貌惡，小人亦有色莊，非所據也。○《釋文》云：「小人之中庸也，王肅本作『小人之反中庸也』。」

子曰：「中庸其至矣乎！民鮮能久矣！」鮮，罕也。言中庸爲道至美，顧人罕能久行。○愚按：久矣，言非一日。稱「民鮮能」，爲下節起也。又按《中庸》在《禮》篇，先儒本以爲雜記之書，故篇第或未明。朱子始以爲談道之書，故章句易其舊。《禮》是鄭學，自當依《注》；然其不即人心者，固亦有矣。

子曰：「道之不行也，我知之矣：知者過之，愚者不及也。道之不明也，我知之矣：賢者過之，不肖者不及也。人莫不飲食也，鮮能知味也。」罕知其味，謂愚者所以不及也。過與不及，使道不行，唯禮能爲之中。○愚按：不明，不行，互言之耳。人鮮能知味，即是民鮮能中庸也，知愚賢不肖，皆在其中。

子曰：「道其不行矣夫！」閔無明君教之。

子曰：「舜其大知也與！舜好問而好察邇言，隱惡而揚善，執其兩端，用其中於民，其斯以爲舜乎！」邇，近也。近言而善，易以進，又察而行之也。兩端，過與不及也。用其中於民，賢與不肖，皆能行之也。斯，此也。其德如此，乃號爲舜。舜之言，充也。○愚按：兩端，言之兩頭也。《論語》曰：「我叩其兩端」，孟子曰：「大舜有大焉。」「樂取（諸）〔於〕人以爲善。」《白虎通》曰：「舜猶僢僢也」，蓋不自多之意。

子曰：「人皆曰『予知』，驅而納諸罟擭陷阱之中，而莫之知辟也。人皆曰『予知』，擇乎中庸，而不能期月守也。」予，我也。言凡人自謂有知，人使之入罟，不知辟也。自謂擇中庸而爲之，亦不能久行，言其實愚又無恒。○愚按：自言「予知」，即與舜之大知相反矣。

子曰：「回之爲人也，擇乎中庸，得一善，則拳拳服膺而弗失之矣。」拳拳，奉持之貌。如回之賢也，擇善服膺焉，孔子乃稍稱之曰：「回也其庶乎，屢空矣。」言能空於物也。此中庸所以難能也。

子曰：「天下國家可均也，爵禄可辭也，白刃可蹈也，中庸不可能也。」言中庸難爲之難。○愚按：

子路問强。强，勇者所好也。子曰：「南方之强與？北方之强與？抑而强與？言三者所以爲强者異也。抑，辭也。而之言女也，謂中國也。○愚按：「而强」，謂汝所當强，即下文「君子」也。寬柔以教，不報無道，南方之强也，君子居之。南方以舒緩爲强，不報無道，謂犯而不校也。衽金革，死而不厭，北方之强也，而强者居之。衽，猶席也。北方以剛猛爲强。故君子和而不流，强哉矯！中立而不倚，强哉矯！國有道，不變塞焉，强哉矯！國無道，至死不變，强哉矯！」此抑女之强也。流猶移也。塞猶實也。國有道，不變以趨時，國無道，不變以辟害。有道、無道一也。矯，强貌。塞，或爲「色」。

子曰：「素隱行怪，後世有述焉，吾弗爲之矣。素，讀爲「攻城攻其所傃」之「傃」，傃猶鄉也。言方鄉辟害隱身，而行詭譎，以作後世名也。弗爲之矣，恥之也。○朱子曰：「素，按《漢書》當作『索』，蓋字之誤也。索隱行怪，言深求隱僻之理，而過爲詭異之行。」君子遵道而行，半塗而廢，吾弗能已矣。廢猶罷止也。弗能已矣，汲汲行道，不爲時人之隱行。朱子曰：「已，止也。」君子依乎中庸，遯世不見知而不悔，唯聖者能之。」言隱者當如此也。唯舜爲能如此。〇愚按：上言「吾弗爲」、「吾弗能已」，則此正孔子所能行矣。曰「唯聖者能之」，謙也。

君子之道費而隱。言可隱之節也。費猶佹也。道不費則仕。〇《釋文》云：「費，本又作拂，音弗。」〇齊召南曰：「《注》《疏》以『素隱行怪』及此章爲一節，因有兩『隱』字偶同，遂强解之。『費』字音弗。尤爲難解。朱子斷此自爲一章，而釋之曰：『費，用之廣也；隱，體之微也。費，符味反。』理始可通。」〇愚按：用度浩繁曰費，見聞不及曰隱。費而隱，猶言微之顯也。夫婦之愚，可以與知焉；及其至也，雖聖人亦有所不知焉；夫婦之不肖，可以能行焉；及其至也，雖聖人亦有所不能焉。與，讀爲「贊者皆與」之與。言匹夫匹婦愚耳，亦可以其與有所知，可以其能有所行者，以其知行之極也。聖人有不能如此。舜好察邇言，由此故與？〇愚按：此節《疏》自明晰。又按：《注》「以其知行之極也」，「其」字疑當作「非」字，刊本誤。天地之大也，人猶有所憾。憾，恨也。天地至大，無不覆載，人尚有所恨焉，況於聖人，能盡備之乎？故君子語大，天下莫能載焉；語小，天下莫能破焉。語猶說也。所說大事，謂先王之道也。所說小事，謂若愚不肖夫婦之知行也。聖人盡兼行。〇愚按：語大，謂聖人天地所不能盡也。《詩》云：「鳶飛戾天，魚躍于淵。」言其上下察也。察猶著也。聖人之德至於天，則鳶飛戾天；至於地，則魚躍于淵，是其著明於天地也。君子之道，造端乎夫婦；及其至也，察乎天地。夫婦，謂匹夫匹婦之所知所行。

子曰：「道不遠人。人之爲道而遠人，不可以爲道。言道即不遠於人，人不能行也。《詩》云：『伐柯，伐柯，其則不遠。』執柯以伐柯，睨而視之，猶以爲遠。則，法也。言持柯以伐木，將以爲柯近。以柯爲尺寸之法，此法不遠人，人尚遠之。明爲道不可以遠。○《疏》引《周禮》云：「柯長三尺，博三寸。」故君子以人治人，改而止。言人有罪過，君子以人道治之，其人改則止，赦之，不責人所不能。○愚按：治人，謂教治於人，非必人有罪過也。以人治人，其則不遠；改而弗止，是求諸遠矣。忠恕違道不遠，施諸己而不願，亦勿施於人。違猶去也，君子之道四，丘未能一焉：所求乎子，以事父，未能也；所求乎臣，以事君，未能也；所求乎弟，以事兄，未能也；所求乎朋友，先施之，未能也。聖人而曰我未能，明人當勉之無已。庸德之行，庸言之謹，有所不足，不敢不勉，有餘，不敢盡；言顧行，行顧言，庸猶常也。言德常行也，言常謹也。聖人之行，實過於人，有餘不敢盡，常爲人法，從禮也。○朱子曰：「行不足而勉，則行益力；言有餘而訒，則謹益至。」君子胡不慥慥爾！」君子，謂衆賢也。慥慥，守實，言行相應之貌。

君子素其位而行，不願乎其外。素富貴，行乎富貴；素貧賤，行乎貧賤；素夷狄，行乎夷狄；素患難，行乎患難；君子無入而不自得焉。素，皆讀爲「傃」。不願乎其外，謂思不出其位也。自得，謂所鄉不失其道。○愚按：素，如「繪事後素」之素。素，本質也。言君子於所處之位，但質朴以行其事。此言素位，猶《易》言「素履」矣。在上位，不陵下；在下位，不援上；援，謂牽持之也。正己而不求於人，則無怨。上不怨天，下不尤人。無怨，人無怨之者也。《論語》曰：「君子求諸己，小人求諸人。」○愚按：無怨，謂己無所怨，即自得之謂也。《疏》以此上八句，分配「素富貴」以下四事，非也。故君子居易以俟命，小人行險以徼幸。易，猶平安也。俟命，聽天任命也。險，謂傾危之道。子曰：「射有似乎君子：失諸正鵠，反求諸其身。」反求於其身，不以怨人。畫布曰正，棲皮曰鵠。○愚按：此節當屬上一章，《注》、《疏》斷從下章，非也。今從朱子改正。

君子之道，辟如行遠，必自邇，辟如登高，必自卑。自，從也。邇，近也。行之以近者卑者始，以漸致之高遠。《詩》曰：「妻子好合，如鼓瑟琴。兄弟既翕，和樂且耽。宜爾室家，樂爾妻帑。」琴瑟，聲相應和也。翕，合也。耽，亦樂也。古者謂子孫曰帑。此《詩》言和，室家之道，自近者始。○《釋文》云：「帑本又作孥，《尚書·傳》、《毛詩·箋》並云：『子也』，杜預注《左傳》云：『妻子也』。」子曰：「父母其順矣乎！」謂其教令行，使室家順。○朱子曰：「子思引《詩》及此語，以明行遠自邇、登高自卑之意。」

子曰：「鬼神之爲德，其盛矣乎！視之而弗見，聽之而弗聞，體物而不可遺。體猶生也。可，猶所也。不有所遺，言萬物無不以鬼神之氣生也。○朱子曰：「體物，猶《易》所謂『幹事』。」使天下之人齊明盛服，以承祭祀。洋洋乎！如在其上，如在其左右。明猶潔也。洋洋，人想思其傍僾之貌。○《釋文》云：「傍皇，謂左右也。」《詩》曰：『神之格思，不可度思！矧可射思！』格，來也。矧，況也。射，厭也。思，皆聲之助。言神之來，其形象不可億度，而知事之盡敬而已，况可厭倦乎！夫微之顯，誠之不可揜如此夫。」言神無形而著，不言而誠。

子曰：「舜其大孝也與！德爲聖人，尊爲天子，富有四海之内，宗廟饗之，子孫保之。保，安也。故大德必得其位，必得其禄，必得其名，必得其壽。名，令聞也。故天之生物，必因其材而篤焉。材，謂其質性也。篤，厚也。言善者天厚其福，惡者天厚其毒，皆由其本而爲之。故栽者培之，傾者覆之。栽，讀如「文王初載」之載。栽猶植也。培，益也。今時人名草木之植曰栽，築墻立板亦曰栽。栽或爲「兹」。覆，敗也。《詩》曰：『嘉樂君子，憲憲令德！宜民宜人，受禄于天；保佑命之，自天申之！』故大德者必受命。」憲憲，興盛之貌。保，安也。佑，助也。〇愚按：嘉，善也，《毛詩》本作「假」。憲憲作「顯顯」。

子曰：「無憂者其唯文王乎！以王季爲父，以武王爲子，父作之，子述之。聖人以立法度爲大事，子能述成之，則何憂乎！堯舜之父子則有凶頑；禹湯之父子則寡令聞；父子相成，唯有文王。武王纘大王、王季、文王之緒，壹戎衣而有天下，身不失天下之顯名。尊爲天子，富有四海之内。宗廟饗之，子孫保之。纘，繼也。緒，業也。戎，兵也。衣，讀如殷，聲之誤也。齊人言殷，聲如「衣」。虞夏商周氏者多矣。今姓有衣者，殷之胄與？壹戎殷者，壹用兵伐殷也。〇《釋文》云：「壹戎衣，《尚書》依字讀，謂一著戎衣而天下大定。武王末受命，周公成文、武之德，追王大王、王季，上祀先公以天子之禮。斯禮也，達乎諸侯大夫，及士庶人。父爲大夫，子爲士：葬以大夫，祭以士。父爲士，子爲大夫：葬以士，祭以大夫。期之喪，達乎大夫。三年之喪，達乎天子。父母之喪，無貴賤，一也。」末猶老也。追王大王、王季者，以王迹起焉。先公，組紺以上至后稷也。斯禮達於諸侯大夫士庶人者，謂葬之從死者之爵，祭之用生者之禄也。言大夫葬以大夫、士葬以士，則追王者改葬之矣。期之喪達於大夫者，謂旁親所降在大功者，其正統之期，天子諸侯猶不降也。大夫所降，天子諸侯絶之，不爲服，所不臣乃服之也。承葬祭説期三年之喪者，明子事父以孝，不用其尊卑變。○齊召南曰：「古未見有改葬之事，鄭臆説耳。」子曰：「武王、周公，其達孝矣乎！夫孝者，善繼人之志，善述人之事者也。春秋脩其祖廟，陳其宗器，設其裳衣，薦其時食。脩，謂埽糞也。宗器，祭器也。裳衣，先祖之遺衣服也，設之，當以授尸也。時食，四時祭也。宗廟之禮，所以序昭穆也。序爵，所以辨貴賤也；序事，所以辨賢也；旅酬，下爲上，所以逮賤也；燕毛，所以序齒也。序猶次也。爵，謂公卿大夫士也。事，謂薦羞也。以辨賢者，以其事别所能也，若司徒奉牛、宗伯共雞牲矣。《文王世子》曰：「宗廟之中以爵爲位，崇德也。宗人授事以官，尊賢也。」旅酬下爲上者，謂若特牲饋食之禮，賓弟子兄弟之子，各「舉觶於其長」也。逮賤者，宗廟之中，以有事爲榮也。燕謂既祭而燕也。燕以髮色爲坐，祭時尊尊也，至燕親親也。齒亦年也。踐其位，行其禮，奏其樂，敬其所尊，愛其所親，事死如事生，事亡如事存，孝之至也。踐猶升也。其者，其先祖也。踐，或爲「纘」。郊社之禮，所以事上帝也。宗廟之禮，所以祀乎其先也。社，祭地神，不言后土者，省文。明乎郊社之禮，禘嘗之義，治國其如示諸掌乎！」示，讀如「寘諸河干」之寘，寘，置也。物而在掌中，易爲知力者也。序爵、辨賢、尊尊、親親，治國之要。○愚按：示，讀如字。示猶指也。自「郊社」以下，又因孝之至而廣言之。饗帝饗親，孝子仁人一也。武王、周公孝治天下之道，備於此矣。

哀公問政。子曰：「文武之政，布在方策。其人存，則其政舉；其人亡，則其政息。方，版也。策，簡也。息，猶滅也。人道敏政，地道敏樹。敏猶勉也。樹，謂殖草木也。人之無政，若地無草木矣。敏或爲「謀」。○朱子曰：「敏，速也。」夫政也者，蒲盧也。蒲盧，蜾蠃，謂土蜂也。《詩》曰：「螟蛉有子，蜾蠃負之。」螟蛉，桑蟲也。蒲盧取桑蟲之子，去而變化之，以成爲己子。政之於百姓，若蒲盧之於桑蟲然。○朱子曰：「蒲盧，沈括以爲蒲葦。」故爲政在人，在於得賢人也。取人以身，脩身以道，脩道以仁。取人以身，言明君乃能得人。仁者，人也，親親爲大；義者，宜也，尊賢爲大。親親之殺，尊賢之等，禮所生也。人也，讀如「相人偶」之人，以人意相存問之言。在下位不獲乎上，民不可得而治矣！此句其屬在下者脱，誤重在此。故君子不可以不脩身；思脩身，不可以不事親；思事親，不可以不知人；思知人，不可以不知天。」言脩身乃知孝，知孝乃知人，知人乃知賢不肖，知賢不肖，乃知天命所保佑。○愚按：仁義禮皆性之德，本於天者也。知者，知此而已。此節通結上文，爲下文起也，始於「知天」，終于「脩身」。天下之達道五，所以行之者三。曰：君臣也，父子也，夫婦也，昆弟也，朋友之交也，五者，天下之達道也。知、仁、勇三者，天下之達德也，所以行之者一也。達者常行，百王所不變也。或生而知之，或學而知之，或困而知之，及其知之，一也。困而知之，謂長而見禮義之事，己臨之而有不足，乃始學而知之，此達道也。或安而行之，或利而行之，或勉强而行之，及其成功，一也。利，謂貪榮名也。勉强，恥不若人。〇愚按：利，如「知者利仁」之利。子曰：「好學近乎知，力行近乎仁，知恥近乎勇。知斯三者，則知所以脩身；知所以脩身，則知所以治人；知所以治人，則知所以治天下國家矣。」言有知有仁有勇乃知脩身，則脩身以此三者爲基。〇愚按：《注》、《疏》因有「子曰」字，斷此下另爲一章，非也。朱子曰：「『子曰』二字衍文。」又曰：「《家語》亦載此章，『成功一也』之下，有『公曰：云云』，故其下復以『子曰』起辭。蓋子思所删有不盡者也。」又按《説苑·建本》篇引《中庸》曰「好問近乎智」下二句同。《漢書》公孫宏上書引《禮記》，亦云「好問近乎知」。凡爲天下國家有九經，曰：脩身也，尊賢也，親親也，敬大臣也，體羣臣也，子庶民也，來百工也，柔遠人也，懷諸侯也。體猶接納也。子猶愛也。遠人，蕃國之諸侯也。〇愚按：《注》釋「柔遠人」，與《尚書》「柔遠能邇」之義合，其理較大。朱子則以「無忘賓旅」當之。齊召南謂「如《注》説，則『遠人』與『諸侯』是一事，不應並爲九經」，此説恐非也。據《周禮》，先王待蕃國不與内諸侯同，故九經亦别遠人於諸侯，即此意也。遠人先於諸侯者，難服也。九經之序，皆先難後易。脩身則道立，遵賢則不惑，親親則諸父昆弟不怨，敬大臣則不眩，體羣臣則士之報禮者重，子庶民則百姓勸，來百工則財用足，柔遠人則四方歸之，懷諸侯則天下畏之。不惑，謀者良也。不眩，所任明也。〇愚按：四方歸，如「貢獒獻雉」者也。齊明盛服，非禮不動，所以脩身也；去讒遠色，賤貨而貴德，所以勸賢也；尊其位，重其禄，同其好惡，所以勸親親也；官盛任使，所以勸大臣也；忠信重禄，所以勸士也；時使薄斂，所以勸百姓也；日省月試，既廩稱事，所以勸百工也；送往迎來，嘉善而矜不能，所以柔遠人也；繼絶世，舉廢國，治亂持危，朝聘以時，厚往而薄來，所以懷諸侯也。同其好惡，不特有所好惡。於同姓雖恩不同，義必同也。尊重其禄位，所以貴之，不必授以官守，天官不可私也。官盛任使，大臣皆有屬官所任使，不親小事也。忠信重禄，有忠信者，重其禄也。時使，使之以時。日省月試，考校其成功也。既，讀爲餼。餼廩，稍食也。《稾人職》曰：「乘其事，考其弓弩，以下上其食。」〔二〕〇愚按：《注》謂「有忠信者重其禄」，蓋以班禄有定式，不可一一加重，故奬其忠勤，所以作士氣，使兢勸也。嘉善而矜不能，如鄭之義，則來享來王者善也，當以禮嘉之；蕃國世一見，所謂矜不能者也。凡爲天下國家有九經，所以行之者一也。凡事豫則立，不豫則廢。言前定則不跲，事前定則不困，行前定則不疚，道前定則不窮。一，謂豫也。跲，躓也。疚，病也。人不能病之。〇齊召南曰：「一謂當豫也。《注》甚精。所當豫者誠是也。《疏》云：『一謂豫也』，非《注》之意。」在下位不獲乎上，民不可得而治矣。獲，得也。言臣不得於君，則不得居位治民。獲乎上有道：不信乎朋友，不獲乎上矣；信乎朋友有道：不順乎親，不信乎朋友矣；順乎親有道：反諸身不誠，不順乎親矣；誠身有道：不明乎善，不誠乎身矣。言知善之爲善，乃能行誠。〇愚按：此皆事之非豫不立者。誠者，天之道也；誠之者，人之道也。誠者不勉而中，不思而得，從容中道，聖人也。誠之者，擇善而固執之者也。言誠者，天性也。誠之者，學而誠之者也。因「誠身」說有大至誠。博學之，審問之，慎思之，明辨之，篤行之。有弗學，學之弗能弗措也；有弗問，問之弗知弗措也；有弗思，思之弗得弗措也；有弗辨，辨之弗明弗措也；有弗行，行之弗篤弗措也。人一能之，己百之；人十能之，己千之。果能此道矣，雖愚必明，雖柔必强。此勸人學誠其身也。果猶決也。○朱子曰：「『博學之』以下，《家語》無之，意彼有闕文，抑此或子思所補與？」

自誠明，謂之性。自明誠，謂之教。誠則明矣，明則誠矣。自，由也。由至誠而有明德，是聖人之性者也。由明德而有至誠，是賢人學以成之也。有至誠則必有明德，有明德則必有至誠。

唯天下至誠，爲能盡其性；能盡其性，則能盡人之性；能盡人之性，則能盡物之性；能盡物之性，則可以贊天地之化育；可以贊天地之化育，則可以與天地參矣。盡性者，謂順理之，使不失其所也。贊，助也。育，生也。助天地之化生，謂聖人受命在王位，致大平。○愚按：所以知聖人受命在王位者，不在王位，則不能使物各盡性而贊天地也。

其次致曲。曲能有誠，誠則形，形則著，著則明，明則動，動則變，變則化。唯天下至誠爲能化。其次，謂自明誠者也。致，至也。曲，猶小小之事也。不能盡性，而有至誠於有義焉而已。形謂人見其功也。盡性之誠，人不能見也。著，形之大者也。明，著之顯者也。動，動人心也。變，改惡爲善也。變之久，則化而性善也。○朱子曰：「致，推致也。曲，一偏也。形者，積中而發外。」

至誠之道，可以前知。國家將興，必有禎祥。國家將亡，必有妖孽。見乎蓍龜，動乎四體。禍福將至：善，必先知之；不善，必先知之。故至誠如神。可以前知者，言天不欺至誠者也。前，亦先也。禎祥、妖孽，蓍龜之占，雖其時有小人愚主，皆爲至誠能知者出也。四體，謂龜之四足。春占後左，夏占前左，秋占前右，冬占後右。○愚按：四體，人之四體。朱子謂「動作威儀」，是矣。○齊召南曰：「此《注》最陋。鄭以誤據《龜筴列傳》而失之。」

誠者自成也，而道自道也。言人能至誠，所以自成也。有道藝，所以自道達。○朱子曰：「道者人之所當自行也」。誠者物之終始，不誠無物。物，萬物也。亦事也。大人無誠，萬物不生；小人無誠，則事不成。是故君子誠之爲貴。言貴至誠。誠者非自成己而已也，所以成物也。成己，仁也；成物，知也。性之德也，合外内之道也，以至誠成己，則仁道立；以至誠成物，則知彌博。此五性，之所以爲德也，外内所須而合也。外内猶上下。○愚按：成己，內也。成物，外也。故時措之宜也。時措，言得其時而用也。○愚按：朱子《章句》斷此上爲一章。《注》、《疏》則連下至「悠也，久也」爲一章，意蓋以「至誠無息」以下，皆言成物之極功，時措之妙用，於理可通，故從《注》說。若其斷「今夫天」至「純亦不已」另爲一節，則無義矣，故仍從朱子合之。

故至誠無息。不息則久，久則徵，徵則悠遠，悠遠則博厚，博厚則高明。徵猶效驗也。此言至誠之德，既著於四方，其高厚日以廣大也。徵，或爲「徹」。博厚，所以載物也；高明，所以覆物也；悠久，所以成物也。博厚配地，高明配天，悠久無疆。後言悠久者，言至誠之德，既至博厚高明；配乎天地，又欲其長久行之。如此者，不見而章，不動而變，無爲而成。天地之道可一言而盡也。言其德化與天地相似。可一言而盡，要在至誠。其爲物不貳，則其生物不測。言至誠無貳，乃能生萬物多無數也。天地之道：博也，厚也，高也，明也，悠也，久也。此言其著見成功也。○愚按：又言「天地之道」，爲下文起也。今夫天，斯昭昭之多，及其無窮也，日月星辰繫焉，萬物覆焉。今夫地，一撮土之多，及其廣厚，載華嶽而不重，振河海而不洩，萬物載焉。今夫山，一卷石之多，及其廣大，草木生之，禽獸居之，寶藏興焉。今夫水，一勺之多，及其不測，黿鼉、蛟龍、魚鼈生焉，貨財殖焉。此言天之高明，本生昭昭；地之博厚，本由撮土；山之廣大，本起卷石；水之不測，本從一勺；皆合少成多，自小致大。爲至誠者，亦如此乎！昭昭猶耿耿，小明也。振猶收也。卷猶區也。《詩》云：「維天之命，於穆不已！」蓋曰天之所以爲天也。「於乎不顯！文王之德之純！」蓋曰文王之所以爲文也，純亦不已。天所以爲天，文王所以爲文，皆由行之無已，爲之不止，如天地山川之云也。《易》曰：「君子以慎德，積小以成高大」，〔三〕是與！○愚按：統結上文，言天地至誠皆不息。

大哉聖人之道！洋洋乎！發育萬物，峻極于天。育，生也。峻，高大也。優優大哉！禮儀三百，威儀三千。待其人然後行。故曰：苟不至德，至道不凝焉。言爲政在人，政由禮也。凝猶成也。○愚按：此似不主爲政言，禮儀、威儀，即至道也。其人，即至德也。《疏》以禮儀即《周禮》，威儀即《儀禮》，蓋本《禮器·注》而爲説。故君子尊德性而道問學，致廣大而盡精微，極高明而道中庸。温故而知新，敦厚以崇禮。德性，謂性至誠者。道猶由也。問學，學誠者也。廣大，猶博厚也。温，讀如「燖温」之温。謂故學之孰矣，後時習之謂之温。○愚按：此節言君子修德凝道之功也。朱子《章句》甚精。齊召南曰：「此及『居上不驕』節，《注》、《疏》並另爲章，無條貫矣。又以『子曰：吾説夏禮』爲『王天下爲三重』章之首，不過因有『子曰』二字，便爲分章耳。」是故居上不驕，爲下不倍；國有道，其言足以興；國無道，其默足以容。興，謂起，在位也。《詩》曰：「既明且哲，以保其身。」其此之謂與！保，安也。

子曰：「愚而好自用，賤而好自專，生乎今之世，反古之道。如此者，裁及其身者也。」反古之道，謂曉一孔之人，不知今王之新政可從。非天子，不議禮，不制度，不考文。此天下所共行，天子乃能一之也。禮，爲人所服行也。度，國家宫室及車輿也。文，書名也。今天下車同軌，書同文，行同倫。今，孔子謂其時。雖有其位，苟無其德，不敢作禮樂焉；雖有其德，苟無其位，亦不敢作禮樂焉。言作禮樂者，必聖人在天子之位。子曰：「吾説夏禮，杞不足徵也。吾學殷禮，有宋存焉。吾學周禮，今用之，吾從周。」徵，猶明也。吾能説夏禮，顧杞之君不足與明之也。吾從周，行今之道。○愚按：又加「子曰」者，此節以上，蓋子思之言，故加此以别歟？

王天下有三重焉，其寡過矣乎！三重，三王之禮。○愚按：《注》本連上章末節，故以三王之禮詁「三重」，其實非也。朱子曰：「程子亦因鄭《注》，然文義不通。吕氏謂『議禮、制度、考文』也，説爲得之。」上焉者雖善無徵，無徵不信，不信民弗從；下焉者雖善不尊，不尊不信，不信民弗從。上，謂君也。君雖善，善無明徵，則其善不信也。下謂臣也。臣雖善，善而不尊君，則其善亦不信也。徵，或爲「證」。○齊召南曰：「《注》屬强解。」朱子曰：「上焉者，謂時王以前，下焉者，謂聖人在下。」經意方了然。故君子之道：本諸身，徵諸庶民，考諸三王而不繆，建諸天地而不悖，質諸鬼神而無疑，百世以俟聖人而不惑。質諸鬼神而無疑，知天也；百世以俟聖人而不惑，知人也。知天知人，謂知其道也。鬼神，從天地者也。《易》曰：「故知鬼神之情狀，與天地相似」，聖人則之，百世同道。徵，或爲「證」。是故君子動而世爲天下道，行而世爲天下法，言而世爲天下則。遠之則有望，近之則不厭。用其法度想思若其將來也。《詩》曰：「在彼無惡，在此無射。庶幾夙夜，以永終譽。」〔四〕君子未有不如此而蚤有譽於天下者也。射，厭也。永，長也。

仲尼祖述堯舜，憲章文武；上律天時，下襲水土。此以《春秋》之義，説孔子之德。孔子曰：「吾志在《春秋》，行在《孝經》。」〔五〕二經固足以明之。孔子祖述堯舜之道而制《春秋》，而斷以文王武王之法度。《春秋·傳》曰：「君子曷爲爲《春秋》，撥亂世反諸正，莫近諸《春秋》。」「其諸君子樂道堯舜之道與？」「末不亦樂乎！堯舜之知君子也。」又曰：「是予也，繼文王之體，守文王之法度。文王之法無求而求，故譏之也。」又曰：「王者孰謂？謂文王也。」此孔子兼包堯舜文武之盛德，而著之《春秋》，「以俟後聖」者也。律，述也。述天時，謂編年四時具也。襲，因也。因水土，謂記諸夏之事、山川之異。○齊召南曰：「鄭解《中庸》之妄，此章爲最。此《經》贊孔子中庸之德冠古今而同天地，不止言删定《六經》也，況祇以《春秋》當之乎？因《公羊傳》以春王爲文王獲麟，《傳》有『樂道堯舜』之語，遂附會以成其説。解『上律』、『下襲』，則以『編年』、『記事』釋之，解『小德』、『大德』，則以『諸侯』、『天子』喻之。無已，則又以『大經』爲《春秋》，以『大本』爲《孝經》矣。孔《疏》但知附《注》，不能據經以辨其妄，何哉？」辟如天地之無不持載，無不覆幬，辟如四時之錯行，如日月之代明。萬物並育而不相害，道並行而不相悖，小德川流，大德敦化，此天地之所以爲大也。聖人制作，其德配天地如此，唯五始可以當焉。幬，亦覆也。小德川流，浸潤萌芽，喻諸侯也。大德敦化，厚生萬物，喻天子也。幬，或作燾。○愚按：自此以下，盡篇末「不大聲以色」，《注》《疏》通爲一章，非也。並依朱子分章爲是，其解詁則《章句》備矣。

唯天下至聖，爲能聰明睿知，足以有臨也；寬裕温柔，足以有容也；發强剛毅，足以有執也；齊莊中正，足以有敬也；文理密察，足以有别也。言德不如此，不可以君天下也。蓋傷孔子有其德而無其命。溥博淵泉，而時出之。言其臨下普徧，思慮深重，非得其時，不出政教。溥博如天，淵泉如淵。見而民莫不敬，言而民莫不信，行而民莫不説。是以聲名洋溢乎中國，施及蠻貊。舟車所至，人力所通；天之所覆，地之所載，日月所照，霜露所隊：凡有血氣者，莫不尊親，故曰配天。如天取其運照不已也。如淵取其清深不測也。尊親，尊而親之。

唯天下至誠，爲能經綸天下之大經，立天下之大本，知天地之化育。至誠，性至誠，謂孔子也。大經，謂六藝，而指《春秋》也。大本，《孝經》也。夫焉有所倚？肫肫其仁！淵淵其淵！浩浩其天！安有所倚，言無所偏依也。故人人自以被德尤厚，似偏頗者。肫肫，讀如「誨爾忳忳」之忳。〔六〕忳忳，懇誠貌也。肫肫或爲「純純」。苟不固聰明聖知達天德者，其孰能知之？言唯聖人乃能知聖人也。《春秋·傳》曰：「末不亦樂乎！堯舜之知君子。」明凡人不知。

《詩》曰「衣錦尚絅」，〔七〕惡其文之著也。故君子之道，闇然而日章；小人之道，的然而日亡。言君子深遠難知。小人淺近易知。人所以不知孔子，以其深遠。襌爲絅。錦衣之美，而君子以絅表之，爲其文章露見，似小人也。君子之道：淡而不厭，簡而文，温而理，知遠之近，知風之自，知微之顯，可與入德矣。淡，其味似薄也。簡而文，温而理，猶簡而辨，直而温也。自，謂所從來也。三「知」者，皆言其睹末、察本、探端、知緒也。入德，入聖人之德。○愚按：辨，《尚書》作「廉」。《詩》云：「潛雖伏矣，亦孔之昭！」〔八〕故君子内省不疚，無惡於志。孔，甚也。昭，明也。言聖人雖隱居，其德亦甚明矣。疚，病也。君子自省身無衍病，雖不遇世，亦無損害於己志。君子之所不可及者，其唯人之所不見乎！《詩》云：「相在爾室，尚不愧于屋漏。」言君子雖隱居，不失其君子之容德也。相，視也。室西北隅謂之屋漏。視女在室獨居耳，猶不愧于屋漏。屋漏非有人也，況有人乎？故君子不動而敬，不言而信。《詩》曰：「奏假無言，時靡有争。」假，大也。此頌也，言奏大樂於宗廟之中，人皆肅敬，金聲玉色，無有言者。以時大平和合，無所争也。○按：奏，《毛詩》作「鬷」。是故君子不賞而民勸，不怒而民威于鈇鉞。

《詩》曰：「不顯惟德！百辟其刑之。」不顯，言顯也。辟，君也。此頌也。言不顯乎文王之德，百君盡刑之，諸侯法之也。是故君子篤恭而天下平。《詩》曰：「予懷明德，不大聲以色。」予，我也。懷，歸也。言我歸有明德者，以其不大聲爲嚴厲之色以威我也。子曰：「聲色之於以化民，末也。」《詩》云：「德輶如毛」，輶，輕也。言化民當以德，德之易舉而用，其輕如毛耳。毛猶有倫。「上天之載，無聲無臭」，至矣。倫猶比也。載讀曰栽，謂生物也。言毛雖輕，尚有所比。有所比，則有重上天之造生萬物。人無聞其聲音，亦無知其臭氣者，化民之德，清明如神，淵淵浩浩然後善。〇愚按：載，讀如字，訓事也，不訓生。此二句，《詩》文也，不加「《詩》曰」，或省文，抑或脱文也。〇齊召南曰：「《中庸》一篇，雖雜在《記》中，自古亦自單行。《隋·志》有宋戴顒《中庸傳》二卷，梁武帝《中庸講疏》一卷，唐李翱有《中庸説》。宋仁宗天聖以還，每書「中庸」賜新進士，其書之重久矣。但自程子以前，俱墨守鄭《注》耳。

校記

〔一〕《孝經援神契》，黄奭《黄氏逸書考》四函五三册。

〔二〕《周禮·夏官司馬·槀人》：「乘其事，試其弓弩，以下上其食以誅賞。」考作「試」，「食」下有「以誅賞」三字。

〔三〕《周易·升》：「《象》曰：地中生木，升；君子以順德，積小以高大。」慎作「順」，「高」上無

「成」字。

〔四〕《毛詩·周頌·振鷺》「射」作「斁」。

〔五〕《孝經契》，黄奭《黄氏逸書考》六函五二册：「孔子在庶德無所施，功無所就，志在《春秋》，行在《孝經》，以《春秋》屬商，《孝經》屬參。」

〔六〕《毛詩·大雅·抑》「忳忳」作「諄諄」。

〔七〕《詩·衛風·碩人》：「碩人其頎，衣錦褧衣。」孔穎達《疏》：「《詩》本文云『衣錦褧衣』，此云『尚絅』者，斷截《詩》文也。」絅同褧。

〔八〕《毛詩·小雅·正月》「昭」作「炤」，同。

表記第三十二

子言之：歸乎，君子隱而顯，不矜而莊，不厲而威，不言而信。此孔子行應聘，諸侯莫能用己，心厭倦之辭也。矜，謂自尊大也。厲，謂嚴顏色。○愚按：隱而顯者，身晦而道益明。○方氏慤曰：「此篇稱「子言之」者八，皆總其大同之略也；稱「子曰」者四十五，皆別其小異之詳也。」

子曰：君子不失足於人，不失色於人，不失口於人。是故君子貌足畏也，色足憚也，言足信也。失，謂失其容止之節也。《玉藻》曰：「足容重」，「色容莊」，「口容止」。《甫刑》曰：「敬忌而罔有擇言在躬」。《甫刑》，《尚書》篇名。忌之言戒也。言己外敬而心戒慎，則無有可擇之言加於身也。

子曰：裼襲之不相因也，欲民之毋相瀆也。不相因者，以其或以裼爲敬，或以襲爲敬。禮盛者以襲爲敬，執玉龜之屬也。禮不盛者以裼爲敬，受享是也。○愚按：裼襲隨事變易，不得憚勞，苟爲因襲，以崇敬也。子曰：祭極敬，不繼之以樂；朝極辨，不繼之以倦。極猶盡也。辨，分別政事也。《祭義》曰：「祭之日，樂與哀半，饗之必樂，已至必哀。」○愚按：祭之終末，「笑語卒獲」，「廢徹不遲」，是謂不繼以樂也。樂則敬弛。

子曰：君子慎以辟禍，篤以不揜，恭以遠恥。篤，厚也。揜，猶困迫也。○李光坡曰：「篤實行道，險夷一致，不可困迫，非光輝之謂也。」

子曰：君子莊敬日强，安肆日偷。肆猶放恣也。偷，苟且也。肆，或爲褻。君子不以一日使其躬儳焉如不終日。儳焉，可輕賤之貌也。如不終日，言人而無禮，死無時。〇愚按：儳如「毋儳言」之「儳」。立而市物者，苟且卒遽，不能久待，「安肆日偷」者似之。子曰：齊戒以事鬼神，擇日月以見君，恐民之不敬也。擇日月以見君，謂臣在邑竟者。〇愚按：當謂人臣始委贄時。《傳》曰：「使以十月入，良月也。」

子曰：狎侮死焉而不畏也！怵於無敬心也。〇愚按：據文義，「死焉」似指鬼神也。謂狎侮鬼神而不畏敬也。

子曰：無辭不相接也，無禮不相見也，欲民之毋相褻也。辭所以通情也。禮，謂摯也。《春秋·傳》曰：「古者諸侯有朝聘之事，號辭必稱先君以相接也。」《易》曰：「初筮告，再三瀆，瀆則不告。」瀆之言褻也。

子言之：仁者，天下之表也；義者，天下之制也；報者，天下之利也。報，謂禮也。禮尚往來。〇愚按：仁爲人心所同嚮，如表建而影隨也。子曰：以德報德，則民有所勸。以怨報怨，則民有所懲。懲，謂創艾。《詩》曰：「無言不讎，無德不報。」讎猶答也。《大甲》曰：「民非后，無能胥以寧；后非民，無以辟四方。」大甲，湯孫也，《書》以名篇。胥，相也。民非君不能以相安。子曰：以德報怨，則寬身之仁也；以怨報德，則刑戮之民也。寬，猶愛也。愛身以息怨，非禮之正也。仁，亦當言「民」，聲之誤。○愚按：仁，讀如字。子曰：無欲而好仁者，無畏而惡不仁者，天下一人而已矣。是故君子議道自己，而置法以民。一人而已，喻少也。自己，自盡己所能行。○愚按：一人，安仁者也。君子以安仁責己，則道可盡；以凡民望人，則法易行。子曰：仁有三，與仁同功而異情。三，謂安仁也，利仁也，强仁也。利仁、强仁，功雖與安仁者同，本情則異。與仁同功，其仁未可知也；與仁同過，然後其仁可知也。仁者安仁，知者利仁，畏罪者强仁。功者，人所貪也；過者，人所辟也。在過之中，非其本情者，或有悔者焉。○愚按：與仁同功，如五霸假之。與仁同過，如周公監殷之使，孔子知禮之對。此吕氏之説也。竊謂仁者安仁，如周公、孔子。知者利仁，如五霸。畏罪者强仁，如小人革面，順以從君。仁者，右也；道者，左也。仁者，人也；道者，義也。右也、左也，言相須而成也。人也，謂施以人恩也。義也，謂斷以事宜也。《春秋·傳》曰：「執未有言舍之者。此其言舍之何？人也。」〔二〕○愚按：此《注》仁者人也，與《中庸·注》同。朱子《章句》則云「人，指人身而言。」厚於仁者，薄於義，親而不尊；厚於義者，薄於仁，尊而不親。言仁義並行者也。仁多則人親之，義多則人尊之。○方氏苞曰：「此謂氣質有偏勝者。」道有至、義，有考：至道以王，義道以霸，考道以爲無失。此讀當言「道有至，有義，有考」，脱一「有」耳。有至，謂兼仁義者；有義，則無仁矣；有考，考，成也，能取仁義之一成之，以不失於人，非性也。○愚按：至道者，於道知盡而行至；義道者，於道因事而制宜。此方氏苞説也。考道者，稽考於道，而事不輕舉，亦可以無失。此應氏説也。

子言之：仁有數，義有長短小大。中心憯怛，愛人之仁也。率法而强之，資仁者也。資，取也。數與長短大小互言之耳。性仁義者其數長大，取仁義者其數短小。○方氏苞曰：「仁自親親之殺，以至仁民愛物，各有分數，而不可混淆。若妻子之愛，上同父母，恩及禽獸，功不加百姓，則反有害於仁義之長短小大，則必以所處之時位與所值之事變權衡焉，取其大者長者，而毋以小者短者害之。」《詩》云：「豐水有芑，武王豈不仕？詒厥孫謀，以燕翼子。武王烝哉！」數世之仁也。芑，枸檵也。仕之言事也。詒，遺也。燕，安也。烝，君也。言武王豈不念天下之事乎？如豐水之有芑矣，乃遺其後世之子孫以善謀，以安翼其子也。君哉武王，美之也。○愚按：芑，穀名，非枸檵之杞也。《注》訓詒謀燕翼，勝《詩·箋》遠矣。陳氏云：「豐水之旁，以潤澤生芑穀，喻養成人材也。武王豈不官使之乎？言無遺才也。聖人爲後嗣計，莫大於遺之以人才，是欲傳其孫之謀而燕安翼輔其子耳。」〔二〕按《管子》云：「爲百年之計者，莫於樹人。」〔三〕陳氏此説，似優於鄭。《國風》曰：「我今不閲，皇恤我後？」〔四〕終身之仁也。閲猶容也。皇，暇也。恤，憂也。言我今尚恐不能自容，何暇憂我後之人乎？○按：今《毛詩》作「躬」。

子曰：仁之爲器重，其爲道遠，舉者莫能勝也，行者莫能致也。取數多者仁也，夫勉於仁者不亦難乎！取數多，言計天下之道，仁居其多。○愚按：義之取數約，仁之取數博。隨人所就，皆得名仁，而其蘊無盡，是取數多也。是故君子以義度人，則難爲人；以人望人，則賢者可知已矣。言以先王成法儗度人，則難中也。當以時人相比方耳。○愚按：變言義者，仁之一時一事得宜者，即義也。方氏苞曰：「苟律以義之精，則難爲人矣。惟以衆人望人，則一事偶合，猶賢於無一合者。荀卿云：『君子度己則以繩，接人則用紲』，〔五〕亦此意也。」「此節言君子自待宜厚，責人宜輕。」子曰：中心安仁者，天下一人而已矣。《大雅》曰：「德輶如毛，民鮮克擧之。我儀圖之，惟仲山甫擧之，愛莫助之。」輶，輕也。鮮，罕也。儀，匹也。圖，謀也。愛猶惜也。言德之輕如毛耳，人皆以爲重，罕能擧行之者。作此詩者，周宣王之大臣也。言我之匹謀之仲山甫，則能擧行之，美之也。惜乎時人無能助之者，言賢者少。《小雅》曰：「高山仰止，景行行止。」〔六〕仰高，勤行者，仁之次也。景，明也。有明行者，謂古聖賢也。○愚按：自此以下，見中心安仁者雖不可得，然苟能如《詩》之好仁，則猶可幾及，故《注》謂仁之次也。行止，《詩》作「行之」。子曰：《詩》之好仁如此。鄉道而行，中道而廢，忘身之老也，不知年數之不足也，俛焉日有孳孳，斃而后已。廢，喻力極罷頓，不能復行則止也。俛焉，勤勞之貌。斃，仆也。○愚按：俛，低頭不顧貌。孳，生也，言勤勤勉勉，日生新意無窮時。○方氏苞曰：「當作『中道不廢』，文誤也。」子曰：仁之難成久矣，人人失其所好。言仁道不成，人所由不得其志。故仁者之過，易辭也。辭猶解説也。仁者恭儉，雖有過，不爲甚矣。唯聖人無過。○方氏苞曰：「此承上二章言。即不能日有孳孳，斃而后已，但不失其所好，而有志於仁，則雖有過，必不至於大惡，而人亦易諒。示人不可畏其難成而不好也。」

子曰：恭近禮，儉近仁，信近情。敬讓以行此，雖有過，其不甚矣。夫恭寡過，情可信，儉易容也。以此失之者，不亦鮮乎！言罕以此失之。○王氏曰：「信近情」當爲「情近信」。○愚按：敬，德之聚也。故敬讓以行三者，雖有過，不甚矣。《詩》云：「温温恭人，惟德之基。」子曰：仁之難成久矣，唯君子能之。〔七〕言能成人道者少也。是故君子不以其所能者病人，不以人之所以不能者愧人。病、愧，謂罪咎之。是故聖人之制行也，不制以己，使民有所勸勉愧恥，以行其言。以中人爲制，則賢者勸勉，不及者愧恥，聖人之言乃行也。禮以節之，信以結之，容貌以文之，衣服以移之，朋友以極之，欲民之有壹也。移，讀如「水氾移」之移，移猶廣大也。〔八〕極，致也。壹，謂專心於善。○愚按：移讀如字，謂變移也。○方氏苞曰：「游惰之士，垂緌五寸，不齒之人，玄冠縞武，所謂衣服以移之也。」《小雅》曰：「不愧于人，不畏于天。」言人有所行，當慙怖於天人也。○愚按：引《詩》以證勸勉愧恥之意。是故君子服其服，則文以君子之容；有其容，則文以君子之辭；遂其辭，則實以君子之德。遂猶成也。是故君子恥服其服而無其容，恥有其容而無其辭，恥有其辭而無其德，恥有其德而無其行。無其行，謂不行其德。○愚按：德在內，行在外。世亦有明於道德而行事未盡善者。是故君子衰絰則有哀色，端冕則有敬色，甲冑則有不可辱之色。言色稱其服也。○愚按：言服其服，則容辭德行須稱也。《詩》云：「維鵜在梁，不濡其翼。彼記之子，不稱其服。」〔九〕鵜，鵜胡，污澤也。污澤善居泥水之中，在魚梁，以不濡污其翼爲才，如君子以稱其服爲有德。○愚按：鵜，捕魚之鳥也，而翼不濡，以言人容辭德行，與服不稱，可恥如鵜也。

子言之：君子之所謂義者，貴賤皆有事於天下。天子親耕，粢盛秬鬯，以事上帝。故諸侯勤以輔事於天子。言無事而居位食禄，是不義而富且貴。子曰：下之事上也，雖有庇民之大德，不敢有君民之心，仁之厚也。庇，覆也。無君民之心，是思不出其位。是故君子恭儉以求役仁，信讓以求役禮；不自尚其事，不自尊其身；儉於位而寡於欲，讓於賢，卑己而尊人，小心而畏義，求以事君。役之言爲也。求以事君者，欲成其忠臣之名也。○愚按：役，使也。言以仁禮爲主，而己爲之服役然。得之自是，不得自是，以聽天命。言不易道，徼禄利也。《詩》云：「莫莫葛藟，施于條枚。凱弟君子，求福不回。」〔一〇〕凱，樂也。弟，易也。言樂易之君子，其求福脩德以俟之，不爲回邪之行。要之如葛藟之延蔓於條枚，是其性也。其舜、禹、文王、周公之謂與！有君民之大德，有事君之小心。言此德當不回也。《詩》云：「惟此文王，小心翼翼。昭事上帝，聿懷多福。厥德不回，以受方國。」〔一一〕昭，明也。上帝，天也。聿，述也。懷，至也。言述行上帝之德，以至於多福也。方，四方也。受四方之國，謂王天下。子曰：先王謚以尊名，節以壹惠，恥名之浮於行也。謚者，行之迹也。名者，謂聲譽也。言先王論行以爲謚以尊名者，使聲譽可得而尊信也。壹，讀爲一。惠猶善也。言聲譽雖有衆多者，即以其行一大善者爲謚耳。在上曰浮。君子勤行成功，聲譽踰行，是所恥。○陳《注》云：「壹，專也。善行雖多，但節取其大者以專其善。」是故君子不自大其事，不自尚其功，以求處情；過行弗率，以求處厚；彰人之善而美人之功，以求下賢。率，循也。行過不復循行，猶不貳過。○陳氏云：不率循過高之行，惟求處篤厚之道而已。是故君子雖自卑，而民敬尊之。言謙者所以成行立德。子曰：后稷天下之爲烈也，豈一手一足哉。烈，業也。言后稷造稼穡，天下世以爲業。豈一手一足，喻用之者多無數也。唯欲行之浮於名也，故自謂便人。亦言其謙也。辟仁聖之名，云自便習於此事之人耳。

子言之：君子之所謂仁者，其難乎！《詩》云：「凱弟君子，民之父母。」〔一二〕凱以强教之，弟以説安之，樂而毋荒，有禮而親，威莊而安，孝慈而敬，使民有父之尊，有母之親。如此而后可以爲民父母矣。非至德，其孰能如此乎？有父之尊，有母之親，謂其尊親己如父母。○愚按：强教，如放勳曰：「匡之直之。輔之翼之」。説安，如「使自得之」，「又振德之」。《舜典》曰：「敬敷五教在寬。」蓋優游饜飫，示以可説，則安其所而無遷矣。「樂而毋荒」四句，即强教、説安之事。强教如父，故「有父之尊。」説安如母，故「有母之親」。下文又因父母之言，廣説尊親之事。此皆當爲一章，或斷之，非也。

今父之親子也，親賢而下無能；母之親子也，賢則親之，無能則憐之。母，親而不尊；父，尊而不親。水之於民也，親而不尊；火，尊而不親。土之於民也，親而不尊；天，尊而不親。命之於民也，親而不尊；鬼，尊而不親。或見尊，或見親，以其嚴與恩所尚異也。命，謂四時政令，所以教民勤事也。鬼，謂四時祭祀，所以訓民事君也。

子曰：夏道尊命，事鬼敬神而遠之，近人而忠焉。先禄而後威，先賞而後罰，親而不尊。遠鬼神近人，謂外宗廟内朝廷。其民之敝，惷而愚，喬而野，朴而不文。以本不困於刑罰，少詐諼也。敝，謂政教衰失之時也。○《釋文》：「喬音驕。」

殷人尊神，率民以事神。先鬼而後禮，先罰而後賞，尊而不親。先鬼後禮，謂内宗廟外朝廷也。禮者，君臣朝會，凡以摯交接相施予。其民之敝，蕩而不静，勝而無恥。以本忲於鬼神虚無之事，令其心放蕩無所定，困於刑罰苟勝免而無恥也。《月令》曰：「無作淫巧，以蕩上心。」〔一三〕周人尊禮尚施，事鬼敬神而遠之，近人而忠焉。其賞罰用爵列，親而不尊。賞罰用爵列，以尊卑爲差。其民之敝，利而巧，文而不慙，賊而蔽。以本數交接，以言辭尊卑，多獄訟。○愚按：利，謂貪利，尚施之敝也。巧，謂飾詐，尊禮之敝也。賊，謂争訟相害，亦好施之敝也。蔽，謂昧於事理，亦禮煩之敝也。

子曰：夏道未瀆辭，不求備，不大望於民，民未厭其親。殷人未瀆禮，而求備於民。周人强民，未瀆神，而賞爵刑罰窮矣。未瀆辭者，謂時王不尚辭，民不褻爲也。不求備、不大望，言其政寬，貢税輕也。强民，言承殷難變之敝也。賞爵刑罰窮矣，言其繁文備設。

子曰：虞、夏之道寡怨於民，殷、周之道不勝其敝。勝猶任也。言殷、周極文，民無恥而巧利，後世之政難復。子曰：虞夏之質，殷周之文，至矣。言後有王者，其作質文，不能易之。虞夏之文不勝其質，殷周之質不勝其文。言王者相變，質文各有所多。

子言之曰：後世雖有作者，虞帝弗可及也已矣。君天下，生無私，死不厚其子，子民如父母，有憯怛之愛，有忠利之教，親而尊，安而敬，威而愛，富而有禮，惠而能散。其君子尊仁畏義，恥費，輕實，忠而不犯，義而順，文而静，寬而有辨。死不厚其子，言既不傳位，又無以豐饒於諸臣也。

恥費，不爲辭費出空言也。實，謂財貨也。辨，别也，猶寬而栗也。静，或爲情。〇方氏苞曰：「上思利民，忠也。以忠於利民爲教，故入人深。」〇吕氏曰：「恥費用者，儉於自奉，輕財實者，薄於言利。」〇愚謂義而順，猶直而温也。《甫刑》曰：「德威惟威，德明惟明。」非虞帝其孰能如此乎？德所威，則人皆畏之，言服罪也。德所明，則人皆尊寵之，言得人也。〇《釋文》云：「惟威，讀依《尚書》，音畏。」

子言之：事君先資其言，拜自獻其身，以成其信。資，謀也。獻猶進也。言臣事君，必先謀定其言，乃後親進爲君言也。〇愚按：資，藉也。如《國語》「夏資裘，冬資葛」之資。〔一四〕是故君有責於其臣，臣有死於其言。故其受禄不誣，其受罪益寡。死其言者，竭力於其所言之事，死而不負於事。不信曰誣。〇愚按：死其言者，如云：死者復生，生者不愧乎其言，如此乃爲成其信。〔一五〕

子曰：事君大言入則望大利，小言入則望小利。大言可以立大事也，小言可以立小事也。入，爲君受之。利，禄賞也。入，或爲「人」。〇愚按：利，謂澤及於物也。《注》云「入或爲『人』」，亦通。故君子不以小言受大禄，不以大言受小禄。言臣受禄各用其德能也。〇方氏苞曰：「大言入而君加以小禄，則終不能行其言而道有所屈矣，故不可受而當引身以退。《易》曰：「不家食，吉。」此《大畜》彖辭也。《彖》曰：「不家食吉，養賢也。言君有大畜積，不與家食之而已，心以禄賢者。賢有大小，禄有多少。〇齊召南曰：「《周易正義》解『不家食』謂『不使賢人在家自食』，較此《注》爲直截。」

子曰：事君不下達，不尚辭，非其人弗自。不下達，不以私事自通於君也。不尚辭，不多出浮華之言也。

弗自，不身與相親。○愚按：此三者皆爲始進也。下達，謂自行干進；尚辭，謂獻策上書；自，謂進身所由也。自非其人，如商鞅因景監以進。《小雅》曰：「靖共爾位，正直是與。神之聽之，式穀以女。」靖，治也。爾，女也。式，用也。穀，禄也。言敬治女位之職事，正直之人乃與爲倫友，神聽女之所爲，用禄與女。子曰：事君遠而諫，則諂也；近而不諫，則尸利也。尸，謂不知人事，無辭讓也。子曰：邇臣守和，宰正百官，大臣慮四方。邇，近也。和，謂調和君事者也。齊景公曰：「唯據與我和！」〔一六〕宰，冢宰也。冢宰主治百官。○齊召南曰：「《注》誤矣。若據所謂，苟同，非和也。必如晏子所言，可否『相濟』，斯爲守和耳。」子曰：事君欲諫不欲陳。陳，謂言其過於外也。《詩》云：「心乎愛矣，瑕不謂矣。中心藏之，何日忘之。」〔一七〕瑕之言胡也。謂猶告也。○愚按：瑕，《毛詩》作「遐」。引「中心藏之」，以證不欲陳也。藏，鄭《箋》作「臧」。

子曰：事君難進而易退，則位有序；易進而難退，則亂也。亂謂賢否不別。○愚按：序則賢否別也。故君子三揖而進，一辭而退，以遠亂也。進難者，爲主人之擇己也。退速者，爲君子之倦也。子曰：事君三違而不出竟，則利禄也。人雖曰不要，吾弗信也。違猶去也。利禄，言爲貪禄留也。臣以道去君，至於三而不遂去，是貪禄，必以其强與君要也。○愚按：違者，意不合也。三違者，三諫而不聽也。子曰：事君慎始而敬終。輕交易絶，君子所恥。子曰：事君可貴可賤，可富可貧，可生可殺，而不可使爲亂。亂，謂違廢事君之禮。

子曰：事君，軍旅不辟難，朝廷不亂賤。言尚忠且謙也。處其位而不履其事，則亂也。履猶行也。故君使其臣，得志，則慎慮而從之；否，則孰慮而從之，終事而退，臣之厚也。使，謂使之聘問師役之屬也。慎慮而從之者，此己志也，欲其必有成也。否，謂非己志也。孰慮而從之，又計於己利害也。終事而退，非己志者事成則去也。事，或爲「身」。○愚按：《注》謂「計於己利害」者，利固從之，害亦不得辭之，故須熟慮也。《易》曰：「不事王侯，高尚其事。」言臣致仕而去，不復事君也。君猶高尚其所爲之事，言尊大其成功也。

子曰：唯天子受命于天，士受命于君。言皆有所受，不敢專也。唯，當爲「雖」字之誤也。故君命順，則臣有順命；君命逆，則臣有逆命。言臣受順則行順，受逆則行逆。如其所受於君，則爲君不易矣。《詩》曰：「鵲之姜姜，鶉之賁賁。人之無良，我以爲君。」〔一八〕姜姜、賁賁，爭鬬惡貌也。良，善也。言我以惡人爲君，亦使我惡如大鳥姜姜於上，小鳥賁賁於下。○愚按：姜姜、賁賁，《毛詩》作「彊彊」、「奔奔」。訓釋字義，此《注》得之，《詩》傳、箋不及也。

子曰：君子不以辭盡人。不見人之言語則以爲善言，其餘行或時惡也。故天下有道，則行有枝葉；天下無道，則辭有枝葉。行有枝葉，所以益德也。言有枝葉，是衆虛華也。枝葉依幹而生，言行亦由禮出。是故君子於有喪者之側，不能賻焉，則不問其所費；於有病者之側，不能饋焉，則不問其所欲；有客不能館，則不問其所舍。皆辟有言而無其實。故君子之接如水，小人之接如醴。君子淡以成，小人甘以壞。水相得，合而已，酒醴相得則敗。淡無酸，酢少味也。接，或爲「交」。《小雅》曰：「盜言孔甘，亂是用餤。」盜，賊也。孔，甚也。餤，進也。

子曰：君子不以口譽人，則民作忠。譽，繩也。○《釋文》云：「《左傳》以繩爲『譽』。」○按：《左傳·釋文》云：「繩，《説文》作『譝』。」今《説文》闕。《廣雅》云：「譝，譽也。」音繩。故君子問人之寒則衣之，問人之飢則食之，稱人之美則爵之。皆爲有言不可以無實。《國風》曰：「心之憂矣，於我歸説。」欲歸其所説忠信之人也。

子曰：口惠而實不至，怨菑及其身。善言而無信，人所惡也。是故君子與其有諾責也，寧有已怨。已，謂不許也。言諾而不興，其怨大於不許。《國風》曰：「言笑晏晏，信誓旦旦，不思其反。反是不思，亦已焉哉！」此皆相與爲昏禮而不終也。言始合會，言笑和説，要誓甚信，今不思其本，恩之反覆。反覆之不思，亦已焉哉！無如此人何！怨之深也。

子曰：君子不以色親人。情疏而貌親，在小人，則穿窬之盜也與？子曰：情欲信，辭欲巧。巧，謂順而説也。○愚按：辭欲巧，王氏以爲非孔子言。陳《注》謂巧當作「攷」。恐是。

子言之：昔三代明王皆事天地之神明，無非卜筮之用，不敢以其私，褻事上帝。言動任卜筮也。神明，謂羣神也。是故不犯日月，不違卜筮，日月，謂冬夏至、正月及四時也，所不違者，日與牲、尸也。卜筮不相襲也。襲，因也。大事則卜，小事則筮。大事有時日；大事有事於大神，有常時常日也。小事無時日，有筮。有事於小神，無常時常日。有筮，臨有事筮之。外事用剛日，內事用柔日。順陰陽也。陽爲外，陰爲內，事之外內，別乎四郊。○愚按：外內恐不以四郊爲別，説具《曲禮》。不違龜筮。子曰：牲牷、禮樂、齊盛，是以無害乎鬼神，無怨乎百姓。牷，猶純也。○陳氏云：「詳文義，『不違龜筮』四字，當在『齊盛』之下。」○愚按：「無害」、「無怨」四字，文有倒誤，當云「無怨乎鬼神，無害乎百姓」。

子曰：后稷之祀易富也，其辭恭，其欲儉，其禄及子孫。富之言備也。以傳世之禄、共儉者之祭易備也。《詩》曰：「后稷兆祀，庶無罪悔，以迄于今。」〔一九〕兆，四郊之祭處也。迄，至也。言祀后稷於郊以配天，庶幾其無罪悔乎！福禄傳世，乃至于今。○按：兆，《毛詩》作「肇」。

子曰：大人之器威敬。言其用之尊嚴。天子無筮。謂征伐出師若巡守也。天子至尊，大事皆用卜也。《春秋傳》曰：「先王卜征五年，歲襲其祥。」〔二〇〕諸侯有守筮。守筮，守國之筮。國有事則用之。天子道以筮；始將出，卜之道，有小事則用筮。諸侯非其國不以筮，卜宅寢室。入他國則不筮，不敢問吉凶於人之國也。諸侯受封乎天子，因國而國。唯宮室欲改易者，得卜之耳。○愚按：《注》説未敢信爲必然。方氏苞謂「卜者，主國卜之也。客不筮，恐人疑。主國卜宅寢室以處之，所以愛敬客」。竊謂此説亦可疑。若受敬客者，即主人自筮可矣，何至用卜也。且文義亦無以見此句爲主國也。陳氏謂「諸侯出行，必卜其所處之地，慮他故也」，尤非也。「天子道以筮」，諸侯乃道以卜乎？此句文義未詳，舊説未審誰是。又按此章似非孔子之言。《洪範》云「龜從、筮從」，不得謂天子無筮。晉文公欲納襄王，既卜又筮之，不得謂諸侯惟有「守筮」也。孔

《疏》蓋亦覺其非，故曲爲之説耳。天子不卜處大廟。卜可建國之處吉，則宫廟吉可知。子曰：君子敬則用祭器。謂朝聘待賓客崇敬，不敢用燕器也。是以不廢日月，不違龜筮，以敬事其君長；用龜筮問所貢獻也。是以上不瀆於民，下不褻於上。言上之於下以直，則下應之以正，不褻慢也。〇愚按：此章亦未詳。〇方氏苞曰：「此人臣膳君之禮。天子適諸侯，或諸侯燕於諸臣之家，則用祭器，卜日而請之。《春秋·傳》：陳敬仲飲桓公酒，曰：『臣卜其晝』。蓋古有此禮。若天子諸侯禮朝聘之賓，雖用祭器，而無卜日之禮，且不宜曰『以敬事其君長』。

校記

〔一〕《十三經注疏》本《公羊傳·成公十六年》：「九年，晉人執季孫行父，舍之于招丘。執未可言舍之者，此其言舍之何，仁之也。」《公羊傳注疏》卷十八阮元《校勘記》：「《禮記·表記·注》引此『仁之者』作『人也』。《疏》云：『欲人愛此行人。』」

〔二〕陳澔《禮記集説》卷九《表記》「旁」作「傍」，同。「養成人材」之「材」作「才」，同。

〔三〕於，《管子·權修》作「如」。

〔四〕《毛詩·邶風·谷風》作「我躬不閲，遑恤我後。」

〔五〕《荀子·非相篇》：「故君子之度己則以繩，接人則用抴。」紲作「抴」。

〔六〕《詩·小雅·車舝》。清馬瑞辰《毛詩傳箋通釋》：「止當作『之』，下句同。」

〔七〕「惟」字，依《禮記正義》本卷五十四校改。元陳澔《禮記集説》作「唯」。唯、惟、維，同。

〔八〕《禮記注疏》卷五十四阮元《校勘記》：「此本『禾』誤『水』。『禾氾移』與『麥秀鋌』對舉。」而《經籍籑詁》卷四「移」下引《逸周書·作雒篇》「設移」《注》：「移，讀如水氾之移。猶廣大也。《禮記·表記》『衣服以移之』《注》。」今《四部備要》本《逸周書》卷五無此《注》，祇有晉孔晁《注》曰：「正文『移』，即『簃』也。」

〔九〕《毛詩·曹風·候人》：「維鵜在梁，不濡其翼。彼其之子，不稱其服。」「彼記」之「記」作「其」。

〔一〇〕《毛詩·大雅·旱麓》「凱」作「豈」。「豈弟」即「愷悌」，和易近人。

〔一一〕《毛詩·大雅·大明》「惟」作「維」。

〔一二〕《毛詩·大雅·洞酌》「凱」作「豈」。按：豈弟同愷悌、凱弟。

〔一三〕《禮記·月令》「無作」作「毋或作爲」。

〔一四〕《國語》卷二十《越語上》作：「臣聞之，賈人，夏則資皮，冬則資絺。」

〔一五〕《公羊傳·僖公十年》作「使死者反生，生者不愧乎其言，則可謂信矣」。

〔一六〕《左傳·昭公二十年》「我和」之下有「夫」字。

〔一七〕《毛詩·小雅·隰桑》「瑕」作「遐」。

〔一八〕《毛詩·鄘風·鶉之奔奔》「姜姜」作「彊彊」，「賁賁」作「奔奔」。

〔一九〕《毛詩·大雅·生民》「兆」作「肇」。

〔二〇〕《左傳·襄公十三年》：「先王卜征五年，歲習其祥，祥習則行。」《春秋左傳注疏》卷三十三阮元《校勘記》曰：「案：『習』，古文『襲』字。」

緇衣第三十三

子言之曰：爲上易事也，爲下易知也，則刑不煩矣。言君不苛虐，臣無姦心，則刑可以措。○《釋文》云：「此篇二十四章，唯此一『子言之』，後皆作『子曰』。」

子曰：好賢如《緇衣》，惡惡如《巷伯》，則爵不瀆而民作愿，刑不試而民咸服。《緇衣》、《巷伯》，皆《詩》篇名也。《緇衣》首章曰：「緇衣之宜兮，敝，予又改爲兮。適子之館兮，還，予授子之粲兮。」言此衣緇衣者，賢者也，宜長爲國君。其衣敝，我願改制，授之以新衣。是其好賢，欲其貴之甚也。《巷伯》六章曰：「取彼譖人，投畀豺虎；豺虎不食，投畀有北；有北不受，投畀有昊。」〔一〕此其惡惡，欲其死亡之甚也。爵不瀆者，不輕爵人也。試，用也。咸，皆也。○《釋文》云：「譖人，本又依《詩》作『譖人』。」《大雅》曰：「儀刑文王，萬國作孚。」刑，法也。孚，信也。儀法，文王之德，而行之，則天下無不爲信者也。文王爲政，克明德慎罰。

子曰：夫民，教之以德，齊之以禮，則民有格心。教之以政，齊之以刑，則民有遯心。格，來也。遯，逃也。故君民者，子以愛之，則民親之；信以結之，則民不倍；恭以涖之，則民有孫心。涖，臨也。孫，順也。○惠氏《古義》云：「『孫心』當作『愻』。《說文》：『愻，順也。』《書》云：『五品不愻。』

《今文尚書》作「訓」，《古文尚書》作「愻」，《緇衣》猶存古字。〔二〕《甫刑》曰：「苗民匪用命，制以刑，惟作五虐之刑曰法。」是以民有惡德而遂絶其世也。《甫刑》，《尚書》篇名。匪，非也。命，謂政令也。高辛氏之末，諸侯有三苗者作亂，其治民不用政令，專制御之以嚴刑，乃作五虐蚩尤之刑，以是爲法，於是民皆爲惡，起倍畔也。三苗由此見滅無後世，由不任德。○齊召南曰：「『匪用命』，《書》作『弗用靈』。又按《尚書》孔《傳》謂『九黎』即『蚩尤』，其説甚謬。鄭謂『苗民即九黎之後』，亦想當然，然已勝孔《傳》矣。」○按：鄭注《吕刑》云：「苗民謂九黎之君。」是以三苗謂九黎子孫也。

子曰：下之事上也，不從其所令，從其所行。言民化行，不拘於言。上好是物，下必有甚者矣。甚者，甚於君也。故上之所好惡不可不慎也，是民之表也。言民之從君，如影逐表。子曰：禹立三年，百姓以仁遂焉，豈必盡仁。言百姓傚禹爲仁，非本性能仁也。遂猶達也。《詩》云：「赫赫師尹，民具爾瞻。」《甫刑》曰：「一人有慶，兆民賴之。」《大雅》曰：「成王之孚，下土之式。」皆言化君也。孚，信也。式，法也。

子曰：上好仁，則下之爲仁争先人。故長民者章志貞教，尊仁以子愛百姓，民致行己以説其上矣。章，明也。貞，正也。民致行己者，民之行皆盡己心。《詩》云：「有梏德行，四國順之。」梏，大也，直也。○按：梏，《毛詩》作「覺」。

子曰：王言如絲，其出如綸。王言如綸，其出如綍。言言出彌大也。綸，今有秩嗇夫所佩也。綍，引棺索也。〇《疏》引張華云：「綸，如宛轉繩。」故大人不倡游言。游，猶浮也，不可用之言也。可言也，不可行，君子弗言也。可行也，不可言，君子弗行也。則民言不危行而行不危言矣。危猶高也。言不高於行，行不高於言，言行相應也。〇方氏苞曰：「老莊之志太古，可言而不可行也。北宮之女，不嫁以養父母；陽城兄弟相愛，皆終身不娶，可行而不可言也。危，當作『違』，以音同而誤。」〇愚按：危，當如字。《詩》云：「淑慎爾止，不僭于儀。」〔三〕淑，善也。僭，過也。言善慎女之容止，不可過於禮之威儀也。

子曰：君子道人以言，而禁人以行。禁猶謹也。〇愚按：禁，防也。以躬行範民，如設防禁。故言必慮其所終而行必稽其所敝。則民謹於言而慎於行。稽猶考也，議也。〇愚按：言雖善，必慮其終違；行雖美，必稽其流敝。《詩云》：「慎爾出話，敬爾威儀。」話，善言也。《大雅》曰：「穆穆文王，於緝熙敬止。」緝、熙，皆明也。言於明，明乎敬其容止。

子曰：長民者衣服不貳，從容有常，以齊其民，則民德壹。貳，不壹也。《詩》云：「彼都人士，狐裘黃黃。其容不改，出言有章。行歸于周，萬民所望。」黃衣，則狐裘大蜡之服也。詩人見而說焉。章，文章也。忠信爲周。此詩毛氏有之，三家則亡。〇愚按：襄十四年《左傳》引此下二句，服虔以爲逸詩，是也。說見《詩·疏》。

子曰：爲上可望而知也，爲下可述而志也，則君不疑於其臣而臣不惑於其君矣。志猶知也。〇愚按：志，記也。此即篇首二句之意。《尹吉》曰：「惟尹躬及湯咸有壹德。」〔四〕吉，當爲「告」。告，古文「誥」，字之誤也。尹告，伊尹之誥也。《書·序》以爲《咸有壹德》今亡。咸，皆也。君臣皆有壹德不貳，則無疑惑也。《詩》云：「淑人君子，其儀不忒。」

子曰：有國家者章義癉惡以示民厚，則民情不貳。章，明也。癉，病也。○《釋文》云：「義，《尚書》作『善』。」○愚按：義亦訓「善」，《詩》云：「宣昭義問。」《詩》云：「靖共爾位，好是正直。」

子曰：上人疑則百姓惑，下難知則君長勞。難知，有姦心也。故君民者章好以示民俗，慎惡以御民之淫，則民不惑矣。浮，貪侈也。《孝經》曰：「示之以好惡而民知禁。」臣儀行，不重辭，不援其所不及，不煩其所不知，則君不勞矣。儀，當爲「義」，聲之誤也。言臣義事君則行也。重，猶尚也。援，猶引也。引君所不及，謂必使其君所行如堯舜也。不煩以其所不知，謂必使其知慮如聖人也。凡告喻人，當隨其才以誘之。○愚按：儀，讀如字。儀行，行事可儀法也。事急於先務，君之力所不能及者，不苟援也；政舉其大綱，君之職所不必知者，不苟煩也。《詩》云：「上帝板板，下民卒癉。」〔五〕上帝，喻君也。板板，辟也。卒，盡也。癉，病也。此君使民惑之詩。《小雅》曰：「匪其止共，維王之卭。」匪，非也。卭，勞也。言臣不止於恭敬其職，惟使王之勞。此臣使君勞之詩也。

子曰：政之不行也，教之不成也，爵禄不足勸也，刑罰不足恥也。故上不可以褻刑而輕爵。言政教所以明賞罰。《康誥》曰：「敬明乃罰。」《甫刑》曰：「播刑之不迪。」康，康叔也。作《誥》，《尚書》篇名也。播，猶施也。「不」，衍字耳。迪，道也，言施刑之道。

子曰：大臣不親，百姓不寧，則忠敬不足而富貴已過也。大臣不治而邇臣比矣。忠敬不足，謂臣不忠於君，君不敬其臣。邇，近也。言近以見遠，言大以見小，互言之。比，私相親也。故大臣不可不敬也，是民之表也；邇臣不可不慎也，是民之道也。民之道，言民循從也。君毋以小謀大，毋以遠言近，毋以內圖外，圖，亦謀也。言凡謀之，當各於其黨。於其黨，知其過審也。大臣柄權於外，小臣執命於內，或時交争，轉相陷害。則大臣不怨，邇臣不疾，而遠臣不蔽矣。疾猶非也。葉公之顧命曰：「毋以小謀敗大作，毋以嬖御人疾莊后，毋以嬖御士疾莊士大夫卿士。」〔六〕葉公，楚縣公葉公子高也。臨死遺書曰「顧命」。小謀，小臣之謀也。大作，大臣之所爲也。嬖御人，愛妾也。疾，亦非也。莊后，適夫人齊莊得禮者。嬖御士，愛臣也。莊士，亦謂士之齊莊得禮者，今爲大夫卿士。〇愚按：葉公顧命，見《逸周書·祭公》篇，文與此同。王應麟《困學紀聞》卷五辯之曰：「葉公當作祭公。疑記《禮》者之誤。」子曰：大人不親其所賢，而信其所賤，民是以親失，而教是以煩。親失，失其所當親也。教煩，由信賤也。賤者，無壹德也。《詩》云：「彼求我則，如不我得；執我仇仇，亦不我力。」言君始求我，如恐不得我。既得我，持我仇仇，然不堅固，亦不力用我，是不親信我也。《君陳》曰：「未見聖，若已弗克見；既見聖，亦不可由聖。」〔七〕克，能也。由，用也。〇《釋文》云：「已音『紀』。《尚書》無『已』字。」子曰：小人溺於水，君子溺於口，大人溺於民，皆在其所褻也。言人不溺於所敬者。溺，謂覆没，不能自理出也。夫水近於人而溺人，德易狎而難親也，易以溺人，言水，人所沐浴自潔清者；至於深淵洪波，所當畏慎也。由近人之故，或泳之游之，褻慢而無戒心，以取溺焉。有德者亦如水矣，初時學其近者、小者，以從人事，自以爲可，則侮狎之。至於先王大道、性與天命，則遂扞格不入，迷惑無聞，如溺於大水矣。難親，親之當肅敬，如臨深淵。○愚按：德，謂水之德也。水懦弱，故易狎，民多死焉，故難親。口費而煩，易出難悔，易以溺人。費，猶惠也。言口多空言，且煩數也。過言一出，駟馬不能及，不可得悔也。口舌所覆，亦如溺矣。費，或爲「哱」，或爲「悖」。夫民閉於人而有鄙心，可敬，不可慢，易以溺人。言民不通於人道，而心鄙詐，難卒告諭。人君敬慎以臨之則可，若陵虐而慢之，分崩怨畔，君無所尊，亦如溺矣。○愚按：閉，謂壅遏，不得上聞。故君子不可以不慎也。慎所可褻，乃不溺矣。《大甲》曰：「毋越厥命，以自覆也。若虞機張，往省括于厥度，則釋。」越之言蹷也。厥，其也。覆，敗也。言無自顛蹷女之政教，以自毁敗。虞，主田獵之地者也。機，弩牙也。度，謂所擬射也。虞人之射禽，弩已張，從機間視括與所射參相得，乃後釋弦發矢。爲政亦當以己心參於羣臣及萬民，可乃後施也。○愚按：括，矢本也。厥度，《尚書》無「厥」字。《兑命》曰：「惟口起羞，惟甲胄起兵，惟衣裳在笥，惟干戈省厥躬。」兑，當爲「説」，謂殷高宗之臣傅説也。作書以命高宗，《尚書》篇名也。羞，猶辱也。衣裳，朝祭之服也。惟口起辱，當慎言語也。惟甲胄起兵，當慎軍旅之事也。惟衣裳在笥，當服以爲禮也。惟干戈省厥躬，當恕己不尚害人也。○按：兵，《尚書》作「戎」。《大甲》曰：「天作孽，可違也；自作孽，不可以逭。」〔八〕違猶辟也。逭，逃也。《尹吉》曰：「惟尹躬天見于西邑夏，自周有終，相亦惟終。」尹吉，亦尹誥也。天，當爲

「先」字之誤。忠信爲周，相助也，謂臣也。伊尹言，尹之先祖見夏之先君臣皆忠信以自終，今天絶桀者，以其自作孽。伊尹始仕於夏，此時就湯矣。夏之邑在亳西。見，或爲「敗」。邑，或爲「予」。○愚按：以「先」爲「先祖」，誤也；由鄭不見古文故。

子曰：民以君爲心，君以民爲體。心莊則體舒，心肅則容敬。心好之，身必安之；君好之，民必欲之。心以體全，亦以體傷；君以民存，亦以民亡。莊，齊莊也。《詩》云：「昔吾有先正，其言明且清。國家以寧，都邑以成，庶民以生。誰能秉國成！不自爲正，卒勞百姓。」先正，先君長也。「誰能秉國成」，傷今無此人也。成，邦之八成也。誰能秉行之，不自以所爲者正，盡勞來百姓。憂念之者與疾時大臣，專功爭美。○《釋文》云：「前五句，今《詩》皆無此語，餘在《小雅·節南山》篇，或皆逸詩也。」○愚按：陸氏云「皆逸詩」，此説爲是。「誰能秉國成」，歐陽公謂孔子删「能」字，非也。自爲政，謹操柄也。勞，困敝也。引《詩》以證君以民存之意。《君雅》曰：「夏日暑雨，小民惟曰怨，資冬祈寒，小民亦惟曰怨。」雅，《書·序》作「牙」，假借字也。君雅，周穆王司徒，作《尚書》篇名也。資，當爲「至」，齊魯之語，聲之誤也。祁之言是也，齊西偏之語也。夏日暑雨，小民怨天；至冬是寒，小民又怨天。言民恒多怨，爲其君難。○愚按：資，《尚書》作「咨」，連上句，祈，大也。引《書》以證君以民亡之意。

子曰：下之事上也，身不正，言不信，則義不壹，行無類也。類，謂比式。○方氏苞曰：「身不正，則言不見信於上。義不壹，行無類，身不正之實也。義，所陳於上也。行，所發於身也。」子曰：「言有物而行有格也，是以生則不可奪志，死則不可奪名。物，謂事驗也。格，舊法也。故君子多聞，質而守之；多志，質而親之；精知，略而行之。質，猶以也。多志，謂博交，汎愛人也。精知，孰慮於衆也。精，或爲清。○愚按：質，簡也。吕氏以爲質正，義亦通也。志，記也。親，爲好而不厭也。精知，精義入神也。略，約也。知既精詳，故行之得其要略也。又按：《注》「質猶以也」，以字當爲「少」字，刊本訛耳。○《疏》云：「質，簡也，少也。」《君陳》曰：「出入自爾師虞，庶言同。」〔九〕自，由也。師、庶，皆衆也。虞，度也。言出内政教，當由女衆之所謀度，衆言同乃行之，政教當由一也。《詩》云：「淑人君子，其儀一也。」〔一〇〕○陳氏云：「引《詩》證義壹行類。」方氏苞曰：「引《君陳》證『多聞』二句，引《詩》證『精知』句。」

子曰：「唯君子能好其正，小人毒其正。正，當爲「匹」，字之誤也。匹，謂知識朋友。○愚按：正，讀如字。故君子之朋友有鄉，其惡有方。鄉、方，喻輩類也。小人徼利，其友無常也。是故邇者不惑而遠者不疑也。言其可望而知。邇，近也。《詩》云：「君子好仇。」〔一一〕仇，匹也。

子曰：「輕絶貧賤而重絶富貴，則好賢不堅而惡惡不著也。人雖曰不利，吾不信也。言此近徼利也。《詩》云：「朋友攸攝，攝以威儀。」攸，所也。言朋友以禮義相攝，正不以貧富貴賤之利也。

子曰：「私惠不歸德，君子不自留焉。私惠，謂不以公禮相慶賀、時以小物相問遺也。言其物不可以爲德，則君子不以身留此人也。相惠以褻瀆邪辟之物，是爲不歸於德。歸，或爲「懷」。《詩》云：「人之好我，示我周行。」行，道也。言示我以忠信之道。

子曰：苟有車，必見其軾；苟有衣，必見其敝。人苟或言之，必聞其聲；苟或行之，必見其成。言凡人舉事，必有後驗也。見其軾，謂載也。敝，敗衣也。衣或在內，新時不見。《葛覃》曰：「服之無射。」〔一二〕射，厭也。言己願采葛以爲君子之衣，令君子服之無厭，言不虛也。○方氏苞曰：「此喻言行之出於身者，不可揜也。車之有軾，喻大體之顯見也。衣之有敝，喻微疵之難匿也。『必聞其聲』，義與車之見軾相發。『必見其成』，義與衣之見敝相發。『服之無射』，喻謹言慎行，終吾身不可懈惰也。」

子曰：言，從而行之，則言不可飾也；行，從而言之，則行不可飾也。從猶隨也。○愚按：陳《注》「從，順也」，恐非。故君子寡言而行，以成其信，則民不得大其美而小其惡。以行爲驗，虛言無益於善也。寡，當爲「顧」，聲之誤也。○愚按：寡，讀如字。《詩》云：「白圭之玷，尚可磨也；斯言之玷，不可爲也。」玷，缺也。言圭之缺，尚可磨而平之；言之缺，無如之何。《小雅》曰：「允矣君子，展也大成。」允，信也。展，誠也。《君奭》曰：「在昔上帝周田觀文王之德，其集大命于厥躬。」奭，召公名也，作《尚書》篇名也。古文「周田觀文王之德」爲「割申勸寧王之德」，今博士讀爲「厥亂勸寧王之德」。三者皆異，古文似近之。割之言蓋也。言文王有誠信之德，天蓋申勸之，集大命於其身，謂命之使王天下也。○愚按：《尚書》蔡《傳》讀「割」字絕句。○齊召南曰：「鄭不見孔安國之《古文尚書》；其所謂「古文」者，即二十八篇之古本，其字多異於歐陽、夏侯三家所傳者也。」

子曰：南人有言曰：「人而無恒，不可以爲卜筮。」古之遺言與？龜筮猶不能知也，而況於人乎？恒，常也。不可爲卜筮，言卦兆不能見其情，定其吉凶也。○愚按：《疏》云「南人，殷掌卜之人」，未審何據。《詩》云：「我龜既厭，不我告猶。」猶，道也。言褻而用之，龜厭之，不告以吉凶之道也。《兑命》曰：「爵無及惡德，民立而正，事純而祭祀，是爲不敬。事煩則亂，事神則難。」惡德，無恒之德。純猶皆也。言君祭祀，賜諸臣爵，毋與惡德之人也。民將立以爲正，言放傚之疾，事皆如是，而以祭祀，是不敬鬼神也。惡德之人使事煩，事煩則亂，使事鬼神，又難以得福也。純，或爲「煩」。○愚按：此節與今《尚書》文絶異，未詳其義。「民立而正」句尤難曉，疑有錯誤。又按：鄭以「民立而正」爲句，「事」連下讀。〔一三〕《易》曰：「不恒其德，或承之羞。恒其德，偵，婦人吉，夫子凶。」〔一四〕羞猶辱也。偵，問也。問正爲偵。婦人，從人者也，以問正爲常德則吉；男子當專行幹事，而以問正爲常德，是亦無恒之人也。○愚按：偵，當依《周易》作「貞」。

校記

〔一〕《毛詩·小雅·巷伯》「譏」字作「譖」。

〔二〕《尚書·虞書·舜典》：「百姓不親，五品不遜。」今《尚書正義》本「愻」作「遜」。

〔三〕《毛詩·大雅·抑》「僭」作「愆」。僭，古「愆」字。

〔四〕《禮記注疏》卷五十五阮元《校勘記》：「《釋文》出『章義』云：『《尚書》作『善』。皇云：『善，義也。』《石經考文提要》云：『宋大字本《九經》云云并作「章義」。』○按：『義』字是也。」又按瘽音膽。

〔五〕《毛詩·大雅·板》「瘽」作「癉」。瘽同癉。

〔六〕《逸周書》，四部備要本卷八《祭公》：「汝無以嬖御固莊后，汝無以小謀敗大作，汝無以嬖御士疾大夫卿士，汝無以家相亂王室而莫恤其外。」晉孔晁《注》：「嬖御，寵妾也。莊，正也。《禮記·緇衣》引此及下二句作『葉公之顧命』，乃『祭公』之訛也。固，《緇衣》作『疾』。」

〔七〕《尚書·周書·君陳》作：「凡人未見聖，若不克見；既見聖，亦不可由聖。」

〔八〕《尚書·商書·大甲中》：「天作孽猶可違，自作孽不可逭。」

〔九〕《尚書·周書·君陳》「同」下有「則繹」二字。

〔一〇〕《毛詩·曹風·鳲鳩》「也」作「兮」。

〔一一〕《毛詩·周南·關雎》「仇」作「逑」。毛《傳》：「逑，匹也。」《釋文》「本亦作『仇』，音同。」

〔一二〕《毛詩·周南·葛覃》「射」作「斁」。毛《傳》：「斁，厭也。」孔穎達《疏》：「《釋詁》文彼『斁』作『射』，音義同。」

〔一三〕所引與《尚書·周書·説命》不合。孔穎達《疏》：「『《兑命》曰：「爵無及惡德」』者，此《尚書》傅説告高宗之辭。云祭祀之末爵人之時，無復此惡德之人。惡德，無恒者也。『民立而正，事純而祭祀』者，純，皆也。言若爵此惡德之人，則立之以爲正事，在下必學之。若每事皆爵此惡德之人而以祭祀，是不敬鬼神也。無恒之人不可祭也。」又《尚書·説命中》云：「黷于祭祀，禮煩則亂，事神則難。」「事煩」作「禮煩」。鄭玄《箋》：「『祭不欲數，數則黷，黷則不敬。』《禮記·祭義》文也。」按：《祭義》兩「黷」字均作「煩」。

〔一四〕《周易·恒》「或承之羞」句下有「貞吝」二字，又「偵」作「貞」。

奔喪第三十四

奔喪之禮：始聞親喪，以哭答使者，盡哀；問故，又哭盡哀。親，父母也。以哭答使者，驚怛之哀無辭也。問故，問親喪所由也。雖非父母，聞喪而哭，其禮亦然也。

遂行，日行百里，不以夜行。雖有哀戚，猶辟害也。晝夜之分，別於昏明。哭則遂行者不爲位。○齊召南曰：「奔喪之禮皆不爲位；爲位者，禮之權也。」唯父母之喪見星而行，見星而舍。侵晨冒昏，彌益促也。言唯，著異也。若未得行，則成服而后行。謂以君命有爲者也。成喪服得行則行。過國至竟，哭，盡哀而止。感此念親。哭辟市朝，爲驚衆也。望其國竟哭。斬衰者也。自是哭且遂行。○《疏》云：「雖云斬衰，其實母之齊衰亦然也。」○愚按：方氏苞訓此「竟」爲「終」，云：「〔竟哭，終不止也。過國，他國也。至竟，至本國之界也。望其國，望見國都也。〕過國至竟，哭盡哀而止。望見國都，則行哭至家不止也。」未審是否？

至於家，入門左，升自西階，殯東，西面，坐，哭盡哀，括髮，袒，括髮袒者，去飾也。未成服者，素委貌，深衣；已成服者，固自喪服矣。降堂，東即位，西鄉哭，成踊，已殯者位在下。襲絰于序東，絞帶。反位，拜賓，成踊，襲，服衣也。不於又哭乃絰者，髮喪已踰日，節於是可也。其未小斂而至，與在家同耳。不散帶者，不見尸柩。凡拜賓者就其位，既拜，反位，哭踊。〇方氏苞曰：「襲絰，陳氏《集説》謂『掩其袒而加要絰』，非也。初袒至是襲，初括髮至是加首絰。下『絞帶』，乃要絰也。」〇愚按：襲而後拜賓成踊，敵賓也。非其敵者，則篇末云「有大夫至，袒，拜之，成踊，而后襲」是也。送賓，反位；有賓後至者，則拜之成踊送賓皆如初。衆主人兄弟皆出門，出門哭止；闔門，相者告就次。次，倚廬也。

於又哭，括髮袒成踊；於三哭，猶括髮袒成踊。又哭，至明日朝也。三哭，又其明日朝也。皆升堂括髮袒。如始至必又哭三哭者，象小斂大斂時也。《雜記》曰：「士三踊。」其夕哭從朝，夕哭不括髮，不袒，不踊，不以爲數。三日成服，拜賓、送賓皆如初。三日，三哭之明日也。既哭，成其服喪服，杖於序東。〔一〕

奔喪者非主人，則主人爲之拜賓送賓。奔喪者自齊衰以下入門左，中庭北面哭盡哀，免麻于序東，即位袒，與主人哭成踊。不升堂哭者，非父母之喪，統於主人也。麻，亦絰帶也。於此言麻者，明所奔喪雖有輕者，不至喪所無改服也。凡袒者於位，襲於序東，袒襲不相因位。此麻乃袒變於爲父母也。〇愚按：「非主人」，庶子也。上所謂者主人耳。麻，要絰也。於又哭、三哭皆免袒，有賓則主人拜賓送賓。又哭、三哭，亦「入門左」「中庭北面」，如始至時也。丈夫婦人之待之也，皆如朝夕哭位，無變也。待奔喪者無變，嫌賓客之也。於賓客以哀變爲敬；此骨肉，哀則自哀矣。於此言待之，明奔喪者至三哭猶不以序入也。

奔母之喪，西面哭盡哀，括髮，袒，降堂，東即位，西鄉哭，成踊，襲免絰于序東，拜賓送賓，皆如奔父之禮，於又哭，不括髮。爲母於又哭而免，輕於父也。其他則同。○愚按：「襲免絰于序東」，此經對免而言，則要絰也。前對帶而言，故爲首絰也。

婦人奔喪，升自東階，殯東，西面，坐，哭盡哀；東髽，即位，與主人拾踊。婦人，謂姑姊妹女子子也。東階，東面階也。婦人入者由闈門。東髽，髽於東序，不髽於房，變於在室者也。去纚大紒曰髽。拾，更也。主人與之更踊，賓客之。○愚按：方氏苞以東髽即髽於東房，云「婦人變飾，必於房中。」《疏》云：「此東序在堂上，異於男子在堂下。」亦通。

奔喪者不及殯，先之墓，北面坐，哭盡哀。主人之待之也，即位於墓左，婦人墓右，成踊，盡哀，括髮，東即主人位，絰絞帶，哭成踊，拜賓，反位，成踊，相者告事畢。「主人之待之」，謂在家者也。哭於墓爲父母則袒。「告事畢」者，於此後無事也。○愚按：「括髮」之下疑脱「袒」字。以下文「齊衰」者猶「哭，成踊，襲」，知此不言袒襲者，文不備耳。又按：下文「除喪而後歸，則之墓，東括髮，祖，絰」，除喪猶然，即不及殯者，當然可知。又此不言「送賓」，以下文「齊衰」「送賓」，知斬衰送賓，不待言矣。

遂冠，歸，入門左，北面哭盡哀，括髮，袒，成踊，東即位，拜賓，成踊。賓出，主人拜送，有賓後至者，則拜之成踊，送賓如初，衆主人兄弟皆出門，出門哭止，相者告就次，於又哭，括髮成踊；於三哭，猶括髮成踊。三日成服，於五哭，相事告事畢。又哭、三哭不袒者，哀戚已久，殺之也。《逸奔喪禮》説「不及殯日，於又哭，猶括髮即位不袒」。告事畢者，五哭而不復哭也。成服之朝爲四哭。

此謂既期乃後歸至者也。其未期猶朝夕哭，不止於五哭。〇愚按：此「賓出」，特言主人拜送者，包適子、庶子也。如奔喪者適子也，是即主人矣；如庶子也，則主人代之拜。爲母所以異於父者，壹括髮，其餘免以終事，他如奔父之禮。壹括髮，謂歸入門哭時也。於此乃言「爲母異於父者」，明「及殯」「不及殯」，其異者同。

齊衰以下不及殯，先之墓，四面哭盡哀，不北面者，亦統於主人。免，麻，于東方，即位，與主人哭，成踊，襲。有賓則主人拜賓、送賓；賓有後至者，拜之如初。相者告事畢。不言袒言襲者，容齊衰親者或袒可。〇方氏苞曰：「言襲則袒可知。葬日主人袒，衆主人否。不及殯而之墓，齊衰以下皆袒者，過禮以志痛也。」「知生者弔，此賓與奔喪者相識，故聞其歸而來弔也。」遂冠，歸，入門左，北面哭盡哀，免，袒，成踊。東即位，拜賓，成踊；賓出，主人拜送。於又哭，免袒成踊；於三哭，猶免袒成踊。三日成服，於五哭，相者告事畢。爲父於又哭括髮而不袒。此「又哭」、「三哭」皆言「袒」，「袒」衍字也。

聞喪不得奔喪，哭盡哀；問故，又哭盡哀。乃爲位，括髮，袒，成踊，襲，絰、絞帶，即位，聞父母喪而不得奔，謂以君命有事。不然者，不得爲位。位有酇列之處，如於家朝夕哭位矣。不於又哭乃絰者，喪至此踰日節，於是可也。〇陳氏云：「篇首言：『若未得行，則成服而後行』，謂此也。」拜賓，反位，成踊。賓出，主人拜送于門外，反位；若有賓後至者，拜之，成踊，送賓，如初。於又哭，括髮袒成踊，於三哭，猶括髮袒成踊，三日成服，於五哭，拜賓，送賓，如初。不言就次者，當從其事，不可以喪服廢公職也。其在官亦告就次。言五哭者，以迫公事，五日哀殺，亦可以止。○方氏苞曰：「獨此送賓於門外者，非殯所也。若殯所，則非君夫人弔，無送於門外。特言主人者，獨主喪者一人拜送，餘則否。」○愚按：方氏苞駁《注》「迫公事，五日哀殺」之説，謂無算哭踊並朝夕哭踊，當一循在家常節。「事未畢，不過將事之日輟哭耳。」

若除喪而后歸，則之墓哭，成踊，東括髮，袒，絰，拜賓，成踊，送賓，反位，又哭盡哀，遂除，於家不哭。東，東即主人位，如不及殯者也。遂除，除於墓而歸。主人之待之也，無變於服，與之哭，不踊。無變於服，自若時服也。亦即位于墓左，婦人墓右。

自齊衰以下，所以異者，免麻。愚按：免麻者，不括髮也。

凡爲位，非親喪，齊衰以下皆即位，哭盡哀，而東免絰，即位，袒，成踊，謂無君事，又無故，可得奔喪，而以己私未奔者也。唯父母之喪則不爲位，其哭之不離聞喪之處。齊衰以下，更爲位而哭，皆可行乃行。○方氏苞曰：「此當爲諸父昆弟死於他國，而本國宗親爲位以哭之禮。」「若舊説」，「則於他國爲位，不應有衆主人兄弟。」襲，拜賓，反位，哭，成踊，送賓，反位，相者告就次。三日五哭，卒，主人出送賓；衆主人兄弟皆出門哭止。相者告事畢，成服，拜賓。卒猶止也。三日五哭者，始聞喪，訖夕爲位乃出就次，一哭也。與明日又明日之朝夕而五哭。不五朝哭而數朝夕備五哭而止，亦爲急奔喪。己私事當畢，亦明日乃成服。凡云五哭者，其後有賓，亦與之哭而拜之。○方氏苞曰：「『成服拜賓』句，當在『三日五哭卒』下。舊説五哭之明日，然後成服，誤矣。定制三日成服，五哭而告事畢。今併五哭於三日内以亟赴喪家，故變而就近也。」若所爲位家遠，則成服而往。謂所當奔者外喪也。外喪緩而道遠，成服乃行，容待齎也。○《釋文》云：「齎，資粮也。」

齊衰，望鄉而哭；大功，望門而哭；小功，至門而哭；緦麻，即位而哭。奔喪哭親疏遠近之差也。○愚按：此與《雜記》不同者，所聞異耳。《疏》必爲之説，過矣。下節同。

哭父之黨於廟，母妻之黨，於寢；師，於廟門外；朋友，於寢門外；所識，於野，張帷。此因五服聞喪而哭，列人恩諸所當哭者也。黨謂族類，無服者也。《逸奔喪禮》曰：「哭父族與母黨於廟，妻之黨於寢，朋友於寢門外，壹哭而已，不踊。」言壹哭而已，則不爲位矣。凡爲位不奠。以其精神不存乎是。○愚按：張子云：「爲哭位亦有神位，不奠，非不祭也，不如喪奠之久設，以新易舊耳。」方氏苞非之，謂《注》不可易。是矣。哭天子九，諸侯七，卿大夫五，士三。此臣聞君喪而未奔、爲位而哭、尊卑日數之差也。士亦有屬吏，賤不得君臣之名。大夫哭諸侯，不敢拜賓。謂哭其舊君。不敢拜賓，辟爲主。○方氏苞曰：「此謂諸侯薨於外，世子出迎柩，在國卿大夫」「朝夕哭臨於朝」時也。諸臣在他國，爲位而哭，不敢拜賓。謂大夫士使於列國。與諸侯爲兄弟，亦爲位而哭。族親昏姻在異國者。○愚按：《注》、《疏》以兄弟爲異姓，恐非也。此亦諸臣使他國者耳。必别言兄弟者，明哭君親疏一也。凡爲位者壹袒。謂於禮正可爲位而哭也。始聞喪，哭而袒，其明日則否。父母之喪，自若三袒也。所識者，弔，先哭于家而後之墓，皆爲之成踊，從主人，北面而踊。從主人而踊，拾踊也。北面，自外來，便也。主人，墓左、西面。

凡喪，父在，父爲主；與賓客爲禮，宜使尊者。父没，兄弟同居，各主其喪。各爲其妻子之喪爲主也。親同，長者主之；父母没，如昆弟之喪，宗子主之。不同，親者主之。從父昆弟之喪。○祔則宗子主之。愚按：方氏苞以「父在，父爲主」，庶子無子者之喪；「父没」以下，皆謂主兄弟無子者之喪。欲以此破《注》。然此節首以「凡喪」發端，似非單指一事者，《注》説恐不可易也。

聞遠兄弟之喪，既除喪而后聞喪，免，袒，成踊，拜賓則尚左手。小功、緦麻不税者也。雖不服，猶免袒，尚左手，吉拜也。《逸奔喪禮》曰：「凡拜吉喪皆尚左手。」○方氏苞曰：「《逸喪禮》言「吉喪」者，雖聞喪而已在喪期之外也。〔二〕惟小功、緦麻則然。」

無服而爲位者，唯嫂、叔，及婦人降而無服者，麻。雖無服，猶弔服加麻，袒，免，爲位哭也。正言「嫂、叔」，尊嫂也。兄公於弟之妻，則不能也。婦人降而無服，族姑姊妹嫁者也。《逸奔喪禮》曰：「無服，袒，免，爲位者，唯嫂與叔。凡爲其男子服其婦人，降而無服者，麻。」

凡奔喪，有大夫至，袒拜之，成踊，而后襲；於士，襲而后拜之。主人袒降哭，而大夫至，因拜之，不敢成己禮，乃禮尊者。或曰：大夫後至者，袒拜之，爲之成踊。

校記

〔一〕其服，《禮記注疏》卷五十六阮元《校勘記》無「服」字。

〔二〕己，方苞《禮記析疑》卷三十四《奔喪》作「已」。

問喪第三十五

親始死，雞斯，徒跣，扱上衽，交手哭。惻怛之心，痛疾之意，傷腎，乾肝，焦肺，水漿不入口，三日不舉火，故鄰里爲之糜粥以飲食之。親，父母也。雞斯，當爲「笄纚」，聲之誤也。親始死，去冠；二日，乃去笄纚括髮也。今時始喪者，邪巾袹頭，笄纚之存象也。徒猶空也。上衽，深衣之裳前。五藏者，腎在下，肝在中，肺在上。舉三者之焦傷，而心脾在其中矣。五家爲鄰，五鄰爲里。夫悲哀在中，故形變於外也；痛疾在心，故口不甘味，身不安美也。言人情之中外相應。三日而斂，在牀曰尸，在棺曰柩，動尸舉柩，哭踊無數。惻怛之心，痛疾之意，悲哀志懣氣盛，故袒而踊之，所以動體安心下氣也。婦人不宜袒，故發胸擊心，爵踊，殷殷田田如壞牆然，悲哀痛疾之至也。故曰：辟踊哭泣，哀以送之。送形而往，迎精而反也。故袒而踊之，言聖人制法，故使之然也。爵踊，足不絕地。辟，拊心也。哀以送之，謂葬時也。迎其精神而反，謂反哭及日中而虞也。其往送也，望望然，汲汲然，如有追而弗及也；其反哭也，皇皇然若有求而弗得也。故其往送也如慕，其反哭也如疑。〔一〕望望，瞻望之貌也。慕者，以其親之在前；疑者，不知神之來否。求而無所得之也，入門而弗見也，上堂又弗見也，入室又弗見也。亡矣！喪矣！不可弗見已矣！故哭泣辟踊，盡哀而止矣。說反哭之義也。心悵焉愴焉惚焉愾焉，心絕志悲而已矣。祭之宗廟，以鬼享之，徼幸復反也。説虞之義。成壙而歸，不敢入處室，居於倚廬，哀親之在外也；寢苫枕塊，哀親之在土也。言親在外在土，孝子不忍反室自安也。「入處室」或爲「入宫」。故哭泣無時，服勤三年，思慕之心，孝子之志也，人情之實也。勤，謂憂勞。或問曰：死三日而后斂者何也？怪其遲也。曰：孝子親死，悲哀志懣，故匍匐而哭之，若將復生然，安可得奪而斂之也。故曰，三日而后斂者，以俟其生也；三日而不生，亦不生矣。孝子之心亦益衰矣；家室之計，衣服之具，亦可以成矣。親戚之遠者亦可以至矣。是故聖人爲之斷决，以三日爲之禮制也。匍匐，猶顛蹷。或作「扶服」。或問曰：「冠者不肉袒，何也？」怪冠衣之相爲也。曰：「冠，至尊也，不居肉袒之體也，故爲之免以代之也。」言身無飾者不敢冠，冠爲褻尊服。肉袒則著免。免狀如冠，而廣一寸。然則秃者不免，傴者不袒，跛者不踊，非不悲也；身有錮疾，不可以備禮也。故曰：喪禮唯哀爲主矣。女子哭泣悲哀，擊胸傷心；男子哭泣悲哀，稽顙觸地；無容，哀之至也。將踊先袒，將袒先免。此三疾俱不踊、不袒、不免，顧其所以否者，各爲一耳。擊胸傷心，稽顙觸地，不踊者若此而可。或曰：男女哭踊。○愚按：「秃者不免」三者，陳《注》云：「有一疾，則廢一禮。」是也。或問曰：「免者以何爲也？」怪本所爲施也。曰：「不冠者之所服也。《禮》曰：童子不緦，唯當室緦。緦者，其免也；當室則免而杖矣。」不冠者，猶未冠也。當室，謂無父兄而主家者也。童子不杖，不杖者不免。當室則杖而免。免，冠之細别，以次成人也。「緦者其免也」，言免乃有緦服也。○齊召南曰：「此《注》意未明。劉氏發明《注》意了然，具陳氏《集説》。蓋約而言之，凡童子皆不免、不杖、不緦；其當室者，則雖童子亦免、杖、緦也。」○李光坡曰：「怪非成人，袒亦著免，故問之。『不冠者之所服』，謂童子未冠，故著免也。『緦者，其免』，謂爲族人緦者，由爲父母著免也。」或問曰：「杖者何也？」怪其義各異。曰：「竹、桐，一也。故爲父苴杖，苴杖，竹也；爲母削杖，削杖，桐也。」言所以杖者，義一也，顧所用異耳。或問曰：「杖者以何爲也？」怪所爲施。曰：「孝子喪親，哭泣無數，服勤三年，身病體羸，以杖扶病也。言得杖乃能起也。數，或爲「時」。則父在不敢杖矣，尊者在故也；堂上不杖，辟尊者之處也；堂上不趨，示不遽也。此孝子之志也，人情之實也，禮義之經也，非從天降也，非從地出也，人情而已矣。父在不杖，爲母喪也。尊者在，不杖；辟尊者之處，不杖；有事不趨，皆爲其感動，使之憂戚也。

校記

〔一〕哭，《禮記箋》家刻本之衍字。《十三經注疏·禮記正義》卷五十六、陳澔《禮記集説》卷十均作「其反也如疑」，無「哭」字。

服問第三十六

《傳》曰：有從輕而重，公子之妻爲其皇姑。皇，君也。諸侯妾子之妻，爲其君姑齊衰，與爲小君同，舅不厭婦也。有從重而輕，爲妻之父母。妻齊衰，而夫從緦麻。不降一等，言非服差。有從無服而有服，公子之妻爲公子之外兄弟。謂爲公子之外祖父母、從母緦麻。〇《疏》曰：「此等皆小功之服。凡小功者，謂爲兄弟；若同宗直稱兄弟，以外族，故稱外兄弟也。」有從有服而無服，公子爲其妻之父母。凡公子厭於君，降其私親；女君之子不降也。《傳》曰：母出，則爲繼母之黨服；母死，則爲其母之黨服。爲其母之黨服，則不爲繼母之黨服。雖外親，亦無二統。〇方氏苞曰：「母出，則繼母，父之配也，宜奪因母之恩而服繼母之黨。若母死，則父有受於考妣祔於祖廟之初配矣，故不服繼母之黨以明其義，而繼母之服，仍一同於因母，以篤其恩。」三年之喪，既練矣，有期之喪，既葬矣，則帶其故葛帶，絰期之絰，服其功衰。帶其故葛帶者，三年既練，期既葬，差相似也。絰期之葛絰，三年既練，首絰除矣。爲父既練，衰七升；母既葬，衰八升。凡齊衰既葬，衰或八升或九升。服其功衰，服麤衰。〇《疏》曰：「《注》『母既葬，衰八升』者，誤，當云七升。云『衰或八升』者，是正服齊衰；『或九升』者，是義服齊衰也。有大功之喪亦如之。大功之麻，變三年之練葛。期既葬之葛帶小於練之葛帶，又當有絰，亦反服其故葛帶、絰期之絰，差之宜也。此雖變麻服葛，大小同耳，亦服其功衰。凡三年之喪既練，始遭齊衰大功之喪，絰帶皆麻。小功無變也。無所變於大功、齊、斬之服，不用輕累重也。麻之有本者變三年之葛。有本，謂大功以上也。小功以下，澡麻斷本。既練，遇麻斷本者，於免，絰之；既免，去絰。每可以絰，必絰；既絰，則去之。雖無變，緣練無首絰，於有事則免絰如其倫。免無不絰，絰有不免，其無事則自若練服也。○愚按：絰謂小功緦之絰也。小功不易喪之練冠，如免，則絰其緦小功之絰，因其初葛帶。緦之麻，不變小功之葛；小功之麻，不變大功之葛。以有本爲稅。稅亦變易也。小功以下之麻，雖與上葛同，猶不變也。此要求麻有本者，〔一〕乃變上耳。《雜記》曰：「有三年之練冠，則以大功之麻易之，唯杖屨不易也。」○愚按：初葛帶，即故葛帶也。殤：長，中，變三年之葛。終殤之月算，而反三年之葛。是非重麻，爲其無卒哭之稅。下殤則否。謂大功之親爲殤在緦小功者也。可以變三年之葛，正親親也。三年之葛，大功變既練，齊衰變既虞卒哭。凡喪卒哭受麻以葛。殤以麻終喪之月數，非重之而不變，爲殤未成人，文不縟耳。下殤則否，言賤也。男子爲大功之殤，中從上，服小功。婦人爲之中從下，服緦麻。君爲天子三年，夫人如外宗之爲君也。外宗，君外親之婦也。其夫與諸侯爲兄弟服斬，妻從服期。諸侯爲天子服斬，夫人亦從服期。《喪大記》曰：「外宗房中南面。」〔二〕世子不爲天子服。遠嫌也。不服，與畿外之民同也。○方氏苞曰：「雖先君薨，必三年喪畢，類見命於天子，然後得嗣國。若爲世子而不終，則庶人也。安得遽以重服服天子乎？大夫之適子，則教於成均。舍不帥教而屏之遠方，鮮不爲士者。故得爲君、夫人、大子如士服。」君所主：夫人妻、大子、適婦。言妻，見大夫以下，亦爲此三人爲喪主也。大夫之適子爲君、夫人、大子如士服。大夫不世，子不嫌也。士爲國君斬，小君期。大子君服斬，臣從服期。君子母非夫人，則羣臣無服。唯近臣及僕驂乘從服，唯君所服服也。妾，先君所不服也。禮，庻子爲後，爲其母緦。言唯君所服，伸君也。春秋之義，有以小君服之者。時若小君在，則益不可。公爲卿大夫錫衰以居，出亦如之。當事則弁絰。大夫相爲亦然。爲其妻，往則服之，出則否。弁絰，如爵弁而素，加絰也。不當事，則皮弁。出，謂以他事，不至喪所。凡見人無免絰，雖朝於君無免絰。唯公門有税齊衰。《傳》曰：「君子不奪人之喪，亦不可奪喪也。」見人，謂行求見人也。無免絰，絰重也。税猶免也。古者説或作税。有免齊衰，謂不杖齊衰也。於公門有免齊衰，則大功有免絰也。《疏》云：「見人無免絰者，謂己有齊衰之喪。」《傳》曰：「罪多而刑五，喪多而服五，上附、下附，列也。」列，等比也。〇《釋文》云：「罪，本或作『辠』。正字也。秦始皇以其似『皇』字，改爲『罪』也。」

校記

〔一〕「此要求」之「求」，孔穎達《疏》作「其」。

〔二〕《禮記·喪大記》。孫詒讓云：「《注》『外宗至南面』《疏》『謂夫與諸侯爲兄弟之親在於他國』。〇《注》説外宗之夫，自指在本國者言。《疏》云『在他國』，誤。」（見《十三經注疏校記》五八一頁）

間傳第三十七

斬衰何以服苴？苴，惡貌也，所以首其内而見諸外也。斬衰貌若苴，齊衰貌若枲，大功貌若止，小功緦麻，容貌可也。此哀之發於容體者也。有大憂者，面必深黑。止，謂不動於喜樂之事。枲，或爲「似」。斬衰之哭，若往而不反；齊衰之哭，若往而反；大功之哭，三曲而偯；小功緦麻，哀容可也。此哀之發於聲音者也。三曲，一舉聲而三折也。偯，聲餘從容也。〇按：「哀容」《疏》云：「哀聲從容，於理可也。」斬衰，唯而不對；齊衰，對而不言；大功，言而不議；小功緦麻，議而不及樂。此哀之發於言語者也。議，謂陳説，非時事也。斬衰三日不食，齊衰二日不食，大功三不食，小功緦麻再不食，士與斂焉，則壹不食。故父母之喪，既殯食粥，朝一溢米，莫一溢米；齊衰之喪，疏食水飲，不食菜果；大功之喪，不食醯醬；小功緦麻，不飲醴酒。此哀之發於飲食者也。父母之喪，既虞卒哭，疏食水飲，不食菜果。期而小祥，食菜果；又期而大祥，有醯醬。中月而禫，禫而飲醴酒。始飲酒者先飲醴酒，始食肉者先食乾肉。先飲醴酒食乾肉者，不忍發御厚味。〇愚按：不先御厚味，亦以衛生，恐致疾。〇方氏苞曰：「山陰鍾畹，母喪既禫，以未葬不肉食者又數月。及食肉，輒腹疾，乃食乾肉，久之，乃復常。」〇《釋文》云：「溢，二十兩也。」父母之喪，居倚廬，寢苫枕塊，不説絰帶；齊衰之喪，居堊室，苄翦不納；大功之喪，寢有席；小功緦麻，牀可也。此哀之發於居處者也。父母之喪，既虞卒哭，柱楣翦屏，苄翦不納；期而小祥，居堊室，寢有席；又期而大祥，居復寢；中月而禫，禫而牀。苄，今之蒲苹也。○方氏苞曰：「大祥居復寢，謂外寢，齊喪所居也。」斬衰三升，齊衰四升、五升、六升，大功七升、八升、九升，小功十升、十一升、十二升，緦麻十五升，去其半，有事其縷、無事其布曰緦。此哀之發於衣服者也。此齊衰多二等，大功小功多一等。服主於受，是極列衣服之差也。○齊召南曰：「此《注》當合《喪服記·注》及賈《疏》觀之，其義始明。」○愚按：此《注》云多二等、多一等，即對《喪服記》而言也。舊説八十縷曰升，斬衰三升，正服也；其義服則三升半矣。齊衰大功小功，皆兼降、正、義三等而言。斬衰三升，既虞卒哭，受以成布六升，冠七升；爲母疏衰四升，受以成布七升，冠八升。去麻服葛，葛帶三重。期而小祥，練冠、縓緣，要絰不除，男子除乎首，婦人除乎帶。男子何爲除乎首也？婦人何爲除乎帶也？男子重首，婦人重帶。除服者先重者，易服者易輕者。又期而大祥，素縞、麻衣。中月而禫，禫而纖，無所不佩。葛帶三重，謂男子也。五分去一而四糾之，帶輕既變，因爲飾也。婦人葛絰不葛帶。舊説云，三糾之練而去帶一股。去一股則小於小功之絰，似非也。易服，謂爲後喪所變也。婦人重帶，帶在下體之上，婦人重之，辟男子也。其爲帶猶五分絰去一耳。《喪服小記》曰：「除成喪者，其祭也朝服縞冠。」此素縞者，《玉藻》所云「縞冠素紕，既祥之冠」。麻衣，十五升布深衣也，謂之麻者，純用布無采飾也。大祥除衰杖。黑經白緯曰纖。舊説，纖冠者，采纓也。無所不佩，紛帨之屬，如平常也。纖或作「綅」。〇方氏苞曰：「大功以上有受服者。古者衰不脱，非易衰不能服，以終喪也。小功以下無受服者，喪服近而衰布密緻，不必易也。易服者何？爲易輕者也。因上説而問之。斬衰之喪，既虞卒哭，遭齊衰之喪，輕者包，重者特。説所以易輕者之義也。既虞卒哭，謂齊衰可易斬服之節也。輕者可施於卑，服齊衰之麻，以包斬衰之葛，謂男子帶、婦人絰也。重者宜主於尊，謂男子之絰，婦人之帶。特，其葛不變之也。此言包、特者，明於卑可以兩施，而尊者不可貳。既練，遭大功之喪，麻葛重。此言大功可易斬服之節也。斬衰已練，男子除絰而帶獨存，婦人除帶而絰獨存，謂之單。單，獨也。遭大功之喪，男子有麻絰，婦人有帶，又皆易其輕者，以麻謂之重麻。既虞卒哭，男子帶其故葛帶、絰期之葛絰，婦人絰其故葛絰、帶期之葛帶，謂之重葛。齊衰之喪，既虞卒哭，遭大功之喪，麻葛兼服之。此言大功可易齊衰期服之節也。兼猶兩也。不言包、特而兩言者，包特著其義，兼者明有絰有帶耳。不言重者，三年之喪既練，或無絰，或無帶，言重者，以明今皆有，期以下固皆有矣。兩者，有麻有葛耳。葛者亦特，其重麻者亦包其輕。〇愚按：《疏》謂麻葛兼服，據男子也。婦人則上下俱麻。

斬衰之葛，與齊衰之麻同；齊衰之葛，與大功之麻同；大功之葛，與小功之麻同；小功之葛，與緦之麻同，麻同則兼服之。此竟言有上服既虞卒哭遭下服之差也。〔一〕唯大功有變三年既練之服，小功以下，則於上皆無易焉。此言大功之葛與小功之麻同，小功之葛與緦之麻同，主爲大功之殤長中言之。〇愚按：重喪之變當輕喪之初。兼服之服重者，則易輕者也。服重者，謂特之也。則者，則男子與婦人也。凡下服虞卒哭，男子反其故葛帶，婦人反其故葛絰。其上服除，則固自受以下服之受矣。

校記

〔一〕竟，《禮記注疏》卷五十七阮元《校勘記》：「閩、監、毛本，岳本，嘉靖本，衛氏《集説》同，《續通解》「竟」作「章」，《考文》引古本同。」

三年問第三十八

三年之喪何也？曰：稱情而立文，因以飾羣，别親疏貴賤之節，而弗可損益也。故曰：無易之道也。稱情而立文，稱人之情輕重而制其禮也。羣，謂親之黨也。無易，猶不易也。〇方氏苞曰：「貴賤，謂義服。」

創鉅者其日久，痛甚者其愈遲，三年者稱情而立文，所以爲至痛極也。斬衰苴杖，居倚廬，食粥，寢苫，枕塊，所以爲至痛飾也。飾情之章表也。三年之喪，二十五月而畢，哀痛未盡，思慕未忘，然而服以是斷之者，豈不送死有已，復生有節也哉？復生，除喪反生者之事也。

凡生天地之間者，有血氣之屬必有知，有知之屬莫不知愛其類。今是大鳥獸則失喪其羣匹，越月踰時焉，則必反巡過其故鄉，翔回焉，鳴號焉，蹢躅焉，踟蹰焉，然後乃能去之；小者至於燕雀，猶有啁噍之頃焉，然後乃能去之；故有血氣之屬者莫知於人，故人於其親也，至死不窮。匹，偶也。言燕雀之恩不如大鳥獸，大鳥獸不如人。含血氣之類，人最有知而恩深也。於其五服之親，念之至死無止已。

將由夫患邪淫之人與，則彼朝死而夕忘之，然而從之，則是曾鳥獸之不若也，夫焉能相與羣居而不亂乎？〔一〕言惡人薄於恩，死則忘之，其相與聚處，必失禮也。○方氏苞曰：「此篇自《荀子·禮論》摘出，本文作『愚陋邪淫之人。』」

將由夫脩飾之君子與，則三年之喪，二十五月而畢，若駟之過隙，然而遂之，則是無窮也。駟之過隙，喻疾也。遂之，謂不時除也。

故先王焉爲之立中制節，壹使足以成文理，則釋之矣。立中制節，謂服之年月也。釋猶除去也。○愚按：焉，語辭也。方氏苞云「焉字衍」，非。又按惠棟《周禮古義》曰：《行夫》云「焉使則介之」《注》云：故書曰：「夷使」。按：夷使，猶焉使也。引此《經》及下文「焉使倍之」句爲證。又引《晉語》云「焉作爰田」，「焉作州兵」，〔二〕《淮南子》云「天子焉始乘舟」，〔三〕《公羊傳》云「比託始焉爾」。〔四〕又云「吾將焉致乎魯國」，皆訓爲「於」。篆文「焉」「於」相似，故於亦作「焉」。

然則何以至期也？言三年之義如此，則何以有降至於期也？期者，謂爲人後者父在爲母也。〔五〕曰：至親以期斷。言服之正，雖至親，皆期而除也。是何也？問服斷於期之義也。曰：天地則已易矣，四時則已變矣，其在天地之中者莫不更始焉，以是象之也。法此變易，可以期也。

然則何以三年也？言法此變易可以期，何以乃三年爲？曰：加隆焉爾也，焉使倍之，故再期也。言於父母，加隆其恩，使倍期也。下「焉」，猶「然」。○《釋文》：「〔加隆焉爾，一本作加隆爲爾。焉使，焉猶然也。〕」一云，焉，發聲也，下同。」○愚按：方氏苞云：「焉當作爲，讀去聲。」下同。非也。

由九月以下何也？曰：焉使弗及也。言使其恩不若父母。故三年以爲隆，緦小功以爲殺，期九月以爲間。上取象於天，下取法於地，中取則於人，人之所以羣居和壹之理盡矣。取象於天地，謂法其變易也。自三年以至緦，皆歲時之數也。言既象天地，又足以盡人聚居，純厚之恩也。○愚按：天道有盈虧，地形有廣狹，人恩有淺深，是喪禮隆、殺間所取象法則也。故三年之喪，人道之至文者也。夫是之謂至隆。言三年之喪，喪禮之最盛也。是百王之所同，古今之所壹也，未有知其所由來者也。不知其所從來，喻此三年之喪，前世行之久矣。孔子曰：「子生三年，然後免於父母之懷」；夫三年之喪，天下之達喪也。達，謂自天子至於庶人。

校記

〔一〕孫詒讓云：「將由夫患邪淫之人與……夫焉能相與羣居而不亂乎！○『患』，疑當讀爲串習之『串』，謂習爲邪淫也。」（見《十三經注疏校記》五八二頁）

〔二〕均見《國語·晉語三》，惟「爰」作「轅」。按：「轅田」即「爰田」。《左傳·僖公十五年》：「晉於是作爰田。」

〔三〕《淮南子》卷五《時則篇》「天子烏始乘舟」。「焉使」作「烏始」。莊逵吉按：「烏始乘舟，各本烏皆作焉。高誘《注》：『烏：安也。』各本皆作焉，猶於也。」

〔四〕《公羊傳·隱公二年》，《十三經注疏》本作「前此，則曷爲始乎此，託始焉爾。」無「比」字。

〔五〕孫詒讓云：「然則何以至期也」《注》『言三至母也』《疏》：『鄭之此疏、恐未盡經意，但既祖鄭學，今因而釋之。』〇《疏》例不破《注》，此當是六朝舊義。」見（《十三經注疏校記》五八二頁）

深衣第三十九

古者深衣蓋有制度，以應規、矩、繩、權、衡。言聖人制事，必有法度。短毋見膚，衣取蔽形。〇方氏苞曰：「豈袂之長短，反詘之及肘，即所謂短無見膚與？」長毋被土。爲汙辱也。續衽，鉤邊。續猶屬也。衽，在裳旁者也。屬連之不殊裳前後也。鉤，讀如「鳥喙必鉤」之鉤。〔一〕鉤邊，若今曲裾也。續，或爲「裕」。〇戴震《江先生事略》云：「後儒爲《深衣圖考》者至數十家，大體相踵『裳交解十二幅』之謬，而『續衽鉤邊』，致滋異說。先生以《玉藻》篇明言『衽當旁』，則非前後之正幅也。以鄭《注》曰：『衽，謂裳幅所交裂也。』則在旁名衽者交裂，而餘幅不交裂也。續衽者，裳之在旁連合其衽鉤邊者，裳之右旁，別用布一幅斜裁之，綴於後衽之上，使鉤曲而前，以揜裳際，漢時謂之曲裾，故康成《注》曰：『鉤邊，若今曲裾也。』」〇方氏苞曰：「續衽，謂衣衽與裳相接續也。朝祭之衣，長而覆裳。深衣取其弗費，故裳與衣續，知然者，要縫半下，以衡縫言之也；惟衣裳相續，乃有衡縫。」〇愚按：方氏苞說似近之，而未及鉤邊。竊疑邊即衽當旁之邊也。鉤，曲也。深衣既曲袷，故衣衽之邊，亦引之使曲，以揜旁際，所以爲深邃也。近世弟子員有藍衣者，似倣深衣制而爲之矣。其續衽之處，別用帛橫裁之，以揜要縫於上也。要縫半下，三分要中減一以益下，下宜寬也。要，或爲「優」。袼之高下，可以運肘。肘不能不出入。袼，衣袂當掖之縫也。袂之長短，反詘之及肘。袂屬幅於衣，詘而至肘，當臂中爲節。臂骨上下各尺二寸，則袂肘以前尺二寸。肘，或爲「腕」。帶下毋厭髀，上毋厭脅，當無骨者。當骨，緩急難爲中也。制：十有二幅，以應十有二月。裳六幅，幅分之以爲上下之殺。○愚按：制，裁也。○陳櫟曰：「深衣之裳，以布六幅斜裁爲十二幅。三分之一皆在上，三分之二皆在下，要狹齊闊，要不用襞積，而旁有斜裁之殺縫。」○愚按：《朱子家禮·深衣·注》云：「以文勢推之，所謂『制十有二幅以應十有二月』，句似通一衣而言也。若專以爲裳，不應列於袂袷之上，顛倒易置如此。」後又得吴興敖繼公説，謂衣六幅，裳六幅，通十二幅。吴草廬亦謂裳以六幅布裁爲十二片，不可言十二幅；又但言裳之幅而不言衣之幅，尤不可。良以敖説爲是。蓋衣、裳各六幅，象一歲十二月之六陰六陽也。袂圜以應規；謂胡下也。《釋文》云：「下垂曰胡。」曲袷如矩以應方；袷，交領也。古者方領，如今小兒衣領。負繩及踝以應直；繩，謂裻與後幅相當之縫也。踝，跟也。下齊如權衡以應平。齊，緝。故規者，行舉手以爲容；行舉手，謂揖讓。負繩抱方者，以直其政，方其義也。故《易》曰：「坤，六二之動，直以方也。」言深衣之直方，應《易》之文也。政，或爲「正」。下齊如權衡者，以安志而平心也。心平志安行乃正，或低或卬，則心有異志者與？五法已施，故聖人服之。言非法不服也。故規矩取其無私，繩取其直，權衡取其平，故先王貴之。貴此衣也。故可以爲文，可以爲武，可以擯相，可以治軍旅，完且弗費，善衣之次也。完且弗費，言可若衣而易有也。〔二〕深衣者，用十五升布鍛濯灰治之，純之以采。善衣，朝祭之服也。自士以上，深衣爲之次；庶人，吉服深衣而已。具父母、大父母，衣純以繢；具父母，衣純以青。如孤子，衣純以素。尊者存，以多飾爲孝。繢，畫文也。三十以下無父稱孤。純袂、緣、純邊，廣各寸半。純，謂緣之也。緣袂，謂其口也；緣，緆也；緣邊，衣裳之側，廣各寸半，則表裏共三寸矣。唯袷廣二寸。○《釋文》：「鄭注《既夕禮》云：『飾衣領袂口曰純，裳邊側曰綼，下曰緆也。』[一]○方氏苞曰：「純即緣也。『緣』字疑衍。曰純邊，則包裳下齊。呂氏列爲三事，恐未安。」愚按：此詳深衣之緣也。上説深衣制度，未及其緣，故補言之。所未備者，則舊説云：純以采曰深衣，純以素曰長衣，純以布曰麻衣，裏朝祭之服者曰中衣。

校記

〔一〕《孝經援神契》，黄奭《黄氏逸書考》第六函第五三册《通緯》：「象鼻必卷長，鳥喙必鉤。」

〔二〕若，《禮記正義》卷五十八《深衣》作「苦」。

投壺第四十

投壺之禮，主人奉矢，司射奉中，使人執壺。矢，所以投者也。中，士則鹿中也。射人奉之者，投壺，射之類也。其奉之西階上，北面。○齊召南曰：「按《鄉射記》：『君國中射，則皮樹中』，『於郊，則閭中』，『於竟，則虎中』。《注》云：『國中，燕射也。皮樹，獸名。於郊，大射也。閭，獸名，如驢，一角。於竟，與鄰國君射也。』然則諸侯之中，隨事而異；大夫與士，則唯用兕與鹿耳。」主人請曰：「某有枉矢哨壺，請以樂賓。」賓曰：「子有旨酒嘉肴，某既賜矣，又重以樂，敢辭。」燕飲酒，既脱履升坐，主人乃請投壺也。否則或射，所謂燕射也。枉、哨，不正貌，爲謙辭。○愚按：又重以樂，樂當從《釋文》音岳，即下「命弦者」及鼓節是也。主人曰：「枉矢哨壺，不足辭也，敢固以請。」賓曰：「某既賜矣，又重以樂，敢固辭。」固之言如故也。言如故辭者，重辭也。主人曰：「枉矢哨壺，不足辭也，敢固以請。」賓曰：「某固辭不得命，敢不敬從。」不得命，不以命見許。賓再拜受，主人般還，曰：「辟。」賓再拜受，拜受矢也。主人既辟，進授矢兩楹之間也。主人阼階上拜送，賓般還，曰：「辟。」拜送，送矢也。辟亦於其階上。○方氏苞曰：「賓先言受，後言辟，倒文也。據文義，主人阼階上拜送二句應在前，而倒之者，以下節已拜受矢，若承『賓再拜受』之後，則疑受者賓也。」

已拜，受矢，進即兩楹間，退反位，揖賓就筵。主人既拜送矢，又自受矢。進即兩楹間者，言將有事於此也。退乃揖賓即席，欲與偕進，明爲偶也。賓席、主人席皆南鄉，間相去如射物。○《疏》云：「物，謂射者所立之處。物長三尺，闊一尺二寸。兩物東西相去容一弓。故《鄉射記》：『物長如笴，其間容弓，距隨長武。』《注》云：『笴長三尺。距隨者，物橫畫也。』」

司射進度壺，間以二矢半，反位。設中，東面，執八算興。度壺，度其所設之處也。壺去坐二矢半，則堂上去賓席、主人席邪行各七尺也。反位，西階上位也。設中，東面。既設中，亦實八算於中，橫委其餘於中西，執算而立，以請賓俟投。

請賓，曰：「順投爲入，比投不釋，勝飲不勝者，正爵既行，請爲勝者立馬，一馬從二馬，三馬既立，請慶多馬。」〔一〕請主人亦如之。請猶告也。順投，矢本入也。比投，不拾也。勝飲不勝，言以能養不能也。正爵，所以正禮之爵也，或以罰，或以慶。馬，勝算也。謂之馬者，若云技藝如此，任爲將帥乘馬也。射、投壺，皆所以習武，因爲樂。○《釋文》云：「『勝者立馬』，俗本或此句下有『一馬從二馬』五字，誤。」○愚按：《注》不見此五字，《釋文》是也。

命弦者，曰：「請奏《貍首》，間若一。」大師曰：「諾。」弦，鼓瑟者也。《貍首》，《詩》篇名也，今逸。《射義》所云「《詩》曰『曾孫侯氏』是也」。間若一者，投壺當以爲志取節焉。○《疏》曰：「間若一者，謂前後樂節中間疏數如似一也。」

左右告矢具，請拾投。有入者，則司射坐而釋一算焉。賓黨於右，主黨於左。拾，更也。告矢具請更投者，司射也。司射東面立，釋算則坐。以南爲右，北爲左也。已投者退，各反其位。〇《疏》曰：「左右告矢具者，左謂主人，右謂賓客，司射告主與賓以矢具也。」

卒投，司射執算，曰：「左右卒投，請數。」二算爲純，一純以取，一算爲奇。遂以奇算告，曰：「某賢於某若干純。」奇則曰奇，鈞則曰左右鈞。卒，已也。賓主之黨畢已投，司射又請數其所釋左右算，如數射算。一純以取，實於左手，十純則縮而委之，每委異之，有餘則横諸純下，一算爲奇，奇則縮諸純下。兼斂左算，實於左手，一純以委，十則異之，其他如右獲。畢，則司射執奇算，以告於賓與主人也。若告云，某賢於某者，未斥主黨勝與、賓黨勝與。以勝爲賢，尚技藝也。鈞，猶等也。等則左右手各執一算以告。〇《釋文》云：「純，音全。鄭注《儀禮》如字，云：純，全也。」〇方氏苞曰：「一算爲奇，奇耦之奇也。遂以奇算告，奇零之奇也。假令餘算九，當云四純一奇；《疏》曰九奇，似未安。」

命酌，曰：「請行觴。」〔二〕酌者曰：「諾。」司射又請於賓與主人，以行正爵。酌者，勝黨之弟子。當飲者皆跪奉觴曰：「賜灌。」勝者跪曰：「敬養。」酌者亦酌奠於豐上，不勝者坐取，乃退而跪飲之。灌猶飲也。言賜灌者，服而爲尊敬辭也。《周禮》曰：「以灌賓客。」〔三〕賜灌、敬養各與其偶於西階上，如飲射爵。〔四〕

「正爵既行，請立馬。」馬各直其算。一馬從二馬以慶。慶禮曰：「三馬既備，請慶多馬。」賓主皆曰：「諾。」飲不勝者畢，司射又請爲勝者立馬，當其所釋算之前。三立馬者，投壺如射，亦三而止也。三者，一黨不必三勝，其一勝者并其馬於再勝者以慶之，明一勝不得慶也。飲慶爵者偶親酌，不使弟子，無豐。正爵既行，請徹馬。投壺禮畢，可以去其勝算也。既徹馬，無算爵乃行。○方氏苞曰：「罰爵慶爵並稱正者，對無算爵而言也。」

算多少視其坐。算用當視坐投壺者之衆寡爲數也。投壺者人四矢，亦人四算。籌，室中五扶，堂上七扶，庭中九扶。籌，矢也。鋪四指曰扶，一指案寸。《春秋·傳》曰：「膚寸而合。」投壺者或於室，或於堂，或於庭。其禮褻，隨晏早之宜，無常處。算長尺二寸。其節三扶可也。或曰，算長尺有握。握素也。壺頸脩七寸，腹脩五寸，口徑二寸半，容斗五升。壺中實小豆焉，爲其矢之躍而出也。壺去席二矢半。脩，長也。腹容斗五升，三分益一，則爲二斗，得圜囷之象，積三百二十四寸也。以腹修五寸約之，所得求其圜周，圜周二尺七寸有奇，是爲腹徑九寸有餘也。實以小豆，取其滑且堅。矢以柘若棘，毋去其皮。取其堅且重也。舊説云「矢大七分」，或言去其皮節。○按：《注》云「矢大七分」，本《大戴記》也。

魯令弟子辭曰：「毋幠，毋敖，毋偝立，毋踰言。偝立踰言，有常爵。」薛令弟子辭曰：「毋幠，毋敖，毋偝立，毋踰言，若是者浮。」弟子，賓黨主黨年穉者也。爲其立堂下相褻慢，司射戒令之。記魯、薛者，禮衰乖異，不知孰是也。幠、敖，慢也。偝立，不正鄉前也。踰言，遠談語也。常爵，常所以罰人之爵也。浮，亦謂是也。《晏子春秋》曰：「酌者奉觴而進，曰：『君令浮。』晏子時以罰梁邱據。」〔五〕浮或作

「匏」，或作「符」。踰，或爲「遥」。○方氏苞曰：「憮當作呼，旁觀者，多喧呼，勝者或色傲，故用爲戒。」○愚按：《疏》引《小爾雅》曰『浮，罰也』，非也。浮，汎，滿也。公乘不仁爲觴政，曰：浮之大白。今俗亦謂飲盡曰滿也。又按下文「司射庭長」至「皆屬主黨」二十四字，王氏欲移於此下，陳氏《集説》從之。

鼓：○□○○□□○□○○□。半。○□○□○○○□□○□○。魯鼓。○□○○○□□○□○○□□○□○○□□○。半。○□○○○□□○。薛鼓。此魯薛擊鼓之節也。圜者擊鼙，方者擊鼓。古者舉事，鼓各有節，聞其節則知其事矣。取半以下爲投壺禮，盡用之爲射禮。投壺之鼓半射節者，投壺，射之細也。射謂燕射。司射、庭長，及冠士、立者，皆屬賓黨；樂人及使者、童子，皆屬主黨。庭長，司正也。使者，主人所使薦羞者。樂人，國子能爲樂者。此皆與於投壺。魯鼓：○□○○□□○○。半。○□○○□○○○○□○□○。〔六〕薛鼓：○□○○○□○□○□○○□○□○○□○。半。○□○□○○○□○。此二者記兩家之異，故兼列之。

校記

〔一〕《大戴禮記·投壺》「順投爲入」之上有「奏投壺之令曰」六字。王聘珍《解詁》云：「《小戴》無『奏投壺之令曰』。奏，進也。令，辭也。投壺古屬嘉禮，必有文辭，此其是也。《小戴》無此，失之矣。」

〔二〕《大戴禮記·投壺》王聘珍《解詁》：「『觚』當爲『觥』，《小戴》作『觴』。許氏《五經異義》云：『觴，餉也。觥亦五升，所以罰不敬。觥，廓也，所以著明之貌。君子有過，廓然明著。非所以餉，不得名觴。』」

〔三〕《周禮·春官宗伯·典瑞》：「以裸賓客。」鄭玄《注》：「爵行曰裸。」按：灌，本又作「裸」，見《禮記·郊特牲》「灌用鬱鬯」陸德明《釋文》。

〔四〕孫詒讓云：「《注》『周禮至射爵』《疏》：『此《周禮·典瑞》文，引之者證灌爲飲也。』○《典瑞》本作『裸』。」（見《十三經注疏校記》五八二頁）

〔五〕《百子全書》第三册，浙江人民出版社影印《晏子春秋·内篇雜下第六》作「酌者奉觴進之曰：『君命浮子。』……公曰：『善。爲我浮〔田〕無宇也。』」引文與此稍異。

〔六〕《禮記注疏》卷五十八阮元《校勘記》：「半○□○○□，閩、監、毛本同；《石經》無第四『○』，作『半○□○□』。」

儒行第四十一

魯哀公問於孔子曰：「夫子之服，其儒服與？」哀公館孔子，見其服與士大夫異，又與庶人不同，疑爲儒服而問之。孔子對曰：「丘少居魯，衣逢掖之衣；長居宋，冠章甫之冠。丘聞之也：君子之學也博，其服也鄉；丘不知儒服。」逢猶大也。大掖之衣，大袂禪衣也。此君子有道藝者所衣也。孔子生魯，長而之宋而冠焉。宋，其祖所出也。衣少所居之服，冠長所居之冠，是之謂鄉。言不知儒服，非哀公意不在於儒乃今問其服。庶人禪衣，袂二尺二寸，祛尺二寸。○齊召南曰：「爲下不倍人臣之大義。孔子每事言從周，而冠用章甫。必周制冠服，得用其鄉之所尚，故下文曰：其服也鄉。」

哀公曰：「敢問儒行。」孔子對曰：「遽數之不能終其物，悉數之乃留，更僕未可終也。」遽猶卒也。物猶事也。留，久也。僕，大僕也，君燕朝則正位掌擯相。更之者，爲久將倦，使之相代。

哀公命席。爲孔子布席於堂，與之坐也。君適其臣升自阼階，所在如主。孔子侍，曰：「儒有席上之珍以待聘，夙夜强學以待問，懷忠信以待舉，力行以待取。其自立有如此者。席猶鋪陳也。鋪陳往古堯舜之善道，以待見問也。大問曰聘。舉，見舉用也。取，進取位也。○愚按：席上之珍，貴寶也。待賈而後沽，脩身勵行以待君上取用，謂進取位，非也。

「儒有衣冠中，動作慎，其大讓如慢，小讓如僞，大則如威，小則如愧，其難進而易退也，粥粥若無能也。其容貌有如此者。中，中間，謂不嚴厲也。如慢、如僞，言之不愊怛也。如威、如愧，如有所畏。○愚按：中，如「服之不衷」之「衷」。臨大事嚴恭，故如威；小事抑畏，故如愧。粥粥，柔輭之貌，亦作鬻。

「儒有居處齊難，其坐起恭敬，言必先信，行必中正，道塗不爭險易之利，冬夏不爭陰陽之和；愛其死以有待也，養其身以有爲也。其備豫有如此者。齊難，齊莊可畏難也。行不爭道，止不選處，所以遠鬬訟。○愚按：陰陽，凉煗也。

「儒有不寶金玉，而忠信以爲寶；不祈土地，立義以爲土地；不祈多積，多文以爲富。難得而易禄也，易禄而難畜也，非時不見，不亦難得乎？非義不合，不亦難畜乎？先勞而後禄，不亦易禄乎？其近人有如此者。祈猶求也。立義以爲土地，以義自居也。難畜，難以非義久留也。勞猶事也。積，或爲「貨」。○愚按：儒以多學文章技藝爲富。

「儒有委之以貨財，淹之以樂好，見利不虧其義；劫之以衆，沮之以兵，見死不更其守；鷙蟲攫搏不程勇者，引重鼎不程其力；往者不悔，來者不豫；過言不再，流言不極；不斷其威，不習其謀。其特立有如此者。淹謂浸漬之。劫，劫脅也。沮謂恐怖之也。鷙蟲，猛鳥猛獸也。字從鳥，鷙省聲也。〔一〕程猶量也。重鼎，大鼎也。搏猛引重，不量勇力堪之與否，當之則往也。雖有負者，後不悔也。其所未見，亦不豫備，平行自若也。不再猶不更也。不極，不問所從出也。不斷其威，常可畏也。不習其謀，口及則言，不豫其説而順也。斷，或爲繼。〇愚按：不搏猛程勇，不引鼎程力，言不尚氣血也。《論語》云：「暴虎馮河，死而不悔者，吾不與也。」即此二句之意。往者不悔，行中律也。來者不豫，不億逆也。流言不極，謗自弭也。不習其謀者，謀必良，雖不習而無不利也。

「儒有可親而不可劫也，可近而不可迫也，可殺而不可辱也。其居處不淫，其飲食不溽，其過失可微辨而不可面數也。其剛毅有如此者。淫謂傾邪也。恣滋味爲溽，溽之言欲也。〇李光坡曰：「微辨，細核也。面數，明指也。其過失之小，僅可細核，無可明指。所以謂之剛毅者，非不屈於欲，無由寡過如斯，所謂自勝者强也。諸解似失之。」

「儒有忠信以爲甲冑，禮義以爲干櫓，戴仁而行，抱義而處，雖有暴政，不更其所。其自立有如此者。甲，鎧。冑，兜鍪也。干櫓，小楯大楯也。〇方氏苞曰：「忠信者周身之防，禮義者應物之節，故義各有取。」〇愚按：仁爲尊爵，故戴之而行；義不離身，故抱之而處。

「儒有一畝之宫，環堵之室，篳門圭窬，蓬户甕牖；易衣而出，并日而食；上答之不敢以疑，上不答不敢以諂。其仕有如此者。言貧窮屈道，仕爲小官也。宫謂牆垣也。環堵，面一堵也。五版爲堵，五堵爲雉。篳門，荆竹織門也。圭窬，門旁窬也，穿牆爲之，如圭矣。并日而食，二日用一日食也。上答之，謂君應用其言。〇方氏苞曰：「既見答，則正言不諱，不敢以身家之私患自疑慮也。」〇愚按：他章「有如此者」

之上皆有贊稱之辭，此章惟云「其仕」而已，語意未全，疑有脱文。

「儒有今人與居，古人與稽；今世行之，後世以爲楷；適弗逢世，上弗援，下弗推，讒諂之民有比黨而危之者；身可危也，而志不可奪也，雖危，起居竟信其志，猶將不忘百姓之病也。其憂思有如此者。稽猶合也。古人與合，則不合於今人也。援猶引也，取也。推猶進也，舉也。危，欲毁害之也。起居猶舉事動作。信，讀如屈伸之伸，假借字也。猶，圖也。信，或爲「身」。○愚按：稽，考也。雖與今人處，必以古人所爲自考也。猶，尚也。身困道亨，尚憂在民。

「儒有博學而不窮，篤行而不倦，幽居而不淫，上通而不困；禮之以和爲貴，忠信之美，優游之法，慕賢而容衆，毁方而瓦合。其寬裕有如此者。不窮，不止也。幽居，謂獨處時也。上通，謂仕道達於君也。既仕則不困於道德不足也。忠信之美，美忠信者也。優游之法，法和柔者也。毁方而瓦合，去已之大圭角，下與衆人小合也。必瓦合者，亦君子爲道不遠人。○方氏包曰：「瓦形正方，以微倨，故可規而爲圜，而體之方自若也。儒者内方以自守，外微曲以和衆，類此。」

「儒有内稱不辟親，外舉不辟怨，程功積事，推賢而進達之，不望其報；君得其志，苟利國家，不求富貴。其舉賢援能有如此者。君得其志者，君所欲，爲賢臣成之。

「儒有聞善以相告也，見善以相示也，爵位相先也，患難相死也；久相待也，遠相致也。其任舉有如此者。相先猶相讓也。久相待，謂其友久在下位不升，已則待之乃進也。遠相致者，謂已得明君而仕，友在小國不得志，則相致達也。○愚按：此儒不善用之，即開朋黨之禍。

「儒有澡身而浴德，陳言而伏，静而正之，上弗知也；麤而翹之，又不急爲也；不臨深而爲高，不加少而爲多；世治不輕，世亂不沮；同弗與，異弗非也。其特立獨行有如此者。麤，猶疏也、微也。君不知己有善言正行，則觀色緣事而微翹發其意使知之，又必舒而脱脱焉。己爲之疾，則君納之速；君納之速，怪妒所由生也。不臨深而爲高，臨衆不以己位尊自振貴也。不加少而爲多，謀事不以己少勝自矜大也。世治不輕，不以賢者並衆，不自重愛也。世亂不沮，不以道衰廢壞己志也。○愚按：静而正之，謂潛移默孚，格君非心也。麤而翹之，舉事救過，不尚急切也。○方氏慤曰：「其行之高，皆自然而已，不必臨深以相形；其文之多，皆素有而已，不必加少以相益。世治，德常見重，故不輕；世亂，志常自若，故不沮。」

「儒有上不臣天子，下不事諸侯；慎静而尚寬，强毅以與人，博學以知服；近文章，砥厲廉隅；雖分國，如錙銖；不臣，不仕。其規爲有如此者。强毅以與人，彼來辨言行而不正，不苟屈以順之也。博學以知服，不用己之知勝於先世賢知之所言也。雖分國如錙銖，言君分國以禄之，視之輕如錙銖矣。八兩曰錙。○愚按：知服，知所行之要也。近文章、砥厲廉隅者，親詩書禮樂以自磨礪成其德隅也。

「儒有合志同方，營道同術；並立則樂，相下不厭；久不相見，聞流言不信；其行本方立義，同而進，不同而退。其交友有如此者。同方同術，等志行也。聞流言不信，不信其友所行如毁謗也。○方氏苞曰：「方，所向也，故於志言之。術，路也，故於道言之。『聞流言不信其行』，《韓子》引此，〔二〕以『不信其行』爲句，按之文義亦安。」○愚按：同而進，不同而退，無苟合也。「君子和而不同」。

「温良者，仁之本也；敬慎者，仁之地也；寬裕者，仁之作也；孫接者，仁之能也；禮節者，仁之貌也；言談者，仁之文也；歌樂者，仁之和也；分散者，仁之施也；儒者皆兼此而有之，猶且不敢言仁也。其尊讓有如此者。此兼上十有五儒，蓋聖人之儒行也。孔子嫌若斥己假仁以爲説，仁，聖之次也。○陳《注》云：「仁包四德，百行之原，故於其終也，以仁爲説焉。」○方氏苞曰：「敬爲德之聚，諸德諸行必以敬慎承載之，然後静而安，動而順，故曰仁之地也。」○陳氏云：「作，充廣也。能，能事也。」

「儒有不隕穫於貧賤，不充詘於富貴，不慁君王，不累長上，不閔有司，故曰儒。隕穫，困迫失志之貌也。充詘，歡喜失節之貌。慁猶辱也。累猶係也。閔，病也。言不爲天子、諸侯卿大夫、羣吏所困迫而違道，孔子自謂也。充，或爲「統」。閔，或爲「文」。○愚按：隕，墜；穫，刈，猶言落魄也。○方氏苞曰：「充者，既得而自滿。詘者，患失而氣餒。《莊子》所謂『操之則慄』，《春秋·傳》載：『程鄭求降階，而然明以爲將死而憂』，是也。」今衆人之命儒也妄常，以儒相詬病。」妄之言無也。言今世名儒無有常，人遭人名爲儒，而以儒靳，故相戲。此哀公輕儒之所由也。詬病，猶恥辱也。○愚按：妄，鄭音亡。當從王肅讀如字，虚妄也。「妄」字絶句，「常」字連下讀。孔子至舍，哀公館之，聞此言也。言加信，行加義。「終没吾世，不敢以儒爲戲。」《儒行》之作，蓋孔子自衛初反魯時也。孔子歸至其舍，哀公就而禮，館之，問儒服而遂問儒行，乃始覺焉。言没世不敢以儒爲戲，當時服。

校記

〔一〕鷙，《説文解字》四篇上《鳥部·鷙》段玉裁《注》及《禮記注疏》卷五十九阮元《校勘記》作「摯」。段《注》云：「摯即摯字，摯之或體也。」

〔二〕今本《韓非子》無此引文，待詳。

大學第四十二

大學之道，在明明德，在親民，在止於至善。知止而后有定，定而后能靜，靜而后能安，安而后能慮，慮而后能得。物有本末，事有終始，知所先後，則近道矣。明明德，謂顯明其至德也。止猶自處也。得，謂得事之宜也。○程子曰：親，當作「新」。○愚按：「知止」以下，更覆説止於至善之事。自篇首至此爲一章。

古之欲明明德於天下者，先治其國；欲治其國者，先齊其家；欲齊其家者，先脩其身；欲脩其身者，先正其心；欲正其心者，先誠其意；欲誠其意者，先致其知；知，謂知善惡吉凶之所終始也。致知在格物。格，來也。物猶事也。其知於善深，則來善物；其知於惡深，則來惡物，言事緣人所好來也。此「致」或爲「至」。○朱子曰：「格，至也。」物格而后知至，知至而后意誠，意誠而后心正，心正而后身脩，身脩而后家齊，家齊而后國治，國治而后天下平。自天子以至於庶人，壹是皆以脩身爲本。其本亂而末治者否矣，其所厚者薄，而其所薄者厚，未之有也！此謂知本，此謂知之至也。壹是，專行是也。○愚按：此謂知本，本謂身也。知脩身爲本，此乃知之極至也。自「古之欲明明德於天下」至此爲一章，言明德之理也。○齊召南曰：

「《注》《疏》於《大學》俱一片説，不分《經》《傳》，亦不云有錯簡。分《經》《傳》，訂錯簡，自程子始，而朱子從之。」○愚按：此爲《大學》總冒，以下分章畫段。舊本多連爲一片，今悉正之。

所謂誠其意者，毋自欺也。如惡惡臭，如好好色，此之謂自謙，故君子必慎其獨也！小人閒居爲不善，無所不至，見君子而后厭然，揜其不善，而著其善。人之視己，如見其肺肝然，則何益矣。此謂誠於中，形於外，故君子必慎其獨也。謙讀爲慊，慊之言厭也。厭讀爲黶。黶，閉藏貌也。

○《疏》曰：「自此以下至『此謂知本』，廣明誠意之事。」○愚按：前章之序，先言格物致知，然後及於誠意；此單解誠意者，以誠意上包格致，下攝身心，乃大學之樞要，明德親民之鈐轄，故此一章特發首言之。○艾千子《王文成公〈大學〉古本説》曰：「格致之《傳》原非闕文，亦非以『聽訟』例格物。蓋格致不可名言，藏在誠意章。好善惡惡，意也。所好所惡之事麗於天下國家，即物也。知爲善以去惡，如惡惡臭，如好好色，即格物以致知也。誠意爲下手入門工夫，此處併格致一了百當，然後爲盛德至善自修治人之極，故『淇澳』二節次之；然後德可明，故《康誥》章次之；然後可以新民，故《盤銘》章次之；然後爲止至善，故『邦畿』二節次之；而總結之以『聽訟』，斷之曰『此謂知本』。若硬板分章，不惟失古人文字參差不齊互見互發之妙，而不首『誠意』，則茫無下手工夫，將何以明其德乎？」○愚按：今本《大學》，朱子從程子所定也，并與鄭本異。其朱子《章句四書》内既并遵用。《禮》是鄭學，故章次一仍其舊。

曾子曰：「十目所視，十手所指，其嚴乎！」富潤屋，德潤身，心廣體胖，故君子必誠其意。嚴乎，言可畏敬也。胖，猶大也。三者言有實於內，顯見於外。《詩》云：「瞻彼淇澳，菉竹猗猗。有斐君子，如切如磋，如琢如磨。瑟兮僴兮，赫兮喧兮。有斐君子，終不可諠兮！」〔一〕「如切如磋」者，道學也；「如琢如磨」者，自脩也。「瑟兮僴兮」者，恂慄也；「赫兮喧兮」者，威儀也；「有斐君子終不可諠兮」者，道盛德至善。民之不能忘也。此心廣體胖之詩也。澳，隈崖也。菉竹猗猗，喻美盛。斐，有文章貌也。諠，忘也。道猶言也。恂，字或作峻，讀如嚴峻之峻，言其容貌嚴栗也。民不能忘，以其意誠而德著也。○愚按：此《經》廣明誠意、明明德之事，故言學問、自脩、威儀，宣著此誠中形外之驗也。菉，《詩》作「綠」；諠，《詩》作諼；恂，讀如字。○《釋文》引《爾雅》云：「骨曰切，象曰磋，玉曰琢，石曰磨。」《詩》云：「於戲前王不忘！」君子賢其賢而親其親，小人樂其樂而利其利，此以沒世不忘也。聖人既有親賢之德，其政又有樂利於民，君子小人各有以思之。○愚按：此《經》廣明誠意新民之事，親賢樂利，皆以實心行實事，所以沒世而人思也。《康誥》曰：「克明德。」《大甲》曰：「顧諟天之明命。」《帝典》曰：「克明峻德。」〔二〕皆自明也。皆自明明德也。克，能也。顧，念也。諟猶正也。《帝典》，《堯典》，亦《尚書》篇名也。峻，大也。諟，或爲「題」。○朱子曰：諟，古「是」字，或曰：審也。峻，《書》作「俊」。湯之《盤銘》曰：「苟日新，日日新，又日新。」《康誥》曰：「作新民。」《詩》曰：「周雖舊邦，其命維新。」是故君子無所不用其極。盤銘，刻戒於盤也。極，猶盡也。君子日新其德，常盡心力，不有餘也。○朱子曰：自新、新民，皆欲止於至善也。○愚按：「皆自明也」以上，又明誠意、明明德之事。「其命維新」以上，又明誠意、新民之事。無所不用其極，極，至也，通結上二節之意。《詩》云：「邦畿千里，惟民所止。」《詩》云：「緡蠻黄鳥，止于丘隅。」〔三〕子曰：「於止！知其所止，可以人而不如鳥乎！」於止，於鳥之所止也，就而觀之。知其所止，知鳥擇岑蔚安閒而止處之耳，言人亦當擇禮義樂土而自止處也。《論語》曰：「里仁爲美。擇不處仁，焉得知？」○愚按：自此以下，廣明誠意、止於至善之事。緡，《詩》作「緜」。《詩》云：「穆穆文王，於緝熙敬止！」爲人君，止於仁；爲人臣，止於敬；爲人子，止於孝；爲人父，止於慈；與國人交，止於信。緝熙，光明也。此美文王之德光明，敬其所以自止處。子曰：「聽訟，吾猶人也，必也使無訟乎！」無情者不得盡其辭，大畏民志：情猶實也。無實者多虛誕之辭。聖人之聽訟，與人同耳，必使民無實者不敢盡其辭，大畏其心志，使誠其意不敢訟。○愚按：此特假無訟而言耳，實則誠意之效，不止此一事也。無情者不得盡辭，新民之極也；大畏民志，明德之極也。此謂知本。本，謂誠其意也。○愚按：「可以人而不如鳥乎」以上，言明明德止於至善之事。「與國人交止於信」以上，言新民止於至善之事。「此謂知本」，言誠意爲本也，通結上文「誠意」以下之事。

所謂脩身在正其心者，身有所忿懥，則不得其正；有所恐懼，則不得其正；有所好樂，則不得其正；有所憂患，則不得其正。心不在焉，視而不見，聽而不聞，食而不知其味。此謂脩身在正其心。懥，怒貌也，或作「懫」，或作「疐」。○愚按：此言所謂脩身在正其心。前章不言所謂誠意在致其知者，知不致即意自不誠，誠意内可以包之，故不言也。○程子曰：「『身有』之身，當作『心』」。

所謂齊家在脩其身者，人之其所親愛而辟焉，之其所賤惡而辟焉，之其所畏敬而辟焉，之其所哀矜而辟焉，之其所敖惰而辟焉。故好而知其惡，惡而知其美者，天下鮮矣！故諺有之曰：「人莫知其子之惡，莫知其苗之碩。」此謂身不脩不可以齊其家。之，適也。辟猶喻也。言適彼而以心度之曰：「吾何以親愛此人，非以其有德美與？吾何以敖惰此人，非以其志行薄與？」反以喻己，則身脩與否，可自知也。鮮，罕也。人莫知其子之惡，猶愛而不察。碩，大也。○朱子曰：「之猶於也。辟猶偏也。」○愚按：莫知其子之惡、其苗之碩，則於他人不待言矣。此好而不知其惡之尤甚者。

所謂治國必先齊其家者，其家不可教而能教人者，無之。故君子不出家而成教於國：孝者，所以事君也；弟者，所以事長也；慈者，所以使衆也。《康誥》曰：「如保赤子」，心誠求之，雖不中不遠矣。未有學養子而後嫁者也！養子者，推心爲之，而中於赤子之耆欲也。一家仁，一國興仁；一家讓，一國興讓；一人貪戾，一國作亂：其機如此。此謂一言僨事，一人定國。一家、一人，謂人君也。戾之言利也。機，發動所由也。僨猶覆敗也。《春秋·傳》曰：「登戾之。」〔四〕又曰：「鄭伯之車僨於濟。」戾，或爲「吝」。僨，或爲「犇」。○愚按：《公羊傳》爲「登來之」，蓋鄭所見本異也。堯舜率天下以仁，而民從之；桀紂率天下以暴，而民從之；其所令反其所好，而民不從。言民化君行也。君若好貨，而禁民淫於財利，不能止也。○愚按：言此以爲仁讓貪戾之證。是故君子有諸己而后求諸人，無諸己而后非諸人。所藏乎身不恕，而能喻諸人者，未之有也。故治國在齊其家。有於己，謂有仁讓也。

無諸己，謂無貪戾也。〇愚按：求人、非人，皆自己始，此恕也。《詩》云：「桃之夭夭，其葉蓁蓁；之子于歸，宜其家人。」宜其家人，而后可以教國人。《詩》云：「宜兄宜弟。」宜兄宜弟，而后可以教國人。《詩》云：「其儀不忒，正是四國。」其爲父子兄弟足法，而后民法之也。此謂治國在齊其家。夭夭、蓁蓁，美盛貌。之子者，是子也。〇愚按：儀，法象也。

所謂平天下在治其國者：上老老而民興孝，上長長而民興弟，上恤孤而民不倍，是以君子有絜矩之道也。老老、長長，謂尊老敬長也。恤，憂也。民不倍，不相倍棄也。絜猶結也，挈也。矩，法也。君子有絜法之道，謂常執而行之，動作不失之。倍，或作「偝」。矩，或作「巨」。〇愚按：據《釋文》，絜矩當作「拒」，云「本亦作『矩』」，是也。所惡於上，毋以使下；所惡於下，毋以事上；所惡於前，毋以先後；所惡於後，毋以從前；所惡於右，毋以交於左；所惡於左，毋以交於右：此之謂絜矩之道。絜矩之道，善持其所有以恕於人耳。治國之要盡於此。《詩》云：「樂只君子，民之父母。」民之所好好之，民之所惡惡之，此之謂民之父母。言治民之道無他，取於己而已。《詩》云：「節彼南山，維石巖巖。赫赫師尹，民具爾瞻。」有國者不可以不慎，辟則爲天下僇矣。巖巖，喻師尹之高嚴也。師尹，天子之大臣爲政者也。言民皆視其所行而則之，可不慎其德乎！邪辟失道，則有大刑。《詩》云：「殷之未喪師，克配上帝；儀監于殷，峻命不易。」〔五〕道得衆則得國，失衆則失國。是故君子先慎乎德。有德此有人，有人此有土，有土此有財，有財此有用。德者本也，財者末也，外本内末，争民施奪。是故財聚則民散，財散則民聚。是故言悖而出者，亦悖而入；貨悖而入者，亦悖而出。師，眾也。克，能也。峻，大也。言殷王帝乙以上未失其民之時，德亦有能配天者，謂天享其祭祀也。及紂爲惡，而民怨神怒，以失天下。監視殷時之事，天之大命，持之誠不易也。道猶言也。用，謂國用也。施奪，施其劫奪之情也。悖猶逆也。言君有逆命，則民有逆辭也。上貪於利，則下人侵畔。《老子》曰：「多藏必厚亡。」○愚按：儀，今《詩》作「宜」。峻，《詩》作「駿」。《康誥》曰：「惟命不于常！」道善則得之，不善則失之矣。于，於也。天命不於常，言不專祐一家也。《楚書》曰：「楚國無以爲寶，惟善以爲寶。」《楚書》，楚昭王時書也。言以善人爲寶，時謂觀射父、昭奚恤也。○愚按：《楚書》，朱子云：「《楚語》也。」言楚人之語著於書策者也。其事有二：《國語》王孫圉對趙鞅之間，《新序》昭奚恤答秦使之辭，皆是也。《注》兼包二事，故《疏》亦兩引之。舅犯曰：「亡人無以爲寶，仁親以爲寶。」舅犯，晉文公之舅狐偃也。亡人，謂文公也。時辟驪姬之讒，亡在翟，而獻公薨。秦穆公使子顯弔，因勸之復國，舅犯爲之對此辭也。仁親猶言親愛仁道也。明不因喪規利也。○愚按：親，謂父也。親莫重於父，故古人率謂父爲親也。此二節並以寶言，結上文貨財之意。《秦誓》曰：「若有一个臣，〔六〕斷斷兮無他技，其心休休焉，其如有容焉。人之有技，若己有之，人之彥聖，其心好之，不啻若自其口出，寔能容之，以能保我子孫黎民，尚亦有利哉。人之有技，媢疾以惡之，人之彥聖，而違之俾不通，寔不能容，以不能保我子孫黎民，亦曰殆哉。」〔七〕《秦誓》，《尚書》篇名也。秦穆公伐鄭，爲晉所敗於殽，還，誓其羣臣而作此篇也。斷斷，誠一之貌也。他技，異端之技也。有技，才藝之士也。「若己有之」、「不啻若自其口出」，皆樂人有善之甚也。美士爲彦。黎，衆也。尚，庶幾也。娼，妒也。違猶戾也。俾，使也。佛戾賢人所爲，使功不通於君也。殆，危也。彦，或作「盤」。○《釋文》云：「个，《尚書》作『介』。此所引與《尚書》小異。休休，《尚書·傳》曰：『樂善也。』鄭《注》云：『寬容貌。』娼，《尚書》作『冒』，覆蔽也。」唯仁人放流之，迸諸四夷，不與同中國。此謂唯仁人爲能愛人，能惡人。放去惡人娼疾之類者，獨仁人能之。如舜放四罪而天下咸服。○皇氏云：「迸猶屏也。」見賢而不能舉，舉而不能先，命也；見不善而不能退，退而不能遠，過也。命，讀爲慢，聲之誤也。舉賢而不能使君以先己，是輕慢於舉人也。○愚按：命，疑讀如字。君相不言命。疏慢賢人而委於命，若漢武帝謂李廣數奇是也。過，誤也；又督責也。姑息容姦，謂但一時註誤，督責之而已，如漢元帝責問恭、顯是也。好人之所惡，惡人之所好，是謂拂人之性，菑必逮夫身。拂，猶佹也。逮，及也。是故君子有大道，必忠信以得之，驕泰以失之。道行所由。○愚按：大道，即謂絜矩之道也。忠恕則違道不遠；驕淫即縱欲自災。此節通結上文貨財用舍之事。生財有大道，生之者衆，食之者寡，爲之者疾，用之者舒，則財恒足矣。是不務禄不肖而勉民以農也。仁者以財發身，不仁者以身發財。發，起也。言仁人有財，則務於施與，以起身，成其令名；不仁之人有身貪於聚斂，以起財，務成富。未有上好仁而下不好義者也，未有好義，其事不終者也，未有府庫財非其財者也。言君行仁道，則其臣必義。以義舉事，無不成者，其爲誠然如己府庫之財爲己有也。○愚按：未有府庫財非其財者也。朱子云「無悖出之患」，是也。《注》以設譬言，似未安。孟獻子曰：「畜馬乘，不察於鷄豚；伐冰之家，不畜牛羊；百乘之家，不畜聚斂之臣。與其有聚斂之臣，寧有盜臣。」此謂國不以利爲利，以義爲利也。孟獻子，魯大夫仲孫蔑也。畜馬乘，謂以士初試爲大夫也。伐冰之家，卿大夫以上喪祭用冰。百乘之家，有采地者也。雞豚牛羊，民之所畜養以爲財利者也。國家利義不利財，盜臣損財耳，聚斂之臣乃損義。《論語》曰：「季氏富於周公，而求也爲之聚斂，『非吾徒也。小子鳴鼓而攻之，可也。』」長國家而務財用者，必自小人矣。言務聚財爲己用者必忘義，是小人所爲也。○朱子曰：「自，由也，言由小人導之。」彼爲善之，小人之使爲國家，菑害並至。雖有善至，亦無如之何矣！彼，君也。君將欲以仁義善其政，而使小人治其國家之事，患難猥至，雖云有善，不能救之，以其惡之已著也。○愚按：彼爲善之，君善小人所爲也；或作小人自善其所爲，亦通。此謂國不以利爲利，以義爲利也。〔八〕○愚按：「生財有大道」以下，覆説上文貨財之事。「孟獻子曰」以下，覆説上文用人之事。

校記

〔一〕《毛詩·衛風·淇奥》澳作「奥」；菉作「緑」；兩「斐」字均作「匪」；磋作「瑳」；喧作「咺」，諠作「諼」。

〔二〕峻，《尚書·虞書·堯典》作「俊」。

〔三〕緡，《毛詩·小雅·緜蠻》作「緜」。

〔四〕孔穎達《疏》：「此隱公五年《公羊傳》文。《公羊傳》爲『登來』，鄭所引《公羊》本爲『登戾之』，以『來』爲『戾』，與《公羊》本不同也。鄭意以『戾』爲『貪戾』，故引以證之。」

〔五〕《毛詩·大雅·文王》「儀」作「宜」，監作「鑒」，峻作「駿」。

〔六〕《禮記注疏》卷六十阮元《校勘記》：「《釋文》出『若有一个』，云『一讀作介』。宋大字本作『介』。按《正義》説『介』爲『一耿介』，則當以作『介』者爲是。《釋文》作『个』，與《正義》本異。」

〔七〕《尚書·周書·秦誓》若作「如」，个作「介」，猗作「兮」，兩「寔」字均作「是」，「尚亦」作「亦職」，媢作「冒」，通作「達」，嫉作「疾」。

〔八〕朱熹《大學章句集注》：「長，上聲。『彼善爲之』，此句上下，疑有闕文誤字。」

冠義第四十三〔一〕

凡人之所以爲人者，禮義也。禮義之始，在於正容體，齊顔色，順辭令。言人爲禮，以此三者爲始。容體正，顔色齊，辭令順，而后禮義備。以正君臣，親父子，和長幼。言三始既備，乃可求以三行也。君臣正，父子親，長幼和，而后禮義立。立猶成也。故冠而后服備，服備而後容體正，顔色齊，辭令順。言服未備者，未可求以三始也。童子之服采衣紒。故曰：冠者，禮之始也。是故古者聖王重冠。古者冠禮筮日筮賓，所以敬冠事，敬冠事所以重禮，重禮所以爲國本也。國以禮爲本。故冠於阼，以著代也；醮於客位，三加彌尊，加有成也。阼，謂主人之北也。適子冠於阼。若不醴則醮用酒，於客位，敬而成之也；户西爲客位。庶子冠於房户外，又因醮焉，不代父也。冠者初加緇布冠，次加皮弁，次加爵弁；每加益尊，所以益成也。〇《疏》云：「周之禮，適子則以醴禮之，庶子則以酒醮之。若先代之禮，或皆用醮矣。酌而無酬酢曰醮。」又云：「三加，士禮也，大夫同；若諸侯則四加，有玄冕。故《大戴禮》『公冠四加』也。則天子當五加衮冕也。」已冠而字之，成人之道也。字，所以相尊也。見於母，母拜之；見於兄弟，兄弟拜之；成人而與爲禮也。玄冠、玄端奠摯於君，遂以摯見於鄉大夫、鄉先生，以成人見也。鄉先生，謂鄉老而致仕者，服玄冠玄端，異於朝也。〇方氏苞曰：「古者君於臣、父於子、舅姑於婦，皆有拜禮。」「子之冠，母拜之。始爲成人，又以所執者廟中之脯也。」「父之於子，則冠無拜，而養於廟中有拜。」〔二〕「若非適嗣，衆子之拜，更無答禮。」又曰：「母拜之，肅拜也。按《少儀》：『婦人吉事，雖有君賜肅拜。』唐人禮，父坐受子拜，母立受。」又曰：「《晉語》：趙武冠，備見諸大夫、卿大夫適子有此禮。」○愚按：《國語》晉趙文子冠，見於欒武子、范文子、韓獻子等，皆有訓辭，即《禮》所謂見於執友，執友誨之，是也。成人之者，將責成人禮焉也。責成人禮焉者，將責爲人子、爲人弟、爲人臣、爲人少者之禮行焉。將責四者之行於人，其禮可不重與？言責人以大禮者，己接之不可以苟。○愚按：禮行者，禮之實行，非但威儀文辭而已。故孝弟忠順之行立，而后可以爲人；可以爲人，而后可以治人也。故聖王重禮。故曰：冠者，禮之始也，嘉事之重者也。是故古者重冠，重冠故行之於廟。行之於廟者，所以尊重事；尊重事而不敢擅重事，不敢擅重事，所以自卑而尊先祖也。嘉事，嘉禮也。宗伯掌五禮，有吉禮，有凶禮，有賓禮，有軍禮，有嘉禮。而冠屬嘉禮。《周禮》曰：「以昏冠之禮親成男女」也。○《疏》曰：「《士冠禮·注》：『廟謂禰廟』，『其諸侯則冠於大祖之廟』，『天子當冠於始祖廟』也」。

校記

〔一〕「冠義第四十三」下原有孔《疏》。孫詒讓云：「〔孔〕《疏》『案：《略説》稱周公對成王云』○《略説》，《尚書大傳》篇名。」（《十三經注疏校記》五八三頁）

〔二〕養：古文養作「餕」。《儀禮·特牲饋食禮》「養者舉奠許諾」鄭玄《注》：「古文養皆作餕。」

昏義第四十四〔一〕

昏禮者，將合二姓之好，上以事宗廟，而下以繼後世也。故君子重之。是以昏禮納采，問名，納吉，納徵，請期，皆主人筵几於廟，而拜迎於門外，入，揖讓而升，聽命於廟，所以敬慎重正昏禮也。聽命，謂主人聽使者所傳壻家之命。○齊召南曰：「問名者，問女之姓氏耳。《疏》云『問女之母姓名』，誤矣。」

父親醮子而命之迎，男先於女也。子承命以迎，主人筵几於廟，而拜迎于門外。壻執鴈入，揖讓升堂，再拜奠鴈，蓋親受之於父母也。降出，御婦車，而壻授綏，御輪三周。先俟于門外，婦至，壻揖婦以入，共牢而食，合巹而酳，所以合體同尊卑，以親之也。酌而無酬酢曰醮，醮之禮如冠醮與，其異者於寢耳。壻御婦車輪三周，御者代之，壻自乘其車，先導之歸也。共牢而食，合巹而酳，成婦之義。○李光坡曰：「《儀禮》『賓升北面奠鴈，再拜稽首』鄭《注》云：『主人不答，明主爲授女耳。』似此鴈爲壻見女之贄。《郊特牲》云『執贄以相見』，指此節也。」

敬慎重而后親之，禮之大體，而所以成男女之别，而立夫婦之義也。男女有别，而后夫婦有義；夫婦有義，而后父子有親；父子有親，而后君臣有正。故曰：昏禮者，禮之本也。言子受氣性純則孝，孝則忠也。

夫禮始於冠，本於昏，重於喪祭，尊於朝聘，和於射鄉，此禮之大體也。始，猶根也。本，猶幹也。鄉，鄉飲酒。

夙興，婦沐浴以俟見；質明，贊見婦於舅姑，執笲、棗、栗、段脩以見，贊醴婦，婦祭脯醢，祭醴，成婦禮也。成其爲婦之禮也。贊醴婦，當作禮，聲之誤也。○《疏》曰：「案《士昏禮》：『棗栗奠於舅席，腶脩奠於姑席。』是也。」《釋文》云：「段，本又作腶，或作鍛，同。」○愚按：「贊醴婦」，醴當如字，謂贊者酌醴置席前也。舅姑入室，婦以特豚饋，明婦順也。以饋明婦順者，供養之禮，主於孝順。厥明，舅姑共饗婦以一獻之禮，奠酬。舅姑先降自西階，婦降自阼階，以著代也。言既獻之，而授之以室事也。降者各還其燕寢，婦見及饋饗於適寢。《昏禮》不言厥明，此言之者，容大夫以上禮多，或異日。○愚按：鄭以《士昏禮》無「厥明」二字，疑此文或爲大夫昏禮。齊召南謂《士昏禮》有脱文。是也。○陳《注》引《士昏禮》賈《疏》云：「舅獻姑酬，共成一獻，仍無妨姑薦脯醢。」此説是也。○李光坡曰：「此《疏》似酬亦是舅，恐誤。」

成婦禮，明婦順，又申之以著代，所以重責婦順焉也。婦順者，順於舅姑，和於室人，而后當於夫，以成絲麻布帛之事，以審守委積蓋藏。室人，謂女妐、女叔、諸婦也。當猶稱也。後言稱夫者，不順舅姑，不和室人，雖有善者，猶不爲稱夫也。○《疏》曰：「女妐，謂壻之姊也。女叔，謂壻之妹。諸婦，成審也。

謂娣姒之屬。」是故婦順備而后内和理；内和理而后家可長久也；故聖王重之。順備者，行和當，事

是以古者婦人先嫁三月，祖廟未毁，教于公宫，祖廟既毁，教于宗室，教以婦德，婦言，婦容，婦功。教成，祭之，牲用魚，芼之以蘋藻，所以成婦順也。謂與天子諸侯同姓者也。嫁女者必就尊者教成之。教成之者，女師也。祖廟，女所出之祖也。公，君也。宗室，宗子之家也。婦德，貞順也。婦言，辭令也。婦容，婉娩也。婦功，絲麻也。祭之，祭其所出之祖也。魚、蘋、藻，皆水物，陰類也。魚爲俎實，蘋藻爲羹菜。祭無牲牢，告事耳，非正祭也，其齊盛用黍。云君使有司告之宗子之家，若其祖廟已毁，則爲壇而告焉。○愚按：三月之前，固已有教矣，復於公宫宗室者，重其禮，肆其成也。教成之祭，女親之。《詩》云：「誰其尸之，有齊季女。」

古者天子后立六宫、三夫人、九嬪、二十七世婦、八十一御妻，以聽天下之内治，以明章婦順；故天下内和而家理。天子立六官、三公、九卿、二十七大夫、八十一元士，以聽天下之外治，以明章天下之男教；故外和而國治。故曰：天子聽男教，后聽女順；天子理陽道，后治陰德；天子聽外治，后聽内職。教順成俗，外内和順，國家理治，此之謂盛德。天子六寢，而六宫在後，六官在前，所以承嗣施外内之政也。〔二〕三夫人以下百二十人，周制也。三公以下百二十人，似夏時也。合而言之，取其相應有象大數也。〔三〕内治，婦學之法也。陰德，謂主陰事陰令也。○方氏苞曰：「聽男教女順者，章其

日食，則天子素服而脩六官之職，蕩天下之陽事；月食，則后素服而脩六宮之職，蕩天下之陰事。故天子之與后，猶日之與月，陰之與陽，相須而后成者也。適之言責也。食者，見道有虧傷也。蕩，滌蕩，去穢惡也。○方氏苞曰：「後世推算日月食度，分毫不爽，其實皆本《周髀》，而經傳則以爲適見於天。蓋以天子王后，苟或恣情悖義，更無能禁遏懲創之者；惟使知適見於天，禍殃莫逭，庶幾有所畏憚耳。兩漢《歷志》惟有推月食之術。章和中，劉洪改《四分歷》，始言日食，而《後漢書》不載也。至《晉·志》始載太史令韓翊推算日食之説，蓋踵洪術而精之。愚者皆謂星官巧算，超越前古，不知此正有司淺見，大臣無識，不能辨義而抑止之耳。新安程廷祚作論，辨之甚詳。」天子脩男教，父道也；后脩女順，母道也。故曰：天子之與后，猶父之與母也。故爲天王服斬衰，服父之義也；爲后服資衰，服母之義也。父母者，施教令於婦子者也，故其服同。資，當爲「齊」，聲之誤也。

校記

〔一〕《禮記注疏》卷六十一阮元《校勘記》曰：「案『昏』字各本並作『昬』，按作『昏』是也。《説文》曰：『從日從氏省。』」詳見《説文解字注·昏》。

〔二〕嗣，阮元《禮記注疏》卷六十一《校勘記》作「副」。

〔三〕同上《校勘記》曰：「閩、監、毛本作『象大』；此本『象大』二字闕；岳本大作『天』，嘉靖本、衛氏《集説》同。」

鄉飲酒義第四十五

鄉飲酒之義：主人拜迎賓於庠門之外，入，三揖而后至階，三讓而后升，所以致尊讓也。庠，鄉學也；州、黨曰序。○《疏》曰：「有室謂之庠，無室謂之序。」盥洗揚觶，所以致絜也。揚，舉也；今《禮》皆作「騰」。拜至，拜洗，拜受，拜送，拜既，所以致敬也。拜至，謂始升時拜，拜賓至。尊讓絜敬也者，君子之所以相接也。君子尊讓則不争，絜敬則不慢，不慢不争則遠於鬭辨矣；不鬭辨則無暴亂之禍矣，斯君子之所以免於人禍也，〔一〕故聖人制之以道。道，謂此禮。○愚按：鬭辨，争論言語也。○方氏苞曰：「道，開導也。『故聖人制之』，絶句；『以道鄉人士君子』絶句。」〔二〕

鄉人、士、君子，尊於房户之間，〔三〕賓主共之也。尊有玄酒，貴其質也。鄉人，鄉大夫也。士，州長、黨正也。君子，謂卿大夫士也。卿大夫士飲國中賢者，亦用此禮也。共尊者，人臣卑，不敢專大惠。○方氏苞曰：「士君子，秀民也。鄉人，兼樸者而言也。」○愚按：《注》云「卿大夫士」，《疏》無「士」字，或脱文，抑或省文也。齊召南因謂《注》中「士」字衍，恐非也；又謂「卿大夫士」，卿當作「鄉」，亦非也。方氏苞謂鄭《注》「鄉大夫飲國中賢者」，鄉宜作「卿」，是也。羞出自東房，主人共之也。羞，燕私可以自專也。○愚按：上文「尊於房户」，房亦東房也，以鄉大夫等唯有東房故。洗當東榮，主人之所以自絜而以事實也。絜猶清也。○《釋文》云：「榮，屋翼也。」

賓主象天地也；介僎象陰陽也；三賓象三光也；讓之三也，象月之三日而成魄也。四面之坐，象四時也。陰陽，助天地養成萬物之氣也。三賓象天三光者，繫於天也。《古文禮》僎皆作「遵」。○愚按：賓主象天地者，西北天高東南地下也。○方氏苞曰：「月行正當日下，則明掩而爲晦；漸遠，則明生。是月與日相讓而後明生也。明生而後魄可見，故曰三日而成魄。朱子以《疏》義爲非，但以既望而生魄爲義，不當曰三日而成。」天地嚴凝之氣始於西南而盛於西北，此天地之尊嚴氣也，此天地之義氣也。天地温厚之氣始於東北而盛於東南，此天地之盛德氣也，此天地之仁氣也。凝猶成也。主人者尊賓，故坐賓於西北，而坐介於西南以輔賓。賓者，接人以義者也，故坐於西北。賓者接人以義，言賓來以成主人之德。主人者，接人以仁以德厚者也，〔四〕故坐於東南。而坐僎於東北，以輔主人也。以僎輔主人，以其仕在官也。仁義接，賓主有事，俎豆有數曰聖，聖立而將之以敬曰禮，禮以體長幼曰德。聖，通也，所以通賓主之意也。將猶奉也。○愚按：體猶履也。德也者，得於身也。故曰：古之學術道者，將以得身也。是故聖人務焉。術猶藝也。得身者，謂成己令名，免於刑罰也。言學術道，則此説賓賢能之禮。○愚按：學術道，謂學德行道藝者也，此非專指賢能。方氏苞謂「鄉飲酒之禮，凡在列者皆士也」，「故專以學術道者爲言」耳。

祭薦、祭酒，敬禮也。嚌肺，嘗禮也。啐酒，成禮也。於席末，言是席之正，非專爲飲食也，爲行禮也，此所以貴禮而賤財也。卒觶，致實於西階上，言是席之上，非專爲飲食也，此先禮而後財之義也。先禮而後財，則民作敬讓而不争矣。非專爲飲食，言主於相敬以禮也。致實，謂盡酒也。酒爲觴實，祭薦、祭酒、嚌肺於席中，唯啐酒於席末也。○《疏》云：「鄉飲酒禮，嚌肺在前，祭酒在後。席末，席西頭也。卒觶，主人酬賓，先飲卒觶也。」○愚按：席末，猶在席上也，特非席之正耳。於西階上，則遠於席上矣。先禮則敬讓，後財則不争。凡争者無禮而志財也。財謂飲食也。

鄉飲酒之禮，六十者坐，五十者立侍以聽政役，所以明尊長也。六十者三豆，七十者四豆，八十者五豆，九十者六豆，所以明養老也。民知尊長養老而后乃能入孝弟。民入孝弟，出尊長養老，而后成教，成教而后國可安也。君子之所謂孝者，非家至而日見之也；合諸鄉射，教之鄉飲酒之禮，而孝弟之行立矣。此説鄉飲酒，謂黨正國索鬼神而祭祀，則以禮屬民而飲酒於序以正齒位之禮也。其鄉射，則州長春秋以禮會民而射於州序之禮也。謂之鄉者，州、黨，鄉之屬也。或則鄉之所居州黨，鄉大夫親爲主人焉。如今郡國下令長於鄉射飲酒從太守相臨之禮也。○方氏苞曰：此節「宜退置篇末，則節次分明」。「自篇首至『故曰吾觀於鄉而知王道之易易』，專言興賢能之禮」也。「此節則因興賢能而及正齒位，又曰『合諸鄉射』，所以補前記之闕也。」○愚按：「六十者三豆」，則知五十者惟二豆而已。孝弟者，天性之同，民或以鄙樸而失之，今見上人尊長養老，則孝弟之心油然生矣。「君子之所謂孝者」，孝當作「教」，字之誤也。

孔子曰：吾觀於鄉而知王道之易易也。鄉，鄉飲酒也。易易，謂教化之本，尊賢尚齒而已。○《疏》曰：

「引此結成鄉飲酒之義。」

主人親速賓及介，而衆賓自從之。至于門外，主人拜賓及介，而衆賓自入；貴賤之義別矣。速，謂即家召之。別猶明也。

三揖至于階，三讓，以賓升，拜至，獻、酬、辭讓之節繁，及介省矣。至于衆賓，升受，坐祭，立飲，不酢而降，隆殺之義辨矣。繁猶盛也。小減曰省。辨猶別也。尊者禮隆，卑者禮殺，尊卑別也。

工入，升歌三終，主人獻之；笙人三終，主人獻之；間歌三終，合樂三終，工告樂備，遂出。一人揚觶，乃立司正焉，知其能和樂而不流也。工，謂樂正也。樂正既告備而降，言遂出者，自此至去不復升也。流猶失禮也。立司正以正禮，則禮不失可知。一人或爲二人。○《疏》曰：「一人，主人之吏也。舉觶，示將行旅酬也。」○李光坡曰：「一人揚觶，在未歌之前；立司正，在既歌之後。記者以類相從，故連言之。」

賓酬主人，主人酬介，介酬衆賓，少長以齒，終於沃洗者焉。知其能弟長而無遺矣。遺猶脱也，忘也。○《疏》曰：「此《經》主人酬介，介酬衆賓，雖據旅酬之時其少長以齒，終於沃洗，是無算爵之節也。但因其旅酬，遂連言無算爵。」○陳《注》：「沃洗者，滌濯之人也。」

降，説屨，升坐，脩爵無數。飲酒之節，朝不廢朝，莫不廢夕。賓出，主人拜送，節文終遂焉。知其能安燕而不亂也。朝夕，朝莫聽事也。不廢之者，既朝乃飲，先夕則罷，其正也。終遂，猶充備也。

○《疏》云：「無算爵。以前皆立而行禮，未徹俎，故未説屨。」

貴賤明，隆殺辨，和樂而不流，弟長而無遺，安燕而不亂，此五行者，足以正身安國矣。彼國安而天下安。故曰：吾觀於鄉而知王道之易易也。○愚按：止「吾觀於鄉而知王道之易易」一句是孔子之言，餘皆記者所推論。

鄉飲酒之義，立賓以象天，立主以象地，設介僎以象日月，立三賓以象三光。古之制禮也，經之以天地，紀之以日月，參之以三光，政教之本也。日出於東，僎所在也。月生於西，介所在也。三光，三大辰也。天之政教出於大辰焉。○愚按：自此以下盡篇末，皆覆説上文之事。前言「介僎象陰陽」，此言「日月」，一爾。其前説未備者，此更詳之；餘有不同者，用廣異聞焉。此即前人之所記録。方氏苞謂此下乃別一人所記，并以《疏》説爲非，恐未然。

亨狗於東方，祖陽氣之發於東方也。祖猶法也。狗所以養賓，陽氣主養萬物。洗之在阼，其水在洗東，祖天地之左海也。海，水之委也。尊有玄酒，教民不忘本也。大古無酒，用水而已。賓必南鄉。東方者春，春之爲言蠢也，產萬物者聖也。南方者夏，夏之爲言假也，養之，長之，假之，仁也。西方者秋，秋之爲言愁也，愁之以時，察守義者也。北方者冬，冬之爲言中也，中者藏也。是以天子之立也，左聖鄉仁，右義偝藏也。春猶蠢也，蠢，動；生之貌也。聖之言生也。假，大也。愁，讀爲揫；揫，斂也。察猶察察，嚴殺之貌也。南鄉，鄉仁，貴長大萬物也。察，或爲「殺」。○愚按：殺當音「色戒反」，不合讀如字。聖，通也；萬物通達而出也。故《月令》：「春」，「其器疏以達。」介必東鄉，介賓主也。獻酬之禮，主人將西，賓將南，介覸其間也。主人必居東方，東方者春，春之爲言蠢也，産萬物者也；主人者造之，産萬物者也。言禮之所共由主人出也。○方氏苞曰：「造，造於東方也。以主人養賓，亦有産物之義也，非造作飲食之謂。」月者三日則成魄，三月則成時，是以禮有三讓，建國必立三卿。三賓者，政教之本，禮之大參也。言禮者陰也，大數取法於月也。○齊召南曰：「孔《疏》言鄉飲酒『凡有四事：一則三年賓興賢能，二則鄉大夫飲國中賢者，〔五〕三則州長春秋習射，四則黨正十二月蜡祭。』詳見篇目下，與《論語》所云『鄉人飲酒』者不同。〔六〕此篇是解鄉飲酒之義，但《鄉飲酒禮》專言諸侯之鄉大夫三年賓興賢能之事，此《記》則兼及黨正之飲酒；而其餘二條，禮亦不異也。」○方氏苞曰：「鄉大夫，『鄉』宜作『卿』。尹吉甫飲御諸友，而張仲在焉。公父文伯飲南宮敬叔酒，以路堵父爲客，〔七〕是爲卿大夫飲國中賢者，所以別爲一禮也。」

校記

〔一〕「之」，依《禮記注疏》卷六十一《鄉飲酒義》阮元《校勘記》校補。

〔二〕《禮記析疑》卷四十四《鄉飲酒義》：「士君子，秀民也。鄉人，兼樸者而言也。聖人制此禮，所以開導鄉人之秀者樸者，使觀感而興於行也。秀者見禮，則樸者慕矣。『故聖人制之』，句。」

〔三〕户，《禮記注疏》卷六十一《鄉飲酒義》作「中」。

〔四〕《禮記注疏》卷六十一《鄉飲酒》無「以仁」二字。

〔五〕鄉，《禮記注疏》卷六十一《鄉飲酒義》阮元《校勘記》作「卿」，下同。

〔六〕《禮記注疏》卷六十一《鄉飲酒義第四十五》篇目下孔《疏》「三則州長」下無「春秋」二字。「四則黨正」下無「十二月」三字，「蜡祭」下有「飲酒」二字。

〔七〕《國語·魯語下》：「公父文伯飲南宫敬叔酒，以露睹父爲客。」路作「露」。堵作「睹」。

射義第四十六

古者諸侯之射也，必先行燕禮；卿大夫之射也，必先行鄉飲酒之禮。故燕禮者，所以明君臣之義也；鄉飲酒之禮者，所以明長幼之序也。言別尊卑老穉，然後射以觀德行也。

故射者，進退周還必中禮，内志正，外體直，然後持弓矢審固，持弓矢審固，然後可以言中，此可以觀德行矣。内正外直，習於禮樂有德行者也。正鵠之名自此也。○愚按鄭注《大射》云：「正者正也；鵠者直也，又皆鳥名。齊魯之間，名「題肩」爲正也。鵠，小鳥，飛疾而難射。」

其節：天子以《騶虞》爲節；諸侯以《貍首》爲節；卿大夫以《采蘋》爲節；士以《采繁》爲節。《騶虞》者，樂官備也；《貍首》者，樂會時也；《采蘋》者，樂循法也；《采繁》者，樂不失職也。是故天子以備官爲節；諸侯以時會天子爲節；卿大夫以循法爲節；士以不失職爲節。故明乎其節之志，以不失其事，則功成而德行立，德行立則無暴亂之禍矣。功成則國安。故曰：射者，所以觀盛德也。《騶虞》、《采蘋》、《采蘩》，今《詩》篇名，《貍首》逸，下云「曾孫侯氏」是也。樂官備者，謂《騶虞》曰「壹發五豝」，喻得賢者多也；「于嗟乎騶虞」，嘆仁人也。樂會時者，謂《貍首》曰「小大莫處，御于君所」。樂循法者，謂《采蘋》曰「于以采蘋？南澗之賓」，循澗以采蘋，喻循法度以成君事也。樂不失職者，謂《采蘩》曰「被之童童，夙夜在公」。〔一〕〇愚按：《貍首》逸，鄭以「曾孫侯氏」當之，未知是否也。鄭《儀禮·注》云：「貍之言不來也；首，先也。」

是故古者天子以射選諸侯、卿、大夫、士。射者，男子之事也，因而飾之以禮樂也。故事之盡禮樂而可數爲以立德行者，莫若射，故聖王務焉。選士者，先考德行，乃後决之於射。男子生而有射事，長學禮樂以飾之。

是故古者天子之制，諸侯歲獻，貢士於天子，天子試之於射宫。其容體比於禮，其節比於樂，而中多者，得與於祭；其容體不比於禮，其節不比於樂，而中少者，不得與於祭。數與於祭而君有慶；數不與於祭而君有讓。數有慶而益地，數有讓而削地。故曰：射者，射爲諸侯也。歲獻，獻國事之書及計偕物也。三歲而貢士，舊説云大國三人，次國二人，小國一人。〇方氏苞曰：「歲獻，每歲職貢也。貢士雖以三歲爲期，而必與每歲歸職貢者偕，漢制上公車者與計吏偕，蓋其遺制。」是以諸侯君臣盡志於射以習禮樂。夫君臣習禮樂而以流亡者，未之有也。流，猶族也。《書》曰：「流共工于幽州。」

故《詩》曰：「曾孫侯氏，四正具舉。大夫君子，凡以庶士。小大莫處，御於君所。以燕以射，則燕則譽。」言君臣相與盡志於射以習禮樂，則安則譽也。是以天子制之而諸侯務焉。此天子之所以養諸侯而兵不用，諸侯自爲正之具也。此曾孫之時，諸侯之射節也。四正，正爵四行也。四行者，獻賓，獻公，獻卿，獻大夫，乃後樂作而射也。莫處，無安居其官次者也。御猶侍也。以燕以射，先行燕禮乃射也。則燕則譽，言國安則有名譽。譽，或爲「與」。〇愚按：曾孫本始封之祖而言。又按：《大載記·投壺》篇載此詩，「曾孫侯氏」句下，有「今日泰射」一句。

孔子射於矍相之圃，蓋觀者如堵牆。矍相，地名也。樹菜蔬曰圃。射至於司馬，使子路執弓矢出延射，曰：「賁軍之將，亡國之大夫，與爲人後者，不入；其餘皆入。」蓋去者半，入者半。先行飲酒禮。將射，乃以司正爲司馬，子路執弓矢出延射，則爲司射也。延，進也。出進觀者，欲射者也。賁，讀爲僨，僨猶覆敗也。亡國，亡君之國者也。與猶奇也。後人者一人而已。既有爲者，而往奇之，是貪財也。子路陳此三者，而觀者畏其義則去也。延，或爲「誓」。〇愚按：「與爲人後」，與讀爲預，謂人已立後矣，而已又往干預之，是忘親而貪財也。方氏苞謂「禮無二後」，因以「與繼父同居」，而「繼父無主後」者當之。竊謂與繼父同居，雖爲服期，不得謂之爲人後。且此既《禮》所許矣，何乃與賁軍之將、亡國大夫同列而禁不入也，恐當以《注》説爲是。又使公罔之裘、序點揚觶而語，公罔之裘揚觶而語曰：「幼壯孝弟，耆耋好禮，不從流俗，脩身以俟死，者不，在此位也。」蓋去者半，處者半。序點又揚觶而語曰：「好學不倦，好禮不變，旄期稱道不亂，者不，在此位也。」蓋廑有存者。之，發聲也。射畢又使此二人舉觶者，古者於旅也語，語，謂説義理也。三十曰壯。耆、耋皆老也。流俗，失俗也。處猶留也。八十、九十曰旄，百年曰期頤。稱猶言也，行也。者不，言有此行不可以在此賓位也。序點，或爲「徐點」。壯，或爲「將」。旄期，或爲「旄勤」。今《禮》揚皆作「騰」。〇愚按：「者不」，陳氏讀「者」字屬上句。旄、耄古通用。《孟子》云：「反其旄倪。」斸，少也。

射之爲言者繹也，或曰：舍也。繹者，各繹己之志也。故心平體正，持弓矢審固，持弓矢審固則射中矣。故曰：爲人父者以爲父鵠；爲人子者以爲子鵠；爲人君者以爲君鵠；爲人臣者以爲臣鵠。故射者各射己之鵠。故天子之大射謂之射侯；射侯者，射爲諸侯也。射中則得爲諸侯，射不中則不得爲諸侯。大射，將祭擇士之射也。以爲某鵠者，將射還視侯中之時，意曰：此鵠乃爲某之鵠，吾中之則成人，不中之則不成人也。得爲諸侯，謂有慶也；不得爲諸侯，謂有讓也。〔二〕○愚按：舍，止也。《疏》曰：「中也。」又曰：「凡天子諸侯及卿大夫禮，射有三」，「士無大射」，「其賓射、燕射，士皆有之」。

天子將祭，必先習射於澤。澤者，所以擇士也。已射於澤，而后射於射宮，射中者得與於祭；不中者不得與於祭。不得與於祭者有讓，削以地；得與於祭者有慶，益以地。進爵絀地是也。澤，宮名也。士，謂諸侯朝者諸臣及所貢士也。皆先令習射於澤，已乃射於射宮，課中否也。諸侯有慶者先進爵，有讓者先削地。○方氏苞曰：「古者辟雍泮宮，必近水澤而爲之，則澤乃學宮也，宜在近郊。射宮宜在國中，近於公宮，雖於《傳》無徵，理則宜然。」

故男子生，桑弧蓬矢六，以射天地四方。天地四方者，男子之所有事也。故必先有志於其所有事，然後敢用穀也。飯食之謂也。男子生，則設弧於門左，三日，負之人爲之射，乃卜食子也。

射者，仁之道也。射求正諸己，己正而後發，發而不中，則不怨勝己者，反求諸己而已矣。〔三〕

諸猶於也。孔子曰：「君子無所争，必也射乎！揖讓而升下，而飲，其争也君子。」必也射乎，言君子至於射，則有争也。下，降也。飲射爵者亦揖讓而升降，勝者袒決遂，執張弓；不勝者襲，説決拾，卻左手，右加弛弓於其上，而升飲，君子恥之，是以射則争中。○愚按：鄭讀「揖讓而升下」五字爲句，與朱子《論語·注》異。

孔子曰：射者何以射，何以聽。循聲而發，發而不失正鵠者，其唯賢者乎！若夫不肖之人，則彼將安能以中。何以，言其難也。聲，謂樂節也。畫布曰正，棲皮曰鵠。正之言正也；鵠之言梏也。梏，直也，言人正直乃能中也。發，或爲「射」○《疏》云：「畫布曰正，賓射也；棲皮曰鵠，大射也。」〔四〕

《詩》云：「發彼有的，以祈爾爵。」祈，求也；求中以辭爵也。酒者，所以養老也，所以養病也；求中以辭爵者，辭養也。發猶射也。的，謂所射之識也。言射的必欲中之者，以求不飲女爵也。辭養，讓見養也。爾，或爲「有」。

校記

〔一〕《毛詩·采蘋》賓作「濱」。《毛詩·采蘩》童童作「僮僮」。

〔二〕孫詒讓云：「《疏》『其士無大射，故《司裘職》云大射，唯明王及諸侯、卿大夫，不及於士』，○士亦有大射，詳金氏《禮箋》、金氏《求古録》。又《疏》『又，《鄉射記》云：「士布侯，畫以鹿豕」，是士有燕射矣』○布侯亦鄉射所用，不止燕射，此沿鄭《注》之誤。又疏『其大射之侯皆有鵠也，其鵠則三分侯中而居其二』○鄭、孔言正鵠之分亦誤。」（見《十三經注疏校記》五八六頁）

〔三〕反求，《禮記注疏》卷六十二《射義》阮元《校勘記》作「求反」。

〔四〕孔《疏》作：「云畫曰正，則賓射也。棲皮曰鵠，則大射也。」

燕義第四十七〔一〕

古者周天子之官，有庶子官。庶子官職諸侯、卿、大夫、士之庶子之卒，掌其戒令，與其教治，別其等，正其位。職，主也。庶子猶諸子也。《周禮》：「諸子之官，司馬之屬也。」卒，讀皆爲倅，諸子副代父者也。戒令，致於大子之事。教治，脩德學道。位，朝位也。○方氏苞曰：「庶子之卒，謂衆子之副貳於適子者。《周官》：卿、大夫、元士之適子，或入太學，或居虎門，而學於師氏、保氏；其衆子，則諸子掌之，仍學於鄉學。」○愚按：倅者，副貳於父，是適子也。謂之庶者，《疏》云：「庶，衆也。以其適子衆多，故總謂之庶子；非適子庶弟而稱庶子也。」國有大事，則率國子而致於大子，唯所用之。若有甲兵之事，則授之以車甲，合其卒伍，置其有司，以軍法治之，司馬弗正。國子，諸子也。軍法：百人爲卒，五人爲伍。弗，不也。國子屬大子，司馬雖有軍事，不賦也。○《疏》曰：「大事，謂祭祀或宿衛。」凡國之政事，國子存游卒，使之脩德學道，春合諸學，秋合諸射，以考其藝而進退之。游卒，未仕者也。學，大學也。射，射宮也。燕禮有庶子官，是以義載以此爲説。○愚按：國之政事，謂尋常征役之事。存游卒者，存而留之，不調發也。游者，無職事而游息於學也。○方氏苞曰：「國子當爲『諸子』，文誤也。」

諸侯燕禮之義：君立阼階之東南，南鄉爾卿大夫，皆少進，定位也；君席阼階之上，居主位也；

君獨升，立席上，西面特立，莫敢適之義也。定位者，爲其始入踧踖，揖而安定也。○陳氏《注》：「爾，與邇同。」

設賓主，飲酒之禮也；使宰夫爲獻主，臣莫敢與君亢禮也；不以公卿爲賓而以大夫爲賓，爲疑也，明嫌之義也；賓入中庭，君降一等而揖之，禮之也。設賓主者，飲酒致歡也。宰夫，主膳食之官也。天子使膳宰爲主人。公，孤也。疑，自下上至之辭也。公卿尊矣，復以爲賓，則尊與君大相近。○《疏》曰：「疑，擬也。」(二)

君舉旅於賓，及君所賜爵，皆降再拜稽首，升成拜，明臣禮也；君答拜之，禮無不答，明君上之禮也。臣下竭力盡能以立功於國，君必報之以爵祿，故臣下皆務竭力盡能以立功，是以國安而君寧。禮無不答，言上之不虛取於下也。上必明正道以道民，民道之而有功，然後取其什一，故上用足而下不匱也，是以上下和親而不相怨也。和、寧，禮之用也，此君臣上下之大義也。故曰：燕禮者，所以明君臣之義也。言聖人制禮，因事以託政，臣再拜稽首，是其竭力也。君答拜之，是其報以祿惠也。○方氏苞曰：「必上下各盡其道，然後和親而不相怨也。」

席：小卿次上卿，大夫次小卿，士庶子以次就位於下。獻君，君舉旅行酬；而后獻卿，卿舉旅行酬；而后獻大夫，大夫舉旅行酬；而后獻士，士舉旅行酬；而后獻庶子。俎豆、牲體、薦羞，皆有等差，所以明貴賤也。牲體，俎實也。薦，謂脯醢也。羞，庶羞也。○愚按：牲，狗也。獻君，宰夫獻君

也。○《疏》曰：「公及卿、大夫、士等牲體薦羞之等差，《燕禮》不載。」〔三〕

校記

〔一〕方苞《禮記析疑》卷四十六《燕義》：「《冠》、《昏》、《鄉》、《射》、《聘》五篇，皆首揭本義，不應此篇於篇首漫引《周官》「庶子」之文。且終篇言燕羣臣，并未及公與族燕之禮，而篇首特言庶子之職，何義乎？蓋篇末有獻庶子之文，注家引《周官》以證，兩編者誤置篇首耳。」

〔二〕孫詒讓云：「《注》『設賓至相近』《疏》云『天子使膳宰爲主人』者《文王世子》文。○《注》云『天子使膳宰爲主人』者，亦兼核《周禮·膳夫職》云『王燕飲酒，知爲獻主』之文。」

〔三〕孔《疏》「薦羞之」下有「節皆有」三字，「燕禮」上有「但」字，「不載」下有「無以言也」四字。

聘義第四十八

聘禮，上公七介，侯伯五介，子男三介，所以明貴賤也。此皆使卿出聘之介數也。《大行人職》曰：「凡諸侯之卿，其禮各下其君二等。」〔一〕介紹而傳命，君子於其所尊弗敢質，敬之至也。質，謂正自相當。○方氏苞曰：「質，謂樸而無文，即『七介以相見，不然則已慤』之義。」

三讓而后傳命，三讓而后入廟門，三揖而后至階，三讓而后升，所以致尊讓也。此揖讓主謂賓也。三讓而後傳命，賓至廟門，主人請事時也。賓見主人陳擯，以大客禮當己，則三讓之；不得命，乃傳其君之聘命也。三讓而後入廟門，讓主人廟受也。《小行人職》曰：「凡四方之使者，大客則擯，小客則受其幣，聽其辭。」

君使士迎于竟，大夫郊勞，君親拜迎于大門之内，而廟受，北面拜貺，拜君命之辱，所以致敬也。貺，賜也。賓致命，公當楣再拜聘君之恩惠，辱命來聘者也。

敬讓者也，〔二〕君子之所以相接也。故諸侯相接以敬讓，則不相侵陵。君子之相接，賓讓而主人敬也。

卿爲上擯，大夫爲承擯，士爲紹擯。君親禮賓，賓私面、私覿、致饔餼、還圭璋、賄贈、饗食燕，所以明賓客君臣之義也。設大禮則賓客之也。或不親而使臣，則爲君臣也。○愚按：禮賓以醴，禮之也。《聘禮·注》：「牲殺曰饔，生曰餼」也。主設賓客之禮，客守君臣之分。

故天子制諸侯，比年小聘，三年大聘，相厲以禮。使者聘而誤，主君弗親饗食也。所以愧厲之也。諸侯相厲以禮，則外不相侵，内不相陵。此天子之所以養諸侯，兵不用，而諸侯自爲正之具也。比年小聘，所謂歲相問也。三年大聘，所謂殷相聘也。

以圭璋聘，重禮也；已聘而還圭璋，此輕財而重禮之義也。諸侯相厲以輕財重禮，則民作讓矣。圭，瑞也。尊圭，璋之類也。〔三〕用之、還之，皆爲重禮。禮必親之，不可以己之有遥復之也。財，謂璧琮，享幣也。受之爲輕財者，財可遥復，重賄反幣是也。○齊召南曰：「卿大夫聘所執之圭，瑑圭也。《周禮·典瑞》「公執桓圭，侯執信圭」等，是命圭也。又云「瑑圭璋璧琮，以覜聘」，《玉人》所謂『瑑圭璋八寸，璧琮八寸，以覜聘』；《儀禮·疏》謂『臣所執皆降其君一等』，是也。朱子解《論語》『執圭』，即以『命圭』訓之，於義稍差。蓋命圭惟諸侯親行，則自執之以爲瑞耳。《詩》言「韓侯入覲，以其介圭」是也。」

主國待客，出入三積，餼客於舍，五牢之具陳於内，米三十車，禾三十車，芻薪倍禾皆陳於外，乘禽日五雙，羣介皆有餼牢，壹食，再饗，燕與時賜無數，所以厚重禮也。厚重禮，厚此聘禮也。○愚按：三牲備爲一牢。《疏》曰：「五牢之具，謂飪一牢，在賓館西階；腥二牢，在賓館東階；餼二牢，在賓館門内之西。是皆陳於内。」又曰：「按《聘禮》：『米三十車，設於門東；東陳禾三十車，設於門西；西陳薪芻倍禾』也。鄭《注》：『薪從米，芻從禾。』乘禽，謂乘行羣匹之禽，雁鶩之屬。」按齊召南曰：「此《疏》未明聘禮。《記》曰：『既致饔旬而稍，宰夫始歸乘禽，日如其饔餼之數。』賈《疏》曰：『言如其饔餼之數者，一牢當一雙，故《聘義》曰：「乘禽日五雙」，是此饔餼五牢者也。』『若然，上介三牢，則三雙也；士一牢，則一雙也。』」

古之用財者不能均如此，然而用財如此其厚者，言盡之於禮也。盡之於禮，則内君臣不相陵，而外不相侵。故天子制之，而諸侯務焉爾。不能均如此，言無則從其實也。言盡之於禮，欲令富者不得過也。

聘射之禮，至大禮也。質明而始行事，日幾中而后禮成，非强有力者弗能行也。故强有力者，將以行禮也。禮成，禮畢也；或曰「行成」。酒清，人渴而不敢飲也；肉乾，人飢而不敢食也；日莫人倦，齊莊正齊，而不敢解惰。以成禮節，以正君臣，以親父子，以和長幼。此衆人之所難而君子行之，故謂之有行；有行之謂有義，有義之謂勇敢。故所貴於勇敢者，貴其能以立義也；所貴於立義者，貴其有行也；所貴於有行者，貴其行禮也。故所貴於勇敢者，貴其敢行禮義也。故勇敢强有力者，天下無事，則用之於禮義；天下有事，則用之於戰勝。用之於戰勝則無敵，用之於禮義則順治；外無敵，内順治，此之謂盛德。故聖王之貴勇敢强有力如此也。勇敢强有力而不用之於禮義戰勝，而用之於争鬬，則謂之亂人。刑罰行於國，所誅者亂人也。如此，則民順治而國安也。勝，克敵也。或爲「陳」。○《疏》曰：「『酒清人渴』以下，皆謂射禮也。前文云『日幾中而後禮成』，特謂聘也。此云『日莫』者，謂射禮也。」○方氏苞曰：「聘兼饗燕，几設而不倚，爵盈而不飲，惟饗禮則然。日莫人倦，則燕射之所同也。《疏》專以屬射，事義俱不可通。」〔四〕親父子，和長幼，并以旅酬言。古者伯叔父可稱父；兄弟之子即謂之子。聘禮有燕，則有旅酬，安得專以屬射。」○愚按：正齊，整齊也。整字古皆作「正」。服習於禮節之嚴威，故貴勇敢；從容於禮文之繁縟，故貴强有力。此所以能遺大投艱、任重致遠而不辭者也。

子貢問於孔子曰：「敢問君子貴玉而賤碈者何也？爲玉之寡而碈之多與？」碈石似玉，或作「玟」也。孔子曰：「非爲碈之多故賤之也，玉之寡故貴之也。」夫昔者君子比德於玉焉。温潤而澤，仁也；色柔温潤，似仁也。潤或爲「濡」。縝密以栗，知也；縝，緻也。栗，堅貌。○按郭璞《西山經·注》引《禮記》曰：「瑱密似粟。」粟，或作栗。」〔五〕廉而不劌，義也；劌，傷也。義者，不苟傷人也。垂之如隊，禮也；禮尚謙卑。○愚按：以佩玉言也。叩之其聲清越以長，其終詘然，樂也；樂作則有聲，止則無也。越，猶揚也。詘，絶止貌也。《樂記》曰：「止如槁木。」瑕不揜瑜，瑜不揜瑕，忠也；瑕，玉之病也。瑜，其中間美者。玉之性，善惡不相揜，似忠也。孚尹旁達，信也；孚，讀爲浮。尹，讀如竹箭之筠。浮筠，謂玉采色也。采色旁達，不有隱翳，似信也。孚，或作「姇」，或爲「扶」。○齊召南曰：「《釋文》誤倒，當云：『尹依《注》音筠，又作笋。』又按許氏《説文》引孔子贊璵璠曰：『遠而望之，奐若也；近而眂之，瑟若也。一則理勝，一則孚勝。』〔六〕此即『孚尹旁達』之説。」〇《釋文》云：『尹依《注》音筍。又作筠。』〇愚按：孚尹讀如字。信，正也。言玉之德，信正於中，其符采必達於外，令人驗之不爽，是其信也。氣如白虹，天也；精神見於山川，地也。精神，亦謂精氣也。虹，天氣也。山川，地所以通氣也。〇愚按：白虹，天之白氣，非虹霓也。玉之白氣上通，如天之白氣見也。荆卿白虹貫日，闔廬冢上白虎，亦其類也。圭璋特達，德也。特達，謂以朝聘也。璧琮則有幣，惟有德者無所不達，不有須而成也。天下莫不貴者，道也。道者，人無不由之。《詩》云：「言念君子，温其如玉。」故君子貴之也。言我也貴玉者，以其似君子也。〇《管子·水地》篇云：「夫玉之所貴者，九德出焉：夫玉温潤以澤，仁也；鄰〔一〕房氏《注》云：鄰，近也。」〕以理者，知也；堅而不蹙，義也；廉而不劌，行也；鮮而不垢，潔也；折而不橈，勇也；瑕適皆見，精也；茂華光澤，並通而不相陵，容也；叩之，其音清摶徹遠，純而不殺，辭也。是以人主貴之，藏以爲寶，剖以爲符瑞，九德出焉。」

校記

〔一〕《周禮·秋官司寇·大行人》。

〔二〕者也，《十三經注疏·禮記正義》卷六十三《聘義第四十八》及陳澔《禮記集説》卷十《聘義第四十八》作「也者」。

〔三〕孫詒讓云：「此《注》疑當作『圭瑞也』，『尊』句，『璋圭之類也』，文義乃協，孔所見已是誤本。」（《十三經注疏校記》五八八頁）

〔四〕方氏苞原文無「疏」字。

〔五〕《山海經》卷二《西山經》「堅粟精密」郭璞《注》。按王念孫校正作「栗」。

〔六〕《説文解字注》一篇上《玉部·璠》：「璠與，魯之寶玉。从玉，番聲。孔子曰：『美哉璠與！遠而望之，奂若也；近而視之，瑟若也。一則理勝，一則孚勝。』」段玉裁《注》：「理勝，謂奂若，孚勝，謂瑟若。此蓋出《逸論語》。《御覽》引正作《逸論語》。」按：出《太平御覽》卷八〇四《逸論語》。

喪服四制第四十九

凡禮之大體，體天地，法四時，則陰陽，順人情，故謂之禮。訾之者，是不知禮之所由生也。禮之言體也。故謂之禮，言本有法則而生也。口毁曰訾。○愚按：乾坤稱父母，是以恩制者體天地也；尊卑定君臣，是以義制者體天地也。下文覆説三者，不言天地，法象既明，從可知也。

夫禮，吉凶異道，不得相干，取之陰陽也。吉禮凶禮異道，謂衣服容貌及器物也。喪有四制，變而從宜，取之四時也。有恩，有理，有節，有權，取之人情也。恩者仁也，理者義也，節者禮也，權者知也。仁義禮知，人道具矣。取之四時，謂其數也。取之人情，謂其制也。○方氏苞曰：「舊説四制，謂恩義節權，名篇之義則然。此四制則謂三日而殯，三月而葬，期而小祥，再期而大祥也。若如舊説，則恩義二制不可謂變而從宜。殯而食，葬而沐，小祥而除服，大祥而聽音，變而從宜也。四時之變以漸，故曰取之四時。」

其恩厚者其服重；故爲父斬衰三年，以恩制者也。服莫重斬衰也。

門内之治，恩揜義；門外之治，義斷恩。資於事父以事君，而敬同，貴貴尊尊，義之大者也。故爲君亦斬衰三年，以義制者也。資猶操也。貴貴，謂爲大夫君也。尊尊，謂爲天子諸侯也。

三日而食，三月而沐，期而練，毁不滅性，不以死傷生也。喪不過三年，苴衰不補，墳墓不培；祥之日鼓素琴，告民有終也；以節制者也。資於事父以事母，而愛同。天無二日，土無二王，國無二君，家無二尊，以一治之也。故父在，爲母齊衰期者，見無二尊也。食，食粥也。沐，謂將虞祭時也。補。培，猶治也。鼓素琴，始存樂也。三年不爲樂，樂必崩。○愚按：「資於事父以事母而愛同」以下，言欲尊歸於一，明無二事。《注》以爲更申明節制之事，故與上連爲一節。方氏苞謂「於『節制』後別言父母之愛同而服異」，「父在爲母期，乃權制之最大，而所包求多，凡厭降之服，皆統於此。不屬之權制，則於上三制無可附者」，故此節「更端而首列之。」其説尤通。

杖者何也？爵也。三日授子杖，五日授大夫杖，七日授士杖。或曰擔主，或曰輔病。婦人童子不杖，不能病也。百官備，百物具，不言而事行者，扶而起；言而后事行者，杖而起；身自執事而后行者，面垢而已。秃者不髽，傴者不袒，跛者不踊，老病不止酒肉。凡此八者，以權制者也。五日、七日授杖，謂爲君喪也。扶而起，謂天子諸侯也。杖而起，謂大夫士也。面垢而已，謂庶民也。髽，婦人也。男子免而婦人髽。髽，或爲「免」。○《疏》曰：「《喪服傳》云：『無爵而杖者何？擔主也。』鄭《注》：『擔，假也。尊其爲主，假之以杖。』又云：『非主而杖者何？輔病也。』謂庶子以下，皆杖，謂輔病故也。」○愚按：八者之目，庾蔚之云，父存爲母一也，不數杖與不杖之例。方氏苞從之，云：父在爲母期，一也；「婦人童子不杖，二也；扶而起，三也；面垢，四也；秃者，五也；傴者，六也；跛者，七也；老病，八也。孔《疏》闢庾氏説，而以應杖不應杖爲一，杖而起爲一，恐未安。應杖不應杖，義各有當，不得爲權。若以此爲權，則凡禮中有無隆殺之節，孰非以權制者。至以杖而起爲權制之一，尤不可通。」「杖者，中制也。扶而起與面垢者俱授杖，則非權制可知。」

始死，三日不怠，三月不解，期悲哀，三年憂，恩之殺也。聖人因殺以制節，不怠，哭不絶聲也。不解，不解衣而居，不倦息也。此喪之所以三年。賢者不得過，不肖者不得不及，此喪之中庸也。王者之所常行也。《書》曰：「高宗諒闇，三年不言，」〔一〕善之也。諒，古作「梁」，楣謂之梁。闇，讀如鶉鵪之鵪。闇謂廬也。廬有梁者，所謂柱楣也。○《釋文》云：「諒闇，徐讀並如字，是依杜預義；孔安國讀爲諒陰。諒，信也。陰，默也。」王者莫不行此禮。何以獨善之也？曰：高宗者武丁。武丁者殷之賢王也。繼世即位而慈良於喪，當此之時，殷衰而復興，禮廢而復起，故善之。善之，故載之書中，而高之，故謂之高宗。三年之喪君不言，《書》云：「高宗諒闇，三年不言」，此之謂也。然而曰「言不文」者，謂臣下也。言不文者，謂喪事辨所當共也。《孝經説》曰：「言不文者，指士民也。」

禮：斬衰之喪，唯而不對；齊衰之喪，對而不言；大功之喪，言而不議；緦小功之喪，議而不及樂。此謂與賓客也。唯而不對，侑者爲之應耳。言謂先發口也。父母之喪，衰、冠繩纓、菅屨，三日而食粥，三月而沐，期十三月而練冠，三年而祥。○愚按：期十三月者，言練之節雖則一期，其實十三月也。比終兹三節者，仁者可以觀其愛焉，知者可以觀其理焉，强者可以觀其志焉。禮以治之，義以正之，孝子、弟弟、貞婦，皆可得而察焉。仁，有恩者也。理，義也。察猶知也。○愚按：理，如「文理密察」之理，謂條理也。强，堅忍也。志，節操也。喪有四節，獨舉三者，以三日食粥，時未久，不足當一節，無可觀者也。

校記

〔一〕《尚書·周書·無逸》作「其在高宗，時舊勞于外，爰及小人。作其即位，乃或亮陰，三年不言，言乃雍，不敢荒寧。」

〔二〕《黄氏逸書考》第六函第五十二册《孝經緯》：「言不文者，指士民也。」

點校後記

《鄭氏禮記箋》亦簡稱《禮記箋》，共四十九卷，是郝懿行於乾隆五十八年癸丑（一七九三年）至乾隆六十年乙卯（一七九五年）在原籍山東棲霞研究鄭玄《禮記注》的成果（見許維遹撰《郝蘭皋夫婦年譜》）。《禮記箋》之《序》即撰於乙卯秋七月二十日，時年三十九歲。此書收入《郝氏遺書》中，有清嘉慶至光緒間家刻本（十册本與八册本）。今依據光緒八年壬午（一八八二年）東路廳刊本即家刻八册本進行整理點校。

《鄭氏禮記箋》據元陳澔《禮記集説》本用大字列經文，據唐孔穎達《禮記正義》本用小字列鄭玄注（有時注下又引孔穎達疏）於經文之下，郝箋及其他引文皆用小字列於鄭注（或注、疏）之後，並在孔疏前、箋語前及其他引文前各加〇號；經文無注而加箋語者，則〇號與箋語緊附經文。箋語多用「愚按」二字引起。

鄭注、郝箋中的引文有改動處，此次他校時，視需要依原書略加補正，並出校。箋語中又以小字自注者，則爲其自注加上方括號〔　〕。

本書經文、鄭注以及所引孔疏、《釋文》語句，均取《十三經注疏·禮記注疏》本、唐陸德明

《經典釋文》影宋本、元陳澔《禮記集説》本和清朱彬《禮記訓纂》四部備要本與之對校；所引方苞《禮記析疑》若干條，以及其他經史與傳注文字，大都已檢核原書並摘要出校。今分「點校」與「辨析」兩項略述如下。

一、點校

因字形近似致誤者有「己」誤爲「已」（《坊記第三十》）、「已」誤爲「己」（《曲禮上第一》、《坊記第三十》）、「尚」誤爲「商」（《檀弓上第三》）、「士」誤爲「上」（《王制第五》）、「三」誤爲「二」（《郊特牲第十一》）、「粢」誤爲「粢」（《郊特牲第十一》）、「況」誤爲「説」（《郊特牲第十一》）、「明」誤爲「服」（《喪服小記第十五》）、「禕」誤爲「褘」（《大傳第十六》）、「裏」誤爲「裏」（《雜記上第二十》）、「丁」誤爲「下」（《雜記下第二十一》）。又如「户」誤爲「尸」，見《檀弓上第三》：「既小斂，舉者出尸，出户袒，且投其冠，括髮。」又如「揄」誤爲「揄」，見《檀弓下第四》：「哀公欲設撥」郝箋引方氏慤曰：「爲揄沈，故設撥。則是以手撥揄沈而灑於道也。鄭以爲『紼』，失之。」

因字音相同致誤者有「和」誤爲「合」，見《月令第六》：「是月也，天氣下降，地氣上騰，天地合同，草木萌動。」家刻本誤「和」爲「合」。又有「氣」誤爲「器」，見《樂記第十九》：

「三者本於心，然後樂器從之。」

因字音相近致誤者有「鍾」誤爲「宫」，見《玉藻第十三》「御瞽幾聲之上下」郝箋：「宫聲不比乎？左高。」

因字義或文意可通致誤。如《月令第六》：「時雨不降，山陵不收。」「山林」之林誤爲「陵」。《曾子問第七》：「襲衰，杖，奠出。」鄭注：「亦，謂朝奠。」「亦」誤爲「奠」。《少儀第十七》「請見不敢退。」「請」誤爲「敢」。《樂記第十九》：「商亂則陂，其臣壞。」「官」誤爲「臣」，郝箋本沿陳氏《集説》本之誤。《雜記上第二十》：「客立于門西，介立于門左。」「其左」誤爲「門左」；《鄉飲酒義第四十五》：「鄉人、士、君子，尊於房户之間，賓主共之也。」「中」誤爲「户」。

引書篇名之誤。（一）《檀弓上第三》「爾罪一也」鄭箋：「按《禮·射義》『不以公卿爲賓而以大夫爲賓，爲疑也。』」「《燕義》」誤爲「《射義》」。（二）《王制第五》「司寇正刑明辟以聽獄訟」郝箋：「愚按：刺，采取也。《漢·志》云云。」「《史記·封禪書》」誤爲「《漢·志》」。

脱字、闕字。（一）《明堂位第十四》：「爵夏后以琖。」「后」下脱「氏」字。（二）《少儀第十七》：「其未有燭，而後至者，則以在者告。」「而」下脱「有」字。（三）《雜記上第二十》「宰朝服，即喪屨。」「宰」下脱「夫」字。（四）《明堂位第十四》「凡四代之服」節，郝箋之末引

《逸周書》作「四塞九□之國」□表待補之闕字。

衍字。《鄉飲酒義第四十五》：「主人者，接人以仁以德厚者也，故坐於東南。」「以仁」二字衍。

倒誤。(一)《射義第四十六》：「發而不中，則不怨勝己者，反求諸己而已矣。」「求反」倒誤爲「反求」。(二)《聘義第四十八》：「敬讓者也，君子之所以相接也。」「也者」倒誤爲「者也」。

二、辨析

句末語氣詞「與(歟)」有表疑問語氣和表決定語氣兩種用法。

(一) 表疑問語氣。這是一般的用法。如《檀弓上第三》：「從者曰：『禮與？』」鄭注：「怪之。」「從者又問諸子游，曰：『禮與？』」鄭注：「疑曾子言非。」

(二) 表決定語氣。用法同表示判斷或解釋的句末語氣詞「也」。如《檀弓下第四》：「曾子聞之，曰：『微與！其嗟也可去，其謝也可食。』」鄭注：「微猶無也。無與，止其狂狷之辭。」

惟、維、唯同。用作句首語氣詞的「惟」、「維」、「唯」三字相同。按：《尚書》皆作「惟」；《毛詩》皆作「維」；《左傳》皆作「唯」；《禮記》出現「唯」五十四次，「惟」二十一次，「維」四次，而有「維」字的四例，都是引自《毛詩》的。

《尚書》皆作「惟」之例，如《坊記第三十》引《尚書·周書·君陳》曰：「爾有嘉謀嘉猷，入告爾君于内，女乃順之于外。曰：此謀此猷，惟我君之德，於乎！是惟良顯哉！」

《毛詩》皆作「維」之例，如《孔子閒居第二十九》引《詩·大雅·嵩高》曰：「嵩高惟嶽，峻極于天。惟嶽降神，生甫及申，惟周之翰。四國于蕃。四國于宣。」按：《毛詩》四「惟」字皆作「維」。

《左傳》皆作「唯」之例，如《左傳·僖公四年》：「君處北海，寡人處南海，唯是風馬牛不相及也。」

鍾與鐘。鐘，樂器，通「鍾」，經傳多作「鍾」。如《禮記·月令第六》：「其律中夾鍾」，而《禮記·郊特牲第十一》「以鐘次之」，《禮記·樂記第十九》「故鐘、鼓、管、磬、羽、籥、干、戚，樂之器也」，「樂者，非謂黄鐘、大吕、弦歌、干揚也」，則均爲「鐘」。

毋、無。「毋」爲禁戒副詞。《禮記·月令第六》：「毋作大事，以妨農之事」，「毋竭川澤，毋漉陂池，毋焚山林」，《吕氏春秋·仲春紀第二》皆作「無」。毋通無。閩、監、毛、嘉靖本《禮記·郊特牲第十一》「毋追，夏后氏之道也。」毋通「毋」。「母」與「毋」古時本爲一字，後乃分化。近人于省吾云：「凡經傳『毋』字，金文皆假『母』爲之，《墨子》『毋』字，亦往往作『母』，此古字之僅存者，非誤字也。」

漢字源遠流長，發展變化，皆有規律可尋。經典用字，因版本不同，異體字、古今字、通借字互見者多有。除上述諸字，他如「齊」與「齋」、「弁」與「棄」、「脩」與「修」、「后」與「後」等等，爲數不少。其中亦有特殊情况，像古代漢語「脩」字，有「培養、學習、修飾、掃除、修長、善良、美好和乾肉、乾枯」諸義。「修」與「脩」同音，在前七種意義上能够相通；惟在「乾肉」（《儀禮·有司》「取糗與服脩，執以出」鄭注：「服脩，擣肉之脯。今文服爲斷。」）與「乾枯」（《詩·王風·中谷有蓷》「中谷有蓷，嘆其脩矣」毛傳：「脩，且乾也。」）兩種意義上則不能寫作「修」。這在經傳注疏和古代漢語字書、辭書中均有解説。因而此《禮記箋》中所用的字體，盡力不加改動，以資研討。

《鄭氏禮記箋》全部經文、鄭注、郝箋中所引諸書文句，凡經核對與原文全同者，已加引號。其中所引《禮記析疑》之文，則據抗希堂《望溪先生全集》本一一校對。各卷皆按文意分段；每自然段首行一律頂格寫。

郝氏在本書《自序》中説：「賢人之言，其可議者固多矣。」方苞在其《禮記析疑·序》中説：「用知此書之藴，非一士之智、一代之學所能盡也。然惟前之人既闢其徑涂，而言有端緒，然後繼事者得由其間而入焉。」前人整理研究古代典籍傳注的此類經驗與體會，也可供參考。

本書無論在校勘、標點、分段部分，凡有錯誤及不妥之處，衷心盼望批評、指正。

管謹訒一九九一年六月

附記

本書付梓時，管謹訒先生已去世，未及見到清樣，其點校的《鄭氏禮記箋》由馬婷婷進行了最後的校對。

责任编辑：王 路 魏 艳